天津市地名词典

天津市规划和自然资源局　编

天津大学出版社
TIANJIN UNIVERSITY PRESS

图书在版编目(CIP)数据

天津市地名词典 / 天津市规划和自然资源局编. --
天津 : 天津大学出版社, 2023.9
ISBN 978-7-5618-7583-4

Ⅰ. ①天… Ⅱ. ①天… Ⅲ. ①地名－天津－词典
Ⅳ. ①K922.1-61

中国国家版本馆CIP数据核字(2023)第159928号

策划编辑 郭　颖
责任编辑 郭　颖
装帧设计 谷英卉

出版发行 天津大学出版社
地　　址 天津市卫津路92号天津大学内（邮编:300072）
电　　话 发行部:022-27403647
网　　址 www.tjupress.com.cn
印　　刷 北京盛通印刷股份有限公司
经　　销 全国各地新华书店
开　　本 787mm×1092mm　1/16
印　　张 30　插2
字　　数 658千
版　　次 2023年9月第1版
印　　次 2023年9月第1次
定　　价 360.00元

前　言

地名是基础地理信息，是人们工作生活不可或缺的交流工具，也是人类文明发展传承的重要载体。地名记载着人类发展的历程、民族的变迁融合、人们生活环境的变化，是宝贵的非物质文化遗产。规范地名管理，加强地名公共服务，深化地名文化建设，对提升国家和社会治理能力、促进经济社会发展、弘扬中华优秀传统文化都具有重要意义。

《天津市地名词典》（以下简称《地名词典》）由天津市规划和自然资源局主持编纂，是一部以“地名”为主题的权威工具书，是地名普查成果转化的重要内容，也是地名普查成效的直观体现。《地名词典》的编纂是对厚重地名文化记忆的梳理，对服务国家和社会治理、发扬优秀文化传统、满足公众服务需求和确保地名普查成效有着十分重要的现实意义和实用价值。

《地名词典》共采收天津市范围内地名约 2 000 条，5 万余字，资料收集截止日期为 2019 年 12 月 31 日。本词典所收录地名分 8 个部分：政区、居民点、城镇交通；自然地理实体；交通运输设施；科教文卫体等事业单位；名胜古迹和纪念地；农业和水利设施；工矿企业；服务业。本次编纂只收录了部分规模较大或具有代表性的地理词条信息。

《地名词典》的编纂出版得到了各方的大力支持，在此，我们对为本词典编纂、出版提供帮助和支持的单位及有关人员，表示诚挚的感谢！由于《地名词典》编纂工作时间紧、任务重、要求高，加之人手有限，难免存在错讹不周之处，我们诚恳地希望广大读者批评指正。

目　录

第一部分　政区、区片、旧地名

政　区

天　津　市

河　西　区

和　平　区

河　东　区

南　开　区

河　北　区

红　桥　区

滨海新区

武 清 区

宝 坻 区

宁 河 区

静 海 区

蓟 州 区

区 片

部分旧地名

第二部分　自然地理

第三部分　交通运输设施

铁　路

道　路

地　铁

车　站

隧　道

桥　梁

其　他

第四部分　教育、医疗、科研、文体

教　育

医　疗

科　研

文　体

第五部分　名胜古迹与纪念地

第六部分　农业与水利

第七部分　企业

第八部分　服务业

第一部分　政区、区片、旧地名

政　区

天　津　市

天津市 [Tiānjīn Shì]

简称“津”。中央直辖市。北纬 38° 34′ ~40° 15′，东经 116° 43′ ~118° 04′。地处我国北部偏东，华北平原东北部。东南濒渤海湾，西北与北京市为邻，余皆与河北省接壤。面积约 11 916.45 平方千米。截至 2019 年，户籍人口约 1 049.99 万人，常住人口约 1 556.87 万人。有汉、回、满、蒙古、朝鲜等民族。辖和平、河东、河西、南开、河北、红桥、东丽、西青、津南、北辰、武清、宝坻、滨海新区、宁河、静海、蓟州 16 区。市人民政府驻河西区。

据史载，禹置九州，天津是为冀州。商无所改。周为幽州地，初封召公奭于燕；北有无终国，约在今蓟州区。战国时期今天津市南部为燕、赵、齐争雄角逐之地。秦于北部置右北平郡、渔阳郡；于南部置巨鹿郡。汉由巨鹿郡析置勃海郡。东汉勃海郡改隶冀州，汉末置章武郡。魏因汉制。晋改右北平郡为北平郡，以雍奴、泉州隶燕国，以东平舒、章武隶章武国。南北朝复置渔阳郡，晋北平郡并入，省泉州入雍奴；置瀛州，领章武郡，改东平舒为平舒县，析章武县置西章武县；置沧州，领浮阳县。隋改名幽州涿郡，改无终名渔阳县，隶玄州渔阳郡、沧州勃海郡、瀛州河间郡。唐属河北道，分属幽州范阳郡、蓟州渔阳郡、沧州景城郡、瀛州河间郡。五代纷乱，幽州、蓟州入于契丹。后周置霸州，沧州领乾符县，后省入清池县。北宋时南北对峙，辽南京道有蓟州之渔阳，析津府（宋称燕山府）有武清及自武清析出之香河县。宋为河北东路，有霸州之大城县，沧州之清池县、盐山县，清州之乾宁军。金大定十二年（1172 年）自香河析置宝坻县。明昌四年（1193 年）在清州置靖海县。元代大都路领宝坻县，漷州领武清县，蓟州领渔阳县，霸州领大城县，河间路沧州领清池县、盐山县，清州领靖海县。明洪武元年（1368 年）改靖海为静海。置顺天府通州，领武清、宝坻 2 县；渔阳县省入蓟州；霸州领大城县；河间府领静海县；沧州领盐山县。建文二年（1400 年）朱棣率兵经直沽渡河南下夺取政权，于永乐二年（1404 年）正式在此设卫，因天子在此津渡，故称为“天津卫”，“天津”名始此。弘治三年（1490 年）设天津道。清雍正三年（1725 年）设天津州，九年升州为府，府治置天津县，府辖静海、青县、盐山、庆云、天津、南皮和沧州 6 县 1 州，清末直隶总督移驻天津。咸丰十年（1860 年）英法联军入侵。光绪二十六年（1900 年）天津沦为半殖民地，被迫开辟九国租界，占地 23 350.5 亩（1 亩 ≈666.7 平方米），相当于当时天津城区的 7.9 倍，是中国设立外国租界最多的城市。英租界于咸丰十年（1860 年）设立，位于紫竹林一带，占地 460 亩，后经 3 次扩张达 6 149 亩，其范围东临海河，南至博目哩道（今彰德道）沿马场道至佟楼，西迄海光寺大道（今西康路），北沿宝士徒道（今营口道）与法租界接壤。美租界也于咸丰十年（1860 年）设立，其范围东临海河，西至海大道（今大沽路），北迄博目哩道接英租界，南至开滦胡同（今开封道东段），占地 131 亩，于 1902 年并入英租界。德租界于光绪二十一年（1895 年）根据《天津条约港租界协定》设立，位于美租界之南，初占地 1 034 亩，后扩张为 4 200 亩，其范围东临海河，北到克森士道（今开封道），南自小刘庄之北小路（今琼州道）至海大道，向南到崇德堂砖窑（今围堤道附近），西起马场道向南拐至崇德堂砖窑。日租界于光绪二十二年（1896 年）根据《通商口岸日本租界专条》设立，位于天津城南与法租界之间，初占地 1 667 亩，后扩张为 2 150 亩，其范围东临海河，东南沿秋山街（今锦州道）迄墙子河（今南京路），顺河向西至海光寺，北起闸口，沿旭街（今和平路）向南至福岛街（今多伦道），向西抵海光寺。俄租界于光绪二十六年（1900 年）八国联军占领天津后设立，沙俄军队强占老龙头车站（今天津站）及沿海河向南的大片土地，强行设立租界，占地 5 474 亩，其范围东北起火车站沿铁路向东南至大直沽，西临海河，西北沿意俄交界路（今五经路）与意租界接壤。意租界于光绪二十八年（1902 年）意国强迫天津海关道签订《天津意国租界章程合同》后设立，占地 771 亩，其范围东沿津山铁路，东南接俄租界，西南临海河，西北沿意奥交界路（今胜利路）与奥租界接壤。比租界于光绪二十八年根据《天津比国租界合同》正式划定，占地 740.5 亩，其范围东过大直沽村，南迄小孙庄，西临海河，北与俄租界接壤。奥租界于光绪二十九年（1903 年）根据《天津奥国租界合同》正式划定，占地 1 030 亩，其范围东沿铁路，东南接意租界，西临海河，北至金家窑。以上租界地直至抗日战争胜利后才全部收回。1912 年为直隶省津海道天津县，省会天津。1928 年天津升为特别市。1949 年 1 月 15 日天津解放。中华人民共和国成立后天津升为中央直辖市，辖 11 行政区和塘大办事处（总面积 151.34 平方千米）。1952 年由 11 区划为 8 区，塘大办事处改名塘沽区。1953 年 5 月撤销天津县，建立津东、津南、津西、津北 4 郊区，属天津市。1958 年 7 月将 9 区、4 郊区调整为 7 行政区，即中心区（不久改和平区）、河北区、河东区、河西区、南开区、红桥区和塘沽区；12 月天津市与河北省合并，省会天津，天津市辖 7 区和武清、霸县、任丘、静海、河间、沧县、黄骅、交河、献县、盐山、吴桥、宁津 12 县。1962 年 2 月由 7 区析置东、西、南、北 4 郊区。8 月唐山专区汉沽市划归天津市，改为汉沽区。1963 年 2 月将黄骅县北大港划归天津市，成立北大港区。1967 年复为中央直辖市，辖 13 区。1977 年将河北省蓟县、宝坻、宁河、武清、静海 5 县划归天津市。1979 年 6 月河北省遵化县官场、出头岭、西龙虎峪 3 乡划归天津市蓟县；始具现规模。

天津市共有各类地名 4 万余条，其中政区、村落、社区地名约占 38%，城市交通名约占 16%，其他地名约占 46%。直沽是天津最早的名称。“沽”同“水”，从“直沽”

“海津”到“天津”，地名几经演变，地名通名用字均从水，反映了天津市低洼多水的地理特征。在天津，以“沽”命名的聚落上百个，故有“七十二沽”之说，如大直沽、塘沽、汉沽、咸水沽、丁字沽等；有以港、洼、淀、泊、沟、塘命名的聚落，如大港、双港、小港、东浦洼、黄家洼、小淀、北淮淀、团泊、杨家泊、九道沟、南清沟、白塘口、东双塘等；还有以“台”作聚落名的，如八里台、六里台、李家台、姚家台等。“台”虽不直接从水，但仍反映低洼多水、择高台而居的水乡特点。天津自古靠漕运兴市，沿海河和运河多处建有仓廒以囤粮，从而出现了如南仓、北仓、上仓、下仓、仓廒街、仓门口、军粮城等地名。作为长芦盐的重要产地，盐滩名亦多出现于天津地名中，如盐坨（村）、盐坨街、盐店街等。由于漕、盐运发达和新兴商品经济的萌芽，当时三岔口一带商业区出现了以商品为名的街市，如估衣街、锅店街、针市街、缸店街、粮店街和鸟市、鱼市等。明代，外地大量移民在天津一带屯垦官田，出现了众多冠以姓氏的“官屯”地名，如陈官屯、高官屯、王官屯、唐官屯。为加强海防，清政府在天津一带大量驻军屯田，以“营”和“站”为通名的地名由此而来，如盛字营、传字营、前营、后营、正营和小站、西小站等。天津市为多民族集聚地区，地名上有反映回族集聚地的天穆镇、清真巷、清真里等，有反映满族集聚地的蓝旗庄、官庄等，有反映蒙古族集聚地的哈喇庄、鞑子营等，有反映契丹语地名的耶律各庄等。历史上天津有寺庙近百座，现多拆除，但仍有水明寺大街、慈惠寺大街、土地庙大街、韦驮庙大街、关帝庙前街、皇姑庵大街、水月庵胡同、娘娘庙前街等地名。50 年代初，城镇地名中以“胡同”作通名的约占地名总数的 60% 以上，如张家胡同、万兴胡同、杠房胡同、大费家胡同等。据传“胡同”一词源于蒙古语“荷特”，即“井”意，音近义近，初用“衚衕”，以表示人行情况，后简化为“胡同”。此类街巷一般比较狭窄，人口稠密，两侧多为平房建筑，是旧天津居民区的代表。现居民住房向高处发展，一般居民楼群多以“里”命名，如东风里、和平里、五爱里、树德里等；20 层以上居民住宅楼，则用“云”字组词命名，如碧云、川云、平云、步云等，体现建筑物高大宏伟，形象而有规律。1949 年以前租界内的街道多以外国人名、地名命名，如法租界的丰领事路、福熙将军路；英租界的戈登道、剑桥道、格林威道；日租界的福岛街、山口街、吉野街等。收回租界后，均易为中国名称。现街道地名中，大范围采用“省”“市”名作地名专名，并按省、市的地理位置顺序排列，如从山东路向西依次是河北路、山西路、陕西路等。局部还有用《千字文》、“三民主义”、经纬度、序数和名山大川作地名专名的，自成序列。街道的通名普遍采用南北向以“路”、东西向以“道”作分野。天津城厢作为历史保留区，地名多以官府取名，如府署街、户部街、道署东箭道、运署西街等。天津地名受方言影响，有不少地名存在着特殊读音，如水阁大街、北阁、南阁、玉皇阁等地名中的“阁”，不读 gé，而读 gǎo。“港”字在天津新港、大港、香港路等较大地名和借用地名中读 gǎng，而在官港、小港等较小地名和浅湖等源于当地的地名中则读 jiǎng；有些属错读音，如宜兴埠的“埠”，读成 fǔ，东甡里的“甡”，读成 shēng，等等。

天津地处大地构造上燕山褶皱带与新华夏系华北平原沉降带的交接部位。北部山地狭小，南部平原广袤。北部和西北部地势高，向南和东南缓倾。最高峰九山顶位于蓟州区与河北省兴隆县交界处，海拔1 078.5米。最低处为大沽零点，位于滨海新区海河入海口。地形可分为山地丘陵、平原、海岸带等地貌类型。年平均气温12.6 ℃，1月平均气温 -4 ℃以下，7月平均气温26 ℃左右。平均无霜期196~246天。年平均降水量约534.40毫米。疆域周长约1 290.81千米，其中海岸线长约153.33千米，陆界长约1 137.48千米。有大小河流300余条，坑、塘、洼、淀星罗棋布。主要河流有海河干流及其主要支流南运河、子牙河、大清河、永定河、北运河。地带性土壤为褐色土，主要分布在山地丘陵，海拔750米以上有山地棕壤。从山前洪积冲积平原到渤海沿岸依次分布着褐色土、潮性土、潮土、盐化潮土、湿潮土、盐化湿潮土、滨海盐土等。地带性植被属南温带落叶阔叶林。现有林地主要是天然次生林和人工林，以油松林、栎林、杂木林、灌丛等群落和果林、薪炭林、经济林为主。动、植物种类繁多，资源丰富，截至2019年，统计有植物149科1 049种，以菊科、禾本科、山毛榉科、槭树科、木樨科、豆科和蔷薇科最多。有药用植物200多种。野生哺乳类动物有狍、金钱豹、獾、貉、狼、狐狸、鼬、松鼠等。鸟类共有17目48科235种。海域有海洋鱼类68种。滩涂盛产虾、蟹、贝类。有八仙山国家级自然保护区、中上元古界国家自然保护区、天津古海岸与湿地国家级自然保护区和盘山风景名胜区。在平原、滨海和渤海大陆架有煤、石油、天然气和海盐资源，有渤海和大港两座国家重点开发油气田，有中国最著名的海盐产区长芦盐场，年产原盐约158.39万吨（2019年统计数据）。蓟北山地有锰硼、锰钨、钼金、石灰石、花岗石、大理石、麦饭石、紫砂陶土等矿产资源。平原区地热资源丰富，已发现10个具有勘探和开发利用价值的地热异常区，水温多为30~90 ℃，热水总储藏量1 103.6亿立方米，是中国迄今最大的中低温地热田。天津教育综合实力和整体水平位居全国前列，已形成由高等教育、基础教育、职业教育和成人教育组成的教育体系。截至2019年，天津有南开大学、天津大学、天津师范大学、天津工业大学、天津财经大学、天津理工大学等高等院校55所，中等职业技术教育学校90所，中学597所，小学842所，幼儿园1 821所；有独立科学研究机构与技术开发机构135个，公共图书馆31个，博物馆22个，群众文化艺术馆19个，艺术表演团体16个，艺术表演场所28个；有医疗卫生机构4 990个，医院373所，社区卫生服务中心基层医疗卫生机构4 419个，专业公共卫生机构145个，其中有影响的医疗机构有天津医科大学总医院、天津医科大学第二医院、天津市第一中心医院、泰达医院、天津中医药大学第一附属医院等综合医院及骨科、胸外、肿瘤、传染病、儿童等专科医院；有天津奥林匹克体育中心、天津体育馆、天津网球中心等各类体育场地21处。天津是全国历史文化名城之一，有国家级文物保护单位34个，天津市文物保护单位220个：有世界上保存最完整的中上元古界地层剖面，世界文化遗产黄崖关长城和始建于辽代的古刹独乐寺，以及反映天津人民抗击帝国主义侵略的大沽口炮台和“天津教案”纪念地望海楼教堂，有义和团吕祖堂坛口遗址和大悲院、天后宫及西开教堂等历史遗迹。原“九国租界”有风格各异的大小洋楼建筑近千座，形成罕见的“万国建筑博物馆”，其中既有雕梁画栋、典雅朴实的古建筑，又有众多新颖别致的西洋建筑，有英国的中古式、德国的哥特式、法国的罗曼式、俄国的古典式、希腊的雅典式等，天津人也通常把这些西洋建筑称为“洋楼”。其中包括清朝末代皇帝溥仪，民国总统袁世凯、黎元洪、冯国璋、徐世昌、曹锟及严修、梁启超、吉鸿昌等名人的故居；也包括孙中山、李大钊、于方舟、周恩来、邓颖超、刘少奇等革命先驱在津活动纪念地和居所，以及平津战役纪念馆、周恩来邓颖超纪念馆、解放天津纪念碑等爱国主义教育示范基地。盘山是历史上有名的游览胜地，曾被列为中国十五大名山之一，被誉为“京东第一山”。天津还有泥人张彩塑、杨柳青年画、魏记风筝、刻砖刘等驰名中外的民间艺术，另有色彩鲜艳的天津剪纸，工艺考究的天津灯笼。享有盛誉的天津绒绢花以及清光绪二十九年（1903 年）在美国圣路易斯万国博览会上获金奖的天津地毯等，都是近现代天津民间艺术的代表。天津是曲艺之乡，涌现过大量杰出的相声艺术家，如马三立、侯宝林、李德锡、张寿臣、郭荣起、冯巩等。“津门四绝”颇受中外宾客好评，包括狗不理包子、十八街麻花、耳朵眼炸糕和猫不闻饺子。天津古文化街旅游区为国家 AAAAA 级旅游景区。天津有鼓楼、劝业场、西开教堂、天津之眼、解放桥、天津站、天塔、天津奥体中心体育场、梅江会展中心等地标性建筑；有水上公园、海河公园、文化中心、欢乐谷等休闲娱乐场所。三大产业结构为 0.9∶40.5∶58.6，农业生产转型为现代都市型农业，实现农业产业化经营。2019 年全市粮食总产量 209.70 万吨，蔬菜产量 255.50 万吨，有优质小站稻、王朝葡萄酒、天立独流老醋、天津黄瓜系列良种、天津大银鱼等优质品牌。天津曾是中国北方洋务运动中心，创办有北洋工艺局，开近代工业之先河；现为华北最大的现代化工业城市之一，全国海洋化工和石油工业基地之一，有航空航天、石油化工、装备制造、电子信息、轻纺工业、生物医药、新能源新材料、国防科技八大优势支柱产业，工业企业技术创新体系不断完善。截至 2019 年，天津拥有国家级企业技术中心 41 个，国家级工程技术中心 36 个，有天津经济技术开发区、天津港保税区、天津高新技术产业园区、东疆保税港区等多个国家级开发区；有滨海新区石油化工、空港航空和开发区电子信息等国家新兴工业化产业示范基地；驻有天津铁厂、渤海化工集团、天津一汽、天士力集团等知名本土企业。以金融、电子商务、旅游服务业为主体的第三产业约占全市总收入的一半，重点行业发展日新月异。截至 2019 年，全市拥有金融及金融服务机构 4 000 多家，其中法人金融机构 85 家；融资租赁公司 2 018 家，境内外总资产 1.3 万亿元，其中金融租赁公司资产规模 6 735 亿元，占全国的四分之一；国家和市级各类创新机构、平台、载体累计达 800 个。大宗商品电子商务发展较快，联交所、大宗商城等一批大宗商品商务平台投入运营。跨境电子商务加快推进，通过第三方跨境电子商务平台开展业务的外贸企业近 5 000 家。引进各类企业总部及功能性机构，聚集现代金融、商务中介、科技服务等高端服务企业。截至 2019 年，拥有星级饭店 103 家，其中有天津宾馆、万丽泰达、海河假日等 16 家五星级酒店。有滨江道步行街、食品街、大悦城、恒隆广场、佛罗伦萨小镇等众多商业购物中心。天津是我国北方重要的交通枢纽，是连接华北与东北的交通咽喉：京沪铁路与津山铁路在此交会，并与全国铁路网相连；京沪、京津城际，津秦客运专线等高速铁路经此并设站；京津塘、荣乌、长深等高速公路在天津过境，京环、津塘等公路经此。截至 2019 年，全市公路里程16 256.7千米，其中高速公路1 113千米；有地铁轨道交通6条，运营总里程235.7千米，车站165座；公交运营线路926条，线路总长23 920千米。中国最大人工港、货物和集装箱吞吐量分别位于全球港口第4位和第10位的天津港坐落于天津市的最东面，通达全球400多个港湾，服务华北、西北、东北的12个省、区、市。2019年，天津滨海国际机场拥有国内外航线280条，通航城市167个，旅客年吞吐量达2 360万人次。

河 西 区

河西区 [Héxī Qū]

市人民政府驻地，位于北纬39° 6′，东经117° 10′，在市境中部偏南，海河西岸。面积约42.00平方千米。人口约85.51万，以汉族为主，有回、满等民族。该区辖14个街道。区人民政府驻大营门街道。1949年建立第六区人民政府。1955年改称第六区人民委员会。1956年因位于海河西岸命今名。1966年改称红旗区。1968年复称今名。至2006年，经多次区划调整后成今貌。流经区境的河流有海河、卫津河、津河、复兴河、长泰引河、双林引水河、四化河等。作为天津的政治文化中心，市委、市政府所在地，河西区是中外宾客了解天津的窗口。早在明末清初，河西区已形成有“皇会”之称的民间花会，并以法鼓、高跷、狮子舞等闻名。清政府在光绪二十一年（1895年）创办的天津北洋西学学堂二等学堂，后几经变迁更名为海河中学，坐落于此。河西区有学校169所，包括天津师范大学、天津财经大学、天津外国语大学、天津科技大学等10所高等教育院校，1所韩国国际学校及1所英国国际学校。区内有天津自然博物馆、天津图书大厦等标志性文化设施，及天津歌舞剧院、天津交响乐团等多个专业演出团体；有三级医院5所，包括华北地区最早建立的天津肿瘤医院及以骨科著称的天津医院等；有市级文物保护单位天津五村反霸斗争纪念地和义和团纪庄子战场遗址。1949年以来城区迅速向西南方向发展。50年代建成西南楼工人新村和尖山、佟楼居民住宅楼群。70年代末至80年代初建成小海地和体院北两片大型居民住宅楼群，至90年代初大部分平房住宅改建成多层住宅楼群和高层住宅楼。进入21世纪，市区建设将旧城改造与新城建设相结合，先后拆迁改造多片危陋平房，建成安德公寓等新型住宅小区和梅江生态居住区等高档社区。近年来，河西区先后完成文化中心周边地区城市改造，琼州道等市政道路及里巷甬路维修，改造环湖中道、绍兴道等道路，修复海河沿线灯光设施，提升改造人民公园，新建郁江公园，对多条道路沿线围墙和立交桥桥区进行垂直绿化提升，实施燃煤锅炉改燃并网工程、旧管网改造工程及高层住宅区二次供水改造。全面推进黑牛城道两侧新八大里、解放南路以东地区、陈塘科技商务区建设，建成香年广场等。区内有天津大礼堂、天津青少年活动中心、人民公园、河西清真寺、挂甲寺等标志性建筑物，有津门十景之一的“天塔旋云”景观。三大产业比重为0∶7∶93，服务业占有绝对的优势，以楼宇经济、商贸旅游、房地产、金融为主导产业。全区拥有商务楼宇129座，商务面积约343万平方米，位居全市之首，其中亿元楼宇29座，亿元楼宇数量、楼宇纳税总额均居全市首位。西部友谊路既是体现天津现代化大都市风貌特色的迎宾主干线，又是集金融、涉外、商务、会展、餐饮等功能于一体的服务型经济聚集带，银行分行、保险公司、证券营业部及其他金融企业约 70 家，其中集聚了全市 88.9% 的内资银行分行；沿街有天津迎宾馆、水晶宫饭店等高级宾馆。南部解放南路经济物流带以家居、装饰、汽车为主题，是服务三北地区的建材装饰商品集散、家具名品销售、建材网络信息、国际汽车贸易等多元化经营的现代物流中心。大沽南路商业街有大型商业载体 8 座，总面积达 10 万平方米。区内另有天津国际经济贸易展览中心和天津信息中心，以及产权交易中心、市人才服务中心、广发证券等数十家产权、金融交易场所。陈塘庄铁路支线经此。解放南路、大沽南路、围堤道、新围堤道、黑牛城道纵横交错，为区境重要交通干道。设有黑牛城道长途汽车站，通津、冀、鲁、豫和内蒙古。附近通多路公共汽车和地铁 1、3、5、6 号线。

大营门街道 [Dàyíngmén Jiēdào]

河西区人民政府驻地，在区境东北部。面积约 0.99 平方千米。人口约 3.70 万人。该街道辖 7 个居委会。80 年代，自东向西建有尚德里、杨州里、浦口东里、爱慕里、东莱里、新立里、敬重里、宝德里、孚德里、祺寿里、积庆里等 6~7 层混合结构楼房住宅区，90 年代建有公寓楼，中北部集中有凯旋门大厦、泰达大厦、金皇大厦、国际贸易大厦、三义大厦等 30 层以上写字楼。2008 年，在小白楼商务中心周边，改造和新建多座高档商务商业载体。2011 年，完成徐州道至绍兴道海河沿线景观道路提升工程。2014 年，提升改造浦口东里、敬重里等 9 片 11 个旧楼区。1958 年由桃园村街、下瓦房街一部分与解放南路街组成大营门街，以界内大营门命名。该街道东临海河，有中小学 1 所、幼儿园 1 所，有区人民政府、中交物资华北公司、图书大厦、政协俱乐部等单位。解放南路、徐州道、蚌埠道多德式及英式高脊大坡屋顶建筑。经济以服务业为主，有高档商务写字楼、高级宾馆酒店、商场、高级公寓，重点发展中介服务、高端品牌商业、企业总部等。北部紧邻繁华的小白楼商业中心，楼宇经济尤为突出，东部以市、区属机关办公为主，中部有大沽路商业餐饮一条街，西南部以居民居住区为主。街道内有南京路、解放南路、大沽南路等主要道路。通多路公共汽车和地铁 1 号线。

蚌埠道社区 [Bèngbùdào Shèqū]

属大营门街道管辖，在区境北部。面积约 0.31 平方千米。人口约 0.65 万人。社区因临近蚌埠道得名。2005 年徐州道居委会、镇江道居委会、蚌埠道居委会合并，命今名。社区含浦口东里、扬州里、外贸院等 8 个住宅小区，多为 4~6 层住宅楼。蚌埠道、解放南路等道路在社区经过。附近通多路公共汽车和地铁 1 号线。该社区 2014 年被评为“天津市文明社区”。

下瓦房街道 [Xiàwǎfáng Jiēdào]

属河西区管辖，在区境东北部。面积约 1.82 平方千米。人口约 6.03 万人。街道辖 10 个居委会。80 年代后，街道内进行了平房改建工程。90 年代后，除厦门路东侧、九江路西侧等地尚余少量平房外，均已建成 5~8 层楼房住宅区，中部中国银行兴建的云景大厦达 30 余层。2010 年，先后对大沽南路、解放南路等景观路进行立面整修，对福至里、久仰里、大沽南路等社区进行综合整治。1956 年撤销三义庄街、南华里街，建立下瓦房街。传清末在此建瓦房 3 间以供行人茶食，因位于旧城以南，俗以南为“下”，故名。街道南至津河，东临海河，有高等院校 2 所，中小学 7 所，幼儿园 2 所，医院 2 所；有行政、企事业单位 400 余家，主要有区委、区人大、区政协、市审计局、市物价局、区工商联、环球磁卡公司等单位；有中国共产党活动家傅茂公（彭真）领导五村佃农大规模反霸斗争的革命旧址，为天津市文物保护单位。后因危陋平房改造，建有西苑公园，并在旧址建“怀翁亭”，以追思前贤，彪炳业绩。西部有河西清真寺和人民公园。界内多为住宅区。经济以第三产业为主，发展楼宇经济，有恩华科技孵化器，亿元写字楼晶彩大厦与恒华大厦；有影院及街办工厂 8 个，商店 13 个，便民服务网点 65 个。街道内有主要道路 20 条，大沽南路、解放南路纵贯南北。附近通多路公共汽车和地铁 1、5 号线。

龙海公寓社区 [Lónghǎi Gōngyù Shèqū]

属下瓦房街道管辖，在区境北部。面积约 0.10 平方千米。人口约 0.48 万人。社区因界内龙海公寓得名，2000 年建立，2007 年由原一委、二委两个居委会合并而成，2013 年改扩建。社区内有新海大厦、泰悦豪庭等 7 个楼院，多为 6~11 层和 26~27 层住宅楼。台儿庄路、解放南路、琼州道等道路经过。附近通多路公共汽车。该社区于 2014 年被评为“天津市文明社区”。

富裕广场社区 [Fùyù Guǎngchǎng Shèqū]

属下瓦房街道管辖，在区境北部。面积约 0.30 平方千米。人口约 0.31 万人。社区因界内富裕广场得名，2002 年成立。2006 年富裕广场二期建成并入。该社区有华夏富裕广场、富裕广场二期、富裕大厦 3 个住宅小区，北部多为 7 层住宅楼、南部多为 13 层住宅楼和高档涉外住宅，主体为蝶式建筑。解放南路、福建路等道路经过。附近通多路公共汽车。该社区于 2014 年被评为“天津市文明社区”。

桃园街道 [Táoyuán Jiēdào]

属河西区管辖，在区境西北部。面积约 1.09 平方千米。人口约 3.57 万人。该街道辖 8 个居委会。90 年代进行大规模平房改建工程，建成鸿华里、泰达园、广顺园等住宅小区，住宅楼均为 6~12 层混合结构。西部友谊路两侧建筑物多 20 层以上，有合众大厦、银丰大厦等。该街道是 2005 年全区第一个完成旧楼区改造任务的街道。2009 年对绍兴道、永安道、广东路沿线街景立面进行综合整治。至 2013 年，先后完成安德公寓、连荣里、庆荣里等旧楼区环境整治。1954 年成立桃园街道，因界内桃园村得名。街道南临津河，有高等院校 1 所，中小学 3 所，幼儿园 1 所。天津外国语大学坐落于此。街道内有天津人力资源开发服务中心、北方人才市场两大人才枢纽中心，形成了桃园街“安居节”社区建设品牌活动。楼宇经济为街道一大特色，有罗兰花园、合众大厦、银丰大厦、永安大厦与青年创业广场 5 座大型商务楼宇。高端企业相对集中，尤其是大型商贸金融企业和事务所，管理咨询、投资、通信、物流等现代服务业单位达 35 家。区域内有浙商、渤海、招商等多家银行，有乐购和世纪联华 2 座大型超市。广东路、九龙路、友谊路等主要街道穿过，附近通多路公共汽车。

庆荣里社区 [Qìngrónglǐ Shèqū]

属桃园街道管辖，在区境北部。面积约

0.13 平方千米。人口约 0.40 万人。社区因界内庆荣里得名，1953 年建成，前身为三德里居委会，1995 年改建，1997 年重新组建，命今名。社区有庆荣里、三德里、江南公寓、津滨雅都、景隆大厦和金达园 6 个住宅小区，住宅楼多为 6~8 层和 20 层。永安道、绍兴道等道路经过。附近通多路公共汽车。该社区于 2014 年被评为“天津市文明社区”。

挂甲寺街道 [Guàjiǎsì Jiēdào]

属河西区管辖，在区境中部偏东。面积约 2.62 平方千米。人口约 9.01 万人。该街道辖 13 个居委会。原均为里巷平房，80 至 90 年代进行大规模平房改建工程，自东而西建有北洋新里、云广新里、美好里等住宅小区，住宅楼均为混合结构 6~8 层。近 10 年来，先后实施景兴西里煤厂改造、景兴西里彩虹菜市场建设、旧楼区综合改造、里巷道路改造、主要道路立面整修等工程，2013 年新城小区大板楼为全市节能改造最大单体项目。1954 年成立挂甲寺街，因界内有相传建于唐代的津门古刹挂甲禅寺得名。街道东濒海河，北临津河，有中小学 6 所，幼儿园 3 所，特殊教育学校 1 所，医院 2 所，其中天津医院是以骨科著称的大型综合性医院。街道内国家非物质文化遗产挂甲寺庆音法鼓、杨家庄永音法鼓，为旧时“皇会”不可或缺的节目，是独具一格的现代都市传统艺术。区青少年宫坐落于此。界内多为住宅区，有联合里、美宁公寓、美好里、景福里、新颖里等住宅小区，有市级商业示范街南北大街，有天津日报社、登发装饰城、鸿起顺餐饮有限公司、桂发祥麻花总店等 260 余家单位。解放南路纵贯南北，建有解放南路立交桥。新围堤道横穿东西。东北端有光华桥，为沟通河西、河东两区之要道。附近通多路公共汽车和地铁 1 号线。

龙都花园社区 [Lóngdū Huāyuán Shèqū]

属挂甲寺街道管辖，在区境中部。面积约 0.17 平方千米。人口约 0.91 万人。社区因界内龙都花园得名，1998 年成立至今，含龙都花园、华记里等 6 个住宅小区，住宅楼多为 6~8 层及 18 层以上。大沽南路、利民道等道路经过。附近通多路公共汽车。该社区于 2014 年被评为“天津市文明社区”。

南北大街社区 [Nánběi Dàjiē Shèqū]

属挂甲寺街道管辖，在区境中部。面积约 0.27 平方千米。人口约 0.41 万人。该社区因南北大街得名，1997 年成立航道局居委会，2000 年更今名。2003—2006 年福熙园、美荷苑、海景公寓建成，并入社区。现有福熙园、美荷苑等 6 个住宅小区，住宅楼多为 6~11 层及 40 层以上。解放南路、新围堤道等道路经过。附近通多路公共汽车。该社区于 2014 年被评为“天津市文明社区”。

马场街道 [Mǎchǎng Jiēdào]

属河西区管辖，在区境西部。面积约 4.45 平方千米。人口约 5.75 万人。该街道辖 11 个居委会。50 年代初期在界内西部兴建大片楼房住宅区，名东风里、劳卫里、德才里、卫星里、建国楼、春光楼等，楼房均为 3~5 层混合结构。80 年代至 90 年代界内东北部进行大规模平房改造工程，建成四化里、佟卫里、新闻里等住宅小区，住宅楼均为 6~8 层混合结构。2010 年友谊北路提升改造为“全市最靓丽的精品道路”，2014 年对卫星里等旧楼区进行提升改造。1954 年马场街公所改称马场街道，因界内原有赛马场得名。马场街道西临卫津河，北靠津河，文化气息浓郁，有干部俱乐部、河北梆子剧院、市人民艺术剧院、杨柳青画社等单位；有中小学4所，医院1所；有2~3层别墅式住宅楼及开放式围墙和绿地花坛。马场街道地处市级行政中心和友谊路金融服务带，商业繁荣，交通便利，是市涉外窗口之一，有市儿童医院、市建筑设计院、天津迎宾馆、农垦集团总公司等单位。经济以商务楼宇为主。西北部八里台立交桥是市区南部连接河西、和平、南开三区的交通枢纽，有马场道、围堤道、友谊路等主要街道。通多路公共汽车和地铁3号线。

德才里社区 [Décáilǐ Shèqū]

属马场街道管辖，在区境中部。面积约0.41平方千米。人口约0.66万人。社区因界内德才里得名，1958年建立。2008年春光楼社区并入，沿用今名。该社区含有德才里、春光楼等8个住宅小区，住宅楼多为4~6层。吴家窑大街、气象台路等道路经过。附近通多路公共汽车和地铁3号线。该社区于2014年被评为“天津市文明社区”。

气象里社区 [Qìxiànglǐ Shèqū]

属马场街道管辖，在区境中部。面积约0.23平方千米。人口约0.77万人。该社区因界内气象里得名，20世纪50年代建立，2005年建国楼社区并入，沿用今名。该社区含有水映兰庭、气象里等13个住宅小区，住宅楼多为4~6层及26层以上。平山道、气象台路等道路经过。附近通多路公共汽车。该社区于2014年被评为“天津市文明社区”。

越秀路街道 [Yuèxiùlù Jiēdào]

属河西区管辖，在区境中部。面积约3.69平方千米。人口约7.37万人。该街道辖10个居委会。80至90年代进行大规模平房改造工程，自东而西建有珠海里、珠波里、白云里等住宅小区，楼房均为5~6层混合结构。北部和西部集中建有华盛广场、和平公寓、星图温泉公寓、北方金融大厦等20层以上高层公寓或写字楼。2005年对南北街、新会里、建生里等社区实施“六小工程”改造，全面改造黄埔路菜市场。2012年提升改造红波里、黄埔里、恩德里、珠海里旧楼区。1963年建立越秀路街道，因界内越秀路得名。街道北临津河，有职业学校2所，中小学3所，幼儿园2所，医院1所。街中心有西南楼公园、友谊公园等，有集文化艺术、休闲娱乐购物于一体的大型文化中心，包括博物馆、美术馆、图书馆、大剧院、银河国际购物中心、阳光乐园等，是市规模最大的公共文化设施。街道有爱国里、白云里、惠州里、港云里等住宅小区，驻有市地震局、区公安局等单位，及国际科技咨询大厦、北方金融大厦等写字楼。经济以第三产业为主，有友谊商厦、银河国际购物中心、彩悦城、文化中心银河广场等大型商业载体，形成了繁荣的高端综合商业区。鑫银大厦、峰汇广场、丽晶大厦等高档写字楼构筑了商务商贸服务圈。街道内主要道路有围堤道、友谊路等。越秀路、黄埔路、利民道等横穿街境南、中、北部。附近通多路公共汽车和地铁5、6号线。

港云里社区 [Gǎngyúnlǐ Shèqū]

属越秀路街道管辖，在区境中部。面积约0.03平方千米。人口约0.44万人。社区因界内港云里而得名，1997年由原四化楼、港云里、绮云里三个居委会合并建立。2011年改造。该社区含港云里、绮云里2个住宅小区，住宅楼多为6层。广东路、前进道等道路经过。附近通多路公共汽车。该社区于2014年被评为“天津市文明社区”。

祥和里社区 [Xiánghélǐ Shèqū]

属越秀路街道管辖，在区境中部。面积约 0.045 平方千米。人口约 0.45 万人。社区因界内祥和里得名。1997 年由原向东里、四段二建、三商大楼三个居委会合并，命今名。社区有祥和里、三商大楼、向东里 3 个住宅小区，住宅楼多为 6~7 层。围堤道、隆昌路等道路经过。附近通多路公共汽车和地铁 6 号线。该社区于 2014 年被评为"天津市文明社区"。

友谊路街道 [Yǒuyìlù Jiēdào]

属河西区管辖，在区境西南部。面积约 2.47 平方千米。人口约 7.44 万人。该街道辖 13 个居委会。80 年代在黑牛城道北侧兴建文玥里、文玥北里、桃江里等居民区。90 年代在西北部和黑牛城道南侧建有纯真里、纯美公寓等住宅小区。2007 年实施分片包干、零点行动对全街住宅小区进行清整。2008 年对黑牛城道沿线立面进行整治。2012 年提升改造寿园里、纯真里旧楼区。1984 年建立友谊路街道，因界内友谊路得名。2000 年黑牛城街并入，沿用今名。该街道南临卫津河，有中等职业学校 1 所，中小学 4 所，幼儿园 2 所，老年大学 1 所，医院 2 所；有市委、市政府、市纪委、国家海河下游管理局、中钢集团冶金地质研究院、水利科学研究所、天津市老年人大学、天津医科大学第二附属医院、国际展览中心等单位。纪庄子桥桥北约 50 米的紫金山西路上有市级文物保护单位义和团纪庄子战场遗址。街道内有谊景村、柳江里、文玥里等低层楼房住宅小区，驻有天津利和进出口集团、天津国际经济贸易展览中心等企业。街道大力发展楼宇经济，有友谊路沿线的大安大厦、城市大厦等商务楼宇。友谊路、黑牛城道、紫金山路等 11 条主要道路穿过街道。附近通多路公共汽车和地铁 5、6 号线。有黑牛城长途汽车站。

谊景村社区 [Yìjǐngcūn Shèqū]

属友谊路街道管辖，在区境西南部。面积约 0.13 平方千米。人口约 0.48 万人。社区因界内谊景村得名，1997 年成立至今，含谊景村和文玥北里 2 个住宅小区，多为 90 年代兴建的 6 层住宅楼。友华路、友谊路、平江南道、平江道等道路经过。附近通多路公共汽车。该社区于 2014 年被评为"天津市文明社区"。

柳江里社区 [Liǔjiānglǐ Shèqū]

属友谊路街道管辖，在区境西南部。面积约 0.47 平方千米。人口约 1.22 万人。社区因界内柳江里得名，1989 年成立至今。有柳江里、清泽园等 9 个住宅小区，住宅楼多为 6 层。友谊南路、黑牛城道等道路经过。附近通多路公共汽车。该社区于 2014 年被评为"天津市文明社区"。

天塔街道 [Tiāntǎ Jiēdào]

属河西区管辖，在区境西南部。面积约 3.28 平方千米。人口约 7.95 万人。该街道辖 14 个居委会。2006 年完成富达里社区改造，改造绿地 15 万平方千米，修缮益寿园等 14 个公园，基本完成旧城区改造。2012 年提升改造气象南里、环湖东里等旧楼区。1997 年体院北街道更名为天塔街道，因界内天津广播电视塔（习称天塔）得名。2000 年纪庄子街办事处并入，沿用今名。街道南临四化河，有高等院校 1 所，中、小学 5 所，幼儿园 3 所；有医院 3 所，著名的天津肿瘤医院驻此；有天津京剧院、华夏未来艺术中心等市级文艺团体和大型文化场所。天津广播电视塔矗立在界内北端，塔高 415.2 米，"天塔旋云"为津门十景之一。街道形成了天塔街“邻居节”社区建设品牌活动。街道有气象南里、环湖北里、宾水里等住宅小区，多为20世纪80年代初集中兴建的成片居住区，住宅小区内多为矩形或墩形4~8层混合结构单元式住宅楼。春寿园等19个小型公园分布于各小区之中。另有带状公园傍卫津河纵贯辖界东侧。街道有街办企业2个，涉及食品生产、建筑维修等行业；商店15个，主要经营百货、副食等。第三产业主要有服装加工、装饰材料、旧物调剂等项目。宾水道、环湖中路、卫津南路等11条主要道路通过。附近通多路公共汽车和地铁3、5、6号线。

气象南里社区 [Qìxiàng Nánlǐ Shèqū]

属天塔街道管辖，在区境西南部。面积约0.41平方千米。人口约0.78万人。社区因界内气象南里得名，1983年建成。2012年津淄东里居委会并入，沿用今名。社区含有津淄东里、气象南里等6个住宅小区，多为6层住宅楼，气象南里北侧有12层住宅楼。环湖中路、气象南路等道路经过。附近通多路公共汽车。该社区于2014年被评为“天津市文明社区”。

环湖东里社区 [Huánhú Dōnglǐ Shèqū]

属天塔街道管辖，在区境西南部。面积约0.11平方千米。人口约0.53万人。社区因界内环湖东里得名，1983年建成，2012年环湖北里小区并入，沿用今名。该社区含有环湖东里、环湖北里、华昌大厦3个住宅小区，住宅楼多为6层或10层以上。环湖北道、环湖中路等道路经过。附近通多路公共汽车。该社区于2014年被评为“天津市文明社区”。

尖山街道 [Jiānshān Jiēdào]

属河西区管辖，在区境南部。面积约8.85平方千米。人口约7.30万人。街道辖12个居委会。50年代和60年代初期，在界内北部建有红星里、红光里、红升里等3~6层混合结构楼房住宅区。1963年建立尖山街道，因界内尖山村得名。80年代后，在黑牛城道以南兴建郁江里、纯洁里、玫瑰花园等居民区。2008年对迎奥运重点道路解放南路等沿线红霞里、红升里等9个社区进行综合整修。2009年对尖山路、大沽南路等4条主要道路进行综合整治。2014年对文贤公寓、铁路宿舍进行旧楼提升改造。复兴河穿境而过。街道内有高等职业院校1所，中小学8所，特殊教育学校1所，幼儿园2所，医院1所；有区社保局、区退役军人事务局、曹开镛中医医院等单位。街道内多为住宅区，有曙光里、红光里、五一家园等住宅小区，有红光公园等小型公园。大任庄路西侧有汽车配件城。南部解放南路和珠江道两侧为仓储区。街道内驻有广播器材、电机、构件、保温容器、电焊、机械施工、电梯等企业。大沽南路、解放南路、黑牛城道等24条主要道路经过。附近通多路公共汽车和地铁1、6号线。

瑞江花园社区 [Ruìjiāng Huāyuán Shèqū]

属尖山街道管辖，在区境南部。面积约1.30平方千米。人口约1.16万人。社区因界内瑞江花园得名，2003年成立至今。社区含有瑞江花园“梅、兰、竹、菊”苑4个住宅小区，住宅楼多为6层。解放南路、梅江道等道路经过。附近通多路公共汽车和地铁6号线。该社区于2014年被评为“天津市文明社区”。

陈塘庄街道 [Chéntángzhuāng Jiēdào]

属河西区管辖，在区境东南部。面积约

6.50平方千米。人口约5.10万人。街道辖14个居委会。该街道为50年代后市区南部兴建的重要工业区,集中了冶金、机械、轻工、化工、纺织、电器、运输等行业的大中型企业近50家。80年代后,在北部大沽南路两侧兴建秀芳里、古芳里等住宅区,区内为6~7层单元住宅楼。2005年对华山里等6个旧楼区进行综合改造。2009年对星光里等4个平房区进行重点治理,对复兴门北里旧楼区进行改造。2010年,开展社区"三清一整",改造棉四一、棉四二2个平房社区。2014年提升改造贵山里等8个旧楼区。1954年由陈塘庄街公所改设陈塘庄街道,因驻地陈塘庄得名。北临海河,复兴河、长泰河穿境而过。街道内有中小学3所,幼儿园1所;有区委党校、区政务服务中心、天津小学、天津科技大学附属小学、市合成材料工业研究所、中国电子科技集团公司第46研究所等单位。住宅区多集中在北部大沽南路两侧,有秀芳里、古芳里、瑞来里等住宅小区,住宅楼为80年代后兴建,6~7层。陈塘庄、上河圈等地尚有部分里巷平房。经济以工业为主,驻有轧钢、钢丝绳、钢管、冶金、起重设备、造纸、无线电、橡胶等企业。街道内有天津玛钢厂铁路专用线,有主要街道10条,大沽南路、怒江道、东江道横穿东西,洞庭路纵贯南北。附近通多路公共汽车和地铁1号线。

秀峰里社区 [Xiùfēnglǐ Shèqū]

属陈塘庄街道管辖,在区境东南部。面积约0.10平方千米。人口约0.54万人。社区因界内秀峰里得名,1985年建立,1997年合并为彭秀元居委会,2000年改为元彭居委会和秀峰里居委会,2001年又合并,复今名。社区含有秀峰里、元山里、彭山里3个住宅小区,住宅楼多为6层。微山路、双水道等道路经过。附近通多路公共汽车。该社区于2014年被评为"天津市文明社区"。

柳林街道 [Liǔlín Jiēdào]

属河西区管辖,在区境东南部。面积约6.10平方千米。人口约8.12万人。该街道辖11个居委会。80年代以后在东部大沽南路以南地区兴建谦福里、园丁公寓等住宅区,新住宅楼为5~6层混合结构。2005年对锦福里等4片小区实施"六小工程"。2006年,拆除万家胡同等具有百年以上历史的老胡同、里巷72个。2009年完成幸喜里"城中村"改造工程。2012年对东江南里等5个旧楼区进行综合提升改造。2013年完成东海里等5个旧楼区综合提升改造。1989年,灰堆街道更名柳林街道,因界内柳林风景区得名。该街道北抵海河、东临双林引河,有高等院校2所,中小学7所,职业学校2所,幼儿园2所;有中交第一航务工程勘察设计院有限公司、港湾工程研究院水工所等单位。东北部柳林风景区内有市安定医院、区结核病防治所等医疗单位。街道内有柳林街"互助节"社区建设品牌活动。经济以第三产业为主,兼有工业。界内有街办工厂9个,涉及印刷、保健用品、机电安装、包装制品、异型线材等行业。大沽南路、郁阳路、珠江道等主要道路经过。附近通多路公共汽车和地铁1号线。

景雅里社区 [Jǐngyǎlǐ Shèqū]

属柳林街道管辖,在区境东南部。面积约0.18平方千米。人口约1.10万人。社区因界内景雅里得名,2001年成立,2009年范围调整,沿用今名。该社区含有景致里、雅致里2个住宅小区,住宅楼多为6层。珠江道、雅致道等道路经过。附近通多路公共汽车和地铁1号线。该社区2014年被评为

“天津市文明社区”。

东海街道 [Dōnghǎi Jiēdào]

属河西区管辖,在区境东南部。面积约4.30平方千米。人口约7.22万人。该街道辖12个居委会。2005年对珠江里等5个旧楼区实施改造,对嫩江里实施“六小工程”。2007年改善“小二楼”地区综合环境,拆除违章建筑,切改水电管线。2009年至今,先后实施小海地“小二楼”危陋房拆迁改造工程,粤江里、同江里等8个社区“三清一整”及旧楼区改造工程。1994年由珠江道街道和三水道街道合并成立东海街道,以中国东海海名命名。长泰河从境内穿过。界内有大型医院1所,中小学8所,幼儿园3所,有东海街健身中心、珠江公园等主要文化场所。街道内多为住宅区,有珠江里、平江里、汉江里等住宅小区,形成了东海街“爱心润春芽”社区建设品牌活动。经济以第三产业为主,兼有工业,有街办企业27个,涉及电机、印刷、起重设备、科学仪器、卫生材料等行业;有便民服务网点10个,主要有家电维修、家政服务、打字复印、室内外装修、美发美容等项目。陵水道、三水道、梅林路、枫林路有农贸综合摊群市场。珠江道、洞庭路等9条主要道路经过。附近通多路公共汽车和地铁6号线。

龙江里社区 [Lóngjiānglǐ Shèqū]

属东海街道管辖,在区境东南部。面积约0.28平方千米。人口约0.49万人。社区因界内龙江里得名,1980年成立至今,含有龙江里、嫩江里等住宅小区,住宅楼多为5层。洞庭路、三水道等道路经过。附近通多路公共汽车。该社区于2014年被评为“天津市文明社区”。

汉江里社区 [Hànjiānglǐ Shèqū]

属东海街道管辖,在区境东南部。面积约0.13平方千米。人口约0.64万人。社区因界内汉江里得名,1979年建成。2009年东海街将汉江、九江两个小区合并,沿用今名。该社区含有汉江里、九江里等住宅小区,住宅楼多为5层。双水道、榆林路等道路经过。附近通多路公共汽车。该社区于2014年被评为“天津市文明社区”。

梅江街道 [Méijiāng Jiēdào]

属河西区管辖,在区境南部。面积约4.60平方千米。人口约2.93万人。该社区辖10个居委会。梅江街道于2006年成立,因位于梅江生态居住区得名。1998年在此统建大批新型居民住宅区。2014年完成解放南路老工业区第四片旧城区改建工程动迁。街道西临卫津河,北至复兴河,有市梅江中学、河西中心小学等教育机构。街道内多为住宅区,有香水园、芳水园、玉水园、凤水园、福水园、川水园、顺水园等高级生态居住小区。经济以第三产业为主,有金融企业14家,大型超市1家,菜市场3个,较大型企事业单位10家。南北有友谊南路、紫金山路,东西有珠江道、梅江道、郁江南道等主要街道。附近通多路公共汽车和地铁6号线。

玉水园社区 [Yùshuǐyuán Shèqū]

属梅江街道管辖,在区境中部。面积约0.09平方千米。人口约0.39万人。社区因界内玉水园得名,2006年成立至今,含有玉水园住宅小区,住宅楼多为6层,有12层以上住宅楼位于社区中部。九华山路、郁江道等道路经过。附近通多路公共汽车。该社区于2014年被评为“天津市文明社区”。

太湖路街道 [Tàihúlù Jiēdào]

属河西区管辖,在区境南部。面积约

5.76 平方千米。人口约 0.49 万人。该街道辖 3 个居委会。太湖路街道于 2017 年成立，位于天津市解放南路起步区南端，发展潜力巨大，作为“新梅江生态城区”的一部分，辖区内有大片居民小区且拥有太湖路公园、卫津河公园以及梅江新公园，生态宜居。街道内有天津警备区、市人民检察院、市第二新华中学、梅苑小学、区花苗木管理所、环卫机扫队等 30 余家机关企事业单位，有沂山路、洞庭路、微山路、太湖路、浯水道、渌水道等主要街道。附近通多路公共汽车和地铁 6 号线。

和 平 区

和平区 [Hépíng Qū]

天津市辖区，在市境中部偏南。面积约 9.98 平方千米，人口约 43.76 万人，以汉族为主，还有回、满等民族。该区辖 6 街道。区人民政府驻小白楼街道。1949 年为一区、十区及六、七区的一部分，1952 年合并为一区、五区，1956 年分别改称和平区、新华区，1958 年新华区及城厢区、河北区一部分并入和平区，1960 年将原城厢区、河北区并入部分划出。因辖区内有和平路故名。海河沿区东北界蜿蜒流向东南，至徐州道口处流出区境。辖区内有电力科学研究院 1 所，高等院校 1 所，职业学校 1 所，特殊教育学校 1 所，中小学 39 所，其中耀华中学、天津一中为全国知名中学；有和平体育馆等体育设施；有天津医科大学总医院、中国医学科学院血液学研究所等综合性医疗机构和专科医院。社区卫生服务体系健全，是市“家庭医生责任制”试点区。区内以“小洋楼”为代表的风貌建筑和名人故居多达 2 000 余栋，有多条近代历史风貌街区，其中五大道荣获第二届中国历史文化名街称号，享有“万国建筑博览会”之称。辖区内有天津首家私人博物馆“华韵博物馆”、1916 年由法国人修建的宗教建筑“西开教堂”、全国重点文物保护单位“利顺德大饭店旧址”，有吉鸿昌烈士故居、中共北方局旧址、中共中央在津秘密印刷厂遗址等近 80 余处市级文物保护单位。西北部南市食品街和旅馆街并立，形成“双城醉月”景观；东部海河及其沿岸的海河公园被称为“沽水流霞”，均被列入津门十景。区内有劝业场、津湾广场、环球金融中心、西开教堂、乐宾百货、国际商场、瓷房子等标志性建筑；有解放北路金融商务区，和平路—滨江道—南京路“两横一纵”观光购物商业区及五大道文化旅游区等众多功能区。汤臣津湾一品、新汇华庭等小区分布于营口道、和平路沿线，口腔医院、眼科医院等医疗机构与住宅区交错在一起。三大产业比重为 0∶2.9∶97.1。第二、三产业为支柱产业，其中以金融业、商业贸易为主导产业。素有北方“华尔街”之称的解放北路为区域金融商务区，入驻的银行、保险、证券等金融机构地区总部达 100 家。依托区位优势，形成中央商务区，已建成商务楼宇达 87 座，占地约 350 万平方米，已有近 82 家国内外 500 强企业总部及分支机构入驻，其中有 37 座楼宇年税收超亿元。以和平路、滨江道、南京路为中心形成辐射范围广、功能设施多样的中心商业区。1 万平方米以上的商业设施有近 31 家，其中海信广场、乐宾百货、国际商场等高端卖场年销售额超 10 亿元。建成 5 座聚集型科技楼宇，形成政府主导、政企合作、企业自营三种科技园区发展模式。注重知识产权和科技服务业发展，创新大厦入驻率达 100%，税收超亿元，被确认为国家级知识产权工程试点区。旅游服务业已成为重要经济组成部分，业已形成五大道文化旅游区、小白楼商业街、滨江道步行街、南市食品街、津湾广场等主要旅游经济区。有城市道路 152 条，呈辐射状贯通全市。附近通多路公共汽车和地铁 1、2、3 号线。

小白楼街道 [Xiǎobáilóu Jiēdào]

和平区人民政府驻地，在区境北部。面积约 2.39 平方千米。人口约 6.39 万人。街道辖 9 个居委会。近 10 年来，先后实施重点地域周边环境治理、重点道路整修、菜市场提升改造、社区基础设施提升改造、旧楼区提升改造等工程，其中，2012 年建成高端商务圈“五大院”。1998 年，解放桥街道并入，沿用今名。街道因历史上界内开封道附近曾有一幢二层白色小楼而得名。东部紧邻海河。街道内有中小学 7 所，幼儿园 1 所，医院 3 所，体育馆 3 座，其中有历史悠久、知名度高的市教委直属重点中学耀华中学；有天津最早的西餐厅起士林、具有欧式韵味的天津音乐厅；中共中央在津秘密印刷厂遗址、法国领事馆旧址等天津市文物保护单位；有天津市地标式建筑“津塔”、商业中心海信广场、餐饮娱乐津湾广场、商务圈泰安道“五大院”；有著名的利顺德国际酒店、凯悦酒店、万丽国际酒店、滨江购物中心等。解放北路、大沽北路两侧房屋多为英租界开发时所建，有典型的西式建筑艺术特色，有市财政局、市规划资源局等众多市级机关，有崇德里、扬州里等住宅小区。街域内商务楼宇云集，楼宇资源十分丰富。金融业脉底蕴深厚，以解放北路为核心形成区域性金融商务圈，驻有银行、证券等地区总部机构数十家。界内解放桥、赤峰桥、大光明桥连通海河两岸，解放北路、曲阜道等道路构成主要交通网络。附近通多路公共汽车和地铁 1、3 号线。

崇仁里社区 [Chóngrénlǐ Shèqū]

属小白楼街道管辖，在区境中部。面积约 0.19 平方千米。人口约 0.80 万人。社区因界内崇仁里小区得名。1976 年震后重建崇仁里社区和松寿里社区。1997 年合并为崇仁里社区。2000 年，顺和里社区一部分并入。2003 年，耀华里社区划入，沿用崇仁里社区名。社区含崇仁里、松寿里等 4 个住宅小区和一些散片居住区，住宅楼多为 4~8 层混合结构。南京路、营口道过境。附近通多路公共汽车和地铁 1 号线。该社区于 2014 年被评为“天津市文明社区”。

树德里社区 [Shùdélǐ Shèqū]

属小白楼街道管辖，在区境西部。面积约 0.12 平方千米。人口约 0.53 万人。社区因界内树德南里小区得名。1980 年树德南里、树德北里小区先后建成。2006 年，唐山道片划出，将泰安道社区的新华路、福康里划入，正式成立树德里社区。社区含有树德南里、宏达公寓等 8 个住宅小区和一些散片居住区，住宅楼多为 4~6 层混合结构。唐山道、新华路等道路过境。附近通多路公共汽车。该社区于 2014 年被评为“天津市文明社区”。

开封道社区 [Kāifēngdào Shèqū]

属小白楼街道管辖，在区境东部。面积约 0.34 平方千米。人口约 0.94 万人。社区因界内开封道得名。2006 年浙江路社区和开封道社区合并，称今名。社区含有开封里、聚福里等 21 个住宅小区，住宅楼多为 1~3 层及 22 层以上住宅楼。曲阜道、南京路等道路过境。附近通多路公共汽车。该社区于2014年被评为“天津市文明社区”。

劝业场街道 [Quànyèchǎng Jiēdào]

属和平区管辖，在区境中部。面积约1.30平方千米。人口约3.43万人。街道辖12个居委会。近10年来，先后实施“贴近民生”小工程、旧楼综合整修、旧路提升改造、胡同院落清整、社区基础设施改造、园林绿化建设、市政道路提升、环卫设施加强等工程，其中，2014年对沈阳道古物市场进行提升改造。1998年，甘肃路街道、四面钟街道并入，因境内劝业场而得名，并沿用劝业场街道名称至今。街道内有老年学校1所，中小学9所，幼儿园2所，市民学校1所，市民学校分校12所；医院4所，其中有中国医学科学研究院血液病医院、市眼科医院等三级甲等医院；社区卫生服务中心1个，社区卫生服务站5个；有劝业场、百货大楼等标志性建筑；有区环卫局、区教育局等机关单位；有储汇邨、四藏北里等住宅小区；有坐落于和平路东侧的中心文化广场；有吉鸿昌旧居、鞍山道历史文化街等人文旅游景点。以第三产业为主，有本市著名的和平路商业街、滨江道商业街，商贾云集，拥有劝业场、百货大楼、中原百货、滨江商厦、友谊新天地、麦购、乐宾百货、伊势丹等数家国内外享有盛誉的大型综合商场，拥有狗不理、亨得利等一批中华老字号企业和米莱欧、班尼路等国内外知名品牌店，辖区内各类商业服务业企业1 000余家，已形成了门类多、业态全的商业中心区。滨江道、和平路等道路构成主要交通网络。附近通多路公共汽车和地铁1、3号线。

福明社区 [Fúmíng Shèqū]

属劝业场街道管辖，在区境北部。面积约0.15平方千米。人口约0.59万人。社区于2000年成立，因界内福明里小区得名。2005年，蒙古路社区部分与福明社区合并，沿用福明社区名称至今。社区含有福明里、滨府里等5个住宅小区，多为1~3层住宅楼。鞍山道、河北路等道路在此经过。附近通多路公共汽车。该社区于2014年被评为“天津市文明社区”。

新疆路社区 [Xīnjiānglù Shèqū]

属劝业场街道管辖，在区境北部。面积约0.15平方千米。人口约0.59万人。该社区因位于新疆路得名，2000年区划调整由青海路社区、西藏路社区并入，沿用名称至今。社区含有祈年大厦、长安西里、云台花园3个住宅小区，住宅楼多为1~3层及28层。南京路、鞍山道等道路在此经过。附近通多路公共汽车和地铁1号线。该社区于2014年被评为“天津市文明社区”。

滨西社区 [Bīnxī Shèqū]

属劝业场街道管辖，在区境北部。面积约0.17平方千米。人口约0.74万人。该社区因境内原有建筑滨西大楼得名。1972年组建同善里，后更名滨西社区，2005年，耀德社区并入，称今名。社区内住宅楼多为1~3层。赤峰道、滨江道等道路在此经过。附近通多路公共汽车和地铁1、3号线。该社区于2014年被评为“天津市文明社区”。

五大道街道 [Wǔdàdào Jiēdào]

属和平区管辖，在区境南部。面积约2.06平方千米。人口约8.51万人。该街道辖13个居委会。因境内有五大道历史文化街区，2014年由体育馆街道更名五大道街道。街道有中小学10所，特殊教育学校1所，幼儿园8所，体育馆1座，足球场1座；有医院6所，社区卫生服务中心1个；有迄今中国保留最为完整的洋楼建筑群“五大道历史文化街区”；有民园广场、国际大厦等标志性建筑；有市体育局、市市政公路局等机关单位；有华荫南里、安康里等住宅小区，有复兴公园、睦南公园等公共休闲设施。以旅游服务业为主要产业，以五大道历史文化街区为中心，形成集文化旅游、餐饮服务、时尚购物等众多功能于一体的旅游服务区域。辖区内共有街道 36 条，以“天津小洋楼”为特点的“五大道”构成区域主要道路网络。附近通多路公共汽车和地铁 1、3 号线。

尚友里社区 [Shàngyǒulǐ Shèqū]

属五大道街道管辖，在区境中部。面积约 0.14 平方千米。人口约 0.98 万人。社区因界内尚友里小区得名，1954 年成立。1997 年，华荫东里并入。2003 年，德聚里与尚友里社区合并。2006 年，华荫南里部分并入。2012 年又将华荫南里部分划出。社区含有尚友里、华荫东里等 7 个住宅小区，住宅楼多为 5~6 层。岳阳道、襄阳道等道路在此经过。附近通多路公共汽车和地铁 1、3 号线。该社区于 2014 年被评为“天津市文明社区”。

三盛里社区 [Sānshènglǐ Shèqū]

属五大道街道管辖，在区境东部。面积约 0.16 平方千米。人口约 0.64 万人。社区因界内三盛里小区得名。2000 年山益里、义生里、新华路、三盛里 4 个社区合并，称今名。2012 年湖南路社区的洛阳道 13~31 号、南海路 1~9 号、重庆道 12~32 号、新华路 184~214 号划入。社区含有津南里、睦南道 34 号等 5 个住宅小区，建筑多为 1~3 层老式小洋楼。新华路、重庆道等道路经过。附近通多路公共汽车。该社区于 2014 年被评为“天津市文明社区”。

新兴街道 [Xīnxīng Jiēdào]

属和平区管辖，在区境南部。面积约 1.89 平方千米。人口约 7.13 万人。街道辖 11 个居委会。近 10 年来，先后实施楼门内外环境清整、重点道路综合整治、社区办公软硬件设施改造，重点环境秩序点位综合整治、社区市容环境综合整治、旧楼区综合提升改造等工程。1998 年将电台道以北 4 个社区划归南营门街道、五大道街道贵州路以西 8 个社区划入，沿用今名。津河从南侧过境。街道内有高等院校 1 所，进修学校 3 所，中小学 4 所，图书馆 1 座，医院 4 所，社区卫生服务中心 1 个；有广播大厦、云琅大厦等标志性建筑；有市卫生局、天津广播电台等机关单位，有气象东里、三友里等住宅小区，有集教学、科研、实践为一体的天津医科大学。该街道是全国开展社区服务较早的地区之一，是全国第一个社区服务志愿者协会的诞生地。经济以第二、第三产业为主，中环电子仪器公司、燃气集团等大型企业坐落于此。卫津路、气象台路、贵州路、西康路贯穿南北，同安道、电台道、宜昌道、成都道横贯东西，与其他道路纵横交织成网络。附近通多路公共汽车和地铁 3 号线。

土山花园社区 [Tǔshān Huāyuán Shèqū]

属新兴街道管辖，在区境南部。面积约 0.15 平方千米。人口约 0.68 万人。社区因土山花园得名。2000 年辅恩里社区和新宜里社区合并，称今名。2009 年，土山花园社区和设计里社区合并为土山花园社区，名称沿用至今。社区含有清华园、赛顿中心等高档住宅小区在内的 17 个住宅小区，住宅楼多为 5~7 层、11~24 层。贵州路、云南路等道路经过。附近通多路公共汽车。该社区于 2014 年被评为“天津市文明社区”。

朝阳里社区 [Cháoyánglǐ Shèqū]

属新兴街道管辖，在区境西部。面积约 0.16 平方千米。人口约 0.72 万人。该社区因国家民政部授予志愿者发源地称号而得名。朝阳里社区建于 1985 年，2000 年，新兴里、新中里、朝阳里合并，称今名。社区含有新兴里、新中里等 5 个住宅小区，住宅楼多为 4~6 层。气象台路、同安道等道路在此经过。附近通多路公共汽车。该社区于 2014 年被评为“天津市文明社区”。

南营门街道 [Nányíngmén Jiēdào]

属和平区管辖，在区境中部。面积约 1.37 平方千米。人口约 9.09 万人。街道辖 10 个居委会。近 10 年来，先后实施旧楼区改造、新建街道与社区办公设施、重要道路拓宽改造、新改建学校及大型商务建筑公共设施等，自 2002 年至今，先后拆土场南北道周边平房、卫津化工厂、振德里，建天赐园小区、汇名园、卫津路 137 号和畅园等小区，拓宽南京路，新建和平中心小学，原 1952 年建天津中心妇产科医院迁移并拆除等。1998 年原新兴街道电台道以北、气象台路以西的部分并入，沿用今名。街道因清咸丰年间在此地设“南营门”得名。街道内有职业学校 2 所，中小学 4 所，幼儿园 1 所，医院 2 所；有始建于 1916 年的市级文物保护单位西开教堂；有区质监局、区法院等机关单位；有文善里、贵阳公寓等住宅小区；有国际商场、米莱欧、苏宁电器总部等大中型商场；有天津中心、经联大厦、河川大厦、吉利大厦、嘉利中心等中高端商务楼宇；有被国家商务部授予国家级社区商业示范街区的贵阳路商业街。贵阳路、营口道、南京路等道路构成主要交通网络。附近通多路公共汽车和地铁 1、3 号线。

昆明路社区 [Kūnmínglù Shèqū]

属南营门街道管辖，在区境西部。面积约 0.11 平方千米。人口约 1.64 万人。社区因昆明路得名，1990 年成立。2000 年敦仁里社区并入，成立新昆明路社区。2005 年众诚里小区与昆明路社区合并，沿用今名。社区含有安宁里、市政里、众诚里、华胜村、金德园 5 个住宅小区，住宅楼多为 4~6 层及 31 层以上。南京路、昆明路等道路经过。附近通多路公共汽车和地铁 1 号线。该社区于 2014 年被评为“天津市文明社区”。

天兴里社区 [Tiānxīnglǐ Shèqū]

属南营门街道管辖，在区境西部。面积约 0.08 平方千米。人口约 0.47 万人。社区因界内天兴里小区得名，1976 年建成，2000 年成立。2005 年文善里小区并入，仍称今名。社区含有天兴里、文善里 2 个住宅小区，住宅楼多为 5 层。营口道、贵阳路等道路经过。附近通多路公共汽车。该社区于 2014 年被评为“天津市文明社区”。

南市街道 [Nánshì Jiēdào]

属和平区管辖，在区境西北部。面积约 0.97 平方千米。人口约 7.47 万人。街道辖 9 个居委会。近 10 年来，先后实施旧楼改造、重要道路拓宽、重大基础设施建设、特色楼门提升改造等，其中，2012 年新建万全小学、中华曲苑。2014 年前，拓宽福安大街、荣业大街等主要道路。1998 年清河街道、东兴市场街道、兴安路街道合并组成现街道，因境内南关市场（简称南市）得名。街道内有职业学校 2 所，社区学校 9 所，中小学 4 所，幼儿园 2 所，文化展览馆 2 座，医院 2 所，社区卫生服务中心 1 个；有新福方里、金伦公寓、和平园、裕德里、新世纪花园等住宅小区；有国家级中专天津市中华职业中等专业学校、市级重点中学天津市第二南开中学、百年名校万全小学、市级绿色幼儿园第八幼儿园等教育单位；有南市会馆、南市图书馆、南市楼门文化展览馆、“红学”建筑禔春园、南市艺术团等；有“津门十景”之一南市食品街。旅游服务业与零售业相结合，依托南市食品街、麦购时代广场等商业广场，形成集餐饮、购物、休闲、娱乐于一体的多功能商业区域，兼具居住、教育、商业等多重功能。南门外大街、多伦道、慎益大街、荣业大街、庆善大街等道路构成主要交通网络。附近通多路公共汽车和地铁 2 号线。

庆有西里社区 [Qìngyǒu Xīlǐ Shèqū]

属南市街道管辖，在区境北部。面积约 0.09 平方千米。人口约 0.64 万人。社区因界内庆有西里小区得名。1997 年因拆迁回迁，建成庆有西里居民区并成立社区。2003 年，庆有东里社区并入，称今名。社区含有庆有西里、和平园等 4 个住宅小区，住宅楼多为 7、12 及 26 层以上。荣安大街、福安大街等道路在此经过。附近通多路公共汽车。该社区于 2014 年被评为“天津市文明社区”。

怀远里社区 [Huáiyuǎnlǐ Shèqū]

属南市街道管辖，在区境西北部。面积约 0.08 平方千米。人口约 0.64 万人。社区因界内怀远里小区得名。1996 年，由原华丰里、长寿里，汇南里合并成现境。社区含有怀远里、南荣里、长寿公寓、明筑轩等 4 个住宅小区，住宅楼多为 6~10 层及 30 层。荣业大街、南门外大街等道路在此经过。附近通多路公共汽车。该社区于 2014 年被评为“天津市文明社区”。

河　东　区

河东区 [Hédōng Qū]

天津市辖区，在市境东部。面积约 39.63 平方千米（不包括天铁街道）。人口约 72.27 万人。该区辖 13 个街道。区人民政府驻上杭路街道。1949 年为四区和五区。1952 年两区合并称四区。1956 年因位于海河东岸更今名。1958 年东郊区并入。1962 年东郊区析出复置。1966 年改称东风区。1968 年复今名。1985、1995、1999 年经多次区划调整，形成今貌。有海河从南侧过境。区内大直沽是天津的发祥地之一，有近 800 年的历史，故俗称“先有大直沽，后有天津卫”。区内有中国人民解放军军事交通学院、中国人民武装警察部队指挥学院、天津音乐学院等高等院校；有中小学 54 所，幼儿园 34 所，市级医院 2 所，区属社区卫生服务中心 11 个。辖区内有天津市文物保护单位“元明清天妃宫遗址博物馆”；有国家 AAA 级旅游景区、区文物保护单位佛教道场“荐福观音寺”。依海河而建的海河公园已成为体验海河文化风情的重要景点之一。1986 年拓修红星路、东兴路、光华路，建中环线和中山门、东兴路、东风 3 座立交桥。在 1988 年平房改造的基础上，1998 年前后相继对天津站城际广场地区以及中山门居住区等大面积平房居住区实行拆迁改建，建成裕阳花园、月光园、景悦公寓、和盛公寓、民族园等中高层住宅区。近年来新建金汇桥、金阜桥、直沽桥、海津大桥、国泰桥，改建光华桥、赤峰桥、大光明桥、光华桥，拓建卫国道、津滨大道、靖江路、昆仑路、新泰路、新阔路等快速道路。2008 年对铁路天津站进行改造,建成天津站换乘站并形成标志性建筑。现界内多为中高层居民住宅楼群。西部以天津站、远洋国际中心为核心,建有汇和家园、秋实园、惠森花园、巨福新园等住宅小区。南部以东风立交桥、中山门桥为中心,建有来安里、嘉华小区、文宫小区、国强里等住宅小区。北部沿卫国道、昆仑路建有东瑞家园、祥泰公寓、曲溪东里、昆仑公寓等住宅小区。东部沿津滨大道建有玉龙花园别墅、东城家园、海山里、万科金色雅筑等住宅小区。区内有河滨公园、中山门公园、真理道果园、如意园、桥园公园、体育健身园、河东公园、唐口公园、红星国际广场、城际广场等公共休闲场所。三大产业比重为 0∶12.61∶87.39。科技型中小企业入驻近 2 000 家,科技小巨人企业近 30 家。该区原是市重点工业区和仓储区,有冶金、机械制造、纺织、轻工、化工、建材等企业,后经过产业调整与升级,以“金贸河东”为发展宗旨,以万达商业广场、红星美凯龙国际展览中心、远洋国际中心为中心,业已形成新功能、新定位、新核心商业圈。渤海银行总部坐落于此,构建出区域性金融商圈。区内驻有交通集团津维公司、中铁六院集团等企业。以大直沽商贸文化旅游区为中心,已形成集观光、餐饮、休闲、娱乐、购物于一体的多功能旅游服务区。京沪铁路过境,并设天津站。京津塘高速公路、津滨大道过境。附近通多路公共汽车和地铁 2、3、5、9 号线。

上杭路街道 [Shànghánglù Jiēdào]

河东区人民政府驻地,在区境东部。面积约 3.78 平方千米。人口约 5.81 万人。该街道辖 15 个居委会。近 10 多年来,先后实施旧楼区改造、里巷道路改造、景观路改造等市容环境综合整治工程。2014 年完成风麟里一区、风麟里二区、风麟公寓、滨河里等 7 个社区旧楼区综合提升改造工作。2000 年组建上杭路街道,因临近上杭路得今名。月牙河从东侧过境。街道有中小学 3 所、幼儿园 3 所、社区卫生服务中心 1 所、体育馆 1 座,有区委、区政府、区人大、区发改委等行政单位,有万达广场、红星美凯龙等商业设施。以万达广场为中心,建有金湾花园、来安里等住宅小区。河东公园坐落于此。京沪铁路过境。津滨大道、东兴路、红星路等道路构成主要交通网络。附近通多路公共汽车和地铁 5 号线。

金湾花园社区 [Jīnwān Huāyuán Shèqū]

属上杭路街道管辖,在区境北部。面积约 0.22 平方千米。人口约 0.66 万人。该社区因界内金湾花园小区得今名, 2002 年成立, 2006 年称今名。社区含金湾花园东院、金湾花园西院 2 个住宅小区,住宅楼多为 6 层。泰兴南路、成林道等道路经过。附近通多路公共汽车。该社区于 2014 年被评为“天津市文明社区”。

大王庄街道 [Dàwángzhuāng Jiēdào]

属河东区管辖,在区境西部。面积约 3.65 平方千米。人口约 5.91 万人。该街道辖 11 个居委会。80 年代建丰业里、诚厚里、开滦里、东德厚里、嘉祥里、麟祥里等居民住宅楼。1987 年辟七经路商业一条街。近 10 年来,先后实施市容卫生清整、道路环境整治、旧楼区改造等工程。其中, 2014 年完成 10 片居民区的旧楼区居住功能综合提升改造。1963 年建大王庄街道。清道光十二年(1832 年)前后成聚落,以庄头王姓得今名。海河从南侧过境。街道内有高等院校 1 所,中小学 4 所,幼儿园 3 所,医院 1

所，社区卫生服务中心 1 所；有区法院、区检察院等行政单位；有丰盈花园、林枫花园等住宅小区，有区教育局、天津音乐学院等单位。京沪铁路从西侧边缘过境。六纬路、津塘路、十一经路等道路构成主要交通网络。附近通多路公共汽车和地铁 9 号线。

十三经路社区 [13 Jīng Lù Shèqū]

属大王庄街道管辖，在区境西部。面积约 0.21 平方千米。人口约 0.39 万人。社区以驻地十三经路得今名，于 1952 年成立，含润泉公寓、十二经路 16 号院等 8 个住宅小区，住宅楼多为 6 层。六纬路、十二经路等道路在此经过。附近通多路公共汽车和地铁 9 号线。该社区 2014 年被评为“天津市文明社区”。

大直沽街道 [Dàzhígū Jiēdào]

属河东区管辖，在区境西南部。面积约 3.70 平方千米。人口约 7.70 万人。该街道辖 14 个居委会。20 世纪 90 年代，六纬路以北多为砖木结构起脊平房，以南多为 2~6 层混合结构楼房。近 10 年来，先后实施市容环境综合整治、道路综合整修、道路环境整改、旧楼区提升改造等工程。其中，2014 年完成 16 片居民区的旧楼区综合提升改造。2000 年将大桥道街道办事处管辖区并入大直沽街道办事处，以界内大直沽命今名。海河从南侧过境。街道内有职业学校 4 所，中小学 5 所，幼儿园 2 所，医院 3 所，社区卫生服务中心 1 所，体育场 1 座，有国家 AAA 级旅游景区、区文物保护单位佛教道场“荐福观音寺”，有天津市文物保护单位“元明清天妃宫遗址博物馆”，有区司法局、区总工会等行政单位，有东兴园、海峰公寓等住宅小区，市第三中心医院坐落于此，有滨河公园、区体育场等公共休闲场所。津塘路、六纬路、东兴路等道路构成主要交通网络。附近通多路公共汽车和地铁 5、9 号线。

汇贤里社区 [Huìxiánlǐ Shèqū]

属大直沽街道管辖，在区境北部。面积约 0.09 平方千米。人口约 0.41 万人。社区因界内汇贤里小区得名。2006 年将汇贤里一社区、汇贤里二社区合并，称今名。社区含万隆汇贤里小区、汇贤里安教小区 2 个住宅小区，住宅楼多为 6~7 层。红星路、直沽街等道路经过。附近通多路公共汽车。该社区 2014 年被评为“天津市文明社区”。

中山门街道 [Zhōngshānmén Jiēdào]

属河东区管辖，在区境东南部。面积约 2.38 平方千米。人口约 10.00 万人。该街道辖 15 个居委会。20 世纪 80 年代，辖区内以砖木结构平房为主。1988 年建两幢 18 层混合结构楼房和 15 幢 6 层混合结构住宅楼。近 10 年来，先后实施居委会办公服务设施提升改造、社区市容环境综合整治、旧楼区综合提升改造等工程。其中，2014 年完成 8 个社区的旧楼区提升改造，创建特色楼门，改善楼门环境。1956 年成立中山门街道。1947 年修城防，于津塘路设卡口，故称中山门。月牙河从东侧过境。街道有中小学 6 所，幼儿园 1 所，医院 1 所，社区卫生服务中心 1 个；有水利部海河水利委员会、市公安河东分局、区民政局、市第四十五中学、市园林学校等单位；有和盛公寓、中山门南里、团结小区、中山门新村等住宅小区；有中山门公园、河东文化公园等公共休闲场所。有勘察设计、物流运输、钢铁制品、医药制品等产业，驻有华勘集团、宏立运输等企业。津塘路、东兴路、广宁路、虎丘路等道路构成主要交通网络。附近通多路公共汽车和地铁 9 号线。

格调竹境社区 [Gédiào Zhújìng Shèqū]

属中山门街道管辖，在区境东部。面积约 0.06 平方千米。人口约 0.41 万人。社区因界内格调竹境花园小区得名，2013 年正式成立，含格调竹境 1 个住宅小区，住宅楼多为 18~30 层。虎丘路、广瑞路等道路在此经过。附近通多路公共汽车。该社区 2014 年被评为“天津市文明社区”。

富民路街道 [Fùmínlù Jiēdào]

属河东区管辖，在区境东南部。面积约 5.32 平方千米。人口约 4.07 万人。该街道辖 11 个居委会。1987 年棉五宿舍等平房住宅改建为混合结构小二楼。近 10 年来，先后实施社区市容环境综合整治、旧楼区综合提升改造等工程。其中，2013 年，对海河沿线 3 个社区进行卫生大清整，提升海河沿线整体环境质量。2000 年组建富民路街道，因界内富民路得今名。月牙河过境。街道内有中小学 2 所，幼儿园 1 所，图书馆 1 座，文化宫 1 座，医院 4 所，社区卫生服务中心 1 个；多为住宅区，有富民里、滨河家园、滨河新苑、军旅公寓等住宅小区；有区第二文化宫、区第二文化宫图书馆、新城市广场等休闲场所；有纺织、化工、物流等重点产业，驻有天鼎纺织、津工等企业。富民路、昆仑路、光华路等道路构成主要交通网络。附近通多路公共汽车和地铁 9 号线。

军旅公寓社区 [Jūnlǚ Gōngyù Shèqū]

属富民路街道管辖，在区境东部。面积约 1.00 平方千米。人口约 0.33 万人。社区于 1982 年成立，2006 年因军旅公寓小区得今名，含军旅公寓、合汇大厦、光华小区 3 个住宅小区，住宅楼多为 6 层。富民路、光华路等道路在此经过。附近通多路公共汽车。该社区于 2014 年被评为“天津市文明社区”。

二号桥街道 [2 Hào Qiáo Jiēdào]

属河东区管辖，在区境东南部。面积约 5.39 平方千米。人口约 5.54 万人。街道辖 15 个居委会。20 世纪 90 年代居民住宅多分布在津塘路两侧，以 4~15 层混合结构住宅楼为主。近 10 年来，先后实施旧楼综合整修、旧路提升改造等工程。1977 年由中山门街道办事处析置至今，因界内二号桥得名。月牙河过境。街道有中小学 6 所，幼儿园 3 所，医院 1 所，社区卫生服务中心 1 所；有中国地震局第一监测中心、中国机械工业集团天津电气传动设计研究所等单位。东部多为住宅区，有宁月花园、建新里等住宅小区。西部为开发区，驻有众多大型企业，有机械设备、钢铁冶炼、金属结构、纺织加工等产业，驻有金灿机械设备、第一机床总厂等企业。津塘路、海河路、光明路等道路构成主要交通网络。附近通多路公共汽车和地铁 9 号线。

建新东里第二社区 [Jiànxīn Dōnglǐ Dì’er Shèqū]

属二号桥街道管辖，在区境南部。面积约 0.12 平方千米。人口约 0.50 万人。社区因界内建新东里得名。2006 年，由原建新东里第三社区与电传社区合并成立，命今名。社区含建新东里、福庭里等 5 个住宅小区，住宅楼多为 5~6 层。先锋路、津塘路等道路在此经过。附近通多路公共汽车。该社区于 2014 年被评为“天津市文明社区”。

春华街道 [Chūnhuá Jiēdào]

属河东区管辖，在区境西北部。面积约 3.13 平方千米。人口约 7.96 万人。街道辖 12 个居委会。近 10 年来，先后实施社区居委会基础设施建设、铁路沿线整体立面提升改造、旧楼居住功能综合提升改造、市容环境综合治理等工程。1998 年组建春华街道，因界内春华里得今名。街道有高等院校 1 所，职业学校 2 所，中小学 4 所，特殊教育学校 1 所，幼儿园 1 所，医院 2 所，社区卫生服务中心 1 个。原多为平房住宅，现多为楼房。南部有裕阳花园、惠森花园等住宅小区；北部有春华里海河新天地、华康里、华泰里等住宅小区；东部有瑞金里、东屏园等住宅小区，有市财经职专、市第三十二中学等教育单位；中部有天津市第一中心医院东院、区少年宫、嘉华国际商业中心等单位。有铁路工程、物流运输等主要产业，驻有中国核工业华兴建设有限公司天津分公司、天津瑞耐建筑工程有限公司等企业。河东区危改纪念广场和天津站坐落于此。真理道、华捷道等道路构成主要交通网络。附近通多路公共汽车和地铁 2、3、9 号线。

新天地家园社区 [Xīntiāndì Jiāyuán Shèqū]

属春华街道管辖，在区境西北部。面积约 0.35 平方千米。人口约 0.74 万人。社区因界内新天地家园小区得今名，2008 年正式成立，含新天地家园、康馨里小区、鑫泰家园、惠康家园 4 个住宅小区，住宅楼多为 21~29 层。新开路、华捷道等道路在此经过。附近通多路公共汽车和地铁 2 号线。该社区于 2014 年被评为“天津市文明社区”。

唐家口街道 [Tángjiākǒu Jiēdào]

属河东区管辖，在区境中部。面积约 2.55 平方千米。人口约 6.11 万人。街道辖 12 个居委会。20 世纪 80 年代平房改造新建了 5~6 层混合结构住宅楼。近 10 年来，先后实施旧楼区提升改造、道路立面清拆、市容环境综合治理等工程。1954 年建街道，因位于唐家口村得今名。街道有中小学 5 所，医院 3 所，社区卫生服务中心 1 个；有区邮政局、区环卫局等行政单位；东部有天津工业大学、市第七中学等教育设施，有嘉华里、唐家口新村等住宅小区；西部有华馨公寓、久福园等住宅小区；南部有唐口公园、如意园等公共休闲场所。有运输物流、机电设备等产业，驻有济华气动液压、城建集团等企业。津滨大道、成林道等道路构成主要交通网络。附近通多路公共汽车和地铁 2、5 号线。

工业大学社区 [Gōngyè Dàxué Shèqū]

属唐家口街道管辖，在区境东部。面积约 0.31 平方千米。人口约 0.53 万人。社区因天津工业大学得今名。1990 年成立天津纺织工学院家属委员会，2009 年成立现社区。社区含工业大学家属院、建宁里等 4 个住宅小区，多为 5~6 层住宅楼。天津工业大学坐落于此。红星路、成林道等道路在此经过。附近通多路公共汽车。该社区于 2014 年被评为“天津市文明社区”。

向阳楼街道 [Xiàngyánglóu Jiēdào]

属河东区管辖，在区境东北部。面积约 4.12 平方千米。人口约 6.70 万人。街道辖 16 个居委会。80 年代新建 4~6 层混合结构住宅楼。近 10 年来，先后实施市容环境卫生整治、道路整修、道路立面清拆、旧楼区提升改造等工程。1979 年由唐家口街道析置向阳楼街道，因界内向阳楼得今名。街道有中小学 2 所，幼儿园 2 所，社区卫生服务中心 1 个。街道多为住宅区，有向阳楼、晨光楼、晨阳里、向阳花园、时尚花园、昕旺苑、临池里、前进新里、万东花园、雅丽园、上杭花园、顺达公寓等住宅小区；有市第一〇二中学、第十六幼儿园等教育单位；有中国天津SOS儿童村、市行政许可中心、解放军军事交通学院等单位。成林道、晨光道、靖江路等道路构成主要交通网络。附近通多路公共汽车和地铁2、5号线。

阳安里社区 [Yáng'ānlǐ Shèqū]

属向阳楼街道管辖，在区境东部。面积约0.21平方千米。人口约0.19万人。社区因界内阳安里小区得今名，2006年成立，含阳安里、昱发园、新月花苑、红顶花园4个住宅小区，住宅楼多为2~6层。西侧有万东路经过。附近通多路公共汽车。该社区于2014年被评为“天津市文明社区”。

常州道街道 [Chángzhōudào Jiēdào]

属河东区管辖，在区境东北部。面积约3.66平方千米。人口约5.19万人。街道辖12个居委会。20世纪80年代新建5~6层住宅楼。近10年来，先后实施旧楼区改造、旧路改造、道路立面清拆、市容环境综合整治等工程。1981年由原李公楼街道析置常州道街道，因界内常州道得今名。街道有科研单位2所，科技园1个，小学2所，幼儿园2所，医院2所；有市交通运输委、电力公司检修公司、电力公司城东供电分公司、公安交通局车辆管理所等单位。街道内多为住宅区，有常州里、柏丽花园、益寿东里、凤溪花园、一品家园等住宅小区。驻有中铁电气化勘测设计研究院、地热研究院、武警指挥学院等单位。真理道、卫国道、泰兴路等道路构成主要交通网络。附近通多路公共汽车和地铁2、5号线。

近营里社区 [Jìnyínglǐ Shèqū]

属常州道街道管辖，在区境东北部。面积约0.11平方千米。人口约0.23万人。社区因界内近营里小区得名。2006年，由原乐东里和泰兴公寓合并成立，统称今名，含近营里、近营北里、泰兴公寓3个住宅小区，住宅楼多为6层。南侧有真理道经过。该社区于2014年被评为“天津市文明社区”。

东新街道 [Dōngxīn Jiēdào]

属河东区管辖，在区境东部。面积约2.12平方千米。人口约9.96万人。街道辖15个居委会。近10年来，先后实施旧楼区改造、道路综合整治、社区卫生清整、市容环境综合整治、节能改造等工程。1998年将香山道、盘山道合并成立东新街道，因位于河东区东部的万新村得今名。街道有职业学校1所，中小学7所，幼儿园5所，社区卫生服务中心1个；为城市规划住宅区，有凤岐里、曲溪里、远翠里等住宅小区；有天山路商业一条街，有华润万家、物美大卖场等商场；有中铁十六局第二工程有限公司区体校等单位。成林道、昆仑路卫国道等道路构成主要交通网络。附近通多路公共汽车和地铁2号线。

松风西里社区 [Sōngfēng Xīlǐ Shèqū]

属东新街道管辖，在区境北部。面积约0.12平方千米。人口约0.73万人。社区因界内松风西里小区得今名。2006年，由原松风西里第一、第二社区合并成立，含松风西里1个住宅小区，住宅楼多为6~8层。卫国道、天山路等道路在此经过。该社区于2014年被评为“天津市文明社区”。

鲁山道街道 [Lǔshāndào Jiēdào]

属河东区管辖，在区境东北部。面积约3.60平方千米。人口约2.70万人。街道辖10个居委会。20世纪90年代住宅均为2层混合结构楼房。近10年来，先后实施道路清整和景观建设、市容环境清整等工程。

1993 年成立鲁山道街道，因界内鲁山道得名。1999 年将丽苑居住区行政管理职能划归河东区。街道有幼儿园 1 所，社区卫生服务中心 1 个；有喜悦购物公园、河东体育健身园等公共休闲场所；有凤山商业广场、市第八中学等单位。卫国道、鲁山道、龙山道等道路构成主要交通网络。附近通多路公共汽车和地铁 2 号线。

橙翠园社区 [Chéngcuìyuán Shèqū]

属鲁山道街道管辖，在区境北部。面积约 0.20 平方千米。人口约 0.18 万人。社区因界内橙翠园小区得名，2008 年成立，含橙翠园、银蕊园 2 个住宅小区，住宅楼多为 5~10 层。鲁山道、凤山道等道路在此经过。附近通多路公共汽车。该社区于 2014 年被评为“天津市文明社区”。

天铁街道 [Tiāntiě Jiēdào]

属河东区管辖，在河北省邯郸市涉县东部，为河东区飞地。面积约 6.60 平方千米。人口约 2.19 万人。街道辖 6 个居委会。20 世纪 90 年代有 6 个居民生活区，为 2~5 层混合结构楼房。近 10 年来，先后实施道路改造、环境绿化美化、社区环境卫生整治等工程。1990 年经天津市政府批准成立天铁街道，因天津铁厂得名。街道有职业学校 1 所，中小学 3 所，幼儿园 4 所，医院 1 所。住宅区和开发区交错分布，有学校、医院分布其中。街道内驻有市公安局铁城分局、天铁文化宫等单位；有神黄小区、黄花脑小区等住宅小区，有天铁集团职业学校、天铁一中等教育设施；有天铁医院；有天铁百货大楼、新华联购物广场等商业设施；有天铁冶金集团、天铁劳服实业等企业。环厂路、神黄路构成主要交通网络。

神山社区 [Shénshān Shèqū]

属天铁街道管辖。面积约 1.32 平方千米。人口约 0.39 万人。社区于 1990 年成立，2017 年因管辖区域变化且神山坐落于本社区，故命今名。社区含神山小区 1 个住宅小区；有天津市第二中级人民法院驻天津铁厂审判庭、天铁文化宫等单位。北侧有下江线经过。该社区于 2014 年被评为“天津市文明社区”。

南　开　区

南开区 [Nánkāi Qū]

天津市辖区，在市境西南部。面积约 40.60 平方千米。人口约 85.95 万人，以汉族为主，有蒙古、回、朝鲜等民族。全区辖 12 个街道。区人民政府驻长虹街道。南开区 1947 年为十一区，1952 年改七区，1956 年改名南开区，1966 年改南开区为东方红区，1968 年恢复南开区名称，取天津旧城以南的开洼地之意命名。1981 年将聂公桥以东地区划入河西区。1984 年将西青区王顶堤、凌庄子、宁家房子、赵金庄、大园、小园划入。境内东、北隅有海河、卫津河、南运河环绕，中部津河南北向流过，至复康路向东与卫津河贯通。全区有中等职业学校 7 所，中小学 51 所，幼儿园 45 所；有图书馆 1 座，档案馆 1 座，文化艺术馆 1 座；有体育馆 2 座；有三级医院 7 所，包括天津最早建立、规模最大的中医医院天津中医药大学第一附属医院、以综合肝病治疗为特色的市第二人民医院以及市第一中心医院、市中心妇产科医院等。南开区是典型的知识密集区、科技密集区，环天津大学南开大学知识经济创新圈列入全市“十三五”规划纲要。区内有南开大学、天津大学等高校 4 所，国家级和市级科研院所 21 家、国家级重点实验室 35 个。古文化街、鼓楼商业街、天津科贸街、奥城国际风情街等 9 条特色街以及天津大悦城、时代奥城、天佑城、熙悦汇、鲁能城购物中心等大型商业设施坐落区内。鼓楼、玉皇阁、文庙、广东会馆、天后宫等历史文化景观和水上公园、南翠屏公园、长虹生态园、天津奥林匹克体育场、周邓纪念馆等现代旅游景观，构成区内独具特色的旅游资源。古文化街是天津老城文化的代表，是 AAAAA 级旅游景区，年接待中外游客 1 300 万人次。全国重点文物保护单位广东会馆，其会馆主体是国内尚存规模大、保存完好的古典戏楼建筑之一。全国重点文物保护单位天后宫、天津市文物保护单位文庙亦坐落南开区。区内有并称天津工艺三绝的“泥人张”彩塑、“风筝魏”风筝、“砖刻刘”砖雕。全国爱国主义教育示范基地周恩来邓颖超纪念馆坐落于此。区内有民俗博物馆、老城博物馆、天津华夏鞋文化博物馆、格格府典藏博物馆。东北部的古文化街、南部的水上公园，构成“故里寻踪”和“龙潭浮翠”两大景观，均列入津门十景。1993—1998 年累计拆迁危陋房屋近 150 万平方米，1999—2002 年又拆除危陋平房近 60 万平方米。2003 年进行老城厢改造，拆除旧住宅建筑面积 73 万平方米，同时重建鼓楼商业街。三大产业比重为 0 : 10 : 90。第二产业以大工业为依托，形成机械制造、电子电器、金属制品、精细化工、纺织服装、新型食品等重点产业，驻有中环电子、电缆总厂、液压集团等中央、市属大中型企业近 400 家，驻有津美饮料、万华股份等中外合资企业 100 多家。第三产业以商贸金融、住宿饮食、房地产等为主导。南开区是天津市商贸中心之一，金融机构累计达 400 家。区内有正兴德茶庄、鸵鸟墨水等中华老字号企业。红旗路、复康路、长江道、黄河道等道路构成区域主要交通网络。附近通多路公共汽车和地铁 1、2、3、5、6 号线。

长虹街道 [Chánghóng Jiēdào]

南开区人民政府驻地。在区境北部。面积约 2.63 平方千米。人口约 6.58 万人。该街道辖 13 个居委会，1953 年属街公所，1954 年并入东牲里街道，1960 年改称东牲里公社，1962 年恢复街道名称，由东牲里街道析置西营门外街道，1968 年改称西营门外街革委会，1978 年恢复西营门外街道，1999 年因街道位于长虹公园附近更今名。津河从区东侧过境。街道有职业学校 2 所，中小学 8 所，幼儿园 2 所，医院 3 所，社区卫生服务中心 1 个。西部有不锈钢制品生产、销售企业聚集群，与天泰园、石泉里等住宅小区交错分布；中部有临潼里、华美里等住宅区，有南开文化中心、郁美净集团、中天制药天津分公司等单位；东部有长虹公园；东北部有区信访办、区人口服务管理中心等行政单位，有水畔花园、盛达园等住宅小区。街道内有医药制品、金属材料等重点产业，不锈钢制品生产交易城驻于辖区中部长江道北侧。辖区内有社区卫生服务中心汶水医院、市黄河医院等单位。西营门外大街、红旗路、黄河道、长江道等道路构成主要交通网络。附近通多路公共汽车和地铁 2、6 号线。

盛达园社区 [Shèngdáyuán Shèqū]

属长虹街道管辖，在区境北部。面积约 0.17 平方千米。人口约 0.35 万人。社区因界内盛达园小区得名。2000 年平房改造时属榆次东里，2005 年建成命今名，含盛达园 1 个住宅小区，住宅楼以 10~14 层为主。黄河道、西营门外大街等道路经过。附近通多路公共汽车。该社区于 2014 年被评为“天津市文明社区”。

鼓楼街道 [Gǔlóu Jiēdào]

属南开区管辖，在区境东北部。面积约 2.12 平方千米。人口约 6.44 万人。街道辖 9 个居委会。1993 年成立鼓楼南街道和鼓楼北街道，1999 年合称今名，因街域中有鼓楼得名。海河从东侧过境。街道有中小学 2 所，幼儿园 2 所，医院 2 所；有天后宫、文庙、广东会馆、古文化街、鼓楼商业街、天津民俗博物馆等景点。西部有富力城、九州国际等住宅小区，沿城厢西路有中学、幼儿园、超市分布；中部为鼓楼商业街，沿鼓楼南街、鼓楼东街有古玩城、茶楼、博物馆分布；东部有静德花园、铜锣湾花园等住宅小区，有新安购物广场、仁恒海河广场等商业中心，古文化街旅游区坐落于此。以鼓楼、古文化街为中心，形成集观光、餐饮、休闲、娱乐于一体的多功能文化商业区。街道驻有市人民检察院第一分院、市第一中级人民法院、市消防局等市级单位。南马路、城厢中路、东马路等道路构成主要交通网络。附近通多路公共汽车和地铁 1、2 号线。

天越园社区 [Tiānyuèyuán Shèqū]

属鼓楼街道管辖，在区境东北部。面积约 0.17 平方千米。人口约 0.61 万人。社区因界内天越园小区得名，2009 年成立，含天越园、天康园 2 个住宅小区，住宅楼以 24~32 层为主。西马路、北城街等道路在此经过。附近通多路公共汽车和地铁 1 号线。该社区于 2014 年被评为“天津市文明社区”。

兴南街道 [Xīngnán Jiēdào]

属南开区管辖，在区境东北部。面积约 1.70 平方千米。人口约 5.37 万人。街道辖 9 个居委会。1999 年将原南门西街和炮台庄街撤销，合并组建兴南街道，因地理位置而命名。街道有职业学校 1 所，中小学 7 所，幼儿园 1 所，图书馆 1 座，医院 4 所；有南开学校旧址、杨以德旧居、王永泉旧居等历史风貌建筑；有市监狱管理局、市高级人民法院、区财政局等行政单位。住宅区与商业区交错分布，医疗、教育等单位分布其中。东部有邮电公寓、龙凤里等住宅小区，有建筑工程、装具饰品、制版印刷等企业；西部有红和里、凤翔里等住宅小区，有南开医院、市中心妇产科医院等三级甲等医院，有南开中学等学校。经济以商业贸易为主，有大悦城、悦府广场等商业中心，有家乐福、华润万家等大型超市，构成区域性商业中心。辖区内有中国石化天津石油分公司、今晚报社、天津能源、中国人寿保险等单位。南开三马路、南开四马路、南开二纬路、南开三纬路等道路构成主要交通网络。附近通多路公共汽车和地铁 1、2 号线。

龙凤里社区 [Lóngfènglǐ Shèqū]

属兴南街道管辖，在区境东北部。面积约 0.19 平方千米。人口约 0.48 万人。社区因界内龙凤里小区得名。1989 年平房改造建成龙凤里小区。2000 年建立世纪花园小区，并入该社区。社区含龙凤里、悦府公寓等 4 个住宅小区，住宅楼以 6~9 层和 19~33 层为主。南门外大街、南马路等道路经过。附近通多路公共汽车和地铁 2 号线。该社区于 2014 年被评为“天津市文明社区”。

广开街道 [Guǎngkāi Jiēdào]

属南开区管辖，在区境北部。面积约

1.78 平方千米。人口约 9.21 万人。街道辖 13 个居委会。1949 年建西门南、六合市场、东牲里、蓄水池街公所，1952 年复设街公所，1954 年改称街道，1999 年四街道合并为广开街道，因位于广开中街而得名。津河从西侧过境。街道有高等院校 1 所，职业学校 2 所，中小学 4 所，幼儿园 1 所，医院 2 所，残疾康复中心 2 个；有区卫生局、区政府献血办公室等单位。住宅区、商业区交错分布，医疗、教育等单位分布其中。西侧有格调春天花园、凯立天香家园等住宅小区；东侧有台北花园、风荷新园等住宅小区，有南开危改纪念广场、南开公园等公共休闲场所；有休闲疗养、商贸购物、机械工程等产业。广开中街、广开二马路、天宝路、长江道等道路构成主要交通网络。附近通多路公共汽车和地铁 1、2 号线。

凯兴公寓社区 [Kǎixīng Gōngyù Shèqū]

属广开街道管辖，在区境北部。面积约 0.13 平方千米。人口约 0.23 万人。社区因界内凯兴天宝公寓小区得名。1997 年平房改造，建成公寓。社区含凯兴天宝公寓 1 个住宅小区，住宅楼以 6 层为主。广开四马路、西市大街等道路经过。附近通多路公共汽车。该社区于 2014 年被评为“天津市文明社区”。

万兴街道 [Wànxīng Jiēdào]

属南开区管辖，在区境中部。面积约 3.54 平方千米。人口约 13.38 万人。街道辖 22 个居委会。1949 年建万德庄、兴业里街公所，后并入万德庄、兴业里派出所，1952 年复建街公所，1954 年改称街道，1958 年兴业里街道并入万德庄街道，1960 年改万德庄人民公社，1962 年恢复原万德庄、兴业里街道名称，1968 年改称革委会，1978 年恢复街道，1999 年万德庄街道与兴业里街道合并为万兴街道，取两街名之首字而命名。津河从中部过境。街道有科研单位 4 所，高等院校 2 所，中小学 8 所，幼儿园 3 所，少年宫 1 座，文化宫 1 所，儿童福利院 1 所，医院 5 所。住宅区与商业区、高教科研区交错分布，商场、医院分布其中。域内有区建委、残联等区级机关，市第二十五中学、区少年宫等教育单位。北侧有轻工业研究院、轻工装备研究所等科研机构；南侧有天津中医药大学及其第一附属医院；东侧有新都花园、书香园等住宅小区；西侧有天环里、苏堤公寓等住宅小区。沿鞍山西道北侧有天津大学建筑设计规划研究总院、天津城建集团等单位分布。街道有药品制造、食品工业、电子科技等重点产业。南丰路、灵隐道、鞍山西道、西湖道等道路构成主要交通网络。附近通多路公共汽车和地铁 1、6 号线。

天大北五村社区 [Tiāndà Běiwǔcūn Shèqū]

属万兴街道管辖，在区境中部。面积约 0.26 平方千米。人口约 0.59 万人。社区因界内天大北五村小区得名。20 世纪 70 年代称为老北五居委会，1987—1996 成立新五村居委会，2000 年新老北五村合并，成立天大北五村社区，2009 年师北里小区 10 幢楼以及高层 2 幢楼并入。社区含天大北五村、师北里等 3 个住宅小区，住宅楼以 4~6 层为主。鞍山西道、卫津路等道路经过。附近通多路公共汽车。该社区于 2014 年被评为“天津市文明社区”。

苏堤路社区 [Sūdīlù Shèqū]

属万兴街道管辖，在区境中部。面积约 0.14 平方千米。人口约 0.62 万人。社区因苏堤路得名，2009 年成立，含苏堤东里、春晓花园等5个住宅小区,住宅楼以6层和16~30层为主。西湖道、苏堤路等道路经过。附近通多路公共汽车。社区于2014年被评为“天津市文明社区”。

双峰里社区 [Shuāngfēnglǐ Shèqū]

属万兴街道管辖,在区境中部。面积约0.14平方千米。人口约0.50万人。社区因界内双峰里小区得名,1950年成立,1958年成立德兴里,1970年更今名,1982年将居民住房由平房改造为楼房。社区含双峰里、新都花园等4个住宅小区,住宅楼以5~10层和28层为主。双峰道、卫津路等道路在此经过。附近通多路公共汽车。该社区于2014年被评为“天津市文明社区”。

学府街道 [Xuéfǔ Jiēdào]

属南开区管辖,在区境中部。面积约4.70平方千米。人口约7.09万人。街道辖14个居委会。1923年南开大学迁此建校,1952年天津大学在南开大学北侧建校,20世纪80年代始,其西部建为科研基地。80代中期建成荣迁里住宅楼,后建成学湖里、府湖里等住宅楼群及鞍山西道科贸一条街等,后更今名。街道因界内有天津大学、南开大学两所高等学府而得名。津河从中部过境。街道有科研机构11所,高等院校2所,中小学4所,幼儿园3所,医院5所。住宅区与高教科研区交错分布。西侧有农业科学院、技术物理研究所等科研机构,有市第一中心医院、市第二人民医院等三级甲等医院,有荣迁西里、南开大学西南村等住宅小区;东侧为南开大学、天津大学校区;北侧沿鞍山西道有赛博数码、时代数码广场等商业中心。街道内有电子科贸、建筑工程、医药制造等重点产业。红旗路、白堤路、南丰路、鞍山西道、复康路等道路构成主要交通网络。附近通多路公共汽车和地铁6号线。

学湖里社区 [Xuéhúlǐ Shèqū]

属学府街道管辖,在区境中部。面积约0.15平方千米。人口约0.38万人。社区因界内学湖里小区得名,1989年成立学湖里第一社区和学湖里第二社区,1999年,合并称今名,含学湖里1~16号楼、学湖里17~28号楼2个住宅小区,住宅楼以5~7层为主。鞍山西道、南丰路等道路在此经过。附近通多路公共汽车。该社区于2014年被评为“天津市文明社区”。

向阳路街道 [Xiàngyánglù Jiēdào]

属南开区管辖,在区境西北部。面积约5.70平方千米。人口约10.58万人,有汉、回、满、蒙古等民族。街道辖19个居委会。中华人民共和国成立后建成住宅区、工厂区。1975年从西营门外街道析置向阳路革委会,1978年改称向阳路街道,因界内向阳路得名。街道有职业学校3所,中小学7所,幼儿园2所,医院3所。住宅区与开发区交错分布,学校、医院分布其中。西部有新南马路五金城、熙悦汇购物中心等商业单位,有凯盛家园、冶金里等住宅小区;东部有有国家海洋技术中心、硅酸盐研究所等科研机构,有龙富园、延川里、瑞湾花园等住宅小区。沿长江道北侧有二轻集团、无线电元件一厂等企业分布;沿黄河道有市大中专毕业生就业指导中心、市自行车研究院等单位分布。街道有不锈钢制品、建筑装饰、汽车工业、加工纺织等重点产业。黄河道、密云路等道路构成主要交通网络。附近通多路公共汽车和地铁2号线。

昔阳里社区 [Xīyánglǐ Shèqū]

属向阳路街道管辖,在区境西北部。面积约0.33平方千米。人口约1.03万人。社区因界内昔阳里小区得名，于 2000 年成立。2009 年，昔阳南里与昔阳里合并，称今名。社区含泾水园、昔阳东里等 8 个住宅小区，住宅楼以 6~7 层为主。密云路、长江道等道路经过。附近通多路公共汽车。该社区 2014 年被评为“天津市文明社区”。

嘉陵道街道 [Jiālíngdào Jiēdào]

属南开区管辖，在区境西北部。面积约 3.67 平方千米。人口约 6.97 万人。街道辖 16 个居委会。此地曾是农田苇地，称西南大围堤。1959 年挖河建路，建公共汽车三厂；20 世纪 60 年代建工厂、企业；1970 年挖密云路污水河；70 年代中期新辟居民区；1981 年从兴业里街道析置长江道街道；1984 年因境内有嘉陵道更今名。街道有中小学 6 所，幼儿园 4 所，医院 2 所。住宅区与开发区交错分布，学校、医院分布其中。社区有宜宾东里、沱江里等住宅小区，有区委党校、城西供电分公司等单位。沿宜宾道有中国水产天津公司、水表厂等单位分布；沿长江道南侧有中国汽车工业工程有限公司、公交三公司等单位分布。街道有化工、汽车保养、电子科技、建筑工程等重点产业。宜宾道、咸阳路、雅安道等道路构成主要交通网络。附近通多路公共汽车和地铁 6 号线。

泊江里社区 [Bójiānglǐ Shèqū]

属嘉陵道街道管辖，在区境中部。面积约 0.11 平方千米。人口约 0.65 万人。社区因界内泊江东里小区得名。1984 年建成泊江东里居民区，并成立泊江东里第一、第二社区。1997 年区划调整时两社区合并，更名为泊江东里社区。2009 年，沱江里社区与泊江东里社区合并，称今名，含泊江东里、沱江里 2 个住宅小区，住宅楼以 5~6 层为主。红旗路、嘉陵道等道路在此经过。附近通多路公共汽车。该社区于 2014 年被评为“天津市文明社区”。

王顶堤街道 [Wángdǐngdī Jiēdào]

属南开区管辖，在区境西部。面积约 5.02 平方千米。人口约 11.71 万人，有汉、回、满等民族。街道辖 25 个居委会。1956 年毛泽东主席曾到该村视察。1980 年建居民住宅楼，1984 年前属西青区，1984 年划归南开区，1986 年成立街道。1999 年街道行政区划调整，撤澄江路街道，将天拖北道以南区域划入，成今状。因明代王姓始居，死后葬于堤上，故名。街道有高等院校 3 所，中小学 10 所，幼儿园 4 所，市少年宫分宫 1 所，评剧院 1 座，医院 2 所。住宅区与开发区交错分布，学校、医院分布其中。北侧有金典花园、龙川里等住宅小区。南侧有迎风里、凤园里等住宅小区，有市勘察院设计集团有限公司、市法律援助中心等单位。街道内有纸制品、物流运输、食品加工等重点产业。迎水道、复康路、简阳路等道路构成主要交通网络。附近通多路公共汽车和地铁 3、6 号线。

淦江里社区 [Gànjiānglǐ Shèqū]

属王顶堤街道管辖。在区境中部。面积约 0.10 平方千米。人口约 0.66 万人。社区因界内淦江路命名。2009 年王顶堤街淦江东里社区和淦江西里社区合并，称今名，含淦江东里、丽都大厦等 4 个住宅小区。住宅楼以 5 层和 27~30 层为主。红旗路、楚雄道等道路在此经过。附近通多路公共汽车。该社区于 2014 年被评为“天津市文明社区”。

迎水里社区 [Yíngshuǐlǐ Shèqū]

属王顶堤街道管辖，在区境中部。面积

约 0.53 平方千米。人口约 0.72 万人。社区因界内迎水东里小区得名。1985 年建成迎水西里居民区,2009 年,98 号院和迎水北里社区并入,迎水西里和迎水东里合并,称今名。社区含迎水东里、迎水西里等 4 个住宅小区,住宅楼以 6 层为主。红旗南路、迎水道等道路在此经过。附近通多路公共汽车和地铁 3、6 号线。该社区于 2014 年被评为“天津市文明社区”。

水上公园街道 [Shuǐshàng Gōngyuán Jiēdào]

属南开区管辖,在区境中部。面积约 5.63 平方千米。人口约 4.19 万人。街道辖 10 个居委会,前身为八里台街道,1952 年设八里台街公所, 1954 年改称八里台街道, 1958 年并入万德庄街道, 1984 年从万德庄街道析出复设八里台街道。2006 年因境内水上公园更今名。东湖、西湖坐落于此。街道有科研机构 7 所,高等院校 3 所,职业学校 5 所,中小学 4 所,医院 5 所,体育馆 1 座,剧院 1 座;有爱国主义教育基地周恩来邓颖超纪念馆,有 AAAA 级景区、津门十景之一的龙潭浮翠(水上公园),有全国科普教育基地和天津市科普教育基地天津动物园。住宅区与商业区交错分布。西侧有天津广播电视大学、行政学院等教育单位,东侧有复康里、临园里等住宅小区。沿迎水道有天津社会科学院、新华通讯社天津分社等单位分布。沿水上公园北道有市司法局、市教委等单位分布。以水上公园为中心形成集餐饮、休闲、娱乐于一体的旅游服务业。迎水道、水上公园东路、宾水西道等道路构成主要交通网络。附近通多路公共汽车和地铁 3、6 号线。

观景里社区 [Guānjǐnglǐ Shèqū]

属水上公园街道管辖,在区境中部。面积约 0.38 平方千米。人口约 0.41 万人。社区因界内观景里小区得名。2000 年眺园里、观景里、科海里合并,称今名,含观景里、科海公寓等 7 个住宅小区,住宅楼以 5~7 层为主。红旗南路、迎水道等道路在此经过。附近通多路公共汽车和地铁 3、6 号线。该社区于 2014 年被评为“天津市文明社区”。

体育中心街道 [Tǐyù Zhōngxīn Jiēdào]

属南开区管辖,在区境北部。面积约 7.15 平方千米。人口约 6.08 万人。该街道辖 12 个居委会。1986 年将原西青区部分地域划入南开区成立凌庄子街道。1999 年因天津体育中心坐落在街域内,更今名。街道内有科研机构 2 所、中小学 2 所,幼儿园 4 所,体育馆 2 座,医院 5 所;有市民政局、市残联等行政单位。中部有应急管理部天津消防研究所、中国市政工程华北设计研究总院有限公司等科研机构,有农业银行党校、市老年活动中心等单位,有奥林匹克中心、天津体育馆等体育场馆,奥城商业广场坐落于此。西侧有阳光 100 国际新城、金谷园等住宅小区。东侧有立达公寓、翠泉别墅等住宅小区。以奥林匹克中心为核心形成集体育赛事、餐饮、娱乐于一体的服务产业。红旗南路、宾水西道、水上公园东路等道路构成主要交通网络。附近通多路公共汽车和地铁 5、6 号线。

华苑街道 [Huáyuàn Jiēdào]

属南开区管辖,在区境西南部。面积约 1.68 平方千米。人口约 5.04 万人。该街道辖 11 个居委会。1997 年建居住区,1997 年成立华苑街办事处筹备组, 1999 年建立华苑街道,因界内华苑居住区得名。街道有中小学5所,幼儿园10所,医院1所。东侧有长华里、日华里等住宅小区,有市质量检验协会、区卫生监督所等行政单位,有天津中学、模范小学等教育单位,有人人乐、麦迪逊等购物广场;西侧有天发、鑫茂等高新产业园区,有石化、机械设备、精密机械、汽车制造、印刷装潢、通信光纤等重点产业。华苑路、迎水道、中孚路、外环西路等道路构成主要交通网络。附近通多路公共汽车和地铁3号线。

长华里社区 [Chánghuálǐ Shèqū]

属华苑街道管辖,在区境西南部。面积约0.13平方千米。人口约0.20万人。社区因界内长华里小区得名。1999年始建,2002年成立,含长华里1个住宅小区,住宅楼以6层为主。华苑东路、雅士道等道路在此经过。附近通多路公共汽车。该社区于2014年被评为"天津市文明社区"。

绮华里社区 [Qǐhuálǐ Shèqū]

属华苑街道管辖,在区境西南部。面积约0.18平方千米。人口约0.41万人。社区因界内绮华里小区得名。1999年建成绮华里,2001年成立社区,含绮华里1个住宅小区,住宅楼以6层为主。华苑路、雅士道等道路经过。附近通多路公共汽车。该社区于2014年被评为"天津市文明社区"。

南开工业园 [Nánkāi Gōngyèyuán]

在区境西北部,东至咸阳路,西至资阳路,南至长江道,北至雅安道。占地面积约46.7万平方米。工业园因位于南开区得名,1992年10月22日经天津市人民政府正式批准建立市级开发区,俗称北草坝工业区,1994年10月22日批准命名,业已形成科技型、开放型、轻加工型工业基地。该工业园是高新技术及光电子产业基地。园区基础设施与服务设施齐全,园区内道路与咸阳路、长江道相连接,交通便利。

河　北　区

河北区 [Héběi Qū]

天津市辖区,在市境东北部。面积约29.62平方千米。人口约66.21万人,有汉、回、壮等民族。该区辖10个街道。区人民政府驻望海楼街道。1952年称三区,1956年因地处海河北更今名,1958年将真理道以南地区划归河东区,将东丽区新开河与金钟河大街之间、外环线以西和北辰区普济河道以南地区划入,1990年又将东丽区上江路以西和北辰区宜白路以南部分地区划入,遂成今境。河北区濒临天津三岔河口,是天津的发祥地和中心城区之一,近代史上一度成为天津政治、经济和文化教育中心,是天津近代金融和工业的摇篮,以及洋务运动、清末新政的重地。界内河道纵横,海河、月牙河纵贯南北,新开河横穿东西。天津美术学院坐落于此。区内有进修学校1所,特殊教育学校2所,中小学45所,幼儿园33所;档案馆1座,文化馆1座,图书馆2座,书吧22个;三级医院4所,社区卫生服务中心10个;有北洋法政专门学堂旧址、女星社旧址、社会主义青年团旧址、工余补习学校旧址、解放天津会师纪念地等多处中国近代、现代革命纪念地;有望海楼天主教堂、金家窑清真寺、冈纬路基督教堂等知名宗教建筑。南部光复道及周围地区曾沦为意、奥、俄租界地,多罗马式、哥特式庭院小楼,现为海河意式风情区,有意大利兵营旧址、原意大利领事馆、原奥国领事馆及梁启超故居、冯国璋故居、曹禺故居等保存完整的具有西洋建筑特征的风格建筑137栋，是意大利本土以外最大的意式风格建筑群。区内有天津市重点文物保护单位、历史风貌建筑大悲禅院，有跨河建设、桥轮合一的摩天轮“天津之眼”，有百年名园北宁公园。天津海河假日酒店为五星级酒店。2018年，河北区落实20项民心工程，提升社会建设水平。启动鸿顺里等片区房屋征收，王串场二十四段、市第三十五中学、新大路等片区接近净地，完成9.54万平方米棚户区改造。三大产业比重为0∶22.8∶77.2。第二产业以金属制品、轻工制品、科技产品等产业为主，驻有南华集团、华电重工、福浩实业等企业。原有的白庙、新开河、北站外3个工业区逐步被一批现代化都市工业区、创意产业园区和商贸服务设施所取代。第三产业以旅游服务业为主，有多处旅游区、纪念地和大型商场，形成集观光、休闲、餐饮于一体的都市旅游休闲地。至2010年，境内基本形成海河大道、金纬路与狮子林大街、进步道3个金融聚集区。2009年9月，国内第一家股份制、全面与国际接轨的综合类商品交易所——天津渤海商品交易所落户于此。区内拥有亿元楼宇28座。京沪、津山铁路过境，设天津站、天津北站。京津塘高速公路在此设出入口。区内有金狮、北站、普济河道等30多座桥梁，有新阔路、铁东路、金钟河大街等主干道与内环线、中环线、外环线构成城市交通网络。附近通多路公共汽车和地铁2、3、5、6号线。

望海楼街道 [Wànghǎilóu Jiēdào]

河北区人民政府驻地，在区境南部。面积约2.25平方千米。人口约7.72万人。街道辖11个居委会。1949年建水梯子街公所，1953年撤销街公所，1954年改称街道，1960年统称小关公社，1968年改称革委会，1980年恢复街道。2000年小关大街街道与东六经路街道合并，且因境内望海楼天主教堂更今名。2005年完成昆宏里、昆云里两社区旧楼改造工程。2007年对小四径路、中山公园路进行重新铺设维修。2010年完成街道内5条道路的街景整治工作。2012—2014年完成望海楼北里、振德里、金波里、昆石里等小区旧楼改造工程。街道内有中小学2所，幼儿园1所，医院5所（其中有三级医院天津市第四中心医院），社区卫生服务中心1个。区政府、区教育局等区政府行政单位驻此。街道内有全国重点文物保护单位望海楼天主教堂、天津市文物保护单位中山公园、市区修建年代最早的清真寺金家窑清真寺等历史遗迹。街道内多为6~7层楼房，南侧有金狮家园、金谷里等住宅小区，北侧有中宇里、川云里等住宅小区；有机械制造、工业贸易、食品加工等产业。津山铁路过境。中山路、狮子林大街等道路在此经过。附近通多路公共汽车和地铁3号线。

中远里社区 [Zhōngyuǎnlǐ Shèqū]

属望海楼街道管辖，在区境南部。面积约0.22平方千米。人口约0.74万人。社区因界内中远里小区得名，1998年成立，2005年与金波里社区合并，沿用今名。社区含中远里、金霞里等5个住宅小区，住宅楼以6~7层为主。金海道、金钟路等道路在此经过。附近通多路公共汽车。该社区于2014年被评为“天津市文明社区”。

光复道街道 [Guāngfùdào Jiēdào]

属河北区管辖，在区境南部。面积约1.95平方千米。人口约3.77万人。该街道辖 8 个居委会。1949 年设街公所，1954 年改街道，1958 年划归和平区更名光复道街道，1960 年改公社并划归河北区，1962 年恢复街道，1968 年改称革委会，1980 年恢复街道建制。2000 年与小树林街道合并，沿用今名，因境内光复道得名。改革开放以来，街道内进行道路拓宽、市政建设，危陋平房改造，高层楼宇、公寓酒店拔地而起，老旧居民区被新的物业小区所替代。1984 年以天津站、铁路沿线、光复道街作为重点地区，清理拆除违章建筑，恢复原有绿地，使第一工人文化宫周围和附近的意大利风情的小洋楼重现历史风貌。1990 年、1992 年和 1995 年开展大规模的卫生清整。2001 年对平安街察哈尔市场实施退路拆除。2005 年旧楼改造项目逐步展开，完成了对林容里社区的改造。2009 年在全街范围内开展城市环境专项治理活动，完成了胜利路的环境提升改造。2011 年对平安街进行道路市容景观提升。2013 年对古林里、林容里、昌海里、致安里 4 个小区进行旧楼改造。街道内有职业学校 2 所，中小学 3 所，特殊教育学校 1 所，医院 3 所；有解放天津会师地金汤桥、天津站等标志性建筑；有市国税局、市出入境管理处等政府行政单位。东北部为住宅楼群。南部多为历史、文化建筑群，有风格独特的哥特式、罗马式、巴洛克式砖木结构的小洋楼，有意大利领事馆旧址、回力球场旧址等以及李叔同故居、袁氏旧宅等历史古迹，有意式风情区、奥式商务区等旅游景点。以名人故居与异国风貌建筑为核心，形成集观光、餐饮、休闲于一体的旅游服务业。进步道、胜利路等道路经此。附近通多路公共汽车和地铁 2、3 号线。

瑞海名苑社区 [Ruìhǎimíngyuàn Shèqū]

属光复道街道管辖。在区境南部。面积约 0.10 平方千米。人口约 0.06 万人。社区因界内瑞海名苑小区得名，2012 年成立，含瑞海名苑 1 个住宅小区，住宅楼以 10~32 层为主。胜利路、翔纬路等道路在此经过。附近通多路公共汽车。该社区于 2014 年被评为“天津市文明社区”。

鸿顺里街道 [Hóngshùnlǐ Jiēdào]

属河北区管辖，在区境西南部。面积约 3.16 平方千米。人口约 8.69 万人。街道辖 11 个居委会。中华人民共和国成立后改街公所，1949 年并入派出所，1952 年建街公所，1954 年改置街道，1958 年建公社，1968 年改革委会，1980 年复称街道，1990 年黄纬路、鸿顺里街道合并，称鸿顺里街道，2000 年中山路街道并入，因境内鸿顺里得名。近十年来，先后对军民里、律纬路 35 号院、求是里、团结里、日方里、日光里、日盈里等住宅小区实施旧楼区提升改造。2007 年完成八马路地区拆迁、大悲院市场整体搬迁工作。2009 年对中山路、金纬路沿线地区实施市容环境整治。街道西临子牙河，北临新开河，有高等院校 1 所，职业学校 1 所，中小学 7 所，幼儿园 2 所，医院 8 所（其中有三级医院中国人民解放军第九八三医院），社区卫生服务中心 1 个；有市重点文物保护单位大悲禅院，“天津之眼”摩天轮、女星社旧址等旅游、纪念地；有维多利亚国际大酒店、天津海河假日酒店等标志性建筑。东侧有元康里等住宅小区，有市第二医院、天津美术学院等机构。西侧有仁恒河滨花园、双湖花园等住宅小区，有区检察院、区生态环境局等行政机构。街道内有铁路工程、纺织加工、复合材料制品等企业。津山铁路过境并设天津北站。黄纬路、四马路等道路经此。附近通多路公共汽车和地铁 3、6 号线。

鸿顺里社区 [Hóngshùnlǐ Shèqū]

属鸿顺里街道管辖，在区境西部。面积约 0.24 平方千米。人口约 0.52 万人。社区于 1995 年成立，2005 年，鸿顺里社区与鸿顺东里社区合并，沿用原鸿顺里社区名称。含仁恒河滨花园一期、二期两个住宅小区，住宅楼以 27~33 层为主。五马路、元纬路等道路在此经过。附近通多路公共汽车。该社区于 2014 年被评为"天津市文明社区"。

新开河街道 [Xīnkāihé Jiēdào]

属河北区管辖，在区境西北部。面积约 4.52 平方千米。人口约 7.10 万人。街道辖 17 个居委会。中华人民共和国成立后改街公所，后属派出所。1952 年复设街公所，1954 年改街道，1956 年改称京津公路街道。1960 年京津公路、新开河、转盘合并成立京津公路人民公社，1962 年恢复街道建制，1968 年改称革委会，1980 年复称街道。1990 年辛庄、新开河街道合并，以境内新开河命名。2000 年京津公路街道并入。街道先后完成旧楼区改造，市容环境综合整治，天泰路、席厂下坡等重点地区集中清整。新开河过境。街道内有职业学校 1 所，中小学 3 所，幼儿园 1 所，医院 3 所，社区卫生服务中心 4 个。街道北部多为高层楼房，南部多为 6~7 层楼房。街道内有区审计局、区财政局等政府行政单位。小王庄清真寺坐落于此。街道内有泰康花园、泰来嘉园等住宅小区，有天津动力机厂、市第一医院等单位，有机械设备、药品制造、物流运输等企业。津浦路、天泰路等道路在此经过。附近通多路公共汽车和地铁 6 号线。

宝祥园社区 [Bǎoxiángyuán Shèqū]

属新开河街道管辖，在区境西北部。面积约 0.76 平方千米。人口约 0.28 万人。社区因界内宝祥园小区得名，2003 年成立，含宝利园公寓、机务楼 2 个住宅小区，住宅楼以 6~7 层和 24~30 层为主。南口路、榆关道等道路在此经过。附近通多路公共汽车。该社区于 2014 年被评为"天津市文明社区"。

铁东路街道 [Tiědōnglù Jiēdào]

属河北区管辖，在区境北部。面积约 4.84 平方千米。人口约 6.17 万人。街道辖 12 个居委会。中华人民共和国成立后改街公所，1949 年改属转盘派出所，1954 年改称街道，1960 年并入京津公路公社，1962 年改属新开河街道，1990 年由新开河街道析置铁东路街道。2000 年原属新开河街道南口路以东、榆关道以南、新开河以北地域并入，因境内交通干线铁东路而得名。街道先后完成东环楼、宜白大楼小区整修改造，铁东路两侧环境提升，多个社区旧楼区改造。街道有高等院校 1 所，职业学校 1 所，中小学 4 所，幼儿园 1 所；社区卫生服务中心 1 个；有荣泽大厦、万福生活广场等标志性建筑。街道内多为 6 层楼房。西侧有胜景花园、慧景园等住宅小区。中部有任贤里、宁静家园等住宅小区。东侧有博德家园、爱贤里等住宅小区，有天津美术学院、市第三十中学等院校。街道内有食品加工、机械制造、焊接设备、化工制品等产业，驻有天津机辆轨道交通装备有限责任公司、华旭集团冠生园食品厂等企业。铁东路、志成路等道路在此经过。附近通多路公共汽车和地铁 3、5 号线。

华宜里社区 [Huáyílǐ Shèqū]

属铁东路街道管辖，在区境北部。面积

约 0.12 平方千米。人口约 0.24 万人。社区因界内华宜里小区得名。2000 年华宜里社区与中宜里社区合并。社区含中宜里、华宜里 2 个住宅小区，住宅楼以 6 层为主。宜廉路、宜爽道等道路在此经过。附近通多路公共汽车。该社区于 2014 年被评为“天津市文明社区”。

建昌道街道 [Jiànchāngdào Jiēdào]

属河北区管辖，在区境东北部。面积约 5.33 平方千米。人口约 7.20 万人。街道辖 16 个居委会，中华人民共和国成立后分属河兴庄、中山路街道。1981 年由河兴庄街道（现宁园街道）、中山路街道各划出一部分管界，于同年成立建昌路街道，1984 年更今名，因境内建昌道而得名。2005 年完成乐桥里、宁桥里等 7 个社区的旧楼改造。2007 年对水厂大院、艳益里小区等 4 个小区旧楼进行改造。2011 年完成康桥里精品社区建设。2014 年新建小红星路菜市场。街道内有职业学校 1 所，中小学 3 所，幼儿园 4 所，医院 2 所，社区卫生服务中心 1 个。西侧有盛祥家园、连云里等小区，有铁道职业技术学院、新程小学等教育单位。东侧有天时园、康桥里等住宅小区，有国华塑胶、市毛巾三厂等企业。经济以第二产业为主，有机械制造、汽车保养、装潢用品、金属制品等产业。外环东路、建昌道、育红路等道路在此经过。附近通多路公共汽车和地铁 5 号线。

三和社区 [Sānhé Shèqū]

属建昌道街道管辖，在区境东北部。面积约 0.25 平方千米。人口约 0.53 万人。社区因界内三和小区得名，2003 年成立，含三和温泉花园、新天时园 2 个住宅小区，住宅楼以 6 层为主。群芳路、建昌道等道路在此经过。附近通多路公共汽车和地铁 5 号线。该社区于 2014 年被评为“天津市文明社区”。

乐桥里社区 [Lèqiáolǐ Shèqū]

属建昌道街道管辖，在区境东北部。面积约 0.42 平方千米。人口约 0.47 万人。社区因界内乐桥里小区得名，2000 年成立筹备组，2001 年正式成立，2005 年宁桥里社区并入。社区含宁桥里、乐桥里等 4 个住宅小区，住宅楼以 6 层为主。金钟河大街、群芳路等道路在此经过。附近通多路公共汽车和地铁 5、6 号线。该社区于 2014 年被评为“天津市文明社区”。

宁园街道 [Níngyuán Jiēdào]

属河北区管辖，在区境中部。面积约 2.31 平方千米。人口约 3.95 万人。街道辖 6 个居委会。中华人民共和国成立后撤街公所属派出所，1952 年设植物园、河兴庄街公所，1953 年合并为河兴庄街公所，1954 年改街道，1960 年并入王串场公社，称“火箭分社”，1961 年称“国印分社”，1962 年称河兴庄公社，1963 年称街道，1968 年称革委会，1978 年恢复街道，1990 年因宁园坐落于此更今名。自 90 年代以来，街道对幸福村、小于庄上坡等平房区实行拆迁改造，近年来，先后完成旧楼区综合提升改造，中山北路立面拆除，打造赛园里精品小区，市容综合整治等工作。2009 年原来万柳村大街改为东纵快速，并从中纺前街到北宁公园下修成地下通道。2011 年对中纺前街、华新大街进行道路整修改造。街道内有中小学 2 所，幼儿园 1 所，文化宫 1 座，体育馆 1 座，医院 2 所，社区卫生服务中心 1 个；有区质监局、体育局等单位。北部为历史名园“北宁公园”，有致远塔、宁园展览馆等。南部多为住宅小区，有市第十四中学、宁园小学等教育单位。街道内有贵金属制造、印刷制品、医药制品等企业。中山北路、万柳村大街等道路过境。附近通多路公共汽车和地铁 6 号线。

赛园里社区 [Sàiyuánlǐ Shèqū]

属宁园街道管辖，在区境中部。面积约 0.32 平方千米。人口约 0.58 万人。社区因界内赛园里小区得名，含赛园里、竞园里等 6 个住宅小区，住宅楼以 1~6 层为主。社区内有武警消防中队等 4 所部队单位，使社区具有得天独厚的环境，实现了军民“共驻共建”的新局面。中山北路、育红路等道路在此经过。附近通多路公共汽车。该社区于 2014 年被评为“天津市文明社区”。

润园里社区 [Rùnyuánlǐ Shèqū]

属宁园街道管辖，在区境中部。面积约 0.29 平方千米。人口约 0.16 万人。社区因界内润园里小区得名。2005 年与舒园里社区合并，沿用今名，含舒园里、大润园等 8 个住宅小区，住宅楼以 6~7 层为主。金钟河大街、中山北路等道路在此经过。附近通多路公共汽车和地铁 6 号线。该社区于 2014 年被评为“天津市文明社区”。

王串场街道 [Wángchuànchǎng Jiēdào]

属河北区管辖，在区境东南部。面积约 2.14 平方千米。人口约 10.50 万人。街道辖 14 个居委会。1951 年建平房形成王串场工人新村，1953 恢复街公所，1954 年改称“王串场”“墙子”街道，1958 年划入河北区，2000 年墙子街道并入。乾隆年间其地东北部金钟河沿岸渐成村落，时称“王串子”的南方人来此落户，建打谷场，俗称“王串子场”，后演变为“王串场”。街道先后完成增产道、富强道、五号路翻修拓宽，一号路、金钟河大街景观建设，旧楼区改造，市容环境综合整治等工作。街道内有高等院校 1 所，中小学 6 所，幼儿园 2 所，医院 3 所。街道内多为住宅小区，西侧有碧泽园、景逸园等住宅小区，有昆纬路第一小学、区老年大学等教育单位，东侧有津开里、萃华里等住宅小区，有公安河北分局、区供热办等单位，有市第二医院、津康医院等医疗机构。王串场公园坐落于街道中部。街道内有商品零售、汽车保养等企业。富强道、王串场一号路等道路过境。附近通多路公共汽车。

水明里社区 [Shuǐmínglǐ Shèqū]

属王串场街道管辖，在区境东南部。面积约 0.19 平方千米。人口约 0.72 万人。社区因界内水明里小区得名。2005 年水明里社区与春艳里社区合并，沿用今名。社区含水明里、茵村里等 4 个住宅小区，住宅楼以 6 层为主。王串场一号路、富强道等道路在此经过。附近通多路公共汽车。该社区于 2014 年被评为“天津市文明社区”。

江都路街道 [Jiāngdūlù Jiēdào]

属河北区管辖，在区境东部。面积约 1.96 平方千米。人口约 4.80 万人。街道辖 8 个居委会。街道于 1981 年始建，原称八号路街道，1982 年更名江都路街道。街道先后完成旧楼区改造，打造如皋里、如东里精品小区，市容环境综合整治，太仓道、句容路路面改造等工程。街道内有职业学校 3 所，特殊学校 1 所，中小学 5 所，幼儿园 2 所；有医院 3 所（其中有三级医院天津市第三中心医院分院），社区卫生服务中心 2 个；有区民政局、市第三中心医院分院等单位。西侧有增光里、银山里等住宅小区，有汇森中学、聋人学校等教育单位。南侧有靖江里、怒江里等住宅小区，有幸福公园、天使公园等公共休闲场所。街道内有城建工程、机械制造、化学工程、自动化仪表、五金制品等企业。增产道、幸福道、江都路等道路过境。附近通多路公共汽车和地铁 5 号线。

如皋里社区 [Rúgāolǐ Shèqū]

属江都路街道管辖，在区境东南部。面积约 0.24 平方千米。人口约 0.53 万人。社区因界内如皋里小区得名。1983 年成立如皋里、如东里、银山里三个社区，2005 年，三个社区合并，沿用今名。社区含如皋里、如东里等 5 个住宅小区，住宅楼以 5 层为主。红星路、增产道等道路在此经过。附近通多路公共汽车。该社区于 2014 年被评为“天津市文明社区”。

月牙河街道 [Yuèyáhé Jiēdào]

属河北区管辖，在区境东部。面积约 1.77 平方千米。人口约 6.31 万人。街道辖 13 个居委会。1953 年撤天津县制，当地属东郊区大毕庄，1958 年划归河北区，1964 年重新划归东郊大毕庄，1983 年在境内辟建居民区。2000 年成立月牙河街道筹备组，2000 年靖江路街道、大江路街道、月牙河街道筹备组合并成今貌，因境内月牙河而得名。近年来，街道先后完成涪江北里、涪江南里、大江南里、大江北里等 33 个小区旧楼区提升改造，居委会办公用房改造，市容环境综合整治等工程。月牙河过境。街道内有职业学校 3 所，中小学 5 所，特殊教育学校 1 所，医院 2 所，社区卫生服务中心 1 个；有广德电子商务大厦、中国铁路设计集团有限公司分部等单位。南侧有满江里、大江里等住宅小区，有开江道小学、金沙江路小学等教育单位。西侧有世纪祥和家园、金沙江里等住宅小区。街道内有铁路工程设备、陶瓷制品等企业。岷江路、靖江路、金沙江路等道路在此经过。附近通多路公共汽车和地铁 5 号线。

丹江里社区 [Dānjiānglǐ Shèqū]

属月牙河街道管辖，在区境东部。面积约 0.18 平方千米。人口约 0.42 万人。社区因界内丹江里小区得名。2000 年丹江里社区和文江里社区合并成立，2007 年扩建，含文江里、丹江里等 3 个住宅小区，住宅楼以 6 层为主。岷江路、月牙河北道等道路在此经过。附近通多路公共汽车。该社区于 2014 年被评为“天津市文明社区”。

红　桥　区

红桥区 [Hóngqiáo Qū]

天津市辖区，在市境西北部。面积约 22.31 平方千米。人口约 50.67 万人，以汉族为主，有回、满、朝鲜、壮等民族。该区辖 10 个街道。区人民政府驻西于庄街道。1949 年天津解放，在南运河以北建九区人民政府，后改为九区公所。1952 年九区与八区的一部分合并改称八区。1955 年八区改名红桥区。1958 年北郊区（今北辰区）西部（东起三义村，南至尹贤村，西至线河，北至汉沟）划入，1962 年复划出。1966 年红桥区改称“红卫区”，1968 年恢复原区名，以境内子牙河上大红桥得今名。子牙河、南运河、北运河贯穿全境，于三岔河口交汇流入海河，形成“三河五岸”的独特地理区位。红桥区在历史上是南粮北运和水上运输的集散地，享有“先有三岔河口，后有天津卫”的美誉；是天津商业的发祥地，估衣街、河北大街一带商业历史悠久，有元隆、谦祥益、瑞蚨祥等百年老字号，“津门三绝”中的狗不理包子、耳朵眼炸糕皆诞生于此；有河北工业大学、天津商业大学等高等院校；有中小学 43 所、特殊教育学校 1 所、幼儿园 23 所，其中天津市民族中学为国家级示范高中；有图书馆 2 座；有三级医院 2 所，其中包括国家中医药管理局重点中医医院建设单位市中医药研究院和市人民医院，有社区卫生服务中心 10 个；有全国重点文物保护单位义和团吕祖堂坛口遗址，有天津市文物保护单位黄莲圣母停船场遗址；有天津市保护历史风貌建筑北洋大学堂和天津府官立中学堂；有全国爱国主义教育示范基地、全民国防教育工作先进单位平津战役纪念馆。这里是天津回族聚集地，历来多庙宇，现有清真南大寺、清真北大寺、桥南清真寺、洋楼清真寺等宗教建筑 11 座。被称为天津三大园林之一的西沽公园坐落于此。1949 年前，街道狭窄，路面多为碎石。1954 年拓宽大丰路、西站前街。1982 年改造西青道，筑建大丰路地铁。1984 年筑红旗路、红旗北路，完成了天津市中环线红桥区段工程。“十五”期间，完成光荣道、三号路、咸阳路、金钟桥大街、北洋桥、北运河桥等多处路桥筑建，完成地铁 1 号线北伸工程，北洋公园、红桥公园建成开放，对南、北运河及沿岸进行疏浚、护砌、拆违、植绿。“十二五”期间，对西于庄等地区危陋房屋进行提升改造，整修道路，新建、充实提升绿化地。2011 年新天津西站建成并投入使用。2014 年南运河两岸景观提升改造，扩建天子津渡遗址公园。境内住宅区与教育设施、企业交错分布，西部有本溪花园、昌图楼小区、丽泰园、程光里、福源公寓等住宅小区，周围有市第五中学、职工大学等教育机构。南部以天津西站为中心，端阳里、金丰公寓、益鑫里、长益里、金领花园、尚都家园等住宅小区及复兴中学、铃铛阁中学等学校分布其周围。东部有利民里、金钟里、爱华里等住宅小区及泰达城展示中心、近代工业博物馆、解放广场、滨水广场等。北部以河北工业大学为中心，有市第八十九中学、市第八十中学等教育设施，有风采里、桃花园东里、亚运里、保寿里、安岳楼等住宅小区，已形成集教育、居住、医疗、休闲于一体的多功能区域。三大产业比重为 0 : 8 : 92。第二产业以饮品制造业、运输设备制造业、通用设备制造业以及水生产、供应业为重点。第三产业中以商业贸易为主，有天津水游城、陆家嘴中心等大型现代卖场，有麦德龙、华润万家等大型超市，有假日酒店、锦江之星等品牌酒店。境内大胡同商贸区曾是天津地区规模最大、种类最为齐全的小商品零售批发商贸区之一。京沪高铁、津山铁路、京津高速铁路、津保铁路、津秦高铁过境，设天津西站。京津、津保、津永等公路在此经过，是连接京冀晋豫等地区的重要通道。中环线南北贯穿与东西走向的丁字沽一号路、丁字沽三号路、光荣道、子牙河南路、西青道、芥园道、青年路等相交形成交通网络。与交通配套的跨河桥梁有北洋桥、大红桥、大丰桥、金华桥、金钟桥等 16 座。附近通多路公共汽车和地铁 1、6 号线。

西于庄街道 [Xīyúzhuāng Jiēdào]

红桥区人民政府驻地，在区境中部。面积约 3.89 平方千米。人口约 5.81 万人。该街道辖 16 个居委会。1949 年建街公所，同年撤销街公所建西于庄公安派出所，1952 年建西于庄街公所，1954 年改称街道，1958 年并入西沽街道，1962 年复置西于庄街道，因界内西于庄村得今名。子牙河过境。街道有职业学校 2 所，中小学 3 所，幼儿园 4 所。全国爱国主义教育示范基地平津战役纪念馆坐落于此。街道内有区政府、区政协、区人大常委、区教育局等政府行政单位。东部有洪湖里、济津楼等住宅小区，有市第八十九中学、雷锋小学、洪湖里小学、红桥八幼、十四幼等学校。西部有翠溪园、本溪花园等住宅小区，有宝能创业中心、银泰大厦、正融科技大厦等商务写字楼。光荣道、勤俭道、天平路、洪湖东路等道路构成主要交通网络。附近通多路公共汽车和地铁 1 号线。

绮水苑社区 [Qǐshuǐyuàn Shèqū]

属西于庄街道管辖，在区境西部。人口约 0.14 万人。社区因界内绮水苑小区得今名，2010 年成立，含绮水苑、澄水苑等 5 个住宅小区，住宅楼以 6 层和 20~28 层为主。咸阳北路、光荣道等道路在此经过。附近通多路公共汽车。该社区于 2014 年被评为“天津市文明社区”。

双环邨街道 [Shuānghuáncūn Jiēdào]

属红桥区管辖，在区境西北部。面积约 1.40 平方千米。人口约 3.61 万人，有汉、回、满、朝鲜族等民族。街道辖 8 个居委会。1984 年在北郊建住宅楼，1987—1992 年建住宅楼，1988 年成立市红桥区佳园里地区管理处，1989 年在北部建简易商品房居民区，1990 年在丰产河北岸建居民区，1990 年设立双环邨街道办事处，1993 年将佳园里地区管理处所辖地域划归双环邨街道办事处至今，1999 年在辰永路西侧建浩达公寓，2007 年拆除部分旧式住宅区，2013 年建成 37 幢经济适用房。街道因坐落于外环线与中环线之间得今名。街道内有中小学 3 所，幼儿园 2 所，医院 1 所，社区卫生服务中心 1 个；有第七排水管理所、佳园里小学等单位。街道内多为住宅楼群，有佳宁里、浩达公寓等住宅小区。佳宁道、佳庆道、双环路、双环西路等道路构成主要交通网络。附近通多路公共汽车和地铁 1 号线。

佳园南里社区 [Jiāyuán Nánlǐ Shèqū]

属双环邨街道管辖，在区境西北部。面积约 0.12 平方千米。人口约 0.62 万人。社区因界内佳园南里得今名。1985 年建成佳园南里居民区，1987 年成立佳园南里第一、第二社区，1999 年佳园南里第一、第二社区合并更今名。社区含佳园南里、佳庆里 2 个住宅小区，住宅楼以 6 层为主。辰昌路、佳庆道等道路在此经过。附近通多路公共汽车和地铁 1 号线。该社区于 2014 年被评为“天津市文明社区”。

咸阳北路街道 [Xiányáng Běilù Jiēdào]

属红桥区管辖，在区境西北部。面积约 2.42 平方千米。人口约 7.68 万人。街道辖 17 个居委会。20 世纪 50 年代中期建化工研究院、工程机械研究所、七零七所和复印技术研究所配套宿舍区，由丁字沽街道管辖。1980 年成立咸阳北路街道，1998 年区划调整为咸阳北路街道，因界内咸阳北路得今名。街道内有科研机构 4 所，职业学校 7 所，中小学 5 所，幼儿园 5 所，社区卫生服务站 3 个；有中海油天津化工研究院、复印技术研究所等科研机构，有市消防局红桥支队、区职业大学等单位。街道内企业以酒类制品、生物科技、化学工程为重点产业，驻有津酒集团、天津华一有限公司等企业。丁字沽三号路、咸阳北路等道路构成主要交通网络。附近通多路公共汽车和地铁 1 号线。

本溪社区 [Běnxī Shèqū]

属咸阳北路街道管辖，在区境西北部。面积约 0.12 平方千米。人口约 0.80 万人。社区因界内本溪楼得今名，1981 年成立，2006 年，裕国楼 14~20 门和联建西里平房 1~12 号并入。社区含本溪西小区、裕国楼小区等 4 个住宅小区,住宅楼以 5 层为主。丁字沽三号路、本溪路等道路在此经过。附近通多路公共汽车和地铁 1 号线。该社区于 2014 年被评为“天津市文明社区”。

彰武社区 [Zhāngwǔ Shèqū]

属咸阳北路街道管辖,在区境西北部。面积约 0.08 平方千米。人口约 0.39 万人。社区因界内彰武楼得今名。彰武楼第一、第二、第三社区于 1980 年成立, 1998 年三个社区合并,2000 年更今名。社区含彰武楼 1 个住宅小区,住宅楼以 5 层为主。丁字沽三号路、本溪路等道路在此经过。附近通多路公共汽车。该社区于 2014 年被评为“天津市文明社区”。

丁字沽街道 [Dīngzìgū Jiēdào]

属红桥区管辖,在区境西北部。面积约 3.12 平方千米。人口约 8.43 万人,有汉、回、满等民族。街道辖 14 个居委会。1949 年建立第廿八街公所,同年撤销,建立丁字沽公安派出所;1952 年建街公所;1954 年改称街道办事处; 1958 年并入丁字沽工人新村街道办事处; 1960 年改称丁字沽工人新村公社; 1962 年撤销公社,由丁字沽工人新村街道办事处析出,复建丁字沽街道办事处; 1998 年丁字沽工人新村街道并入丁字沽街道,沿用丁字沽街道,因界内原丁字沽村得今名。街道有高等院校 2 所,中小学 7 所,幼儿园 3 所,文化宫 1 座,图书馆 1 座;有河北工业大学、凯莱赛商厦等单位。街道内多为住宅楼群,东侧有桃花园东里、风光里等住宅小区。西侧有春风里、长平里等住宅小区。街道内有可观赏桃花的桃花堤公园。北洋大学堂旧址坐落于河北工业大学院内。丁字沽北大街、丁字沽零号路、五爱道、向东道、丁字沽南大街等道路构成主要交通网络。附近通多路公共汽车。

十段社区 [10 Duàn Shèqū]

属丁字沽街道管辖,在区境东北部。面积约 0.58 平方千米。人口约 0.33 万人。社区因十段得今名。十段第一社区于 1980 年成立,1982 年成立十段第二社区,1987 年成立十段第三社区, 1998 年三个居委会合并,称今名。社区含十段小区、风尚公寓 2 个住宅小区,住宅楼以 6 层为主。丁字沽三号路从此经过。附近通多路公共汽车。该社区于 2014 年被评为“天津市文明社区”。

西沽街道 [Xīgū Jiēdào]

属红桥区管辖,在区境中部。面积约 4.77 平方千米。人口约 8.84 万人。街道辖 21 个居委会。此处在 1949 年后属第九区, 1952 年设西沽街属第八区, 1956 年称红桥北街, 1958 年改称西沽街, 1960 年西沽、红桥南街合并为西沽公社, 1962 年恢复西沽、西于庄、红桥南街道建制, 1990 年以津浦铁路为西沽街、三条石街的街界, 1998 年西于庄街西开洼片、大新街片、当铺西片并入,形成现在的西沽街道办事处,因地处沽水(今北运河)之西得今名。街道有中小学 3 所,幼儿园 4 所,少年宫 1 座,医院 1 所,社区卫生服务中心 4 个;有民畅园、龙禧园等住宅小区;有区法院、市第五中学等单位;有天津西站、红桥长途汽车站等客运枢纽;有天津意库创意产业园、卓朗科技园等园区。京沪铁路过境。子牙河南路、红旗北路、咸阳路、红桥北大街、湘潭道等道路构成主要交通网络。附近通多路公共汽车和地铁 1、6 号线。

运河西社区 [Yùnhé Xī Shèqū]

属西沽街道管辖,在区境东部。面积约 0.05 平方千米。人口约 0.42 万人。社区因位于北运河西侧得今名, 1986 年成立,含流霞东里、流霞新苑等 3 个住宅小区，住宅楼以 6~7 层为主。北运河西路、三合街等道路在此经过。附近通多路公共汽车。该社区于 2014 年被评为“天津市文明社区”。

三条石街道 [Sāntiáoshí Jiēdào]

属红桥区管辖，在区境东南部。面积约 1.74 平方千米。人口约 3.45 万人。街道辖 7 个居委会。关下、营门东 2 个街公所建于 1952 年。1954 年改称街道，1956 年合并称今名，1960 年与大胡同街合并为三条石人民公社，1962 年更名为大胡同人民公社，后复置街道，1998 年与河北大街街道合并，2002 年大胡同街部分居民划归三条石街道办事处管辖。2019 年撤销大胡同街道，以原大胡同街道和三条石街道所辖区域，设立新的三条石街道办事处。相传清光绪十年（1884 年）李鸿章母亲出殡经过此街，将土路改为三条大石板铺筑，由此得今名。街道有中小学 2 所，幼儿园 1 所，医院 2 所，社区卫生服务中心 1 个；有“天津之眼”摩天轮、三条石历史博物馆等景点；有标志性建筑引滦入津工程纪念碑；有泰达实验中学、公安红桥分局人口服务管理中心等单位。南运河北路、河北大街、三条石大街等道路构成主要交通网络。附近通多路公共汽车。

御河湾社区 [Yùhéwān Shèqū]

属三条石街道管辖，在区境东南部。面积约 0.19 平方千米。人口约 0.54 万人。社区因界内御河湾新苑小区得今名。1999 年拆除街道，胡同里巷建起商品住宅房，2001 年建成御河湾新苑，2002 年成立居委会。社区含御河湾新苑 1 个住宅小区，住宅楼以 7 层为主。南运河北路、赵家场大街等道路在此经过。附近通多路公共汽车。该社区于 2014 年被评为“天津市文明社区”。

北开花园社区 [Běikāi Huāyuán Shèqū]

属三条石街道管辖，在区境东南部。面积约 0.36 平方千米。人口约 0.43 万人。社区因界内北开花园小区得今名。2010 年北开花园社区建成，2012 年成立居委会。社区含北开花园、河海花园 2 个住宅小区，住宅楼以 27~33 层为主。河北大街、子牙河南路等道路在此经过。附近通多路公共汽车。该社区于 2014 年被评为“天津市文明社区”。

邵公庄街道 [Shàogōngzhuāng Jiēdào]

属红桥区管辖，在区境西南部。面积约 3.12 平方千米。人口约 5.97 万人。街道辖 13 个居委会。1949 年建第十五街公所，后属派出所，1952 年建邵公庄街公所，1954 年改街道，1960 年邵公庄街、西站街、河北大街合并为河北大街公社，1962 年恢复邵公庄街道，1968 年成立革委会，1978 年恢复邵公庄街道。相传明朝万历年间，神宗宠信一个姓邵的太监，允许他在天津占地建庄，他跑马圈地，建起庄园，故名。南运河过境。街道有高等院校 1 所，中小学 6 所，幼儿园 1 所，社区卫生服务中心 2 个；有市公安局红桥分局、金兴科技大厦等单位；有金联公寓、跃进里小区等住宅小区；有天津商业大学、民族中学等教育设施；有粮食储运、机械设备等重点产业。天津西站坐落于此。西青道、红旗北路、邵公庄大街等道路构成主要交通网络。附近通多路公共汽车和地铁 1、6 号线。

千禧园社区 [Qiānxǐyuán Shèqū]

属邵公庄街道管辖，在区境西南部。面积约 0.32 平方千米。人口约 1.22 万人。社区因界内千禧园得今名，2002 年成立，含千禧园东园、千禧园西园 2 个住宅小区，住宅楼以 7 层为主。西青道、咸阳路等道路在此经过。附近通多路公共汽车。该社区于 2014 年被评为"天津市文明社区"。

芥园街道 [Jièyuán Jiēdào]

属红桥区管辖，在区境南部。面积约 2.25 平方千米。人口约 2.35 万人，有汉、回、满等民族。街道辖 8 个居委会。1998 年由春园街道、小西关街道部分辖区、南头窑街道部分辖区组合成芥园道街道，2002 年将大胡同街道管辖大伙巷地区并入。清乾隆十三年（1748 年）乾隆帝下江南，途经查氏水西庄，时值紫芥花盛开，赐名芥园。街道有中小学 5 所，幼儿园 1 所，医院 2 所，社区卫生服务中心 3 个；有米兰商务大厦、陆家嘴中心等标志性建筑；有天津清真大寺、红桥清真大寺等宗教建筑；有惠灵顿国际学校、假日酒店等单位；有紫芥园、水西园等住宅小区。市人民医院坐落于街道西南部。南运河南路、芥园道、复兴路、大丰路等道路构成主要交通网络。附近通多路公共汽车和地铁 1、6 号线。

世春里社区 [Shìchūnlǐ Shèqū]

属芥园街道管辖，在区境东南部。面积约 0.23 平方千米。人口约 0.35 万人。社区因界内世春里小区得今名。1998 年该地段完成平房改造，2005 年社区成立，含世春里、民丰楼等 3 个住宅小区，住宅楼以 6 层为主。复兴路、大丰路等道路在此经过。附近通多路公共汽车。该社区于 2014 年被评为"天津市文明社区"。

河滨花苑社区 [Hébīn Huāyuàn Shèqū]

属芥园街道管辖，在区境东南部。面积约 0.21 平方千米。人口约 0.06 万人。社区因界内河滨花苑小区得今名，于 2012 年成立，含河滨花苑、海上花苑 2 个住宅小区，住宅楼以 22~27 层为主。北马路、大丰路等道路在此经过。附近通多路公共汽车和地铁 1 号线。该社区于 2014 年被评为"天津市文明社区"。

铃铛阁街道 [Língdānggé Jiēdào]

属红桥区管辖，在区境南部。面积约 1.10 平方千米。人口约 3.40 万人。街道辖 12 个居委会。1998 年将原春德街道、原南头窑街道和原小西关街道部分区域合并为铃铛阁街道，因天津三宗宝之一的"铃铛阁"坐落于此得今名。街道有中小学 2 所，幼儿园 1 所，医院 1 所，社区卫生服务中心 1 个；有市铃铛阁中学、清真南大寺等单位；有康华里、新春花苑等住宅小区；有全国重点文物保护单位、天津爱国反帝运动遗址之一的义和团吕祖堂坛口遗址。复兴路、红旗路、芥园道等道路构成主要交通网络。附近通多路公共汽车和地铁 6 号线。

乐安里社区 [Lèānlǐ Shèqū]

属铃铛阁街道管辖，在区境南部。面积约 0.06 平方千米。人口约 0.48 万人。社区因界内乐安里小区得今名，1982 年成立，辖五片居民区。1984 年，花莲里六幢居民楼划入。社区含乐安里、花莲里等 3 个住宅小区，住宅楼以 3~7 层为主。芥园道、红旗路等道路在此经过。附近通多路公共汽车和地铁 6 号线。该社区于 2014 年被评为"天津市文明社区"。

和苑街道 [Héyuàn Jiēdào]

属红桥区管辖，在区境西部。面积约 2.50 平方千米。人口约 0.33 万人。街道辖 6 个居委会。和苑街道办事处设于 2016 年。街道有中小学 3 所，幼儿园 3 所，社区卫生服务中心 1 个；有和苑菜市场、和苑司法所等单位；有天津师范学校和苑附属小学、新华中学和苑分校等校区；有梦和园、名景花园等住宅小区。大明道、罗浮路、营玉路等道路构成主要交通网络。附近通多路公共汽车。

东　丽　区

东丽区 [Dōnglì Qū]

天津市辖区。北纬 39° 5′，东经 117° 18′。在市境中东部。面积约 477.34 平方千米。人口约 40.47 万人，有汉、回、藏、壮、蒙古等民族。全区辖 11 个街道。区人民政府驻张贵庄街道。1953 年析天津县二区和一区部分地域建津东郊区。1955 年 5 月改名东郊区。1958 年 8 月撤销东郊区，将海河南岸的双港、白塘口等 8 乡划归南郊区；金钟河沿岸的孙庄、大毕庄等 4 乡划归北郊区。1962 年以河东区管辖的新立村公社为基础复置东郊区。1964 年将北郊区的大毕庄公社划入，遂成今境。1992 年更名东丽区，因地处天津市东部，取“建设美丽家乡”之意命名。全区地势西高东低，海拔 2.6~4.5 米。年平均气温 13.58 ℃，年内最高温度 40.1 ℃，最低温度 -9.3 ℃。年均降水量 585.8 毫米。北有新开河、金钟河，南有海河环绕区境东流入海，有东、西减河和北塘排水河等河渠流经于此。地热资源丰富，地热面积 326 平方千米，最高出水温度 108 ℃。中国民航大学坐落于此。区内另有职业学校 1 所、中小学 56 所、幼儿园 144 所、特殊教育学校 1 所，有华明湿地民俗博物馆、东丽文化馆、文韵书香中心等文化设施，有东丽医院、军粮城医院、区中医医院等卫生机构 59 所，有大宋娘娘庙、大毕庄泰山行宫、老姆庙、大宋清真寺、骆驼房子清真寺等特色古建筑，有国家 AAAA 级旅游风景区、有“中国温泉之乡”之称的东丽湖温泉度假旅游区，有新世嘉大厦、跃丽大厦、雅香大厦、银河大酒店、蓝庭中心、嘉德大厦、东丽区大礼堂等标志性建筑。近年来，全区先后完成旧楼区改造、社区基础设施改造、市容环境综合提升改造等项目，华明、军粮城、新立、大毕庄等新市镇建设工程。三大产业比重为 0.5：56.3：43.2。第一产业以都市型农业为主，重点发展蔬菜、花卉、棉花种植，水产养殖等，有傲绿农业、德盛农业、滨海国际花卉、北方园林、华泰现代、华明现代等农业科技示范园区。第二产业以黑色金属冶炼、汽车制造、废弃资源利用、金属制造、烟草制品等作为全区支柱产业。区内拥有国家级开发区 1 个，市级工业区 3 个，区级工业区 3 个，区级开发区 2 个，驻有航天精工、和人金属、汉肯机电、东方通用航空、丰田合成、大众汽车等企业超过 300 家。第三产业以东丽湖为中心发展旅游服务业，有华侨城欢乐谷、东丽湖自然艺苑、东丽湖恒大酒店、国际温泉高尔夫球场等旅游休闲场所。滨海国际机场坐落于此。津山铁路、北环铁路经此，并设大毕庄、军粮城、山岭子、张贵庄等站。京津塘高速、津滨高速、津塘公路、津汉公路、外环东路、先锋路、先锋东路等公路过境。附近通多路公共汽车和地铁 2、6、9 号线。

张贵庄街道 [Zhāngguìzhuāng Jiēdào]

东丽区人民政府驻地，在区境西部。面积约 2.97 平方千米。人口约 2.98 万人，有汉、回、满等民族。街道辖 5 个居委会。此地原为新立村公社的一部分，1982 年从新立村公社分出，组建街道办事处，因位于张贵庄村得名。南临海河。街道有中小学 2

所，幼儿园1所；有文化馆1所、图书馆1所，少年宫1所；有中医院1所，社区卫生服务中心1个。区委、区人民政府、区人民检察院、区教育局、区司法局等政府行政单位驻此。区中心广场坐落于街道中部。住宅小区多集中分布于先锋路、栖霞道两侧。街道内驻有东方国润投资、市肉类联合加工厂等企业。先锋、津塘、跃进等道路过境。附近通多路公共汽车和地铁9号线。

先锋里社区 [Xiānfēnglǐ Shèqū]

属张贵庄街道管辖，在区境西部。面积约0.56平方千米。人口约0.62万人。社区因界内先锋里小区得名，于1987年成立，含先锋里、先锋公寓等14个住宅小区，住宅楼以5~6层为主。外环东路、先锋路等道路经过。附近通多路公共汽车。该社区于2014年被评为“天津市文明社区”。

丰年村街道 [Fēngniáncūn Jiēdào]

属东丽区管辖，在区境中西部。面积约6.83平方千米。人口约0.95万人。街道辖4个居委会，于1988年成立，因位于东丽区原丰年村得名。街道内有大学1所，即中国民航大学，教师进修学校1所，职业技术学院1所，社会主义学校1所，特殊教育学校1所，中小学2所，幼儿园1所，医院1所，妇幼保健中心1所。街道辖丽新里、新泰道、丰年里、丰和里等4个社区。区委党校、东丽医院等单位驻此。张贵庄火车站坐落于街道北端。街道内有安达集团、建工集团钢材市场等企业，重点产业为钢铁制品、精密铸造等。津塘公路、先锋东路过境。附近通多路公共汽车和地铁9号线。

丰和里社区 [Fēnghélǐ Shèqū]

属丰年村街道管辖，在区境西南部。面积约0.29平方千米。人口约0.06万人。街道取“构建和谐丰年”之意命名，于2010年成立，含天合家园、隆达公寓等8个住宅小区，建筑风格多样，住宅楼以4~7层为主，另有别墅区和高层住宅楼。津塘线和先锋东路等道路经过。附近通多路公共汽车和地铁9号线。该社区于2014年被评为“天津市文明社区”。

万新街道 [Wànxīn Jiēdào]

属东丽区管辖，在区境西部。面积约27.00平方千米。人口约4.78万人。街道辖17个居委会。此地原为东郊区新立村公社万新庄大队，1983年改置东郊区万新庄乡，1992年更名为东丽区万新庄乡，1993年撤乡建程林街道，2005年因位于原万新庄村更今名。街道有中小学4所，幼儿园1所，社区卫生服务中心1个；以汽车制造、机械制造、建筑工程、物流、印刷制品、烟草制造等行业为主体，驻有居然之家、上海烟草集团天津卷烟厂等企业。外环东路、成林道在此经过。附近通多路公共汽车。

嘉春园社区 [Jiāchūnyuán Shèqū]

属万新街道管辖，在区境西部。面积约0.42平方千米。人口约0.17万人。社区因界内嘉春园小区得名，于2013年成立，含嘉春园、好美嘉园2个住宅小区，住宅楼以6层和11~24层为主。雪莲南路、雪山路等道路经过。附近通多路公共汽车。该社区于2014年被评为“天津市文明社区”。

无瑕街道 [Wúxiá Jiēdào]

属东丽区管辖，在区境东南部。面积约18.90平方千米。人口约3.24万人。街道辖5个居委会。此地1950年属宁河县六区，1958年划归天津市东郊区，属军粮城乡，1958年成立李庄子管理区，1962年复置东郊区，更名为李庄子公社，1983年改置乡，1993 年撤乡成立街道，因辖区内有天津钢管公司职工住宅区无瑕村更今名。街道南临海河，有中小学 4 所，幼儿园 2 所，体育馆 1 个，社区卫生服务中心 1 个。大宋清真寺、大宋娘娘庙、老姆庙等坐落于此。南部为滨海新区重机工业园，东北部有春霞里、民惠里等住宅小区。街道内驻有天津钢管制造有限公司、一重集团分公司等企业。津塘公路、津塘二线过境。附近通多路公共汽车和地铁 9 号线。

新袁村 [Xīnyuáncūn]

在区驻地张贵庄街道东南 15 千米。无瑕街道辖自然村。人口约 0.35 万人。为与旧袁村相区别，将此村命名新袁村。村落沿海河呈团块状分布。村中有新袁庄中心小学 1 所。村东临天津滨海新区重机工业园；村西部多企业厂房，驻有建华管桩、广津商贸、耐迪实业等企业；北部有天津滨海无瑕农业生态园区。村中有小麦、玉米等农产品。汉港、津塘等公路过境。该村于 2014 年被评为"天津市文明村"。

新立街道 [Xīnlì Jiēdào]

属东丽区管辖，在区境南部。面积约 45.30 平方千米。人口约 5.70 万人，有汉、回等民族。街道辖 8 个居委会。此地原为新立镇和小东庄镇，2001 年撤销小东庄镇，并入新立镇，2007 年撤镇成立街道。南临海河，东河、西河、西减河流经于此。街道有中小学 22 所，特殊教育学校 1 所，幼儿园 6 所，医院 3 所，社区卫生服务中心 2 个；有凯东大厦、宜家家居等标志性建筑；有金银里、格兰苑等住宅小区。企业与住宅小区交错分布。区水务局、区总工会等行政单位驻于此。南部为东丽经济开发区和新立工业园，以机械制造、物流运输、钢铁制造等为主要产业，驻有金桥焊材、劳尔工业等企业。津滨高速公路、津塘公路、津塘二线等过境。附近通多路公共汽车和地铁 9 号线。

驯海里社区 [Xùnhǎilǐ Shèqū]

属新立街道管辖，在区境南部。面积约 0.29 平方千米。人口约 0.25 万人。社区原称信号厂家委会，1985 年因位于驯海路旁更今名，含天津铁路信号责任有限公司家属宿舍、财城公寓等 4 个住宅小区，多为低层建筑。津滨高速公路、驯海路等道路经过。附近通多路公共汽车。该社区于 2014 年被评为"天津市文明社区"。

新立村 [Xīnlìcūn]

在区驻地张贵庄街道东 3 千米。新立街道辖自然村。人口约 0.50 万人。该村建于 1950 年，取"新成立"之意命名。村落沿津塘公路呈带状分布，东临东丽经济开发区，驻有康达运输、中超电器制造、天立铆造、德远精密铸造等企业。津塘公路、先锋东路过境。该村于 2005 年被评为"全国文明村"。

华明街道 [Huámíng Jiēdào]

属东丽区管辖，在区境中北部。面积约 108.19 平方千米。人口约 6.57 万人。街道辖 15 个居委会。1958 年更名荒草坨大队，1958 年更名荒草坨管理区，1962 年更名荒草坨公社，1983 年更名荒草坨乡，1994 年更名华明镇，2001 年赤土镇并入，2006 年撤镇建立街道，取"前程锦绣，更加光明"之意命名。街道有中小学 6 所，幼儿园 8 所，社区卫生服务中心 2 个；有世博华明馆、湿地民俗博物馆等文化设施；有芳园、万科新里程家园等住宅楼群。中部有华明工业园区和空港商务园，以汽车贸易、物流运输、机械制造、印刷等为主要产业，驻有华明印刷、天津浩众汽车贸易服务等企业。杨北公路、津汉公路、外环东路等过境。附近通多路公共汽车和地铁 2、6 号线。

第四社区 [Dìsì Shèqū]

属华明街道管辖，在区境中北部。面积约 0.27 平方千米。人口约 0.63 万人。该社区按街道辖区内社区成立顺序命今名，于 2007 年建成，含北翔园、南福园等 8 个住宅小区，住宅楼以 4~6 层为主。华明大道、映春路等道路经过。附近通多路公共汽车。该社区于 2014 年被评为“天津市文明社区”。

第二社区 [Dì'èr Shèqū]

属华明街道管辖，在区境中北部。面积约 0.17 平方千米。人口约 0.57 万人。社区按街道辖区内社区成立顺序命今名，2007 年建成，含小泽园、小翠园等 8 个住宅小区，住宅楼以 6 层和 11 层为主。弘义道和永和路等道路经过。附近通多路公共汽车。该社区于 2014 年被评为“天津市文明社区”。

金钟街道 [Jīnzhōng Jiēdào]

属东丽区管辖，在区境西北部。面积约 45.60 平方千米。人口约 4.10 万人。街道辖 12 个居委会，原名大毕庄公社，1983 年改置乡，1992 年改置镇，2007 年撤镇成立街道，因位于金钟河附近命今名。街道紧靠金钟河，有中小学 10 所，幼儿园 1 所，社区卫生服务中心 1 个。明末清初有泰山行宫坐落于此。街道有农产品、水产品交易市场 2 个，有德锦里、金河家园等住宅小区，有中国北方五金城、天津市物流货运中心高科技物流园等商贸设施。北环铁路过境，设大毕庄站。京津塘高速公路、津蓟高速公路、外环东路、杨北公路、金钟公路等过境。附近通多路公共汽车和地铁 6 号线。

大毕庄村 [Dàbìzhuāngcūn]

在区驻地张贵庄街道西北 13 千米。金钟街道辖自然村。人口约 0.80 万人。明永乐二年（1404 年），有张姓自山西迁于此，始称大张庄。后有毕姓定居，传说毕氏之女为朝廷贵妃，故更今名。村落沿公路呈团块状分布。村中有中小学 2 所，大毕庄中学和大毕庄小学；有市重点文物保护单位、明末清初建筑“泰山行宫”。南部有金钟科技园，以科技产业研发等为主要产业。村中有芹菜、圆白菜、西红柿等农产品。金钟公路过境。

徐庄村 [Xúzhuāngcūn]

在区驻地张贵庄街道西北 13 千米。金钟街道辖自然村。人口约 0.20 万人。明永乐二年（1404 年）有徐姓从山西洪洞县迁此定居，以姓氏定名徐家庄，后更今名。村落呈团块状分布。村中有小学 1 所，医院 2 所；有徐庄广场、金麦禾购物广场等休闲设施；驻有振东货运中心、新泰科教仪器制造、通达滤材器厂、迪瑞涂料制造等企业。金钟公路过境。该村于 2008 年被评为“全国文明村”。

军粮城街道 [Jūnliángchéng Jiēdào]

属东丽区管辖，在区境东部。面积约 77.40 平方千米。人口约 5.12 万人，有汉族、回族等。街道辖 10 个居委会，原属宁河区，1958 年划归东郊区，更名为东郊区军粮城乡，同年改公社。1982 年新建军粮城街道，1983 年原公社改置军粮城乡，1984 年军粮城乡与军粮城街道合并改置镇，2008 年撤镇成立街道。古时候为保证幽蓟地区军需物资供给，在此建造储运中转军粮基地，以此命名。春秋时期此地形成村落，唐代正式建城并命名为军粮城，宋朝至清朝曾被称为聚粮城，新中国成立后更为今名。街道紧靠东减河；有中小学 8 所，幼儿园 2 所，医院 1 所；有军粮城中学、中电科第五十三所等单位。南部有军粮城工业园、恒扬农林产业园和华泰示范园区，以冶金制品、电子、商务金融、农业等作为主要产业，驻有中广汇铁路机械制造、华泰现代农业等企业。津山铁路过境，设有军粮城站。京津塘高速公路、津北公路、津塘公路过境。附近通多路公共汽车和地铁 9 号线。

军丽园社区 [Jūnlìyuán Shèqū]

属军粮城街道管辖，在区境东南部。面积约 0.21 平方千米。人口约 0.49 万人。社区因界内军丽园小区得名，2013 年成立，含军丽园 1 个住宅小区，住宅楼以 15~32 层为主。大安道、兴农道等道路经过。附近通多路公共汽车。该社区于 2014 年被评为“天津市文明社区”。

后台村 [Hòutáicūn]

在区驻地张贵庄街道东南 12 千米。军粮城街道辖自然村。人口约 0.17 万人。辖区原属刘台村，1994 年划出，因其位于刘台村后侧得名。村落沿袁家河呈团块状分布。村内有村卫生室、百货商城等。村公路与东金路相连接。该村于 2014 年被评为“天津市文明村”。

金桥街道 [Jīnqiáo Jiēdào]

属东丽区管辖，在区境中部。面积约 44.32 平方千米。人口约 5.25 万人。街道辖 8 个居委会。1983 年建么六桥乡，1985 年撤销么六桥乡建立东郊区么六桥回族乡，1992 年更名为么六桥回族乡。2011 年因辖区内有金桥工业园命名更今名。北临滨海国际机场，西减河流经于此。街道有中小学 2 所，幼儿园 1 所，社区卫生服务中心 1 个。骆驼房子清真寺坐落于此。住宅区与工业区交错分布，有龙泉里、枫舒园等小区。北部有金桥工业园，以机械设备、航空设备、金属制品等为主要产业，驻有鞍钢钢材加工、东南钢结构等企业。京津塘高速公路、津滨高速公路、津北公路过境。附近通多路公共汽车和地铁 2、9 号线。

流芳台村 [Liúfāngtáicūn]

在区驻地张贵庄街道东北 11 千米。金桥街道辖自然村。人口约 0.16 万人。清同治十年（1871 年）始有人定居，称刘家大院，后有姜、潘、刘等姓建舍定居，逐渐形成村落。清光绪十六年（1890 年）取“流芳百世”之意命名流芳台村，1967 年更名胜利大队，1970 复更今名。村落沿中河呈团块状分布。村中有流芳中心小学。北部多为企业厂房，驻有浩恩建材、菲丽斯服装等企业。村公路与津北公路相连接。该村于 2014 年被评为“天津市文明村”。

华新街道 [Huáxīn Jiēdào]

属东丽区管辖，在区境中北部。面积约 3.46 平方千米。人口约 0.49 万人。街道辖 5 个居委会。2013 年设立华明新家园街道，2014 年更今名，因华明新家园简称而得名。辖区内有北塘排污河。街道以住宅区为主，有溪堤颂园、名都花园等小区；有恒大影城、华润万家超市等基础设施；驻有沃森国际科贸、吉斯马特科技等企业。津汉公路、赤海路在此经过。附近通多路公共汽车。

东丽湖街道 [Dōnglìhú Jiēdào]

属东丽区管辖，在区境东北部。面积约 68.72 平方千米。人口约 1.29 万人。街道辖 6 个居委会，2012 成立，因辖区内东丽湖而得名。街道有东湖、丽湖等湖泊；有中小学 2 所，幼儿园 1 所；有自然艺苑区、华侨城欢乐谷等旅游休闲地；有水域天城商业中心、东丽湖恒大酒店等标志性建筑。观渡苑、聆水苑等住宅小区环湖而建。街道内产业以旅游业、服务业为主。津汉公路、金钟路、东丽大道在此经过。附近通多路公共汽车。

天津华明高新技术产业区 [Tiānjīn Huámíng Gāoxīn Jìshù Chǎnyèqū]

在区境中北部，华明示范镇西部。东至映春路，西至外环调整线，南至津汉公路，北至金钟路。占地面积约 7.33 平方千米。开发区因位于华明街道内得名，系天津市示范工业园区、市级高新区、国家火炬计划节能装备特色产业基地、天津市循环经济示范试点单位。2008 年经天津市人民政府正式批准建立市级工业区，为滨海新区的政策区。2014 年 3 月更今名。开发区发展定位为以电力电气装备、轨道交通车辆、航空航天配套为主导产业，积极发展电子信息、新能源新材料、生物医药、创意产业等战略新兴产业，成为高端装备制造产业集聚区、高新成果孵化转化产业区、高知人才创新创业发展区和现代科技服务业聚集区。近年来引进的重点项目有国家电网、中国北车、航天精工、兵器一机、霍尼韦尔等大型央企、世界 500 强及上市公司项目，清华科技园、北大明德科技园、北欧科技园等科技创新平台，盛世铸成移动支付、智汇星 3D 打印、清华同方人工环境、圣富源锂电池、明道慧石等科技型中小企业，清华大学天津高端装备研究院、清华大学节能增效智能化技术与装备工程研究中心、包头稀土研究院等科研机构，以及科创慧谷（天津）园区、EOD 总部港、北方创业总部基地等楼宇经济项目。开发区有科技企业 935 家，小巨人 72 家，引进创新创业人才 18 名，科研院所 16 个。园区道路连通杨北公路、津汉公路、华明大道、华兴路等，北临天津滨海国际机场，交通便利。

天津东丽经济技术开发区 [Tiānjīn Dōnglì Jīngjì Jìshù Kāifāqū]

在区境中南部。东至中河村，西至津塘公路四号桥，南至海河，北至津塘公路。占地面积约 7.21 平方千米。开发区因位于东丽区得名，1992 年 7 月批准建立。2008 年 9 月管辖范围包括天津市东丽区航空产业区，2012 年 4 月被天津市政府批准成为天津市海河高新技术产业开发区，2014 年 2 月，经国务院批准升级为国家级经济技术开发区，更今名。自成立以来，开发区吸引了来自世界 20 多个国家和地区的超过 150 多家企业进行投资。作为多层次、多类型的综合性经济开发区，这里已形成以汽车零部件、电子、新能源新材料为主导的产业，驻有天津神川电机有限公司、清阳汽车配件有限公司、天津新兴数字电子有限公司等企业。津塘公路与先锋东路过境。

天津军粮城工业园区 [Tiānjīn Jūnliángchéng Gōngyè Yuánqū]

在区境东部。东至袁家河，西至小东庄村，南至先锋东路，北至津塘公路。占地面积约 1.83 平方千米。工业园区因位于军粮城街道得名，2002 年 6 月开始建设，2006 年 6 月定为市级开发区，2008 年经天津市人民政府正式批准建立市级开发区。园区拥有冶金制品、自行车、电子和商业金融业等支柱产业，依托其冶金工业，已形成以金属压延为主导的无污染、高附加值的重点产业。2017 年园区完成规模以上工业总产值 56.46 亿元。园区有科技型中小企业 203 家，高新技术企业 10 家，国家级企业技术中心、市级工程技术研究中心各 1 家。主要入驻企业有天津滨海腾飞物流有限公司、金立联合钢铁贸易（天津）有限公司、天津市无缝国际贸易有限公司、天津太平货柜有限公司、天津金立盛业有限公司、天津中翔腾航科技股份有限公司等。津塘公路、先锋东路经此。地铁 9 号线在此设军粮城站。

天津滨海重机工业园 [Tiānjīn Bīnhǎi Zhòngjī Gōngyè Yuán]

在区境东南部。东至中心庄路，西至汉港公路，南至海河，北至津钢管集团有限公司。占地面积约 11.23 平方千米。该园区为高端装备制造业现代产业园区，临近滨海新区，功能定位为发展重机工业，因而得名。2007 年 2 月成立东丽区军粮城散货物流区管理委员会，2008 年 3 月经天津市人民政府正式批准建立市级开发区，2009 年 1 月挂牌天津市滨海重机工业园区管理委员会，为市级工业园区。园区定位为发展高端重型装备制造产业、高档金属制品业等产业，成为高端装备制造产业化基地、智能制造研发转化基地、高端人才创新创业基地及循环经济产业示范园区。2017 年园区完成固定资产投资 2.2 亿元，产值达 25.7 亿元。园区驻有中国一重天津重工有限公司、天津特钢精锻有限公司等企业。津塘公路、汉港公路、中心庄路在此经过。

西　青　区

西青区 [Xīqīng Qū]

天津市辖区。北纬 38° 49′，东经 116° 52′。在市境西南部。面积约 565.36 平方千米。人口约 43.86 万人，有汉、回、满、朝鲜等民族。该区辖 3 个街，7 个镇。区人民政府驻杨柳青镇。1949 年为天津县第五区；1953 年 5 月改置津西郊区；1955 年改称西郊区；1958 年分别划归河西区、南开区；1962 年复置西郊区，并将南开区杨柳青镇和木厂、张家窝、王稳庄等村镇并入；1985 年将王顶堤、凌庄子、大园、小园等村庄划给南开区成今境。1992 年更今名，取津西杨柳青之意。地处华北平原东北部，地势低平，西北部较高，海拔约 5 米；东南部略低，海拔约 2.5 米；中部最低处，海拔仅 1.5 米。年均气温 12.6 ℃，一月均温 -5.1 ℃，七月均温 26 ℃，全年平均无霜期 184 天，日均气温大于 0 ℃ 的有 271 天，大于 0 ℃ 积温 4567.7 ℃，日均气温大于 10 ℃的有 199 天，活动积温 4130.6 ℃，年均降水量 505.6 毫米。境内有莲花淀、蛤蟆洼、津西大洼等蝶形洼淀。区域内有鸭淀水库。有一级河道 3 条，即中亭河、子牙河，独流减河；二级河道 10 条，用水河 5 条，排水河 4 条，排污河 1 条。西青区是中国四大木版年画之一“杨柳青年画”发源地。辖区内有天津理工大学、天津师范大学、天津城建大学、天津农学院等 8 所高等院校，有中小学 47 所，乡镇文化站 9 所；有西青医院、捷希肿瘤医院等二级医院 2 所；有文昌阁、全国重点文物保护单位石家大院（杨柳青博物馆）、爱国武术家霍元甲故居和墓地、王兰庄村一二·九运动抗日救亡义教点纪念碑和纪念馆、市级文物保护单位平津战役天津前线指挥部旧址等历史文化遗存；有杨柳青庄园、西青郊野公园等休闲游览胜地。三大产业比重为 1.3 : 49.3 : 38.8。农业以玉米、小麦、棉花、大白菜、萝卜等为主。区内有被誉为天津四大名菜之一的“天津大白菜”和享有“赛鸭梨”之称的“沙窝青萝卜”，远销海内外。区内有鲤、鲢、鲫、草、鲶、南美白对虾等水产品，是市主要的副食品生产基地之一。始终坚持工业立区，着力培育发展电子信息、汽车及装备制造、生物医药三大主导产业和高品质快消品、新能源新材料、绿色环保三大新兴增长产业。产业结构加快优化，人工智能、生物医药、新能源新材料等产业蓬勃兴起。服务业已形成以市场建设、房地产开发、物业管理、商品集散市场、餐饮业为主的产业带。北部有天津市中北工业园、市农业高新技术示范园区，中部有西青学府工业区，东部有西青经济技术开发区。住宅区主要分布于东部和北部，多为楼房。天津南站坐落于西青区张家窝镇，京沪铁路过境，另有李港、南曹、周芦等地方铁路。津涞、津静、津杨等公路过境。附近通多路公共汽车和地铁 2、3、5 号线。

西营门街道 [Xīyíngmén Jiēdào]

在区境东北部。面积约 17.09 平方千米。人口约 1.15 万人，有汉、回等民族。街道辖 8 个居委会，10 个村委会。近 10 年来，先后实施王顶堤新市场群建设、快速路拆迁、卫生街镇创建、鸭淀水库旅游开发、沿快速路商贸带建设、泰和工业园建设、城中村改造、村民住宅楼建设、旧楼区居住功能综合提升改造等工程。1998 年成立街道。因原政府驻于西营门，故名。南运河、外环河、陈台子排水河等流经此地。街道分为南、北两部分，北部有泰和园工业区，有机械设备、金属制品、汽车配件、食品、科技等企业，南部有海泰大厦、捷希医院等单位，有王顶堤大胡同商贸城、麦迪逊广场等商业设施。年工农业总产值 1.3 亿元，其中工业占 63.8%，农业占 5.1%，渔业占 3.2%，交通运输、商业、旅馆等第三产业占 28.9%。农业以稻谷、蔬菜为主。津沧高速、津静公路、外环西路经此。附近通多路公共汽车和地铁 2、3 号线。

李七庄街道 [Lǐqīzhuāng Jiēdào]

在区境东部，面积约 36.00 平方千米。人口约 2.97 万人，有汉、回、朝鲜等民族。辖 12 个居委会、20 个村委会。近年来，先后实施平房改造、景观绿化、环境卫生集中清整、国家级卫生街建设、还迁住宅楼项目、九策高科技产业园建设项目、凌奥创业产业园建设、津兰国际商贸中心建设、主干道路硬化美化等工程。1997 年成立街道，因坐落于李七庄村得名。卫津河、津港运河、外环河、大沽排污河等流经此地。北部多为住宅楼群。街道有天津理工大学 1 所高等院校，中小学 4 所，幼儿园 1 所；有市测绘院有限公司、天津一二·九抗日救亡运动纪念馆等单位；有轻工（自行车）、橡胶、金属制品和医药等产业。外环南路、津涞公路过境。附近通多路公共汽车和地铁 5、6 号线。

赤龙南街道 [Chìlóngnán Jiēdào]

在区境东南部。面积约 3.03 平方千米。人口约 1.41 万人。该街道于 2016 年正式挂牌成立，与其他兄弟街镇不同的是，赤龙南街是一个没有经济发展指标，只有社会事务管理职责的街道办事处，也是全区人口密度最高的大型“移民居住区”。街道有中小学 2 所，幼儿园 2 所，社区卫生服务中心 1 个；有亲和康园、佳和华庭等住宅小区。赤龙公园坐落于此。津港公路、储珍道等在此经过。附近通多路公共汽车。

杨柳青镇 [Yángliǔqīng Zhèn]

西青区人民政府驻地。在区境西北部。面积约 64.00 平方千米。人口约 20.34 万人，有汉、回等民族。该镇辖 14 个居委会、25 个村委会，有 18 个自然村。镇人民政府位于柳口路。1949 年先后置杨柳青市、区、镇，1958 年改公社，1980 年复置镇，1990 年在镇政府机构的基础上成立杨柳青街道办事处，2002 年撤销杨柳青街道办事处，居民社区统一由杨柳青镇管理。元至正三年（1343 年），文人揭傒斯游历至此，因赋《杨柳青谣》，故名。南运河、自来水河、中亭河等流经此地。镇上有中小学 5 所，幼儿园 3 所，医院 3 所；有广播电视大学西青分校、市劳动经济学校、区职业中等专业学校、市工会管理干部学院、西青医院、区妇女儿童保健中心等单位。杨柳青是一座千年历史文化古镇，拥有独具特色的运河文化、年画文化、大院文化、赶大营文化、红色文化和生态文化，2005 年被评为“中国魅力文化传承名镇”、2008 年被评为“中国历史文化名镇”、2009 年被评为“中国民间文化艺术之乡”、2010 年被评为“全国特色景观旅游名镇”。镇内有文昌阁、普亮宝塔、全国重点文物保护单位石家大院（杨柳青博物馆）、天津市文物保护单位平津战役天津前线指挥部旧址陈列馆等历史文化遗存。杨柳青镇农业以蔬菜种植为主，兼种粮食作物，是“天津大白菜”的主要产地。北部和东部多为旱田和果林，主产玉米、小麦、大豆、山芋、桃、葡萄等农产品。该镇是市汽车配套产业重要基地。京沪铁路过境并设站。津同公路、津静公路在此经过。附近通多路公共汽车。

大柳滩 [Dàliǔtān]

在区驻地杨柳青镇西北 5 千米。杨柳青辖自然村。人口约 0.55 万人。相传清嘉庆年间，杨柳青齐家看护柳林的佃户在柳林旁河滩上建村，故名。村落呈长块状分布。该村以农业生产为主，主要为果树种植，有华北地区最大的村级果园之一，是天津市绿色果品生产基地。早酥梨为当地主打农产品。村中有集日光温室、庄稼院、休闲园林、采摘园、特色农作物区于一体的镇北农庄，有村公路与津同线相连。该村于 2014 年被评为“天津市旅游特色村”。

中北镇 [Zhōngběi Zhèn]

属西青区管辖，在区境东北部。面积约 39.78 平方千米。人口约 6.56 万人。民族以汉族为主，另有回族等。该镇辖 22 个居委会、22 个村委会，有 22 个自然村。镇人民政府位于万卉路与中北大道交汇东北侧。1953 年置中北斜乡，1958 年撤乡属南开区红旗公社，1962 年析建中北斜公社，80 年代初更名九一九公社，1983 年改置乡，1984 年复名中北斜乡，1997 年改置镇，更今名。清末村落随河道弯曲向东北和西北倾斜，遂以方位定名东、中、西北斜，该地因位于中部故名。南运河经此。该镇有中小学 3 所，医院 1 所。天津热带植物观光园坐落于此，是晚香玉切花生产基地，是国家林业局、中国花协认证的“中国晚香玉之乡”。镇支柱产业为以汽车整车及关键部位零件、装备制造业、新能源新材料为主导的现代制造业。该镇是市汽车生产基地之一、全国经济型轿车生产基地和汽车零部件加工基地，有天津一汽、宝钢钢材配送等知名企业。西青道、武静公路、外环西路等贯穿全镇。附近通多路公共汽车和地铁 2 号线。该镇于 2010 年被评为“示范小城镇”。

辛口镇 [Xīnkǒu Zhèn]

属西青区管辖。在区境西部。面积约 62.00 平方千米。人口约 3.97 万人，民族以汉族为主，另有回族等。该镇辖 18 个村委会，有 18 个自然村。镇人民政府驻上辛口。1960 年划归南开区；1962 年划归西郊区，由上辛口、木厂、小沙沃等 18 自然村建木厂公社；1982年改置木厂乡；1984年更名上辛口乡；1997年撤乡设镇，更今名，因镇人民政府驻上辛口得名。南运河和子牙河经此。该镇有中小学5所，镇卫生服务中心1所。农业以蔬菜种植为主，盛产沙窝萝卜。镇上建有水高庄园生态旅游景区。京沪高速、津静公路等道路在此经过。附近通多路公共汽车。

上辛口 [Shàngxīnkǒu]

辛口镇人民政府驻地。在区驻地杨柳青镇西南7千米。辛口镇辖自然村。人口约0.14万人。明代安、徐两姓迁此定居，曾名东安家窑、西徐家窑。明嘉靖年间安姓在南运河上设渡，改称新口，谐音辛口。村落后期沿河伸展，形成上、中、下3个村，此地居上改今名。村落呈团块状分布。该村有玉米、小麦等农产品。津静公路、青沙路在此经过。

水高庄 [Shuǐgāozhuāng]

在区驻地杨柳青镇西南9千米。辛口镇辖自然村。人口约0.48万人。明永乐年间建村，时名为高庄子。清末，有一过路文人曲念徐，借宿村中，见积水围村，观景赋诗："隔堤一望似汪洋，红有芙蕖绿有秧，门泊渔舟墙晒网，村名不愧水高庄。"后人以此更今名。村落沿津静公路呈带状分布。村中驻有水高庄园生态旅游景区、子牙河游乐园，有水高庄工业园等企业，有玉米、小麦等农产品。津静公路在此经过。该村于2014年被评为"全国文明村"。

小沙沃 [Xiǎoshāwò]

在区驻地杨柳青镇南8千米。辛口镇辖自然村。人口约0.30万人。该村于明永乐年间建。因北宋时于此设沙窝砦屯兵，取名沙窝，后因与邻村大沙窝相对，改名小沙窝，1980年取土地肥沃之意更今名。村落呈团块状分布。周边多为沙窝萝卜种植园、合作社等。该村盛产沙窝青萝卜，因清脆甘甜有"赛鸭梨"之称。104国道、青沙公路在此经过。

当城 [Dāngchéng]

在区驻地杨柳青镇南7千米。辛口镇辖自然村。人口约0.73万人。传北宋杨延昭领兵抗辽，曾在此屯兵，令士兵兜土筑城以挡风沙，名挡风城。明初建村时据此取名当城。村落呈团块状分布。玉佛禅寺坐落于此，因寺内玉佛众多而闻名。周边多为物流公司。津静公路、当杨路在此经过。附近通多路公共汽车。

张家窝镇 [Zhāngjiāwō Zhèn]

属西青区管辖。在区境中部。面积约63.40平方千米。人口约4.64万人，以汉族为主，另有回、满等民族。该镇辖7个居委会、18个村委会，有16个自然村。镇人民政府位于津静复线与祥和大道交口。1953年置张家窝乡；1958年撤乡属津西公社；1963年析建张家窝公社；1964年与占佛寺、小甸子两公社合并，仍名张家窝公社；1983年复置乡；1994年改置镇。明初张姓迁此搭窝铺为舍，名张家窝铺，习称今名。自来水河、西大洼排水河、丰产河等河流过境。镇上有天津城建大学、天津农学院、天津商业大学宝德学院3所高等院校，中小学3所；有黏合剂加工、橡胶制品、炼胶等工厂。该镇主产小麦、玉米、蔬菜等农产品，有特产冬枣"张窝快枣"。京沪高铁过境设天津南站。荣乌高速、津沧高速、津静公路、赛达大道、辛老路在此经过。附近通多路公共汽车和地铁3号线。

精武镇 [Jīngwǔ Zhèn]

属西青区管辖，在区境中南部。面积约69.30平方千米。人口约3.37万人，以汉族为主，另有回、满等民族。该镇辖4个居委会、18个村委会，有10个自然村。镇人民政府位于富兴路。1953年置郭村乡，1962年析建南河公社，1983年置傅村乡，1984年更名永红乡，1986年撤乡改置南河镇，2009年更名精武镇。该镇有天津师范大学、天津工业大学2所高等院校，中小学4所，医院2所。精武镇是爱国武术家霍元甲的故乡，有天津市文物保护单位霍元甲故居和陵墓，有集国内外武术文化交流、旅游、爱国主义教育基地、影视基地于一体的精武门·中华武林园；有新宇彩板、大冢制药等企业。农业以种植业和水产养殖业为主，有蔬菜、小麦、玉米和豆类等农产品，有草、鲢、鲤、鲫等养殖鱼类。周芦铁路过境。津涞公路、津文公路、赛达大道等经此。附近通多路公共汽车和地铁3号线。

大寺镇 [Dàsì Zhèn]

属西青区管辖，在区境东南部。面积约86.00平方千米。人口约4.65万人，以汉族为主，另有回、满等民族。该镇辖5个居委会、15个村委会，有4个自然村。镇人民政府位于静水道。1953年置大寺乡，1956年并入芦北口乡，1958年属南开区卫南公社，1961年析建大寺公社，1983年复置乡，1995年改置镇。宋初建有雍熙寺，俗称大寺，以寺得名，后寺废，其名沿用至今。卫津河、津港运河等经此。该镇有中小学7所，幼儿园1所，卫生院1所；已形成集汽车、医药、钢材改制、金属制造、焊接材料、仓储为主要类型的产业结构；以都市型农业为主，种植业有保健、绿色有机蔬菜、食用菌、花卉，养殖业有水产、奶牛等。西青区经济技术开发区、天津经济技术开发区微电子工业区、渤海天易园、市重点安居工程——大寺新家园坐落于此。李港铁路、周芦铁路过境并设站。梨双路、津港公路等在此经过。

王稳庄镇 [Wángwěnzhuāng Zhèn]

属西青区管辖，在区境东南部。面积约116.00平方千米。人口约4.17万人，以汉族为主，另有回、满等民族。该镇辖15个村委会，有6个自然村。镇人民政府位于津淄路与天源道交会口西南侧。1953年置王稳庄乡，1958年属静海县团泊洼公社，1960年析建王稳庄公社，1983年复置乡，1997年改置镇。明初王姓村民来此定居，名王家庄，后改今名。独流减河、津港运河等河流经此。镇上有中小学5所，兽医站1所；有王稳庄中心小学、镇兽医站等单位。农业以种植业和鱼类养殖业为主，有小站稻、高粱、玉米、大豆、棉花等农作物，有草、鲢、鲤、鲫等淡水养殖鱼类。工业以金属制品加工、油漆涂料、食品加工、机械电子、生物医药、精细化工为主导产业，驻有石天药业、连群重工机械等企业。李港铁路、荣乌高速、长深高速、津淄公路、山深线在此经过。

西青经济技术开发区 [Xīqīng Jīngjì Jìshù Kāifāqū]

在区境东部。北至外环路，南至津晋高速公路，东至解放南路，西邻津淄公路。开发区占地面积约16.88平方千米，因位于西青区，故名。1992年由西青区政府建立市级开发区，2010年经国务院正式批准升级为国家级开发区，由区人民政府管理。开发区以科学发展观为指导，创新利用外资方式，优化利用外资结构，致力于发展高新技术产业和高附加值服务业，着力提高开发水平，完善体制机制，提高创新能力，充分发挥辐射、示范和带动作用，是享受国家经济特区优惠政策的对外开放区域。开发区已形成以电子信息、汽车配套、生物医药、高档生活用品、机械制造为主导，以模具产业、现代服务业和物流业为配套和支撑的产业格局。园区基础设施与服务设施齐全，交通便利，附近通多路公共汽车。对外已形成航空、海运、铁路、公路一体的立体化交通网络。

津　南　区

津南区 [Jīnnán Qū]

天津市辖区。北纬 38° 54′，东经 117° 24′。在市境东南部。面积约 387.84 平方千米。人口约 47.18 万人，有汉、回、满、蒙、苗等民族。该区辖 8 个镇。区人民政府驻八里台镇。1953 年析天津县六区、七区和一区的大部置津南郊区，属天津市；1955 年改名南郊区；1958 年将海河以南的南洋、北洋、双港、白塘口等 8 个村庄和黄骅县的上古林乡划入，同年 9 月并入河西区；1961 年恢复南郊区建制；1970 年北大港区并入；1979 年单设大港区，并将官港和中塘、上古林 3 个乡划归大港区；1992 年更名津南区，因地处天津以南得名。辖区地势低平，西北部略高，海拔 3~4 米。北靠海河，南有马厂减河，以两河为源的人工河道洪泥河、月牙河、幸福河、双桥河、卫津河、大沽及双巨排污河等纵横交错，洼淀坑塘星罗棋布。年平均气温 14 ℃。年降水量 427.8 毫米。年平均风速 2.7 米 / 秒。地下水净储存量近 90 000 万立方米。地下蕴藏着热水矿、石油天然气矿、煤和煤成气矿等资源。辖区内有野酸枣、小叶鼠李、柽柳、罗布麻等野生灌木、半灌木植物。此地古为退海之地，境内邓岑子、杨岑子一带有古海岸遗迹贝壳堤，已被确定为国家自然保护区。区内有南开大学（津南校区）、天津大学（北洋园校区）、天津职业技术师范大学、天津中德应用技术大学 4 所高等院校，中等专科学校 4 所、中小学 49 所、幼儿园 178 所，其中咸水沽第一中学为市重点中学；有电影院 1 所、影剧院 3 所、文化站 9 所、图书馆 1 所；有市胸科医院、海河医院、环湖医院 3 所三级医院，其中海河医院是国家重点投资建设的现代化医院之一；有以“九桥十八庙”“辇会”和“花会”为特色的民俗文化，有以天嘉湖旅游区、小站练兵园、中华石园为核心的旅游风景地。有关津南区的书画作品多次在全国各地展出。区内有区级以上古迹 11 处，其中战国时期的东岑子遗址（又称巨葛庄遗址）和周公祠为天津市文物保护单位。三大产业比重为 0.8 ∶ 52.1 ∶ 47.1。农业历史悠久，是小站稻的发源地，著名的“鱼米之乡”，业已形成以“一优三特”（优质小站稻、特色蔬菜、特色畜禽、特色水产品）为主导的农业生产结构。该区有“津南青韭”“津南实芹”“南菜”“西菜”等名优蔬菜，拥有“日思牌”小站稻、“神农”牌蔬菜种子、“宏程”牌蔬菜种子等农业名牌产品，拥有津南国家农业科技园区、海河沿岸名特优水产品养殖示范园区、小站稻开发公司、双港蔬菜配送中心等知名农业科技型企业。工业已形成机械、化工、轻工、纺织、金属制品、电子仪表、环保设备等 20 多个门类，有力字牌阀门、东仪牌仪表、宝成牌锅炉、凤鸣牌锅炉、甘泉牌电泵、港田牌摩托、启明牌螺杆砖具等 7 个国家级、市级名牌产品。服务业以对外经贸为主。李港、蓟港铁路经此。津港高速、长深高速、津晋高速及津歧、津沽、津港、白万等公路过境。区内二道闸码头可停泊货轮。附近通多路公共汽车和地铁 1 号线。

双新街道 [Shuāngxīn Jiēdào]

在区境西部。面积约 3.61 平方千米。人口约 0.37 万人。该街道辖 7 个居委会。2015 年 8 月组建双港新家园街道办事处筹备组，10 月更名为双新街道办事处筹备组，11 月设立双新街道办事处。西临津港高速公路，秃尾巴河流经于此。街道有中小学 1 所，幼儿园 2 所，社区卫生服务中心 1 个；有欣悦佳园、盈翠名苑等住宅小区。津南体育公园坐落于此。领世路、景荔道等道路经此。附近通多路公共汽车。

双林街道 [Shuānglín Jiēdào]

在区境西北部。面积约 4.2 平方千米。人口约 0.73 万人。街道辖 9 个居委会，于 2017 年成立。双林引水河、先锋河流经于此。街道有中小学 3 所，幼儿园 5 所，医院 2 所。天津职业技术师范大学坐落于此。界内的中华石园为 AA 级旅游景点、天津市科普教育活动基地。街道有象博豪庭、田喜盛园等住宅小区。外环南路、大沽南路、渌水道等组成主要路网。附近通多路公共汽车和地铁 1 号线。

八里台镇 [Bālǐtái Zhèn]

津南区人民政府驻地。在区境西部。面积约 106.30 平方千米。人口约 5.70 万人，以汉族为主，另有回族等。该镇辖 6 个居委会、15 个村委会，有 6 个自然村。镇政府位于津港公路中段北侧。1961 年置八里台公社，1983 年改置乡，1992 年改置镇，2001 年原双闸镇并入，因距大韩庄、大孙庄、巨葛庄各为八里，地势较高，故命今名。镇上有中小学 6 所，幼儿园 1 所，卫生院 1 所；有 AAAA 级风景区松江生态乡村俱乐部、星耀五洲旅游度假区等景点；有天津古海岸与湿地国家级自然保护区和春秋战国遗址。经济以第二产业为主，驻有电工器材、模具、制衣、热力等企业；以第三产业为辅，形成集餐饮、观光、休闲于一体的津港公路服务带。津港、二八等公路在此经过。附近通多路公共汽车。

巨葛庄村 [Jùgězhuāngcūn]

在区驻地八里台镇南侧 5.5 千米。八里台镇辖自然村。人口约 0.83 万人。东汉建武年间建村，原称聚各庄，后演变为今名。村落沿洪泥河呈带状分布。村中有天津古海岸与湿地国家级自然保护区和春秋战国遗址，驻有天津亿百利塑料制品有限公司，有玉米、水稻等农产品。白万公路在此经过。附近通多路公共汽车。

西小站村 [Xīxiǎozhàncūn]

在区驻地八里台镇东南 6.7 千米。八里台镇辖自然村。人口约 0.16 万人。清光绪年间提督周盛传率军在此设兵站屯垦，后成村，因位于小站以西故命今名。村落沿西小站村路呈带状分布。村中驻有全恒通阀门有限公司、澳路浦润滑科技有限公司等企业。有小麦、玉米等农产品。葛万公路经此。附近通多路公共汽车。该村于 2014 年被评为“天津市文明村”。

咸水沽镇 [Xiánshuǐgū Zhèn]

属津南区管辖。在区境中部。面积约 60.39 平方千米。人口约 7.26 万人，以汉族为主，另有回、满等民族。该镇辖 22 个居委会、27 个村委会，有 12 个自然村。镇人民政府位于南环路与丰收路交口。辖区 1949 年为咸水沽镇，1955 年隶属天津市南郊区，1958 年属河西区美满公社，1961 年改置咸水沽镇，1966年更名永红镇，1976年设咸水沽街道，1980年复置咸水沽镇，2001年南洋镇并入。因地处海河下游，每当潮汐时海水可至此地，水咸，居民在沽河两岸以海水煮盐为生，故命今名。镇上有天津大学（北洋园校区）、南开大学（津南校区）、天津中德应用技术大学3所高等院校，中等专业学校5所，中小学12所，幼儿园4所，区少年宫1所，医院2所，卫生院1所，其中咸水沽第一中学为市级重点中学。该镇是天津工商业重镇之一，有机械、化工、纺织、建材、服装、铸造、金属制品等产业，驻有三环电阻、东山工具等百余家企业。服务业发展迅猛，有阳光米兰商业街、津沽新街等商业街，有咸水沽市场、紫江路市场等大型商贸市场，有吾悦广场、新华广场、卢浮广场等大型商业综合体。当地主要农作物为稻谷和玉米。津沽公路、津歧公路、南环路、南华路等道路在此经过。附近通多路公共汽车和地铁1号线。

金石里社区 [Jīnshílǐ Shèqū]

属咸水沽镇管辖。在区境西部。面积约0.80平方千米。人口约0.45万人。社区因界内金石里得名，于2001年成立，2011年进行规划调整，含博雅花园、金石里等10个住宅小区，住宅楼多为4~6层及11~24层。津沽公路、雅泽路等道路经过。附近通多路公共汽车。该社区于2014年被评为“天津市文明社区”。

益华里社区 [Yìhuálǐ Shèqū]

属咸水沽镇管辖。在区境中部。面积约0.56平方千米。人口约0.67万人。社区因界内益华里得名，于2001年成立，含普明南里、益华里等5个住宅小区，住宅楼多为2~6层，部分为别墅。津歧公路、南环路等道路经过。附近通多路公共汽车。该社区于2014年被评为“天津市文明社区”。

葛沽镇 [Gěgū Zhèn]

属津南区管辖。在区境东部。面积约40.10平方千米。人口约5.60万人，以汉族为主，另有回族等。该镇辖12个居委会、22个村委会，有12个自然村。镇人民政府位于津沽公路中段南侧。辖区1949年为葛沽镇，1953年撤镇属津南郊区，1959年属塘沽区中心桥人民公社，1962年成立葛沽人民公社，属南郊区，1966年改为卫东镇，1969年成立葛沽街道办事处，1983年复置葛沽镇，1985年与葛沽乡合并为现境。因沽河滩上葛草丛生，故得今名。该镇为天津七十二沽之一。初置成于此。元代开通海运，成为商埠码头，曾有“小江南”之称。邓岑子、杨岑子一带有古海岸遗迹贝壳堤。镇上有中小学7所，幼儿园1所，卫生院1所。该镇是历史上华北“八大古镇”之一，有传统风俗“葛沽宝辇会”，有郑家大院、葛沽八景、津东书院、葛沽书画社等人文古迹。2007年滨海新区管理委员会批准葛沽镇为滨海新区综合配套改革实验示范镇。2018年，该镇获“联合国开发计划署试点城镇”和“全国发展改革试点小城镇”称号。葛沽镇还是津南区的工业重镇、经济强镇，重点引进和发展先进制造业、现代农业、现代服务业以及商贸物流等相关产业，拥有荣程联合钢铁集团、立林集团、甘泉集团等支柱企业，总投资188.2亿元的PPP城市综合开发、投资15亿元的佳沃现代农业产业示范园等项目有序推进。津晋高速、长深高速、津沽公路、天津大道等道路经此。附近通多路公共汽车。

小站镇 [Xiǎozhàn Zhèn]

属津南区管辖。在区境东南部。面积约 60.00 平方千米。人口约 7.32 万人，以汉族为主，另有回族等。该镇辖 9 个居委会、18 个村委会，有 10 个自然村。镇人民政府位于前营路。1953 年置小站镇，1958 年撤镇并入小站公社，1964 年析置小站镇，1966 年更名工农镇，1983 年小站公社改置乡，1985 年镇乡合置小站镇。原为斥卤之地，清同治十年（1871 年）海防提督周盛传率军修马厂至新城大道，沿街设驿站，此为一小站，故命今名。马厂减河、月牙河、八米河等多条河流经此。镇上有中小学 8 所，幼儿园 2 所，医院 1 所，卫生院 1 所；北洋军阀袁世凯曾在此编练新军，是近代北洋文化的发源地和大本营；有 AAA 级景区小站练兵园，有以水上项目为特色的天山海世界·米立方旅游区。该镇是区工业重镇之一，以高端智能制造、电子信息、新材料、汽车零部件产业为主导产业，有经纬辉开股份有限公司、凌云科技有限公司、环宇橡胶股份有限公司等企业。当地盛产优质水稻“小站稻”。小站镇坚持遵循“立足优势、特色开发、差异竞争、绿色崛起”的发展思路，坚持不移贯彻新发展理念，推动“旅游 + 文化 + 农业 + 体育”的深度融合转型，谱写了生态优先绿色发展新篇章。津港公路、津港高速、长深高速、津歧公路、汉港公路等道路在此经过。附近通多路公共汽车。

东大站村 [Dōngdàzhàncūn]

在区驻地八里台镇东 11 千米。小站镇辖自然村。人口约 0.17 万人。清光绪年间为马厂至新城大道的大驿站，又位于小站以东，故名。村落沿葛万线呈带状分布。村内有东大站联合小学，有警务室、监控室、图书室、展室、党员活动室、老年活动中心、LED 电子屏等服务设施，有社团、志愿者服务队等队伍。该村积极开展“美德在农家”“五好文明家庭”等评选活动以及“道德讲堂”等主题活动。村中有东大站住宅小区，有天津大站集团有限公司，有玉米、棉花等农产品。葛万公路穿境而过，西北通津沽公路，西南通津歧公路。附近通多路公共汽车。该村于 2005 年和 2014 年被评为“全国文明村”。

盛字营村 [Shèngzìyíngcūn]

在区驻地八里台镇东南 6 千米。小站镇辖自然村。人口约 0.45 万人。清光绪元年（1875 年），周盛传部在此建立营盘，以提督周盛传的“盛”字命名为盛字营。光绪二十一年（1895 年），袁世凯在此练兵时，逐渐形成村庄，故命今名。村落呈团块状分布。村内驻有增特集团有限公司、力通伟业水泥制品有限公司等企业，有水稻、玉米等农产品。津歧、津港等公路在此经过。附近通多路公共汽车。

会馆村 [Huìguǎncūn]

在区驻地八里台镇南 12 千米。小站镇辖自然村。人口约 0.14 万人。清光绪年间建村，名小马队子。光绪六年（1880 年）因海防提督周盛传在此改全神庙建新农寺，又称会馆，故得今名。村落沿葛万线呈带状分布。村内有天津市文物保护单位“周公祠”，有水稻、玉米等农产品。会场路从村中穿过，与津港公路相连。附近通多路公共汽车。

双港镇 [Shuānggǎng Zhèn]

属津南区管辖。在区境西北部。面积约 22.5 平方千米。人口约 4.66 万人，以汉族为主，另有回族等。该镇辖 11 个居委会、16 个村委会，有 5 个自然村。镇人民政府位于津沽公路北段西侧。1961 年建双港公社，1983 年改置乡，1992 年改置镇，因老海河与赤龙河在此汇水形成河汊，当地称双港，故得名。依托天津首批市级示范工业园区——双港工业园区，培育智能制造、高端服务业、生物医药三大主导产业，已经形成以云端科技、中尚传媒、拓思创意（钉钉五星级服务商）等为代表的锦联线上经济产业园；以安吉特、施特雷、斯曼尔、杰德医疗器械等一批医药企业为代表的泰康合众医疗器械产业基地；以凯尔测控、肯拓智能等一批新型科技型企业和亚星散热器、金凤科技等老牌精密制造企业为代表的智能制造产业集群。引进的联东日谷、锦商科技园、恒生科技园和坤港产业园等产业园为企业科技研发及成果转化提供了海量载体。镇属宏程芹菜研究所培育出的"宏程"芹菜成为天津市农业著名商标。"津南实芹一号"获国家发明三等奖，市名牌产品。其系列农种曾获国家级奖励 2 项，省部级奖励 9 项，地区级奖励 12 项。镇域有北方著名的何庄子农产品批发市场、津鑫水利海产冻品等服务业。镇内有中小学 6 所，幼儿园 2 所，有市胸科医院、海河医院、环湖医院 3 所三甲医院。天津大道、宁静高速、津港高速、梨双公路、外环线、津沽公路等重要交通道路在此经过。附近通多路公共汽车，地铁 1、6、8 号线均在双港镇域设站。

辛庄镇 [Xīnzhuāng Zhèn]

属津南区管辖。在区境西北部。面积约 28.48 平方千米。人口约 3.12 万人，以汉族为主，另有回族等。该镇辖 9 个居委会、20 个村委会，有 10 个自然村。镇人民政府位于津沽公路中段南侧。辖区 1949 年为白塘口乡，1958 年撤乡属小站公社，1961 年析建白塘口公社，1983 年复置乡，1985 年改辛庄乡，1997 年改置镇，因驻地位于辛庄村得今名。津沽公路、天津大道、宁静高速、国展大道等多条道路经过此镇。海河、洪泥河、双排引河、先锋河、幸福河等多条河流经此镇。镇上有中小学 4 所，幼儿园 1 所，医院 1 所，汽车检测站 1 所。镇域内有辛庄工业园区、双鑫工业园区，累计已入驻企业一百余家，是沿海开放区的重要组成部分，现已形成机械、金属制品、食品、电子、建材、装饰、木制品等产业，拥有 300 多个优质产品。镇内慈云寺为市级文物保护单位。附近通多路公共汽车和地铁 1 号线。

双桥河镇 [Shuāngqiáohé Zhèn]

属津南区管辖。在区境东北部。面积约 27.30 平方千米。人口约 3.04 万人，以汉族为主，另有回、满等民族。该镇辖 3 个居委会、16 个村委会，有 5 个自然村。镇人民政府位于津沽公路中段北侧。1961 年置西泥沽公社，1983 年改置乡，1985 年更名双桥河乡，1992 年改置镇，因位于双桥河命今名。双桥河从辖区西侧过境。镇上有中小学 3 所，幼儿园 1 所，卫生院 1 所。该镇已成为以高科技为导向、外向型经济为主的工业重镇，拥有电子、机械加工、金属制品、食品加工等产业，驻有环亚热交换器、玉华绝缘材料等企业。农业以种植水稻、小麦、玉米为主。津沽公路、天津大道、汉港公路等道路过境。附近通多路公共汽车和地铁 1 号线。

南房子村 [Nánfángzicūn]

在区驻地八里台镇东北 9 千米处。双桥河镇辖自然村。人口约 0.10 万人。清光绪元年（1875 年）建村，因坐落在西周庄南侧得名，1966 年改名永革村，1968 年复今名。村落呈团块状分布。有集住宿、餐饮、养殖、垂钓、采摘为一体的南房子休闲中心。有光民电子有限公司、季和玻璃钢制品公司等企业。有村公路与津沽公路相接。该村于 2014 年被评为“天津市旅游特色村”。

北闸口镇 [Běizhákǒu Zhèn]

属津南区管辖。在区境中部。面积约 36.50 平方千米。人口约 6.10 万人,以汉族为主,另有回、满等民族。该镇辖 5 个居委会、19 个村委会,有 12 个自然村。镇人民政府位于广惠道与津歧公路交口处东北侧。1953 年置北闸口乡, 1958 年撤乡属小站公社, 1961 年析置北闸口公社, 1983 年复置乡, 1997 年改置镇。清光绪元年(1875 年)周盛传军开挖引河(即月牙河),在河上建南、北两闸,后于北闸附近聚户成村,故名北闸口村。该村临路而兴,乡、镇政府坐落于此。月牙河、津歧路贯穿境内。镇内有中小学 5 所,幼儿园 1 所,医院 1 所。1994 年兴建北闸口工业园, 1998 年规划建设正营工业园区。两个园区有机械设备、电子信息、金属制品、精细化工、轻工建材等企业 296 家。该镇于 2009 年被市政府批准为“示范小城镇”,有 11 个村并入镇区。作为历史上“小站稻”的主产区,正在全面恢复“小站稻”的种植。域内交通便捷,唐津高速、津晋高速、津港高速及津歧公路、津港公路在此经过。

义和庄村 [Yìhézhuāngcūn]

在区驻地八里台镇东 5 千米处。北闸口镇辖自然村。人口约 1200 人。清光绪元年(1875 年),提督周盛传率军在小站地区驻兵屯田,取“义气团结和睦”之意命名。1966 年曾改名永革村, 1968 年复今名。村落沿义和庄村路呈带状分布。东南侧有以“农家乐”为主题的碧野农庄。有义和庄工业园、天津奥赛阀门有限公司等企业,有玉米、小麦等农产品。村中有公路与津歧公路相连。该村于 2014 年被评为“天津市旅游特色村”。

天津市津南经济开发区 [Tiānjīn Shì Jīnnán Jīngjì Kāifāqū]

在区境西北部。占地面积约 18 平方千米。因开发区地处津南区,故名, 1992 年 7 月经天津市人民政府正式批准建立。1998 年,原双港镇工业园区并入,由津南区人民政府管理。开发区由东、西两区组成,形成“一区两地”的发展格局。东区东至汉港公路,南至十八米河,西至咸排河,北至津沽公路。开发区以电子信息、塑料、金属制品等产业为主,是滨海新区的后方基地,紧邻津沽公路、汉港公路、天津新港和蓟港铁路咸水沽货运站。西区东至五大街,南至梨双公路,西至先锋排污河,北至盛港路。经济以轻工、食品、生物制造等产业为主,驻有展特激光加工公司、韩城金属有限公司、方进电子有限公司、香港圣斯克家具等知名企业。开发区立足当前,着眼长远,统一规划,合理布局,分布实施,滚动推进。开发区与全区、全市的城市发展和经济发展规划相衔接。坚持外向型、生产加工型和技术密集型的发展方向,积极安排节水、节能和少污染的项目。园区基础设施配套齐全,交通快捷便利。附近通多路公共汽车。

天津海河教育园区 [Tiānjīn Hǎihé Jiàoyù Yuánqū]

在区境西部。东至天津大道,西至洪泥河,南至津港高速公路,北至南白排河。占地面积约 24 平方千米。因项目临近海河,故名。2009 年 3 月成立北洋园, 2009 年 7 月北洋园正式更今名,由天津市人民政府管理。园区发展定位为国家级高等职业教育改革实验区、天津市高等教育部属大型示范区、天津市高端科技研发创新示范区，逐步建设成海河南岸人文型、生态型、创新型的区域中心。园区形成“一廊两翼”整体布局。“一廊”指结合城市生态走廊规划的中央生态绿廊，“两翼”指绿廊两侧的院校、居住及配套设施建设区。按规划功能，园区分为高职园、高教园、高研园三大部分，有天津大学（北洋园校区）、南开大学（津南校区）、机电工业学校、仪表无线电工业学校、中德应用技术学院、电子信息职业技术学院、轻工职业技术学院、海运职业学院等高校；有公共图书馆、职业教育国际交流中心、园区管理中心、体育馆等文体设施。园区基础设施配套齐全，通多路公共汽车，交通便捷。

天津市津南区八里台工业区 [Tiānjīn Shì Jīnnán Qū Bālǐtái Gōngyèqū]

在区境西部。东至幸福河，西至市中心城区，南至大港石化工业区，北至辛庄镇。占地面积约 6.5 平方千米。工业区因位于八里台镇，故名。园区始建于 1999 年，2009 年 8 月被批准为市级示范工业园区，由津南区人民政府管理。产业定位主要以打造电子信息、智能化产品、软件开发、人工智能、物联网产业为主导，以精密机械制造、新材料、新能源为延伸方向的电子信息化产业集群。园区引进企业集团，发展楼宇经济、总部经济，打造科技服务平台，依托周边优势资源，打造天津高校产业基地，大力发展文化产业，与西青微电子产业园、泰达微电子产业园构成天津市南部微电子产业带。园区驻有卡尔冈炭素公司、世昇包装有限公司、威利克车业有限公司等知名企业。区内基础设施配套齐全。高速公路在此设有出入口，多条公路经此与城区相连，交通便捷，附近通多路公共汽车。

天津津南国家农业科技园区 [Tiānjīn Jīnnán Guójiā Nóngyè Kējì Yuánqū]

在区境西部。东至北闸口镇北义村，西至碧八里台东路，南至市丰泽道，北至津港公路。占地面积约 24.5 平方千米。因园区以农业为科研方向，故名。园区于 2001 年成为首批启动的中国 21 个国家级农业科技园区之一，并由原称“津南农业开发区”更为今名。由津南区人民政府管理。通过规划引导和典型示范，逐步建立健全天津特色有机食品生产、市场、监控和保障体系，努力促进社会、经济和环境协调发展，形成绿色环保的生态农业科技园区。园区定位为科技成果转化、高效农业示范、农业生态旅游的绿色环保生态农业科技园区，重点引进科技含量高的现代农业及农业观光旅游项目。该园区是以“休闲农业”为主题，集科普性、趣味性、参与性于一体的综合性园区。园区内建有名贵花卉、精品苗木的休闲观光区，现代设施无公害蔬菜生产区，新、特、优水产种苗繁殖区，小站稻籽种繁育区，农产品精深加工区，科技研发、人才培养、产品展示区等六个功能分区，有生态植物园、度假观光垂钓园等旅游景点。公路贯穿园区南北，多条高速公路分布于园区两侧。附近通多路公共汽车。

北　辰　区

北辰区 [Běichén Qū]

天津市辖区。北纬 39° 13′，东经 117° 7′。在市境北部。面积约 478 平方千米。人口约 42.05 万人，有汉、回、满等民族。该区辖 7 个街道、9 个镇。区人民政府驻果园新村街道。1953 年撤销天津县，原天津县第三、四区建津北郊区，属天津市。1955 年更名北郊区。1958 年撤区，以津山铁路为界，东部划归河北区，西部划归红桥区。1962 年复置北郊区。1992 年取北极星辰寓意更今名。北辰区地势西高东低，平均海拔 2.46 米。双口最高，海拔 5.46 米，西堤头最低，海拔 -0.04 米。年平均气温 12.2 ℃，年平均地面温度 14.3 ℃，年降水量 555.8 毫米，年平均风速 2.5 米 / 秒。境内河流纵横，北运河自北而南纵穿中部。新引河、永定新河自西而东横贯全境。永定河由北部自武清区入境，经西部在屈店闸与永定新河、新引河汇流，永金引河自大张庄闸流向东南，至刘快庄注入金钟河。郎园引河、机场排水河、丰产河、淀南引河自西而东贯穿中、东部。安光引水渠，小南河干渠等 17 条水渠与诸河互通成网。此外，东部有大兴、永金 2 个水库。区内有天津商业大学、河北工业大学（北辰校区）、天津职业大学、天津广播电视大学北辰分校 4 所高等院校；有成人文化技术学校 5 所，中小学 59 所，幼儿园 145 所；有三级医院 1 所，即北辰区中医医院，卫生院 13 所；有图书馆 1 所，文化馆 1 所，科技馆 1 所；有天津农村第一个党支部诞生地、爱国主义教育基地安幸生革命烈士故居；有集旅游住宿、特色餐饮、商务会议、观光农业于一体的大型旅游景区万源龙顺度假庄园；有涵盖培训中心、会议中心、餐饮娱乐中心、葡萄酒文化博物馆等众多功能于一体的王朝御苑酒堡；有依托永定新河、新引河和永金水库、大兴水库，以"大绿、野趣、生态、亲水"为主题的北辰郊野公园；有市级文物保护单位天穆北清真寺、天穆南清真寺等宗教场所。三大产业比重为 1 : 64 : 35。第一产业以粮食、蔬菜种植为主，主产小麦、水稻、玉米、白菜、黄瓜等，以水产养殖为辅，主产鲤、鲫、鲢等鱼类。第二产业已拥有汽车、纺织、服装、金属制品、医药、化工等多项支柱产业，有千余家中外企业落户于此，已形成以 LG、塑力线缆为代表的机电制造产业，以天士力、六中药为代表的现代医药产业，以双街钢管、江天重工为代表的冶金深加工产业，以高丘六和、爱德克斯为带代表的汽车零部件制造产业，以大丰橡胶、普利司通轮胎为代表的橡塑制造产业，以王朝葡萄酒、华润啤酒、海河乳业为代表的食品制造产业等六大产业聚集群；有北辰科技园、双口工业园、京宝工业园等产业园区。第三产业以批发、零售业和交通运输、邮电、仓储业为主。国家物资储备局仓库、普济河道粮库等储运单位分布于此。现有电站 70 座，建有新开河自来水厂、燃气站等基础设施。京沪铁路纵穿南北，沿线设有汉沟站、北仓站、南仓站。南仓编组站居全国编组站第五位，是华北地区最大的编组站。津霸支线西接京九铁路，南曹铁路线南与京沪铁路接轨，北环线东达塘沽北塘。京津塘高速公路、京津公路、京福公路等公路分别与津围公路、杨北公路、津榆公路、津永公路、津霸公路等公路交织成网络。附近通多路公共汽车和地铁 1、3、5 号线。

果园新村街道 [Guǒyuán Xīncūn Jiēdào]

北辰区人民政府驻地，在区境中部。面积约 3.67 平方千米。人口约 3.02 万人，以汉族为主，另有回族。街道辖 12 个居委会，1958 年始建，1957 年划分为果园楼、合成楼、第一化工厂、红旗药厂、天津重型机械厂、农药厂等居民宿舍片，直接由北郊区人民政府办公室管辖。1969 年成立北郊区北仓公社新村街革委会，1972 年建立北仓新村党委和新村街革委会，1978 年改为北仓新村街道，1982 年改为果园新村街道，1992 年更名为北辰区果园新村街道。2010 年更今名，2011 年重划辖区，成今貌。近十年来，街道先后完成对社区居委会办公用房、活动室、排水管网整修、地面绿化硬化、小区健身场地等设施的综合改造，旧楼区综合整修改造，果园东路、果园北道、北辰路两侧 24 栋住宅楼实施“平改坡”工程，北辰道、果园北道、高峰路等道路相继拓宽。2007 年完成华南里、发电里、北医道、瀛台里 4 个社区旧楼改造。2013 年完成东一、东二、旭日、霞光等 6 个社区旧楼区改造工程。因地处果园旧址得名。丰产河从南侧边缘经过。街道有成人文化学校 3 所，中小学 3 所，幼儿园 6 所，医院 1 所，图书馆 1 所，科技馆 1 所，有登高英雄杨连地纪念碑、金玺大厦等标志性建筑。街道东部多为企业聚集区；中部为园林苗圃；西部为主城区，有区司法局、区卫健委、北辰区实验中学、北辰区实验小学等单位，有旭日里、新华里、竹芳园、东升里等住宅小区。街道有杨连弟公园、苍峰体育公园等公共休闲场所，是北辰区政治、文化、金融、商贸中心。经济以第二、第三产业为主，有农业机械制造、金属制品、物流贸易等产业，驻有市制锁三厂、天华金属粉末厂、华辰兴业物流等企业。汇聚中外品牌服装店的双发商业街坐落于此，形成区域性商品贸易中心。京津路、北辰道、果园北道在此经过。附近通多路公共汽车。

新华里社区 [Xīnhuálǐ Shèqū]

属果园新村街道管辖，在区境中部。面积约 0.04 平方千米。人口约 0.30 万人。社区因界内新华里得名，于 1979 年成立，含新华里、红郡雅苑 2 个住宅小区，住宅楼多为 5~6 层及 24~34 层。果园南道、果园东路等道路在此经过。附近通多路公共汽车。该社区于 2014 年被评为“天津市文明社区”。

集贤里街道 [Jíxiánlǐ Jiēdào]

属北辰区管辖，在区境中部。面积约 0.84 平方千米。人口约 1.77 万人，以汉族为主，另有回族、满族等。街道辖 10 个居委会。1981 年集贤里街居民区建成，1982 年成立集贤里街道，后设置泰来东里、泰来西里、集贤里、拜泉里、虎林里、安达里、红云新里、发电楼、瀛台里、北医道共 10 个社区居委会。2006 年街道完成虎林里、讷河里住宅小区楼体粉刷、排水管网整修、地面绿化硬化等工程；2012 年完成集安里示范社区改造，完成志和里旧楼区提升改造；2014 年完成红云新里社区旧楼和虎林路绿化带提升改造。街道因位于集贤里得名，有职业学校 2 所，成人职业技术学校 1 所，特殊教育学校 1 所，中小学 3 所、幼儿园 2 所、医院 4 所，社区卫生服务中心 1 个。街道内多为 5~6 层楼房，有区人民检察院、区人民法院等行政单位，有瀛洲里、安达里等住宅小区，有北辰医院、北辰中医医院等医疗机构。集贤公园坐落于街道中心。经济以工商业为主，驻有云年商贸等企业。京津路、延吉道、集贤道、北医道等道路构成主要交通网络。附近通多路公共汽车。

泰来西里社区 [Tàilái Xīlǐ Shèqū]

属集贤里街道管辖，在区境中部。面积约 0.05 平方千米。人口约 0.20 万人。社区因界内泰来西里得名，于 1982 年成立。1999 年将集安里居委会并入，名称沿用至今。社区含泰来西里、集安里 2 个住宅小区，住宅楼多为 6 层。泰来道、虎林路等道路在此经过。附近通多路公共汽车。该社区于 2014 年被评为“天津市文明社区”。

泰来东里社区 [Tàilái Dōnglǐ Shèqū]

属集贤里街道，在区境中部。面积约0.1平方千米。人口约0.7万人。社区因界内泰来东里得名，于1982年成立。2001年将饶河里社区并入。2011年饶河里社区析出、讷河里社区并入，名称沿用至今。社区含泰来东里、讷河里、讷河西里3个住宅小区，住宅楼多为6层。高峰路、泰来道等道路在此经过。附近通多路公共汽车。该社区于2014年被评为“天津市文明社区”。

普东街道 [Pǔdōng Jiēdào]

属北辰区管辖，在区境南部。面积约3.49平方千米。人口约1.9万人。街道辖23个居委会，于2003年成立。2007年整修普康里路、姚江东路，建成普东菜市场；2009年整修姚江东路、辽河南路，建立香河道垃圾转运站；2012年建成占地5 000平方米的华夏未来普东国际幼儿园；2013年完成富宜里北园、国宜北里、金宜里3个旧楼区提升改造工程。街道有成人文化技术学校1所、中小学2所，幼儿园3所，医院1所，社区卫生服务中心1个。街道北部多为高层楼房，有秋怡家园、淮和园等住宅小区；南部多为3~5层楼房，有北辰分局普东派出所、普东为老服务协会等单位，有普康里、都市桃源公寓等住宅小区。普济河东道南侧、铁东路东侧的中环花鸟鱼虫市场是目前我国北方地区最大的花鸟鱼虫大型集散市场和天津最大的水族批发市场，带动了周边商贸发展。经济以第二产业为主，有家具装饰制造、环境工程、电气自动化、印刷制品等主要产业，驻有天低电控设备、英辰精密模具等企业。普济河东道、姚江东路、国宜道、万科花园路等道路构成主要交通网络。附近通多路公共汽车和地铁5号线。

瑞景街道 [Ruìjǐng Jiēdào]

属北辰区管辖，在区境南部。面积约2.69平方千米。人口约1.04万人。街道辖11个居委会。2005年佳荣里街道成立。2007年更为今名。2012年分置为两个街道，龙泉道以北保留现名，以南命名为佳荣里街道。2007年完成佳荣、佳欣两个社区旧楼改造工程。2010年完成翡翠城环境综合整治项目。2014年成功开展全街道市容环境综合整治工作。社区内有成人文化技术学校1所，中小学2所，幼儿园6所，卫生服务中心1所。街道西北部多为高层楼房，其余多为5~6层楼房。街道中部以瑞景花园高尔夫球场为中心，焕景园、翡翠城等社区围绕其呈圆形依次坐落。有瑞景中学、瑞景横店影城等单位。以工商业为主。有兴辰水电建筑安装、王庄亿达工贸实业等企业。有苏宁电器、国美电器等商城。辰昌路、龙门道、龙泉道、环瑞路等道路构成主要交通网络。附近通多路公共汽车和地铁1号线。

宝翠花都社区 [Bǎocuì Huādū Shèqū]

属瑞景街道管辖，在区境南部。面积约0.08平方千米。人口约0.05万人。社区因辖区内首创宝翠花都项目得名，2008年成立。社区内有听景园1个住宅小区，住宅楼多为6层。龙泉道、辰达路等道路经过。附近通多路公共汽车。社区于2014年被评为“天津市文明社区”。

佳荣里街道 [Jiārónglǐ Jiēdào]

属北辰区管辖，在区境南部。面积约2.26平方千米。人口约0.69万人。该街道辖11个居委会，2012年成立。以龙泉道为界，路北为瑞景街道，路南为佳荣里街道。街道成立后，先后完成部分小区旧楼改造、清拆违章建筑、街道绿化带提升改造等工程。街道因辖区内佳荣里小区得名,有成人文化技术学校 1 所,幼儿园 3 所。街道内多为 6 层楼房,有佳荣里派出所、社区人口流动服务站等单位,有燕宇艺术家园、人民家园等住宅小区。市城市建设管理职业技术学院坐落于街道西部。区域内经济以工业制造为主,有发利汽车压铸件厂、盛洋汽车部件厂等企业。辰达路、龙武道、辰昌路等道路构成主要交通网络。附近通多路公共汽车和地铁 1 号线。

佳荣里社区 [Jiārónglǐ Shèqū]

属佳荣里街道管辖,在区境西南部。面积约 0.06 平方千米。人口约 0.08 万人。因界内佳荣里得名。社区于 2006 年成立,隶属瑞景街道, 2011 年转隶佳荣里街道,含佳荣里 1 个住宅小区,住宅楼多为 6 层。辰昌路、佳宁道等道路在此经过。附近通多路公共汽车和地铁 1 号线。2014 年被评为“天津市文明社区”。

青源街道 [Qīngyuán Jiēdào]

属北辰区管辖,在区境西部。面积约 1.43 平方千米。人口约 0.01 万人。该街道辖 1 个居委会, 2014 年成立。取青光镇“青”字,又因青光、北仓两镇分别有永清渠和北运河,皆临水,故取“源”字,寓意与两街比肩联袂,同源共流,源远流长。街道内有中小学 1 所,幼儿园 1 所。有双青公园和荣翠园、盛青园等住宅小区。北辰西道、辰柳路、嘉和路等构成主要交通网络。附近通多路公共汽车。

广源街道 [Guǎngyuán Jiēdào]

属北辰区管辖,在区境西部。面积约 1.59 平方千米。人口约 0.20 万人。该街道辖 9 个居委会, 2014 年成立。取北仓镇“广”字(北仓是中国古代著名的皇家粮仓,元代设“广通仓”),又因青光、北仓两镇分别有永清渠和北运河,皆临水,故取“源”字。街道内有中小学 1 所,幼儿园 4 所,社区卫生服务中心 1 个。有双青公园和荣诚园、荣雅园等住宅小区。北辰西道、新雅道、铁西路等构成主要交通网络。附近通多路公共汽车。

天穆镇 [Tiānmù Zhèn]

属北辰区管辖,在区境南部。面积约 25.16 平方千米。人口约 5.12 万人。区域内人口以汉族为主,另有回族。回族人口为 1.97 万人,占全镇总人口的 38%。该镇辖 20 个居委会、10 个村委会,有 1 个自然村。镇人民政府位于京津路。1953 年置天穆回族自治乡。1955 年更名为天穆回族乡,隶属北郊区。1958 年改置幸福公社天穆管理区,属红桥区。1959 年改置北仓公社天穆管理区。1962 年隶属北郊区。1982 年改置天穆乡。1986 年改置镇。1992 年隶属北辰区。北运河、子牙河、丰产河等河流过境。界内有成人文化学校 1 所,职业技术学校 1 所,中小学 5 所,幼儿园 5 所,医院 2 所,卫生服务中心 1 所,是华北地区最大的回族聚居区之一。镇上有全国“双爱”(爱国爱教)模范清真寺、天津市文物保护单位天穆北清真寺、天穆南清真寺。经济以第二、第三产业为主,工业聚集区位于中环线普济河道立交桥北部,主要有精细化工、轻工纺织、建材、服装、冶金、金属制品、电子等乡镇工业。服务业形成以家世界、易初莲花、奥园商贸区、华星车世界为核心的四大卖场。片区内有钢材、汽车、摩托车等专业贸易市场。都市产业园区、王庄亿达工业园区、宏鹏工业园区等产业园分布于此。京沪铁路过境,使该地区成为通往京畿的咽喉重镇。南仓铁路编组站是华北地区最大的编组站之一。京津快速路、西北半环快速路、朝阳路在此经过。附近通多路公共汽车和地铁1号线。

北仓镇 [Běicāng Zhèn]

属北辰区管辖,在区境中部。面积约29.67平方千米。人口约4.93万人。区域内人口以汉族为主,另有回族。该镇辖10个居委会、13个村委会。镇人民政府位于京津路。1953年置北仓乡。1956年置镇。1958年改公社。1983年复置乡。1986年改置镇。清乾隆年间因运河北岸有津邑储备仓北仓,故名。有北运河、永定新河等过境。天津广播电视大学北辰分校坐落于此。片区内有成人文化学校1所,职业技术学校1所,中小学7所,幼儿园4所,社区卫生服务中心1所,公园3个,商业广场1个,其中包括市级重点中学市第四十七中学。登高英雄杨连弟出生于此地。该镇已经形成以乡镇工业为主导、现代农业为基础、乡镇服务业协调发展的城郊型经济发展格局。乡镇产业以工业为重点,现已建成冶金、线缆、化工、轻工轻纺、建材、机械、物流、包装等十几个特色产业。片区内驻有中国中材装备集团、天津水泥工业设计研究院等企业,有京宝、屈店、鸿仓三大工业园区。农业以粮食种植为主,天津市最大的园林苗圃"刘园苗圃"坐落于此。全镇有蔬菜、水果、蛋、奶等十几种副食品供应城区,是天津市重要的副食品生产基地之一。经济以批发零售业为主。津雄高速、京津路、北辰道、外环西路在此经过。附近通多路公共汽车和地铁1号线。

双街镇 [Shuāngjiē Zhèn]

属北辰区管辖,在区境北部。面积约40.69平方千米。人口约4.12万人。区域内人口以汉族为主,另有回族。该镇辖6个居委会、15个村委会。镇人民政府位于双江道。1953年置双街乡。1958年属幸福公社。1961年析建双街公社。1983年复置乡。1995年撤乡置镇。传明永乐年间始有人择高而居,后移民渐增,遂形成两街式村庄,以此得名。西部是永定河泛区,中部地势低洼,为北运河分洪区。北运河南北穿境而过。永定新河流经南部边界。郎园引河从镇域中部向东横穿。片区内有成人文化技术学校1所,中小学3所,幼儿园5所,卫生服务中心1所。该区域已形成京津公路以东的工业发展区、京津公路以西至北运河的商业居住区,北运河以西的现代农业示范区。农业以种植业为主,有玉米、稻谷等农产品。工业为乡镇主导产业,有机电、冶金深加工、设备制造、汽车零部件、生物制药等支柱产业群,驻有双街钢管、银龙集团等企业。经济以批发、零售业为主。大力推进楼宇经济发展,已建成双街、双源、郎园、张湾、胡园五个工业区。国家级园区"北辰科技园"坐落于此。津山铁路过境。滨保高速、京津线、京环线在此经过。附近通多路公共汽车和地铁5号线。

双口镇 [Shuāngkǒu Zhèn]

属北辰区管辖,在区境西部。面积约72.40平方千米。人口约4.01万人。该镇辖21个村委会,21个自然村。镇人民政府位于津保高速辅道与京福公路交会处。1953年置双口乡。1958年属幸福公社。1961年析建双口公社。1983年复置乡。1995年撤乡置镇,命今名。2001年上河头镇并入。该地原为三角淀,明永乐年间始称双家铺,又名双沟港。清同治年间三角淀淤废,形成叶淀、沙家淀、曹家淀、朱家淀、母猪泊5个洼淀,因地处朱家淀与叶淀相通之口，故名。有中泓故道、安光引水渠过境。该镇有成人文化技术学校1所，中小学6所，幼儿园7所，卫生服务中心1所，有天津农村第一个党支部诞生地、爱国主义教育基地安幸生烈士故居。当地是天津市主要果品生产基地，也是最重要的奶牛养殖基地，已形成安光芦笋种植区、北部设施农业区、专业化奶牛养殖区等种类齐全的农业区。第二产业形成以医疗用品生产、医药物流、新材料新能源为主导的产业结构。重点产业有出口型木业、自行车及零部件金属加工。经济以批发、零售业为主。镇内驻有宏光车料、永大电梯设备等企业。津霸铁路经此，设有双口站。津雄高速、武静公路、津霸公路、津永公路在此经过。附近通多路公共汽车。

前丁庄 [Qiándīngzhuāng]

在区驻地果园新村街道西北10千米处。双口镇辖自然村。人口约0.23万人。明末清初为洼淀，名朱家淀。淤平后，周、丁等姓来此建村，名周庄子。清康熙年间改称丁家庄。后以村中东西向土坑为界，形成南北两村，分称南丁庄、北丁庄。当地习称南前、北后，1936年更今名。1966年称四新村，1968年更今名。村落呈团块状分布。村内有前丁庄小学，有天津市爱国主义教育基地安幸生烈士故居。村中产水稻、甜瓜等农产品。村公路与平安路相连接。

青光镇 [Qīngguāng Zhèn]

属北辰区管辖，在区境西南部。面积约40.62平方千米。人口约2.78万人。区域内人口以汉族为主，另有回族。该镇辖1个居委会、6个村委会，6个自然村。镇人民政府驻青光。1953年置青光乡。1958年属幸福公社。1964年析建青光公社。1966年更名为红星公社。1968年复称青光公社。1983年复置乡。1995年撤乡建镇。明永乐年间建于三角淀，名青沽港，后淀淤废。当地习将“沽港”拼读为“光”，故名。永清渠、子牙河在此经过。片区内有成人文化技术学校1所，中小学5所，幼儿园6所，卫生服务中心1个，人民剧场1个，休闲广场1个。版画、剪纸艺术在当地广为流传，2012年该镇被评为“天津市民间文化艺术之乡”。当地有玉米、小麦、苹果等农产品，是津西北果品生产基地，也是天津市菜篮子工程重要的副食品基地。第二产业已形成汽车配件、食品饮料、自行车及电动车、金属制品和木材加工等五大行业。当地驻有广大纸业、古月有色金属制品等企业，有韩家墅工业园区、红光工业园区等。京沪高铁过境，津霸公路、北辰西道等在此经过。附近通多路公共汽车。

青光 [Qīngguāng]

镇人民政府驻地，在区驻地果园新村街道西南9千米。青光镇辖自然村。人口约0.85万人。明永乐年间建于三角淀，名青沽港，后淀淤废。当地习将“沽港”拼读为“光”故名。1966年称红星村，1968年复原名。名称沿用至今。村落呈团块状分布。当地有苹果、梨等农产品，是天津市副食品和水果生产基地之一。津霸公路在此经过。

韩家墅 [Hánjiāshù]

在区驻地果园新村街道西南5千米。青光镇辖自然村。人口约0.87万人。清康熙年间于大清河、凤河交汇处，韩姓搭铺落户，打鱼养鸭，人称韩鸭铺。后移民渐增，因村中有大柳树，易名韩柳树。雍正八年（1730年）称韩家树。清光绪二十年（1894年）以谐音改“树”为“墅”，定今名。村落呈团块状分布。清末袁世凯在此设讲武堂（现天津市汽车制造厂厂址）。村内驻有万通文武学校、韩家墅小学、北辰中医院等，有市志鸿模具有限公司、市华同机动车检测服务有限公司等企业。当地有水果、蔬菜等农业产品，是天津津西果品基地和菜篮子工程副食品基地，是天津重要的农产品批发集散地。津霸公路经此。

宜兴埠镇 [Yíxīngbù Zhèn]

属北辰区管辖，在区境东南部。面积约22.72 平方千米。人口约 3.07 万人。该镇辖 9 个居委会、10 个村委会。镇人民政府位于汾河南道。1953 年置宜兴埠镇。1958 年属兴淀公社。1962 年析建宜兴埠公社。1983 年置乡。1985 年改置镇。元初形成聚落，因居民多以捕鱼为业，于高台搭铺为室，遂名渔家铺。后以吉庆有余之意改称余兴埠。清乾隆四年（1739 年）改称宜兴府。清道光年间更名宜兴埠。外环河、新开河等在此经过。镇上有成人文化技术学校 1 所，中小学 3 所，幼儿园 6 所，卫生服务中心 1 个。第一产业已初步形成都市化农业，有蔬菜、瓜果、花卉等各类温室和大棚，已基本形成"种、养、加"三位一体的模式，驻有乐尚食品、优菜农副产品等企业。第二产业已形成橡胶制品、电路机械、冶金、医药化工、交通运输设备、非金属矿物、饮料等 7 大行业，驻有天士力、乐金电子等企业。以汽车贸易为主的汽车大道已初具规模。服务业以批发、零售业为主。津宁高速、京津塘高速、津围公路、外环北路等道路在此经过。附近通多路公共汽车和地铁 3、5 号线。

小淀镇 [Xiǎodiàn Zhèn]

属北辰区管辖，在区境中东部。面积约43.12 平方千米。人口约 2.33 万人。该镇辖 2 个居委会、5 个村委会，5 个自然村。镇人民政府驻小淀。1953 年置小淀乡。1958 年属兴淀公社。1961 年析置小淀公社。1983 年复置乡。1995 年，撤乡置镇。明嘉靖年间江西解姓于塌河淀边土台上落户，后移民相继而至，渐成村落。初名晓甸，以谐音演变为今名。淀南引河、外环河等河流经过。东部有永金水库。镇上有成人文化技术学校 1 所，中小学 4 所，幼儿园 5 所，卫生服务中心 1 个，有公共休闲场所"小淀公园"。当地已形成精品虾、奶牛养殖、花卉种植等专业化农业产业区，以发展外向型工业为主导，形成机电加工、医药、木制品、化工、物流等产业。当地驻有王朝葡萄酿酒、浩鹏汽车等企业，有刘安庄、温家房子、小淀工业聚集区 3 个工业区。京津塘高速公路、津围公路、外环北路等道路在此经过。附近通多路公共汽车和地铁 3、5 号线。

小淀 [Xiǎodiàn]

小淀镇人民政府驻地。在区驻地果园新村街道东北 9 千米。小淀镇辖自然村。人口约 0.69 万人。明嘉靖年间江西解姓于塌河淀边土台上落户，后移民相继而至，渐成村落。初名晓甸，以谐音演变为今名。村落呈团块状分布。村中有公共休闲场所"小淀公园"。当地有小麦、玉米等农产品。津围公路经此。附近通多路公共汽车。

大张庄镇 [Dàzhāngzhuāng Zhèn]

属北辰区管辖，在区境东北部。面积约98.16 平方千米。人口约 3.47 万人。该镇辖 31 个村委会，16 个自然村。镇人民政府位于津围公路。1953 年置朱唐庄乡。1958 年属兴淀公社。1962 年析置朱唐庄公社。1983 年复置乡。1991 年驻地迁至大张庄。1992 年更名大张庄乡。1997 年改称大张庄镇。2001 年南王平镇并入。该镇以张姓得名。永定新河、新引河等河流过境，东部有大兴水库。镇上有成人文化技术学校 1 所、中小学 6 所、幼儿园 3 所，卫生服务中心 1 个，有以“大绿、野趣、生态、亲水”为主题的北辰郊野公园。农业产业化初具规模，建有各类养殖小区，有玉米、葡萄、板栗、苹果等农产品。第二产业已形成化工、五金、机电、金属压延、电子等产业群。当地驻有华北电缆厂、奥达通合金科技等企业，建有如愿、事成、万发、意达 4 个工业区。服务业以批发、零售业为主。滨保高速、京津塘高速、京环线等在此经过。附近通多路公共汽车和地铁 5 号线。

西堤头镇 [Xīdītóu Zhèn]

属北辰区管辖，在区境东部。面积约 89.47 平方千米。人口约 3.92 万人。该镇辖 10 村委会，10 自然村。镇人民政府驻西堤头。1953 年于东堤头置东堤头乡。1958 年属潘庄公社。1960 年析置东堤头公社。1971 年驻地迁今址。1985 年改置西堤头乡。1995 年更名西堤头镇。2001 年霍庄子镇并入西堤头镇。名称沿用至今。明永乐年间建村于古海岸贝壳堤上，名堤头。清乾隆元年(1736 年)冠以方位称今名。永定新河、丰产河等河流过境。镇上有职业学校 1 所，成人文化技术学校 1 所、中小学 8 所、幼儿园 3 所，卫生服务中心 1 所。镇内产小麦、玉米、豆类、蔬菜等农产品，有淡水鱼、虾、蟹等水产品，农业市场化程度较高，内销与出口比例均衡。第二产业有化工原料、金属制造、印刷机纸制品、医药制造、饮料制造、能源制造等行业，已形成化工、搪瓷制品、植物油、染料油漆、生物农药、服装制品等 6 大支柱产业，驻有亿泰工贸、环美混凝土等企业。该镇以创新观光、采摘新模式为特色，有春天花花柚子园和果蔬采摘园等旅游项目。京津高速、津蓟高速、杨北公路等公路过境。附近通多路公共汽车。

西堤头 [Xīdītóu]

西堤头镇人民政府驻地。在区驻地果园新村街道东北 19 千米。西堤头镇辖自然村。人口约 0.71 万人。明永乐二年(1404 年)，有山西省洪洞县大槐树村李姓居民迁到此地，后有边、陈两家迁此建村。因居于古海岸贝壳堤头西边，而称西堤头村。1966 年称红旗村，1968 年复今名。村落呈团块状分布。村内有西堤头镇工业区。山深线、杨北公路在此经过。附近通多路公共汽车。

北辰科技园 [Běichén Kējìyuán]

在区境中西部。分为东西两区，东区东至津蓟高速公路，西至景观路，南至华实道，北至华丰道。西区东至外环北路，西至普东街道边界，南至普济河东道，北至丰产河。园区占地约 15 平方千米，因地处北辰区，故名。1992 年天津市人民政府正式批准建立省级开发区，2013 年国务院正式批准建立国家级经济技术开发区，由北辰区人民政府管理。按国务院要求，建成先进制造业和现代服务业并重，利用外资与境内投资并重，经济发展和社会和谐并重的以产业为主导的多功能综合性区域，形成新能源、生物制药、汽车配件、新材料、食品饮料、橡胶制品、现代物流产业等 8 大产业群，构建起高端装备制造、新能源新材料、新闻出版技术装备等 4 大产业基地。已有多个国家和地区的多家企业在园区投资建厂。科技园与河北区接壤，多条铁路、公路纵横而过，交通便利。

天津陆路港物流装备产业园 [Tiānjīn Lùlùgǎng Wùliú Zhuāngbèi Chǎnyèyuán]

在区境东南部。东至机场大道快速路，西至津蓟高速公路，南至永金引河、津宁高速公路，北至北京环线（津榆公路）。园区占地面积约 0.99 平方千米，因功能性质而命名。2009 年天津市人民政府正式批准建立市级示范工业园区，由北辰区人民政府管理。工业园功能定位为物流装备研发制造基地，现已形成高端装备制造、新材料技术研发与成果转化、物流多式联运等集研发、制造、商贸、服务于一体的中国北方装备制造产业集群；驻有安得智联科技股份有限公司、天津华涛汽车塑料饰件有限公司及多家物流公司等企业。周边公路交织成网，津宁高速公路、北京环线与园区内主要道路相连通。

滨海新区

滨海新区 [Bīnhǎi Xīnqū]

天津市辖区，在市境东部。面积约 2 270 平方千米。人口约 131.46 万人，有汉、回、满、蒙古等民族。该区辖 5 个功能区，16 个街道，5 个镇。区人民政府驻塘沽街道。1995 年滨海新区总体规划编制完成。2001 年天津滨海新区官方网站“滨海新区网”正式开通。2006 年国务院常务会议研究推进滨海新区开发开放。2008 年国务院印发《关于天津滨海新区综合配套改革试验总体方案的批复》。2009 年国务院批复同意天津市调整部分行政区划，撤销天津市塘沽区、汉沽区、大港区，设立天津市滨海新区，以原三个区的行政区域为滨海新区的行政区域。2010 年滨海新区第一届政府、滨海新区第一届人大挂牌，标志滨海新区正式成立。辖区规划面积 2 270 平方千米，包括天津港，天津开发区，天津港保税区，原塘沽、汉沽、大港区和东丽、津南区的一部分。因濒临渤海，且为天津市新成立的行政区而命今名。全年平均气温 14.4 ℃，年平均降水量 604.3 毫米。该区濒临渤海，海岸线 153 千米，有海河、大清河、潮白新河、永定新河、蓟运河等河流过境。该区拥有丰富的石油、天然气、海盐和地势、海洋等资源，有 1 214 平方千米可供开发建设的荒地、滩涂和少量低产农田，渤海海域石油资源总量 98 亿吨，其中已探明石油地质储量 32 亿吨、天然气近 2 000 亿立方米。该区有高等院校 1 所，中职学校 13 所，中小学 197 所，幼儿园 176 所；有文化馆 4 座，图书馆 7 座，体育场 18 座，体育馆 18 座；有医院、卫生院 75 所，其中三级医院 3 所，分别为市第五中心医院、泰达医院、泰达国际心血管病医院；有热带植物园、贝壳堤、大沽口炮台遗址、古海岸遗迹、西沽潮音寺、华阳观、北塘古镇、航母主题公园、海昌极地海洋世界等自然、人文景观；有海门大桥、洋货市场、外滩公园及纪念天津市经济技术开发区成立十、二十、三十周年的“五洲擎天”“四海同心”“扬帆远航”等标志性建筑和雕塑。滨海新区自成立以来，先后进行了大面积基础设施改造，建设多项重点工程，新建和改造津沽二线、南疆 220 千伏变电站、北塘水库扩容等一大批城市基础设施；建成天津港 25 万吨级深水航道、30 万吨级原油码头，蓟港铁路、黄万铁路，现代导轨电车、地铁等重大交通基础设施。其中，2008 年起实施加快南港工业区、临港产业区、核心城区、中心商务区、中新天津生态城、东疆保税港区、滨海旅游区、北塘区域、西部区域、中心渔港“十大战役”建设。三大产业比重为0.1∶66.6∶33.3。第一产业以渔业为主。第二产业以航空航天、石油化工、现代冶金、生物制药、新材料新能源等8大优势产业为主导。第三产业以金融创新、航运服务、国际金融与商务、金融创新、航运服务、高端商务商业、文化产业、休闲娱乐、总部经济、商务办公、科技研发、休闲旅游等为主。该区以天津港、滨海国际机场为依托，已形成高新区、港口、国家级开发区、保税区、海洋高新技术开发区、出口加工区、区港联动运作区级大型工业基地等多功能、多层次、专门化区域。全区以石油开采、化工、食品制造、医药制造、汽车制造、航空航天制造、机械制造、物流运输等产业为主导，引进中冶天工、鞍钢北方基地、中石油渤海钻探等中外合资企业近1 300家。滨海新区拥有雄厚的工业基础，是国内外公认的发展现代化工业的理想区域，以南港区域为主，建成世界级重石化工业基地和我国北方重要的轻纺工业基地；以临港工业区为核心，建成我国沿海高水平的重型装备制造业基地；以核心城区为主，建成具有改革开放前沿特点的现代化新城区；以中心商务区为主，建成于家堡金融改革创新基地和响螺湾商务商业聚集区；以中新天津生态城为主，建成具有国际先进水平，能实施、能复制、能推广的宜居生态新城；以东疆保税港区为核心，建成我国北方对外开放程度最高、功能最齐全的保税港区；以滨海旅游区为核心，建成我国北方知名的国内国际旅游目的地和高品位的休闲区；以北塘区域为核心，建成具有我国北方传统小镇特色的国内外会议举办地和小企业总部聚集区；以西部区域为核心，建成具有强大核心竞争力的高新技术产业基地和高端企业总部经济区；以中心渔港为核心，建成我国北方水产品加工物流产业中心和游艇产业发展基地。区内有空港汽车园、煤炭交易、华北建材陶瓷、金属材料交易、北方食糖批发等综合性及专门性交易市场近10个；有中国最大人工港、货物吞吐量和集装箱吞吐量分别位于全球港口第4位和第10位的天津港，服务华北、西北、东北的12个省、区、市，通达全球400多个港湾。滨海国际机场拥有国内外航线190条。津山铁路、津秦客运专线过境，设有塘沽站、滨海北站。京津塘高速公路、津滨高速公路、津宁高速公路、津港高速公路、112国道等多条公路形成对外运输网络。附近通多路公共汽车和地铁9号线。

塘沽街道 [Tánggū Jiēdào]

滨海新区人民政府驻地，在区境中部。面积约9.59平方千米。人口约4.86万人。该街道辖10个居委会。塘沽街道设立于2013年，先后实施里巷小区路面及上下水改造、老旧小区绿化养管、健身路径维修、环境整治等工程。明中叶此地名塘儿沽，系一渔村。清同治十年(1871年)改今名。海河过境。街道有职业学校1所，中小学23所，幼儿园9所，医院7所，青少年宫1所；东部多为高层住宅楼群；南部多为单位。街道内有水运物流、船舶制造、铁路运营、建筑工程等重点产业，驻有天津水运工程勘察设计院。京津城际铁路过境，新港四号路、中央大道在此经过。附近通多路公共汽车和地铁9号线。

北仑里社区 [Běilúnlǐ Shèqū]

属新港街道管辖，在区境中部。面积约0.46平方千米。人口约0.28万人。社区因界内北仑里小区得今名，于1985年成立，含北仑里、华开里 2 个住宅小区，住宅楼多为 4~6 层。港航路、新港二号路等道路经过。附近通多路公共汽车。该社区于 2014 年被评为“天津市文明社区”。

华云园社区 [Huáyúnyuán Shèqū]

属塘沽街道管辖，在区境中部。面积约 2.11 平方千米。人口约 0.68 万人。社区因界内华云园小区得名，于 2003 年成立，含华云园、芳云园、东海云天 3 个住宅小区，住宅楼多为 5~6 层及 18、28 层。新港三号路、大连东道等道路经过。附近通多路公共汽车。该社区于 2014 年被评为“天津市文明社区”。

馨苑社区 [Xīnyuàn Shèqū]

属塘沽街道管辖，在区境中部。面积约 0.50 平方千米。人口约 0.59 万人。社区因界内馨苑小区、馨苑新城得今名，于 2000 年成立，含馨苑、抗震里 2 个住宅小区，住宅楼多为 6 层。中央大道、新港三号路等道路经过。附近通多路公共汽车。该社区于 2014 年被评为“天津市文明社区”。

杭州道街道 [Hángzhōudào Jiēdào]

属滨海新区管辖，在区境西北部。面积约 7.85 平方千米。人口约 13.81 万人。街道辖 29 个居委会。1981 年析置杭州道街道办事处，2010 年更今名。近年来，街道先后实施小区改造、道路综合整治、环卫清整、社区服务站改扩建等工程。因街道办事处驻地在杭州道上得今名。街道有大、中、小学 11 所，幼儿园、保育院 4 所，涉外宾馆 2 家，医院 2 个，市场 3 个；有质监局、塘沽十四中等单位；有碧海兰庭、汇泰园等住宅小区；有建筑工程、船舶工业、印刷制品、物流等重点产业，驻有中建六局、中石化滨海石油等企业。享誉京津的“洋货市场”坐落于此。京津塘高速公路延长线、津塘公路、杭州道、广州道等主干道路构成主要交通网络。附近通多路公共汽车和地铁 9 号线。

福州道社区 [Fúzhōudào Shèqū]

属杭州道街道管辖，在区境西北部。面积约 0.25 平方千米。人口约 0.76 万人。社区因界内福州道得今名，于 2005 年成立，含鸿正家园、奥林花园、城市名居 3 个住宅小区，住宅楼多为 6 层。车站北路、福州道等道路经过。附近通多路公共汽车。该社区于 2014 年被评为“天津市文明社区”。

康居园社区 [Kāngjūyuán Shèqū]

属杭州道街道管辖，在区境西北部。面积约 0.30 平方千米。人口约 0.33 万人。社区因界内康居园小区得今名，于 2000 年成立，含康居园、金福里等 7 个住宅小区，住宅楼多为 5~6 层。河北路、福州道等道路经过。附近通多路公共汽车。该社区于 2014 年被评为“天津市文明社区”。

新河街道 [Xīnhé Jiēdào]

属滨海新区管辖，在区境西北部。面积约 31.46 平方千米。人口约 4.33 万人。街道辖 13 个居委会。1979 年定名新河街道办事处，2009 年滨海新区成立，2010 年更今名。近年来，街道先后实施小区改造、社区服务中心建设、市民广场改造、市场升级改造、小区节能减排改造、市容环境综合整治等工程。此地曾名水草沽、水津沽、水套沽。明天顺二年（1458 年）漕船为避海上风险，自塘北开一新河经此，遂称新河。街道有中小学 5 所，幼儿园 1 所，医院 2 所，卫生院 1 所；有拥有“先有开福寺，后有长沙城”之称的佛教文化圣地开福寺，有拥有“中国地王”之称的新河三角洲。东部有仕嘉花园、长江里等住宅小区；西部有中海油渤海石油管理局、塘沽烈士陵园等单位；北侧有中海油服天津产业园区、塘沽海洋科技商务园等单位。街道内有物流运输、纺织制品、食品加工等重点产业，驻有中远信达物流、港湾合利食品等企业。西中环快速路、塘黄路、云山道构成主要交通网络。附近通多路公共汽车和地铁9号线。

四季风情社区 [Sìjìfēngqíng Shèqū]

属新河街道管辖，在区境西北部。面积约0.28平方千米，人口约0.35万人。社区因界内四季风情社区得名，与2012年成立。社区含贻港新城、百康里2个住宅小区，住宅楼多为15~34层。新胡路、安顺道等道路经过。附近通多路公共汽车。该社区于2014年被评为“天津市文明社区”。

大沽街道 [Dàgū Jiēdào]

属滨海新区管辖，在区境南部。面积约201.13平方千米。人口约4.20万人。街道辖13个居委会。2000年原东大沽街道办事处、原西大沽街道办事处及原驴驹河乡合并，2009年成立滨海新区，2010年更今名。近年来，街道先后实施临港工业区、响螺湾、蓝鲸岛、滨海浴场、大沽炮台、潮音寺等项目开发以及清洁社区、绿化美化等工程。传元末此地名花儿寨，明初改称草头沽，明嘉靖时与西沽统名大沽，名称沿用至今。街道有中小学5所，幼儿园2所，医院2所，游泳馆1座；有潮音寺、大沽船坞遗址、全国重点文物保护单位“大沽口炮台”等历史遗址；有彩带公园、海昌极地海洋世界等休闲场所；有渔业、化工、石油、旅游服务等众多产业，驻有海晶集团化工厂、渤海装备技术服务分公司等企业。中央大道、西外环高速、津晋高速、秦滨高速构成主要交通网络。附近通多路公共汽车。

远景社区 [Yuǎnjǐng Shèqū]

属大沽街道管辖，在区境中部。面积约3.65平方千米。人口约0.17万人。社区因界内远景庄园得今名，2005年成立，含远景庄园、碧水庄园等3个住宅小区，住宅楼多为2~5层。迎宾大道、天津大道等道路经过。附近通多路公共汽车。该社区于2014年被评为“天津市文明社区”。

新北街道 [Xīnběi Jiēdào]

属滨海新区管辖，在区境西北部。面积约15.88平方千米。人口约3.00万人。街道辖13个居委会，于2010年成立街道，因境内主要干道新北路得今名。近年来，街道先后实施街道社区服务中心大楼改造装修、老旧楼区整体改造、社区服务站提升改造等工程。街道有职业学校1所，中小学2所。南部有住宅区、学校、公园、广场；北部有滨海创新创业园、天津宝湾国际物流园等产业园区。街道有物流运输、机械设备、食品加工、船舶工贸等重点产业，驻有泽希矿产加工、滨涛鑫源混凝土等企业。津山铁路过境。第九大街、新北路、塘汉公路等道路构成主要交通网络。附近通多路公共汽车。

融盛社区 [Róngshèng Shèqū]

属新北街道管辖，在区境西北部。面积约0.65平方千米。人口约0.32万人。社区取辖区内融科心贻湾、盛星东海岸两个社区的字头命今名。该社区于2009年成立，含融科心贻湾、盛星东海岸2个住宅小区，住宅楼多为18~32层。谐海路、尧山道等道路经过。附近通多路公共汽车。该社区于2014年被评为“天津市文明社区”。

北塘街道 [Běitáng Jiēdào]

属滨海新区管辖，在区境东北部。面积约150.46平方千米。人口约3.02万人。街道辖10个居委会、4个村委会。1988年撤镇复置街道，2000年宁车沽乡撤销并入，2009年成立滨海新区，2010年更今名。近年来，街道先后实施主要道路整修、撤村建居、清洁村庄等工程。相传最早有陈姓定居，名陈家堡，后因周围多塘淀且处塘沽北，易今名。永定河、蓟运河、潮白河过境。街道有中小学2所，幼儿园1所，医院1所，社区卫生服务中心1所；有北塘古镇、北塘炮台等景点；有馨宇家园、欣华苑等住宅小区；有兴隆商业中心、森林公园等公共休闲场所。第一产业中海水养殖与淡水养殖相结合，形成区域性水产养殖基地。以北塘古镇为中心形成集观光、娱乐、休闲于一体的特色旅游区。天津经济技术开发区东区、北塘经济区坐落于此。津山铁路过境，设有北塘站，京津、长深等高速公路经此，塘汉公路、港城大道等道路构成主要交通网络。附近通多路公共汽车。

胡家园街道 [Hújiāyuán Jiēdào]

属滨海新区管辖，在区境西部。面积约75.20平方千米。人口约7.50万人。街道辖16个居委会、19个村委会。1997年，中心桥乡、中心庄乡、河头乡、于庄子乡合并设立中心桥镇，后撤镇改设胡家园街道。2009年成立滨海新区，2010年更今名。近年来，街道先后实施公路整修、河渠修复、水利配套建设、社区服务中心楼房建设、撤村建居、西部新城起步区建设等工程。清乾隆十七年（1752年）建村，因有胡、贾两姓故命名胡贾园，后演变为胡家园。街道有职业学校2所，中小学12所，幼儿园2所，医院3所，卫生院3所；有商贸、运输、仓储等重点产业，驻有东升船舶设备、华大集团等企业，有华北陶瓷市场、胡家园家具家电市场等商品交易市场。津山铁路过境，津滨、京津塘等高速公路经此。津塘线、西中环快速路等道路构成主要交通网络。附近通多路公共汽车和地铁9号线。

于庄子村 [Yúzhuāngzicūn]

在区驻地塘沽街道西12千米。胡家园街道辖自然村。人口约0.19万人。明永乐元年（1403年）成村，称于家庄。清光绪六年（1880年），因于姓在此立村得今名。村落呈团块状分布，有于庄子小学、于庄子卫生院，有业余演唱艺术团和舞蹈队等文艺团体，驻有天津海湾阀门有限公司、天津大统标识制作有限公司等单位。于庄子路在此经过。该村于2014年被评为“天津市文明村”。

新港街道 [Xīngǎng Jiēdào]

属滨海新区管辖，在区境东部。面积约69.45平方千米。人口约4.32万人。街道辖14个居委会，因其地理位置和管辖范围命名。街道于2018年成立，区位优势明显，拥有铁路、公路、港口等相结合的综合交通运输体系，也是滨海新区商贸、旅游的聚集区，驻有天津港集团、中交一航局、新港船厂等单位，是天津进出口贸易和仓储物流行业的重要枢纽。街道有万科海港城、清水蓝湾等住宅小区。邮轮母港、秦滨高速公路、新港二号路、物流大道等构成了区域交通的主干网。附近通多路公共汽车。

新村街道 [Xīncūn Jiēdào]

属滨海新区管辖，在区境中部。面积约5.22平方千米。人口约8.83万人。街道辖13个居委会，因其地理位置和管辖范围命名。街道于2018年成立，拥有海河外滩、金街商业步行街等商贸旅游区，驻有金元宝集团、长芦海晶集团、中法供水等单位。街道有三甲医院市第五中心医院，塘沽一幼、浙江路小学、塘沽一中、塘沽二中等多所教育单位，并有塘沽图书馆、塘沽大剧院、塘沽广电大厦、塘沽体育场、河滨公园等。津山铁路过境。上海道、河北路等道路构成主要交通网络。附近通多路公共汽车。

碧海龙都社区 [Bìhǎilóngdū Shèqū]

属新村街道管辖，在区境中部。面积约0.86平方千米。人口约1.02万人。2003年滨海龙都社区居民委员会成立，2008年滨海龙都社区、碧海鸿庭社区合并，取两个社区名称前两字得今名。社区含碧海鸿庭、滨海龙都2个住宅小区，住宅楼多为6及11~26层。福建西路、车站北路等道路经过。附近通多路公共汽车。该社区于2014年被评为“天津市文明社区”。

拥军里社区 [Yōngjūnlǐ Shèqū]

属新村街道管辖，在区境中部。面积约0.69平方千米。人口约1.04万人。社区因位于原拥军里（现美晨家园）社区得今名，1985年成立。2005年，正德里社区居民委员会、花园里社区居民委员会并入，沿用今名。社区含美晨家园、远洋里等7个住宅小区，住宅楼多为5~7层。中心路、上海道等道路经过。附近通多路公共汽车。该社区于2014年被评为“天津市文明社区”。

泰达街道 [Tàidá Jiēdào]

属滨海新区管辖，在区境中部。面积约40平方千米。人口约9.71万人。街道辖11个居委会。2010年由滨海新区行政区划调整成立。近年来，街道先后实施环境卫生清整、老旧小区房屋质量安全隐患排查、国际安全社区项目等工程，因天津经济技术开发区（简称“泰达”）得今名。街道有高等院校2所，职业学校2所，中小学6所，幼儿园1所，医院2所，图书馆1座，少年宫1座，医院3所，体育场2座，足球场1座。中部、南部多为商业广场、写字楼；东部多为各类院校、住宅区；北部多为企业、开发区。区气象局、区法院等政府行政单位和泰丰公园、滨海广场等公共休闲场所驻此。街道有机械设备、物流运输、冶金制品等重点产业，驻有一汽丰田、顶新国际等企业。南海路、新港四号路、泰达大街、东海路等道路构成主要交通网络，设滨海（泰达）长途客运站。附近通多路公共汽车和地铁9号线。

华纳社区 [Huánà Shèqū]

属泰达街道管辖，在区境中部。面积约1.20平方千米。人口约0.61万人。社区因华纳小区得今名，2003年成立，含华纳豪园、海望园等13个住宅小区，住宅楼多为2~6层。第二大街、黄海路等道路经过。附近通多路公共汽车。该社区于2014年被评为“天津市文明社区”。

时尚广场社区 [Shíshàng Guǎngchǎng Shèqū]

属泰达街道管辖，在区境中部。面积约1.30平方千米。人口约0.32万人。社区因辖区内时尚广场得今名，2012年成立，含万科金域蓝湾、汇锦苑等4个住宅小区，住宅楼多为13~34层。北海路、第五大街等道路经过。附近通多路公共汽车。该社区于2014年被评为“天津市文明社区”。

汉沽街道 [Hàngū Jiēdào]

属滨海新区管辖，在区境北部。面积约91.82平方千米。人口约6.34万人。街道辖11个居委会、10个村委会。街道于1978年改称汉沽街道，2009年行政区划调整，成立滨海新区，2010年更今名。近年来，街道先后实施市容清理整顿、商贸街改造、小区硬化绿化、社区服务中心建设等工程。原为蓟运河东岸小盐河畔一村庄，自古为产盐之地，东汉末凿河以运官盐，当地称水为沽，因朝代与河得今名。街道有中小学 4 所，幼儿园 2 所，青少年宫 1 所，社区卫生服务中心 1 个。西部为村落、开发区；北部以汉沽站为中心，聚集有工厂、住宅；东部、南部多为学校、住宅楼群。街道有塑料制品、纺织制品、建筑工程、金属结构等重点产业，驻有渤海金属结构厂、长芦汉沽盐场等企业。津山铁路过境，设汉沽站。长深、滨保等高速公路在此经过，新开北路、东滨街等道路构成主要交通网络。设滨海（汉沽）客运总站和汉沽火车站。附近通多路公共汽车。

前坨里社区 [Qiántuólǐ Shèqū]

属汉沽街道管辖，在区境北部。面积约 0.53 平方千米。人口约 0.48 万人。社区因辖前坨里得今名。1958 年汉沽第五居民委员会成立，1982 年更名为国家庄街居民委员会，1984 年前坨街并入，2000 年称今名。2009 年，咸阳里划出，坨北里划入。2010 年河滨里社区并入。社区含前坨里、玉坨里等 3 个住宅小区，住宅楼多为 3~6 层。滨河路、文化街等道路经过。附近通多路公共汽车。该社区于 2014 年被评为“天津市文明社区”。

中阳里社区 [Zhōngyánglǐ Shèqū]

属汉沽街道管辖，在区境北部。面积约 0.35 平方千米。人口约 0.80 万人。社区因辖中阳里得今名。1983 年友谊街北西、友谊街北东两个社区成立；2000 年合并，称今名；2009 年，中阳里平房划入；2010 年，与魏民里南社区合并，沿用今名。社区含中阳里、魏民里等 5 个住宅小区，住宅楼多为 1~6 层。东风中路、文化街等道路经过。附近通多路公共汽车。该社区于 2014 年被评为“天津市文明社区”。

芦前村 [Lúqiáncūn]

在区驻地塘沽街道北 31 千米。汉沽街道辖自然村。人口约 0.10 万人。因是在芦家雾的南半部分建村，以其方位居村前命今名。村落呈团块状分布。村中开展了以“整体净化、道路硬化、村院绿化、饮水卫生化、街道亮化、政治民主化、生活健康化、社会保障健全化”为内容的“八化”工程，极大改善了农村生产、生活环境；购置书籍、电教片等资料，经常性地对村民进行道德、法治方面的教育，倡导健康文明的生活方式。村中驻有天津隆德精密机械有限公司、中国天津荣亨集团股份有限公司等企业；以蔬菜种植和淡水养殖为主要产业，有蔬菜、水稻等农产品，盛产罗非鱼。三芦路经此。该村于 2011 年被评为“全国文明村”。

小马杓沽村 [Xiǎomǎsháogūcūn]

在区驻地塘沽街道北 27 千米。汉沽街道辖自然村。人口约 0.07 万人。该村系大马杓沽分支的小村，以其方位和规模得今名。村落呈团块状分布。该村以居村联谊为载体，开展居村同唱一首歌、同演一台戏，“手拉手”“心连心”等文艺汇演、体育竞赛活动，共同开展保护生态环境等主题宣传；辅导村民练习健身操、太极拳、太极扇和广场舞，组织村民到社区展示民间创作才艺，共同组织棋类比赛、益智对弈等活动。村中驻有金湾设施农业科技产业园，周边多为草莓采摘园、垂钓园等，产业以种、养为主，有茄子、黄瓜、甜瓜、柴鸡等农产品。菜环路绕村而过连接各村，蓟运河埝道亦可通行车辆。该村于 2014 年被评为“天津市文明村”。

寨上街道 [Zhàishàng Jiēdào]

属滨海新区管辖，在区境北部。面积约110.00平方千米。人口约5.87万人。街道辖10个居委会、2个村委会。1978年改为街道，2009年成立滨海新区，2010年更今名。近年来，先后实施拆违和环境卫生综合整治、旧楼区改造、老城区街道里巷综合改造等工程。相传系唐贞观年间唐太宗东征扎寨驻军之地，故得今名寨上。蓟运河从辖区西侧过境。街道有职业学校1所，中小学10所，幼儿园2所，文化馆1座，图书馆1座，体育场1座；有新兴文化艺术产业基地汉沽刻字版画艺术院，有公共休闲场所寨上花园；有标志性建筑抗震纪念碑；有盐场工程、建材制品、水产工业、石油化工等重点产业，驻有渤天化工、北疆电厂等企业。汉南支线、新开南路、太平街、东风南路等道路构成主要交通网络。附近通多路公共汽车。

铁坨里社区 [Tiětuólǐ Shèqū]

属寨上街道管辖，在区境北部。面积约2.22平方千米。人口约0.72万人。社区因辖铁坨里小区得今名。该社区于1955年成立，2010年铁坨里和秦台里合并，沿用旧称，含铁坨里、益阳里等7个住宅小区，住宅楼多为3~4层。滨河路、铁狮坨街等道路经过。附近通多路公共汽车。该社区于2014年被评为“天津市文明社区”。

平阳里社区 [Píngyánglǐ Shèqū]

属寨上街道管辖，在区境北部。面积约0.80平方千米。人口约0.50万人。社区因辖平阳里小区得今名，于2000年成立，含优仕名邸、蓝海茗苑等5个住宅小区，住宅楼多为4~6层。大丰路、人民街等道路经过。附近通多路公共汽车。该社区于2014年被评为“天津市文明社区”。

古林街道 [Gǔlín Jiēdào]

属滨海新区管辖，在区境南部。面积约118.12平方千米。人口约5.68万人。街道辖18个居委会、5个村委会。2000年古林街道成立，2009年行政区划调整，成立滨海新区，2010年更今名。近年来，街道先后实施古林工业区建设、乡村公路修建、文明生态村及旅游生态村建设、道路绿化景观线改造、地下污水管网改造、社区服务站建设、小区环境综合整治等工程。街道因境内主要村落上古林村得今名。街道内有中小学7所，幼儿园1所，特殊教育学校1所，医院1所；有大港奥林匹克博物馆、古林古海岸遗迹博物馆等文化休闲场所；有物流运输、金属材料、橡胶制品、空调制造、建筑工程等重点产业，驻有轧一冷扎薄板、科迈化工等企业。李港铁路过境，汉港公路、津歧公路经此，世纪大道、万象路等道路构成主要交通网络。附近通多路公共汽车。

福汇园社区 [Fúhuìyuán Shèqū]

属古林街道管辖，在区境西部。面积约2.55平方千米。人口约0.52万人。社区因辖福汇园小区得今名，于2010年成立，含福汇园、福波园等3个住宅小区，住宅楼多为11~17层。汉港公路、海景十路等道路经过。附近通多路公共汽车。该社区于2014年被评为“天津市文明社区”。

海滨街道 [Hǎibīn Jiēdào]

属滨海新区管辖，在区境南部。面积约157.93平方千米。人口约15.3万人。街道辖39个居委会、6个村委会。2000年成立海滨街道，根据天津市民政局区划调整名称命今名。近年来，街道先后实施便民市场改造、市容环境综合治理、社区商业中心改造、主要道路两侧环境清整、绿色社区创建等工程。子牙新河从南侧过境,有青年湖坐落于此。街道内有中小学 20 所,人民医院、保健院 3 所;有滨海公园、大港油田幸福广场等休闲场所。中部有祥和小区、桃园小区等中高层住宅小区,周边多为企业。有石油开采,化学工程、装备制造等重点产业,驻有中油大港油田公司、东方地球物理公司等国有企业及所属分公司,有港仁机械制造、天津大港油田莱特石油化工股份合作公司等中资、外资企业。红旗路、东围堤道、光明大道等道路构成主要交通网络。附近通多路公共汽车。

西苑社区 [Xīyuàn Shèqū]

属海滨街道管辖,在区境西部。面积约 0.37 平方千米。人口约 0.74 万人。社区因辖西苑小区得今名,于 1997 年成立,含西苑小区 1 个住宅小区,住宅楼多为 5~6 层。创业路、开发道等道路经过。附近通多路公共汽车。该社区于 2014 年被评为"天津市文明社区"。

同盛东社区 [Tóngshèngdōng Shèqū]

属海滨街道管辖,在区境南部。面积约 0.18 平方千米。人口约 0.37 万人。社区因辖同盛东里小区得今名,于 2003 年成立,含同盛东里 1 个住宅小区,住宅楼多为 5~6 层。港兴道、港盛道等道路经过。附近通多路公共汽车。该社区于 2014 年被评为"天津市文明社区"。

华隆社区 [Huálóng Shèqū]

属海滨街道管辖,在区境南部。面积约 4.8 平方千米。人口约 0.13 万人。社区因辖华隆小区得今名,于 2000 年成立,含华隆小区 1 个住宅小区,住宅楼多为 4~5 层。红旗路、西围堤道等道路经过。附近通多路公共汽车。该社区于 2014 年被评为"天津市文明社区"。

联盟村 [Liánméngcūn]

在区驻地塘沽街道西南 43 千米。海滨街道辖自然村。人口约 0.10 万人。该村取"工农联盟"之意命名。村落呈团块状分布。村中有远景中学,建有现代化教学楼、欧式风格的文化广场和休闲公园、体育广场、综合服务中心等。该村每年组织村民开展象棋比赛、篮球赛、台球赛、乒乓球赛和全民运动会等体育活动。村中有联盟村工业园区,已形成五金制钉、塑料包装、石油机械、食品加工、镀锌等多元化企业模式;有大港远景学校联盟分校、联盟集贸市场等单位;有玉米、高粱等农产品。村公路与西围堤道相接。该村于 2011 年被评为"全国文明村"。

茶淀街道 [Chádiàn Jiēdào]

属滨海新区管辖,在区境西北部。面积约 54.29 平方千米。人口约 7.33 万人。街道辖 11 个居委会、12 个村委会。2013 年由原茶淀镇与河西街道整合而成。近年来,街道先后实施度假区建设、清洁村庄试点等工程。明代建,因地势低洼,取名塌淀,后演化为今名。蓟运河从东侧边缘过境。街道有职业学校 2 所,中小学 13 所,幼儿园 4 所,社区卫生服务站 1 个,体育馆 1 座;有滨海茶淀葡萄科技园、河西公园等文化休闲场所。中部、东部有中高层住宅楼、学校、行政单位;南部有化工、酒酿造等企业。茶淀工业区坐落于此。街道有金属冶炼、机械加工,服装制造、纸箱制品及葡萄种植酿造等支柱产业,驻有孟庄园葡萄酿酒、天民包装材料等企业。津山铁路过境。津汉公路、滨玉公路在此经过,新开南路、新开中路等道路构成主要交通网络。附近通多路公共汽车。

七星里社区 [Qīxīnglǐ Shèqū]

属茶淀街道管辖，在区境北部。面积约0.32平方千米。人口约0.69万人。社区因辖七星里小区得今名。七星里东、七星里西成立于1982年，1986年成立七星里南，1999年三者合并，称今名。2010年，七星里和八仙里合并，沿用今名，含七星里、八仙里2个住宅小区，住宅楼多为1~4层。二经路、一纬路等道路经过。附近通多路公共汽车。该社区2014年被评为“天津市文明社区”。

泰安里社区 [Tàiānlǐ Shèqū]

属茶淀街道管辖，在区境北部。面积约0.60平方千米。人口约0.36万人。社区因辖泰安里小区得今名，于2000年成立，含老泰安里、新泰安里、峰尚花园3个住宅小区，住宅楼多为11~18层。四经路、三纬路等道路经过。附近通多路公共汽车。该社区于2014年被评为“天津市文明社区”。

宝田村 [Bǎotiáncūn]

在区驻地在塘沽街道北27千米。茶淀街道辖自然村。人口约0.03万人。昔日雇工垦荒，建有烧水锅炉，名东锅炉，后以田姓改名保田，1945年以谐音改今名。村落呈团块状分布。该村注重村民法纪教育，制定《村规民约》，成立民间调解小组；积极组织村民群众开展体育竞赛、文艺演出等文体活动。村中以玫瑰香葡萄种植为主，辅以畜牧养殖。津汉路经此。该村于2014年被评为“天津市文明村”。

大港街道 [Dàgǎng Jiēdào]

属滨海新区管辖，在区境西南部。面积约45.22平方千米。人口约10.57万人。街道辖33个居委会。2013年原迎宾街道、胜利街道合并而成现街道，因其地处大港得今名。近年来，街道先后实施社区服务站建设、老旧社区活动场所改造、环境卫生清整等工程。八米河从西侧边缘过境，临潮湖坐落于此。街道有高等院校3所，职业学校2所，中小学12所，幼儿园5所，图书馆1座，医院2所，体育馆1座，有大港湿地公园、临潮湖等景点；北部有住宅区、院校分布；南部有天津大港石化产业园区。有化学工程、物流运输、机械制造等重点产业，驻有港商医药总公司、豪尔达新型材料厂等企业。李港铁路过境。迎宾街、南环路等道路构成主要交通网络。附近通多路公共汽车。

福苑里社区 [Fúyuànlǐ Shèqū]

属大港街道管辖；在区境西部。面积约0.37平方千米。人口约0.43万人。社区因辖福苑里小区得今名，于2000年成立，含福苑里1个住宅小区，住宅楼多为4~6层。胜利街、学府路等道路经过。附近通多路公共汽车。社区于2014年被评为“天津市文明社区”。

三春里社区 [Sānchūnlǐ Shèqū]

属大港街道管辖，在区境西部。面积约0.50平方千米。人口约0.14万人。社区因辖三春里小区得今名，于1982年成立，含三春里1个住宅小区，住宅楼多为3~5层。振兴路、胜利街等道路经过。附近通多路公共汽车。社区于2014年被评为“天津市文明社区”。

兴德里社区 [Xīngdélǐ Shèqū]

属大港街道管辖，在区境西部。面积约0.15平方千米。人口约0.34万人。社区因辖兴德里小区得今名，于2006年成立，含兴德里1个住宅小区，住宅楼多为4~6层。凯旋街、育秀街等道路经过。附近通多路公共汽车。该社区于 2014 年被评为“天津市文明社区”。

新城镇 [Xīnchéng Zhèn]

属滨海新区管辖，在区境西部。面积约 29.80 平方千米。人口约 2.14 万人，民族以汉为主，另有回族等。该镇辖 1 个居委会、5 个村委会，11 个自然村。镇人民政府驻新城村。1953 年置新城乡，1958 年属河南公社，1965 年析建新城公社，1983 年复置乡，1995 年建立新城镇。1998 年撤销新城镇、邓善沽原建制，两乡合并，成立新城镇政府。2009 年滨海新区成立，2010 年该镇因镇人民政府驻新城村得今名。海河、马厂减河、大沽排污河过境。镇上有中小学 2 所，医院 1 所，卫生院 1 所；有龙达温泉生态城、南开清真寺等休闲文化场所。经济以第二产业为主，形成以建筑材料制造和海洋精细化工等为核心，以塑料异型材、电缆机械、油脂制品为支柱产业的工业体系。镇上驻有东大集团、海旺海上石油工程技术服务等工业企业上百家。该镇主产蔬菜、水稻。天津大道、津沽公路等公路过境。附近通多路公共汽车。

新城村 [Xīnchéngcūn]

新城镇人民政府驻地。在区驻地塘沽街道西南 12 千米。新城镇辖自然村。人口约 0.90 万人。清雍正四年（1726 年）建土城，清同治十三年（1874 年），为与大沽防营相应，在土城外新建砖城，故名。村落呈团块状分布。该村主产蔬菜，兼植水稻。西外环高速、津沽公路在此经过。附近通多路公共汽车。

南开村 [Nánkāi Cūn]

在区驻地塘沽街道西南 8 千米。新城镇辖自然村。人口约 0.10 万人。该村因在邓善沽南侧而得名。村落呈团块状分布。村中有特色历史文化建筑南开清真寺，驻有天津蓝天化工电子有限公司等企业，有星悦公园等休闲场所。村内主产蔬菜。金光路在此经过。

杨家泊镇 [Yángjiāpō Zhèn]

属滨海新区管辖，在区境北部。面积约 61.45 平方千米。人口约 1.81 万人。该镇辖 13 个村委会，13 个自然村。镇人民政府驻杨家泊村。1942 年建五区杨家乡，1953 年建（东）李自沽乡，1958 年改建杨家泊乡，后改为公社，1982 年因迁驻地改称东尹公社，1984 年改称东尹乡，1994 年改杨家泊镇，并更今名。滨海新区成立后，于 2010 年更名为天津市滨海新区杨家泊镇，因镇人民政府驻杨家泊村得今名。镇上有中小学 2 所。该镇以对虾、淡水鱼养殖为主要产业，依托地理位置和水资源优势，建成水产养殖、育苗，肥料加工等一系列工厂化企业，已形成规模化产业群，驻有长久发达水产、中天化肥等企业。南堡铁路过境，长深高速、丹东线等道路在此经过。附近通多路公共汽车。

杨家泊村 [Yángjiāpōcūn]

杨家泊镇人民政府驻地。在区驻地塘沽街道东北 37 千米。杨家泊镇辖自然村。人口约 3 400 人。明永乐初年建村，以姓氏“杨”和村内水泊众多得今名。村落呈东西条状南北布列，并受若干坑塘分割，呈不规则方形。村内主产水稻，辅以海水、淡水鱼养殖。芦堂路在此经过。

付庄村 [Fùzhuāngcūn]

在区驻地塘沽街道东北 37 千米。杨家泊镇辖自然村。人口约 0.19 万人。建于明代初期，由张姓立庄，因付姓的田园地得付家庄之名。清代，以嘉言谐音改富家庄。民国年间简化称富庄，新中国成立前后更今名。1976 年地震，地面普遍下沉近 2 米，震后村落重建。村落沿公路两侧分布，呈长方形分布。村中有油脂、饮料、水泥制品等产业，驻有源通水产养殖公司等企业，北部有高庄水库。该村是水产养殖特色村，有棉花、玉米、水稻等农产品。村南设有汉南铁路付庄火车站，芦堂路贯通全村。该村于 2014 年被评为“天津市文明村”。

太平镇 [Tàipíng Zhèn]

属滨海新区管辖，在区境西南部。面积约 192.00 平方千米。人口约 3.72 万人，以汉族为主，另有回族、蒙古族、满族、朝鲜族和黎族等。该镇辖 19 个村委会，33 个自然村。镇人民政府驻太平村。1953 年置大苏庄、苏家园、大道口 3 乡，1958 年属北大港公社，1961 年析建太平村公社，1983 年复置乡，1986 年改置镇，1998 年更名太平镇，2010 年划入滨海新区，因镇人民政府驻地得今名。南有沧浪渠、北排水河，北有青静黄排水渠，中有子牙新河、兴济夹道减河等。镇上有中小学 4 所。太平镇利用民间书画、刻纸、剪纸、刺绣、纺织等作品举办民间艺术作品展；组建河北梆子小剧团，丰富村民生活；依托河流优势已形成专业化水产养殖业；依托古冬枣资源，以皇家枣园为主题，建成以冬枣文化为核心，集冬枣研发、新品种推广、产品延伸为一体的冬枣科技产业园区；依托中华民营经济区和南港工业区，业已形成食品加工综合基地。港中公路、太沙路等道路构成主要交通网络。附近通多路公共汽车。该镇于 2014 年被评为“全国文明镇”。

太平村 [Tàipíngcūn]

太平镇人民政府驻地，在区驻地塘沽街西南 55 千米。太平镇辖自然村。人口约 0.26 万人。清嘉庆年间，窦庄子窦家闹纠纷，一部分村民迁居此地，后来为求和睦，取“太平”之意命名。村落呈团块状分布。村内有小胡瓜、莲藕、枣等农产品。太沙路在此经过。

窦庄子村 [Dòuzhuāngzicūn]

在区驻地塘沽街道西南 58 千米。太平村镇辖自然村。人口约 0.77 万人。该村因为窦姓村民建设而得名。村落呈团块状分布。村中有窦庄子联校、窦庄子中学，建有中心文化娱乐广场、老年活动室等文化活动场所，定期举办戏曲文化节，组织村民开展多种多样的文体活动，2014 年组织举办消夏文艺晚会、金秋十月庆丰收文艺晚会、广场舞健身表演及汇演十余场。村中驻有天津中电晟发光伏发电有限公司等企业。窦太路在此经过。该村于 2014 年评为“天津市文明村”。

小王庄镇 [Xiǎowángzhuāng Zhèn]

属滨海新区管辖，在区境西南部。面积约 125.00 平方千米。人口约 2.75 万人。该镇辖 20 个村委会，30 个自然村。镇人民政府驻渡口村。1953 年置小王庄和西湾河两个乡，1958 年属团泊洼公社，1965 年析建小王庄公社，1983 年复置乡，1986 年改置镇，2001 年徐庄子乡并入，2010 年划入滨海新区。明永乐年间王姓村民迁此建村并命名。马厂减河过境。北大港水库、钱圈水库等人工平原水库坐落于此。镇上有中小学 1 所；有被称为“津都南门，鱼米之乡”的北大港农场；有大棚蔬菜种植，冬枣种植、畜牧养殖、水产养殖等农业生产基地，形成规模化、专业化优势；有工业企业八百余家，形成以塑料化工、汽车配件、五金电器等为核心的产业体系，驻有新世纪纸制品、长泰科技等企业。黄万铁路、荣乌高速、津淄公路、钱顺公路等道路过境。附近通多路公共汽车。

渡口村 [Dùkǒucūn]

小王庄镇人民政府驻地。在区驻地塘沽街道西南 55 千米。小王庄镇辖自然村。人口约 0.08 万人。清光绪六年（1880 年），有外地人来此落户，在马厂减河上以摆渡为生，因与小王庄较近，为小王庄的一部分，时称“小王庄摆渡口”，后形成村落。1960 年独立成村，命今名。村落呈团块状分布。村中有玉米、豆类、小麦等农产品。津淄公路经此。

北和顺村 [Běihéshùncūn]

在区驻地塘沽街道西南 60 千米。小王庄镇辖自然村。人口约 0.10 万人。明成化十八年（1482 年）李官庄李官的第四代曾孙李俭迁至南和顺北建此村，故名北和顺。村落呈团块状分布。村中有华北地区最大的白灵菇生产基地，有玉米、豆类、小麦等农产品。村道路北通徐太路。该村于 2014 年被评为“天津市文明村”。

中塘镇 [Zhōngtáng Zhèn]

属滨海新区管辖，在区境西南部。面积约 97.00 平方千米。人口约 4.80 万人。该镇辖 24 个村委会，20 个自然村。镇人民政府驻黄房子村。1953 年置中塘乡、大安乡，1956 年合置中塘乡，1958 年属小站公社，1961 年析置西小站公社，1979 年析建中塘公社，1983 年复置乡，1994 年改置镇，1993 年 12 月改乡建镇，1997 年赵连庄乡并入中塘镇，2010 年划入滨海新区。该镇因辖区内中塘庙得今名。独流减河、马厂减河、八米河、洪泥河过境。镇上有中小学 2 所，幼儿园 1 所，医院 1 所，拥有国家星火技术密集区及全国乡镇企业示范区，有金属制品、化工、汽车配件、纺织服装等产业，驻有中冠汽车部件制造、云来机电设备等企业，有二三酸、汽车胶管、铝型材等生产基地。该镇同时是全国知名冬枣生产乡镇，有小麦、玉米、高粱、豆类等农产品。镇上已建成规模化无公害畜牧养殖基地。黄万铁路过境，设万家码头站。长深高速、津港公路比邻而过，津神线、北围堤路等道路在此经过。附近通多路公共汽车。

黄房子村 [Huángfángzicūn]

中塘镇人民政府驻地。在区驻地塘沽街道西南 33 千米。中塘镇辖自然村。人口约 0.21 万人。清末年间，黄氏在此建村，以姓氏命名。此后 5 个自然村落连成整体，称黄房子。村落沿黄房子路呈带状分布。村上有小麦、玉米、高粱、豆类等农产品。中港路、葛万公路在此经过。

刘塘庄村 [Liútángzhuāngcūn]

在区驻地塘沽街道西南 41 千米。中塘镇辖自然村。人口约 0.19 万人。明永乐年间，葛沽刘氏来此占地设村，以其范围、姓氏、堂号取名大刘堂庄，后刘氏破产，逐渐演变为今名。村落呈团块状分布。村中有刘塘庄小学，建有社区综合服务中心、健身娱乐广场、文体活动中心等服务设施，经常举办具有浓郁地方特色的文体活动，优秀文化遗产的保护和传承富有实效。村内驻有栖凤北里等住宅小区，有小麦、玉米、高粱、豆类等农产品。津淄公路在此经过。该村于 2014 年被评为“天津市文明村”。

东河筒村 [Dōnghétǒngcūn]

在区驻地塘沽街道西南 41 千米。中塘

镇辖自然村。人口约 0.14 万人。因村落顺马厂减河大堤分布，形似长筒，并与西河筒相对得今名。村落沿津淄公路呈带状分布。村内有村卫生室，驻有栖凤南里等住宅小区，有小麦、玉米、高粱、豆类等农产品。黄万铁路过境，村公路与津淄公路相连。该村于 2014 年被评为“天津市文明村”。

中新天津生态城 [Zhōngxīn Tiānjīn Shēngtàichéng]

在区境西北部，东临滨海新区中央大道，西至蓟运河，南接蓟运河，北至津汉快速路。占地面积约 31.23 平方千米。因其是由中国和新加坡合作建设的经济蓬勃、社会和谐、环境友好、资源节约的生态城市得今名。2007 年 11 月 18 日，国务院总理温家宝和新加坡总理李显龙共同签署《中华人民共和国政府与新加坡共和国政府关于在中华人民共和国建设一个生态城的框架协议》，国家建设部与新加坡国家发展部签署了《中华人民共和国政府与新加坡共和国政府关于在中华人民共和国建设一个生态城的框架协议的补充协议》，确定中国和新加坡政府合作建设中新天津生态城。2008 年 2 月 25 日，天津市机构编制委员会批复同意组建中新天津生态城管理委员会。以生态经济、生态人居、生态文化、和谐社区和科学管理为规划理念，以聚合国际先进的生态、环保、节能技术，造就自然、和谐、宜居的生活环境为宗旨。生态城内建有国家动漫园、国家影视园、环保产业园、生态科技园、信息产业园等产业园区，驻有多家知名企业。西邻滨海国际机场，中央大道、京津二线、海滨大道、津汉快速路等道路构成区域交通网络。附近通多路公共汽车。

空港经济区 [Kōnggǎng Jīngjìqū]

在区境西部，东至东金路、兴农村，西至外环线，南至津山铁路、东大桥村、津滨高速公路，北至津汉公路。占地面积约 102.19 平方千米，其中空港经济区管理委员会实际管辖范围约 64.82 平方千米，因区域名称与功能定位得今名。该经济区于 2010 年 2 月 8 日经市政府批准建立，依托机场基础设施条件和保税区的功能政策，重点发展航空货物分拨、仓储、配送、加工、展销等业务；有航空制造、电子信息、精密机械等重点产业；有高新产业区、研发转化区和商贸服务区；有保税区、综合保税区等国家级特殊经济区。经济区紧邻机场，京津塘高速、津汉公路、机场大道、中环西路等道路构成区域交通网络。附近通多路公共汽车。

天津经济技术开发区 [Tiānjīn Jīngjì Jìshù Kāifāqū]

在区境东部，东临天津港并与天津港保税区接壤，西北面 38 千米处是天津滨海国际机场。开发区分为东区、西区、中区（原轻纺经济区）、南部新兴产业区、北塘企业总部园区、泰达汉沽现代产业区。占地面积近 40 平方千米。天津经济技术开发区英文全称为 Tianjin Economic-TechnologicalDevelopment Area，缩写为 TEDA。“泰达”是其音译，在中国传统文化中具有安泰、通达之意。1984 年 12 月 6 日，经国务院批准建立为国家级开发区，为中国首批国家级开发区之一。开发区由市人民政府管理，接受滨海新区领导，形成以工业现代化为基础，以管理现代化为支撑，以城市现代化为标志的多功能综合性产业区，已形成电子通信、食品、机械、生物医药等支柱产业，为滨海新区重要的经济增长点。西北部邻机场，海滨高速、津塘公路、泰达大街等道路构成区域交通网络。附近通多路公共汽车。

塘沽国家海洋高新技术开发区 [Tánggū Guójiā Hǎiyáng Gāoxīn Jìshù Kāifāqū]

在区境中部，东依天津经济技术开发区，西临天津经济技术开发区西区，南接京津塘高速公路，北至北环铁路。开发区占地面积约 44.50 平方千米，因位于塘沽且主要发展海洋高新技术产业得今名。该开发区于 1992 年 6 月成立，1995 年 1 月经国家科委代国务院批准晋升为国家级开发区，是我国迄今为止唯一的国家级海洋高新技术开发区。开发区以“智慧海洋、创意海洋、高端海洋、美丽海洋”为目标，是滨海新区战略性新兴产业、海洋科技创新示范基地和产城一体化的新经济平台，已形成海洋产业、新材料产业、油品制造产业、现代机械制造、电子信息五个优势产业，驻有多家知名企业，其中外商投资企业达 500 余家，吸引欧美、日韩等国家和香港、台湾等地区的资本进区。新北公路、河北西路、宝山道、乐山道、锦江路等道路构成“五纵十一横”的路网框架。附近通多路公共汽车。

天津东疆港保税区 [Tiānjīn Dōngjiānggǎng Bǎoshuìqū]

在区境中部，东至渤海湾、南临天津新港主航道、西临规划反“F”航道、北临永定新河。当地为浅海滩涂人工造陆形成的三面环海半岛式港区，占地面积约 10.00 平方千米，因位于天津港东疆港区，是由海关设置，受海关监督和管理的可较长时间存储商品的区域，故名。2006 年 8 月 31 日，经国务院正式批准建立国家级开发区。作为天津港未来发展的重要组成部分，保税区是天津建设北方国际航运中心和国际物流中心，发展港口经济和海洋经济的重要空间载体，是具有特色的大型综合性港区，要努力建设成为我国开放度最高的 21 世纪碧海蓝天新港区。以中国自由贸易港区为建设目标，保税区分为码头作业区、物流加工区、港口综合配套服务区三大区域，具备集装箱码头装卸、集装箱物流加工、商务贸易、生活居住、休闲旅游五大功能。区内有现代物流业、进出口加工制造业、服务业等重点产业，驻有多家中外知名企业。临近邮轮母港，京津塘高速、津滨高速、唐津高速等公路过境。园区内建成公路近 30 平方千米，形成区域内纵横交错的交通运输体系。

天津港保税区 [Tiānjīngǎng Bǎoshuìqū]

在区境东部，东至跃进路，西至临港路，南至新港四号路，北至新港六号路。项目占地面积约 6.24 平方千米，因位于天津港区域内，是海关设置受海关监督和管理的可以较长时间存储商品的经济区域，故名。1991 年 5 月 21 日，经国务院批准建立国家级开发区，具有国际贸易、现代物流、临港加工、商品展销等功能，享有海关、税收、外汇等优惠政策。保税区以保税为特色，以临港为依托，形成国际贸易、现代物流和出口加工等主导产业，成为天津市对外开放的重要窗口，在环渤海区域乃至中国北方经济发展中发挥重要的服务、辐射和带动作用，驻有多家中外知名企业、贸易公司，已形成海港保税区、空港保税区、空港加工区、空港物流区和保税物流园区“三个区域、五种形态”联动发展的新格局。临近天津港，海滨高速、泰达大道、京门大道、津滨大道、新港大道、新港四号路等道路构成主要交通网络。附近通多路公共汽车。

天津滨海高新技术产业开发区 [Tiānjīn Bīnhǎi Gāoxīn Jìshù Chǎnyè Kāifāqū]

在区境西南部，东至唐津高速公路，南至港城大道（原杨北公路），西至东金路，北至津汉快速路。开发区含塘沽海洋、华苑 2 个科技园，占地面积约 20 平方千米，因位于滨海新区得今名。2014 年 12 月 11 日，国务院正式批复同意支持天津滨海高新技术产业开发区建设国家自主创新示范区，由滨海新区人民政府管理。开发区有绿色能源、软件及高端信息制造、生物技术与现代医药、先进制造业和现代服务业等优势主导产业，驻有多家中外知名企业。园区基础设施与服务设施齐全，京津塘高速公路、西中环快速路与园区内道路相连接。附近通多路公共汽车。

武 清 区

武清区 [Wǔqīng Qū]

天津市辖区，地处北纬 39° 22′，东经 117° 03′。该区位于市境西北部。面积约 1574.00 平方千米。人口约 93.14 万人。区内居民有汉、回、蒙古等民族。该区辖 5 个街道、24 个镇。区人民政府驻杨村街道。杨村是华北平原上最古老的县之一。秦为渔阳郡地。汉高祖元年（206 年）置泉州、雍奴 2 县。魏隶广阳郡。晋仍属渔阳郡。北魏太平真君七年（446 年）废泉州入雍奴。隋开皇三年（583 年）属幽州，大业三年（607 年）属涿郡。唐天宝元年（742 年）改雍奴县为武清县。一说，武清乃“武功廓清之义也”（明《郡县释名》）；另说，取武盍淀和清淀两洼淀首字得名。县治在今泗村店乡旧县村，属范阳郡。契丹会同元年（938 年）属幽都，是年析西北部置香河县。辽开泰元年（1012 年）属析津府。宋宣和四年（1122 年）属燕山府。金天会三年（1125 年）仍属析津府。贞元元年（1153 年）析津府更名大兴府，其属之。元至元十三年（1276 年）改属中都路大兴府。明属顺天府。洪武元年（1368 年）因避水患，县治移今武清城关镇。清雍正三年（1725 年）九月属天津州，四年属顺天府通州。1914 年属京兆特别区。1928 年属河北省。1949 年 8 月属河北省天津专区。1950 年 10 月县治迁杨村。1958 年 10 月安次县并入。1961 年 5 月复置安次县。1973 年 8 月属天津市。2000 年经国务院批准撤县建区。武清地势由西北向东南缓倾，海拔 1.3~11.3 米。年平均气温 14.2 ℃，最低气温 -10.3 ℃，最高气温 39.9 ℃。年平均降水量 423.9 毫米。境内河流渠系分布较广，有永定河、北运河、龙凤河、青龙湾减河等 4 条一级河道，龙河、龙北新河、凤河西支、龙凤河故道、中泓故道、机场排河、狼尔窝引河等 7 条二级河道，纵横区境 269.7 千米。已探明有石油、天然气、煤、地下热水等矿藏资源。区内有高等院校 1 所（天狮学院），中小学 165 所，职教中心 3 所，特殊教育学校 1 所，图书馆 1 个，文化馆 1 个，区人民医院、三级医院 2 所（包括区中医院），体育馆 2 个。城市以运河为中心向两翼展开，突出以运河为纽带的城市形象及文化内涵。区规划总体控制有序，高层建筑呈梭形分布，高层建筑群与现有城市中心吻合。区内有天津市文物保护单位泉州故城遗址、紫竹禅林寺和鲜于璜碑——汉故雁门太守之墓碑、杨村清真寺、河西务清真寺等纪念地，有全国首座意大利名品奥特莱斯京津佛罗伦萨小镇，有南湖绿博园、津北森林公园、大黄堡湿地自然保护区、天鹅湖温泉度假村、君利农业示范园、北运河休闲旅游驿站等风景区，有凯旋王国、北方国际射击场等主题游乐园区。三大产业比重为 4.1 ∶ 57.2 ∶ 38.7。农业以高效农业、设施农业和观光农业为主，体现生态绿色发展理念。工业以智能制造、生物医药、环保设备、新能源制造为主，形成以新兴产业为主导、园区经济为主体的现代工业格局。服务业以电子商务、高端商务、休闲旅游等现代服务业为主要发展方向。区内有国家级武清开发区，以电子信息、新型材料、新型能源、机械制造、汽车及零配件、生物医药为主，与京滨工业园、汽车产业园、京津科技谷共同纳入天津国家自主创新示范区分园；形成了以武清开发区和京滨工业园、汽车产业园、电商产业园、京津科技谷、武清福源经济开发区"一区五园"为主体的园区经济格局。京沪高铁横穿全境，设有武清站。京沪、津蓟、津霸铁路由东南部经过，设有杨村、崔黄口等客运站，汉沽港、豆张庄、曹子里等货运站。京沪、京津塘、京津、津保、津蓟、滨保等高速公路纵贯南北穿境而过。区内有长途汽车站。附近通多路公共汽车。

杨村街道 [Yángcūn Jiēdào]

武清区人民政府驻地，在区境中部。面积约 25.00 平方千米。人口约 10.34 万人，有汉、回、蒙古等民族，辖 28 个居委会。近 10 多年来，城区不断扩大，先后实施房屋拆迁、平房改造、新城建设、村街环境整治、迎奥运环境建设、旧城改造、撤村建居等工程。2003 年杨村、运河西两街合并称今名。辽、金时在此形成聚落，以姓氏得名。此地曾为漕运枢纽，明、清曾设营汛千总于此。北运河纵贯过境。街道内有区卫生学校、区成人中等专业学校各 1 所，中小学 20 所，幼儿园 17 所，图书馆、影剧院各 2 处，工人俱乐部 1 处，区文化馆、广播站、电视台各 1 处，区人民医院、区中医院、卫生防疫站、妇幼保健院等医疗机构共 5 所，烈士陵园、清真寺各 1 座，西苑公园等公园 5 处，有区政府、区公安分局、区法院等单位，有化工、机械、建材、木制品、食品、纺织、服装、制革、造纸等企业。当地有特产杨村糕干。津山铁路经此并设站，京塘线、北杨线、京津公路过境。附近通多路公共汽车。

富民里社区 [Fùmínlǐ Shèqū]

属杨村街道管辖，在区境中部。面积约 0.23 平方千米。人口约 0.21 万人。社区因界内富民里得名，2012 年 3 月成立，含富民里 1 住宅小区，住宅楼多为 11~18 层。富民道、建设南路等道路经过。附近通多路公共汽车。该社区于 2014 年被评为"天津市文明社区"，2014 年被评为天津市"美丽社区"，2017 年被评为天津市环境友好型社区，2018 年被评为天津市志愿服务社区，2020 年被评为天津市节水型社区。

下朱庄街道 [Xiàzhūzhuāng Jiēdào]

属武清区管辖，在区境中部。面积约 37.60 平方千米。人口约 4.42 万人，有汉、回、满等民族，辖 11 个居委会。近 10 多年来，先后实施新农村建设、自来水网改造、撤村建居、街域路网建设、景观改造、龙湾城片区和天和城片区建设等工程。1985 年建下朱庄乡，2003 年更今名。明永乐年间夏、朱两姓建村，原名夏朱庄，因与上朱庄相对改今名。街道西至北运河，机场排河纵贯境内。街道内有中小学 7 所，幼儿园 4 所，养老院 1 所，爱心协会 1 所，俱乐部 2 所，医院、卫生院各 1 所，有龙湾城公园、远洋公园、南湖绿博园等景区，南部藕店村有天津北方国际射击场，有市消防局武清支队、下朱庄街卫生院等单位。依托自建智湾产业园、武清开发区下朱庄分园，明确街道"创新驱动＋承接载体"的规划定位，承载新兴高端业态和现代制造业。京津城际铁路、京沪铁路、津蓟铁路在此经过。武清环线、京津联络线、津武路过境。有通勤公交车线路12条。

东蒲洼街道 [Dōngpúwā Jiēdào]

属武清区管辖，在区境西北部，是武清新城开发建设的中心地段。东与杨村街道相接，西与豆张庄镇、泗村店镇相接，南与黄庄街道相连，北与南蔡村镇相连。面积约48.31平方千米。街道辖28个社区，47个居民小区，常住人口16万余人，有汉、回、满、壮等民族。明初建村，因地势低洼，遍地生长香蒲，并与西蒲洼相对，故名。2001年撤乡建街，已实现全域城市化，交通便利，有雍阳西道、翠亨路、强国道、光明道等主要道路。境内主要河流渠系有龙凤河、龙河、龙凤河故道、二支渠、三支渠、四支渠、西界渠等。辖区北部划入武清开发区、逸仙科技工业园，西北部有现代农业科技创新基地等现代农业种植园，南部为居住区和商业区，毗邻京津城际铁路武清站，有武清体育中心、佛罗伦萨小镇等地标建筑。近年来，街道大力发展教育、卫生等各项公共服务事业，有杨村一中、杨村十中等中小学15所，幼儿园21所，有东蒲洼医院、诊所、社区卫生服务站等医疗卫生单位48家。附近通多路公共汽车。

黄庄街道 [Huángzhuāng Jiēdào]

属武清区管辖，在区境中部。面积约42.00平方千米。人口约2.12万人，有汉、回、满、壮等民族。街道辖3个居委会、4个村委会。近10多年来，先后实施道路翻建，南路延长线、津山铁路涵洞贯通工程，新农村建设，撤村建居，地下管网建设，重点道路沿线绿化，村街道路硬化改造等工程。2001年撤乡，建街道。2003年更今名，因驻地黄庄故名。街道东临北运河，永定河、龙凤河故道纵贯境内，西北部有泉州城遗址。街道内有成人文化技术学校1所，中小学5所，幼儿园4所，卫生院1所，驻有纺织、服装、印染、电器、五金、铸造等企业，有小麦、玉米、芦苇等农产品。京津城际铁路、京沪铁路经此并设城际武清站。翠亨路、建设南路等主要道路过境。附近通多路公共汽车。

泉昇佳苑社区 [Quánshēngjiāyuàn Shèqū]

属黄庄街道管辖，在区境中部。面积约0.30平方千米。人口约0.40万人。该社区因界内泉昇佳苑得名，2013年3月成立，含泉昇佳苑1个住宅小区，住宅楼多为16~18层。泉水道、城际道等道路经过。附近通多路公共汽车。该社区2014年被评为"天津市文明社区"。

城上村 [Chéngshàngcūn]

在区驻地杨村街道西南5千米，黄庄街道辖自然村。人口约0.28万人。汉高祖元年（206年）建泉州城，西汉城废。村南移500米，故名城上。明清年间曾名城儿上。村落呈团块状分布。村北有泉州故城遗址。村内驻有天津妍奥科技有限公司等企业，有小麦、玉米、豆类、瓜类等农产品。京福公路在此经过。

徐官屯街道 [Xúguāntún Jiēdào]

属武清区管辖，在区境中部。面积约19.00平方千米。人口约1.64万人，有汉、回、满、壮等民族。街道辖3个居委会、9个村委会。十多年来,先后实施新农村建设,环境综合治理,公路拓宽改造,曹园小区、惠民里小区撤村建居等工程。2001 年撤销徐官屯乡,建北岚徐官屯街道。2003 年更今名,因驻地徐官屯故名。北运河、永定河、龙凤河故道纵贯境内。街道内有中小学 5 所,幼儿园 4 所,卫生院 1 所,有武清开发区管委会、区气象局等单位,驻纺织、服装、印染、电器、电镀、五金、铸造等企业,有小麦、玉米、芦苇等农产品。京津塘高速、武宁公路、崔杨公路等在此经过。附近通多路公共汽车。

曹园社区 [Cáoyuán Shèqū]

属徐官屯街道管辖,在区境中部。面积约 0.51 平方千米。人口约 0.57 万人。社区因曹园位于此处而得名, 2012 年 5 月成立,含曹园、祥福园等 4 个住宅小区,住宅楼多为 6 层和 9~16 层。京津线、武宁公路等道路经过。附近通多路公共汽车。该社区于 2014 年被评为“天津市文明社区”。

梅厂镇 [Méichǎng Zhèn]

属武清区管辖,在区境东南部。面积约 70.71 平方千米。人口约 3.38 万人,有汉、蒙古、满、朝鲜、侗等民族。该镇辖 3 个居委会、41 个村委会,有 41 个自然村。镇人民政府位于津围公路东侧。1957 年撤区建梅厂乡,1958 年建立梅厂人民公社,1983 年梅厂公社改称梅厂乡, 1991 年销梅厂乡建制,以原行政区域设置梅厂镇, 2001 年撤聂庄子乡并入梅厂镇建制。相传宋、辽对峙时期,有梅姓人家首居于此,村以姓氏得名。南侧有机场排水河。镇内有成人文化技术学校 1 所,中小学 7 所,幼儿园 4 所,医院 1 所,养老院 1 所,镇服务中心 3 处。省部级园区福源经济区紧邻汽车零部件产业园。梅厂镇地处津京大通道枢纽,位置优越。京津高速一线、二线和滨保高速均在镇域设有出入口。域内有津围公路、杨北公路、武宁公路三条主干路网,加上乡村公路环绕,道路四通八达。

灰锅口村 [Huīguōkǒucūn]

在区驻地杨村街道东 8 千米,村东至西陈庄,西至京津塘高速公路,南至杨北公路,北至武宁路。梅厂镇辖自然村。人口约 0.28 万人。明永乐年间,有江南移民迁此。此地曾为明军营驻地,村民在挖土建房时发现众多埋锅造饭的灶口、柴灰痕迹,因此称其地为“灰锅口”。村落呈团块状分布。村内建有主题公园、文体广场、老年公寓,以及集办公、会议、培训、阅览、健身等于一体的村委会办公楼。村民组建“俏夕阳”演出队和舞蹈队。该村于 2014 年被评为“全国文明村”。灰锅口村是天津市远近闻名的现代设施农业基地、香味葡萄基地,有小麦、玉米、豆类、棉花等农产品。津蓟铁路、杨北线、武清环线在此经过。

大碱厂镇 [Dàjiǎnchǎng Zhèn]

属武清区管辖,在区境中部。面积约 35 平方千米。人口约 2.11 万人。该镇辖 26 个村委会,有 26 个自然村。镇人民政府位于崔杨公路西侧。1949 年分属武清县第六区、第十三区, 1957 年置大碱厂乡, 1958 年属筐儿港公社, 1961 年析建大碱厂公社, 1983 年复置乡, 1998 年市政府批准撤乡建镇, 1999 正式建镇。明永乐年间建村,因土地贫瘠、盐碱化得名。大碱厂镇西临北运河,有成人文化技术学校 1 所,中小学 1 所,幼儿园 2 所,医院 1 所,敬老院 1 所,文化服务中心 1 处,驻有腾达集团、东洋乐器等企业,建有小麦育种等种养示范基地。京津高速、崔杨公路、宝武公路等道路在此经过。

南辛庄村 [Nánxīnzhuāngcūn]

在区驻地杨村街道北7千米，大碱厂镇辖自然村。人口约0.08万人。清光绪时，由筐儿港村迁出住户在村南另成新村，得今名。村落呈团块状分布。村旁曾建有清代筐儿港行宫，另竖有康熙“导流济运”御碑、乾隆“导流还济运”御碑各一座。村中有健身广场等公共服务设施，有小麦、玉米、香油等农产品。该村于2012年被评为“天津市十大美丽乡村”，2014年被评为“天津市文明村”。杨崔公路在此经过。

崔黄口镇 [Cuīhuángkǒu Zhèn]

属武清区管辖，在区境东北部。面积约90.48平方千米。人口约5.40万人。该镇辖1个居委会、49个村委会，有52个自然村。镇人民政府驻崔黄口镇宏发道8号。1950年为武清县第十三区，1958年属筐儿港公社，1961年析建崔黄口公社，1983年置崔黄口乡，1988年改置镇，2001年后巷乡并入。该镇东临青龙湾减河，有成人文化技术学校1所，中小学3所，幼儿园9所，医院1所，养老院1所。天津京津电子商务产业园坐落于此。经济以电商产业为基础，驻有唯品会、京东商城、酒仙网等企业。津蓟铁路在此经过并设崔黄口站。崔杨、宝武等公路过境。

大良镇 [Dàliáng Zhèn]

属武清区管辖，在区境北部。面积约77.28平方千米。人口约4.20万人，有汉、蒙古、满等民族。该镇辖55个村委会，有55个自然村。镇人民政府驻大良村。1950年属武清县第五区，1952年属第六区，1953年划为大良乡，1958年属筐儿港公社，同年析建大良公社，1983年复置乡，1990年经天津市政府批准撤乡建镇，1991年正式建镇。2001年原双树乡并入。因镇政府驻地得名。大良镇西临北运河，有成人文化技术学校1所，中小学2所，幼儿园10所，医院1所。双树天主教堂坐落于此。崔黄口电商园大良分园位于镇南部。镇上驻有国家天文台武清站以及诚田丰金属制品、赛通供应链等企业。特产有田水铺水果萝卜。横有崔廊路，纵有旗良路、武香路过境。

大良村 [Dàliángcūn]

大良镇人民政府驻地，在区驻地杨村街道北18千米。大良镇辖自然村。人口约0.2万人。唐以前成村，初名大良屯，后改称大良村。村落呈团块状分布。崔黄口电商园大良分园位于镇南部。村内驻有国家天文台武清站以及诚田丰金属制品、赛通供应链等企业，有小麦、玉米等农产品。崔廊线、旗良路过境。

蒙辛庄村 [Méngxīnzhuāngcūn]

在区驻地杨村街道北20千米。大良镇辖自然村。人口约0.08万人。元世祖至元年间，因开挖蒙村漕渠（今北运河）形成村落，得名蒙村新庄。清光绪时称蒙村辛庄，简称蒙辛庄。新中国成立后称辛庄，1984年更今名。村落呈团块状分布。村内有农家书屋、文化活动室、健身广场等服务设施，有秧歌队、锣鼓队、广场舞队等文艺表演团队。该村于2014年被评为“全国文明村”。村内有小麦、玉米、豆类等农产品。京杭北运河在此经过。

下伍旗镇 [Xiàwǔqí Zhèn]

属武清区管辖，在区境北部。面积约50.00平方千米。人口约2.46万人，有汉、蒙古、满、壮等民族。该镇辖34个村委会，有34个自然村。镇人民政府驻下伍旗村。

1949年属武清县第五区，1957年置下伍旗乡，1958年属筐儿港公社，1959年属大良公社，1961年析建下伍旗公社，1983年复置乡，1997年改置镇，因镇政府驻地得名。北运河、青龙湾河分别从镇西、镇北穿过。位于镇西南部的津北森林公园是华北地区最大的原始次生林，占镇域约6平方千米。镇上有成人文化技术学校1所，中小学2所，幼儿园3所，卫生院1所，驻有食品、粮食加工、化工、体育用品等企业。武香路、河大路、旗良路在此经过。

下伍旗村 [Xiàwǔqícūn]

下伍旗镇人民政府驻地，在区驻地杨村街道北26千米。下伍旗镇辖自然村。人口约0.17万人。明永乐年间薛姓村民建村，原名薛庄。清初被圈为旗地，因属下五旗地改今名。村落呈团块状分布。村中有小麦、玉米、棉花、蔬菜等农产品。苗圃路、旗良路在此经过。

神机马坊村 [Shénjīmǎfángcūn]

在区驻地杨村街道北28千米，下伍旗镇辖自然村。人口约0.16万人。明永乐年间建村。因地属神机营养马官田，原名神机营马坊。1958年从香河县划入，1984年定今名。村落呈团块状分布。村内建有健身广场、农用市场等服务设施。该村于2014年被评为“天津市文明村”。村中有小麦、玉米、棉花、向日葵、花生等农产品。旗良路在此经过。

马神庙村 [Mǎshénmiàocūn]

在区驻地杨村街道北28千米，下伍旗镇辖自然村。人口约0.07万人。清顺治时成村，因有马神庙得名。1958年从香河县划入，称今名。村落呈团块状分布。村中驻有粮油加工、种子基地等企业。该村于2014年被评为“全国文明村”。该村是五行通臂拳宗师张策的故乡，2011年建立“臂圣”张策纪念馆，2013年五行通臂拳被列入市第三批市级非物质文化遗产名录。村中有小麦、玉米、棉花、油料作物等农产品。崔大路在此经过。

南蔡村镇 [Náncàicūn Zhèn]

属武清区管辖，在区境中部。面积约79.63平方千米。人口约4.62万人，有汉、蒙古、满、壮、回等民族。该镇辖1个居委会、31个村委会，有40个自然村。镇人民政府驻八间房村。1949年属武清县第七区，1957年置南蔡村乡，1958年改公社，1983年复置乡，1995改置镇，2001年北蔡村乡并入。辽代蔡姓村民建村，原名蔡村，因与北蔡村相对改今名。该村南临龙凤河，西临龙凤河故道，北运河从镇境穿过。村中有成人文化技术学校1所，中小学3所，幼儿园6所，医院1所。镇南部有金博经济开发区，以奶牛养殖为主导的农业产业，兼有自行车、工艺品、橡胶制品、继续加工、建材、食品等产业。该镇拥有全国最大的西瓜育种基地之一。京津高速、京津线等道路在此经过。

八间房村 [Bājiānfángcūn]

南蔡村镇人民政府驻地，在区驻地杨村街道北10千米。南蔡村镇辖自然村。人口约0.09万人，有汉、满等民族。清康熙年间，为附近砖厂村程姓人员经管的皇粮庄。庄头在村中盖八间房，故今名。村落呈团块状分布。村中有小麦、玉米、棉花等农产品。京津线、大东公路经此。

丁家圈村 [Dīngjiāquān Cūn]

在区驻地杨村街道北10千米，南蔡村镇辖自然村。人口约0.18万人。辽代有丁姓村民定居,成村后名丁营。清代属旗庄圈地,改名丁家圈,民国初年雅称今名。村落呈团块状分布。村中有休闲公园、健身广场、农家书屋等服务设施。该村于 2014 年被评为“天津市文明村”。村中有小麦、玉米、豆类、棉花等农产品。武香线、碱东支路在此经过。

定福庄村 [Dìngfúzhuāngcūn]

在区驻地杨村街道北 8 千米,南蔡村镇辖自然村。人口约 0.12 万人。该村始建于明初,村东原有定国公坟地,故名。村落呈团块状分布。村中有镇初级中学,有农家书屋、休闲广场、灯光球场等服务设施。该村于 2014 年被评为“天津市文明村”。村中有小麦、玉米、棉花等农产品。京津高速、南东村路在此经过。

大孟庄镇 [Dàmèngzhuāng Zhèn]

属武清区管辖,在区境北部。面积约 46.58 平方千米。人口约 2.29 万人,有汉、蒙古、满、壮等民族。该镇辖 21 个村委会,有 21 个自然村。镇人民政府驻大孟庄村。1949 年分属武清县第三区、第五区,1957 年置大孟庄乡,1958 年属南蔡村公社,1961 年析建大孟庄公社, 1983 年复置乡。1995 年经市政府批准撤乡建镇, 1996 年正式建镇,以镇政府驻地命名。北运河、龙凤河过境。镇中有成人文化技术学校 1 所,中小学 1 所,幼儿园 4 所,卫生院 1 所,驻有天津宇傲渌侨工业科技研发有限公司、瑞驰丰达(天津)股份有限公司、天津市黑马工贸有限公司、云天化化肥(天津)有限公司、舍尔特中加钢木结构工程、绿翅工贸、大孟庄镇硒乐生活现代农业科技园等企业。村中有西蓝花、韭菜、山药、萝卜、苹果、鸡蛋等农副产品。京津线、崔廊公路在此经过,紧邻京津高速,交通便利。

大孟庄村 [Dàmèngzhuāngcūn]

大孟庄镇人民政府驻地,在区驻地杨村街道北 18.5 千米。大孟庄镇辖自然村。人口约 0.25 万人,有汉、回、满、壮等民族。明洪武年间,江南一孟姓菜农在此种菜定居,故名。村落呈团块状分布。村中有小麦、棉花等农产品。崔廊公路、京津线在此经过。

泗村店镇 [Sìcūndiàn Zhèn]

属武清区管辖,在区境西北部。面积约 52.78 平方千米。人口约 1.98 万人,有汉、蒙古、满、壮、苗等民族。该镇辖 1 个居委会, 9 个村委会,有 12 个自然村。镇人民政府位于大东公路 68 号。1949 年分属武清县第三区、第七区, 1957 年建泗村店乡, 1958 年属南蔡村公社, 1961 年析建泗村店公社,1983 年复置乡,1995 年撤乡设镇。传隋初村民自山东泗水县迁此建村,因念故土,取名泗水甸,后演变为今名。龙河、老龙河过境。镇上有成人文化技术学校 1 所,中小学 2 所,幼儿园 6 所,有镇初级中学、博瑞环保设备等单位,有武清旧县故城、齐庄遗址等历史遗迹。该镇以粮、菜、畜、鱼等作为支柱产业,有小麦、玉米、棉花等农产品。京津塘高速、京沪高速、大东公路在此经过。

旧县村 [Jiùxiàncūn]

在区驻地杨村街道西北 19 千米,泗村店镇辖自然村。人口约 0.19 万人。东汉初已有聚落,曾为雍奴县、武清县治所。明洪武初年因避水患,治所迁走后遂改名旧县。村落呈团块状分布。村内有区文物保护单位武清旧县故城遗址,有小麦、玉米、棉花、红小豆等农产品。崔廊线、高王线在此经过。

齐庄村 [Qízhuāngcūn]

在区驻地杨村街道西北 16 千米，泗村店镇辖自然村。人口约 0.11 万人。明朝初期，燕王扫北时齐姓军官在此地阵亡，其妻将亡夫葬于村北，并于坟南落户定居，成村后以齐姓定名。村落呈团块状分布。村中有区文物保护单位“齐庄遗址”，有小麦、玉米、棉花、红小豆等农产品。京津高速、崔廊线在此经过。

河西务镇 [Héxīwù Zhèn]

属武清区管辖，在区境西北部。面积约 69.74 平方千米。人口约 4.53 万人，有汉、回、满、壮等民族。该镇辖 51 个村委会，有 51 个自然村。镇人民政府驻肖庄村。1949 年分属武清县第三区、第四区、第五区，1958 年改公社，1983 年复置乡，1988 年改置镇，2001 年大沙河乡并入。辽代建村，原位于北运河西岸，名河西务。清康熙七年（1668 年）因水患，大部分住户由原村（今土城）迁现址建新村，沿用原名。东临北运河，西临龙凤河。镇上有成人文化技术学校 1 所，中小学 2 所，幼儿园 11 所，医院 1 所。该镇在历史上曾有“京东第一镇”之称。镇中有河西务清真寺、紫竹禅林寺、十四仓遗址等。镇南部有河西务镇开发区，有阿正食品、泽源木业等企业。产品以外贸出口为主。京津线、河大路等道路在此经过。

肖庄村 [Xiāozhuāngcūn]

河西务镇人民政府驻地，在区驻地杨村街道北 30 千米。河西务镇辖自然村。人口约 0.04 万人。明景泰年间，此地为北京肖九公的庄田，由佃户定居成村，以庄主肖姓得名。村落呈团块状分布。村中驻有针织品、科技等企业，有小麦、玉米、棉花等农产品。京津线在此经过。

孝力村 [Xiàolìcūn]

在区驻地杨村街道西北 32 千米。河西务镇辖自然村。人口约 0.16 万人。明燕王扫北时安置一批游民在此定居，垦种成村，内中有精通医术者为皇帝治病得愈，不取酬劳，因此取“忠孝仁义”之意命名，取名孝里，后演化为今名。村落呈团块状分布。紫竹禅林寺坐落于此。村中有小麦、玉米、棉花等农产品。王河支路、河大路在此经过。

东西仓村 [Dōngxīcāngcūn]

在区驻地杨村街道北 31 千米。河西务镇辖自然村。人口约 0.10 万人。元末因水患、战乱，仓廒废置，遂演变为几处村落。居东者称东仓，居西者称西仓，居北者称莱庄。1958 年公社化时三村合并，以元代十四仓遗址得今名。村落呈团块状分布。村中有全国文物保护单位十四仓遗址，有小麦、玉米等农产品，兼种棉花、油料等作物。京塘线、码沙路、木厂路在此经过。

城关镇 [Chéngguān Zhèn]

属武清区管辖，在区境西部。面积约 55.58 平方千米。人口约 2.64 万人，有汉、回等民族。该镇辖 30 个村委会，有 30 个自然村。镇人民政府驻李庄村。城关镇曾为武清县治，1949 年属武清县第一区，1957 年置武清城关乡，1958 年改公社，1983 年复置乡，1988 年改置镇。镇上有中小学 3 所，幼儿园 4 所，医院 1 所。城关东街李瑞东创立李式太极拳，2009 年被列为天津市第二批非物质文化遗产，2014 年被列入国家级非物质文化遗产代表性项目名录，是武清区首个入选国家级非物质文化遗产名录的项目。镇内尚存古城墙遗址、八里庄遗址等历史遗迹，驻有佩森木业、华电电力器材等企业。镇上盛产棉花、花生，特产为红小豆。京沪高速、崔廊公路、武落路等道路在此经过。

李庄村 [Lǐzhuāngcūn]

城关镇人民政府驻地，在区驻地杨村街道西北 21 千米。城关镇辖自然村。人口约 0.06 万人。明崇祯年间为宫廷菜田，县城李姓庄头经管，佃户立村，故称为李庄。村落呈团块状分布。村中有小麦、玉米等农产品，兼种棉花、油料作物及蔬菜。崔廊公路在此经过。

大桃园村 [Dàtáoyuáncūn]

在区驻地杨村街道西北 21 千米，城关镇辖自然村。人口约 0.23 万人。明代永乐年间，江南移民来此定居成村，因村旁有大片桃园，故命名桃园村。永乐四年（1406 年）改名大桃园村。村落呈团块状分布。村内有京剧团、广场舞队等文化团队。村中有小麦、玉米等农产品，兼种棉花、油料作物及蔬菜、西瓜等。京沪高速、庆通路在此经过。该村于 2014 年被评为“天津市文明村”。

八里庄村 [Bālǐzhuāngcūn]

在区驻地杨村街道西北 19 千米。城关镇辖自然村。人口约 0.11 万人。明洪武年间，由山西移民成村，因村址距武清治所 8 华里，故名。村落呈团块状分布。村内有区文物保护单位八里庄遗址，有小麦、玉米等农产品，特产红小豆，兼种棉花、油料作物、西瓜等。京津城际铁路过境，有村公路连通崔廊线。

东马圈镇 [Dōngmǎjuàn Zhèn]

属武清区管辖，在区境西部。面积约 37.00 平方千米。人口约 1.71 万人，有汉、回等民族。该镇辖 13 个村委会，13 个自然村。镇人民政府驻东马圈村。1950 年分属武清县第一区、第二区，1957 年置东马圈乡，1958 年改公社，1983 年复置乡，1995 年改置镇，以镇政府驻地命名。老龙河、龙北新河过境。镇内有成人文化技术学校 1 所，中小学 2 所，幼儿园 2 所，卫生院 1 所，驻有金海阳光能源、品辉木业等企业。农业有小麦、玉米、棉花、大白菜等。该镇以生产工艺蜡闻名。京沪铁路、京沪高铁过境，京福支线、武落路、大东公路在此经过。

东马圈村 [Dōngmǎjuàncūn]

东马圈镇人民政府驻地，在区驻地杨村街道西北 25 千米。东马圈镇辖自然村。人口约 0.29 万人，有汉、回等民族。约宋淳化元年（990 年）至宋宣和四年（1122 年），辽西太后设立马房、马圈等，储备牧马以备军需。宋宣和四年（1122 年）12 月，金太祖完颜阿骨打率军攻陷燕京，辽降于金，牧马辽军撤退，马圈、马房一空。移民在马圈废墟上建村，取名马圈，又因此地以西亦有马圈，故称东马圈。村落呈团块状分布。当地有小麦、玉米等农产品。京福支线、京岚线等在此经过。

黄花店镇 [Huánghuādiàn Zhèn]

属武清区管辖，在区境西部。面积约 51.48 平方千米。人口约 2.46 万人，有汉、回等民族。该镇辖 22 个村委会，有 22 个自然村。镇人民政府驻来渔路西侧。1949 年属武清县第八区，1957 年置黄花店乡，1959 年改公社，1983 年复置乡，1998 年市政府批准撤乡建镇，1999 年正式建镇。辽会同年间建村，因曾建省抑宫用于囚禁被废皇后，名皇后店，后谐音为今名。又说，清乾隆时，因周围长满黄花，衍化为黄花店。永定河流经于此。镇内有成人文化技术学校 1 所，中小学 2 所，幼儿园 3 所，医院 1 所，有医药化工、染料化工、纸制品、不锈钢制品等主导产业,有玉皇阁。镇内有小麦、玉米等农作物,有蔬菜生产和生畜养殖。来渔路、杨王路在此经过。

石各庄镇 [Shígèzhuāng Zhèn]

属武清区管辖,在区境西南部。面积约45.00 平方千米。人口约 2.26 万人,有汉、满等民族。该镇辖 12 个村委会,有 12 个自然村。镇人民政府驻杨王路东侧。1949 年分属武清县第八区、第九区, 1957 年置石各庄乡,1958 年属黄花店公社,1961 年析建石各庄公社, 1983 年复置乡, 1995 年改置镇。明洪武年间 10 户移民至此建村,原名十家庄,谐音更今名。镇上有成人文化技术学校 1 所,中小学 2 所,幼儿园 8 所,卫生院 1 所,驻有瑞通建筑材料、可居食品等企业。镇上有小麦、玉米等农产品。京沪高速、京岚线、杨王路等道路在此经过。

王庆坨镇 [Wángqìngtuó Zhèn]

属武清区管辖,在区境最南端。面积约52.02 平方千米。人口约 3.80 万人,有汉、满、壮等民族。该镇辖 22 个村委会,有 22 个自然村。镇人民政府驻同旺路 1 号。1949 年分属武清县第八区、第十区,1953 年置镇, 1957 年改置乡, 1958 年改公社, 1983 年复置乡, 1988 年改置镇。传辽、金始有聚落,有名王庆者定居于土坨上,故名。曾名王家坨、王清坨。镇上有成人文化技术学校 1 所,中小学 2 所,幼儿园 11 所,医院 2 所。该镇于 1991 年被国家体委命名为“亿万农民健身活动先进乡镇”,另有“乒乓之乡”“自行车之乡”之称。镇南有文昌阁遗迹。当地驻有聚友自行车、杰峰钢管工贸等企业。津雄高速、京沪高速、京环线等道路在此经过,设有王庆坨客运站。

大范口村 [Dàfànkǒucūn]

在区驻地杨村街道西南 26 千米。王庆坨镇辖自然村。人口约 0.19 万人。辽代由范姓立村,因地处三角淀西北入口,形如瓮口,得名范瓮口。清乾隆二年(1737 年)洪水将村子冲为两处,北边为大范瓮口,南边为小范瓮口, 1937 年省去瓮字,称今名。村落呈团块状分布。村内有小麦、玉米等农产品。有文化广场、健身公园、老年活动中心等文体设施。村中每年开展“最美家庭”“致富女能手”“好婆婆”“好媳妇”等评选表彰活动。该村于 2014 年被评为“天津市文明村”。津霸联铁路、大范口路在此经过。

汊沽港镇 [Chàgūgǎng Zhèn]

属武清区管辖,在区境西南部。面积约58.56 平方千米。人口约 3.90 万人,以汉族为主,另有满、壮等民族。该镇辖 14 个村委会,有 15 个自然村。镇人民政府位于京津科技谷。1949 年分属武清县第八区、第十五区,1957 年置汊沽港乡,1958 年属王庆坨公社,1974 年析建汊沽港公社,1983 年复置乡, 1997 年撤乡建镇。明永乐年间建村。地处三角淀北缘,上游诸水在此汇入洼淀,河汊交错,故名。中泓故道自西向东纵横全境。镇上有成人文化技术学校 1 所,中小学 8 所,幼儿园 8 所,卫生院 1 所。京津科技谷工业园坐落于此,有新材料研发与应用、电子信息、生物技术、机械设备、涂料、物流、纸制品、自行车制造等产业。镇内有小麦、玉米等农产品,盛产芦笋。津霸铁路过境并设汊沽港站,京沪高速、京岚线、津永公路过境。

河北屯镇 [Héběitún Zhèn]

属武清区管辖。在区境北部。面积约

46.45 平方千米。人口约 3.16 万人，以汉族为主，另有满、壮、回等民族。该镇辖 31 个村委会，有 33 个自然村。镇人民政府驻河北屯村。1949 年属武清县第十二区，1958 年撤区建乡，1959 年属大良公社，1961 年析建河北屯公社，1983 年改置乡，2000 年撤乡建镇，以镇人民政府驻地命名。青龙湾减河从东侧过境。镇上有成人文化技术学校 1 所，中小学 2 所，幼儿园 4 所，卫生院 1 所，有化工、地毯、乳业、工贸等产业，有小麦、玉米等农产品。崔霍路、北旗路、青上路等道路过境。

河北屯村 [Héběitúncūn]

河北屯镇人民政府驻地，在区驻地杨村街道东北 25 千米。河北屯镇辖自然村。人口约 0.45 万人。1958 年第三次划入包含马庄、裴庄 2 个自然村。1959 年以后裴庄、马庄村先后并入。元代曾为军屯，因居辽运粮河北岸，故名。村落呈团块状分布。村中有小麦、玉米等农产品。北旗路、青上路、崔霍路经此。

上马台镇 [Shàngmǎtái Zhèn]

属武清区管辖，在区境东部。面积约 67.08 平方千米。人口约 1.79 万人，以汉族为主，另有满、壮等民族。该镇辖 1 个居委会、8 个村委会，有 8 个自然村。镇人民政府位于梅丰路 1 号。1949 年分属武清县第十四区、第十五区，1958 年属梅厂公社，1974 年析建上马台公社，1983 年改置乡，1995 年改置镇。明初建村，传燕王扫北时被敌军追赶，跑掉马鞍，到此高台处重新鞴鞍上马，得今名。龙凤河从北侧过境。镇上有成人文化技术学校 1 所，中小学 2 所，幼儿园 3 所，卫生院 1 所。上马台工业园坐落于此。镇上有金属制品、塑胶制品、机械配件、化工等产业，有小麦、玉米等农产品，盛产葵花子。京津高速、滨保高速、梅丰公路经此。

大王古庄镇 [Dàwánggǔzhuāng Zhèn]

属武清区管辖，在区境西北部。面积约 48.01 平方千米。人口约 2.57 万人，以汉族为主，另有满、壮、回等民族。该镇辖 15 个村委会，有 17 个自然村。镇人民政府驻大王古庄村。1949 年分属武清县第一区、第二区、第四区，1957 年置大王古庄乡，1958 年属城关红旗公社，1961 年析建大王古庄公社，1983 年改乡，2001 年撤乡建镇，因镇人民政府驻地命名。东临凤河西支渠。镇上有中国科学院化学研究所天津研究院，有成人文化技术学校 1 所，中小学 2 所，幼儿园 3 所，卫生院 1 所，文化服务站 1 所。京滨工业园坐落于此。该镇有电子信息、新材料、智能制造、涂料、医药化工、锅炉制造、石油装备等产业，有小麦、玉米、棉花、甘薯、花生等农产品。京沪高速、王城路、河大路在此经过。

陈咀镇 [Chénzuǐ Zhèn]

属武清区管辖，在区境南部。面积约 61.13 平方千米。人口约 3.39 万人，以汉族为主，另有满、壮等民族。该镇辖 14 个村委会，有 14 个自然村。镇人民政府驻陈咀村。1949 年分属武清县第十一区、第十五区，1957 年置陈嘴乡，1958 年属王庆坨公社、黄花店公社，1961 年析建陈嘴公社，1983 年复置乡，2001 年撤乡建镇，更今名。因镇人民政府驻地命名。中泓故道从南侧过境。镇上有成人文化技术学校 1 所，中小学 2 所，幼儿园 7 所，卫生院 1 所。京津科技谷（陈咀分园）坐落于此。该镇有食品加工、化工、机械、金属加工、生物医药、包装制品等产业，特产“鲜食玉米”。京沪高铁过境，滨保高速、京沪高速、京岚线、石陈路在此经过。

陈咀村 [Chénzuǐcūn]

陈咀镇人民政府驻地，在区驻地杨村街道南12千米。陈咀镇辖自然村。人口约0.55万人。相传元末时由陈姓人立村，于浑河决口淤成的沙嘴之上得名陈家嘴，后演化为陈咀。村落呈团块状分布。村内有小麦、玉米等农产品，盛产红小豆。京沪高铁过境，滨保高速、武静公路、渔旺路在此经过。

白古屯镇 [Báigǔtún Zhèn]

属武清区管辖，在区境西北部。面积约51.70平方千米。人口约2.30万人，以汉族为主，另有满、壮等民族。该镇辖21个村委会，有21个自然村。镇人民政府驻白古屯村。1949年分属武清县第二区、第三区，1957年属和平庄乡，1958年属城关红旗人民公社，1961年析建东马房公社，1980年驻地迁现址白古屯村，1983年改东马房乡，1984年改称白古屯乡，2013年撤乡建镇，因镇人民政府驻地命名。东临龙凤河，北临凤河西支渠。该镇有职业培训学校1所，中小学2所，幼儿园9所，卫生院1所；有小韩村天主堂；有渔具、服装、机械等产业；有小麦、玉米等农产品，为重要粮食生产基地；有东马房豆腐丝、稍子营肉鸽等特产。京津高速、白张路、邱天路过境。

白古屯村 [Báigǔtúncūn]

白古屯镇人民政府驻地，在区驻地杨村街道西北30千米。白古屯镇辖自然村。人口约0.16万人。金皇统年间白姓建村，原名白家屯，后演变为今名。曾名红古屯。村落呈团块状分布。村内有纸制品、饲料等产业，有小麦、玉米等农产品。白张路、白稍路过境。

东马房村 [Dōngmǎfángcūn]

在区驻地杨村街道西北22千米。白古屯镇辖自然村。人口约0.23万人。传曾为元代军队牧马草场，原名马房，因与西马房相对，后改今名。村落呈团块状分布。村内有村综合服务站、街心公园、农家书屋、村民学校、文化活动室、文化人礼堂等服务设施。该村进一步修订完善了《村规民约》，成立了红白理事会、道德评议会等群众自治组织，开展移风易俗宣传教育、道德评议等活动，广泛开展“文明村”“文明户”“文明公民”“好媳妇、好婆婆”等活动。村内组建了秧歌队、腾飞艺术演唱团、志愿者服务队等民间团体。村内有豆腐丝等农产品。京津城际铁路、京沪高速公路、崔廊线过境。该村于2014年被评为“全国文明村”。

曹子里镇 [Cáozǐlǐ Zhèn]

属武清区管辖，在区境中部。面积约56.00平方千米。人口约2.72万人，以汉族为主，另有满、壮、回等民族。该镇辖33个村委会，有33个自然村。镇人民政府位于花城中路。1949年分属武清县第三区、第十四区，1957年撤区置拾棉庄乡，1958年乡改公社，分属大黄堡公社、筐儿港公社、梅厂公社，1961年析建拾棉庄公社，1982年更名曹子里公社，1983年改拾棉庄乡，1984年改称曹子里乡，2013年撤乡建镇。明永乐年间建村。有曹姓儒士设学馆教书，故称今名。龙凤河、港北连接渠过境。镇上有成人文化技术学校1所，中小学2所，幼儿园5所，卫生院1所。该镇以绢花生产著名，被誉为“绢花之乡”。2013年“曹子里绢花制作技艺”被列入天津市第三批非物质文化遗产名录，绢花远销俄罗斯、韩国等地。镇上有机械制造、精细化工、医药、电子、纺织、包装制品等产业，有小麦、玉米等农产品。津蓟铁路过境，京津高速、大东公路、宝武公路、杨六路在此经过。

大黄堡镇 [Dàhuángpù Zhèn]

属武清区管辖，在区境东部。面积约 90.10 平方千米。人口约 1.91 万人，以汉族为主，另有满、壮等民族。该镇辖 28 个村委会，有 28 个自然村。镇人民政府驻青上路与大东路交口。1949 年分属武清县第十三区、第十四区，1957 年置大黄堡乡，1958 年改公社，1983 年置大黄堡乡，2013 年撤乡建镇，因镇人民政府驻地命名。柳河干渠、狼尔窝引河及黄沙河过境。镇上有中小学 2 所，幼儿园 1 所，卫生院 1 所。大黄堡湿地自然保护区，是北方地区原始地貌保存最为完好的典型芦苇湿地之一。镇上有地毯、建材、塑料制品、金属制品、饲料加工等产业，其中地毯产品久负盛名；有鲢鱼、武昌鱼、草鱼、鲤鱼、南美白对虾、河蟹等水产品；有小麦、玉米、水稻、豆类等农产品，已形成以水产养殖为主导，以特色农业种植为辅助的特色农副产品生产基地。大东公路、克黄线、崔黄路过境。

大黄堡村 [Dàhuángpùcūn]

大黄堡镇人民政府驻地，在区驻地杨村街道西 25 千米。大黄堡镇辖自然村。人口约 0.14 万人。明永乐年间黄姓建村，初搭窝棚居住，故名为黄家窝铺。明末有部分居民迁出另立一村，对应称小黄家窝铺。民国年间改今名。村落呈散状分布。村内有小麦、玉米等农产品，盛产芦苇。大东公路、青上路、崔黄路过境。

东汪庄村 [Dōngwāngzhuāngcūn]

在区驻地杨村街道东 17 千米。大黄堡镇辖自然村。人口约 0.07 万人。明末清初有汪姓一家自宝坻县汪曹庄迁此定居成村，称今名。村落呈团块状分布。村内有健身广场、农家书屋等服务设施。有小麦、玉米、水稻等农产品，盛产芦苇。村公路与大东线相连接。该村于 2014 年被评为“天津市文明村”。

豆张庄镇 [Dòuzhāngzhuāng Zhèn]

属武清区管辖，在区境西部。面积约 60.85 平方千米。人口约 2.45 万人，以汉族为主，另有满、回等民族。该镇辖 18 个村委会，有 18 个自然村。镇人民政府位于京岚线。1949 年分属武清县第十一区、第十二区、第十三区，1957 年撤区置豆张庄乡、东柳行乡，1958 年属东马圈公社和杨村公社，1961 年析建豆张庄公社，1983 年复置乡，2013 年撤乡建镇。明洪武年间张姓建村。因其善种豆角，原名豆角张庄，后简为豆张庄。东临龙凤河故道，南临永定河，西临龙河。镇上有成人文化技术学校 1 所，中小学 2 所，幼儿园 2 所，卫生院 1 所。新世纪经济开发区坐落于此。镇内有橡胶、食品、造纸、印刷、工艺、建材、皮革、毛制品、家具、精密机械等产业，有小麦、玉米等农产品。京津城际铁路、京沪高铁、京沪铁路过境，京沪高速、京岚线在此经过。

高村镇 [Gāocūn Zhèn]

属武清区管辖，在区境西北部。面积约 41.53 平方千米。人口约 2.09 万人，以汉族为主，另有满、蒙古等民族。该镇辖 3 个居委会、11 个村委会，有 11 个自然村。镇人民政府驻高村。1949 年属武清县第四区，1957 年撤区置高村乡，1958 年属河西务公社，1961 年析建高村公社，1983 年复置乡，2013 年撤乡建镇，因镇人民政府驻地命名。

龙凤河从东侧过境。镇上有成人文化技术学校 1 所，中小学 2 所，幼儿园 4 所，卫生院 1 所，有历史遗迹“兰城遗址”，京津高村科技创新园坐落于此。镇上有大数据、生物医药研发、机械制造、木制品制造等产业，盛产西瓜，素有“西瓜之乡”的美誉。京津高速、高王路、河大路过境。

高村 [Gāocūn]

高村镇人民政府驻地，在区驻地杨村街道西北 34 千米。高村镇辖自然村。人口约 0.26 万人。东汉时形成村落，明初移民村庄扩大，因周围低洼，建村于高阜之处，称今名。村落呈团块状分布。村内有小麦、玉米等农产品，特产为红小豆、西瓜。高王路、高沙路、高台路过境。

兰城村 [Lánchéngcūn]

在区驻地杨村街道西北 33 千米。高村镇辖自然村。人口约 0.26 万人。西晋时由蓝姓望族筑起土城，称为蓝城，后推行简化字，称今名。村落呈团块状分布。村中有历史遗迹“兰城遗址”，驻有中心小学、社区卫生服务站等单位，有小麦、玉米等农产品。京津高速、王河支路过境。

天津京滨工业园 [Tiānjīn Jīngbīn Gōngyèyuán]

在区境西北部，因其所处位置得名，是国家自主创新示范区分园、市级示范工业园区、高新技术产业园区，东至通王公路，西至武清区行政界线，南至爱民东道，北至京津塘高速公路。总体规划 20 平方千米，目前已开发建设 9.65 平方千米，拓展区域 3.44 平方千米已获批。2002 年 1 月建立大王古经济区，2006 年 4 月更名为天津王古经济开发区，同时被批准设立为市级开发区，2009 年 8 月命今名。园区由武清区人民政府管理，重点发展电子信息、智能制造、新材料、现代服务业等产业，设有总部经济区、科研孵化区、自主研发区、产业加速区等功能区，以电子信息、新材料、智能制造、现代服务业为主导产业，驻有 8 家世界五百强企业、15 家五百强民企、24 家上市公司，形成以厦门钨业、北京内燃机、大禹节水、博思特为代表的智能制造产业集群，以阿里巴巴、京东商城、当当网、聚美优品为代表的电商产业集群，以本特勒、一汽大众、北汽海纳川海拉、凡士通、静达保光为代表的汽车部件产业集群，以中金数据、新经典、高德地图、瑞丽等为代表的现代服务业产业集群。园区基础设施与服务设施齐全，交通便利，地处京津冀“金三角”位置，京津城际、京沪高铁在周边设站停靠，京津塘高速、京津高速、京沪高速的四个出入口在这里开启，京津塘高速京滨出口正在建设中，规划中连接天津市区、河北廊坊、北京通州的市域（郊）铁路留设站口。

天津京津电子商务产业园 [Tiānjīn Jīngjīn Diànzǐ Shāngwù Chǎnyèyuán]

在区境东北部，东至崔黄口中心镇区，南至津围公路，西至黄沙河，北至杨崔公路。占地面积约 9.87 平方千米。2009 年 8 月批准天津地毯产业园为市级重点示范园区。该产业园因位于北京与天津之间，2014 年 3 月更今名。该产业园由武清区国资委管理，重点发展电子商务，以互联网科技、文化创意为主导，构建仓储物流、云计算机服务平台、第三方交易平台、保税库及产品加工制造在内的产业集群。园区道路与津围公路相连。

天津武清开发区 [Tiānjīn Wǔqīng Kāifāqū]

在区境中部,东邻京津公路,西至新兴路,南至光明道,北邻北外环路。规划面积约 40 平方千米。因用地位于武清区,故名。该产业园于 1991 年设立,是经国务院批准设立的国家级经济技术开发区、国家级高新技术产业园区、天津国家自主创新示范区核心区,形成了智能科技、生物医药、现代服务业三大主导产业。智能科技产业以轨道交通、智能装备、专用设备、机器人、信创、新一代信息技术、汽车核心部件、人工智能、大数据为主;生物医药产业以生物药、精准医疗、医疗器械、健康管理、医疗大数据为主;现代服务产业以互联网视听、时尚创意、工业设计、研发服务、智能物流、投融资服务、营销服务、商业、医疗为主。园区基础设施与服务设施齐全,交通便利,多条高速公路穿境而过。

天津京津科技谷 [Tiānjīn Jīngjīn Kējìgǔ]

在区境西南部,东至规划路,西至大王公路,南至中泓故道,北至 112 高速公路。占地面积约 10.67 平方千米。因位于北京与天津之间命今名。2009 年 8 月,该项目被批准设定为市级示范工业园区。2014 年 3 月被批准变更为今名。该项目由武清区人民政府管理,重点发展新材料研发与应用、电子信息、生物技术方向,属科技型工业区,以新材料研发与应用、电子信息、生物技术等产业为主导。园区基础设施与服务设施齐全,环境优美,交通便利,与多条高速公路相邻。

宝 坻 区

宝坻区 [Bǎodǐ Qū]

天津市辖区。北纬 39° 43′,东经 117° 18′,在市境北部。面积约 1 509.00 平方千米。人口约 73.26 万人,有汉、满、回、壮、蒙古、朝鲜、土家等民族。该区辖 6 个街道, 18 个镇。区人民政府驻宝平街道。辽置新仓镇,属香河县。金大定十二年(1172 年)析香河县东部置宝坻县,取“盐乃国之宝,如坻如京”之意命名,属中都路大兴府。承安三年(1198 年)升置盈州,辖武清、香河 2 县。寻复故。元直属大都路,明属顺天府,清雍正九年(1731 年)析宝坻县东南部梁城所(今宁河镇)置宁河县, 1913 年属京兆特别区,1928 年属河北省,1949 年属河北省天津专区,1958 年改属唐山专区,同年 12 月香河县并入,1961 年复归天津专区,1962 年复置香河县,1973 年划归天津市,2001 年撤县设区。宝坻地处海河平原中部微斜平地与河间洼地交接地带。地势西北高,东南低,海拔 2.0~12.8 米。潮白新河、青龙湾减河、箭杆河均自西北向东南过境。年平均气温 11.6 ℃,最低气温 -13.3 ℃,最高气温 39.7 ℃。年平均降水量 612.5 毫米。区内有职业教育学校 3 所、镇街办成校 24 所、特殊教育学校 1 所、公办中小学 124 所、幼儿园 99 所;医院、卫生院 38 所,其中区人民医院为三级甲等综合医院;有天津市文物保护单位秦城遗址、大觉禅寺、石经幢及义和团战斗纪念地等名胜古迹和纪念地,并保留有清真寺。辖区内有 1 000 多年历史的城关古镇,城池痕迹清晰可见,成正方形,四周有环城公路,中有十字大街,交点处有建于辽代的石经幢,为辖区最高点。新城区道路两侧高楼林立,穿城而过的窝头河两侧建有带状公园。城区内建有文化广场、健身公园、朝霞公园、宝坻影剧院、图书馆等文娱场所。城区内除在道路两侧分布有 2~3 层商业用房外,还有几处大型商业聚集地,主要有位于城区东部的劝宝购物广场,城区中部的劝宝超市、天赋源商业广场,城区南部的泰福家居广场、怡购宝鑫商场、汇丰广场、新都汇、百代富地商业圈。近年来,对革命渠、西护城河引渠、西护城河、百里河、朝霞连接渠、望月路渠、百里河连接渠、钰华街连接渠九大水系进行提升改造,新建了明德公园、了凡公园、龙潭公园、钰松公园四大公园,市容环境得到极大改善。三大产业比重为 6.3 : 45.1 : 48.6。第一产业以农业为主,作为中国北方重要的粮食生产基地,该区有小麦、玉米、水稻、大豆等粮食作物,有红皮大蒜、天鹰椒、五叶齐大葱等特产,并称宝坻"三辣"。第二产业以工业、建筑业为主,拥有轻纺服装、食品、文体设施、建材、地毯、家具等传统支柱产业,新型产业已形成以室内外升降设备为主的工程装备机械产业群;以农用机械制造为主的农机制造产业群;以锂离子动力电池为主的新能源产业群;以新型节能设备、节能材料为主的节能环保产业群。区内驻有日立楼宇、德国霍曼、首航艾启威节能、华健天恒、天龙钨钼等数千家中外知名企业,建有阿迪达斯物流园、海滨商贸物流园区、万炬智汇城等电子商务与现代物流产业基地,成为天津市首批电子商务示范基地。第三产业以商业贸易等为主,建有天宝新都汇、汇丰广场、劝宝新都汇等购物中心。区内有新改造集贸市场、各类专业和批发市场数十个,形成区域性、综合性交易市场。津蓟铁路斜穿西北部,设宝坻站。津蓟高速公路、宝平公路、津围公路贯穿区境南北;京沈高速公路、大黑林路、京唐公路横贯区境东西;京沈高速与津蓟高速在城区交会。附近有长途汽车站,通多路公共汽车。

宝平街道 [Bǎopíng Jiēdào]

宝坻区人民政府驻地,在区境西北部。面积约 18.22 平方千米。人口约 6.01 万人。该街道辖 19 个居委会、13 个村委会。2006 年撤城关镇设海滨、钰华、宝平 3 街道,根据上级批准命名。近年来,街道先后完成新城危旧房屋改造、清洁家园活动、部分村及平房宿舍区搬迁改造等工程。窝头河从境内穿过。街道内有职业技术学校 2 所,中小学 11 所,幼儿园 4 所,特殊教育学校 1 所,区人民医院等医院 3 所,体育馆 1 所;有潮白河湿地公园、潮阳公园、南城公园、区体育健身公园等休闲公共场所。东部为主城区,多为政府行政单位和住宅小区,有区委、区政府、区人大、区政协、区档案局等单位。中部为聚集机械制造、电器制造、家具、船舶备件、无纺布、防火材料制造等企业的产业功能区。西部多为农田。宝平公路、建设路、进京路等公路过境。附近通多路公共汽车。

宝平景苑社区 [Bǎopíng Jǐngyuàn Shèqū]

属宝平街道管辖,在区境南部。面积约 0.24 平方千米。人口约 0.69 万人。社区因辖宝平景苑小区得名, 2005 年 12 月成立,含宝平景苑 1 个住宅小区,住宅楼多为 6 层。环城西路、开元路等道路经过。附近通多路公共汽车。该社区于 2014 年被评为"天津市文明社区"。

海滨街道 [Hǎibīn Jiēdào]

属宝坻区管辖,在区境西北部。面积约

16.41 平方千米。人口约 4.15 万人，有汉、回、满等民族。该街道辖 17 个居委会、16 个村委会。2006 年撤城关镇设海滨、钰华、宝平 3 个街道。近年来，实施了部分村庄的搬迁改造等工程。宝坻古城原分东南西北四城门，海滨街道位于古城以东，故以东城门海滨门命今名。辖区位于鲍丘河南岸，街道内有百里河过境。有教师进修学校 1 所，成人文化技术学校 1 所，中专学校 1 所，中小学 7 所，幼儿园 5 所，医院 2 所，图书馆 1 所，文化馆 1 所，有区民政局、区商业局等行政单位，有辽代建筑广济禅寺、石经幢等人文古迹。宝坻农贸市场历史悠久、规模较大，号称“京东第一集”。东侧房屋分布比较密集，西侧有苗圃场和农田。辖区内有 1 000 多年历史的城关古镇，城池痕迹明显可见，呈正方形，四周有环城公路，中有十字大街，交点处有辽代石经幢，为全城最高点。老城区内道路比较狭窄，多为背街里巷。商业聚集地分布在商业街、北城路、南城东路、东城路 4 条主干道。商业街、东城路、北城路均以小商品百货为主，南城东路多以水暖配件集中。街道内有工业企业 100 多家，规模以上企业 4 家，驻有京东市场建设服务、粮食购销等企业。唐通公路、进京路过境。附近通多路公共汽车。

苏北路社区 [Sūběilù Shèqū]

属海滨街道管辖，在区境东部。面积约 0.90 平方千米。人口约 0.25 万人。社区因位于苏北路得名，2003 年成立，隶属城关镇，2006 年划归海滨街道，名称沿用至今。社区含苏北路宿舍 1 个住宅小区。东城路、北城东路等道路经过。附近通多路公共汽车。该社区于 2014 年被评为“天津市文明社区”。

钰华街道 [Yùhuá Jiēdào]

属宝坻区管辖，在区境东南部。面积约 23.89 平方千米。人口约 3.21 万人。该街道辖 7 个居委会、30 个村委会。2006 年撤城关镇设海滨、钰华、宝平 3 街道，该街道因位于钰华街得名。近年来先后实施宝白路北延、津围路拓宽、南环路东延、新建供热站、扬水站和 220 V 数控变电站建设、部分村搬迁改造等工程。街道位于潮白新河北侧，有成人文化技术学校 1 所，卫生学校 1 所，中小学 4 所，幼儿园 5 所，医院 2 所；有秦城遗址位于街道南部。中部、西部多为住宅区、政府单位，有区审计局、区应急管理局等行政单位。东部多为农田。第二产业以制造业为主，驻有京东粮油、长城实业等企业。街道有小麦、玉米、豆类等农产品。津蓟铁路经此并设站。钰华街、南环路、东环路等道路构成主要交通网络。附近通多路公共汽车。

绿色家园社区 [Lǜsè Jiāyuán Shèqū]

属钰华街道管辖，在区境东部。面积约 0.14 平方千米。人口约 0.15 万人。社区因界内绿色家园小区得名，2010 年 10 月成立，含绿色家园、钰鑫园、化肥厂楼等 3 个住宅小区，住宅楼多为 5~6 层。建设路、东环路等道路过境。附近通多路公共汽车。该社区于 2014 年被评为“天津市文明社区”。

周良街道 [Zhōuliáng Jiēdào]

属宝坻区管辖，在区境南部。面积约 79.17 平方千米。人口约 2.13 万人。该街道辖 3 个居委会、24 个村委会。2013 年，撤镇建街道，因界内周良庄得名。近年来先后实施清洁家园、乡村公路绿化整修、唐廊公路建设、蓟港铁路建设、部分村搬迁改造等工程。潮白新河从东侧过境。街道内有高等院校 2 所，成人文化技术学校 1 所，中小学 2 所，幼儿园 1 所，卫生院 1 所；有大觉禅寺、玉佛宫等古建筑。北部多为农田，南部有学校、住宅区、酒店等。街道内有京津新城管委会、帝景温泉酒店等单位，有玉米、小麦、豆类、棉花、蔬菜、瓜类等农产品。津蓟高速公路、宝白公路、唐廊公路等过境。潮白河右堤路、祥瑞大街、周良大街等道路构成主要交通网络。附近通多路公共汽车。

水苑社区 [Shuǐyuàn Shèqū]

属周良街道管辖，在区境南部。面积约 24.49 平方千米。人口约 0.35 万人。该社区于 2014 年 3 月成立，因界内水苑小区得今名，含水苑小区 1 个住宅小区，住宅楼多为 6~11 层。水苑西路、张岗铺路等道路过境。附近通多路公共汽车。该社区于 2014 年被评为"天津市文明社区"。

周良庄村 [Zhōuliángzhuāngcūn]

周良街道办事处驻地，在区驻地宝平街道东南 18 千米。周良街道辖自然村。人口约 0.05 万人。相传明永乐年间，山西省洪洞县槐树庄村一姓周名良之人来到此地居住，后来此定居人员不断增加，形成村庄，便以此人之名命名。村落呈团块状分布。村内建有村民学校、群众休闲广场、文体中心、村民科技文化活动室、运动场所、图书馆、娱乐场所、老年活动室、未成年人快乐营地等设施；有评戏团、广场舞队等文体队伍。村内有周良水苑住宅小区，有中心小学、京津新城第二中学等学校，有水稻、棉花等农产品。村公路与宝白公路相连接。该村于 2014 年被评为"全国文明村"。

朝霞街道 [Zhāoxiá Jiēdào]

属宝坻区管辖，在区境北部。面积约 53.33 平方千米。人口约 4.94 万人。街道辖 51 个村委会。2013 年撤镇建街，因宝坻区八景之一"朝霞望日"而得名。街道北临泃河，有成人文化技术学校 1 所，中小学 4 所，幼儿园 5 所，卫生院 2 所。西北部为经济开发区，其余多为村落和农田。街道有京津中关村科技园、宝坻经济开发区等单位，有环保设备、节能产品、新材料和高端装备制造等主要产业，驻有北玻玻璃、霍曼门业等企业。街道内有玉米、大豆、棉花等农产品。京哈高速、唐通、蓟宝、宝平、宝武等公路过境。附近通多路公共汽车。

潮阳街道 [Cháoyáng Jiēdào]

属宝坻区管辖，在区境西北部。面积约 49.00 平方千米。人口约 3.18 万人。该街道辖 2 个居委会、22 个村委会。1958 年公社化，隶属大口屯公社，1961 年划入马家店公社，1983 年改置乡，2001 年撤乡设镇称马家店镇，2013 年撤镇建街，改为今名。街道北临潮白新河，有成人文化技术学校 1 所，中小学 3 所，幼儿园 3 所。中部为住宅区、工业区，其余多为村落和农田。马家店工业区坐落于此，有金属制品、机械加工、食品加工等产业，驻有宏祥工程机械设备、河海管业等企业。街道内有小麦、玉米、棉花等农产品。津围公路在此经过。附近通多路公共汽车。

大口屯镇 [Dàkǒutún Zhèn]

属宝坻区管辖，在区境西部。面积约 88.07 平方千米。人口约 5.08 万人，以汉族为主，另有回族等。该镇辖 58 个村委会，有 58 个自然村。镇人民政府驻镇北村。1958 年置大口屯乡，同年改公社。1983 年复置乡，1987 年撤乡建镇，2001 年南仁垺乡并入，仍称今名。传明初有民定居于此，原为运粮河口，并为屯盐、粮之地，故得今名。街道西临香河，有中小学 5 所，幼儿园 8 所，医院 1 所，卫生院 1 所，有水稻、小麦、玉米，蔬菜、水果等农产品，建有葡萄生产基地，绿色蔬菜基地和多个高标准生猪、蛋鸡养殖基地；驻有诺信饲料、金土地食品等企业。津蓟铁路过境，克黄线、宝武公路、大新路、林大路在此经过。附近通多路公共汽车。

镇北村 [Zhènběicūn]

大口屯镇人民政府驻地，在区驻地宝平街道西南 16 千米。大口屯镇辖自然村。人口约 0.21 万人。该村原为大口屯四镇之一，"土改"时，人民政府为了方便领导将大口屯(自然镇)划分为四个行政片，该村以其所处方位，命名为镇北，名称沿用至今。村落呈团块状分布。村内有小麦、玉米等农产品。村公路东接克黄线。

石辛庄 [Shíxīnzhuāng]

在区驻地宝平街道西南 15 千米。大口屯镇辖自然村。人口约 0.14 万人。明永乐年间燕王扫北时，有石姓兄弟落此定居而得名。村落呈矩形分布。村内近年开展了清洁家园活动，提升村庄绿化亮化水平；建有农民学校、中老年活动室、文化体育健身广场、休闲公园等公共服务设施。村内有小麦、水稻等农产品，驻有天津豪泽木业有限公司等企业。村公路与渠庆线相连接。该村于 2014 年被评为"天津市文明村"。

王卜庄镇 [Wángbǔzhuāng Zhèn]

属宝坻区管辖，在区境中北部。面积约 72.40 平方千米。人口约 3.36 万人。该镇辖 49 个村委会，有 49 个自然村。镇人民政府驻王卜庄三村。1953 年置王补庄乡，1958 年改公社，1983 年改乡，1998 年撤乡设镇，2001 年撤乡并镇，何仉庄乡并入，仍称今名。因镇政府驻地王补庄村得名，后改今名。箭杆河、窝头河、鲍丘河过境。镇上有成人文化技术学校 1 所，中小学 8 所，幼儿园 2 所，医院 1 所，卫生院 1 所。该镇以农业为主，盛产红皮大蒜、五叶齐大葱、天鹰椒等农产品，是"三辣"生产基地之一。村内有家具、服装、皮鞋、全胶彩靴等产业，驻有耀华服装、优诺制衣等企业；有王卜庄派出所、王卜庄国家税务所等单位。该镇毗邻京哈高速公路。塘承高速、通唐线、九园公路过境。

王卜庄三村 [Wángbǔzhuāngsāncūn]

王卜庄镇人民政府驻地。在区驻地宝平街道东南 13 千米。王卜庄镇辖自然村。人口约 0.06 万人。明永乐年间，王姓随燕王扫北从安徽太平区大王庄迁来。原有马、张、王姓，先以马、张二姓分立马家营子、张家店子。至清代有王姓在朝为官，经官府批准以王姓祖先王补命名王补庄，后习惯写成"王卜庄"。1983 年析置王卜庄一村、二村、三村，名称沿用至今。村落呈团块状分布。村内以农业为主，有红皮大蒜、五叶齐大葱、天鹰椒等农产品。村公路与九园公路、唐通线相连接。

方家庄镇 [Fāngjiāzhuāng Zhèn]

属宝坻区管辖，在区境东部。面积约 46.00 平方千米。人口约 3.08 万人。该镇辖 42 个村委会，有 42 个自然村。镇人民政府驻方家庄于街村。1961 年由王补庄公社析建方家庄公社，1983 年改置乡，1996 年撤乡建镇，2001 年杨家口乡并入，仍称今名。因原镇人民政府驻方家庄村得名。北有蓟运河，南有鲍丘河。镇上有成人文化技术学校 1 所，中小学校 7 所，幼儿园 4 所，医院 3 所，卫生院 1 所。该镇有"沙发之乡"之称，以沙发制造业为主体，驻有耐特、日月星等大批名优企业。津蓟高速、京哈高速、唐通线、九园公路在此经过。附近通多路公共汽车。

方家庄于街 [Fāngjiāzhuāng Yújiē]

方家庄镇人民政府驻地,在区驻地宝平街道东10千米。方家庄镇辖自然村。人口约800人。相传明永乐年间,名海滨乡,因宝坻城区的东门海滨门得名,后改称新集屯。永乐中期,安徽方氏三兄弟在此落户,后族人昌盛,遂更名方家庄。后分为后街、中街、于街,因在于街得今名。村落呈块状分布。该村以农业为主,有玉米、小麦等农产品。村公路与九园公路、新方路相连接。

林亭口镇 [Líntíngkǒu Zhèn]

属宝坻区管辖,在区境东南部。面积约107.08平方千米。人口约3.07万人。该镇辖55个村委会,有57个自然村。镇人民政府位于镇商业街。1949年为林亭口区,1958年置公社,1983年改乡,1987年改镇,2001年撤乡并镇,糙甸乡并入,仍称今名。明永乐年间始有人定居。原为一片松林,附近有一凉亭,村以此得名。村内有箭杆河经过,有成人文化技术学校1所,中小学7所,幼儿园4所,医院1所,卫生院1所;驻有中铁一局管片场、中建科技等企业。村中有红皮大蒜、五叶齐大葱、天鹰椒等农产品。塘承高速、唐廊、九园等公路在此经过。附近通多路公共汽车。

八门城镇 [Bāménchéng Zhèn]

属宝坻区管辖,在区境东南部。面积约89.08平方千米。人口约2.76万人。该镇辖54个村委会,有54个自然村。镇人民政府驻向阳街1号。1953年置乡,1958年属林亭口公社,1961年建公社,1983年复置乡,1996年撤乡建镇,2001年欢喜庄乡并入。该镇因镇人民政府驻八门城村得名。蓟运河、箭杆河等河流经过。镇内有成人文化技术学校1所,中小学6所,幼儿园5所,医院1所;驻有天恒涂料、华夏门业等企业;有棉花、红皮大蒜、五叶齐大葱、天鹰椒等农产品。塘承高速、九园、宝芦等公路在此经过。附近通多路公共汽车。

八门城第二村 [Bāménchéng Dì'èrcūn]

八门城镇人民政府驻地,在区驻地宝平街道东南30千米。八门城镇辖自然村。人口约0.10万人。相传有军队东征,曾在此屯兵筑城,因城设8门故名。村落呈团块状分布。村中以农业为主,有玉米、小麦、棉花、红皮大蒜、五叶齐大葱、天鹰椒等农产品。宝芦公路在此经过。

东走线窝 [Dōngzǒuxiànwō]

在区驻地宝平街道东南34千米。八门城镇辖自然村。人口约0.07万人。明永乐年间,山东枣林庄崔、谷、刘、张四姓迁民于此,依蓟运河南立庄,海水退潮后,庄形成一条线,故名走线窝。清末,一分为二,因该村位于东半部,得今名。村落呈团块状分布。村中有评剧团、皮影剧团、花会队、曲艺队等艺术团体,有盐坨、马架子、青龙庵、石闸、仁义胡同等文化遗址,有抗日联络站旧址。村中以农业为主,有红皮大蒜、五叶齐大葱、天鹰椒等农产品。宝芦公路经此。该村于2014年被评为“天津市文明村”。

大钟庄镇 [Dàzhōngzhuāng Zhèn]

属宝坻区管辖,在区境东北部。面积约99.00平方千米。人口约3.45万人。该镇辖45个村委会,有50个自然村。镇人民政府驻林钟路。1958年建大钟庄公社,1983年改置乡,1995年撤乡设镇,2001年撤乡并镇,袁罗庄乡并入,仍称今名。因镇人民政府驻大钟庄村得名。东临蓟运河。镇上有成人文化技术学校 1 所，中小学 3 所，幼儿园 5 所，医院 1 所；有以服装业为主的轻纺工业基地，驻有百盛服装、大钟绣品等百余家企业，有服装、旅游帐篷、食品饮料、皮革、塑料、化纤棉、木制家具、包装箱等众多产品。该镇盛产红皮大蒜、五叶齐大葱、天鹰椒等农产品。唐通线、新钟路、林钟路在此经过。

大钟庄 [Dàzhōngzhuāng]

大钟庄镇人民政府驻地。在区驻地宝平街道东 23 千米。大钟庄镇辖自然村。人口约 0.21 万人。明永乐年间，随燕王扫北，有钟、钱二姓人落此定居，称钟钱庄。后因钟姓人居多，改为钟家庄。清末，村东西各建一庙，并各铸大钟一口于庙内钟鼓楼之上，改名大钟庄。村落呈团块状分布。村中有红皮大蒜、大葱、天鹰椒等农产品。唐通线、林钟路在此经过。

大米庄 [Dàmǐzhuāng]

在区驻地宝平街道东南 24 千米。大钟庄镇辖自然村。人口约 0.13 万人。相传，明永乐二年（1404 年），有山东枣庄米姓人原迁居河北省盐山县，后迁此定居。兄弟四个，老大居此，故名大米庄。村落呈团块状分布。村庄通过“清洁家园行动”不断美化村容村貌，主干道路干净整洁，便道、路灯、垃圾箱等设施整齐划一；定期组织召开矛盾排查会，走访村内困难群众和党员等服务活动。村内有红皮大蒜、五叶齐大葱、天鹰椒等农产品。林钟公路经此。该村于 2014 年被评为“天津市文明村”。

新安镇 [Xīn’ān Zhèn]

属宝坻区管辖，在区境东北部。面积约 56.73 平方千米。人口约 3.25 万人。该镇辖 46 个村委会，有 53 个自然村。镇人民政府驻新安镇村商业街。1953 年置新安镇乡，1961 年由大钟庄公社析建新安镇公社，1983 年复置乡，2001 年撤乡并镇，将北潭乡并入，因镇人民政府驻新安镇村得名。镇中有成人文化技术学校 1 所，中小学 2 所，幼儿园 3 所，医院 1 所，卫生院 1 所。东部有产业功能区，驻有联城印刷、智中新窗业等企业。农业以家禽养殖为主。塘承高速、京哈高速、宝新路、新钟路等道路在此经过。附近通多路公共汽车。

新安镇村 [Xīn’ānzhèncūn]

新安镇人民政府驻地。在区驻地宝平街道东 22 千米。新安镇辖自然村。人口约 0.08 万人。传有山东刘姓逃荒至此建村。明永乐二年（1404 年）改今名。村落沿宝新公路呈带状分布。农业以种植玉米、小麦为主。宝新路、新钟路、新通路、新方路过境。

霍各庄镇 [Huògèzhuāng Zhèn]

属宝坻区管辖，在区境北部。面积约 33.42 平方千米。人口约 2.40 万人。该镇辖 28 个村委会，33 个自然村。镇人民政府驻东霍各庄。1953 年置霍各庄乡，1961 年由城关公社析建霍各庄公社，1983 年复置乡，2001 年撤乡建镇，因原镇政府驻地霍各庄村得名。泃河、蓟运河等河流经过。镇上有成人文化技术学校 1 所，中小学 6 所，幼儿园 3 所，卫生院 1 所；驻有天亮混凝土、建发建材等企业。农业以绿色蔬菜种植、生猪饲养为主。津蓟高速、克黄线、九园公路等道路在此经过。附近通多路公共汽车。

东霍各庄 [Dōnghuògèzhuāng]

霍各庄镇人民政府驻地。在区驻地宝平街道东北 8 千米。霍各庄镇辖自然村。人口约 0.09 万人。据传清朝成村。因霍姓得名霍各庄。村落于 1947 年一分为二，因位于东部，故得今名。村落呈团块状分布。农业以绿色蔬菜种植、生猪饲养为主。津蓟铁路过境，克黄线经此。

陈家口 [Chénjiākǒu]

在区驻地宝平街道东北 7 千米。霍各庄镇辖自然村。人口约 0.12 万人。相传明朝成村，以姓氏命名。村落呈团块状分布。村内有中心小学、李瑞环同志旧居，驻有劝宝中以农业科技合作示范园等企业，有玉米、小麦、棉花、大葱、天鹰椒等农产品。有村公路南接津围公路。

新开口镇 [Xīnkāikǒu Zhèn]

属宝坻区管辖，在区境西部。面积约 40.88 平方千米。人口约 2.66 万人。该镇辖 22 个村委会，22 个自然村。镇人民政府驻新开口镇工业园区西侧。1958 年置新开口乡，1961 年由大口屯公社析建新开口公社，1983 年复置乡，2000 年撤乡建镇，因镇人民政府驻新开口村得名。北临潮白新河。镇上有中小学 2 所，幼儿园 3 所，卫生院 1 所；有丁家庄、江石窝等特色旅游村。新开口镇工业园区坐落于此，有金属制造、机械加工等主要产业，驻有世纪金辉医用设备、凯鑫金属制品等企业。镇上有小麦、玉米、豆类等农产品，以肥牛养殖为特色，建有肥牛交易市场。宝武公路、新开口路、大新路、后围路等公路在此经过。附近通多路公共汽车。

新开口 [Xīnkāikǒu]

新开口镇人民政府驻地，在区驻地宝平街道西南 9 千米。新开口镇辖自然村。人口约 0.25 万人。明初建村，因村北有萧太后运粮河经此，原无往来渡口，后在此新开一渡口，故得名。村落呈团块状分布。村内有小麦、玉米、棉花、蔬菜等农产品。新开口路、丁庄子路等在此经过。

大唐庄镇 [Dàtángzhuāng Zhèn]

属宝坻区管辖，在区境南部。面积约 59.80 平方千米。人口约 1.38 万人。该镇辖 18 个村委会，有 19 个自然村。镇人民政府驻大唐庄村。1961 年建大唐庄公社，1983 年改置乡，1996 年撤乡设镇，因镇政府驻地大唐庄得名。潮白新河、青龙湾故道经过。镇上有成人文化技术学校 1 所，中小学 6 所，幼儿园 5 所，卫生院 1 所。大唐庄镇产业功能区坐落于此，有汽车配件、机械加工、电子、家具等产业，驻有盛进金属制品、赛奥木业等企业。潘青公路过境。

大唐庄村 [Dàtángzhuāngcūn]

大唐庄镇人民政府驻地，在区驻地宝平街道东南 37 千米。大唐庄镇辖自然村。人口约 0.26 万人。传明永乐初年唐姓兄弟迁此建村，因姓氏得名。村落呈团块状分布。村中以农业为主，有小麦、玉米、高粱、棉花等农产品。潘青公路、董官庄路过境。

牛道口镇 [Niúdàokǒu Zhèn]

属宝坻区管辖，在区境西北部。面积约 68.55 平方千米。人口约 5.01 万人。镇上辖 23 个村委会，23 个自然村。镇人民政府驻牛道口。1953 年属焦山寺乡，1961 年建牛道口公社，1983 年改置乡，2001 年赵各庄并入合称为牛道口乡，2011 年撤乡设镇，更今名，因镇政府驻地牛道口村得名。武河、洵河、鲍丘河等河流经过。镇上有成人文化技术学校 1 所，中小学 7 所，幼儿园 6 所，卫生院 2 所。牛道口镇产业功能区坐落于此。镇上有塑料编织袋加工、纤维垫制品、家具制品等产业，驻有华今集团、生隆纤维材料等企业，有红果、西瓜等农产品。京哈高速、宝平、宝武等公路过境。

牛道口 [Niúdàokǒu]

牛道口镇人民政府驻地，在区驻地宝平街道西北 9 千米。牛道口镇辖自然村。人口约 0.24 万人。明朝燕王扫北后，只有刘、王两家定居，后又增冯门小户定居，并无村名。村西鲍丘河道上有一草桥，每当早晨太阳未出时观望此道口上空，隐约可见雾气，像一头牛卧着，故得今名。村落呈团块状分布。村中有小麦、玉米等农产品。宝平公路过境。

史各庄镇 [Shǐgèzhuāng Zhèn]

属宝坻区管辖，在区境西北部。面积约 38.00 平方千米。人口约 2.71 万人。该镇辖 26 个村委会，有 39 个自然村。镇人民政府位于杨辛庄和曹辛庄之间。1958 年属赵各庄公社，1961 年析建史各庄公社，1983 年改置乡，2011 年撤乡设镇，因原镇政府驻地史各庄得名。潮白新河、窝头河经过。镇上有成人文化技术学校 1 所，中小学 3 所，幼儿园 3 所，医院 1 所。镇产业功能区坐落于此，有木制家具、五金制品、白酒酿造、乐器加工等产业，驻有区酿酒厂、立德五金制品等企业。镇内有玉米、小麦、棉花等农产品。唐通、宝武等公路过境。

郝各庄镇 [Hǎogèzhuāng Zhèn]

属宝坻区管辖，在区境东南部。面积约 54.30 平方千米。人口约 2.04 万人。镇上辖 21 个村委会，有 26 个自然村。镇人民政府驻前郝各庄。1953 年置郝各庄乡，1961 年建郝各庄公社，1983 年复置乡，2001 年与中登乡合并成郝各庄乡，2011 年撤乡设镇，因镇政府驻地郝各庄村得名。北临潮白新河。镇上有成人文化技术学校 1 所，中小学 4 所，幼儿园 2 所，医院 1 所；有服装、化工、机械制造、建筑材料等重点产业，驻有金缕线业、金凤地毯等企业；有小麦、玉米、棉花等农产品。津蓟高速、宝白等公路过境。

前郝各庄 [Qiánhǎogèzhuāng]

郝各庄镇人民政府驻地，在区驻地宝平街道南 8 千米。郝各庄镇辖自然村。人口约 0.05 万人。相传明朝有一郝姓人家在此落户建村，故名郝各庄。1961 年划分为前郝各庄、东郝各庄、西郝各庄。村落沿富民路呈带状分布。村内有小麦、玉米、棉花等农产品。有村公路与宝白公路相连接。

东刘各庄 [Dōngliúgèzhuāng]

在区驻地宝平街道南 8 千米。郝各庄镇辖自然村。人口约 0.12 万人。清顺治年间，刘姓来此立村，因而得名。村落呈团块状分布。周边多为农家院。村中有小麦、玉米、棉花等农产品。有村公路与宝白公路相连接。该村于 2014 年被评为“天津市文明村”。

东郝各庄 [Dōnghǎogèzhuāng]

在区驻地宝平街道南 8 千米。郝各庄镇辖自然村。人口约 0.11 万人。相传明朝有一郝姓人家在此落户建村，故名郝各庄。1961 年划分为前郝各庄、东郝各庄、西郝各庄，因位于东部，称今名。村落呈团块状分布。村中建立村规村约，有村民学校、农家书屋、文化室、健身路径、文化中心广场等文体服务设施；组建学雷锋志愿服务队伍，有评剧团、广场舞及秧歌队等文化团队。当地驻有东郝剧场、金凤地毯有限公司等企业。村中有玉米、小麦、棉花等农产品。有村公路与宝白公路相连接。该村于 2014 年被评为“天津市文明村”。

牛家牌镇 [Niújiāpái Zhèn]

属宝坻区管辖，在区境南部。面积约55.35平方千米。人口约1.73万人。该镇辖20个村委会，有20个自然村。镇人民政府驻牛家牌。1958年属黑狼口公社，1961年建牛家牌公社，1983年复置乡，2011年撤乡建镇，因镇政府驻地牛家牌得名。绣针河、青龙湾减河在镇上经过。镇内有成人文化技术学校1所，中小学4所，幼儿园3所，卫生院1所；镇产业功能区坐落于此，驻有宝涞津工集团、帅佳气体等企业。村中有小麦、玉米、棉花等农产品。唐廊、潘青等公路经此。

牛家牌 [Niújiāpái]

牛家牌镇人民政府驻地，在区驻地宝平街道南21千米。牛家牌镇辖自然村。人口约0.16万人。相传明永乐年间，刘伯温随燕王扫北至此，欲在大宫城建都，并在此一带建牌楼。但因大宫城为土城，改在北京建都，故在此地留下牌楼。后有牛姓村民来此定居，遂名牛家牌楼，简作今名。村庄沿青龙湾河呈带状分布。村内有小麦、玉米等农产品。潘青公路经此。

赵家湾 [Zhàojiāwān]

在区驻地宝平街道东南24千米。牛家牌镇辖自然村。人口约0.04万人。明永乐年间，村东南皆为海，赵姓人家从山东潍县迁此定居，紧靠海湾建庄，取名赵家湾。村落呈团块状分布。村中有农家书屋、文化室、健身路径、文化中心广场等文体设施，有广场舞蹈队等文化团体。该村于2014年被评为"天津市文明村"。村内有赵家湾湿地公园，以旅游业为主，以生态林寨、花园村庄为主题，建有木栈道、亭子和湿地公园，有近千亩荷塘和稻田可供游客游玩休闲。村内有小麦、玉米、水稻等农产品。有村公路与宝白公路相连接。

大宝庄 [Dàbǎozhuāng]

在区驻地宝平街道南26千米。牛家牌镇辖自然村。人口约0.08万人。唐王征东时于此地留下宝井一眼，相传明永乐年间，燕王扫北时有山东张、李、贾三姓人至此建庄，面对宝井而居，因此得名。村落呈团块状分布。村中有大宝井遗址。该村不断扩大农家院建设，推广传统工艺品玻璃珠、蔬菜、禽蛋等旅游纪念品和土特产品，开发皮影、草编、缝绣、根雕、泥塑、石艺、剪纸、小吃制作等具有民俗风情特色的参与性旅游项目。村内驻有天津通和饲料有限公司宝坻分公司等企业，盛产葵花籽、棉花等农产品。大尔路、大圪路在此经过。该村于2014年被评为"天津市旅游特色村"。

尔王庄镇 [Ěrwángzhuāng Zhèn]

属宝坻区管辖，在区境南部。面积约75.00平方千米。人口约1.36万人。该镇辖26个村委会，有26个自然村。1953年置尔王庄乡，1961年始建尔王庄公社，1983年置乡，2011年撤乡设镇。镇政府因驻地尔王庄村得名。尔王庄地势低洼，北部有尔王庄水库。镇上有成人文化技术学校1所，中小学6所，幼儿园5所，卫生院1所。东南部有区级文物保护单位战国程四淀遗址。镇上驻有华辉石材、东升石业等企业，有小麦、玉米、大豆等农产品。津蓟高速、九园公路、梅丰公路等在此经过。

尔王庄 [Ěrwángzhuāng]

尔王庄镇人民政府驻地，在区驻地宝平街道南36千米。尔王庄镇辖自然村。人口约0.13万人。相传燕王扫北时，有朱尔荣一家来此地定居，成村后得名尔庄子。后王姓人家迁来此地，两家相处和睦，遂更今名。村落呈团块状分布。镇上有玉米、向日葵等农产品。大尔路、九园公路在此经过。

黄庄镇 [Huángzhuāng Zhèn]

属宝坻区管辖，在区境东南部。面积约112.00 平方千米。人口约 1.15 万人。该镇辖 19 个村委会，有 19 个自然村。1953 年置黄庄乡，1961 年属林亭口公社，1983 年复置乡，2011 年撤乡设镇。镇政府因驻地黄庄而得名。潮白新河经过。镇上有区第一职业中等专业学校 1 所，中小学 3 所，幼儿园 4 所，卫生院 1 所，驻有洲海科技、旭丰源印刷等企业。镇上有水稻、玉米等农产品。塘承高速、九园公路过境。

黄庄 [Huángzhuāng]

黄庄镇人民政府驻地，在区驻地宝平街道东南 31 千米。黄庄镇辖自然村。人口约0.36 万人。明正德年间宦官刘瑾在此监修普照寺，改村名为皇庄，后演变为今名。村落呈团块状分布。村中驻有天津津河乳业奶源基地、天津皮糖张科技等企业。梅丰公路、九园公路在此经过。

王木庄 [Wángmùzhuāng]

在区驻地宝平街道东南 28 千米。黄庄镇辖自然村。人口约 0.03 万人。传明代山东王姓木匠建村，名王木匠庄，后简作今名。村落呈团块状分布。村中设置了善德文化长廊，宣传优秀传统文化；组织成立村民文艺同乐会组织，开展广场舞等群众文艺活动；结合清洁家园行动，完成村庄道路、广场、绿化美化等环境设施的规划建设。村中有王木庄小学，有水稻、玉米等农产品。该村为天津市著名的黄庄大米产地之一。九园公路在此经过。该村于 2014 年被评为“天津市文明村”。

小辛码头 [Xiǎoxīnmǎtóu]

在区驻地宝平街道东南 25 千米。黄庄镇辖自然村。人口约 0.03 万人。该村曾是辽代北国萧太后运粮河的一个码头，后在此形成村落，故名。村落呈团块状分布。村中有休闲娱乐广场、水稻文化园、水生植物园、环村水系等文化旅游设施。村中以农业生态休闲旅游为主，南部有水稻文化园，有水稻、玉米等农产品。有村公路东与九园公路相接。该村于 2011 年被评为“全国文明村”。

口东镇 [Kǒudōng Zhèn]

属宝坻区管辖，在区境中部。面积约71.00 平方千米。人口约 3.07 万人。该镇辖31 个村委会，有 37 个自然村。该村于北宋末名崔家庄，后改崔杨庄。明末村西窝头河决口，俗称口子东边，后演变为今名。2001年撤乡建镇，口东乡与黑狼口乡合并为口东镇。2013 年，撤镇建街，改为口东街道。2018 年撤街复镇，设立口东镇。西临潮白新河。镇上有成人文化技术学校 1 所，中小学6 所，幼儿园 4 所，医院 1 所，卫生院 1 所；有鲁文庄、八台港等特色旅游村。口东工业园坐落于此，有轻纺加工、塑料制品等主要产业，驻有格林门业、旭辉恒远塑料包装等企业。津蓟高速公路、林大路等道路过境。

西李各庄 [Xīlǐgèzhuāng]

在区驻地宝平街道东南 6 千米。口东街道辖自然村。人口约 0.08 万人。明代建村，村民从李各庄（即东李各庄）迁此定居，逐渐成庄，因位于东李各庄西边，故得今名。村落呈团块状分布。村中有健身广场、篮球场、乒乓球室、农家书屋、文化长廊等公共服务设施，有秧歌队等文体队伍。该村以农业为主，有龙头企业“绿之源”公司等。村中有玉米、高粱等农产品，驻有生物化工、饲料加工、包装制品等企业。宝白公路在此经过。该村于 2014 年被评为“全国文明村”。

大白庄镇 [Dàbáizhuāng Zhèn]

属宝坻区管辖，在区境南部。面积约 61.30 平方千米。人口约 1.13 万人。该镇辖 12 个村委会，有 21 个自然村。相传明永乐年间有白姓武官领兵在此驻防，称大白防庄，后简称大白庄镇。2013 年撤镇建街，改为大白街道。2018 年撤街复镇，设立大白庄镇。东临潮白新河。镇上有成人文化技术学校 1 所，中小学 5 所，幼儿园 3 所，医院 1 所，有景点大杨庄旅游文化村；有九园工业园管委会、里自沽农场，有机械制造、新能源科技等支柱产业，驻有日立楼宇设备、艾尔姆风能叶片制品等企业。镇上有玉米、小麦、蔬菜等农产品。津蓟高速、潘青公路、宝白公路过境。附近通多路公共汽车。

天津宝坻经济开发区 [Tiānjīn Bǎodǐ Jīngjì Kāifāqū]

在区境北部，东至宝平公路，南至新修通唐公路，西至宝武公路，北至京沈高速绿化带。总规划面积约 12.76 平方千米。该开发区因地处宝坻区，故名，2003 年 3 月经区政府组建，2006 年 5 月经国家发改委批准为省级开发区，同年 9 月命今名，由宝坻区人民政府管理。开发区坚持科学定制发展规划，突出产业特色，集约使用土地，完善基础设施，优化投资环境，提高引资质量和水平，将开发区办成发展现代制造业的集中区、吸引外资的集聚区、体制改革的先导区和循环经济的示范区。该开发区属节能环保型工业区，以环保设备、节能产品、新材料和高端装备制造等行业为主，驻有天津天宝富斌钢结构有限公司、天津尔康动物食品有限公司、天津秋林格瓦斯食品科技有限责任公司等企业。园区基础设施与服务设施齐全。唐通、宝平、宝武等公路与园区相连通，交通便利。附近通多路公共汽车。

天津马家店工业区 [Tiānjīn Mǎjiādiàn Gōngyèqū]

在区境南部，东至津蓟铁路，西至津围公路，南至烧角村，北至天津市林木种苗基地。占地面积约 10.32 平方千米。宝坻区马家店镇于 2003 年成立开发区，因地处马家店，命名为天津市宝坻区马家店镇产业功能区。2009 年 10 月经天津市人民政府批准设立为市级示范工业园，更今名，由宝坻区人民政府管理。园区坚持资源节约和可持续发展的原则，整合提升现有工业，做大做强区县经济，推动“三区”（农村居住社区、工业园区、农业产业园区）联动发展，促进产业结构高端化、高质化、高新化和全市经济社会又好又快发展。工业区有金属制品、机械加工、食品等产业。园区基础设施与服务设施齐全，津围公路与园区内道路相连接，交通便利。附近通多路公共汽车。

天津宝坻九园工业园区 [Tiānjīn Bǎodǐ Jiǔyuán Gōngyè Yuánqū]

在区境南部，东至大刘坡排干渠，西至宝白公路，南至九园公路，北至兴安道。园区占地面积约 18.80 平方千米，因地处宝坻区九园公路北侧，故名。该工业园区由 2006 年 5 月 31 日通过国家发展改革委员会审核，确定为省级开发区，2009 年 8 月被天津市确定为市级示范工业园区，由宝坻区人民政府管理。园区发展定位为天津北部地区重要的新能源循环基地，坚持科学定制发展规划，突出产业特色，集约使用土地，完善基础设施，优化投资环境，提高引资质量和水平，将开发区办成发展现代制造业的集中区、吸引外资的集聚区、体制改革的先导区和循环经济的示范区。园区以电梯、农机、新能源新材料三大产业为主导，主导产业企业个数占园区企业总数的 70.64%，主导产业经济总量占园区比重为 87.49%，驻有天津日腾飞管业有限公司等企业。园区基础设施与服务设施齐全，宝白公路、九园公路与园区内道路相连接，交通便利。附近通多路公共汽车。

天津宝坻塑料制品工业区 [Tiānjīn Bǎodǐ Sùliào Zhìpǐn Gōngyèqū]

在区境中部，潮阳东路从中穿过，东至林黑公路，西至津蓟高速公路，南至潮白新河，北至西辛庄村。工业区占地面积约 3.38 平方千米，因其地理位置及其功能性质而命名。工业区于 2009 年 11 月 17 日成立并命名，由宝坻区人民政府管理。园区坚持资源节约和可持续发展的原则，整合提升现有工业，做大做强区县经济，推动“三区”（农村居住社区、工业园区、农业产业园区）联动发展，促进产业结构高端化、高质化、高新化和全市经济社会又好又快发展，为天津市市级示范工业园区。园区主要产业为轻纺加工、塑料制品，现有天津金拓丰金属结构有限公司、天津市宝石电器设备有限公司等企业。园区基础设施与服务设施齐全，与之相连的主要道路有潮阳东路、林黑公路、津蓟高速公路。

宁　河　区

宁河区 [Nínghé Qū]

天津市辖区。北纬 39° 35′，东经 117° 55′，在市境东北部，面积约 1 031 平方千米。人口约 40.51 万人，有汉、回、壮、满等民族。该区辖 14 镇，区人民政府驻芦台镇。据《河北省县名考》载，因蓟运河纵贯全境，经常闹水灾，农作物受到浸害，人们生活不得安宁，故以“宁河”命名之，取安宁祥和之意。明代为宝坻县地。清雍正九年（1731 年）由宝坻县析出置宁河县。县治梁城随县名改名宁河（今宁河镇），1914 年属直隶省津海道，1928 年属河北省，1938 年县治改芦台镇，1949 年属天津专区，1958 年属唐山专区，1959 年并入汉沽区，1961 年复置宁河区，属唐山专区，1973 年划归天津市。2015 年，经国务院批复同意撤县设区。辖区地势低平，西北部略高，大部分地区海拔 1.5 米（黄海高程）。年平均气温为 13.4 ℃，最高温 38.5 ℃，最低温 -11.2 ℃。年均降水量为 370.7 毫米。蓟运河在东侧穿过，潮白新河从西侧过境，均纵贯南北，与西关引河、卫星河、曾口河、津唐运河形成河网。东北部有还乡河分洪道，西南部有七里海湿地。七里海湿地是天津辖区内最大的天然湿地，以聚集各类珍稀野生动植物而闻名。辖区内地热资源丰富。区内有中等专业学校 1 所，中小学 83 所，有图书馆 1 所，文化馆 1 所，影剧院 1 所，医院 3 所。国家级文物保护单位古建筑天尊阁、市级文物保护单位于方舟故居和田家坨村“战国古遗址”坐落于此。《红旗谱》纪念馆坐落于宁河区七里海自然保护区。天津义聚永酒文化博物馆坐落于宁河经济开发区。该区在科技、教育、文化、体育等方面大力投入，组织实施国家级、市级、县级科技项目近百项，拥有各类文化团体 14 个、乡镇文化站 14 个。三大产业比重为 6.1 : 49.4 : 44.5。农业以种植业为主，主要农作物为水稻、棉花、玉米、蔬菜等，是"小站稻"主产区之一，已建成小站稻、商品粮、禽蛋奶肉食品和出口商品生产、加工基地。水产养殖为区特色产业，养殖水面达到 73.33 平方千米，其中银鱼、紫蟹、芦苇并称"宁河三宝"。工业以金属制品、加工制造业、建筑业为主。服务业以现代商贸物流、生态旅游为主。现有经济开发区、现代产业区、潘庄工业区、贸易开发区等产业聚集地，企业数量达 3 200 余家。津山铁路于东南边缘过境，设芦台站。唐廊、滨保、唐津、京津、塘承、津蓟等高速公路及蓟汕联络线过境。滨玉线、京环线等公路纵贯南北。津榆、津芦公路横穿区境中部。有长途汽车站。附近通多路公共汽车。

芦台镇 [Lútái Zhèn]

宁河区人民政府驻地。在区境东南部。面积约 60.06 平方千米。人口约 12.26 万人，以汉族为主，另有回、壮族等。该镇辖 32 个居委会、25 个村委会，有 26 个自然村。镇人民政府位于新华道。1953 年称芦台镇，1958 年建五一公社，1980 年复置芦台镇，2001 年桥北镇、董庄乡并入。因战国时有人定居高台上，周围芦苇丛生得名，曾名将台、海口镇。该地历史上即为京东物资主要集散地之一。蓟运河从镇中穿过。镇上有师范学校 1 所，中职学校 1 所，中小学 7 所，幼儿园 10 所，特殊教育学校 1 所；有图书馆、体育馆、文化馆、剧院等文化基础设施；有区医院、中医院、卫生院、妇幼保健院等各级医疗机构 7 所；有宁河烈士陵园及方舟公园、华翠公园等。农业以种植业为主，主产水稻、棉花、蔬菜等。镇内驻有纸制品、金属结构制品、食品加工等企业。津山铁路过境，设芦台站。津榆、芦汉公路在此经过，为宝芦公路起终点。镇内设芦台客运站。附近通多路公共汽车。该镇于 2005、2008 年被评为"全国文明镇"。

光明新区社区 [Guāngmíng Xīnqū Shèqū]

属芦台镇管辖，在区境东部。面积约 0.2 平方千米。人口约 0.35 万人。社区于 2004 年成立，因光明新区小区而得名，含光明小区、金城嘉园、新华楼 3 个自然小区，住宅楼多为 5~6 层。商业道、光明路等道路经过。附近通多路公共汽车。该社区于 2014 年被评为"天津市文明社区"。

幸福花园社区 [Xìngfú Huāyuán Shèqū]

属芦台镇管辖，在区境东部。面积约 0.52 平方千米。人口约 0.39 万人。社区于 2008 年成立，因幸福花园小区得名，含幸福花园、滨新二区 2 个自然小区，住宅楼多为 6 层。新华道、朝阳路等道路经过。附近通多路公共汽车。该社区于 2014 年被评为"天津市文明社区"。

华翠社区 [Huácuì Shèqū]

属芦台镇管辖，在区境东部。面积约 0.16 平方千米。人口约 0.29 万人。社区于 2004 年成立，因华翠小区得名，含华翠小区 1 个自然小区，住宅楼多为 6 层。皇姑庄路、建国路等道路经过。附近通多路公共汽车。该社区于 2014 年被评为"天津市文明社区"。

大薄后村 [Dàbáohòucūn]

在区驻地芦台镇西北 3.3 千米，芦台镇辖自然村。人口约 0.19 万人。明天启二年（1621 年）建村，名为大薄庄。起初，该地为大薄庄一条街，1943 年大薄庄一分为二，前、后两条街各为行政村，此为后街，故名。村落沿蓟运河故道呈带状分布。村中有北胡小学，有集观光、捕捞、采摘于一体的运河湾旅游区，有水稻、玉米、小麦、棉花等农产品。村公路与津芦南线相连接。该村于2014年被评为“天津市旅游特色村”。

宁河镇 [Nínghé Zhèn]

属宁河区管辖，在区境北部。面积约83平方千米。人口约2.30万人，以汉族为主，另有壮、回、满、侗等民族。该镇辖27个村委会，有27个自然村。镇人民政府驻西关村。1950年属宁河区第二区，为二区驻地，后改宁河区；1957年撤区并乡，设宁河乡。1959年改宁河公社；1983年复置乡；1985年改置镇；2001年大辛乡并入。该镇原名梁城，曾为县治，清雍正九年（1731年）析宝坻县东南部地置宁河区，县治梁城遂改今名。西关引河穿过，东部、北部有蓟运河环绕。镇上有职业学校1所，中小学2所，幼儿园1所，医院2所；驻有格斯宝服饰、宁河鑫瑞畜牧养殖场等企业；有水稻、玉米、棉花、大豆等农产品。唐廊高速，宝芦、梅丰等公路过境。

西关村 [Xīguāncūn]

宁河镇人民政府驻地，在区驻地芦台镇西北16千米，宁河镇辖自然村。人口约0.1万人。明永乐二年（1404年）由江南吴兴县奉拨迁居此地，与宁河统称梁城。清雍正九年（1731年），析置宁河区，该地位于宁河区城西，故名西关。村落沿蓟运河呈带状分布。村中有水稻、玉米等农产品。宝芦公路在此经过。

苗庄镇 [Miáozhuāng Zhèn]

属宁河区管辖，在区境东部。面积约62平方千米。人口约1.79万人，以汉族为主，另有壮、满等民族。该镇辖30个村委会，有30个自然村。镇人民政府驻苗庄村。1950年该镇归宁河区第二区，1957年属塔慈乡，1958年属红旗公社，1960年划归汉沽区，1961年复归宁河区，同年建苗庄公社。1984年改设乡，1998年撤乡建镇，以镇人民政府驻地村名更今名。蓟运河从境内西侧经过。镇上有专业学校1所，中小学1所，幼儿园1所，卫生院1所；驻有种苗培育、水产养殖等企业；有水稻、玉米、棉花等农产品。滨玉公路南北过境。

苗庄村 [Miáozhuāngcūn]

苗庄镇人民政府驻地，在区驻地芦台镇北10千米，苗庄镇辖自然村。人口约0.1万人。明永乐四年（1406年），山东苗姓居民来此落户，故名。村落呈团块状分布，驻有区粮食购销有限公司第一粮库、天津众合聚食品有限公司等企业。村内有水稻、玉米、棉花等农产品。滨玉公路在此经过。

中捷道沽村 [Zhōngjiédàogūcūn]

在区驻地芦台镇北16千米，苗庄镇辖自然村。人口约0.04万人。明永乐十二年（1414年），燕王扫北，因战争需要在此设捷报站，后刘金从山东来此落户，逐渐成庄，名捷道沽。1937年捷道沽一分为四，此地居中，故名。村落沿芦玉公路呈带状分布。该村加大基础设施建设力度，丰富群众业余文化生活，建有高标准村级活动场所、村民健身广场、村级卫生服务站等服务场所。村内有星辰小学、星辰中心幼儿园等单位，有水稻、小麦、玉米、棉花等农产品。村公路与滨玉公路相连接。该村于2014年10月被评为“天津市文明村”。

丰台镇 [Fēngtái Zhèn]

属宁河区管辖，在区境东北部。面积约84平方千米。人口约2.57万人，以汉族为主，另有回、壮、满等民族。该镇辖28个村委会，有28个自然村。镇人民政府驻南村。1951年置丰台乡；1958年属红旗公社，同年划归玉田县；1960年划归汉沽区；1961年复归宁河区，析建丰台公社；1983年复置乡；1984年改置镇，因建于高台地上，取“物阜民丰”之意命名。还乡河故道、还乡河分洪道从境内经过。镇上有中小学4所，幼儿园1所，医院1所。全国重点文物保护单位“天尊阁”坐落于此。辖区内驻有鑫旺棉业、永旺兴达农业科技等企业，有水稻、玉米、棉花等农产品。梅丰、滨玉公路过境。

南村 [Náncūn]

丰台镇人民政府驻地，在区驻地芦台镇东北30千米，丰台镇辖自然村。人口约0.27万人。因该村位于丰台的南部，故名。村落沿还乡河分洪道呈带状分布。全国重点文物保护单位“天尊阁”坐落于此。村内有玉米、棉花等农产品。村公路与滨玉公路、芦玉支线相连。

李更庄村 [Lǐgēngzhuāngcūn]

在区驻地芦台镇西北22千米，丰台镇辖自然村。人口约0.04万人。明永乐年间，有山东李姓来此定居，成庄后命名李更堡。成化年间改为李更庄。清康熙年间，因此地盛产高粱更名高粱庄。嘉庆年间因高粱二字不雅，又改为李更庄。村落呈团块状分布。村内有文体活动室、宣传墙等文化设施；定期开展各种教育培训、法律知识学习，节庆民俗讲座、文化体育竞赛等活动。该村有棉花、玉米、豆角等农产品。村公路与滨玉公路相连接。该村于2014年被评为“全国文明村”。

岳龙镇 [Yuèlóng Zhèn]

属宁河区管辖，在区境东北部。面积约67平方千米。人口约1.53万人，以汉族为主，另有壮、回、朝鲜等民族。该镇辖21个村委会，有21个自然村。镇人民政府驻岳龙庄村。该镇1950年属宁河区三区，1957年置岳龙乡，1958年属红旗公社，同年划归玉田县，1960年划归汉沽区，1961年复归宁河区，析建岳龙公社，1983年复置乡，1995年改置镇，以镇政府驻地得名。小新河从西侧经过。镇上有中小学2所，幼儿园2所，卫生院1所，驻有岳川食品、炬坤薄板等企业，有棉花、玉米、蔬菜等农产品。唐廊高速、梅丰公路等道路过境。

岳龙庄村 [Yuèlóngzhuāngcūn]

岳龙镇人民政府驻地，在区驻地芦台镇北35千米。岳龙镇辖自然村。人口约0.17万人。明永乐年间，燕王扫北时山东有岳龙、岳虎、岳会兄弟三人在此落户成三庄，此地为岳龙所住，故名。村落沿丰李路呈带状分布，有棉花、玉米、蔬菜等农产品。丰李路、梅丰公路在此经过。

小闫庄村 [Xiǎoyánzhuāngcūn]

在区驻地芦台镇北32.5千米，岳龙镇辖自然村。人口约0.02万人。据传燕王扫北时山东阎姓来此定居建庄，因人少庄小名小阎庄，后更今名。村落呈团块状分布。该村为全国“巾帼示范村”“全国先进农村综合信息服务站”和天津十大“美丽乡村”，是著名的中国有机生态第一村，无公害蔬菜产业基地、国家农业部设施蔬菜标准园、天津市蔬菜新品种新技术示范基地。村中有棉花、蔬菜等农产品。沥青路与丰李公路相连。该村于2014年10月被评为“天津市文明村”。

板桥镇 [Bǎnqiáo Zhèn]

属宁河区管辖，在区境东北部。面积约50平方千米。人口约1.03万人，以汉族为主,另有壮、满、瑶等民族。该镇辖 19 个村委会,有 19 个自然村。辖区 1949 年为板桥乡,1957 年改置塔慈乡,1958 年属红旗公社,1961 年析建板桥公社,1983 年复置板桥乡,1998 年改置镇,因镇政府驻地东板桥而命名。蓟运河从西侧经过,还乡河分洪道、小新河过境。镇上有中小学 1 所,幼儿园 1 所,卫生院 1 所;驻有陶瓷制品、冶金材料等企业;有水稻、棉花、小麦、高粱等农产品。唐廊高速在此经过,滨玉公路过境。

东板桥村 [Dōngbǎnqiáocūn]

板桥镇人民政府驻地,在区驻地芦台镇北 20 千米,板桥镇辖自然村。人口约 0.03 万人。明永乐年间,王、杨、解三姓居民随燕王扫北来此落户,三姓各占一台,三台之间修建一座木板桥,故名板桥庄。清光绪年间扩成三个自然村,此村居东故名。村落沿滨玉公路呈带状分布,有水稻、棉花等农产品。滨玉公路、板张路在此经过。

田庄坨村 [Tiánzhuāngtuócūn]

在区驻地芦台镇西北 20 千米,板桥镇辖自然村。人口约 0.13 万人。元朝时期,田姓在此定居,名田家庄坨,后更今名。村落呈团块状分布,有市级重点文物保护单位田家坨先秦遗址,有水稻、玉米、棉花等农产品,有田庄坨路与滨玉公路相连。

北珠庄村 [Běizhūzhuāngcūn]

在区驻地芦台镇北 20 千米,板桥镇辖自然村。人口约 0.03 万人。明永乐年间,朱、李二族在此定居成庄,得名小朱庄。新中国成立后其位置与南朱庄相对改为北朱庄,后改今名。村落呈团块状分布。村中驻有中国邮政三农服务站等单位。有水稻、山药等农产品。东临滨玉公路。该村于 2014 年 10 月被评为“天津市文明村”。

潘庄镇 [Pānzhuāng Zhèn]

属宁河区管辖,在区境西部。面积约 114 平方千米。人口约 3.02 万人,以汉族为主,另有壮、满等民族。该镇辖 17 个村委会,有 17 个自然村。镇人民政府位于潘庄村。辖区 1950 年属宁河区第四区,1957 年置潘庄乡,1958 年属东风公社,1961 年析建潘庄公社,1983 年复置乡,1985 年改置镇,2001 年大贾庄乡并入,以镇政府驻地潘庄村得名。东临潮白新河,界内有青龙湾故道、青排渠,南部有七里海。镇上有职业学校 1 所,中小学 2 所,幼儿园 1 所,医院 1 所;驻有水泥、食品加工等企业;有水稻、小麦、大豆等农产品。滨保高速、京环线等公路过境。

潘庄村 [Pānzhuāngcūn]

潘庄镇人民政府驻地,在区驻地芦台镇西 35 千米,潘庄镇辖自然村。人口约 0.69 万人。传唐初始有聚落,北宋初为宋将潘美之封地,得名潘美庄,后简为今名。村落呈团块状分布,有水稻、小麦等农产品。滨保高速公路、京环线、潘塘路过境。

西塘坨村 [Xītángtuócūn]

在区驻地芦台镇西 33 千米,潘庄镇辖自然村。人口约 0.72 万人。元代唐、尔二姓居民建村于土坨上,得名唐尔坨,后演变为塘坨,因与东塘坨相对改今名。村落沿青龙湾故道呈带状分布,有镇中学、西塘坨小学,有县级文物保护单位“七郎墓”,有棉花、玉米等农产品。潘塘路与京环线相连。

造甲城镇 [Zàojiǎchéng Zhèn]

属宁河区管辖,在区境西南部。面积约 108 平方千米。人口约 2.95 万人,以汉族为主,另有满、土家等民族。该镇辖 8 个村委会,有 8 个自然村。镇人民政府位于津芦公路旁。该镇1957年分属北淮淀、东堤头乡，1958年属东风公社，1961年析建造甲城公社，1983年改置乡，2000年改置镇，以镇政府驻地村得名。永定新河从西南部过境，与津唐运河相交，七里海位于境内东北侧。镇上有职业学校1所，中小学2所，幼儿园1所，卫生院1所。有天津古海岸与湿地国家级自然保护区；西南部有宁河区现代产业区，驻有物流、新能源等企业；有水稻等农产品。津芦公路过境。

造甲城村 [Zàojiǎchéngcūn]

造甲城镇人民政府驻地，在区驻地芦台镇西南34千米，造甲城镇辖自然村。人口约0.95万人。明永乐年间建村，系造盔甲古城，故得名。村落呈团块状分布，驻有科耐特自行车、绿之行科技等企业，有水稻、芦苇等农产品。村公路接津榆复线。

七里海镇 [Qīlǐhǎi Zhèn]

属宁河区管辖，在区境南部。面积约59平方千米。人口约2.81万人。该镇辖15个村委会，有15个自然村。镇人民政府驻任凤庄村。该镇1953年属宁河区第八区，1957年分设北淮淀乡和南涧沽乡，1958年属红星公社，1961年分别析建任凤公社、南涧沽公社，1983、1984年分别改置南涧沽乡、任凤乡，2001年两乡合并，改置七里海镇，因濒临七里海得今名。东临蓟运河，北临曾口河。镇上有中小学2所，幼儿园1所，医院2所；驻有机械制造、建筑材料等企业；有水稻、小麦、玉米、高粱、棉花等农产品。塘承高速、津芦公路等公路过境。

任凤庄村 [Rénfèngzhuāngcūn]

七里海镇人民政府驻地，在区驻地芦台镇东南14千米，七里海镇辖自然村。人口约0.34万人。清雍正年间建村，原名龙凤庄，后以村庄形似“人”形，谐音后改今名。村落呈团状分布，有水稻、玉米、棉花等农产品。任凤村路与津芦公路相连。

北移民村 [Běiyímíncūn]

在区驻地芦台镇东南15千米，七里海镇辖自然村。人口约0.03万人。1942年由难民移居于此建村，新中国成立后因移民村位置在杨虎子河西北面，命今名。村落沿杨虎子河呈带状分布。村内建有党员活动室、农民学校、老年活动室、文化健身广场等服务设施；广泛开展文明竞赛活动，成立了禁赌协会、计划生育协会，组建农民艺术团，有秧歌队、广场舞队等组织。农业主要以种植苗木、养殖河蟹为主，建有中国北方优质蟹苗研究繁育供应基地，同时也是高标准、高品位的“休闲渔业园”。北移民路与津芦公路相连。该村于2014年被评为“全国文明村”。

大北涧沽镇 [Dàběijiàngū Zhèn]

属宁河区管辖，在区境西部。面积约25平方千米。人口约1.38万人，以汉族为主，另有回、壮、满等民族。该镇辖11个村委会，有11个自然村。镇人民政府驻大北涧沽村。该镇1953年属宁河区七区，1958年属红星公社，1960年析建大北涧沽公社，1986年复置乡，2001年改置镇，以镇政府驻地村得名。东临蓟运河，南临曾口河。镇上有职业学校1所，中小学2所，幼儿园2所，卫生院1所，驻有久安集团、永明散热器等企业；有水稻、玉米等农产品。京环线、滨蓟等公路在此经过。

大北涧沽村 [Dàběijiàngūcūn]

大北涧沽镇人民政府驻地，在区驻地芦台镇西8千米。大北涧沽镇辖自然村。人口约0.22万人。明永乐二年（1404年），有李姓村民从山东迁来曾口河北岸定居,当时称河为涧,曾口河与蓟运河汇合处为沽口,故名北涧沽。因与附近小北涧沽相对,更为今名。村落沿蓟运河呈带状分布。村内有水稻、蔬菜、棉花等农产品,有大北路连接京环线。

李庄子村 [Lǐzhuāngzicūn]

在区驻地芦台镇西南 9 千米,大北涧沽镇辖自然村。人口约 0.13 万人。清康熙年间,小北涧沽李姓村民来此建村,故名李家台。1944 年日军在此制造了屠杀 40 多人的惨案,并声言要用大炮将李家台抬走,因忌讳李家台的台字,后更今名。村落呈团块状分布。村内有健身文化广场、卫生室等服务设施,驻有市丘比特金属制品有限公司、天津星业散热器有限公司等企业,有水稻、玉米等农产品。大北路经此与津榆公路相连。该村于 2014 年被评为“天津市文明村”。

东棘坨镇 [Dōngjítuó Zhèn]

属宁河区管辖,在区境西北部。面积约 164 平方千米。人口约 2.8 万人,以汉族为主,另有壮、回等民族。该镇辖 42 个村委会,有 42 个自然村。镇人民政府位于卫星河公路北侧,常家店与西棘坨村交界南 100 米处。该镇 1957 年属于京乡,1958 年属卫星公社,1962 年析建东棘坨公社,1983 年改置乡,2001 年改置镇。明永乐年间建村于长满酸枣树的高台地上,原名棘坨,因与西棘坨相对改今名。西临潮白新河,北临西关引河,卫星引河横贯东西。镇上有职业学校 2 所,中小学 1 所,幼儿园 1 所,医院 2 所,驻有金属制品、饲料加工等企业;有水稻、小麦、玉米、棉花等农产品。唐廊高速、塘承高速等公路过境。

西棘坨村 [Xījítuócūn]

东棘坨镇人民政府驻地,在区驻地芦台镇西北 30 千米,东棘坨镇辖自然村。人口约 0.04 万人。明永乐二年(1404 年)建村,此地地势较高,且长满酸枣树,取名棘坨,为与东棘坨区别,故命今名。村落沿卫星路呈带状分布,有水稻、玉米、小麦、棉花等农产品。卫星路、西四清路在此经过。

艾林村 [Àilín Cūn]

在区驻地芦台镇西 28 千米,东棘坨镇辖自然村。人口约 0.07 万人。明永乐年间,山东人艾麒麟来此定居,取名艾麒麟庄,简称艾林庄,后更今名。村落呈团块状分布,建有农业园区,有玉米、棉花、水稻等农产品。有村公路与马江公路相连。该村于 2014 年被评为“天津市文明村”。

俵口镇 [Biàokǒu Zhèn]

属宁河区管辖,在区境中部,面积约 46 平方千米。人口约 2.1 万人,以汉族为主,另有壮、瑶等民族。该村辖 8 个村委会,有 8 个自然村。乡政府驻民主村。辖区 1957 年属兴家坨乡,1958 年属红星公社,1961 年建俵口公社,1983 年改置乡,2016 年撤乡设镇。因七里海北侧曾有一沟渠,系洪水宣泄处,该镇取“水流俵分的船地”之意命名。曾口河、潮白新河流经于此,七里海水库在镇南侧。镇上有中小学 1 所,幼儿园 2 所,卫生院 1 所,计划生育服务站 1 个,有于方舟故居、于方舟烈士陵园等纪念地,驻有金属制品、管材制造等企业;有棉花、蔬菜、玉米、水稻等农产品。滨保高速、潮白河左堤路过境。

民主村 [Mínzhǔcūn]

俵口镇人民政府驻地,在区驻地芦台镇西 30 千米,俵口镇辖自然村。人口约 0.21

万人。1960 年,由五个街道演变为五个村;1977 年,五个村再次合为一个俵口村;1982 年,因落实联产承包责任制,村名再次拆分,分别为民主、自由、幸福、解放、安全。村落呈团状分布,有棉花、水稻、玉米等农产品。村公路与潮白河左堤路相通。

解放村 [Jiěfàngcūn]

在区驻地芦台镇西部 30 千米,俵口乡辖自然村。人口约 0.19 万人。1960 年,由五个街道演变为五个村;1977 年,五个村再次合为一个俵口村;1982 年,因落实联产承包责任制,村名再次拆分,分别为民主、自由、幸福、解放、安全。村落呈团块状分布。市重点文物保护单位于方舟故居坐落于此。村内有俵口小学、药店、俵口镇卫生院等单位,有棉花、水稻、玉米等农产品。兴坨路、安民路在此经过。

兴家坨村 [Xīngjiātuócūn]

在区驻地芦台镇西 26 千米,俵口乡辖自然村。人口约 0.57 万人。明永乐二年(1404 年),任姓居民随燕王扫北来此落户,取"兴家立业"之意命名。村落呈团块状分布。村中有兴家坨小学、中心幼儿园等单位,有党员活动中心、村民健身广场、老年日间照料室等服务设施,驻有市正勤人力就业指导中心等企业,有水稻、玉米等农产品。兴芦公路、兴坨路在此经过。该村于 2014 年被评为"天津市文明村"。

廉庄镇 [Liánzhuāng Zhèn]

属宁河区管辖,在区境中部,面积约 45.70 平方千米。人口约 1.72 万人,以汉族为主,另有壮、满等民族。该镇辖 16 个村委会,有 16 个自然村。乡人民政府驻廉庄村。辖区 1957 年属杨拔庄乡,1958 年属卫星公社,1961 年析建廉庄公社,1984 年改置乡,2016 年撤乡设镇,以镇政府驻地村得名。东临蓟运河,卫星引河流经此。镇上有职业学校 1 所,中小学 3 所,幼儿园 1 所,卫生院 1 所;驻有金属制品、家畜养殖等企业;有棉花、玉米、水稻等农产品。宝芦公路、卫星路等道路在此经过。

廉庄村 [Liánzhuāngcūn]

廉庄镇人民政府驻地,在区驻地芦台镇西北 10.5 千米,廉庄镇辖自然村。人口约 0.08 万人。明永乐年间,山东廉姓居民来此定居成庄,故名廉家庄。1947 年简称廉庄,1983 年更今名。村落沿宝芦公路呈带状分布。村内有棉花、水稻等农产品。村公路与宝芦公路相连。

于怀村 [Yúhuáicūn]

在区驻地芦台镇西 15 千米,廉庄乡辖自然村。人口约 0.09 万人。明永乐二年(1404 年),山东于氏弟兄三人随燕王扫北到此垦荒,分三处立庄,三弟于怀在此定居,故名于怀庄,后更今名。村落沿卫星河南部呈两块分布。村内有少年儿童快乐营地、市级示范农家书屋等活动场所,驻有芦林生态产业园等企业,有棉花、水稻、玉米等农产品。于怀路与卫星公路相连接。该村于 2014 年被评为"天津市文明村"。

北淮淀镇 [Běihuáidiàn Zhèn]

属宁河区管辖,在区境南部。面积约 64 平方千米。人口约 2.27 万人,以汉族为主,另有壮族等。该镇辖 3 个村委会,有 3 个自然村。镇人民政府驻北淮淀村。辖区 1953 年属宁河区第五区,1957 年置北淮淀乡,1958 年属红星公社,1961 年析置北淮淀公社,1984 年复置乡,2016 年撤乡设镇,以镇政府驻地村得名。潮白新河、津唐运河经此,北靠七里海湿地。镇上有中小学 2 所,幼儿园 2 所，卫生院 1 所；驻有畜牧养殖、五金制品等企业；有水稻、玉米、棉花等农产品。津宁高速、津芦公路等道路过境。

北淮淀村 [Běihuáidiàncūn]

北淮淀镇人民政府驻地，在区驻地芦台镇南 30 千米，北淮淀镇辖自然村。人口约 1.2 万人。明天顺七年（1463 年）建村，地处洼淀，盛产鱼蟹，原名淮渔淀，后因与南淮淀相对改今名。村落沿潮白新河呈带状分布，有水稻、玉米、高粱、芦苇等农产品。海清公路、津芦公路在此经过。

天津宁河经济开发区 [Tiānjīn Nínghé Jīngjì Kāifāqū]

在区境东部。东至芦汉路，西至蓟运河，南至十三纬路，北至金华道。占地面积约 17.3 平方千米。开发区因地处宁河区得名。1992 年 7 月经天津市人民政府正式批准建立省级开发区，由天津市人民政府管理。开发区以发展外向型经济为主导，以兴办工业加工型、技术密集型、节水节能型产业为主，已形成金属制品、机械制造、高档包装纸、食品等多种产业，重点培育汽车零部件、高端装备制造、新能源新材料等新兴产业。区内道路与滨玉道、津芦公路等公路相连，交通便利。

静　海　区

静海区 [Jìnghǎi Qū]

天津市辖区。北纬 38° 56′，东经 116° 58′，在市境西南部。面积约 1475.70 平方千米。人口约 60.1 万人，有汉、回、满等民族。该区辖 16 个镇，2 个乡。区人民政府驻静海镇。北宋大观元年（1107 年），取“安定太平”之意置靖海县，寻废。金明昌四年（1193 年）复置靖海县。明洪武元年（1368 年）海退民安，改“靖”为“静”，定名静海县，属河间府清州；八年改属北平布政司；十年改属河间府青州。清雍正三年（1725 年）属天津州，九年属天津府，1913 年裁府属直隶省，1928 年属河北省，1973 年划归天津市。2015 年静海撤县设区，称天津市静海区。辖区地势平缓，大部分地区海拔 5 米左右，地势南高北低、西高东低。年平均气温 14.1 ℃，最高 40.1 ℃，最低 -9.7 ℃。年均降水量 413 毫米。南运河、子牙河、黑龙港河自南而北纵贯全境，南有马厂减河，北有大清河，独流减河沿东北边界东流入渤海湾。境内人工河渠纵横成网，多洼淀，北部有东淀、贾口洼、莲花淀、南泊洼、杨庄洼，东部有团泊洼，中部有万军套洼、古城洼、八虎洼。全区 1/3 以上的村庄分布在南运河沿岸。土壤以盐化潮土为主。被誉为“华北明珠”的团泊湖水库，是天津市自然保护区。地下水资源比较丰富，储量在 2.6 亿立方米以上。地热资源丰富，总储量达 84 亿立方米，水中含铜、钼、铁、钴、钙、硅等 24 种对人体有益的矿物质，开发利用价值很大。区内有高等院校 1 所，即天津大学仁爱学院，中小学 146 所，成人职教中心 1 所，特殊教育学校 1 所，图书馆 2 个，文化馆 1 个，三级医院 1 所，体育场 1 个。名胜古迹有天津市文物保护单位西汉西钓台古城遗址，汉、宋墓葬遗址，宋代木船，清代九宣闸。区内有仁爱团泊湖国际休闲博览园、萨马兰奇纪念馆、国家 AAAA 级旅游景区光合谷旅游度假区、全国休闲农业和乡村旅游五星级景区西双塘等旅游景点。静海拥有“中国北方乐器之都”的美誉，柳编特色手工艺品行销国外。三大产业比例为 3.9 : 63.5 : 32.6。农业主要以蔬菜和粮食种植为主，主要农作物有小麦、玉米、大豆、冬菜和枣等。当地盛产绞股兰酒、独流老醋、王口炒货、天津冬菜、静海红小豆、台头西瓜、金丝小枣等。工业主要以黑色金属、有色金属、食品加工、制造业、服装纺织、生物制药等为主。服务业主要以批发零售、住宿餐饮等为主。京沪铁路南北贯通，设有静海、良王庄、陈官屯、唐官屯 4 个火车站。京沪高铁、京沪高速、津沧高速、滨石高速、荣乌高速等过境。104 国道纵贯并与静文、陈大、静王、唐官屯—王庆坨等公路干线相交。区内设有长途汽车站。附近通多路公共汽车。

华康街道 [Huákāng Jiēdào]

属静海区管辖，在区境东北部。东至团泊湖西堤，南至杨成庄村与双窑村村界，西至津文公路，北至独流河。面积约 29.72 平方千米。人口约 1.21 万人。街道辖 1 个居委会、4 个村委会。街道以发展健康产业为主，致力打造面向区域和国际的体育健康基地、中西医教学科研中心、医疗康复基地。中日（天津）健康产业发展合作示范区、团泊体育中心、团泊足球场、国际网球中心、萨马兰奇纪念馆、天津中医大学、天津体育学院、北京师范大学静海附属学校、康宁津园等单位坐落在街道管辖区内。团泊大道、团王公路过境。该街道于 2020 年被评为“国家卫生镇”。

静海镇 [Jìnghǎi Zhèn]

静海区人民政府驻地。在区境北部。面积约 80.27 平方千米。人口约 13.16 万人，以汉族为主，另有回、满等民族。该镇辖 39 个居委会、37 个村委会，有 39 个自然村。镇人民政府位于胜利大街。1949 年设城厢区，1958 年改红旗公社，1961 年建静海城关公社，1965 年析置静海镇。北宋设涡口寨，亦名窝子寨；宋大观年间为靖海县治，称靖海；明洪武元年（1368 年）海退民安，改“靖”为“静”，称静海。镇内主要河流有南运河、争光渠等。镇内有中小学 21 所，幼儿园 6 所，职业技术学校 3 所，少年宫 1 所，医院 2 所，卫生院 2 所，有民政局、供电局等单位。重点产业为黑色金属、有色金属、食品加工、制造业、服装纺织、生物制药等。京沪铁路过境并设站。东方红路、旭华道等道路在此经过。附近通多路公共汽车。该镇于 2014 年被评为“天津市文明镇”。

春元里社区 [Chūnyuánlǐ Shèqū]

属静海镇西城街道管辖，在区境北部。面积约 0.24 平方千米。人口约 0.45 万人。社区因辖春元里得名，于 2005 年 7 月成立，含育才园、英才园等 18 个住宅小区，住宅楼多为 3~6 层。联盟大街、建设街等道路经过。附近通多路公共汽车。该社区于 2014 年被评为“天津市文明社区”。

九通家园社区 [Jiǔtōng Jiāyuán Shèqū]

属静海镇东城街道管辖，在区境北部。面积约 0.20 平方千米。人口约 0.19 万人。社区因辖九通家园得名，于 2005 年 9 月成立，含九通家园、锦江欣苑 2 个住宅小区。旭华道、宇纬路等道路经过。附近通多路公共汽车。该社区于 2014 年被评为“天津市文明社区”。

范庄子村 [Fànzhuāngzicūn]

在区驻地静海镇西南 7 千米，静海镇辖自然村。人口约 0.1 万人。明永乐年间范姓居民迁此建村，初称范家庄，后俗称范庄子。村落呈团块状分布。村中有文化活动室、农家书屋、图书阅览室、电子阅览室、健身公园以及篮球、足球、羽毛球、儿童活动场地；组建了秧歌队、舞蹈队和合唱队，创作了村歌，并有专门的文体指导员；制作大量公益广告，建设大型宣传教育电子屏，打造社会主义核心价值观的主题公园，开设道德讲堂；成立志愿服务队，组织文明评选等活动。主要支柱产业为范庄子批发市场、范庄子生态园。范庄子批发市场为区内最大的蔬菜交易市场。村中有苹果、葡萄、枣等农产品。京沪铁路、津涞公路过境。该村于 2014 年被评为“全国文明村”。

唐官屯镇 [Tángguāntún Zhèn]

属静海区管辖。在区境西南部。面积约 79.64 平方千米。人口约 4.75 万人，以汉族为主，另有回族等。该镇辖 1 个居委会、43 个村委会，有 43 个自然村。镇人民政府驻大张屯村。新中国成立后，设静海区第七区，1957 年改设唐官屯乡，1958 年改置钢龙人民公社，1961 年改置唐官屯公社，1965 年改置镇，2001 年与大郝庄乡、大张屯乡合并。明永乐年间唐世义率民至此屯垦官田，名唐世义屯，后简为今名。辖区地势平坦，有南运河、马厂减河经过。镇上有中小学 13 所、职业技术学校 1 所、卫生院 1 所以及图书馆、健身园等。古建筑泰山圣母庙坐落于此。重点产业为食品、机械制造、金属制品、橡胶制品、塑料制品、工艺品制造、黑色金属冶炼、电器机械、化工等。京沪铁路过境并设站。有京沪高速、津沧高速和京岚线等道路经过。

大张屯村 [Dàzhāngtúncūn]

唐官屯镇人民政府驻地，在区驻地静海镇南 25 千米，唐官屯镇辖自然村。人口约 0.09 万人。明永乐年间张姓居民自湖北长阳县迁此建村，因规模较大，故命今名。村落沿京福公路呈带状分布。村中有玉米、大豆、枣等农产品。津沧高速、京福公路过境。

赵官屯村 [Zhàoguāntúncūn]

在区驻地静海镇南 27 千米，唐官屯镇辖自然村。人口约 0.06 万人。明永乐年间赵姓村民迁此屯田建村，初名为赵官屯，1988 年更今名。村落沿京杭运河呈带状分布，有快乐营地、健身广场、文体活动室、图书室、社区综合服务中心、老年日间照料中心等活动场所，有乐器队、中老年秧歌队等文体团队。村中积极开展文明村街“五个一”创建活动。村内驻有天津九环久久调味品有限公司、天津天裕成科技有限公司等企业，有玉米、高粱等农产品。有公路南接 104 国道。该村于 2014 年被评为“天津市文明村”。

鲁辛庄村 [Lǔxīnzhuāngcūn]

在区驻地静海镇南 24 千米，唐官屯镇辖自然村。人口约 0.18 万人。明永乐年间鲁姓迁此，原名鲁家新庄，1983 年更今名。村落沿京杭运河呈带状分布。村内扎笤帚历史悠久。古建筑泰山圣母庙坐落于此。村中有苹果、枣等农产品。村内有公路东接 104 国道。

独流镇 [Dúliú Zhèn]

属静海区管辖，在区境北部。面积约 64.40 平方千米。人口约 3.68 万人。该镇辖 28 个村委会，有 34 个自然村。镇人民政府位于兴业大街。1950 年置独流镇，1958 年改置东风人民公社，1965 年复置独流镇，2001 年北肖楼乡并入独流镇。因南运河、子牙河、大清河在此汇成一流而入渤海，故名独流。辖区地处黑龙港河下游，南泊洼与莲花淀之间，地势低平。镇内有中小学 7 所、卫生院 1 所。独流镇为天津义和团运动主要发起地之一，有“天下第一坛”坛口。镇内已形成以天立独流老醋、龙康食品、天海汽车同步器、义和福利五金厂、北海制衣、千里马建筑、坤旺建筑、四海砼天、亿环巨能、晋鑫元科技发展有限公司为龙头的食品、汽车配件、机械制造、有色金属加工、服装、染料、纸制品等行业，当地特产独流老醋。京沪铁路与京沪高速、京岚线等道路过境。

王家营村 [Wángjiāyíngcūn]

在区驻地静海镇西北 8 千米，独流镇辖自然村。人口约 0.04 万人。该村位于南运河西岸，西偎贾口洼，始建于明永乐年间。永乐皇帝登基不久，就来运河一带视察，派兵屯居此地，建一营盘，兴修水利。营盘驻兵王姓居多，迁来家属就地开垦耕种、生产、生活，后形成村落，取名王家营。村落呈团块状分布。村内有文化室、电脑室、图书室等活动场所，有秧歌队、老人娱乐会等文体组织，有小麦、玉米、胡萝卜等农产品。京沪高速、104 国道过境。该村于 2014 年被评为“天津市文明村”。

王口镇 [Wángkǒu Zhèn]

属静海区管辖，在区境西部。面积约 96 平方千米。人口约 3.48 万人，以汉族为主，另有回、满等民族。该镇辖 23 个村委会，有 23 个自然村。镇人民政府驻大瓦头村。1949 年设王口区，1957 年改置王口乡，1958 年建旭升公社，1961 年析建王口公社，1983 年复置乡，驻地迁今址，1988 年改置镇。清初王姓居民在子牙河设渡口，名王家口，后简为今名。辖区地处子牙河、贾口洼与文安洼之间。地势中间高，东西两侧低。镇上有成人文化技术学校 1 所、中小学 5 所、卫生院 1 所以及司法所、税务所等单位，涉及服装、印染、餐具、塑料制品、金属、食品等 18 个行业，生产 40 多种产品，其中以服装、餐具为主打产品的外贸出口企业为龙头企业，“王口炒货”为特色产业。该镇是华北地区重要的干货集散基地。津神线、新津涞公路过境。

大瓦头村 [Dàwǎtóucūn]

王口镇人民政府驻地，在区驻地静海镇西 14 千米，王口镇辖自然村。人口约 0.42 万人，以汉族为主，另有回、蒙古等民族。相传燕王扫北以前，因村东部为南泊洼，常年积水盛产鱼虾，当时只有几户人家居住，依靠捕鱼维持生计。村是大洼之尽头，故得名“大洼头”。明永乐二年（1404 年），总兵岳通带兵在此驻守，聚成大村，后来将“洼”字改成高瓦房的“瓦”字，故命今名。村落呈团块状分布。村内有小麦、玉米、花生等农产品。特产有王口炒货。村公路与津神线相连。

台头镇 [Táitóu Zhèn]

属静海区管辖，在区境西北部。面积约 56.6 平方千米。人口约 2.58 万人。该镇辖 18 个村委会，有 13 个自然村。镇人民政府位于台头镇西台路 1 号。1949 年设台黄区，1950 年台黄区并入王口区，1953 年设台头镇，1957 年改置台头乡，1961 年由旭升公社析置台头公社，1983 年复置乡，1989 年改置镇，2001 年二堡乡并入。元代刘姓居民建村于高台地上，原名刘家疙瘩。元末涿州总兵建宅于庄头，遂改今名。辖区地处大清河两岸，东淀洼内，地势低洼，常年积水。镇上有中小学 7 所、卫生院 1 所。重点产业为五金、纺织、服装、纸制品、食品，其中服装加工产品远销俄罗斯。特产台头西瓜。镇上主要有鑫磊净化设备有限公司、成达电子有限公司等单位。静霸公路、新津涞公路等过境。

中二堡村 [Zhōng'èrpùcūn]

在区驻地静海镇西北 16 千米，台头镇辖自然村。人口约 0.07 万人。清雍正八年（1730 年），原名“北场”，是存放苇子的一个场地，最初为段、王两姓居民在此搭铺居住，称“二铺”。辖区原为一个村，1962 年改为三个，即南二堡、中二堡、北二堡，该村因位于中部故命今名。村落沿子牙河呈带状分布。村中有农家书屋、健身广场等文化活动场所，有秧歌队等文体队伍，成立了红白理事会、治安巡逻队等服务组织。村内以发展设施农业为主导，主要发展大棚、果木种植、苗圃种植等，有西红柿、黄瓜、桃、苹果等农产品。梁台公路过境。该村于 2014 年被评为“天津市文明村”。

子牙镇 [Ziyá Zhèn]

属静海区管辖，在区境西南部。面积约 74.16 平方千米。人口约 3.76 万人，以汉族为主，另有回、满等民族。该镇辖 21 个村委会，有 21 个自然村。镇人民政府驻王二庄村。1949 年设子牙区，1957 年改置子牙乡，1958 年建卫星公社，1961 年析建子牙公社，1983 年复置乡，1989 年改置镇。相传姜子牙曾避难于此，故名。该镇地处子牙河东西两岸，地形平坦，中部略高于东西两侧。镇上有中小学 5 所、卫生院 1 所。相传商朝末年姜子牙躲避纣王在此钓鱼，留有钓台遗址。镇上重点产业为自行车零件、乐器生产加工。新津涞公路、团大公路等过境。

王二庄村 [Wáng'èrzhuāngcūn]

子牙镇人民政府驻地，在区驻地静海镇西南 22 千米，子牙镇辖自然村。人口约 0.39 万人。相传北宋时期杨延昭曾率兵驻此抗辽，每当延昭临阵，其母佘太君常于此眺望，故名望儿庄，后演化为今名。村落沿团大公路呈带状分布。村中有玉米、高粱、大豆等农产品。团大公路、新津涞公路过境。

宗保村 [Zōngbǎocūn]

在区驻地静海镇西南 22 千米，子牙镇辖自然村。人口约 0.25 万人。明永乐年间高姓居民迁此建村，按甫迁之约以得今名。又传宋代杨家将杨宗保领兵驻此得今名。村落呈团块状分布。村中有高尔俨故居，有玉米、高粱、大豆等农产品。陈大公路过境。

陈官屯镇 [Chénguāntún Zhèn]

属静海区管辖，在区境南部。面积约 92.5 平方千米。人口约 3.13 万人。该镇辖 24 个村委会，有 24 个自然村。镇人民政府驻三街村。1949 年设陈官屯区，1957 年改置乡。1958 建陈官屯管理区，属钢龙公社，1961 年由钢龙公社析建陈官屯公社，1983 年复置乡，1988 年改置镇。明永乐年间陈兴善率民迁此屯垦官田，原名陈兴善屯，后简称今名。辖区地处南运河两岸，东连万军套洼，西部有古城洼，地势中部高，东、西两侧低。南运河、前进渠等经过。镇上有中小学 9 所、博物馆 1 所、卫生院 1 所。全镇发现和出土的古城、古窑、古墓、遗址达 30 余处，有市级文物保护单位西汉西钓台古城遗址。重点产业为化工制品、金属制品、蔬菜调味品制造。该镇是“天津五香冬菜”的正宗产地。京沪铁路过境并设站。京沪高速、津沧高速、京福公路等道路过境。

三街村 [Sānjiē Cūn]

陈官屯镇人民政府驻地，在区驻地静海镇西南 15 千米。陈官屯镇辖自然村。人口约 0.17 万人。该村以序数得名，于 1983 年批准命今名。村落沿团大公路呈带状分布。村内有陈官屯运河文化博物馆，有小麦、玉米、白菜等农产品。团大公路过境。

西钓台村 [Xīdiàotáicūn]

在区驻地静海镇南 17 千米，陈官屯镇辖自然村。人口约 0.16 万人。相传因在姜尚钓鱼台之西建村得名。村落呈团块状分布。村内有村民健身广场等活动场所，组建了秧歌队、舞龙队。天津市文物保护单位西汉西钓台古城遗址坐落于此。村中有小麦、玉米、白菜等农产品。村中有公路东接 104 国道。该村于 2014 年被评为“天津市文明村”。

吕官屯村 [Lǚguāntúncūn]

在区驻地静海镇南 22 千米，陈官屯镇辖自然村。人口约 0.18 万人。相传明永乐二年（1404 年）以吕长斗为首的移民来此处建村屯田，村名为吕长斗屯，取“乃吕氏垦种官田”之意命今名。村落呈团块状分布。村中有文化广场、健身广场等活动场所，组建了秧歌队等文体队伍。村内有玉米、大豆等农产品，有公路东接 104 国道。该村于 2014 年被评为“天津市文明村”。

中旺镇 [Zhōngwàng Zhèn]

属静海区管辖，在区境南部。面积约 118.4 平方千米。人口约 3.57 万人，以汉族为主，另有满族等。该镇辖 29 个村委会，有 29 个自然村。镇人民政府驻中旺村。1957 年置中旺乡，1961 年由团泊洼公社析建中旺公社，1983 年复置乡，1988 年改置镇，2001 年撤销大庄子乡，并入中旺镇。明永乐年间始有聚落，取“兴旺”之意命名。该镇地处青静黄排水渠与子牙新河之间，地势低洼。镇上有成人文化技术学校 1 所、中小学 8 所、卫生院 1 所，驻有铸造、工贸、配电设备等企业，有工商所、税务所等单位。山深线、蔡中路等道路过境。

中旺村 [Zhōngwàngcūn]

中旺镇人民政府驻地，在区驻地静海镇东南 37 千米，中旺镇辖自然村。人口约 0.3 万人。相传明永乐二年（1404 年），有秦、宋、刁、肖四姓来此建村，村中间地势高，经四姓协商，取“兴旺”之意命今名。村落呈团块状分布。村中有玉米、高粱、枣等农作物。中青路、蔡中路过境。

大邱庄镇 [Dàqiūzhuāng Zhèn]

属静海区管辖，在区境东南部。面积约 124 平方千米。人口约 4.1 万人。该镇辖 26 个村委会，有 26 个自然村。镇人民政府位于泰山路。辖区原属蔡公庄乡，1993 年置镇。明永乐二年（1404 年），因当地邱姓居多，便起名邱家庄，后改今名。镇上有成人文化技术学校 1 所、中小学 10 所、卫生院 1 所、文化广场 1 所。26 个村都建成了农家书屋，还定期开展“法律进乡村”等普法活动。该镇是中国农村改革开放的先驱之一，工业是全镇的支柱产业，形成了以焊管产业为主要支撑的黑色金属轧延加工业产业格局。镇上驻有友发集团、宝来实业等知名企业。津石高速、津神线等公路过境。该镇于 2011 年被评为“全国文明镇”。

津海街村 [Jīnhǎijiēcūn]

在区驻地静海镇东南 14 千米，大邱庄镇辖自然村。人口约 0.13 万人。该镇于 1993 年建立，因津海集团命今名。村落呈团块状分布。村中有党员活动室、综合服务站、道德讲堂等活动场所，建立了“乡村少年宫”、社区“五爱”教育阵地。村中有大豆、高粱、枣等农产品。静王公路、黄山路过境。该村于 2014 年被评为“天津市文明村”。

蔡公庄镇 [Càigōngzhuāng Zhèn]

属静海区管辖，在区境东南部。面积约63.5平方千米。人口约1.97万人。该镇辖16个村委会，有16个自然村。镇人民政府驻蔡公庄村。1957年置蔡公庄乡，1961年由团泊洼公社析置蔡公庄公社，1983年复置乡，1993年大邱庄镇析出，1995年改置镇。明永乐年间建村，原名李家楼，后因有蔡姓村民名扬乡里，故更今名。辖区地处团泊洼，地势低洼。镇上有中小学7所、卫生院1所。辖区内有邮局、派出所等单位。该镇是华北地区最大的乐器生产地，主要生产萨克斯、长笛、小号等乐器，被誉为“乐器之乡”。镇上驻有钢管、物流等企业。山深线、团王公路等道路过境。

蔡公庄村 [Càigōngzhuāngcūn]

蔡公庄镇人民政府驻地，在区驻地静海镇东南20千米，蔡公庄镇辖自然村。人口约0.21万人。明永乐元年(1403年)李姓居民迁此建楼定居称李家楼，后蔡氏名扬乡里，更今名。村落呈团块状分布。村中有高粱、鲜薯、枣等农产品。团王公路和蔡中路过境。

惠丰西村 [Huìfēngxīcūn]

在区驻地静海镇东南26千米。蔡公庄镇辖自然村。人口约0.04万人。明初建村，原名湾头，开挖马厂减河后，于村南建惠丰桥，因桥改名惠丰村。新中国成立后称湾头西村，1989年更今名。村落呈团块状分布。村中有村民健身广场、综合服务中心、农家书屋等活动场所。村中驻有天津泰丰盛达科技发展公司、天津利丰设备安装有限公司等企业，以种植业和养殖业为主，有高粱、鲜薯、枣等农产品。蔡中路过境。该村于2014年被评为“天津市文明村”。

梁头镇 [Liángtóu Zhèn]

属静海区管辖，在区境西部。面积约84.86平方千米。人口约1.16万人。该镇辖18个村委会，有18个自然村。镇人民政府驻梁头村。1957年置梁头乡，1961年建梁头公社，1983年复置乡，1997年改置镇。明初此地为燕王屯粮处，称粮台，成村后因村大人多，取名粮头，后演变为今名。该镇地处贾口洼与金叵洼内，黑龙港河两侧，地势低洼。镇上有中小学劳动教育基地1所、成人文化技术学校1所、中小学6所、卫生院1所，驻有自行车、金属制品、食品添加剂等制造企业。京沪高速、津神线等公路过境。

梁头村 [Liángtóucūn]

梁头镇人民政府驻地，在区驻地静海镇西5千米，梁头镇辖自然村。人口约0.19万人。明初此地为燕王屯粮处，称粮台，成村后，因村大人多，取名粮头，后于1983年更今名。村落呈团块状分布。村中有玉米、高粱、大豆等农产品。津神线、梁台路过境。

团泊镇 [Tuánbó Zhèn]

属静海区管辖，在区境东部。面积约28.6平方千米。人口约1.1万人，以汉族为主，另有满族等。该镇辖8个村委会，有8个自然村。镇人民政府驻团泊村。1953年置宫家堡乡，1957年改属赵连庄乡，1958年成立团泊洼公社，1961年更名团泊公社，1983年改置乡，1999年改置镇。明永乐年间建村，因村庄四周积水，船只可泊此，故取“渔船团聚，停泊”之意命名。辖区地处团泊洼内，地势低洼，七排干渠、独流减河等流经此地。2017年，团泊镇被正式命名为国家卫生镇。2018年12月2日，团泊洼网络作家村暨新文化传媒（团泊）小镇正式揭牌。2019 年 5 月第四届全国新媒体（团泊）峰会成功在此召开。镇上有高等院校 1 所，即天津大学仁爱学院，中小学 3 所，卫生院 1 所，有文化部静海五七干校旧址，有国家 AAAA 级景区光合谷旅游度假区、团泊湖风景区等景点，形成了以休闲、生态为特色的水上旅游经济，驻有仁爱集团、天房集团等知名房地产企业。荣乌高速、京沪高速、山深线等公路过境。该镇于 2014 年被评为“天津市文明镇”。

团泊村 [Tuánbócūn]

团泊镇人民政府驻地，在区驻地静海镇东南 17 千米，团泊镇辖自然村。人口约 0.54 万人。明永乐年间，此处地势低洼，终年积水，被水团团围住，来往的渔船经常在此停泊过夜，故取“渔船团聚、停泊”之意命名。村落呈团块状分布。村内有松江团泊湖高尔夫球会、团泊湖温泉酒店等以现代服务和生态旅游为主导的产业。山深线过境。

薛家房子村 [Xuējiāfángzicūn]

在区驻地静海镇东 17 千米，团泊镇辖自然村。人口约 0.03 万人。相传清乾隆四十一年（1776 年）有薛氏来此给土河朱家看洼，建房居住，后来发展成村，习称今名。村落呈团块状分布。村中有玉米等农产品。港静公路过境。该村于 2018 年被评为区级文明村镇。

张家房子村 [Zhāngjiāfángzicūn]

在区驻地静海镇东 17 千米，团泊镇辖自然村。人口约 0.04 万人。相传清光绪六年（1880 年）有巨庄子张氏迁来此地定居，给小邱庄李家当佃户，后逐渐发展成村，故命今名。村落呈团块状分布。村中有健身广场、图书馆、党员活动室、健身室等活动场所，组建了秧歌队、舞蹈队等文体团队。村中驻有华源联合中心小学、市华源工业公司等企业，有玉米等农产品。团唐线过境。该村于 2014 年被评为“天津市文明村”，2017 年被评为国家级和市级文明村镇。

双塘镇 [Shuāngtáng Zhèn]

属静海区管辖，在区境南部。面积约 41.3 平方千米。人口约 1.43 万人。该镇辖 10 个村委会，有 10 个自然村。镇人民政府驻西双塘村。1958 年置东双塘管理区，属红旗人民公社，1961 年改置人民公社，1983 年改置东双塘乡，2009 年乡政府迁至西双塘村，2001 年改置镇。明初建村于两个坑塘旁，故命今名。辖区地处南运河两岸，地势低平，西靠金叵洼，东临八虎洼。村中有成人文化技术学校 1 所、中小学 5 所、卫生院 1 所，有金属制品、冬菜等企业。该镇是天津鲜奶供产基地之一。津沧高速、京福公路等道路过境。附近通多路公共汽车。

西双塘村 [Xīshuāngtángcūn]

双塘镇人民政府驻地，在区驻地静海镇西南 10 千米，双塘镇辖自然村。人口约 0.14 万人。明初，李、刘、魏三姓居民先后迁此，建村于两个坑塘旁，名双塘。清雍正年间调整南运河道时，将其割为东、西两村，其位于河西，故得今名。村落呈团块状分布。作为“天津市旅游特色村”，该村有都市生态旅游观光园等。京岚线过境。该村于 2005、2014 年被评为“全国文明村”。

大丰堆镇 [Dàfēngduī Zhèn]

属静海区管辖，在区境东部。面积约 55.7 平方千米。人口约 1.58 万人，以汉族为主，另有回、满等民族。该镇辖 16 个村委会，有 16 个自然村。镇人民政府驻大丰堆村。1957 年置大丰堆乡，1958 年建红旗公社，驻地静海镇，1961 年由红旗公社析建大丰堆公社，1983 年改置乡，2001 年改置镇，因驻地大丰堆得名。该镇地处团泊洼与八虎洼之间，生产河两岸，地势低洼。镇上有小学 3 所、卫生院 1 所，驻有钢绞线、食品、工贸等企业。津神线、静海环线等道路过境。

大丰堆村 [Dàfēngduīcūn]

大丰堆镇人民政府驻地，在区驻地静海镇东南 7 千米，大丰堆镇辖自然村。人口约 0.33 万人。明永乐年间，郝、刘、潘、张四姓在古塘河三岔口两侧建村，名为大汾水，清同治年间改称大粪堆，1935 年雅为今名。村落沿团静路呈带状分布。村中有玉米、棉花等农产品。津沧高速公路、团静路过境。

史家庄村 [Shǐjiāzhuāngcūn]

在区驻地静海镇东南 5 千米，大丰堆镇辖自然村。人口约 0.06 万人。相传明末永乐年间，史姓居民来此地建村，命今名。村落沿卫星河呈带状分布。村中有文化健身广场、休闲公园、文化活动中心等活动场所，有秧歌队、文艺表演队等文体团队，建立健全了退休养老制度、医疗保险制度、义务教育免费制度等助老惠民制度体系。村中有天津润成铁路制造有限公司、天宇科技园等单位。静王公路过境。该村于 2008 年被评为“全国文明村”。

沿庄镇 [Yánzhuāng Zhèn]

属静海区管辖，在区境西南部。面积约 98.7 平方千米。人口约 3.68 万人。该镇辖 24 个村委会，有 24 个自然村。镇人民政府驻东滩头村。1957 年置沿庄乡，1958 年设沿庄管理区，属卫星公社，1961 年属子牙公社，1974 年建公社，1983 年改置乡，2001 年东滩头乡、沿庄乡合并建镇。明初已成村落，沿河建村，故得今名。辖区地势低洼，子牙河、黑龙港河流经此地。镇上有成人文化技术学校 1 所、中小学 10 所、卫生院 1 所，有东滩头东汉墓群。宋朝杨家将屯兵在此，有杨六郎辕门斩子（元蒙口）、探马庄（谭庄子）等遗址。村中驻有食品、喉箍等企业。团大公路、新津涞公路等道路过境。

东滩头村 [Dōngtāntóucūn]

沿庄镇人民政府驻地，在区驻地静海镇西南 22 千米，沿庄镇辖自然村。人口约 0.22 万人。相传此地有一条丰家河，多年冲击形成东、中、西三个沙滩，明永乐二年（1404 年）宋姓在东沙滩建村，故命今名。村落呈团块状分布。村中有东滩头东汉墓群，有玉米、棉花等农产品。陈黄路过境。

西翟庄镇 [Xīzháizhuāng Zhèn]

属静海区管辖，在区境东南部。面积约 49.62 平方千米。人口约 1.43 万人。该镇辖 12 个村委会，有 12 个自然村。镇人民政府驻西翟庄村。1957 置西翟庄乡，1958 年设西翟庄管理区，属钢龙公社，1961 年由钢龙公社析建西翟庄公社，1983 年改置镇。明永乐年间建村，以翟姓为首，因与东翟庄相对故命今名。辖区地处万军套洼南部，生产河西侧，运东排干渠东侧，地势低洼。镇上有中小学 4 所、卫生院 1 所，驻有钢铁、钢管、市政等企业，已形成钢铁加工、有色金属轧延、柳编、印刷、油墨等支柱产业，主要单位有镇教育办、派出所等。镇上有金丝小枣、冬枣等农产品。京沪高铁和津石高速、团唐公路过境。

西翟庄村 [Xīzháizhuāngcūn]

西翟庄镇人民政府驻地，在区驻地静海镇西南 20 千米，西翟庄镇辖自然村。人口约 0.2 万人。明永乐年间建村，以翟姓为首，因与东翟庄相对故名。村落沿团唐公路呈带状分布。村中有多品种枣，是天津市枣类生产基地。团唐公路过境。

良王庄乡 [Liángwángzhuāng Xiāng]

属静海区管辖，在区境东北部。面积约29.96平方千米。人口约1.97万人，以汉族为主，另有回族等。该乡辖18个村委会，有18个自然村。乡民政府位于良王庄村路。1949年设良王庄区，1957年改置乡，1958年建良王庄管理区，属东风公社，1961年由东风公社析建良王庄公社，1983年复置乡。明永乐年间建村，由代王庄、辽王庄2村合并，得名两王庄，后演变为今名。辖区地处杨庄洼北部，独流减河南侧，地势低洼。乡里有中小学5所、卫生院1所，主要单位有卫生院、邮电所等，有良王庄烈士陵园，驻有重工机械、农业科技、禽类、木器、橡胶、铅笔等企业。静霸公路过境。

杨成庄乡 [Yángchéngzhuāng Xiāng]

属静海区管辖，在区境东部。面积约67.5平方千米。人口约1.59万人。该乡辖1个居委会、8个村委会，有12个自然村。该乡东邻中日（天津）健康产业发展示范区，西连静海镇和良王庄乡，南接大丰堆镇，北隔独流减河与西青区交界。该乡因驻地杨成庄村得名。该地清朝属静海县东路双窑地练，1945年属一区砖垛大乡，1948年属天津县砖垛区，1949年划归静海县，1950年属二区，1957年属管铺头乡，1958年属团泊洼公社，1961年建管铺头公社，1983年置管铺头乡，1984年更名杨成庄乡，2015年改为静海区杨成庄乡。乡政府驻杨成庄村西侧，西距城区7千米。乡里有成人文化技术学校1所、中小学7所、卫生院1所及农商银行、地税所等单位；主要农作物有小麦、玉米、棉花，以特色养殖业为重点；驻有金属制造、装备铸造、轻工纺织、建筑材料等企业。京沪高铁、团王公路、津文公路、团泊大道过境。

宫家屯村 [Gōngjiātúncūn]

在区驻地静海镇东5千米，杨成庄乡辖自然村。人口约0.12万人。明永乐年间宫姓居民迁此建村。1987年建管铺头乡宫家屯村，后更名为宫家屯村至今。村落呈团块状分布。村中有纪念张宝林、刘云阁、赵凤会、郭同起、张良五位烈士的宫家屯烈士陵园，为静海爱国主义教育基地。村中盛产土鸡蛋、菜瓜。村中有公路与毕杨公路相接。

静海经济开发区 [Jìnghǎi Jīngjì Kāifāqū]

在区境北部。东至京沪高铁，西至津沧高速公路，南至东方红路，北至津文线。占地面积约120平方千米。开发区因处静海区，故名，是1992年6月经天津市人民政府正式批准建立的省级开发区，由静海区人民政府管理。开发区坚持“规模做大、产业做强、机制做活、服务做优、环境做美”的园区发展战略，以打造“静海开发区现代产业引擎高地”为契机，争创静海新兴产业发展的龙头示范区、经济强势增长的国家级强区。该区于2014年被列为天津市自主创新示范区静海分园。重点产业有机械制造、制药、服装、食品加工、电子、新材料等，有多家知名企业，所属自行车产业园为中国自行车电动车产业基地。区内道路与区外国道、省道等互通相连。

天津子牙经济技术开发区 [Tiānjīn Ziyá Jīngjì Jìshù Kāifāqū]

在区境西南部。东至京沪高速公路，西

至子牙河，南至陈大公路，北至静文公路。占地面积约 131.9 平方千米，2003 年建立天津市子牙环保产业园，2006 年更名为天津子牙工业园区，2010 年更名为天津子牙循环经济产业区。2012 年 12 月 11 日经国务院正式批准建立国家级开发区，定今名，由静海区人民政府管理。产业区是国家循环经济试点园区、国家级废旧电子信息产品回收拆解处理示范基地、国家进口废物“圈区管理”园区、国家“城市矿产”示范基地、国家新型工业化产业示范基地、国家循环经济教育示范基地。园区基础设施与服务设施齐全，交通便利，对外已形成集航空、海运、铁路、公路于一体的立体化交通网络。

蓟　州　区

蓟州区 [Jìzhōu Qū]

天津市辖区，北纬 40° 02′，东经 117° 24′，在市境北部。面积约 1 590.22 平方千米。人口约 88.25 万人，以汉族为主，有满、回等民族。该区辖 1 个街道、25 个镇、1 个乡。区人民政府驻文昌街道。唐开元十八年（730 年）置蓟州，据《太平寰宇记》载：“取古蓟门关以名州。”宋宣和四年（1122 年）更名平卢县属广川郡，宣和七年（1125 年）入金，复置蓟州，属中都路，明永乐二年（1404 年）属顺天府，清因之，1914 年改今名，属京兆特别区，1928 年属河北省，1973 年划归天津市。辖区地势北高南低，北部为侵蚀低山和山地丘陵区，约占全区面积 1/2，最高为九山顶，海拔 1 078.5 米；中部为洪积冲积平原，含于桥水库约占全区面积 1/6，海拔 10~50 米；南部为冲积平原，约占全区面积 1/3，有青甸洼、太和洼，海拔在 10 米以下，最低 1.8 米。年平均气温 12.8 ℃，最低气温 -10.3 ℃，最高气温 40 ℃。年降水量 668.6 毫米。境内河道纵横，属蓟运河上游水系，有泃河、州河、蓟运河等主干河，均为常年河；漳河、兰泉河、黑豆河、淋河等均为其支流，为季节河。区内有区级科技管理机构 1 个，广播电大 1 所，成人中专 1 所，中小学 180 所，幼儿园 258 所；有剧团 1 个，区图书馆 1 个，文物保护管理机构 1 个，影剧院 1 个；有三级医院 1 所，为蓟州区人民医院。境内名胜古迹众多，有世界文化遗产黄崖关长城，全国重点文物保护单位独乐寺、千像寺造像、蓟县白塔、平津战役前线司令部旧址，有天津市文物保护单位天成寺、万松寺、云罩寺、围坊遗址、别山汉墓群、邦均西周遗址，有蓟州区文物保护单位鼓楼、文庙、公输子庙、福山塔、张家园遗址等。1989 年以来，新发现盘山千像寺无量寿佛洞、黄崖关八仙洞和下营九山顶云摩洞；有战国、汉、隋、辽、明不同时期的百余座古墓分布于渔阳镇、别山、邦均等地；有盘山和爨岭庙烈士陵园，葬有李子光、包森、田野等革命烈士。蓟州区是中国首家绿色食物示范区和中国山区综合开发示范区。三大产业比重为 8.7∶32.8∶58.5。农业以种植业和畜牧业为主，工业以现代装备制造业、新材料业、绿色食品与生物制药业为主，服务业以旅游业为主。传统产业为畜牧业，已建成猪、牛、羊、鸭、奶牛、水产品等 9 类养殖区。区内有盘山柿子、燕山板栗、大棉球红果、黄崖关蜜梨等知名干鲜果品。京秦、大秦铁路东西过境，是津蓟铁路的终点。京哈公路和邦喜、马平等公路横穿东西，塘承高速、津蓟高速，津围公路、宝平公路纵贯南北。区内有长途汽车站。附近通多路公共汽车。

文昌街道 [Wénchāng Jiēdào]

蓟州区人民政府驻地，在区境中部。面积约 36.61 平方千米。人口约 11.36 万人。街道辖 31 个居委会。1982 年城关镇居民办公室成立，1992 年改建为蓟县境区街道办事处，2004 年更为今名。街道因处文昌街，故名。街道有宾昌河过境，有区图书馆、区青少年宫等单位，有渔阳鼓楼、独乐寺、鲁班庙、天仙宫等名胜古迹。文昌街道是城区所在地，多为住宅区和商业区，有蓟州客运站。附近通多路公共汽车。

阳光社区 [Yángguāng Shèqū]

属文昌街道管辖，在区境中部。面积约 1.2 平方千米。人口约 0.39 万人。社区因界内阳光小区得名，于 2008 年成立，含阳光小区、光明里等 5 个住宅小区，住宅楼多为 6 层。迎宾大街、光明路等道路过境。附近通多路公共汽车。该社区于 2014 年被评为“天津市文明社区”。

中昌东区社区 [Zhōngchāng Dōngqū Shèqū]

属文昌街道管辖。在区境中部。面积约 0.65 平方千米。人口约 0.78 万人。社区因界内中昌新村东区得名，于 2005 年成立，含山澜乡韵小区、中昌东区等 9 个住宅小区，住宅楼多为 4~5 层。北环路、光明路过境。附近通多路公共汽车。该社区于 2014 年被评为“天津市文明社区”。

曲院风荷社区 [Qǔyuàn Fēnghé Shèqū]

属文昌街道管辖。在区境中部。面积约 0.18 平方千米。人口约 0.11 万人。因界内曲院风荷苑小区得名。2013 年成立。含曲院风荷苑 1 个住宅小区，住宅楼多为 5 层。迎宾大街、光明路等道路过境。附近通多路公共汽车。该社区于 2014 年被评为“天津市文明社区”。

渔阳镇 [Yúyáng Zhèn]

属蓟州区管辖，在区境中部。面积约 77.00 平方千米。人口约 5.89 万人，以汉族为主，另有满、回等民族。该镇辖 70 个村委会，69 个自然村。镇人民政府位于商贸街。1949 年为城关镇，1958 年改公社，1981 年析置城关镇，1985 年镇社合并复称城关镇，2008 年改今名。蓟州区古时曾称渔阳县，因驻地地处城区得名。东至穿芳峪镇，西至官庄镇，南至溵溜镇，北至罗庄子镇南部。辖区内有职业技术学校 1 所，成人文化技术学校 1 所，中小学 17 所，幼儿园 1 所，医院 3 所。全镇经济发展较为均衡，第一产业有于桥水库北岸的绿色生态种植基地，生产各种温室蔬菜、食用菌等，第二产业以服装加工、建筑等传统行业为主，第三产业有渔阳国际物流园区、建材大世界、电商产业基地、兴华商务中心等。津蓟铁路、津蓟高速公路、津围公路在此经过。有长途汽车通往天津市区和河北省遵化、兴隆、三河等市县。

西井峪 [Xījǐngyù]

在区驻地文昌街道北 3 千米，渔阳镇辖自然村。人口约 0.08 万人。因四面环山似在井中并冠以方位，故名。村落呈团块状分布。周边多为农家院及民宿。有小麦、玉米等农产品。津燕路在此经过。村内保留有石街、石院、石房子，发展以“民俗摄影村”为主题的旅游业。该村于 2010 年被授予“中国历史文化名村”荣誉称号，2014 年被评为“天津市旅游特色村”。

东马坊 [Dōngmǎfáng]

在区驻地文昌街道东北 10 千米，渔阳

镇辖自然村。人口约 0.13 万人。清代皇帝去东陵恭谒，在桃花寺设行宫，此处为东马棚，得名东马房，民国时改今名。村落呈长方形。2005 年至今，村内先后完成修建水泥路、安装高标准路灯、栽植常绿灌木、建立村民服务中心等多项民生工程。村内建立村幸福院以解决留守老人无人照顾之忧。周边多为农家院及民宿。喜邦线在此经过。该村于 2014 年被评为“天津市文明村”。

桃花寺 [Táohuāsì]

在区驻地文昌街道东北 9 千米。渔阳镇辖自然村。人口约 0.03 万人。传乾隆驻跸桃花寺行宫，随行军队在桃花寺西侧扎营，原名西营房，后因重名，1959 年改称现名。村落呈长方形。村中有桃花寺行宫遗址。该村依托田园风光和历史文化，恢复和打造具有满族风情的休闲民俗村。村中有小麦、玉米、柿子等农产品。村公路南接邦喜公路。该村于 2014 年被评为“天津市旅游特色村”。

溵溜镇 [Yīnliū Zhèn]

属蓟州区管辖，在区境中部。面积约 28.16 平方千米。人口约 2.69 万人，以汉族为主，另有满族。该镇辖 33 个村委会，32 个自然村。镇人民政府驻溵溜。1949 年新中国成立后，属第三、第九区；1953 年属第十区，辖五个乡；1956 年撤区并乡，合并为八里庄、敦庄子、东赵各庄三个乡；1958 年成立溵溜公社；1983 年改置乡；1995 年改置镇，以镇政府驻地得名。镇上有漳河、幺河、州河自北向南通过境，有中小学 5 所、卫生院 1 所，驻有服装、面粉、彩印、自行车、建筑工程等企业。京秦铁路、大秦铁路、津蓟铁路、津蓟高速公路、京抚线、津围公路过境。

溵溜 [Yīnliū]

溵溜镇人民政府驻地，在区驻地文昌街道南 7 千米，溵溜镇辖自然村。人口约 0.13 万人。隋代成村，原为州河岸边差役宿之地，名为溵溜店。溵溜指河水流动状。清道光时名溵溜西店，民国时改今名。村落呈长方形。村中有小麦和玉米等农产品。津围公路、京抚线过境。

官庄镇 [Guānzhuāng Zhèn]

属蓟州区管辖，在区境西北部。面积约 79.57 平方千米。人口约 3.49 万人，以汉族为主，另有满、壮等民族。该镇辖 34 个村委会，34 个自然村。镇人民政府驻官庄。辖区 1953 年分属沟河北、塔院、东后子峪等 6 乡，1956 年分属官庄乡、南营乡、沟河北乡，1958 年属城关公社，1961 年析建官庄公社，1983 年复置乡，1990 年改置镇，以镇政府驻地官庄得名。境内群山环抱，盘山位于西北部，主峰海拔 864 米。镇上有中小学 8 所，卫生院 1 所。官庄西北有盘山风景区。镇上驻有石油机械制造、工贸、服装等企业，主产小麦、玉米、水旱稻，是核桃、板栗、柿子的重要生产基地，盘山柿子为名特产。津蓟高速公路、喜邦线、盘山路、燕山西大街贯穿东西。

官庄 [Guānzhuāng]

官庄镇人民政府驻地，在区驻地文昌街道西北 9 千米，官庄镇辖自然村。人口约 0.12 万人。因清代盘山建有行宫，此处为官员驻地，故名。村落沿盘山路呈带状分布。村内有盘山滑雪场、盘山国际滑草乐园等景区，有农产品盘山柿子。燕山西大街、盘山路过境。

玉石庄 [Yùshízhuāng]

在区驻地文昌街道西北 11 千米，官庄镇辖自然村。人口约 0.03 万人。清代建村于乱石堆上，名乱石庄。清乾隆十九年（1754 年）建行宫“静寄山庄”于此，将村迁至西南 500 米处，赐今名。村落呈团块状分布。北有盘山烈士陵园，东北侧有静寄山庄遗址，西北侧为盘山风景区。村中驻有盘山度假村、天津憩园山庄等，有柿子、山楂、梨等农产品。盘山路过境。该村于 2014 年被评为“天津市文明村”。

东后子峪 [Dōnghòuzǐyù]

在区驻地文昌街道西 5 000 米，官庄镇辖自然村。人口约 0.26 万人，以汉族为主，另有满族。明末建村，村以峪名加方位词称东候子峪，民国时称今名。1955 年小狼峪并入，1995 年狼嚎峪并入。村落呈长方形。村内朝阳庵遗址内，有一株乾隆帝赐名的“蟠龙松”，枝干伸展宛若苍龙，距今已有两三百年历史，是蓟州区著名旅游景点。燕山西大街、盘山路过境。

马伸桥镇 [Mǎshēnqiáo Zhèn]

属蓟州区管辖，在区境东部。面积约 43.00 平方千米。人口约 3.80 万人，以汉族为主，另有满、回等民族。该镇辖 42 个村委会，42 个自然村。镇人民政府驻大街。1949 年置镇，1956 改乡，1958 年改公社，1983 年复置乡。2001 年，原宋家营乡并入并改置镇，以镇政府驻地得名。境内有塔寺怀山、堡子山等。镇上有中小学 8 所，医院 1 所；有龙山革命遗址。该镇已发展成为以规模化精品蓝莓种植产业为特色，以都市型农业、健康养生产业、现代商贸服务业为主导的宜居康养特色小镇，有服装、建材、液压机械、纺织品、纸制品包装、服装辅料、装饰装潢等企业。通武线过境。

马伸桥大街 [Mǎshēnqiáo Dàjiē]

马伸桥镇人民政府驻地，在区驻地文昌街道东 13 千米，马伸桥镇辖自然村。人口约 0.15 万人。原为古代驿道中途差役歇宿之处，后成村。相传唐王征东到此御马，见桥伸腰，取名马伸腰，后名马伸店。清道光时因四周多桥改成马伸桥，民国时为马伸桥镇，新中国成立后简称大街，故名。村落呈方形。村中主产小麦、玉米。通武线过境。

西葛岑 [Xīgěcén]

在区驻地文昌街道东北 19 千米，马伸桥镇辖自然村。人口约 0.07 万人，以汉族为主，另有满族。清代成村，因附近山多葛藤，并区别于东葛岑，故名。村落呈方形。村内多次举办“亲子桃花节”以及农民春晚等文艺活动。每年三八妇女节都在全村召开“好媳妇”“五好家庭”评选活动。村中建立村级卫生规章制度，配有卫生清理专职保洁员；成立青年志愿者服务队，建立志愿者服务基地。2012 年蓟州区苹果科技园核心区项目落户于此，建立苹果主题公园。村中有玉米、小麦等农产品。马营公路过境。该村于 2014 年被评为“天津市文明村”。

下营镇 [Xiàyíng Zhèn]

属蓟州区管辖，在区境北部，面积约 145.21 平方千米。人口约 2.10 万人，以汉族为主，另有满、壮等民族。该镇辖 35 个村委会，53 个自然村。镇人民政府驻下营。1953 年置下营、中营、团山子等 8 乡，1958 年改公社，1983 年复置下营乡，1990 年改置镇，2001 年与小港乡合并仍称今名，以镇政府驻地得名。镇上有杨庄水库。泃河、关东河过境。辖区内有中小学 8 所，医院 1 所，有中上元古界地质剖面、八仙山等国家级自然保护区及世界文化遗产黄崖关长城、理教发源地岐山澜水洞，龙王庙、真武庙和关帝庙遗址;有梨木台、八仙山、九山顶等景点。重点产业为林果生产、畜禽养殖、旅游观光。镇上驻有食品、农业科技、旅游等企业。津围公路、克黄线过境。

下营 [Xiàyíng]

下营镇人民政府驻地,在区驻地文昌街道北 16 千米,下营镇辖自然村。人口约 0.37 万人。该村建于春秋战国时期,为防匈奴曾建边防营,分上、中、下 3 处,此处居下,故名。村落沿马营路呈带状分布。村中主产梨、柿子、苹果、板栗等。马营路过境。

常州 [Chángzhōu]

在区驻地文昌街道北 21 千米,下营镇辖自然村。人口约 0.03 万人。原名青山岭口外, 1942 年开辟为抗日根据地,为迷惑敌人,化名常州,沿用至今。村落沿白常路呈带状分布。村中有古长城遗址和中上元古界地质剖面自然保护区,有九山顶自然风景区,周边多为农家院及民宿,有农产品山楂。白常路从村中经过。该村于 2014 年被评为“全国文明村”。

郭家沟 [Guōjiāgōu]

在区驻地文昌街道北 17 千米,下营镇辖自然村。人口约 0.02 万人。清代成村,相传郭氏在此山沟定居成村,故名。村落呈长方形。郭家沟水库坐落于此。依托当地自然环境优势,村中发展生态农业,建设农家旅店,已建成荷花溪、戏水浅滩、水具展示、观光小路等设施。村南建有枣、桃、李子采摘园。村庄已成为以“山村风貌”为特色的旅游专业村。周边多为农家院及民宿,有中上元古界地质剖面自然保护区。马营公路在此经过。该村于 2014 年被评为“天津市文明村”。

邦均镇 [Bāngjūn Zhèn]

属蓟州区管辖,在区境西部。面积约 33.31 平方千米。人口约 3.31 万人,以汉族为主,另有回族、满族等。该镇辖 43 个村委会, 43 个自然村。1949 年为邦均镇, 1953 年置邦均乡,后改镇, 1958 年改公社, 1983 年复置邦均乡,1990 年置镇,2001 年李庄子乡并入,仍称今名。传战国商鞅在此宿店,名商君店。唐太宗东征经此,因谐音“伤军”犯忌,改名“邦军”,后演变为今名。镇上有中小学 7 所,幼儿园 3 所,医院 1 个,敬老院 1 个;有市级文物保护单位邦均西周遗址和邦均汉墓群。西南道村建有北方植物园,为北方著名的苗木市场。南部村庄主要种植苗木、花卉。北部山区主产苹果、柿子、桃、杏、山楂等。京秦铁路、大秦铁路及京秦高速、京抚公路、喜邦公路、宝平公路等道路过境。

国和 [Guóhé]

在区驻地文昌街道西南 12 千米,邦均镇辖自然村。人口约 0.18 万人。元代成村,名左家庄。民国时期称索达庄,因名称带有民族歧视性质, 1984 年以民族团结之意更今名。村落呈长方形。村内主要种植苗木、花卉等,有果园,主产柿子、杏、桃等。京秦铁路、喜邦公路过境。

小孙各庄 [Xiǎosūngèzhuāng]

在区驻地文昌街道西南 8 千米。邦均镇辖自然村。人口约 0.1 万人。明代成村,因孙姓定居最早,且村小,故今名。村落呈长方形。2009 年至今,村内先后完成修建水泥路、挖筑排水沟、栽种绿化植物、粉刷临街墙面、修建健身广场等改善村庄环境工程。村内积极组织村民开展体育锻炼、棋牌娱乐等各类文体活动,以此丰富百姓生活。

农业以苗木花卉种植为主。大秦铁路、邦喜公路在此经过。该村于2014年被评为“天津市文明村”。

西草场 [Xīcǎochǎng]

在区驻地文昌街道西南14千米，邦均镇辖自然村。人口约0.06万人。唐代成村，因成村前为草料场，故名。民国年间称西草厂，1945年改今名。村落呈长方形。村中有清真寺1座，农业以苗木、花卉种植为主。大秦、京秦铁路过境。

别山镇 [Biéshān Zhèn]

属蓟州区管辖，在区境东南部。面积约82.68平方千米。人口约4.89万人，以汉族为主，另有回、满等民族。该镇辖64个村委会，54个自然村。镇人民政府驻别山村。1953年置别山乡，1958年属溵溜公社，1962年析置别山公社，1983年复置乡，2002年翠屏山乡并入称今名。因邻别山，以山得名。辖区地势北高南低，北部较高山区有别山、卧虎山、凤凰山等，南部为平原、洼地。镇上有中小学12所、幼儿园3所、医院1所、卫生院1所，有市级文物保护单位别山汉墓群，驻有轻纺、毛织、水泥制品、服装、液压机械、纸箱、食品加工、建筑工程、环保设备等企业。京秦铁路、大秦铁路、京秦高速、京抚、塘承高速等道路过境。

窦家楼 [Dòujiālóu]

在区驻地文昌街道东南12千米，别山镇辖自然村。人口约0.07万人。明洪武年间成村，名窦家彩村，民国时称今名。1958年属溵溜公社，1960年划归玉田县，1962年复归蓟州区，名称沿用至今。村落沿京抚线呈带状分布。村内有市级文物保护单位别山汉墓群。农业以种植玉米、小麦为主。京抚公路过境。

别山 [Biéshān]

在区驻地文昌街道东南12千米，别山镇辖自然村。人口约0.22万人。唐贞观年间成村，因邻别山，以山得名。村落呈长方形。村内有镇初级中学、清真寺等。农业以种植玉米、小麦为主。大秦铁路、京哈公路过境。

尤古庄镇 [Yóugǔzhuāng Zhèn]

属蓟州区管辖，在区境西南部。面积约49.93平方千米。人口约2.70万人，以汉族为主，另有满、壮等民族。该镇辖44个村委会，44个自然村。镇人民政府驻尤古庄。1958年建尤古庄公社，1983年改置乡，2001年撤乡并镇，以镇政府驻地得名。镇上有中小学9所，幼儿园1所，医院1所，驻有油脂、粮食贸易，煤炭销售等企业，有小麦、玉米等农产品。宝平路、仓桑路过境。

尤古庄 [Yóugǔzhuāng]

尤古庄镇人民政府驻地，在区驻地文昌街道西南20千米，尤古庄镇辖自然村。人口约0.09万人。明代成村，因尤姓定居最早，故名。村落沿仓桑路呈带状分布。农历初一、初六为集日，辐射三河、平谷和宝坻区，有小麦、玉米等农产品。宝平公路、仓桑路过境。

上仓镇 [Shàngcāng Zhèn]

属蓟州区管辖，在区境南部。面积约42.16平方千米。人口约3.77万人，以汉族为主，另有回、满等民族。该镇辖41个村委会，40个自然村。镇人民政府驻后秦各庄。1953年置上仓、刘各庄、大纪各庄、桥头4乡，1956年合置上仓乡，1958年改公社，1983年复置乡，1994年改置镇，2001年原东塔庄镇并入，仍称今名。明代沿州河沿岸设置五大仓廒，该地地处最北面仓廒，得今名。镇上有州河经过，有中小学 7 所，幼儿园 1 所，医院 1 所；驻有酿酒、物流、服装、机械、水泥等企业。津蓟铁路、津蓟高速、克黄线、仓桑公路过境。

后秦各庄 [Hòuqíngèzhuāng]

上仓镇人民政府驻地，在区驻地文昌街道南 15 千米，上仓镇辖自然村。人口约 0.13 万人，以汉族为主，另有回族。明代成村，以秦姓村民居多并位于上仓之北，俗称南前北后，故名。村落沿仓桑路呈带状分布。村中主产小麦、玉米、桃等。津蓟铁路、克黄线过境。

下仓镇 [Xiàcāng Zhèn]

属蓟州区管辖，在区境南部。面积约 82.04 平方千米。人口约 4.67 万人，以汉族为主，另有满、回等民族。该镇辖 67 个村委会，67 个自然村。镇人民政府位于津围公路西侧。1953 年置下仓乡、少林口、安各庄等 6 乡，1956 年合置下仓乡和王良庄乡，1958 年改置下仓公社，1983 年复置乡，2001 年蒙鄲乡并入。唐代成村，原系漕运仓廒，并与上仓相对，故名。镇上有州河、蓟运河经过，有中小学 11 所、医院 1 所、卫生院 1 所，有建材、制衣、手套、线路器材等企业。农业以种植小麦、玉米等为主。津蓟铁路、塘承高速、克黄线、杨玉公路过境。

下仓 [Xiàcāng]

下仓镇人民政府驻地，在区驻地文昌街道南 28 千米，下仓镇辖自然村。人口约 0.28 万人。原系漕运仓廒，并与上仓相对，故名。村落呈长方形。村内驻有矿山机械、建筑工程等企业。村中主产小麦、玉米。津蓟铁路、克黄线过境。

罗庄子镇 [Luózhuāngzi Zhèn]

属蓟州区管辖，在区境北部。面积约 95.45 平方千米。人口约 1.37 万人，以汉族为主，另有壮、满等民族。该镇辖 25 个村委会，47 个自然村。镇人民政府驻罗庄子。1953 年置罗庄子、青山、翟庄 3 乡，1956 年合置杨庄乡，1958 年属下营公社，1961 年析建罗庄子公社，1983 年复置乡，2001 年洪水庄乡、罗庄子乡合并改置镇，以镇政府驻地得名。境内多山地、丘陵。泃河自兴隆入境经杨庄水库向西流入北京金海湖。镇上有中小学 7 所、幼儿园 1 所、卫生院 1 所，有蓟州溶洞、蓟州国际滑雪场、玉龙滑雪场、战神谷等景点，驻有旅游度假、金属制品、建设工程等企业。津围公路、通武线在此相交。

罗庄子 [Luózhuāngzi]

罗庄子镇人民政府驻地，在区驻地文昌街道北 12 千米，罗庄子镇辖自然村。人口约 0.05 万人。清代成村，因罗姓定居最早，原名罗家庄，民国时改今名。村落沿津围公路呈带状分布。村内有罗庄子镇旅游服务区，主产小麦、玉米、梨等。通武线、津围公路过境。

洪水庄 [Hóngshuǐzhuāng]

在区驻地文昌街道北 8 千米，罗庄子镇辖自然村。人口约 0.19 万人。清初成村，因地处山间盆地，每降大雨，有山洪下泻，故名。村落呈三角形。周边多为农家院及民宿，北部有蓟州区溶洞，南部有蓟州国际滑雪中心、玉龙滑雪场等度假场所。津围公路过境。

花果峪 [Huāguǒyù]

在区驻地文昌街道北 10 千米，罗庄子镇辖自然村。人口约 0.04 万人。清代成村，名三间房，1984 年因与县内村路重名，取“花果满谷”之意命名。村落沿马平公路呈带状分布。该村是以果园采摘为主,集旅游、休闲为一体的旅游村,有特产“环秀湖脆枣”。马平公路过境。该村于 2014 年被评为“天津市旅游特色村”。

白涧镇 [Báijiàn Zhèn]

属蓟州区管辖,在区境西部。面积约 44.00 平方千米。人口约 2.13 万人,以汉族为主,另有满、回等民族。该镇辖 19 个村委会，20 个自然村。镇人民政府驻白涧村。1953 年置白涧、杜吉素、东公乐 3 乡，1956 年合置白涧乡,1958 年属邦均公社,1961 年析建白涧公社,1983 年复置乡,2001 年改置镇,以镇政府驻地得名。镇上有中小学 6 所、卫生院 1 所。响水寺坐落于此。“白涧秋澄”为蓟州区古八景之一。该地为天津地区重要的建材基地,驻有页岩制品、环保科技、苗木种植等企业。农业主产小麦、玉米。京秦铁路、大秦铁路、京秦高速、京抚线、宝平公路等道路过境。

白涧 [Báijiàn]

白涧镇人民政府驻地,在区驻地文昌街道西南 20 千米,白涧镇辖自然村。人口约 0.17 万人,以汉族为主,另有满、苗等民族。村中涧水清澈,故名。清代成村,名清水泼涧庄,道光时名白涧庄,后简称白涧。村落沿京抚线呈带状分布。村内有小麦、玉米等农产品。京秦铁路、京抚线等道路过境。

五百户镇 [Wǔbǎihù Zhèn]

属蓟州区管辖,在区境东部,面积约 43.11 平方千米。人口约 2.77 万人,以汉族为主,另有满、蒙古等民族。该镇辖 42 个村委会,15 个自然村。镇人民政府位于水库南路。1953 年置五百户、二百户等 4 乡，1956 并乡置仇店子乡、小水头乡和清池乡，1958 年属马伸桥公社，1962 年析建五百户公社，1982 年复置五百户乡，2001 年撤乡建镇,因原驻五百户村得名。镇上有中小学 3 所、卫生院 1 所,有市级文物保护单位福山塔。工业以机械加工、服装加工、生产建材为主。农业以蔬菜种植为主。水库南路过境。

金庄子 [Jīnzhuāngzi]

在区驻地文昌街道东 24 千米,五百户镇辖自然村。人口约 0.08 万人,以汉族为主,另有满族。早年有原清东陵御陵军后代金姓,在此定居,故名。村落沿水库南路呈带状分布。村中有市级文物保护单位福山塔寺,以农业为主,有小麦、玉米、大豆等农产品。水库南路过境。

侯家营镇 [Hóujiāyíng Zhèn]

属蓟州区管辖,在区境西南部。面积约 55.82 平方千米。人口约 3.93 万人,以汉族为主,另有满、蒙古等民族。该镇辖 43 个村委会，43 个自然村。镇人民政府驻林庄户。1953 年置侯家营、东施古、薄李庄、西桥头 4 乡，1956 年合置侯家营乡、林庄户乡，1958 年属尤古庄公社，1961 年析建侯家营公社，1983 年复置乡，2001 年三岔口乡并入。明代侯姓村民在此建村,故名。村中有中小学 8 所、幼儿园 1 所、卫生院 1 所,驻有服装、肉类加工、蔬菜种植、畜禽养殖等企业,有小麦、玉米、水稻等农产品。宝平公路、蓟宝公路过境。

许有庄 [Xǔyǒuzhuāng]

侯家营镇人民政府驻地,在区驻地文昌街道西南 25 千米,侯家营镇辖自然村。人口约 0.07 万人。明代成村,原名老爷庙,清代名关帝庙庄,民国时以姓命名,称徐有庄,新中国成立后称现名。村落沿宝平公路两侧分布。村中有小麦、玉米等农产品。宝平公路过境。

娘娘庙 [Niángniangmiào]

在区驻地文昌街道西南 27 千米，侯家营镇辖自然村。人口约 0.15 万人。明代成村，因村内娘娘庙得名。村落沿河堤分布呈长方形。村中有集蔬菜采摘、垂钓、观光农业、观赏乡野自然景观与农事趣味活动等项目于一体的娘娘庙观光农业园。侯三路过境。该村于 2014 年被评为“天津市旅游特色村”。

桑梓镇 [Sāngzǐ Zhèn]

属蓟州区管辖，在区境西南部。面积约 68.78 平方千米。人口约 4.13 万人，以汉族为主，另有满、壮等民族。该镇辖 44 个村委会，44 个自然村。镇人民政府驻桑梓。1953 年置桑梓、马道、归宁屯 3 乡，1956 年合置桑梓乡，1958 年属尤古庄公社，1961 年析建桑梓公社，1983 年复置乡，2001 年改置镇，以镇政府驻地得名。泃河自西北向东南过境。镇上有中小学 11 所，卫生院 2 所。该镇以种植业和养殖业为主，驻有建筑工程、化工产品销售、农业科技等企业。仓桑路、宝平路过境，设有汽车站，通长途汽车。

桑梓 [Sāngzǐ]

桑梓镇人民政府驻地，在区驻地文昌街道西南 26 千米，桑梓镇辖自然村。人口约 0.5 万人。辽代成村，因传说村中一科考得中者，怀念家乡，在村中种桑梓树做纪念，得名桑梓里，民国时称今名。村落呈长方形。农历初四、初九为集日。村内有小麦、玉米和西瓜等农产品。仓桑路过境，设汽车站。

东施古镇 [Dōngshīgǔ Zhèn]

属蓟州区管辖，在区境西南部。面积约 27.48 平方千米。人口约 1.8 万人，以汉族为主，另有满、蒙古等民族。该镇辖 17 个村委会，17 个自然村。镇人民政府驻东施古。1953 年置东施古、柳子口、嘴吧庄 3 乡，1956 年并乡属八营乡，1958 年属上仓公社，1961 年析建东施古公社，1983 年复置乡，2001 年以镇政府驻地更今名。地处青甸洼北部。漳河自镇域东侧南北流过。镇上有中小学 5 所，卫生院 1 所。该镇是全区重要的鱼、肉、蛋、菜和优质粮食生产基地，驻有煤炭销售、化工厂、种鸡场等企业。仓桑路、一线穿路过境。

东施古 [Dōngshīgǔ]

东施古镇人民政府驻地，在区驻地文昌街道西南 19 千米，东施古镇辖自然村。人口约 0.11 万人。宋代成村，村有尼姑庵，以庵名村，冠以方位，名东师姑庄，民国年间称东施古庄，新中国成立后称现名。村落呈长方形。村内有小麦、玉米等农产品。柳西路过境。

下窝头镇 [Xiàwōtóu Zhèn]

属蓟州区管辖，在区境南部。面积约 44.79 平方千米。人口约 2.95 万人，以汉族为主，另有满族。该镇辖 29 个村委会，29 个自然村。镇人民政府驻侯景刘。1953 年于下窝头置下窝头乡，1956 年驻地迁今址，1958 年属上仓公社，1961 年析建下窝头公社，1983 年复置乡，2001 年撤乡并镇，白塔子乡并入。元代成村，因村处州河弯流旋涡（谐音窝）下游，故名。州河与漳河自北向南流过。镇上有中小学 8 所，卫生院 1 所。该镇是全区重要的鱼、肉、蛋、菜和优质粮生产基地，驻有机械设备、石材、服装等企业。津蓟高速、蓟宝公路、一线穿路过境。

侯景刘 [Hóujǐngliú]

下窝头镇人民政府驻地，在区驻地文昌

街道南 20 千米,下窝头镇辖自然村。人口约 0.1 万人。侯家庄、井各庄、刘百庄 3 村合并,取三村首字而得名。明代成村, 1945 年合并称今名。村落呈刀把形。村内有小麦、玉米等农产品。一线穿路过境。

杨津庄镇 [Yángjīnzhuāng Zhèn]

属蓟州区管辖,在区境南部。面积约 72.1 平方千米。人口约 3.78 万人,以汉族为主,另有壮、满等民族。该镇辖 52 个村委会, 52 个自然村。镇人民政府驻杨津庄。1953 年置杨津庄、马龙港等 4 乡,1956 年合置杨津庄乡,1958 年属下仓公社,1962 年析建杨津庄公社, 1983 年复置乡, 2001 年,撤销杨津庄乡、大埜上乡,合并设立杨津庄镇,以镇政府驻地得名。州河自北向南流经西界,三道港总干渠横贯中部。镇上有职业技术学校 1 所,中小学 8 所,幼儿园 1 所,卫生院 3 所,驻有建材、水泥制品、木业、服装、净化设备、糕点等企业。津蓟铁路、塘承高速、克黄线、一线穿路、军蓟路等道路过境。

杨津庄 [Yángjīnzhuāng]

杨津庄镇人民政府驻地,在区驻地文昌街道南 20 千米,杨津庄镇辖自然村。人口约 0.23 万人。因杨姓居多且村处州河渡口,故名。明代成村,名杨亲庄,清代称现名。村落沿公路西侧分布。村内有小麦、玉米等农产品。津蓟铁路、克黄线、一线穿路等道路过境。

出头岭镇 [Chūtóulǐng Zhèn]

属蓟州区管辖,在区境东部。面积约 38.74 平方千米。人口约 3.66 万人,以汉族为主,另有满族。该镇辖 36 个村委会, 36 个自然村。镇人民政府驻官场。1953 年置出头岭乡、孟各庄乡, 1956 合置出头岭乡, 1958 年属河北省遵化县五星公社, 1961 年析建出头岭公社, 1979 年划归天津市蓟县, 1983 年复置出头岭乡, 2001 年撤销出头岭乡、官场乡,组建出头岭镇。隋代建村于铁磨岭山南麓,以山岭得名。沙河从北向南流经东部边界。镇上有中小学 9 所,幼儿园 1 所,医院 1 所,卫生院 1 所。村内农业以食用菌和蔬菜种植大棚为主,驻有食用菌科技、建筑工程、水产养殖等企业。通武线、淋平路等过境。

官场 [Guānchǎng]

出头岭镇人民政府驻地,在区驻地文昌街道东 24 千米,出头岭镇辖自然村。人口约 0.11 万人,民族以汉族为主,另有满族。唐代成村,相传为李世民东征训练官兵场地,故名。村落呈东西向长方形。村内有小麦、玉米等农产品。淋平路过境。

西龙虎峪镇 [Xīlónghǔyù Zhèn]

属蓟州区管辖,在区境东部。面积约 42.85 平方千米。人口约 2.82 万人,以汉族为主,另有满、壮等民族。该镇辖 16 个村委会, 19 个自然村。镇人民政府驻西龙虎峪。1958 年属遵化县五星公社, 1961 年析建西龙虎峪公社, 1979 年划归天津市蓟县, 1983 年改置乡, 2001 年改置镇,以镇政府驻地得名。辖区西北靠库区,黎河汇入沙河,沙河向西流入于桥水库。镇上有中小学 7 所、卫生院 1 所,拥有酿酒葡萄基地和万亩退耕还林基地,以服装制作、地毯加工、粮食加工、食品加工、交通运输等产业为主,驻有机械制造、塑料制品、甘栗食品等企业。镇上有板栗、葡萄等农产品。大秦铁路、遵玉公路、水库东路过境。

西龙虎峪 [Xīlónghǔyù]

西龙虎峪镇人民政府驻地,在区驻地文昌街道东 28 千米,西龙虎峪镇辖自然村。

人口约 0.32 万人。唐代成村，以村东南有土坨呈龙虎形状得名，为区别于东龙虎峪，故冠以西字。辖区原属河北省遵化县，1979 年划归天津市蓟县。村落呈多边形。村内有葡萄、食用菌、花生等农产品。遵玉公路、水库东路过境。

龙前村 [Lóngqiáncūn]

在区驻地文昌街道东 28 千米，西龙虎峪镇辖自然村。人口约 0.26 万人。五代后周时期成村，与西龙虎峪相对，原名东龙虎峪，后分成南、北两村，此村居南，后改今名。该村原属河北省遵化县，1979 年划归天津市蓟县。村落略呈三角形。村南有后周右谏议大夫窦禹钧墓。龙漳路经过并与遵玉公路相连。

穿芳峪镇 [Chuānfāngyù Zhèn]

属蓟州区管辖，在区境东部。面积约 50.00 平方千米。人口约 1.60 万人，以汉族为主，另有满、回等民族。该镇辖 26 个村委会，26 个自然村。镇人民政府驻穿芳峪。1953 年置穿芳峪乡，1958 年属马伸桥公社，1961 年析建穿芳峪公社，1983 年复置乡，2011 年改置镇，以镇政府驻地得名。辖区内有九龙头山、娘娘顶等山峰。镇上有中小学 4 所、幼儿园 1 所及毛家峪旅游度假村，驻有建材、旅游、畜禽养殖、机械、包装制品等企业。克黄线、通武线、喜邦线过境。

穿芳峪 [Chuānfāngyù]

穿芳峪镇人民政府驻地，在区驻地文昌街道东 13 千米，穿芳峪镇辖自然村。人口约 0.13 万人。唐代成村，名椽房峪，民国时名川芳峪，新中国成立后改今名。村落沿马平公路呈带状分布。村内有穿芳峪园林遗址，有小麦、玉米等农产品。马平公路过境。

果香峪 [Guǒxiāngyù]

在区驻地文昌街道东北 12 千米，穿芳峪镇辖自然村。人口约 0.14 万人。清代成村，因所处山谷花果飘香得名。村落沿九龙山路呈带状分布。周边有多处清代民居和陵神桥等不可移动文物。村内有镇果香峪中心小学。南部有元古奇石林风景区，北部有九龙山国家森林公园等景区。村中有柿子、梨、核桃等农产品。马平公路过境。

毛家峪 [Máojiāyù]

在区驻地文昌街道东北 12 千米，穿芳峪镇辖自然村。人口约 0.03 万人。清代成村，以毛姓定居最早，故名。2006 年抱水峪村并入。村落沿马抱路呈带状分布。村子以旅游产业为主，打造长寿主题的旅游度假村。周边多为农家院及民宿，紧邻市元古奇石林风景区。村内有小麦、玉米、柿子和梨等农产品。马抱路过境。该村于 2011 年被评为“全国文明村”。

东二营镇 [Dōng'èryíng Zhèn]

属蓟州区管辖，在区境西南部。面积约 28.4 平方千米。人口约 1.86 万人，以汉族为主，另有满族。该镇辖 31 个村委会，27 个自然村。镇人民政府驻东二营。1953 年置东二营、唐头庄、董各庄 3 乡，1956 年合置东二营乡，1958 年属邦均公社，1961 年析建东二营公社，1983 年复置乡，2011 年改置镇，以镇政府驻地得名。镇上有中小学 4 所、幼儿园 2 所，卫生院 1 所。农业主产小麦、玉米。苗木产业为镇特色产业。镇上驻有食用菌种植、电器制造、采暖设备等企业。京秦高速公路、邦侯路过境。

东二营 [Dōng'èryíng]

东二营镇人民政府驻地，在区驻地文昌街道西南 14 千米，东二营镇辖自然村。人口约 0.04 万人。唐代李世民征东期间曾在此驻扎两营盘得名二营庄，清代改为今名。村落呈长方形。村内主产小麦、玉米，为区商品粮生产基地之一。东宝路、翰东路过境。

许家台镇 [Xǔjiātái Zhèn]

属蓟州区管辖，在区境西部。面积约 41.88 平方千米。人口约 1.22 万人。该镇辖 15 个村委会，15 个自然村。镇人民政府驻许家台。1953 年置许家台乡，1958 年属邦均公社，1961 年析建许家台公社，1983 年复置乡，2011 年改置镇，以镇政府驻地得名。镇上有天津体育学院运动与文化艺术学院，镇中小学 2 所，卫生院 1 所，有“白草洼战争”遗址、商周遗址。村内以旅游生态开发为主要产业，驻有华特玻璃纤维、天津盘山高尔夫俱乐部等企业。津蓟高速公路、宝平公路、盘山大道过境。

许家台 [Xǔjiātái]

许家台镇人民政府驻地，在区驻地文昌街道西南 12 千米，许家台镇辖自然村。人口约 0.26 万人。唐代成村，因许姓村民定居高台，故名。村落呈方形。村内主产小麦、玉米、柿子、苹果、核桃。宝平公路、盘山大道过境。

东窝铺 [Dōngwōpù]

在区驻地文昌街道西 15 千米，许家台镇辖自然村。人口约 0.05 万人。清代成村，因刘姓看守果园，搭窝铺居此，故名。村落呈长条状。特色古建筑法藏寺坐落于此。村内驻有磐龙谷环湖高尔夫会所、盘龙谷艺术馆、白草洼战斗遗址等。村内有公路西接宝平路。

礼明庄镇 [Lǐmíngzhuāng Zhèn]

属蓟州区管辖，在区境南部。面积约 32 平方千米。人口约 2.6 万人，以汉族为主，另有满族。该镇辖 37 个村委会，37 个自然村。镇人民政府驻礼明庄。1958 年属溵溜公社，1962 年析建礼明庄公社，1983 年改置乡，2011 年改置镇，以镇政府驻地得名。州河从北向南流经与东赵各庄镇分界，辽运河自西北向东南贯穿境内。镇上有中小学 5 所，幼儿园 2 所，卫生院 1 所。孟家楼平津战役指挥部旧址坐落于此。镇上以机械制造、服装、生物科技、环保材料、汽车配件等产业为主，驻有塑料异形材制造、管业、磁性材料、环保设备、汽车销售等企业。京秦铁路、津蓟铁路、京秦高速、京抚线、克黄线过境。

礼明庄 [Lǐmíngzhuāng]

礼明庄镇人民政府驻地，在区驻地文昌街道东南 11 千米，礼明庄镇辖自然村。人口约 0.12 万人。明初建村，因李姓村民最早定居而名李明家庄，清代称今名。村落呈长方形。村内驻有新材料、汽车配件等企业，有小麦和玉米等农产品。漳河街、东昌路、盘龙山路过境。

孟家楼 [Mèngjiālóu]

在区驻地文昌街道南 11 千米，礼明庄镇辖自然村。人口约 0.16 万人。唐代成村，因村民孟姓家有高大门楼得名。村落呈方形。平津战役指挥部旧址坐落于此。村内驻有副食店、化妆品店、烟酒店等商店。津蓟铁路、京秦高速、津围公路过境。

东赵各庄镇 [Dōngzhàogèzhuāng Zhèn]

属蓟州区管辖，在区境南部。面积约 29.29 平方千米。人口约 2.23 万人，以汉族为主，另有满族等。该镇辖 31 个村委会，31

个自然村。镇人民政府驻兴武镇。1953 年置上窝头、西赵各庄、穆庄子、安二寺等 4 乡，1956 年合置东赵各庄乡、兴武镇乡，1958 年属溵溜公社，1962 年析建东赵各庄公社，1983 年复置乡，2011 年改置镇，以镇政府驻地得名。州河自北向南流经东界。镇上有中小学 5 所，卫生院 1 所，有种植、建筑工程、自动化设备等企业。津蓟铁路、京秦高速、津蓟高速过境。

兴武镇 [Xīngwǔ Zhèn]

东赵各庄镇人民政府驻地，在区驻地文昌街道西南 10 千米。东赵各庄镇辖自然村。人口约 0.06 万人。相传唐代山东习武之人来此定居，形成东、西、小三个兴武镇。民国时为兴武镇、郝家村两个村，新中国成立后合并为一村称现名。村落沿唐塔路两侧分布，主产小麦、玉米和水稻。东侧有津蓟高速公路。

孙各庄满族乡 [Sūngèzhuāng Mǎnzú Xiāng]

属蓟州区管辖，在区境东部。面积约 25.48 平方千米。人口约 0.73 万人，以汉族为主，另有满族，为满族乡，满族人口 2 973 人，占该乡总人口的 41%。该乡辖 13 个村委会，有 15 个自然村。乡人民政府驻北太平庄。1953 年置孙各庄、张丁庄、赵各庄、东葛岑 4 乡，1956 年合置孙各庄乡，1958 年属马伸桥公社，1961 年析建孙各庄公社，1974 年驻地迁北太平庄，1983 年复置乡，1985 年因满族人口较多改今名。因乡政府原驻地孙各庄多满族人得名。辖区地处山区，有天台山、黄花山、朱华山等。关东河贯穿东西。乡内有中小学 3 所，卫生院 1 所，有清朝太子陵、王爷陵，以及行宫、寺庙等众多遗址。当地主产小麦、玉米等农作物，另有葡萄、柿子、核桃、板栗等，所产核桃远销日本、德国等地。天津元宝山庄陵园驻此地。马营路、东陵路过境。

北太平庄 [Běitàipíngzhuāng]

孙各庄满族乡人民政府驻地，在区驻地文昌街道东北 19 千米。孙各庄满族乡辖自然村。人口约 0.06 万人，以满族为主，余为汉族。清初成村。村民守护裕宪亲王陵墓，康熙帝赐名“太平庄”，1984 年因重名改今名。村落呈方形。村内主产小麦、玉米、苹果、梨。马营路、东陵路过境。

丈烟台 [Zhàngyāntái]

在区驻地文昌街道东北 20 千米，孙各庄满族乡辖自然村。人口约 0.06 万人，以满族为主，余为汉族。明代成村，因村北两山之间修有烽火台，名嶂烟台，清道光时称今名。村落沿东陵路呈带状分布。村西北有清王爷陵遗址，周边多为农家院及民宿客栈。村内有核桃、板栗等农产品。东陵路过境。

朱华山 [Zhūhuáshān]

在区驻地文昌街道东北 17 千米，孙各庄满族乡辖自然村。人口约 0.09 万人，以汉族为主，另有满族等。清代成村。村北山坳山形似猪，得名猪华山，民国时改今名。村落呈长方形。村西有清太子陵遗址、元宝山庄生命纪念公园等。村中有核桃、板栗等农产品。东陵路过境。

天津蓟州区经济开发区 [Tiānjīn Jìzhōu Qū Jīngjì Kāifāqū]

在区境南部。由四个区组成，一区东至徐各庄，西至津围公路，南至礼明庄乡村公路，北至京哈公路。二区东至张家店，西至津围公路，南至京哈公路，北至辽运河。三区东至津围公路，西至辽运河，南至京哈公路，北至辽运河。四区东至津围公路，西至辽运河，南至东卢各庄，北至京哈公路。占地面积约 6.51 平方千米。开发区因地处蓟州区，故名。1992 年 6 月经天津市人民政府正式批准建立市级开发区，由蓟州区人民政府管理，以机械加工、建材、食品为主导产业。截至 2014 年，开发区累计注册企业 296 家，以新材料、新能源、现代装备制造为主导，并逐步形成总部基地型、科研孵化型、产业链延伸型工业发展新格局。多条开发区道路连通京哈公路和津围公路，附近通多路公共汽车。

天津上仓工业园 [Tiānjīn Shàngcāng Gōngyèyuán]

在区境南部。东至津蓟铁路，西至津围公路，南至挂月街，北至津围公路。面积约 10.6 平方千米。工业园因地处上仓镇，故名。2009 年 8 月，经天津市人民政府正式批准建立市级示范工业园区，由蓟州区人民政府管理，依托上仓镇酒文化传统和现有产业基础，打造生态化、现代化、特色化的精品产业园。工业园以绿色食品、新材料、生物医药为主导产业，截至 2014 年累计注册企业 94 家。园区基础设施与服务设施齐全，交通便利，津蓟铁路、津蓟高速、津围公路、仓桑公路等穿境而过。

天津专用汽车产业园 [Tiānjīn Zhuānyòng Qìchē Chǎnyèyuán]

在区境中部。东至九山顶路，西至津围公路，南至天津市蓟州区礼明庄镇人民政府，北至京哈公路。面积约 17.08 平方千米。产业园于 2009 年经天津市政府批准建立，名称沿用至今。产业园现已开发建设 10 平方千米，入住各类企业 200 家，形成了新材料、新能源、现代装备制造三大主导产业，并逐步形成总部基地型、科研孵化型、产业链延伸型工业发展新格局。园区基础设施与服务设施齐全，交通便利。多条道路与津围公路、京哈公路、九山顶路、盘龙山路等相连。

区　片

白庙 [Báimiào]

在河北区西北部，泛指小王庄大街与榆关道交口一带及其附近地区。白庙系明代渔村内一小刹，清初以庙命村名。旧时区域内多平房住宅，多以“白”字或其谐音“百”字命名。区域内多工业企业，有天津自行车二厂、市鼓风机总厂等企业。1992 年后陆续拆除部分企业兴建住宅小区。1997 年建成泰来里小区，2000 年建成山海花园小区，2009 年建成盛泰嘉园小区。区财政局、天津第一轻工业学校等单位坐落于此。经济以生活服务业为主。附近通多路公共汽车。

丁字沽 [Dīngzìgū]

在红桥区北部，泛指东起光荣道，西至咸阳北路，南起丁字沽三号路，北至北运河一带。原为捕鱼、水运之人休憩聚集之处，后成为居民区。据《天津卫考初稿》载："沿直沽以北为丁字沽，取水形象'丁'字也"，因区片居民俗称"丁字沽一带"，故名。北部为老住宅区，传说汉代已形成聚落，建筑以砖灰平房为主。南部为丁字沽工人新村，东、西部分别建起庭院式住宅楼群。片区内形成勤俭道、四新道、新德道、五爱道纵贯南北，丁字沽零号路、丁字沽一号路、丁字沽二号路、丁字沽三号路贯穿东西的街道格局。复印技术研究所、河北工业大学等主要单位坐落于此。经济以生活服务业为主。附近通多路公共汽车和地铁 1 号线。

西沽 [Xīgū]

在红桥区北部，泛指东起北运河，西至红桥北大街、新红路一线，南起子牙河，北至光荣道一带。因在沽河（北运河）以西得名。西沽原为村名，是七十二沽之一，仅指从北洋桥至龙王庙一带，多水坑、多庙宇，住宅多为青砖平房。1949 年后向外延伸扩大成今貌。1958 年北部建公园。1984 年南部子牙河上改建新红桥，桥附近建成居民住宅楼群。1998 年在区域南部建成流霞里小区，住宅楼皆为 6 层。片区中有光荣道、红桥北大街等主要街道，其中红桥北大街是城区北部的交通要道。北部有河北工业大学附属红桥中学和西沽公园，南部有河北省航运管理局。经济以生活服务业为主。附近通多路公共汽车。

小王庄 [Xiǎowángzhuāng]

在河北区西部，泛指民安街、津浦南路东南侧，天泰路东西两侧一带。清末形成聚落，因曾有一绰号"鸭子王"的养鸭人在此经营肉鸭，后形成聚落，取其姓氏称今名。1998 年区域内小王庄大街拓宽改造并更名天泰路。1999 年自行车二厂分厂和长庚胡同改建为东华里小区。2004 年建成吉泰花园小区。现区境内多为住宅小区。天津外国语大学附属外国语学校、昆山特种线材厂等教育单位坐落于此。经济以生活服务业为主。附近通多路公共汽车和地铁 6 号线。

西于庄 [Xīyúzhuāng]

在红桥区中部，泛指光荣道与勤俭道交口东南一带。旧时居民以捕鱼为生，故名西渔庄，后演为今名。1949 年前为一渔村，周围多坑塘，西部为农田。1949 年后建为居民区。东部是老住宅区，多平房。1984 年西部辟建成新型居民住宅区，有住宅楼百余幢。1986 年区人民政府、区人大、区政协及所属有关部门迁于区片西部。2010 年拆除天津市电子信息学院，作为商业预留地；拆除永光楼部分楼房建西站西大桥引桥。2013 年下半年启动西于庄棚户区改造工程。2019 年实现清片。南部的洪湖南路为商业街，增产大街设子牙里菜市场。片区内有市第八十中学、市第八十九中学等教育单位，有洪湖南路、洪湖东路等道路。经济以生活服务业为主。附近通多路公共汽车和地铁 1 号线。

辛庄 [Xīnzhuāng]

在河北区西部，泛指杨桥大街以西至北运河沿河一带。明代移民聚居成村，因村民多从事渔业，度日艰辛，故以"辛庄"名之。区域内街巷纵横多以辛庄命名，如辛庄大街、辛庄后街、辛庄河沿等。杨桥大街贯穿南北。旧时多平房住宅，现已基本拆迁。2001 年建成天泰公寓。2002 年建成裕泰家园。片区内有中铁盛苑、摄影材料化工厂等。经济以生活服务业为主。附近通多路公共汽车。

王串场 [Wángchuànchǎng]

在河北区东南部，泛指红星路以西，真理道以北至金钟河大街一带。有王姓名串子者，建打谷场，附近农民租用其打谷场晾晒和收打谷物，后形成村落，习称“王串场”。1952 年建王串场工人新村，皆为简易平房。1958 年起部分改造成楼房。现经城市改造，已建成为楼房住宅群，多以诗句“津开城垣焕玉容，彩环盛宇萃华屏。花芳景秀茵春艳，泉清水明溪波莹”两字递叠命名。街道纵横成棋盘状。中部辟有王串场公园。幸福道居中，呈东西向。片区内有学校、电影院、公园、超市等公共设施。经济以生活服务业为主。附近通多路公共汽车。

邵公庄 [Shàogōngzhuāng]

在红桥区南部，泛指西青道与红旗路交口东南一带。传清初有邵姓太监受皇帝赏赐，在此跑马圈地，故名。原居民住房狭窄简陋。1949 年后重建住房，街巷铺设沥青路面。1982 年对西青道进行统一规划，拓宽红旗路。1983 年建起数十幢 6~7 层混合结构住宅楼，并建有花坛绿地。1999 建成 29 层建筑金兴经济联合大厦。原红桥区体育场拆除，2002 年建成麦德龙超市，2003 年建成红星美凯龙家居。片区内有闸桥北路、邵公庄大街等主要街道，有市公安局红桥分局、邵公庄小学等单位。经济以商业贸易为主。附近通多路公共汽车和地铁 6 号线。

杨庄子 [Yángzhuāngzi]

在红桥区西南部，泛指西青道与咸阳路交会处西南一带。传明初有村民由山西洪洞迁此建村，名杨家村，俗称杨庄子。有杨庄子路、杨庄子大街、杨庄子大胡同等多条街巷。旧时此地均为砖瓦平房。1987 年原家具一厂拆除建巧工里。2004 年拆除运输六场并建云兴家园，2006 年建成。沿西青道附近有西青道中学、天津商业大学（南院）等教育单位。经济以生活服务业为主。东、北两侧通多路公共汽车。

小树林 [Xiǎoshùlín]

在河北区南部，泛指昆纬路与小树林大街交会处一带。清末此处有树林一片，林木繁茂，后建成居民区，习称小树林。旧时街巷狭窄，人口稠密，多危陋平房，1997 年以后，陆续建起林古里、林容里、盈月公寓、北斗花园、北岸华庭等楼房居民区。1994—1999 年先后修建金狮立交桥，拓宽改造了昆纬路、胜利路、金钟河地道。片区内有光复道街道办事处、小树林派出所、河北区教师进修学校、长途汽车站、北斗公园等单位。经济以生活服务业为主。附近通多路公共汽车和地铁 3 号线。

梁家嘴 [Liángjiāzuǐ]

在红桥区南部，泛指梁家嘴大街与姜家河堤以北一带。清康熙年间有彦、起两家首先在此搭窝棚居住，取名两家村。南运河经此，因河湾形状像嘴，人称两家嘴，后讹传成今名。旧时两岸设码头、集市，有货栈、粮店等，商业繁荣，是天津较早形成的聚落之一。1917 年南运河裁弯取直，河道北移，此处河道遂废，商业随之衰落。1919 年后陆续建成居民区，范围扩大成今貌。拓宽芥园道和复兴路时旧有居民区基本拆除，现已全部拆除建成大型居民区。2000 年西南部建成隆春里小区。2003 年西北部建成世春里小区。2005 年兴建红桥清真大寺。2009 年建成安顺大厦。片区内有复兴中学、鹏欣水游城等。东部为商业区,经济以商贸易业为主,西部为住宅区,经济以生活服务业为主。附近通多路公共汽车和地铁 1 号线。

北大关 [Běidàguān]

在红桥区东南部,泛指北门外大街与针市街、北马路交会处一带。约明末清初在南运河北岸甘露寺设钞关,称大关,即今河北大街南口西侧。因在天津城北,故名。昔为天津城北交通枢纽、经济贸易中心。1900—1931 年进入繁盛期,长约半华里的大街,商店林立,热闹异常,并由此遍及估衣街、大胡同繁华至今。2000 年北门外大街东侧建成(万隆)大胡同商业中心,西侧 2011 年建成河滨花苑居住区。片区内有陆家嘴中心、中医药研究院附属医院等。经济以餐饮、商贸为主。附近通多路公共汽车和地铁 1 号线。

东北角 [Dōngběijiǎo]

在南开区东北部,泛指东马路、北马路、大胡同、通北路(原老铁桥大街)的交会处及附近地区,跨南开、红桥两区。此地因位于城厢东北城角而得名,临三岔河口,是天津最早的商业区。2003—2004 年对区域内平房进行拆除,东部建成天津古玩城,西部建成楼房住宅区。2009 年建静德花园小区。片区内有老字号正兴德茶庄、天津银行官银号支行(隶属省银行,天津官银号)、津门十景之一的古文化街、玉鼎大厦、津门古刹天后宫、东北角书店、天津文庙博物馆等。经济以旅游、商贸为主。附近通多路公共汽车。

南头窑 [Nántóuyáo]

在红桥区南部,泛指南头窑大街迤西一带。明永乐年间建天津城时,于城南建窑烧砖,故名南头窑。清康熙年间窑废变人居。原住宅皆为平房。1976 年,界内冯家胡同、石桥胡同等 15 条街巷房屋因地震受损。1979 年改建为 14 幢 4~6 层条形混合结构住宅楼。区域内平房现已全部拆除改建为楼房,2001 建成康华里小区,2009 年建成万华里小区。片区内有南头窑派出所、工商银行储蓄所、工商行政管理所、水暖器材商店等单位。经济以生活服务业为主。附近通多路公共汽车。

城里 [Chénglǐ]

在南开区东北部,泛指东马路、西马路、南马路、北马路之间的地区。明永乐二年(1404 年)建天津城。清光绪二十六年(1900 年)八国联军入侵城破,翌年拆除城墙。利用城墙旧址建成现在的东、西、南、北 4 条马路。马路以内习称城里。城里是天津较早的居民聚集区,里巷多而窄,过去多为四合院式平房建筑,经老城区改造后,现有尚佳新苑、盛津园、天越园、天霖园、天康园等高档小区。片区内有全国重点文物保护单位广东会馆,有天津市文物保护单位文庙、格格府、徐朴庵旧居、官立模范两等小学堂旧址等景点,有区市政工程管理局、崇化中学等单位,是集金融、商贸、旅游、居住为一体的区域。附近通多路公共汽车和地铁 1、2 号线。

万新村 [Wànxīncūn]

在河东区东部,泛指月牙河以东,成林道以北地区。1983 年建,取“万象更新”之意命名。2006 年区域内原靶档山改建为桥园公园。万新村为城市建设规划区,由 23 个居住小区组成,道路纵横交错,形成网状住宅区,居住区庭院绿化各具特色。商业配套服务设施完善。天山路为该区域商业中心。片区内有中学 3 所、小学 3 所,幼儿园 3 所,社区卫生服务中心 1 所。区域内驻有东新街道办事处、东新派出所、缤纷购物广场等单位,是集商贸、居住为一体的区域。主要街道有卫国道、成林道、天山路、盘山道等。附近通多路公共汽车和地铁 2 号线。

西营门外 [Xīyíngménwài]

在南开区西北部,泛指黄河道与红旗路交会处一带。因在西营门外,故名。原为开洼野地,俗称西大洼。1953 年自东向西拓建,是市新建工业区和居民区。黄河道横穿东西,南侧是工业区,以北多为住宅楼群。市血液中心、市养老院、南开文化中心、黄河医院坐落于界内。周围有进步里、大通公寓、华美里等住宅小区。南部有郁美净集团、锋利刀具厂等企业。南侧经济以工业为主,北侧经济以生活服务业为主。附近通多路公共汽车和地铁 2 号线。

东南角 [Dōngnánjiǎo]

在南开区东北部,泛指今东马路、南马路、通南路、和平路、兴安路交会处及周围地区,跨和平、南开两区。因在城厢东南城角故名。原为低层住宅楼群, 2006 年拆除, 2009 年建成仁恒海河广场。片区内有市第一中级人民法院、市公安局、市消防救援总队等单位,有煦园新居、铜锣湾花园、新安花园等住宅小区,是商业较繁华地区之一。和平路连接东马路,为商业一条街,商贾云集。片区内有仁恒海河广场、麦购时代广场等商业购物中心,是集商贸、居住为一体的区域。附近通多路公共汽车和地铁 2 号线。

西南角 [Xīnánjiǎo]

在南开区东北部,泛指南马路、西马路、黄河道、南大道、南开三马路和南开五马路 6 条街道交会处一带。因在天津旧城西南城角得名。原是房舍简陋的住宅区,街巷狭窄。1981 年将南开一纬路两侧旧房拆除改建成服装街, 1982 年西马路西侧进行平房改造,建成多层住宅楼。南马路南侧原为平房区,1998 年拆除改建为楼房区,2000 年建成邮电公寓小区, 2006 年建成城南家园小区。片区内有市儿童福利院、市公用事业设计研究所、天佑城、中关村 e 谷(南开)创想世界、鼎福大厦等,是集居住、商贸等为一体的区域。附近通多路公共汽车和地铁 1、2 号线。

南市 [Nánshì]

在和平区西北部,泛指建物大街、东兴大街、荣业大街与荣吉大街、清和大街、华安大街交会处一带。清光绪二十七年(1901 年)商人云集于此形成市场。因在城厢南,故称南关市场,简称南市,名称沿用至今。昔日多赌场、妓院、烟馆等,卖艺者、商贩、卜卦者也多在此摆摊。1984 年在西北部辟建南市食品街和南市旅馆街,形成“双城醉月”景观,为津门十大景观之一。至 2003 年底,共拆除危陋平房 60 多万平方米,拓宽改造福安大街、荣业大街和南门外大街,先后兴建新世界花园、万隆新文化花园,构成了新南市商业文化圈。在原来汇文中学旧址建成市级重点中学市第二南开中学。片区内有富顿大厦、舒泊花园大酒店等商业设施。附近通多路公共汽车和地铁 2 号线。

西广开 [Xīguǎngkāi]

在南开区北部,泛指广开大街以西一带。原为旧城西南旷地和墓地,清康熙和乾隆年间建有育黎堂、掩骨会和白骨塔,故俗称白骨塔。清光绪二十七年(1901 年)“南开”形成后，此地为向西开拓地，故有“广开”之称。1926—1927年天津县将白骨塔义地向民众出售建房，遂成居民区，后习称此地为西广开。片区内有广开大街、广开三马路、广开四马路、广开五马路、天宝路等道路。该区域以住宅区为主，至1999年底，该地区成片低矮平房已改造完毕，现有台北花园、星座园、纯善里、新庆里、广泰园、故里花园、广云花园、格调春天、格调蓝庭等住宅小区，有区人民检察院、区教育局等单位，有清化祠、白骨塔、育黎堂、广仁堂等遗址。南开危改纪念广场坐落于此。西广开是集行政、居住、教育等为一体的区域。附近通多路公共汽车和地铁2号线。

唐家口 [Tángjiākǒu]

在河东区北部，泛指成林道与十一经路交会处西侧一带。原址在今六纬路与九经路一带。清中叶成村，相传有一钟和一石碑被洪水冲至此地，当地人认为钟躺家门口非常吉利，故命名“躺家口”，后谐音名“唐家口”。光绪二十六年（1900年）此地沦为俄租界，居民被迫迁至今址定居，始称新唐家口，后沿用旧名。区域内原有平房住宅现已全部拆除，相继建成晓德里、唐家口南里等居住区，2011年原“孔雀园”公园扩建为现如意园公园。唐家口地道北侧为商业点，商业服务设施齐全。片区内有区环境卫生管理局、唐家口派出所等单位。经济以生活服务业为主。内环线和快速路在此交会。附近通多路公共汽车和地铁2号线。

大王庄 [Dàwángzhuāng]

在河东区西部，泛指北长路与九经路交会处西侧一带。传清道光十二年（1832年）前后成聚落，以庄头王姓得名。旧址在今六纬路与六经路交口一带，后扩展至九经路一带。原多为平房住宅，现已改建为居民住宅楼。经纬道路纵横，形成网格状。2008年六纬路以西，海河东路以东，六经路以南，十一经路以北范围内原天津南站、天津卷烟厂等单位全部拆除，相继建成雅颂居、嘉里汇和香格里拉大酒店等住宅和商业建筑。片区内有小学2所，幼儿园1所，卫生院1所，有天津海关缉私局、大王庄街道办事处、大王庄派出所等单位。经济以生活服务业为主。附近通多路公共汽车和地铁9号线。

四面钟 [Sìmiànzhōng]

在和平区中北部，泛指和平路与哈密道、鞍山道交会处一带。清光绪二十六年（1900年）在此建3层楼1幢，楼顶设钟楼，装四面可见的大型报时钟，故称这一带为四面钟。钟楼已毁于1976年地震。区域内现多为2~4层旧式楼房。和平路商业街贯穿其中，西有百货大楼，东连劝业场游览区。片区内有八一礼堂、市公安局指挥中心、区总工会、区工商业联合会、区审批局、区教学设备站、区消协、市医药科学研究所、市眼科医院验光配镜中心、市第十九中学、和平区哈密道小学、区第十三幼儿园、市儿童艺术剧团、新华书店、恒隆广场等单位及多家银行，是集行政、居住、商业于一体的区域。附近通多路公共汽车。

黄家花园 [Huángjiā Huāyuán]

在和平区中部，泛指山西路与西安道交会处一带。传清末候补道台黄荫芬在此建花园得名。1930年辟为商业区，民居密集。1995年后相继建成万科世贸广场、城建大厦、诚基经贸中心、君隆广场等商业、金融中心。中国国际航空公司、小宝栗子食品等企业坐落于此。地理位置优越，北临南京路，西接国际商场，向南可达民园广场、人民体育馆，向北可通中心文化广场、劝业场，西与小白楼、大营门地区连通，交通便利，是天津商业繁华地区之一。附近通多路公共汽车和地铁 1、3 号线。

万德庄 [Wàndézhuāng]

在南开区东部偏北，泛指南京路西端南侧一带。原为墙子河旷野荒洼。清光绪二十七年（1901 年）路德山始建房屋而成村落。此后居民增多，渐成聚落，取“万年有德”之意命名。万德庄大街、万德庄南北大街纵横相交形成十字街。十字街两侧原为平房窄巷，后经拆迁改建为楼房，沿街多为超市、饭店等。片区内有融汇广场、新天地大厦等高层楼房，有书香园、红磡花园等住宅小区，有区政府供热办公室、东方小学等单位及物流、蔬菜、餐饮等商业服务网点。经济以生活服务业为主。附近通多路公共汽车和地铁 1 号线。

小白楼 [Xiǎobáilóu]

在和平区东南部，泛指大沽北路与开封道交会处及附近地区。清咸丰十年（1860 年）沦为英租界。清光绪十六年（1890 年）以后为英租界的扩充界，商业逐渐繁荣。至 1920 年，随着五大道地区的开辟和建设，此地迅速发展成商业和娱乐中心。因此地建有白色小楼，故名。市财政局、市规划资源局等众多政府单位驻此。朗香街地下商业街坐落于此，与周边小白楼音乐厅、大光明电影院、海信广场、滨江购物中心、天津滨江凯隆酒店、金皇大厦、泰达大厦、起士林西餐厅共同构成天津小白楼地区商业、旅游、文化重点区域网络。附近通多路公共汽车和地铁 1 号线。

西湖村 [Xīhúcūn]

在南开区东部偏北，泛指鞍山西道东段北侧，西湖村大街与双峰道交会处一带。传明中叶有徐、胡两姓迁此落户，人称徐胡圈。1954 年改今名。1982 年对原址进行改造，现有云栖里、紫来花园、佳音里、竹径里、师北里等住宅楼。1997 年在鞍山西道南侧建 41 层诚信大厦。片区内有区建委、中药研究所、天津中医药大学、幼儿师范学校、南开区中心小学双峰道校区、天津中医药大学附属保康医院、城建集团等单位，是集居住、医疗于一体的区域。附近通多路公共汽车。

大营门 [Dàyíngmén]

在河西区北端，泛指南京路和大沽南路交会处及附近地区。清咸丰十年（1860 年）建营门，位于扼海大道（今大沽南路），因与小营门相对故名。光绪二十一年（1895 年）沦为德租界地后始建。解放南路、徐州道、蚌埠道多德式及英式高脊大坡屋顶建筑。南部于 1976 年地震后建起东莱里、爱慕里等居民区，多为混合结构楼房。北部原多为平房窄巷，现多改建为高层楼房。片区内有中国建设银行大厦、天津图书大厦等单位。该区域邻和平区小白楼商业区，是集居住、商业于一体的区域。附近通多路公共汽车。

大直沽 [Dàzhígū]

在河东区南部，泛指津塘路与十五经路交会处一带。元代在此设立漕运枢纽。《中国古今地名大辞典》载：“在河北天津县东南十里，居白河（今海河）北岸，地势平衍，群流涨溢，茫无涯涘，故有大直沽之名。”原人口密集，街巷交错，现已改建为居民住宅楼。商业服务设施齐全。2001 年建成元明清天妃宫遗址博物馆，2002 年建成国家 AAA 级旅游景点荐福观音寺。片区内有区体育局、区税务局、天津华北地质勘查局等单位，是集居住、旅游于一体的区域。附近通多路公共汽车和地铁 9 号线。

何兴村 [Héxīngcūn]

在和平区西南部，泛指西康路与气象台路交口西南一带。因有何氏兄弟最早在此购地建房、取“合（何）家兴旺”之意命名。约于 1913 年建村，1949 年前发展为城市居民区，多旧式平房。1987 年陆续改建为 6~8 层住宅楼。1998 年区域北部建成 17 层康宁大厦。有气象东里、天海里、樱春里、新兴南里等住宅小区。经济以生活服务业为主。何兴村大街纵贯南北。附近通多路公共汽车和地铁 3 号线。

中山门新村 [Zhōngshānmén Xīncūn]

在河东区东南部，泛指津塘路以北，广宁路以西一带。1947 年修城防，于津塘路设卡口，称中山门。1949 年前废弃。1952 年在中山门遗址外建工人新村，故名中山门工人新村，后简称今名。初为平房住宅区，布局整齐对称，现已改建成住宅楼。2010 年对中山门公园进行改造。沿路建有商业网点。片区内有中小学 3 所，幼儿园 2 所，卫生院 1 所，有中山门街道办事处、中山门派出所、区绿化管理二所等单位，是集居住、教育于一体的区域。中山门公园坐落于片区中部。附近通多路公共汽车和地铁 9 号线。

下瓦房 [Xiàwǎfáng]

在河西区东北部，泛指大沽南路和琼州道交会处一带。传清末在此有瓦房 3 间以供行人茶食，因位于旧城以南，俗以南为“下”，故名。现大沽南路两侧多为楼房，有宝和里、同善里、积厚里等小区，为河西区商业繁华地区之一，有怡乐天地购物中心、龙云商厦等商业设施，有晶采大厦、恒华大厦、云景大厦等高层商业大厦。在新拓宽的大沽南路两侧，有 5~7 层居民住宅楼。附近通多路公共汽车和地铁 1 号线。

谦德庄 [Qiāndézhuāng]

在河西区北部，泛指永安道、徽州道和汕头路交会处一带。此处原为荒地，1917 年津郊诸县难民聚此搭棚建屋。时地属天主教崇德堂，故以“谦让崇德”之意命名。旧时民宅密集，多为旧砖瓦平房，街巷弯曲狭窄。80 年代始建楼房，90 年代开始大规模改造，现多为高层楼房住宅区。片区内有区人民法院、天津人力资源开发服务中心、市热电设计院、青年创业广场等单位。经济以生活服务业为主。附近通多路公共汽车。

八里台 [Bālǐtái]

在南开区中部偏东，泛指八里台立交桥一带，为南开、和平、河西三区交界地带。原为旧城迤南的坑洼苇地，因距城 8 华里（4000 米），村居高地故名。桥西南有复康里、望园里、禄达花园、来福里等住宅小区。沿卫津河两岸是八里台村原址，现已改造为办公、住宅楼群。西侧有高等院校南开大学，南侧有市教育委员会、市妇女活动中心、区教育招生考试中心、海河剧院、天津音像资料馆、时光水苑（手表厂旧址）、天津市体育工作大队等单位。南邻天塔、周恩来邓颖超纪念馆、水上公园。该片区已成为集教育、商贸、旅游、居住为一体的区域。附近通多路公共汽车和地铁 3 号线。

天拖南 [Tiāntuōnán]

在南开区西南部，泛指红旗路西侧一带。因地处天津拖拉机厂南故名。原为农田，1982 年开建，现以保山道为界，其北为工业区，其南为住宅区。内有皮革机械厂、第九机床厂、电视机一厂、建材公司南开分公司、中环电子计算机公司、食品公司冷冻厂等企业。有龙川里、晋宁里、云轩公寓、星环里等住宅小区。片区内有区粮食管理办公室、机械部第五设计研究院、立信职业中等专业学校、华夏小学、市少年宫分宫、区少年儿童图书馆、天津评剧院、红旗剧院、华夏大剧院、王顶堤医院、天拖医院等单位,是集工业、居住为一体的区域。附近通多路公共汽车和地铁 3 号线。

刘庄 [Liúzhuāng]

在河西区东北部,泛指解放南路和刘庄大街交会处一带。清道光年间形成,以姓得名小刘庄,习称今名。自 1917 年裕元纱厂(新中国成立后为棉纱二厂,现已无)兴建,已发展为具有工商业以及大面积楼房住宅的繁华地区。1991 年和 1993 年棉纺二厂两次改建,形成东舍宅小区。2008 年区域北部建成高层小区泰悦豪庭。片区内有湘江道小学、区印刷厂等单位。以生活服务业为主。附近通多路公共汽车。

吴家窑 [Wújiāyáo]

在河西区西北部,跨河西、和平两区。传明永乐年间有 5 户人家在此烧窑,村名五家窑,"五窑"因吴姓居首,后习为今名。1949 年后发展为城市居民区。南部有吴家窑大街横贯,居民楼房多为 4~7 层,有德才里、春光楼、森淼公寓、先进里、君禧华庭等住宅小区。片区内有天津师范大学(八里台校区)、奥发大厦等单位。经济以生活服务业为主。该片区是城市交通枢纽之一,设公共汽车始发站,地铁 3 号线过境。

西楼 [Xīlóu]

在河西区中部,泛指广东路与废墙子河交会处以东一带。传明初已成村落。因与东楼村相对故名,亦名西楼庄,后简称今名。原为平房窄巷,1994 年后陆续拆除改建,现为楼房住宅区,有广顺园、三元公寓、乘云里等小区。片区内有国家电网城南供电分公司、市电子计算机职业中等专科学校等单位。西楼街 22 号"五村反霸斗争遗址",为市级文物保护单位。经济以生活服务业为主。附近通多路公共汽车。

水上 [Shuǐshàng]

在南开区东南部,泛指东至水上公园东路,西至来福里,南至水上公园路,北至康复里。因辖区内有水上公园,故名。原为张家花园平房住宅和水塘空地,1986 年拆迁改建为住宅楼群。2006 年区域东部建成 18 层燕京大厦。2012 年燕京大厦南侧建成海河剧院。片区内有天津市妇女活动中心、天津音像资料馆等单位,有近园里、复康里等住宅小区。经济以生活服务业为主。附近通多路公共汽车和地铁 3 号线。

佟楼 [Tónglóu]

在河西区西北部,泛指吴家窑大街与围堤道、马场道交会处一带。清乾隆年间诗人童葵园在此筑一小楼,习称"童楼"。因与红桥区的佟家楼同音,后改今名。新中国成立后建成大面积居民楼。片区内有天津迎宾馆、河北梆子剧院、杨柳青画社、国家电网城南供电分公司、市儿童医院(马场院区)等单位,西北部有佟楼公园,是集居住、文化、休闲等于一体的区域。附近通多路公共汽车。

王顶堤 [Wángdǐngdī]

在南开区西南部,泛指楚雄道与红旗南路交会处以西,陈塘庄铁路支线以东,堤南道以北地区。传明代有王姓在此落户,死后葬于堤上,故名。原为津南低洼地。1955 年后兴建,形成居民区,1980、1984 年先后改扩建,现为住宅楼群,有金环里、金杰里、堤东里、金堤里等住宅小区。片区内有天津再生资源研究所、市市政公路巡查管理中心、市法律援助中心、农业农村部环境保护科研监测所等单位，是集居住、科研于一体的区域。附近通多路公共汽车和地铁 3 号线。

西南楼 [Xīnánlóu]

在河西区中部，泛指围堤道和广东路交会处及附近地区。50 年代中期在此兴建大片排式平房职工宿舍。因位于西楼以南，故称“西南楼工人新村”，后简称今名。现改建为多层住宅楼群。商业、服务网点齐全。2007 年建成 25 层育佳大厦。片区内有新桃园酒店，有中小学、幼儿园等单位。经济以生活服务业为主。附近通多路公共汽车和地铁 5 号线。

挂甲寺 [Guàjiǎsì]

在河西区东北部，泛指围堤道、新围堤道和湘江道之间的解放南路两侧及附近地区，东濒海河。原称大孙庄，因村中有挂甲寺，后寺名声望超过村名，遂以寺名代替。原在海河东岸，清光绪二十八年（1902 年）海河裁弯取直后改位西岸，1949 年后始具规模。现解放南路两侧多为 5~6 层住宅楼房，有湘南里、香江花园等住宅小区。片区内有市第二中级人民法院、区青少年宫、天津日报社、天津医院等单位。经济以生活服务业为主。附近通多路公共汽车。

土城 [Tǔchéng]

在河西区南部，泛指大沽南路和解放南路交会处东侧一带。明天启年间已有村落，传因有土塍围村故名。清光绪二十六年（1900 年），土城人民曾参加义和团，配合清军抵抗侵略者。原为平房窄巷，1993—1995 年拆除改建为新城小区，住宅楼为 7~8 层。沿大沽南路多小店铺，多为住宅区，有宝澜园、云广西里等住宅小区。片区内有土城小学、区新闻中心等单位。经济以生活服务业为主。附近通多路公共汽车和地铁 1 号线。

体院北 [Tǐyuànběi]

在河西区西南部，泛指东至卫津河，西至卫津南路，南至体院北道，北至聂公桥一带。原为农田。1979 年进行规划设计，次年开建新型居民区，1983 年初具规模，1985 年实现庭院绿化。因在体育学院北部，故名。除北部有部分高层住宅楼外，均为多层混合结构楼房。2000 年建成 24 层滨湖大厦。2008 年建成滨湖剧院。片区内有环湖南里、宾水西里等住宅小区，有华夏未来幼儿园、市肿瘤医院等单位，是集居住、医疗、教育于一体的区域。附近通多路公共汽车和地铁 5、6 号线。

柳林 [Liǔlín]

在河西区东南部，泛指东起双林引水河，南至大沽南路，西至柳林村与五一新村路北段，北抵海河一带。因海河堤岸多柳树，俗称大河堤树林，20 世纪 50 至 60 年代渐称今名。原为平房区和市造纸厂原料库，分别于 1987 年和 2001 年建成楼房住宅区，有八一里、柳林东里等住宅小区。片区内有天津医学高等专科学校、区结核病防治所、柳林公园、柳林清真寺等单位。经济以生活服务业为主。附近通多路公共汽车。

尖山 [Jiānshān]

在河西区中部，泛指澧水道与尖山路交会处一带。明天启年间为学田，成村后名尖山庄。实无山，因地势略高得名。分东南和西北两部分，东南部习称前尖山，西北部习称后尖山。20 世纪 50 年代中期相继建成住宅楼群。2004 年于区域南部建成美龙建材商厦。片区内有五一家园、文贤公寓等住宅小区,有市第四中学、天津医科大学第二医院、天津光电集团有限公司、红星美凯龙等单位,是集居住、医疗、商贸于一体的区域。附近通多路公共汽车和地铁 6 号线。

复兴门 [Fùxīngmén]

在河西区东部,泛指复兴门桥附近地区。实无门,系 1947 年伪市政府在此设军事卡口而得名。现多为住宅区,多为 5~6 层混合结构楼。片区内有微山西里、复兴门家园、世芳园等住宅小区,有白天鹅大厦。附近通多路公共汽车和地铁 1 号线。

黑牛城 [Hēiniúchéng]

在河西区西南部,泛指友谊路和紫金山路之间,黑牛城道两侧及附近地区。传明永乐年间建村,因此地常有黑牛出现,故名。1949 年后发展为居民区。片区内有新世纪城、芳竹花园、可园里、谊城公寓等住宅小区,有市水利科学研究院、河西津好医院、友谊大厦等单位。2012 年建成大型商业中心新业购物广场。该区域已成为集居住、科研、商贸于一体的区域。多条道路通过,交通便利。附近通多路公共汽车和地铁 6 号线。

陈塘庄 [Chéntángzhuāng]

在河西区东南部,泛指大沽南路和洞庭路交会处及附近地区,北傍海河,曾为海河重要渡口。明天启年间已成村落,称陈堂庄,又名陈唐庄。清道光年间始称今名。1949 年后发展为住宅区。南侧是陈塘庄工业区,1950 年后形成,曾为全区最大的工业企业密集区,1950 年后形成,有大、中、小工业企业和科研单位 50 余家。随着天津市工业布局重心的战略东移,老工业区逐步转向发展都市型工业,2008 年,更名为陈塘科技文化产业园,2009 年再更名为陈塘科技商务区,主要承担商务办公、科技产业发展等功能。片区内有美年广场、青林大厦、香年广场等写字楼,有市合成材料工业研究所、市排水工程公司等单位,是集居住、商务、科技于一体的区域。交通便利。附近通多路公共汽车和地铁 1 号线。

李七庄 [Lǐqīzhuāng]

在河西区西南部,泛指黑牛城道和卫津南路交会处一带,跨河西、南开两区。传清乾隆年间以武士李七侯名命名。1980 年后建成居民区,现为住宅楼群,有奥翔园、凌研里、李七庄北里等住宅小区。2006 年建成四层互通式立交桥中石油桥,坐落于黑牛城道和卫津南路交会处。片区内有天津体育学院、解放军第四六四医院、李七庄车站等单位,是集居住、医疗、教育于一体的区域。附近通多路公共汽车。

灰堆 [Huīduī]

在河西区东南部,泛指大沽南路东南段南北两侧一带。明永乐年间已有村落,古称灰堤,亦名辉德村,清乾隆四年(1739 年)始见今名。东部为砖瓦平房,有梁山胡同、幸喜里。1987 年,西部平房拆迁改建 2~3 层楼房,有腾华里小区。天津财经大学坐落于此。该片区是集居住、教育于一体的区域。附近通多路公共汽车和地铁 1 号线。

纪庄子 [Jìzhuāngzi]

在河西区西南部,泛指卫津河和环湖中路之间,黑牛城道两侧及附近地区。传明洪武年间纪姓居此,渐成村落,故名。1966 年曾名向阳庄,1968 年恢复原名,沿用至今。现多为 6 层住宅楼,有五环花园、才华里、贤达里、富达里等住宅小区。2006 年建成尊园高层住宅小区。片区内有区审计局、大润发超市等单位。其中有义和团抗击八国联军战场遗址,为市级文物保护单位。经济以生活服务业为主。附近通多路公共汽车。

凌庄子 [Língzhuāngzi]

在南开区东南部,泛指东至凌宾路,西至少年管教所,南至凌奥创意园,北至天津市通用水务有限公司一带。明初燕王朱棣带兵防守北边,其中将凌氏在此开荒辟地,择之高地定居,渐成村落,称今名。因土质碱重,不适合农耕,多烧砖土窑。1984 年划属南开区后,建成凌中里、凌北里、凌南里等居民区。2006 年改建为凌奥创意产业园。片区内有威斯顿酒店、天津管道第九分公司制管厂等单位。经济以商贸、工业为主。附近通多路公共汽车和地铁 5 号线。

小海地 [Xiǎohǎidì]

在河西区东南部,泛指珠江道、陵水道和微山路、枫林路交会处一带。传原为小片退海之地,故名。70 年代末始建,现为混合结构多层住宅楼群。片区内有九江里、粤江里、汉江里等住宅小区。1994 年建成珠江公园。区域内有微山路中学、枫林路中学、市第四医院、桂发祥十八街麻花文化馆、桂发祥物流等单位,是集居住、教育、医疗于一体的区域。附近通多路公共汽车和地铁 1 号线。

汉沽 [Hàngū]

汉沽位于天津市东部,是天津通往东北地区的门户。东距河北省唐山市 50 千米,西距天津市中心城区 60 千米,距新港和经济技术开发区 20 千米,距石油产地大港 90 千米。南濒渤海,北接宁河区,蓟运河由北向南流经区内,地理位置得天独厚。汉沽由一条运盐的小河得名,是七十二沽之一。古为盐灶地;汉代称小盐河,隶属雍奴县;北魏改属泉州县,后改属雍奴县;唐属武清县;契丹时属香河县;金大定十二年(1172 年)入宝坻县;清雍正九年(1731)属宁河县;民国年间为宁河县第五区。1949 年 3 月 1 日析宁河置汉沽特别区,因境内有汉沽庄而得名,属冀东第十五专署,为县级建制。1949 年 8 月改属天津专署,10 月建汉沽镇,1954 年为汉沽市,属河北省,1958 年为天津市汉沽区,1960 年为汉沽市,属唐山市,1961 年改属唐山专署,1962 年复为天津市汉沽区,2009 年 11 月 12 日,汉沽区和塘沽区、大港区合并成立滨海新区,汉沽区建制撤销。汉沽工业生产规模较大、设备和技术力量最为雄厚的是盐业、海洋化工、纺织、机械加工、冶金等。长芦汉沽盐场是著名的长芦盐区四大盐场之一,原盐生产能力较强,具有精制盐、化工方面的系列产品,质量优良,多有出口。天津化工厂是国家大型重点氯碱化工企业,年产优质“天工牌”烧碱 12 万吨,有盐酸、三氯乙醛、聚氯乙烯等 30 余种产品,远销十几个国家。天津市渔网集团是中国北方最大的渔网生产企业,是全国同行业唯一可以综合生产丝、纱、绳、网、线的厂家,产品远销 20 多个国家和地区。机械工业主要是汽车内燃机冷却水泵和汽车减震器的生产,其质量和规格在全国同行业名列前茅。营城冶炼厂是天津市唯一生产工业硅的企业,产品的各项经济指标、技术指标居国内同行业之首,被外商誉为“营城硅”。国家重点建设项目——万吨蛋氨酸已建成投产,成为中国最大的饲料添加剂生产企业。汉沽农渔业是农林牧渔综合发展的城郊型经济。“三水”(水稻、水果、水产品)是汉沽农渔产品突出的特色。汉沽的葡萄含糖量高,为优质酿酒原料。津山铁路横贯全区,还有汉南线(通往河北省南堡盐场)和本区工业专线。汉沽有 4 个火车站,年货物吞吐量 500 万吨以上;有 7 条(芦汉、塘汉、津汉、汉榆、汉南、汉北、芦堂）公路通往天津中心城区、天津经济技术开发区、天津新港和北京、唐山，东北地区。区内道路成网，有 2 座蓟运河大桥和 1 座公路立交桥，交通十分便利。

塘沽 [Tánggū]

塘沽位于天津市东部，距天津市中心城区 45 千米，是天津滨海新区的中心区。东濒渤海，西邻东丽、津南二区，南接大港，北抵汉沽与宁河区。塘沽一词源自满语 tanggv（词义：一百），取自塘沽距离天津市区 100 里之意。塘沽之名始于清末。塘沽初称塘儿沽，又称塘二沽、塌儿沽。清光绪十三年（1887 年）修北宁铁路时将塘儿沽简化为塘沽。“塘”和“沽”都是水洼坑塘之意，表述了此地当时的地理面貌。北宋庆历八年（1048 年）成陆，明永乐二年（1404 年）始有村落；明泰昌元年（1620 年）大沽、北塘已成沿海重镇；清嘉庆二十一年（1816 年）的塘沽已成海防军事要地。塘沽海河南部一直属天津县，天津解放后陆续归属塘沽。塘沽海河北部宋辽时为辽所辖，金代属顺天府宝坻县，元、明因之。清雍正九年（1731 年）始归宁河县。1930 年一度归冀东自治政府管辖，1945 年又归宁河县。1949 年后，建天津市塘大区。1952 年改天津市塘沽区。2009 年 11 月 12 日，塘沽、汉沽、大港合并为滨海新区，塘沽区建制撤销。塘沽有丰富的海洋自然资源，尚待开发的滩涂面积达 230 平方千米。近海主要水产品有对虾、螃蟹、梭鱼、毛蚶、海蜇等近 20 种，是天津市主要水产品供给和出口基地。塘沽也是天津市重要的工业基地，海洋化工和造船工业历史久远。津山铁路横贯塘沽；北环线连接了北塘站和南仓站；李港地方铁路通达南疆港区。公路网络四通八达，京津塘高速、京津高速、津滨高速、丹拉高速、津晋高速、津塘公路大大便捷了塘沽与京津及三北地区的交通。

大港 [Dàgǎng]

大港地处天津市东南，距天津市中心城区 30 千米，东临渤海，南与河北省黄骅市接壤，西与静海区为邻，北与津南、西青两区交界，因境内北大港而得名。春秋以前不可考，战国先后属燕、齐，秦属巨鹿郡，汉属渤海郡章武县，三国魏隶属不变，晋属章武国（县），北朝先后属北魏、东魏、北齐和北周章武郡（县），隋属河间郡鲁城县，唐属沧州乾符县，五代隶属不变，宋属沧、清二州，金属清州会川、靖海县和沧州清池县，元属清州会川县和沧州清池县，明属清州静海县和沧州清池县，清属天津府静海、天津县和沧州（至民国初降为县），民国属河北省黄骅、静海、天津三县。1949 年 1 月，大港各地相继解放，到 1952 年 4 月，省、县隶属不变。1952 年 4 月 21 日，河北省天津县划归中央直辖市——天津市，1953 年 5 月 14 日撤天津县制，成立东、西、南、北四个郊区，大港地属天津市南郊区和河北省静海县、黄骅县。1958 年 2 月 11 日，天津由中央直辖市改为河北省省辖市，8 月 26 日撤郊区，原南郊区大部划归河西区，今大港中塘地区划属。1962 年 2 月 1 日恢复四郊，1963 年 2 月分黄骅县太平村、大苏庄、沙井子地区和静海县徐庄子、小王庄、赵连庄等地区建河北省天津市北大港区，区府驻今赵连庄乡洋闸。1967 年 1 月 1 日天津复改中央直辖市，该区仍为天津远郊区。1970 年 2 月，撤北大港区并入南郊区。1979 年 5 月 12 日，建立天津市革命委员会北大港地区办事处，11 月 6 日，大港与南郊区分设，由原北大港区的赵连庄、小王庄、徐庄子、太平村、沙井子五个公社和南郊区上古林、五七公社（1981 年 12 月划归板桥农场）、西小站公社的中塘地区(划入大港区后建为中塘公社),以及大港水库、大港油田、石化公司、官港和北大港、大苏庄、板桥三个农场等地区建为天津市大港区。2009 年 11 月 12 日,大港区和塘沽区、汉沽区合并成立滨海新区,大港区建制撤销。大港资源丰富,已探明石油储藏量 8.87 亿吨,天然气储量 360.5 亿立方米。境内河渠纵横,河道总长 210 千米;内陆水域面积达 240 平方千米。这里有华北地区最大的人工平原水库——北大港水库,总面积 147 平方千米,蓄水量可达 5 亿立方米;有素有"天津白洋淀"之称的官港森林公园。大港现代化大工业基础雄厚,是天津市重要的重工业基地,以重化工业为主体,驻有大港油田、大港发电厂、天津石化公司、中国蓝星集团、中石化四公司等大型石油化工和基建施工企业。天津石化 100 万吨乙烯及 1 000 万吨炼油项目落户大港,充分依托了大港以国有大中型企业为骨干、石油和石油化工为主体的多门类大型工业体系。外向型经济生机勃发,欧美、东南亚、日、韩等国家和港澳台地区的商家在大港投资建厂,涉及机械、化工、电子、生物制药、基础材料等十几个行业。大港交通便利,李港铁路穿境,长深高速公路与津港公路相连,荣乌高速公路和秦滨高速公路拉近了大港与天津市区和滨海新区核心区的距离。

部分旧地名

天津地区 [Tiānjīn Dìqū]

在河北省和天津市间, 1968 年由天津专区改置,属河北省,辖 13 县、1 自治区,行署驻天津市。1973 年 12 月天津地区更名廊坊地区,所辖蓟县、武清县、宝坻县、静海县、宁河县等同年 7 月划归天津市。

天津专区 [Tiānjīn Zhuānqū]

在河北省和天津市间, 1949 年置,属河北省,辖 10 县、3 镇,专署驻杨柳青镇。所辖汉沽镇于 1953 年改设市(县级)。1958 年 12 月撤销天津专区,辖县市(县级)划归天津市(省会)。1961 年复置天津专区,专署仍驻天津市,后辖县有增。1968 年改称天津地区。

汉沽市 [Hàngū Shì]

在天津市东部。1953 年汉沽镇改设市, 1958 年由河北省交由天津市管辖,同年 12 月撤销汉沽市。1960 年复设市。1962 年再撤市,改设汉沽区。

天津县 [Tiānjīn Xiàn]

在今天津城郊四周,东邻宁河县,西与静海县接壤,南至大港区,北靠武清县。清雍正九年(1731 年)置,治天津市,属天津府。1912 年后属河北省。1930 年 10 月县治移咸水沽。1953年5月14日撤消，改为津东、津北、津西、津南等四个郊区，1962年改置东郊、北郊、南郊、西郊四区，即今东丽区、北辰区、津南区、西青区。

城厢区 [Chéngxiāng Qū]

天津市辖区，在天津城区中部。原名第二区，1956年1月1日改名城厢区。辖今东马路与西马路、南马路与北马路之间，南运河南岸一带。1958年7月4日撤销，分别划归南开区与中心区（今和平区）。

新华区 [Xīnhuá Qū]

天津市辖区，在今天津城区中部。西起卫津路，东至海河，北至南京路，南至马场道。原名第五区，1956年1月1日改称新华区，1958年7月4日并入中心区（今和平区）。

塘大区 [Tángdà Qū]

天津市辖区，在天津市东部，渤海湾西岸。原名塘大市，属河北省唐山十五专员公署。1949年3月划归天津市，改名塘大区。因辖塘沽、大沽故名。区政府驻塘沽。1952年4月21日更名塘沽区。

东郊区 [Dōngjiāo Qū]

天津市辖区，在天津城区东侧。1953年5月撤销天津县，置津东郊区，区政府驻灰堆（现属河西区）。1955年更名为东郊区。1958年10月7日并入河东区。1962年恢复东郊区建制，区政府迁张贵庄。1964年5月将北郊区大毕庄划入。1992年改名东丽区。

西郊区 [Xījiāo Qū]

天津市辖区，在天津城区西侧。1953年撤销天津县，将原天津县辖第五区改为津西郊区，区人民政府驻李七庄。1955年更名为西郊区。1971年区人民政府迁杨柳青。1958年划归天津市南开区。1962年2月1日恢复西郊区。1992年改名西青区。

南郊区 [Nánjiāo Qū]

天津市辖区，在天津城区南侧。1953年撤销天津县，将原天津县所辖一区、六区、七区合并称津南郊区，区政府驻咸水沽。1955年改名南郊区。1958年10月并入河西区。1962年2月1日恢复南郊区。1970年1月大港区并入。1979年11月析南郊区南部置大港区。1992年改名津南区。

北郊区 [Běijiāo Qū]

天津市辖区，在天津城区北侧。1953年撤销天津县，置津北郊区，属天津市，区政府驻北仓。1955年更名北郊区。1959年撤区，并入河北区和红桥区。1962年复置北郊区。1992年更名北辰区。

北大港区 [Běidàgǎng Qū]

天津市辖区，在天津市南部。南以沧浪渠为界邻河北省黄骅县（今黄骅市），东临渤海湾，西靠静海县，北连南郊区。1963年2月由河北省黄骅县、静海县析置北大港区，属天津市。因辖区内北大港得名。区人民政府驻洋闸。1970年1月并入南郊区（今津南区）。

第二部分　自然地理

海河平原 [Hǎihé Píngyuán]

地处华北平原的北部，北起南麓，南到黄河，西起太行山脉东麓，东到渤海，主要由黄河和海河、滦河等冲积而成。海河平原地势低平，海拔由100米左右降低到渤海沿岸的3米左右。洼地和泊淀面积宽广。海河平原北倚蒙古高原与东北平原，东临大海，西以太行山、工屋山与山西高原为界，南以黄河毗连黄淮平原。海河平原绝大部分在河北省境内，故又称河北平原，包括今北京、天津与河北省大部（除冀北山地、张北高原外），山东省黄河以西以及河南省黄河以北的地区。整个平原上有海河、滦河和徒骇马颊河等三大水系。其中，海河是此区域最大河流，主要支流有北运河、永定河、大清河、子牙河、南运河，于天津附近汇聚入渤海。因为海河水系流贯其间犹如扇状，地势低洼，故此地称为海河平原区。面积约12.8万平方米。整个区域属于暖温带湿润或半湿润气候。冬季干燥寒冷，夏季高温多雨，春季干旱少雨，蒸发强烈。春季旱情较重，夏季常有洪涝。年降雨量由南向北随纬度增加而递减。尤其在夏季季风迎风面的丘陵地带，夏季暴雨的现象更为明显，再加上海河本身淤塞严重，常形成洪涝灾害。年降雨量的变化甚大，集中在单一季节的情况越往北、越往内陆，越明显，雨量变率往往达30%。整个海河平原的范围西以山西高原与黄河流域接界，北为蒙古高原，东北与辽河流域接界，南面黄河，东临渤海，流域面积达到31万平方千米。耕地约8万平方千米，人口7 000余万人。首都北京及天津、保定、石家庄、邯郸、沧州等大中城市均坐落在平原上，交通方便，工业发达。盛产粮棉和果品，石油和天然气蕴藏丰富。名胜古迹多，旅游资源丰富。比较著名的湿地有山东临清西洼地、聊城北洼地，禹城大黄洼地，河北白洋淀、文安洼、衡水湖等。其中以白洋淀最大，面积约500平方千米，素称鱼苇之乡。

华北平原 [Huáběi Píngyuán]

中国第二大平原，是典型的冲积平原，主要由黄河、海河、淮河、滦河冲积而成。东临渤海和黄海，西倚太行山—伏牛山，南达大别山北侧，北抵燕山南麓，横跨京、津、冀、鲁、豫、皖、苏等7省市，面积达30万平方千米，且仍在逐渐扩大。华北平原自西向东微斜，西高东低，地势低平，河湖众多，大部分区域海拔低于50米，东部沿海地区平原海拔10米以下。华北平原属温带季风气候，四季变化明显，土质肥沃，农业以旱作为主，主要粮食作物有小麦、水稻、玉米、高粱、甘薯等，经济作物有棉花、花生、芝麻、大豆等，还盛产苹果、梨、柿、枣等，是中国重要的粮棉油生产基地。华北平原矿产资源丰富，有中国著名的大港油田、胜利油田、华北油田等，有著名的长芦盐区和苏北盐区，是重要的盐碱工业基地。华北平原是中国开发较早、人类活动影响较大的地区，春秋后期已经成为农垦区，到西汉后期，人口已经占全国人口总数的一半。后历经战乱，人口锐减，农田荒芜，直至唐代再次繁盛，之后因战乱和自然灾害严重，人口多次减少，农田多次荒芜。新中国成立后，华北平原得到较快的发展，煤炭、电力、石油、化工、钢铁、纺织、食品等工业在中国占重要地位。现在的华北平原交通便利，经济发达，是中国政治、经济、文化中心，人口和耕地面积约占全国的20%，已经成为中国经济发达地区。华北平原天津部分面积11 380平方千米，地势低平，平均海拔20米以下，东部沿海平原海拔10米以下，自西向东微斜。北起蓟州，南至滨海新区大港翟庄子沧浪渠，南北长 170 千米；东起滨海新区汉沽洒金坨以东陡河西干渠，西至静海区子牙河王进庄以西滩德干渠，东西宽 117 千米。属于温带半干旱半湿润季风气候，四季分明。冬季盛行西北风，天气寒冷干燥；夏季多偏南风，且高温高湿，雨热同季；春季干旱多风，冷暖多变；秋季天高云淡，风和日丽。全年平均气温在 11.4~12.9 ℃之间，多年平均降水量为 566 毫米，全年 85% 左右的降水量集中在夏秋季。多年平均日照时数在 2 471~2 769 小时之间，平均风速 2.3 米 / 秒，平均水分蒸发量为 163~1 912 毫米，最大蒸发量 2 673.3 毫米。年无霜期 200 天。该地区各类自然土壤已熟化为农业土壤，发育有黄土（褐土）或潮黄垆土（草甸褐土），中部为黄潮土（浅色草甸土），河间洼地、扇前洼地及湖淀周围有盐碱土或沼泽土。

蓟北山地 [Jìběi Shāndì]

在天津市最北端。北起古长城脚下，南至华北平原北缘，属燕山山脉。面积为 755 平方千米。从山前平原向北、东北、西北依次过渡为丘陵、低山、中山三个阶梯，山体为东西走向。因在蓟州区北部，故名。大地构造属燕山纬向构造体系与马兰峪山字形构造体系复合带。中生代燕山运动褶皱隆起成山，新生代以来继续隆起形成今日以剥蚀为主的低山丘陵地貌。地势北高南低，一般海拔 400~500 米。最高峰九山顶海拔 1 078.5 米。地貌形态复杂多样，重峦叠嶂，山体形态不一，或嵯峨嶙峋，或低缓圆浑。山间沟谷发育，局部呈宽谷或山间盆地。山体岩石以中、新元界沉积岩为主，地表多基岩裸露，以石英砂岩、石灰岩及页岩为主。泃河、淋河南北纵贯。当地属温带亚湿润气候。年平均气温 11.4 ℃，1 月平均气温 -5.4 ℃，7 月平均气温 26 ℃。年平均降水量 700 毫米，多集中在夏季。无霜期 195 天。当地蕴藏有金、锰、钨、麦饭石、大理石、紫砂陶黏土等矿产资源。土壤以褐土为主，山的上部和陡坡土层薄，基岩裸露，平缓的丘、谷、台扇地土层较厚。为干鲜果品生产基地。

西大峪 [Xīdà Yù]

在蓟州区下营镇西北部。东至津围公路西侧，西至蓟州区、平谷区交界。因其沟深谷长，地处下营镇西，故名。山谷呈西北至东南走向，长 8 千米，宽 5~8 千米，形成于红色白云岩。边坡陡，缺乏水源。当地属半湿润地区，温带大陆性季风气候，冬春干旱多风，夏季炎热多雨，年平均日照时数 2 754.6 小时，太阳辐射年总热量 523.754 kJ/cm²，≥ 10 ℃的有效积温为 4 153 ℃，无霜期 195 天。年平均气温 11.5 ℃，较全区平均气温低。因春季雨水少，大风多，蒸发量 300~350 毫米，为同期降水量的 6~7 倍，几乎年年发生春旱，在暖温带气流的影响下，年平均降水 692 毫米，并表现出降水集中且多暴雨的特征，其中夏季降水约占全年降水量的 76.8%，暴雨降雨量一般可占总降水量的 1/3~1/2，光热资源丰富且雨热同季，有利于植物生长。

八仙山 [Bāxiān Shān]

在蓟州区太平沟村北东山。东至黑水河，西至太平沟，南至古强峪，北至八仙山林场，面积约 1 平方千米。此山上有一块较平的大石头，传说“八仙”常到此下棋玩乐，故名。八仙山原名“八仙桌子”，1992 年更今名。主峰位于蓟州区国营林场八仙山林区、黑水河林区当中，海拔高 1 052 米，该山周围群山环绕，此起彼伏，主峰的北部东侧是悬崖陡壁，西部南面较平缓，该地农民把该山主峰叫“洋楼”，相传清光绪年间此处有一个用木杆树立的三角形架，远处眺望，似楼，故名“洋楼”。1995 年八仙山被国务院批准为国家级自然保护区，1999 年被中国科协批准为全国首批科普教育基地，是国家地质公园——峰林峡谷景区最典型的代表。八仙山位于燕山迎风坡，夏季多雨，是华北地区的多雨中心。黑水河与太平沟分别发源于其东坡与西坡，北部是华北地区保存最完整的天然阔叶次生森林区。林区具有原始森林的特点，分多层结构：第一层为高大乔木，第二层为矮乔木，第三层为杂生灌木，第四层为草本植物，第五层为苔藓、地衣、蘑菇，众多藤本植物穿插、攀缘其间，形成中国北方罕见的典型、完整的暖温带落叶阔叶林森林生态系统。植物种类多样，据初步调查八仙山保护区的植物有 600 余种，分属于 156 科 341 属，其中列为重点保护的有黄檗、胡桃楸、刺五加、五味子等 14 种。已发现的野生动物有 500 多种，分属于 34 目 136 科，有大型哺乳类、鸟类、爬行类、两栖类、鱼类及大量的昆虫类，其中属于国家一级保护动物的 3 种、二级保护动物的 27 种，列入《中国濒危动物红皮书》的脊椎动物 22 种。

元宝山 [Yuánbǎo Shān]

在蓟州区下营镇东北部。东至刺榆沟，西至梨木台林区，南至钟鼓楼山，北至兴隆县界。元宝山是蓟州区与河北省兴隆县的界山。相传早年山上有金、银元宝，故名。抗日战争时期，元宝山是八路军根据地，东西走向，长约 4 千米。主峰海拔 958 米。

常州沟 [Chángzhōu Gōu]

在蓟州区下营镇东北部常州村附近，全长 5 千米，宽 2~4 千米。边坡露出中上元古界标准地层剖面。西侧主峰均在海拔 750 米以上。沟底海拔 320~620 米。山谷上有古长城遗址。森林茂盛，覆盖率达 80% 以上。水源充足。岩性为由砾岩、砂岩和石英岩等组成的碎屑岩系，厚达 854 米。有石英石等矿产资源。

九山顶 [Jiǔshān Dǐng]

在蓟州区下营镇北部，是蓟州区、河北省兴隆县两区县界山。山南北长 2 千米，东西宽 1 千米，为九个山峰攒簇而成。面积约 2 平方千米，主峰海拔 1 078.5 米，高度居燕山蓟州段山峰之首，也是天津市的最高峰。土壤为山地棕壤。出露地层为中元古界长城系常州沟组石英砂岩，山体为单斜构造，岩层倾向南西。植被为槲栎、照山白、羊胡子草等落叶阔叶林群落。九山顶被列为国家自然地质保护区的中上元古界标准地层剖面，天然形成二仙争月、百洞炊烟、恐怖峡谷等 68 处景观。当地保留有抗日战场、清朝护陵二品衙门遗址、云摩洞及保存完好的明长城、北齐古长城等十余处历史人文景观；有 1 200 余种植物和 70 多种动物资源；有猕猴桃、野酸枣等 20 多种可食用野果；有蓝荆子、东陵绣球等上百种奇花异草；有金雕、老鹰、黄雀等 30 多种鸟类，狐狸、雉鸡、野兔等 40 多种野兽。

钟鼓楼山 [Zhōnggǔlóu Shān]

在蓟州区小港乡北部。东至河槽，西至西山梁，南至庙台沟，北至石洞沟。山上有庙，建有钟、鼓二楼，故名。山呈东西走向，长约 1 千米，宽约 0.6 千米，主峰海拔 993 米，由石灰岩构成。出露地层为中元古界长城系常州沟组石英砂岩、石英岩，山体为单斜构造，岩层倾向南西。土壤为山地棕壤。

植被为槲栎、照山白、羊胡子草等落叶阔叶林群落。

黄花山 [Huánghuā Shān]

在蓟州区孙各庄满族乡与下营镇交界处，是蓟州区、河北省遵化市两地界山。东北至河北省遵化市界，西至赤霞峪(村)，南至丈烟台(村)。山谷多黄花，故名黄花山。相传以前山顶上建有一座铁瓦寺庙，1936年春毁于兵火，仅存遗址。西南坡有清代王爷陵遗址。山中有金矿和锰矿。山呈西北至东南走向，长约6千米，宽约3千米，总面积1 646 780平方米。主峰海拔684.6米。坡度为20°~25°。出露地层为中元古界蓟县系石英砂岩、石灰岩，山体为单斜构造，岩层倾向南西。土壤为淋溶褐土。植被为荆条、酸枣、菅草、白羊草灌草丛群落。现山上已全部绿化，松林葱翠。

天台山 [Tiāntái Shān]

在蓟州区孙各庄满族乡东部，是蓟州区、河北省遵化市两地界山。东至龙门口，西至大喜峰口，南至王家坎(村)，北至河北省遵化市清东陵。主峰海拔469米，居民形容其峰与天齐，顶有一平台，故名天台。山东西长约3千米，南北宽约1.5千米。北坡是遵化县国营林场，南坡种有柏树，覆盖率达20%，山下有果园。马营公路从山西南1千米处通过。出露地层为中元古界长城系常州沟组石英砂岩、砾岩，山体为单斜构造，岩层倾向南西。土壤为淋溶褐土。植被为荆条、酸枣、菅草、白羊草灌草丛群落。

盘山 [Pán Shān]

在蓟州区城西北12.5千米处。东至砖瓦窑，西至东窝铺，南至玉石庄，北至北京市平谷区。古时称“盘龙山”“徐无山”“田盘山”“四正山”，春秋战国时期叫“无终山”，晋代叫“徐无山”。东汉末年，无终人田畴率宗族隐居于此。建安十二年(207年)曹操率军北伐乌桓，田畴请为向导，因助曹操大破乌桓有功，为纪念田畴将“徐无山”改称“田盘山”，后人简称盘山。面积约20平方千米，属燕山山脉南缘。盘山在历史上被称为“京东第一山”。据商务印书馆影印《中国名胜盘山集》记载，盘山列为中国十五大名胜之一。盘山是一个以名胜古迹和自然山水景色著称的风景区，以“五峰”“八石”“三盘”之胜称绝。主峰“挂月峰”海拔864.4米，山势雄伟险峻。盘山地区河流属沟河水系，主要河流有漳河和秃尾巴河。因盘山与华北大平原以断层接触，缺少过渡的丘陵地区，加之盘山地区地势北高南低，高差大，多地形雨，故河流自北向南流，且源短流急。根据蓟州区多年统计资料，区域内降水时空分布不均，河流径流与降水分布相一致，规划区径流折合水量为1 170.8万立方米/秒。土壤类型主要为粗骨性褐土，大于750米的山地局部为山地棕壤，是华北暖温带一种地带性土壤类型。抗日战争时期这里是华北革命根据地之一。盘山也是著名的水果产区，盘山柿子、红果、核桃、栗子在京津一代享有盛名。如今名山恢复古建，开放旅游，吸引国内外游客前来观光。当地交通方便，津、京均有公路可达。

府君山 [Fǔjūn Shān]

在蓟州区北部。东至桃花园村，西至西井峪村部分居民点，南至蓟州区渔阳镇北环路，北至西井峪村。山上有崔府君庙，故名。据《蓟县志》载：“崆峒山一名翁同山，以山上有崔府君庙，又名府君山。看旧有日照寺，后改为地藏殿，昔传为黄帝问道于广成子之处。”府君山海拔302.1米，山势峭拔，风景幽美。该山只能造林放牧，没有开采价值。山顶曾有玉皇阁、广成子殿、府君殿、赵公塔等建筑。山腰有穿云洞、白大洞。“崆峒积雪”为蓟州区八景之一。出露地层为下古生界寒武系下统府君山组深灰色泥质灰岩,局部夹砂页岩,岩层倾向南东。土壤为石灰性褐土。植被多为荆条、酸枣、白羊草灌草丛群落。

九花顶 [Jiǔhuā Dǐng]

在蓟州区官庄公社双安西北 2.5 千米处,东至赵家峪,西至砖瓦窑,南至官庄,北至梁庄子,属燕山余脉。相传唐朝时期,有九花娘娘曾在此山修道,故名“九花顶”。主峰海拔 739 米,石质系花岗岩。该山没有开采价值,杂草丛生,适于放牧。山东侧昔有九花娘娘庙,毁于兵燹,仅存遗址。土壤为山地粗骨性褐土,淋溶褐土。北坡杂草丛生,东、西、南坡多植槲树。

翠屏山 [Cuìpíng Shān]

在蓟州区城南偏东 4 千米。东至东大山断脉,北至州河南岸,西、南至翠屏山公社境内平原,因山色苍翠、连亘如屏得名。顶峰有庙塔各一座,相传为宋徽宗年间所建,松柏林立,形成天然屏障,农历三月初十为庙会。1938 年日本帝国主义侵华时杀害道士,焚毁庙宇,塔亦倒坍,1946 年国民党军修筑碉堡,碑记皆无,现在仅有庙刹遗痕,该地名历史沿革查无可考。出露地层为中元古界蓟县系雾迷山组白云岩、含砂灰岩,单斜构造,岩层倾向南东。土壤为淋溶褐土。植被为荆条、酸枣、菅草、白羊草灌草丛群落。

五名山 [Wǔmíng Shān]

在蓟州区城区西北侧。东至西路庄,西至东后子峪,南至小刀剪营,北至狼嚎峪,位于原公社西北 3.5 千米,由 5 个山岭组成,即:庙岭、礓石峪西岭、南天门西岭、南天门东岭、凤凰尾巴岭,故名“五名山”。面积约 2 平方千米,均为石灰岩构成,主峰海拔 241.3 米。山上原有玉皇庙和三霄娘娘庙,均已毁于战火。出露地层为中元古界蓟县系雾迷山组白云岩、白云质灰岩、含砂灰岩,单斜构造,岩层倾向南东。

别山 [Bié Shān]

在蓟州区别山村北,青池岭沟村南地带。北山原名截龙山,相传唐太宗亲征高丽时,曾路过此地,被占该山大王姜氏所阻,战后得名截龙山。宋时,信术士之言,时人于该山南麓建一高塔,截住此山,不让此山南伸(用宝塔别住山头),并将截龙山改为“别山”。总面积为 1.5 平方千米,主峰位于别山医院以北,海拔 141.9 米,山顶有唐代姜兴本城遗址。出露地层为中元古界蓟县系雾迷山组白云岩,单斜构造,岩层倾向南、南东。土壤为淋溶褐土。植被为荆条、酸枣、菅草、白羊草灌草丛群落。

五龙山 [Wǔlóng Shān]

在蓟州区原五百户镇南部,蓟州区与河北省玉田县界山。东至六百户(村),西至杨树口,南为河北省玉田县地,北至五龙村。山体四周有 4 小山向外伸延,形状似五条龙,故名。相传清光绪年间,道士刘颜庸云游到此,见山脚下有一坟墓,问后得知葬着一位出家人,遂跪拜其为师,并住山顶庙中,将此山命名为五龙山。山东西长 2.5 千米。主峰海拔 203.3 米。

燕山 [Yān Shān]

在蓟州区西龙虎峪镇西南部,蓟州区与河北省玉田县交界处,为两区县界山,成东西走向,包括大肚子山、大转山、草帽山。主峰在河北省玉田唐字头镇境内,海拔 395.3

米。西距燕山口 2.9 千米，东连凤凰顶。燕山是燕山余脉的一角。新中国成立前山上林木被滥伐，水土流失严重。新中国成立后进行水土保持，整修梯田，凿井办电，灌溉成田。现在山腰松柏成林，山麓果树成片。

黄崖关 [Huángyá Guān]

在蓟州区下营镇黄崖关村北。东至半拉缸山顶峰，西至王帽顶山顶峰，南至黄崖关村，北至蓟州区界。因附近的山石颜色呈黄褐色，每当夕阳西下，阳光洒满山坡，金光灿灿，故称黄崖关。北齐天保七年（556 年）始建长城，距今已有 1 400 余年的历史。明代蓟镇总兵戚继光重新设计、包砖大修，创建了万里长城沿线独一无二的八卦城，并建有实心敌楼、空心台、烟墩台、烽火台及“牛头马面”等建筑，形成了完整的长城防御体系。1985—1987 年，在“爱我中华，修我长城”社会赞助活动的影响下，修复黄崖关长城 3 024 米，1986 年对外开放。长城总占地面积 13.6 平方千米，核心区面积 0.879 平方千米。全段长城建筑在海拔 736 米的山脊之上。隘谷长 500 米，宽余 100 米，两侧岩层削壁陡立，一落千仞。谷幽隘险，自古为兵家必争之地。蓟北长城横穿此隘谷北口置关设防，称为“黄崖关”。幽谷雄关，昔为军事要塞，今为旅游胜地。附近有中新元古界地层剖面，常州以南一带有储量两亿立方米的大理石矿，车道峪有紫砂矿，还有大量的石灰石、青灰石、建筑石料等。附近盛产干鲜果。

燕山口 [Yānshān Kǒu]

在蓟州区西龙虎峪镇西南部，蓟州区与河北省玉田县交界处。北距燕各庄、南距河北省玉田县大燕山口（村）各 1.5 千米，东临草帽山，西靠莽岭山。隘口南北走向，长约 1 千米，宽约 500 米。

青龙湾减河 [Qīnglóngwān Jiǎnhé]

该河起河北省香河县红庙村南土门楼泄洪闸，于宝坻区大刘坡附近汇入潮白新河，东南止于蓟运河北塘口。途经河北省香河县、天津市武清区。该河是市管一级河流，是依青龙湾疏浚人工开凿的内流河、地上河、常年河，因上游有青龙湾石坝，故名。在辽金时代这里曾是海运河道，据《光绪顺天府志》载：“清雍正八年（1730 年），北运河因山洪暴涨，河西务一带决口，世宗旨守于河西务上流青龙湾建坝四十丈，开引河九十里，夹以长堤，津入七里海。”此为青龙湾的来由。但查阅《清史稿》又发现另有出处，据《清史稿》卷五十四志二十九《地理志一》记载：“香河简。府东南百二十里。隶东路厅。西有北运河，自通入。有王家务减河，雍正九年（1731 年）濬，长百四十里。北窝头河亦自通入。县驿一。”“武清简又南有筐儿港新减河。其北王家务减河淤。知县刘枝彦濬自大白庄至表口，并修窝头、褒针堤。”“宁河有七里海，汇王家务、筐儿港二减河。”可知《清史稿》记载中香河县境内有“王家务减河”一条，而此河也在香河县境内并最终汇入宁河七里海。另查看清光绪年间顺天府志地图以及《清史稿》中的记载可以肯定“王家务减河”就是青龙湾河，只是其中记载日期比《光绪顺天府志》中记载晚一年。1971 年由河北省海河指挥部开挖引青入潮减河，疏浚青龙湾减河于八道沽村改道至大刘坡，入潮白新河里子沽闸上。2013 年对青龙湾减河右堤武清界进行综合治理，堤顶路面硬化。该河全长 52 千米，天津市境内河道长约 43 千米，是承泄北运河系洪涝水的主要行洪尾闾河道。武清区段位于武清区东北部，起武清区刘皮庄以北，止崔黄口镇东粮窝村以东的狼尔窝分洪闸。长 25.4 千米，右堤长 26.4 千米（武清区境内无左堤）。

龙河 [Lóng Hé]

该河起北京市大兴区，在廊坊市东张务穿护堤路入永定河泛区，至武清区东蒲洼街道大南宫村以北汇入龙凤河（北京排污河）。河流途经北京市大兴区、廊坊市东张务、河北省安次县、天津市武清区，是区管二级河流，为内流河、地上河、常年河。历史上龙河为永定河支流。东汉末年，曹操东征路过此地，看到龙凤双河，留下“此乃天灵人杰、龙飞凤翔之地”的名言。龙河发源于北京市大兴区西海子泉，因流经大五龙村，故名龙河。清乾隆五年（1740 年）改道入凤河。清末龙河尾闾于太子务村南扩散到高场洼。1955 年开龙凤新河纳龙河、凤河之水导入北运河，1971 年龙凤新河成为北京排污河之一段。龙河全长 68.42 千米。武清区境内龙河河道长 10 千米，河床宽 40 米，平均水深 2.5 米，是集排、灌、蓄于一体的平底河道。该河左堤长 12 千米，右堤长 10.9 千米。区内流经东马圈镇、泗村店镇、豆张庄镇、东浦洼街 4 个镇街。龙河上游有两个支流，一支为源于大兴区王立庄的大龙河，另一支为源于大兴区前大营的小龙河，两条河流于大兴区的白塔闸上汇合后为龙河，以下经岳庄子闸穿过津山铁路进入，后由于岳庄子闸封堵，龙河上段入新龙河由东张务闸进入永定河，岳庄子闸以下段仍称龙河。龙河为永定河一支流，于廊坊市安次区三小营西入廊坊市境内，经杜各庄、天村、大伍龙、刘各庄、西辛庄、祖各庄、南昌、于常甫、永丰、高圈、石各庄、北田庄、岳庄子，至东张务穿护路堤，于武清区刘各庄北入永定河槽。龙河两岸为人工填筑堤坝，河床宽阔平缓。龙河是自然形成的河道，历史上河道摆动较大，造成河道蛇曲，下游地势平缓，尾闾不畅。龙河下游建有永丰闸、东张务闸，夏季挡蓄上游沥水，秋冬季引蓄北京弃水。龙河下游建有永定河泛区，其左堤（新北堤、护路堤）紧邻龙河，规划防洪标准 100 年一遇。根据《天津市农田除涝水文手册》和《天津市排涝总体规划》，龙河主要承泄上游河北省和武清城关小区部分、高场洼小区部分涝水，天津境内控制排涝面积为 114.66 平方千米，10 年一遇设计涝水流量为 94 立方米 / 秒，20 年一遇流量为 104 立方米 / 秒。

永定河 [Yǒngdìng Hé]

该河起自山西省宁武县管涔山桑干河，至滨海新区塘沽注入渤海，流经内蒙古、山西、河北三省区，北京、天津两个直辖市，共 43 个县市，为市级管理一级河流，为天然形成的外流河、地上河、常年河，属海河水系。永定河俗称“浑河”，因经常决口而改道，又名“无定河”。该河古称㶟水，隋代称桑干河，金代称卢沟，旧名无定河。元、明代有浑河、小黄河等别称。清康熙三十七年（1698 年）经疏河修堤后水患消减，改名“永定河”，取永远安定之意。1954 年建成蓄水 22 亿多立方米的官厅水库，才基本控制了上游洪水。经 1951、1965、1968、1971、1977、1981 等年份的大堤培修工程，尚能抵御 50 年一遇的大水。20 世纪 70 年代以来，随着全球气候变化，永定河流域持续多年干旱少雨，下游常年处于断流状态。1985 年永定河被国务院列入全国四大防汛重点江河之一。从三家店以下至天津的入海口，河道全长约 200 千米，水利系统将其分为三家店至卢沟桥、卢沟桥至梁各庄、永定河泛区和永定新河四段。永定河流域夏季多暴雨、洪水，冬春旱也严重。上游黄土高原森林覆盖率低，水土流失严重，河水混浊，泥沙淤积，日久形成地上河。河床经常变动。善淤、善决、善徙的特征与黄河相似，故有“小黄河”和“浑河”之称。河流全长 747 千米，流域面积 47 016 平方千米，山区面积 45 063 平方千米，平原面积 1 953 平方千米。区境段在武清区南部，起黄花店镇邵七堤村西北，止黄庄街马家口村西南。河流长 25.4 千米，河槽宽度 110~120 米，水深 1~1.5 米，流量达 300 立方米 / 秒。河左堤由落垈村南入境，至马家口出境，长 22.17 千米；右堤由八里桥村西入境，至东肖庄南出境，长 25.27 千米。两堤相距 8.8~1.1 千米。设计 50 年一遇标准洪水，防洪水位 10.05~7.48 米，相应流量 2 500 立方米 / 秒。河流流域面积 299 平方千米。河道蓄水量 2.09 亿立方米。该河为天然形成的外流河、地上河、常年河。夏季多暴雨、洪水，冬春旱。著名景点有册田水库、友谊水库、珠窝水库。上游有桑干河、洋河两大支流，桑干河发源于山西省宁武县，洋河发源于内蒙古兴和县。两支于河北省张家口市怀来县的朱官屯汇合。下经卢沟桥、房山、大兴、固安、永清，由廊坊安次区沙窝村东进入天津武清区，抵津郊入北运河。主要支流有壶流河、洋河、妫水、清水河等。每年 7 至 8 月汛期，河水自燕山峡谷急泄，两岸峭壁耸立，落差为 320 : 1，最大流量 5 200 立方米 / 秒左右。

永定新河 [Yǒngdìng Xīnhé]

在天津市中部。西北起天津市北辰区屈家店，向东流经宁河区，在滨海湖北侧入滨海新区，并于宁车沽接纳潮白新河，继续东流至北塘与蓟运河汇合后入渤海。河道全长 66 千米，是海河流域北系永定河、北运河、潮白河和蓟运河的共同入海河道，系天津市北部的防洪屏障。原永定河于北辰区郎家园汇入北运河，然后入海河。1970 年冬为分泄永定河、潮白河汛期洪水，解除洪水对天津的威胁，开挖此河，1972 年初竣工。因系永定河下游新开河道，故名。河道建成后，由于河口未建挡潮闸，河道长期受潮水控制，泥沙不断淤积河道，行洪能力下降。“十一五”期间天津市着手实施了永定新河一期治理工程，建成永定新河防潮闸及配套码头等设施，对闸下河道进行了清淤，消除了海潮对河口地区的侵袭，河道行洪能力恢复。河道全部是以深槽行洪为主的复式河槽，大张庄以上为三堤两河与新引河并行，河宽 300 米；大张庄以下河宽 500~600 米。流量 1 400~1 800 立方米 / 秒，堤防长度左岸 59.7 千米，右岸 74.6 千米，包括中堤长 14.1 千米，堤埝高 5~7 米，基顶宽 8~10 米。滨海新区段位于新区中部偏北，河宽 700 米，从市政排污闸至海口 19.7 千米，深 6 米，流量为 1 400~1 800 立方米 / 秒。入海口附近建有永定新河铁路桥、北塘公路大桥、彩虹大桥和北塘渔港。东丽区段西起金钟河防潮闸，东至北塘排水河出口。河长 1.9 千米，上口宽度 500 米，河底高程 -0.7~-4.5 米，堤顶高程 8.2 米，堤顶宽度 8.0 米。河道迎水边坡 1 : 4，背水边坡 1 : 3。沿岸建有固定排灌站 1 座，流量 2.8 立方米 / 秒，装机容量 260 千瓦。

海河 [Hǎi Hé]

海河流域东临渤海，南界黄河，西起太行山，北倚内蒙古高原南缘，地跨京、津、冀、晋、鲁、豫、辽、内蒙古八省市自治区，流域面积 26.5 万平方千米。海河支流于天津三岔河口汇合后始称海河，即海河干流。流经河北区、和平区、河东区、河西区、东丽区、津南区、滨海新区，于大沽口注入渤海湾，曾名逆河、白河、沽水、直沽河、沽河、界河、派河尾等。海河原无名，四千年前曾称“逆河”，有地面与海面相平，河水与潮水相逆之意。商、周时，黄河入海所经之道乃古代派河河道。黄河改道后，海河河床自军粮城以上开始成陆，《水经注》称“派河尾”，《墨子》称“派河”，许慎的《说文解字》和《隋书·地理志》均作“派河”。东汉建安年间，开凿了平虏渠和泉州渠，使海河五大支流互相连通，汇入“派河尾”。《魏书·地理志》始称“沽河”。宋辽对峙时称“界河”。金和元时期称其河道为“直沽河”。明末始称“海河”，取永定、大清、子牙、南运、北运诸河汇流成一河而入海之意。至清朝，海河之名渐著，直沽河之名被其替代。海河水系由南运河、子牙河、大清河、永定河、北运河五大支流组成，系中国华北地区的最大水系。以发源于山西高原的卫河为主源，全长 1 050 千米。海流干流长 76 千米，河道狭窄多弯，最宽处 300 米，最窄处 100 米，水深（河底高程）以大沽水平面为准，为 -3~4 米。中华人民共和国成立后几经疏浚，泄洪量达 1 510 立方米 / 秒，弱潮期（枯流量）为 2 000 立方米 / 秒。每年一、二月间为冰封期。海河原是一条河湾较多的河流，为便于航运，增大纳潮量，从 20 世纪初至中华人民共和国成立前曾进行 6 次裁弯取直。原来水量相当充沛，曾有“转粟春秋入，行舟日夜过”的漕运繁荣景象。为解决天津市淡水水源问题，1958 年在海河入海口建海河防潮闸，以“阻咸蓄淡”，上游则多处建水库，仍为天津市防洪、排涝、航运的主要河流。清光绪三十二年（1906 年）始建金汤桥以来，海河上已陆续建有金钢桥、狮子林桥、北安桥、解放桥、海门大桥、海津大桥、海河大桥等桥梁。海河沿岸修建了海河景观带、海河外滩公园等风景区。滨海新区段西起胡家园街道三川桥村，向东经塘沽至大沽入海，河段长约 31 千米，流域面积约 160 平方千米，受益面积 140 平方千米，可航行 5 000 吨以下机动船。出海口附近建有海河大桥、海河防潮闸、海河渔船闸、新港船闸。在塘沽中心城区建有海门大桥。河北区段自起点至解放桥东约 200 米处，长 3 450 米，宽 100 米。沟通海河两岸的桥梁有金钢桥、狮子林桥、金汤桥、进步桥、北安桥、大沽桥、解放桥等。沿河堤岸采用退台式护岸，体现亲水性，景观各具特色。金汤桥至北安桥东岸的亲水平台用粮库的垫仓石铺砌，用不规则的原毛石砌垒护坡；北安桥至大沽桥段铺设大面积灰色调地面石材，设置造型简易的雕塑小品，安装立体式夜景灯光以及相关绿化等；大沽桥至解放桥段通过欧式栏杆、休闲坐椅、绿色植物等设施，为市民提供了一个清新、幽雅的休闲区域。河东区段由解放桥向东南顺延至月牙河与海河交会处，流经大王庄、大直沽、富民路 3 个街道，为河东区与和平区、河西区的界河，长约 7 400 米，沿岸设有护拦和防水墙。沿河建有赤峰桥、大光明桥、刘庄斜拉桥、金汇桥、金阜桥、直沽桥、光华桥、国泰桥、富民桥、海津大桥等桥梁，为两岸交通提供便利。河东岸建有带状公园，并建有亲水平台和码头等设施。沿河建有排洪涝设施。

中亭河 [Zhōngtíng Hé]

该河起于河北省雄县陈家柳，途经西青区、武清区，是一级河流，为外流河。古河，明嘉靖二十四年（1545 年）副史陆坤循故道修浚得名，后复淤，清代屡浚治之，清末至 1968 年间河道淤塞。为排除水患，1969 年扩宽，全长 67 千米。流域面积 27.22 平方千米。主要功能是为上游排水。

独流减河 [Dúliú Jiǎnhé]

在天津市南部，系天津市一条重要的行洪河道和南部防洪的重要防线，属大清河系，是引泄大清河和子牙河洪水直接入海的人工河道。该减河于1942年始建，1944年因故停挖，1951年重新动工，1953年建成，1969年扩挖，拓宽河道，加固堤岸。因起点邻独流镇，且用于减少上游各河流排泄流量，故名。西起西青区第六埠村南大清河与子牙河汇流处的独流减河进洪闸，经静海区、西青区、滨海新区，至工农兵挡潮闸入渤海。河流全长70.34千米，河底宽283~750米，河底高程1.16~2.8米。左（北）堤高5.86~6.5米，顶宽10米；右（南）堤高7.86~6.5米，顶宽8米。两岸堤距850~5 000米。设计流量3 200立方米/秒。静海区境内西起中塘镇西，东至工农兵挡潮闸入渤海，长32.51千米，沿河建有万家码头大桥、长深高速跨河大桥、东风大桥、黄万铁路桥等。独流减河建成后相继修建了北大港、团泊洼2座大型水库和鸭淀、津南、钱圈3座中型水库。该河主要担负着大清河洪水和沥水入海的任务，以确保天津及京沪铁路的安全，汛后蓄水用于工业及农田灌溉。该河为北大港水库、团泊湖等主要补给水源。

大沽排污河 [Dàgū Páiwūhé]

在天津市中南部，系天津市海河以南主要排污河道，为海河改造工程的重要组成部分，天津两大排污河之一。因在大沽口入海，用于排放天津市生活及工业污水而得名。该河西起天津市区咸阳路泵站，流经南开区、河西区、西青区、津南区、滨海新区，东至大沽口入海。全长81.6千米，宽50~60米，深2~3米。南堤高5米，北堤高5.5米。排水能力为24.7立方米/秒。该河于1958年开凿完成，因通大沽口入海，且专门用来排放污水，得名大沽排污河。1965年进行疏浚改造；2008年12月，进行全面治理工程，对全线河道进行清淤、修坡，对河道沿线排污口进行整合、改造，对沿线污水口进行截污，污水经处理厂处理达标后方可排放入河道；2013年改今名。滨海新区境内河段从马厂减河至大沽泵站，长13.3千米，建有板桥污水河桥、盐场污水河桥、万年桥等桥梁，建有咸阳路、跑水洼、巨葛庄、东大沽等泵站，入海口还建有大沽节制闸。该河承担着中心城区海河以南、西青区、津南区及滨海新区部分地区，即咸阳路、纪庄子、双林3个排水系统和沿河各区的雨污水排放任务。

大清河 [Dàqīng Hé]

该河起于河北省雄县新镇，止于静海进洪闸，途经河北省、天津市，是市管一级河道，为外流河、地下河、季节性河。大清河起名于清代初，因河水清澈而名。大清河系源于太行山区。汉代名泒水，为南起滱水，北抵易水的一条自然入海系统。它位于南滹沱河、子牙河、北永定河之间。自古以来，系统水漫流，亦河亦淀，至今没有大的改变。但是主流行踪，古时偏北，明清始被永定河冲积扇推移南来。现代系统上，上游分为南、北两支。北支为白沟河水系，主要支流有南拒马河、北拒马河、小清河、琉璃河、中易水、北易水等。白沟河与南拒马河在白沟镇汇合后，始称大清河。北支洪水经新盖房分洪道汇入东淀。南支为赵王河水系，主要支流有瀑河、漕河、府河、唐河、潴龙河等，各河均汇入白洋淀。南支洪水经白洋淀调蓄后，由赵王新渠入东淀。东淀以下分别经独流减河和海河干流入海。区境内大清河以故的航道，蜿蜒曲折，行洪量很小。清康熙三十七年（1698年）筑永定河大堤，大清河干流移至今大清河，两岸筑堤使河道固定，水系形成。1970年根治海河后转入大清河整治，重开航道，裁弯后改走台头南成较宽航道，兼行200立方米/秒。小洪水，定名本支深槽。深槽起点于赵王河口，下连赵王深渠经富官营南，至台头西耳濠沟入区界。行台头村南，至台头正东合旧河，经展宽下抵第六埠，直对进洪闸。界内河长15.1千米。1976年挖深河槽，改道于台头镇和黄岔村之间。全长483千米。静海段位于区境西北部，起自台头镇，止于进洪闸，境内段长15.1千米，流量400立方米/秒。按河流汇流情况，分为南支、北支两大支流，北支河流主要为拒马河；南支流入白洋淀的控制面积约2.1平方千米，其中以潴龙河系为最大，面积8598平方千米，占南支总面积的40%，唐河系次之，控制面积4993平方千米，占南支总面积的24%。

马厂减河 [Mǎchǎng Jiǎnhé]

在天津市南部，系南运河的人工分洪河道。西起天津市静海区大张屯乡靳官屯村南的九宣闸，向北偏东方向，被独流减河截为两段，南北两段分属大清河水系和海河干流水系，北至津南区西关村的西关闸入海河。河道全长75千米，宽12米。清光绪元年至清光绪六年（1875—1880年）开挖。为了减泄南运河洪水，灌溉水稻，由海防提督周盛传率驻军分三次开挖而成，1970、1974年又经两次疏浚，2006年进行综合治理工程，于2007年完成河道清淤、复堤、护砌工程。初名靳官屯减河，后因源头地近青县马厂而改称今名。滨海新区境内流经小王庄镇、中塘镇、新城镇，长约30千米，建有赵连庄节制闸、马圈分洪闸、马厂减河尾闸等。源头建有九宣闸，是天津市现存最早的水闸，至今仍在使用。马厂减河上游水源来自南运河、黄河，含淤泥和腐殖质较多，水质独特，构成了独特的优质稻生长条件，对所流经区域小站稻的生长具有积极的作用。该河在1963年的特大洪灾中发挥了分洪作用。20世纪80年代以来，该河担负着分洪、灌溉、排水及向北大港水库输水的任务。

子牙新河 [Zǐyá Xīnhé]

在河北省东部，天津市南部。子牙河系入海尾闾河道，横贯海河流域中部，系海河流域内规模最大的人工开挖泄洪河道。为子牙河分担泄洪量而建，故得今名。西起河北省献县境内滹沱河与滏阳新河汇流处的献县进洪闸，经河北省河间市、大城县、青县、黄骅市、天津市静海区等市县区，流入滨海新区，经太平镇、海滨街道，在古林街道马棚口村南入海。全长143.35千米。滨海新区境内长28.1千米。1966—1967年间开挖建成子牙新河全部工程，包括子牙新河和北排河两条河道，以及献县、南运河、海口三个枢纽工程。河流为复式河床，即两河槽—滩地，以漫滩行洪为主。南、北两堤平均相距2.5~3.6千米，深槽靠左堤，设计流量300立方米/秒，深槽右侧加筑滩地埝，埝内为主槽，设计流量600立方米/秒，当主槽流量超过600立方米/秒时，开始滩地行洪，设计泄洪能力6 000立方米/秒，行洪滩地设计水深平均4米。入海口建有防潮闸，可使滹沱河、滏阳新河的洪水大部分经此东泄入海，为确保天津免受洪水危害起了决定作用。滨海新区境内，津歧公路、海滨高速公路、工农大道、荣乌高速公路、黄万铁路均建有跨河桥。

子牙河 [Zǐyá Hé]

该河起于河北献县藏家桥，止于天津三岔口，途经河北省、天津市。全长474千米。

子牙河静海段位于静海区西北部，起于小河村，止于十一堡船闸下与南运河汇合。河流长 42.5 千米，流域面积 4.69 万平方千米，流量 3 003 立方米 / 秒，是市管一级河道，为外流河、地上河、季节性河。因河流位于子牙镇而得名。子牙河上从藏家桥起，经子牙镇、下抵王口，因河行东、西子牙间，而名子牙河。滹沱河与滏阳河在献县藏家桥汇流后称子牙河。唐宋时子牙河筑堤只到王口，王口以下自然入淀。清雍正三年（1725 年）大水，堤防尽毁。清雍正四年（1726 年）重修堤防，接筑西堤抵坝台，变成坝台下入淀（坝台是黄岔河口）。清乾隆十年（1745 年）独流下挖淀河，新的河道形成。淀河起独流，下通过杨家河口，抵三岔口。坝台以下接筑格淀堤，起坝台，下抵大红桥河道堤防贯通。格淀堤只右堤起隔淀水作用。进入清乾隆年间，土地开发初期，王口王姓大户开发淀边区，在叠道北开挖引水河一道，下通独流大坑，洪水冲刷成河。坝台下始见两河（一北一东）。子牙河初在杨家口以下行西堤根，称正河。两堤相距 1 千米，而东堤挖河筑堤，称支河。此间，有几次浚河于支河，遂成"改支为正"。清乾隆三十二年（1767 年）接筑千里堤，从富官营（文安县）堤头接至坝台子牙河西堤头。筑堤截断西支，只存北支，北支自黄岔河口堵闭后，改通航于东北行，下达三岔河口附近。从此，子牙河"通舟楫"。又限制筑北堤，大洪溢东淀。民筑小埝只护麦收。子牙河过去一年有三汛一水、河水淌流，资源丰沛。1957 年开始建水库，凌汛、麦黄水先没有了，随之河道基流减少。子牙新河完成后，基流断绝。1966、1967 年抗旱，黄壁庄水库放水。1973 年划归天津市以后，水库放水不再供给，只存汛期限泄的洪水。现辖河段南起小河村，下至进洪闸，总长 42.5 千米，综合利用主槽已满足行洪需要，同时疏河固堤，左堤筑次堤。

黑龙港河 [Hēilónggǎng Hé]

该河起于老盐河，止于静海八堡，途经河北衡水、邢台、邯郸、沧州和天津静海，全长 370 千米。黑龙港河静海区段位于南运河与子牙河之间，起自东港村，止于八堡闸，境内段长 32.5 千米，流量 50 立方米 / 秒，是区管二级河道，为外流河、地上河、季节性河。河流因泄黑龙港潦水而得名。明代引滹沱河水济南运河，出现分流完固口支河、单家桥支河后自然流势合于青县空城，空城下一片漫流无规。清康熙时，在广福楼地方挖了 10 千米的河，（广福楼至黄洼）改变了局部漫流，称子牙旧河。清乾隆元年（1736 年），滹沱河水济南运河渠道已废，查水大员上书说："献县以东有积水洼泊黑龙港，宜开河泄沥。"黑龙港地名先出现。清乾隆二十八年（1763 年）开挖青县引水渠 10 千米，下汇空城，至此，各地方志反应："有三支黑龙港河，汇于空城"，又出现了三支河名。中华人民共和国成立后，河北省组织疏浚干流，各县开挖支河。规划流域本无自然过渡界线，支河开挖扩大了流域，共达 9 720 平方千米（1965 年统计）。1959 年津、沧两专区并入天津市，由天津市水利局勘测设计施工了南大排河，分担流域面积 3 400 平方千米。1965 年开挖子牙新河截断流域，新河北区总面积只剩 1 070 平方千米，贾口洼滞沥环境始见重大改善。区境内黑龙港河随建中华人民共和国成立区划的改变，从东岗村南入界，穿静瓦路下行至八堡节制闸，河长 32.5 千米。1954 年设计截面是宽浅式，柳木处底宽 50 米，底高 3.0 米（平均挖深 1.5 米），边坡比为 1∶2，纵坡 1/23 000。

设计水深 3.0 米(高于平均地表 1.5 米),两岸筑堤高 6.5 米,顶宽 4.0 米。柳木以下,两堤成喇叭口式,东至梁头向东至静海桥下,西至瓦头村东边,定名南围埝。柳木北挖成倒坡簸箕,入洼地表 4.0~4.5 米。1963 年洪水冲积河道,损毁堤防,1965 年重修,将柳木以上长 21 千米的河道,加深 0.8 米,底宽 46.8 米。1968 年又将柳木以下簸箕段开挖成河,下通静瓦路北耳河,弃土成堤,取消了喇叭口,并建柳木闸。1970 年将黑龙港河接长,直达八堡、锅底闸,开新河长 10.5 千米。1973 年将静瓦路南 22.5 千米处浚深,底高 0.5 米。1976、1978 年在东港和梁头各建节制闸一座,以及侧面分水闸四座。

南运河 [Nán Yùnhé]

该河起于四女寺枢纽,止于静海十一堡段,途经山东德州,河北故城县、景县、阜城县、吴桥县、东光县、南皮县、泊头市、沧县、沧州市、青县,天津市静海区等。河道全长 309 千米。静海区段位于静海区中部,起于九宣闸,止于十一堡船闸与子牙河汇合,长 49 千米,流域面积 45 576 平方千米,流量 30 立方米 / 秒,是市管一级河道,为外流河、地上河、季节性河。因其属漳卫南运河水系而得名。《天津通志·水利志》记载,南运河乃人工运河,东汉建安十一年(206 年)曹操开凿平虏渠,南迄参户(青县境内)北行入泒水,与东汉建安九年(204 年)开凿引淇水入白沟段共入清河,为后来开凿南运河奠定了基础。隋大业四年(608 年)重修永济渠,基本上利用曹魏时旧渠。因沁、淇两河合于卫又得名卫河。因隋炀帝乘龙舟沿永济渠抵涿郡,又名御河。至元二十年至至元二十九年(1283—1292 年),先后开通济州河、会通河、通惠河,从此京杭运河不再绕道中原,起名为京杭大运河,以天津三岔口为界,南为南运河、北为北运河。明、清漕粮运输增加,故又名漕河,因分段命名,卫河下至三岔口称卫漕,现以水系划分。新中国成立后,南运河经过几次治理,形成如今全长 309 千米的河道。天津市境内的南运河段历史上本于三岔河口与北运河同注入海河干流,三岔河道在今金刚桥以下。1917 年天津发大水,1918 年在整治海河干流时,进行了三岔河口裁弯取直工程,把三岔河口的地理位置向上游推移至现位置。

龙凤河 [Lóngfèng Hé]

该河起于北京市凉水河右堤上的胥各庄闸,止于东堤头防潮闸汇入永定新河,自武清区里老闸进入天津市,途经天津市武清、宝坻、宁河和北辰 4 个区,为市级管理一级河流,内流河、地上河、常年河。河流全长 89 千米,流域总面积 1 401 平方千米。1971 年为承泄北京地区工业污水,将港沟河、凤河、龙凤新河、筐儿港引河、导水沟、华北大河等 6 条河流调整拓宽贯通而形成。天津市境内河道长 73.4 千米。武清区段在武清区东部,起自河西务镇崔楼村北里老闸,止于上马台镇王三庄村东南。龙凤河流经河西务、白古屯、大孟庄、泗村店、南蔡村、东蒲洼、徐官屯、曹子里、大黄堡、上马台等街镇。河道长 71.7 千米,河床宽 75 米,河底高程 7.2~0.7 米,平均水深 3 米。堤长 66.7 千米,右堤长 69.5 千米。两堤相距 110~650 米。流域面积 949 平方千米,通过流量 50~325 立方米 / 秒。原为北京排污河,2000 年武清区境内更名为龙凤河。平时污水由通县军屯闸下泄入北京排污河,汛期关闭军屯闸,污水流入北运河,饮水停止使用。待汛后恢复送水。清、污两水分流,不但使天津市用水得到改善,还承泄各支流河道来水、沿河沥水、大黄堡滞洪退水,并为排涝和引水灌溉提供了有利条件。排涝面积 467 平方千米，灌溉面积 653 平方千米。2014 年对下段（十六孔—北辰界）进行堤防堤顶道路硬化、穿堤建筑物维修加固及新建 3 座农用生产桥等综合治理。堤防上共有闸涵等建筑物 15 座，河道上有主要桥梁 18 座。

北运河 [Běi Yùnhé]

该河起于军都山南麓昌平区以北，向南流入通州区，在北京市通州区北关节制闸至天津市三岔河口入海河，流经河北省香河县，天津市武清区、红桥区汇入海河。北运河位于潮白河与永定河之间，为海河的支流，京杭大运河的北段。河流级别为一级，河流类别为内流河、地上河、常年河。该河原为自然河道，后经隋、元两朝三次拓浚，成为沟通南北漕运的人工河道京杭大运河，其源有潮河、白河、榆河三水。河道承担着防洪、引滦输水任务。京杭大运河通州区北关闸以上为温榆河，以下为北运河。河流因是京杭大运河的北端而得名。北运河古称沽水，也称白河、潞河，明末清初时称今名。据考，东汉建安十年（205 年）修泉州渠后，上承潞河，下入鲍丘，行舟可至通州，时北运河已具雏形；隋大业元年至隋大业六年（605—610 年）开凿永济渠以沟通河南至北京的水路；元代袭用隋唐以来的河渠，修竣通惠渠，开凿潮白河下游河道而成北运河。河道长 148 千米，流域面积 5 300 平方千米。天津境内河道长 89.8 千米，左堤长 69.1 千米，右堤长 75.5 千米，主要附属建筑有筐儿港枢纽、老米店节制闸、屈家店节制闸等，主要水文站为屈家店水文站，勤俭桥、北洋桥、辛庄桥、子牙河特大桥、志成桥、永乐桥横跨该河。河北区段自勤俭桥至南、北运河交汇处，长 5.05 千米。武清区境内由庄窝闸至马家口，河道长 62.3 千米。左堤长 48.14 千米，右堤长 58.45 千米。八孔闸至马家口最大过流量 130 立方米 / 秒，一般年份该段河道无泄洪任务，仅作为排污输水使用。经过综合治理后的北运河，河水清澈，堤岸翠绿，泄洪畅通，环境幽雅，旅游资源丰富，成为一条亮丽的风景线。北运河集泄洪、引滦输水、调水等多功能为一体，是海河水系的主要河道。

潮白新河 [Cháobái Xīnhé]

在天津市东北部，属海河流域北三河水系，是潮白河的入海通道。潮白河上游分为潮河和白河两大支流，分别发源于河北省丰宁县和沽源县，两河于北京市密云区河槽村汇合后始称潮白河。潮白新河自河北省香河县吴村闸开始，经天津市宝坻区史各庄镇张贾庄村入境，流经宝坻区、宁河区、滨海新区于宁车沽防潮闸汇永定新河入渤海。全长 99.2 千米，其中天津市辖区内河道长度 81 千米，为潮白河下游新开河道，故名。历史上潮白河下游曾多次改道，摆动于北运河与蓟运河之间，无单独入海通道，洪涝灾害频繁且较为严重。现河道于 1950 年开挖，并在 1970—1973 年根治海河工程建设中得到全线治理。河宽 700 米，水深 7 米，流量为 2 100~3 000 立方米 / 秒。封冻期为当年 12 月份至来年 3 月份。潮白新河属常年淡水河，沿途收纳河水情况为：蓟运河支流泃河的超额洪水经引泃入潮于潮白新河左岸郭庄附近汇入；北运河超额洪水经青龙湾减河于潮白新河右岸里自沽闸附近汇入。河道肩负着为沿线地区排沥汛期积水和为宝坻区、宁河区等重要农业区提供灌溉水源的重任。区境内位于滨海新区西北部。从宁河区境北于岭大桥南进入滨海新区，至宁车沽防潮闸汇入永定新河。河道长 6.7 千米，宽 700 米，深 5~7 米。两岸堤顶高程 5.14

米，流量 3 000 立方米 / 秒。该河系北塘水库、滨海湖的主要补给水源。

泃河 [Jū Hé]

在蓟州区北部，是蓟运河上游西支，发源于河北省兴隆县大青山南侧的青灰岭，流经兴隆、蓟州、平谷、三河、宝坻等五区县，至九王庄与州河汇流入蓟运河，是市管一级河流，为内流河、地上河、常年河。泃河于明嘉靖年间名“黄崖川”，清康熙四十三年《蓟县志》载：“泃河，发源于山沟而得名。”马道附近历史上多次决口，洪水流入青甸洼，积水时间较长。新中国成立后，对泃河进行了多次治理，中游兴建“引泃入潮”干渠，减轻河道压力。河道全长 55 千米。河底宽 6~84 米，堤距 58~1 184 米。河道宣泄能力为 250 立方米 / 秒，流域面积 2 276 平方千米。该河流经地区，夏季多暴雨，洪水量大，辛集水文站曾达 826 立方米 / 秒。

北京排污河 [Běijīng Páiwūhé]

该河起于北京市南苑凉水河，止于东堤头防潮闸汇入永定新河，途经北辰区、宝坻区、宁河区、武清区。河道全长 92 千米，流域总面积 1 401 平方千米，按十年一遇洪水标准设计，流量 282~325 立方米 / 秒。宁河区境内河道长 8.6 千米，只有左堤 10 千米的堤防归宁河区管辖。该河为市管一级河流，为内流河、地上河、常年河。因北京市污水由此河排放，以其作用命名为北京排污河。此河形成初期，始于北京市南苑的凉水河，东流入凉水新河，南流入武清旧城北入凤河，后于杨村南入永定河，经天津市海河下注，对天津市水源污染严重。1971 年进行改道治理，将港沟河、凤河、龙凤新河及北运河左侧的筐儿港减河疏浚连接而成，该河承泄北京市污水和龙凤新河以上的沥水。

青龙湾故道 [Qīnglóngwān Gùdào]

该河起于宁河区与宝坻区分界处，止于潮白新河，途经宁河区、宝坻区。原系青龙湾河的一部分。1970 年根治海河时“引青入潮”，在宝坻县八道沽建一座三孔涵洞，以下河段称青龙湾故道。现有河道是 1971 年引青入潮时挖成，由香河县三百户青龙湾石坝，东南流经七里海入蓟运河，在北塘入渤海。河道全长 90 千米，宁河区境内长 8 千米，流量 30 立方米 / 秒。河底宽 10 米，边坡比为 1∶3，堤距 55 米，设计水位 4 米。该河是区管二级河流，为内流河、地上河、常年河。宁河区段位于区中部偏南，起于潘庄北，止于东塘村东。宝坻区段位于区南部，起于八道沽村，止于宝宁界线，长 17.43 千米，堤距 35~64 米，流量 20 立方米 / 秒，蓄水量 76.40 万立方米。该河为沥水河道，灌溉引水。

州河 [Zhōu Hé]

在蓟州区中部，起于蓟州区中部，止于蓟州区南部，是蓟运河上游东支，主要流经区境平原区中部，是一级河流。北魏时称沽河，明朝时称蓟运河，清康熙三十年（1691 年）改名州河。该河在原东三岔口村（该村因修建于桥水库搬到溵溜乡）与淋河、果河衔接，流向先自东北向西南，至蔡庄子改为自北向南，至九王庄（1957 年前至咀头）与泃河汇合流入蓟运河。河流纵贯南北，全长 55 千米，流域面积 2 060 平方千米，河底宽 10~75 米，堤高 10.3~14 米，水深 7 米，堤距 23.2~1 191 米，河道宣泄能力为 400 立方米 / 秒。

蓟运河 [Jìyùn Hé]

在天津市东北部，为国家一级河道，俗名潮河，曾名运粮河、白龙港、鲍丘水等。

《畿辅通志》载:“蓟运河即古鲍丘水。七里海引河、罾口引河、曲里海引河、宁车沽引河、北塘口天津新河五水乃蓟运河尾流所汇入海者。”《直隶疆域屯防详考》注:蓟水行运则肇始于唐,其河流之所经即魏武征蹋顿时从泒河口凿入潞门之新河。明天顺二年(1458年),由北塘口开引新渠,使天津粮船由直沽经宝坻之潮河直达蓟州,因而得名。主要支流有州河、泃河两条。东支州河发源于河北省兴隆县罗文峪;西支泃河发源于兴隆县青灰岭。两条支流沿途接纳众多小河,在天津市蓟州区下仓镇的西屯村汇集后称蓟运河。流域地跨北京、河北和天津三个省市,流域面积约9 950平方千米。河道全长301千米,宽300~500米,平均流量454立方米/秒,年均入海流量为7.5亿立方米,最大20.6亿立方米,年入海输沙量6.2万吨,最大25.9万吨,洪水位3.72米,年均河冰期45~60天。蓟运河是海河流域北系一条重要河流。干流河道始于宝坻区九王庄,流经天津市蓟州、宝坻、宁河、滨海新区四个区,经北塘口入海。由于近年来持续干旱少雨,州河、泃河除汛期外基本无下泄水量进入蓟运河,导致蓟运河水资源逐年减少。河道蜿蜒曲折,为深水河槽,河道纵坡平缓,河道功能为行洪排沥之用。区境内段位于滨海新区东北部。自宁河区芦台镇东升村南进入滨海新区,至北塘口与永定新河汇合后入渤海,长33.5千米,河床宽250~300米。两岸筑有堤埝和防洪石墙。1974年在河口一带建有蓟运河防潮闸。营城水库则利用河段裁弯取直而修建。境内河段上建有津山铁路汉沽大桥、汉沽大桥、寨上大桥、彩虹大桥等。河口处有北塘渔港。蓟运河自然资源丰富,盛产鱼、虾、蟹,其中银鱼、紫蟹是蓟运河产出的珍品,为明清两代的贡品,素有蓟运河三宗宝“银鱼、紫蟹、芦苇草”之誉。河两岸生长的芦苇郁郁葱葱,为多种珍稀野生动物提供了安全的栖息地。除此之外,东岸百里盐田盛产长芦盐;西岸则是小站稻的培育基地。

津唐运河 [Jīntáng Yùnhé]

该河起任凤村,止东丽区边界,途经河北省,天津市宁河区、东丽区,是区管二级河流,为内流河、地上河、常年河。因是为了天津到唐山的水运而开挖,故名。河道于1959年开挖,共分四部分:一是闫庄以东至丰南县白石庄,二是大尹至小薄村蓟运河截弯取直,三是任凤村北曾口河至齐家埠及任凤船闸,四是大王台村北七里海南堤至金钟河。本工程由唐山、天津地区共同开挖。1963年继续开挖东段齐家埠村北至潮白新河河口,西段潮白新河右岸至大王台村北接原津唐运河,与任凤村至东丽区边界河道连接。同年命名。河道全长80千米。宁河区段位于宁河区西南部,起闫庄,止胥各庄,长26千米,流量80立方米/秒。大王台以东河底宽5米,以西宽40米。

外环河 [Wàihuán Hé]

在天津市中部。系一条沿外环线而开挖的人工河流,区境内段起于京津公路桥,止于津榆桥,途径北辰区、东丽区、津南区、西青区。因位于外环线外侧,故名。河道于1986年始建,是修建外环线取土时形成的一条人工河道,为二级河流,内流河、常年河。河道全长71.4千米,上口宽30米,底宽10米。现状流量约20立方米/秒,规划流量50立方米/秒,河口宽30~35米,边坡比为1∶2.5,正常循环设计水位为2.0~2.5米,岸坡采用双坡护砌,均为混凝土预制板和框格草皮相结合的护坡形式,下部为混凝土预制板护坡，上部为框格草皮。河流可蓄水 55.0 万立方米。沿岸现有固定排灌站 4 座，灌排能力达 4.7 立方米 / 秒。该河还为外环线绿化带灌水及沿河村庄、农田排涝发挥重要作用。河道分新引河—新开河段、新开河—海河段、海河—子牙河段、子牙河—北运河段四段。

东湖 [Dōng Hú]

在东丽区东北部，新地河东侧，东丽湖街道界内，为中型水库，与新地河、金钟河相通。此地原为荒地和耕地，1977 年开挖水库，1978 年建成。因河得名新地河水库，又名东丽湖。2008 年东丽湖实施除险综合改造，开挖新地河西侧之新湖，并对东、西两湖分别以“东”“丽”二字命名，此湖居东命今名。水域面积约 419.8 万立方米，岸线长约 21 千米，库容约 1 799 万平方米。其围堤穿堤建筑物为 3 级。水库建有蓄水闸、安全闸、灌溉闸等，水源靠新地河补给。该水库系东丽湖温泉旅游度假区主体部分，夏季旅游度假胜地，有中国“温泉之乡”之称。东丽湖万科城依湖而建，为大型住宅区。

丽湖 [Lì Hú]

在东丽区东北部，新开河西侧，东丽湖街道界内，与新地河、金钟河相通。此地原为荒地和耕地，原新地河水库（东丽湖）仅有东湖。2008 年东丽湖实施除险综合改造后，开挖新地河西侧之新湖，并对东、西两湖分别以“东”“丽”二字命名，此湖居西命今名。水域面积约 171.9 万平方米，岸线长约 22 千米，库容约 500 万立方米。水库建有蓄水闸、安全闸、灌溉闸等，水源靠新地河补给。该水库系东丽湖温泉旅游度假区主体部分，夏季旅游度假胜地，有中国“温泉之乡”之称。华侨城依湖而建，为大型住宅区。湖岸建有天津华侨城欢乐谷。

三河岛 [Sānhé Dǎo]

在滨海新区东北部，东临渤海，是天津海域唯一列入《中国海岛志》的岛屿。其基址本与陆地连在一起，1973 年蓟运河拓宽时才被切断，形成岛屿。现有面积 15 900 平方米，周长 563 米，最高海拔 5.81 米。因位于潮白河、永定新河、蓟运河三河汇流入海处而得名，又称“炮台岛”。三河岛形成于明代，清嘉靖年间，为防止倭寇进犯，在蓟运河左岸的海岸线上，填垫高地并修筑了一座北营炮台，与右岸的南营炮台共同组成了北塘要塞。清朝时，要塞先后进行三次大规模修缮，对地基进行了加固，基本上形成了半岛的形状。在清末天津海防三大炮台中，北塘炮台的地位仅次于大沽炮台。清咸丰十年（1860 年）第二次鸦片战争中英法联军攻陷北营炮台在蓟运河口登陆。清光绪二十六年（1900 年）八国联军入侵时，摧毁了整个炮台，但地基仍存。1973 年蓟运河拓宽时，北营炮台地基与陆地间的联系被割断，成现状。

蓝鲸岛 [Lánjīng Dǎo]

在滨海新区于家堡金融区东面。因外形酷似蓝鲸而得名。2009 年蓝鲸岛进行环境景观建设。天津蓝鲸岛生态区是中心商务区五大构成板块之一。岛上现在分布的是渤油职工宿舍，拆迁后建设绿色公园，面积约 140 万平方米。“鲸鱼”尾部建有宋庆龄渤海儿童世界，系一处游乐园，有摩天轮、小火车等游乐设施和智慧宫等儿童活动场所。中部为滨海新村居住区。鱼头部位现有部分中小企业。南侧的海河渔船闸和东侧的海河防潮闸连接了周边道路。附近通多路公共汽车。

渤海 [Bó Hǎi]

渤海是中国最北的近海，是中华人民共和国的内海，同时也属于内水范畴。海岸线全长约 3 800 千米。东西宽约 346 千米，南北长约 550 千米。面积约 8 万平方千米，平均深度 18 米，最大水深 85 米，海水温度 2 月在 0 ℃左右，8 月达 21 ℃，多年平均气温 10.7 ℃，降水量 500~600 毫米，海水盐度为 30‰。渤海是一个近封闭的内海，东面以辽东半岛的老铁山岬经庙岛至山东半岛北端的蓬莱岬的连线与黄海分界。其他三面环陆，北、西、南三面分别与辽宁、河北、天津和山东三省一市毗邻。根据地形地貌，渤海可分辽东湾、渤海湾、莱州湾、中央浅海盆地和渤海海峡 5 部分。根据史料记载，在西周时期，中国海还不存在具体海区的名称，凡是能见到的海，一律称为“海”。随着经济的发展、人口的增加、渔业的兴起以及沿海一带海洋灾害的不时发生，人们开始把海域加以命名区分。据史料记载，苏秦曾说：齐北有勃海。田肯曾说：齐西有浊河之限，北有勃海之利。渤海也被称为“少海”，《韩非子》记载：齐景公游于少海。自元朝以后，名称沿用至今。地形属于渤海—华北盆地。渤海海底平坦，多为泥沙和软泥质，地势呈由三湾向渤海海峡倾斜态势。海岸分为粉沙淤泥质岸、沙质岸和基岩岸三种类型。渤海湾、黄河三角洲和辽东湾北岸等沿岸为粉沙淤泥质海岸，滦河口以北的渤海西岸属沙砾质岸，山东半岛北岸和辽东半岛西岸主要为基岩海岸。渤海的盖层可分为三个构造层。下构造层，以早古生代海相碳酸盐岩为主，晚古生代石炭－二叠纪海陆交互相地层极薄，且分布不广。中构造层，是侏罗纪、白垩纪及古近纪的陆相、湖泊相地层，与上下构造之间有轻微不整合。上构造层，是新近纪陆相湖泊沉积与第四纪海相沉积层。渤海沿岸江河纵横，有大小河流 40 条，其中莱洲湾沿岸 19 条，渤海湾沿岸 16 条，辽东湾沿岸 15 条，形成渤海沿岸三大水系和三大海湾生态系统。入海河流每年携带大量泥沙堆积于三个海湾，在湾顶处形成宽广的辽河口三角洲湿地、黄河口三角洲湿地、海河口三角洲湿地，年造陆达 20 平方千米。湿地生物种类繁多，植物有芦苇、水葱、碱蓬、三棱藨草和多种藻类等，鸟类有 150 多种。辽河口三角洲湿地和海河口三角洲湿地是中国芦苇的主产区，这里芦苇丛生，为中国造纸业提供了大量优质原料。渤海沿岸河口浅水区营养盐丰富，饵料生物繁多，是经济鱼、虾、蟹类的产卵场、育幼场和索饵场。渤海中部深水区既是黄渤海经济鱼、虾、蟹类洄游的集散地，又是渤海地方性鱼、虾、蟹类的越冬场。因此，渤海有河口三角洲湿地生态系，河口生态系和渤海中部深水区生态系三大生态系统。环渤海三大城市群生态系统与渤海三大生态系统相互作用，构成了渤海地区的复合生态系统。环渤海城市是我国较发达的地区之一，其中拥有许多著名的大中型企业。渤海丰富的渔业、港口、石油、旅游、海盐等资源及其宜人的自然环境条件，为渤海地区的经济发展注入了生机。同时，第一产业的蓬勃发展，还带动了海洋化工、修造船、水产加工、石油化工、纺织等第二产业和第三产业的发展。另外，渤海滩涂十分宽广，有滩涂面积 5 100 平方千米，每年淤涨面积达 20 平方千米，丰富的滩涂资源为解决沿海地区人多地少的矛盾提供了广阔的生存和发展空间。

渤海湾 [Bóhǎi Wān]

是中国渤海三大海湾之一，位于渤海西部。北起河北省乐亭县大清河口，南到山东省黄河口，有蓟运河、海河、滦河等河流注入。海底地形大致自南向北，自岸向海倾斜，沉积物主要为细颗粒的粉砂与淤泥。在蓟运河河口，由于河口输沙量少和受潮流的冲刷，形成一条从西北伸向东南的水下河谷，至渤海中央盆地消失。平均潮差 2.5 米，最大可能潮差 5.1 米。渤海湾大陆性季风气候显著，冬寒夏热，四季分明。冬季结冰，冰厚 20~25 厘米。沿岸为淤泥质平原海岸，泥深过膝，宽约 1.5~10 千米不等。湾内有天津港、唐山港和黄骅港。其北部是著名的旅游和度假区，西部塘沽是重要港口，是京津冀的海上门户，华北地区海运枢纽。三面环陆，与河北、天津、山东的陆岸相邻，东以滦河口至黄河口的连线为界与渤海相通，面积 1.59 万平方千米，约占渤海的 1/5。因为渤海湾为三面环陆的半封闭性海湾，位于中纬度季风区，离蒙古高原较近，所以气候有显著“大陆性”特征：一是季风显著；二是冬寒夏热，四季分明，春秋短促，气温年变差大；三是雨季很短，集中在夏季，7、8 两月降水量占全年的 64~68%，春季少雨，降水量的年际变化也很大。在我国分布的 9 种鹤类中，丹顶鹤、白鹤、白头鹤、灰鹤、蓑羽鹤、白枕鹤、沙丘鹤等 7 种鹤类迁徙时全都途经渤海湾。国际鹤类基金会曾开展过白鹤等珍稀鹤类的卫星遥测，结果显示许多个体在渤海湾地区停歇栖息，其中一只个体停歇期长达近 3 周时间。在山东、河北、天津等地进行的野外调查陆续发现了灰鹤的越冬种群，在天津曾发现过 100 多只的越冬群体，在迁徙季节多次在北大港、团泊、滦河口、黄河三角洲等地发现白枕鹤和丹顶鹤栖息。因此，渤海湾地区的湿地质量对这些珍稀鹤类的生存至关重要。渤海湾有丰富的油气资源。由于渤海湾为陆上黄骅含油凹陷的自然延伸地带，生油凹陷面积大，第三系沉积物厚，含油前景很大，为中国油气资源较丰富的海域之一。渤海湾滩涂广阔，潮间带宽达 3~7.3 千米，淤泥滩蓄水条件好，利于盐业开发。长芦盐区是中国最大的盐场，盐产量占全国的 1/3。另外，渤海湾内尤其在河口附近，浮游生物和底栖生物多，为鱼虾洄游、索饵、产卵的良好场所，出产多种鱼、虾、蟹、贝。

第三部分　交通运输设施

铁　路

津秦高速铁路 [Jīnqín Gāosù Tiělù]

高铁。自天津市至河北省，全线共 9 个车站，分别为天津西站、天津站、军粮城北站、滨海西站、滨海北站、唐山站、滦河站、北戴河站、秦皇岛站。全长 261.3 千米，最高速度 350 千米 / 小时。该铁路与京哈铁路秦沈段相连，2008 年始建，2013 年建成。全线为复线。沿线有留庄牵引站、京津塘特大桥、葫芦山隧道。津秦高速铁路是中国国内首次在高烈度震区建设的客运专线，是贯通东北、华北、华东地区的一条快速客运通道，将更多的人流、物流、信息流和资金流聚集到京津冀地区，从而促进环渤海区域经济发展。

京沪高速铁路 [Jīnghù Gāosù Tiělù]

高铁。自北京市至上海市，全线共 24 个车站，其中始发站 5 个，分别为北京南站、天津西站、济南西站、南京南站、上海虹桥站，另有 19 个中间站。全长 1 318 千米，最高速度为 380 千米 / 小时。该铁路与既有京沪铁路大体平行，引入天津西站共有 8 条客运联络线和 1 条货运走行线，2008 年始建，2011 年建成。全线为复线。沿线以平原为主，局部为低山丘陵区，跨越海河、黄河、淮河、长江四大水系，有济南黄河大桥、南京大胜关长江大桥、天津联络线。自开通运营以来，基础设施状态良好，运量快速增长，运营安全有序可控，实现了让旅客“安全出行、方便出行、温馨出行”的目标，取得了良好的经济效益与社会效益。

京津城际铁路 [Jīngjīn Chéngjì Tiělù]

高铁。自北京市至天津市，全线共 7 个车站，分别为北京南站、亦庄站、武清站、天津站、军粮城北站、塘沽站、滨海站。全长 200 千米，最高速度为 350 千米 / 小时。该铁路于 2005 年始建，2008 年建成。全线为复线。沿线有凉水河特大桥。京津城际铁路是北京铁路局第一条城际铁路，拉近了北京、天津两个特大城市的距离，对经济社会发展产生了重要影响，深刻改变了两地人民的工作和生活观念，方便了百姓的出行。

大秦铁路 [Dàqín Tiělù]

专用铁路。自山西大同至河北秦皇岛，全线经山西省、河北省、北京市和天津市，沿途设韩家岭站、东城乡站、下庄站、平谷站、翠屏山站、抚宁北站、秦皇岛站、柳村南站等车站。全长 653 千米，天津市境内 37.5 千米，最高速度 120 千米 / 小时。大秦铁路与津蓟铁路相交。1985—1988 年建成第一期大同至大石庄。1987—1992 年建成第二期大石庄至秦皇岛。沿线有军都山隧道。该铁路是我国建成的第一条双线电气化开通重载单元列车的运煤专用铁路，对开发山西煤炭，增加内蒙古、宁夏的煤炭调出量，以及东北、华东、华南等地区煤炭的供应和出口有决定意义。

京秦铁路 [Jīngqín Tiělù]

国有铁路。自北京市至河北省秦皇岛市，全线经北京、天津、秦皇岛等市，沿途设通州站、三河县站、蓟州站、唐山北站、沙子河站、秦皇岛站等车站。全长 341 千米，天津市境内 30.2 千米。西端与丰沙电气化铁路相接。1972—1975 年建成单轨路线，1984 年改成双轨路线，1985 年实现电气化。全线为复线电气化铁路。沿线跨越北运河、潮白河、滦河、青龙河等十多条河流，有丁庄隧道。沿线人口稠密，农业发达，是华北地区的交通次干线之一，主要承担煤炭运输的压力，同时分流京哈铁路部分直通运量，是晋煤外运北路的重要通道和捷径。

津山铁路 [Jīnshān Tiělù]

国有铁路。自北京市至河北省山海关市，全线经廊坊、天津、唐山、秦皇岛、山海关等市，沿途设北京南站、廊坊北站、天津站、唐山站、秦皇岛站、山海关站等车站。全长 418 千米，天津市境内 120 千米。津山铁路与京沪铁路相交，是京哈铁路上的一段铁路。该铁路于光绪七年（1881 年）始建，清光绪十四年（1888 年）建成，清光绪二十七年（1901 年）修至北京。1976 年建成。全线为复线。是沟通华北、东北地区，联结京、津、唐三市的重要交通运输干线。

津霸联络线 [Jīnbà Liánluòxiàn]

国有铁路。自天津市至霸州市，全线经天津市北辰区、武清区，河北省廊坊市、永清县，沿途设南仓站、北仓站、郎园站、双口站、汉沽港站、淘河站、里澜城站、永清站等 8 个车站。全长 77.6 千米，最高速度 120 千米 / 小时。该铁路是京哈铁路、京沪铁路和京九铁路三大干线的联络线，1993 年始建，1997 年建成。全线为复线。津霸联络线为客货共线铁路，主要以货运为主，兼顾少量客运，成为联结东北与华北、华中、华南的重要交通运输通道。

南堡铁路 [Nánpù Tiělù]

国有铁路。自天津市至河北省唐山市，全线经滨海新区、丰南区，沿途设汉沽站、白庄站、谢家坟站、傅庄站、毕家鄌站、南堡站等车站。全长 32.7 千米，天津市境内 22 千米。该铁路与津山铁路、津秦高速铁路相交，1962 年建成。全线为单线。沿线有过水渠桥 8 座。南堡铁路是一条工矿专用铁路。

京沪铁路 [Jīnghù Tiělù]

国有铁路。自北京市至上海市，全线经河北省廊坊市，天津市武清区、北辰区、西青区、静海区、红桥区，河北省青县、沧州市、南皮县、泊头县、东光县、吴桥县，山东德州至北京铁路局局界，沿途设北京站、廊坊北站、北仓站、天津西站、青县站、沧州站、吴桥站、德州站等车站。全长 1 463 千米，天津市境内 256 千米，最高速度 200 千米 / 小时。京沪铁路由原津山铁路京津段、津浦铁路和沪宁铁路组成，2006 年第六次提速后贯通。全线为复线，电气化铁路。该铁路是连接北京市和上海市的客货铁路，连接了中国最重要的两座城市，沿途为沿海经济发达地带，同时带动苏北、皖北等地区发展，成为中国最繁忙的铁路干线之一。

黄万铁路 [huángwàn Tiělù]

国有铁路。自滨海新区至河北省界，全线经滨海新区、西青区、万家码头，南临我国西煤东运第二大通道朔黄铁路黄骅南站，北临天津港南疆码头。全长 67.8 千米。黄万铁路于 2004 年始建，2005 年铺轨架桥，2006 年建成。全线为单线。该铁路是朔黄铁路扩能工程之一，是国家重点工程。通车后既有效地缓解了黄骅港的运输压力，又真正实现了神华煤炭经朔黄铁路至天津南疆港区的直达运输，节约了铁路运输成本，优化了神华运输格局，提高了中国神华的运输效能。

北环铁路 [Běihuán Tiělù]

地方铁路。西北自北辰区至滨海新区，全线经北辰区、红桥区、东丽区、滨海新区，沿途设南仓站、大毕庄站、山岭子站、北塘西站等车站，终点与北塘站站 3 道、站 4 道接轨。全长 50 千米。东接津山铁路，西起北辰区南仓编组站，经宜兴埠线路。该铁路于 1973 年始建，1975 年建成单线，1985 年分段修建，1989 年修建复线。全线为复线。沿线有长深高速公路、京津高速公路。北环铁路对缓解津山铁路运输压力起到了重要作用。

周芦铁路 [Zhōulú Tiělù]

地方铁路。天津市西青区境内。北起周李庄站，南至李港铁路芦北口站南侧与李港铁路接轨。周芦铁路为专用线，全长 22.8 千米，1988 年建成，1990 年二期扩建，1992 年三期扩建。全线为单线。沿线与京沪高速铁路相交。该铁路对西青区经济发展有重要作用。

南曹联络线 [Náncáo Liánluò Xiàn]

地方铁路。天津市境内，自北辰区至西青区，沿途设南仓站、曹庄站等车站。南草联络线为短程货运铁路，全长 23.5 千米，1988 年始建。全线为单线。两端与京沪铁路相交，沿线跨越北运河、凤河故道、子牙河。该铁路对北辰区、西青区的经济发展有重要作用。

津蓟铁路 [Jīnjì Tiělù]

地方铁路。天津市境内，自北辰区至蓟州区城关镇，全线经北辰区、武清区、宝坻区、蓟州区，沿途设汉沟镇站、曹子里站、崔黄口站、大口屯站、宝坻站、下仓站、上仓站、蓟州北站等 8 个车站。全长 113 千米。北辰区段于汉沟站与京沪三线接轨。宝坻区段从青龙湾铁路桥入宝坻界，北至蓟运河九王庄铁路桥出境。津蓟铁路在马圈头与京秦铁路相交；在汉沟站与京沪三线接轨。该铁路于 1959 年始建，1964 年建成，1965 年开通。全线为单线。客运专线。津蓟铁路是沟通天津市区与蓟州区的交通运输干线。

道　路

京秦高速公路 [Jīngqín Gāosù Gōnglù]

起点为通州北京六环，终点为秦皇岛，途经三河市、蓟州区、玉田县、遵化市、秦皇岛市等地，2016 年建成。因是北京通往秦皇岛的路线得名。全长 264 千米,天津市域内全长 30.3 千米。沥青混凝土路面。为京哈高速公路的并行线,是北京通往天津、秦皇岛及东北地区的一条重要高速公路。

京津高速公路 [Jīngjīn Gāosù Gōnglù]

起点为北京朝阳区五环路化工桥(西直河),终点为天津市东疆港。途经北京市、河北省、天津市(武清区、北辰区、东丽区、滨海新区),2004 年始建,2008 年建成。因是天津通往北京的路线得名。全长 147 千米,天津市域内全长 106 千米。全线包含双向八车道,路基全宽 42 米;双向六车道,路基全宽 34.5 米;双向四车道,路基全宽 28 米;均为沥青混凝土路面。途经沟渠、机耕通道、各级公路、铁路、水库、泵站、引滦明渠、一级河道、二级河道以及众多地方河或干渠等。天津段与京沪高速公路、滨保高速公路、津蓟高速公路、津宁高速公路及长深高速公路相连接,与塘黄公路、长深高速公路相交。界内有季庄子互通立交桥、韩盛庄互通立交桥。该路连接京津两市南、北、中三条高速公路中的北通道,是国家高速公路网的组成部分,首都放射干线公路之一。

京津塘高速公路 [Jīngjīntáng Gāosù Gōnglù]

起点为北京三环路,终点为天津滨海新区河北路,途经北京市、河北省、天津市(武清区、北辰区、东丽区、滨海新区),1987 年始建,1990 年北京至天津杨村段建成,1991 年杨村至宜兴埠段建成,1993 年全线贯通,2014 年津榆路跨线桥以南至天津北环铁路以北路段改造。全长 143 千米,天津市域内全长 112 千米,宽 48 米,为沥青混凝土路面。该路与北京三、四、五和六环路,天津外环线,京沪、津蓟和长深高速公路,京津线和京岚线互相连接,是我国国内第一条利用世界银行贷款建设的跨省市高速公路项目。京津塘高速公路正以其对高新技术产业的强大吸附力,形成我国北方的"黄金通道"。

滨保高速公路 [Bīnbǎo Gāosù Gōnglù]

起点为天津滨海新区,终点为河北保定,途经河北省、天津市(宁河区、北辰区、武清区、滨海新区),2010 年建成。全长 81.6 千米,经汉沽北互通与长深高速公路相连、石各庄互通与京沪高速公路相连。公路为沥青混凝土路面,是天津市绕城高速公路的组成部分,极大方便了东北方向车辆南下的需求。

津宁高速公路 [Jīnníng Gāosù Gōnglù]

起点为天津市志成道立交桥,终点为京环线接津芦公路,途经北辰区、东丽区、宁河区、滨海新区,2009 年始建,2011 年一期建成。全长 48 千米。宽 34.5 米。公路采用全封闭、全立交、全部控制出入的高速公路标准,双向六车道,沥青混凝土路面。该路与津蓟高速公路、京津高速公路及滨保高速公路相连接,是全市综合交通体系的重要组成部分,是"十一五"规划确定的重点建设项目,也是市委确定的 20 项民心工程的重要内容。津宁高速形成辐射东北、沟通京津冀区域圈的交通枢纽,对带动区域经济发展具有重要意义。

长深高速公路 [Chángshēn Gāosù Gōnglù]

起点为长春市,终点为深圳市,途经吉林、内蒙古、辽宁、河北、天津、山东、江苏、安徽、浙江、福建、广东等 11 个省、区、市,2003 年建成,2006 年至今每年进行维护,2015 年全线贯通。该路全长 3 585 千米,沥青混凝土路面,天津市域内全长 44.5 千米,途经滨海新区、津南区、西青区、静海区，与津石高速公路相连接。长深高速公路对完善国家高速公路网、促进社会经济发展具有重要意义。

津雄高速公路 [Jīnxióng Gāosù Gōnglù]

起点为北辰区外环西路，终点为京港澳高速商庄互通。该路连通荣乌高速公路，1998 年始建，2000 年建成，2010 年原名津保高速公路，2018 年更今名。道路全长 18.8 千米，宽 26.5 米，沥青混凝土路面，全线按四车道高速公路标准设计，设计行车速度为 120 千米 / 小时。津雄高速公路是贯通京津石经济圈，将中原、西北和东北紧密连接起来的重要干线。

津晋高速公路 [Jīnjìn Gāosù Gōnglù]

起点为天津市滨海新区渤海十路，终点为山西省，途经西青区、津南区、滨海新区，于 2000 年始建，2002 年建成，2002 年命今名。道路全长 92.1 千米，宽 33.5 米，沥青混凝土路面，天津市域内全长 73 千米，与荣乌高速公路、津沧高速公路、京岚线等相交。该路是天津市公路网规划主骨架中公路二环的重要组成部分，也是中心市区海河南岸地区唯一一条通往滨海新区、临港工业区和南疆码头的高速公路，对加快天津市区、滨海新区、临港工业区和天津港口的开发，加速沿线地区的经济发展具有十分重要的意义。

津滨高速公路 [Jīnbīn Gāosù Gōnglù]

起点为滨海新区，终点为外环东路津滨桥，途经河东区、东丽区、滨海新区，于 2000 年建成。因是天津市市区至滨海新区的高速公路得名。道路全长 27 千米，宽 50 米，沥青混凝土路面，双向四车道。公路与长深高速公路、津北公路、西中环快速路等相交，缩短了市区到新区的距离，便利交通，为加快滨海新区建设创造了有利条件。

津石高速公路 [Jīnshí Gāosù Gōnglù]

起点为天津市滨海新区港北路，终点为河北省，于 2003 年始建，2020 年全线贯通。道路全长 169.8 千米，天津市域内全长 38.8 千米，设计行车速度为 120 千米 / 小时，采用双向六车道标准，沥青混凝土路面，与长深高速公路相连接，与京沪高速公路相交。津石高速公路对完善国家高速公路网、促进社会经济发展具有重要意义。

京沪高速公路 [Jīnghù Gāosù Gōnglù]

起点为北京市三环路分钟寺桥，终点为上海市普陀区武宁路，于 1987 年始建，1990 年北京至天津杨村段建成，1991 年杨村至宜兴埠段建成，1993 年建成段贯通，2005 年建成，2006 年一期建成，2007 年全线贯通。道路全长 1262 千米，天津市域内全长 56.8 千米，沥青混凝土路面，途经济南黄河二桥、五峰山公铁大桥，与静霸公路、津文公路、团大公路、津石高速公路、津沧高速公路相交。京沪高速公路将华北、华东地区连为一体，缓解了北京至上海交通走廊的运输紧张状况，对加强国道主干线的联网和发挥高速公路的规模效益，以及加强北京、天津、河北、山东、江苏、上海之间的经济联系与合作、促进沿线地区乃至全国的经济发展具有重要意义。

荣乌高速公路 [Róngwū Gāosù Gōnglù]

起点为山东省荣城市，终点为内蒙古乌海市，途经威海、烟台、新河、潍坊、东营、黄骅、天津、霸州、涞源、朔州、鄂尔多斯、乌海。2005 年京沪一期建成。2008 年津汕段建成。道路全长 1 820 千米，沥青混凝土路面，与津晋高速公路、滨保高速公路、京沪高速公路等相交。荣乌高速公路为国家东部地区进入西部地区提供了便捷的交通，对于进一步促进东西部密切交流，实现经济互补具有十分重要的意义。

津沧高速公路 [Jīncāng Gāosù Gōnglù]

起点为外环线津静立交桥，终点为青县与静海区交界处，途经西青区、静海区，于1997年始建，1999年建成，1999年命今名。道路全长54千米，宽20米，沥青混凝土路面，与津石高速公路、京沪高速公路、津晋高速公路相交。津沧高速公路是东北、华北与华东、华南及东南沿海地区的重要通道，促进了地区的经济发展与交流。

京哈高速公路 [Jīnghā Gāosù Gōnglù]

起点为哈尔滨市，终点为北京市，途经北京、宝坻、唐山、秦皇岛、葫芦岛、锦州、盘锦、辽中、沈阳、铁岭、四平、长春、哈尔滨。公路于1996年始建，1999年建成，为双向四车道，预留两车道，2002年扩建为双向六车道通车标准，2010年京沈高速公路(天津段)更今名。道路全长1 209千米，天津市域内全长37.17千米，宽34.5米，沥青混凝土路面，与津蓟高速、塘承高速、平宝公路等相交。京哈高速公路形成了一条新的东北地区出入关快速通道，将同江至三亚、北京至上海、北京至珠海等主干道连为一体，是沟通东北与华北的交通运输大动脉。

津港高速公路 [Jīngǎng Gāosù Gōnglù]

起点为外环南路与洞庭路交口，终点为滨海新区板港路与胜利路交口，途经西青区、津南区、滨海新区，于2008年始建，2010年建成。道路全长25.1千米，宽76米，双向六至八车道，沥青混凝土路面，与津兴道、津荣道等相交。该路是天津中心城区通往滨海新区的通道，能够落实天津市“双港双城”的城市空间战略，强化新区各个功能区之间的联系，实现各个功能区互补。

津蓟高速公路 [Jīnjì Gāosù Gōnglù]

起点为蓟州区城区西3千米处邦喜公路，终点为东丽区金钟公路与外环东路交口徐庄村附近，途经东丽区、北辰区、宁河区、宝坻区、蓟州区。公路于2003年建成，全长103千米，宽28米，沥青混凝土路面，与京津塘高速公路、京津高速公路、滨保高速公路、京哈高速公路、唐廊公路、九园公路等相交。津蓟高速公路是天津市通往北京及东北地区的一条快速交通干线，也是市区通往蓟州区最快捷的通道。

塘承高速公路 [Tángchéng Gāosù Gōnglù]

起点为河北省承德市，终点为天津市滨海新区，途经宝坻区、宁河区、蓟州区、滨海新区，于2009年始建，2010年建成。道路全长85.6千米，宽37米，沥青混凝土路面，与京哈高速公路、滨保高速公路、津宁高速公路、长深高速公路等相交。该路是通往河北承德、内蒙古东部和东北西部的一条重要通道，对于加快区域产业结构调整、区域产业升级，促进区域经济繁荣发挥着重要作用。

秦滨高速公路 [Qínbīn Gāosù Gōnglù]

起点为秦皇岛市抚宁区京哈高速岱山头枢纽互通，终点为滨州沾化区荣乌高速沾化枢纽互通，途经河北省、天津市、山东省，于2011年建成。道路全长387千米，天津市域内全长91千米，宽45米，双向六至八车道，沥青混凝土路面，经过永定新河大桥、新海河大桥等桥梁。秦滨高速公路是连接东北地区和华南地区的重要通道，促进了黄骅港、天津港、东疆港、京唐港及秦皇岛港的经济发展，缓解了长深高速公路、津榆公路、汉南公路等的交通压力，是一条“黄金通道”。

京抚线 [Jīngfǔ Xiàn]

起点为北京市东城区，终点为黑龙江省抚远市，途经北京市、天津市、河北省、辽宁省、吉林省、黑龙江省。原为京唐国路，1930年改平榆路、平山国道、京山公路，1951年改京榆公路，1959年又改京沈南线，1972年后多次改建，定名京哈公路，1984年定名京哈国道，1997年命今名。道路全长2 097千米，路基宽25.5米，沥青混凝土路面。京抚线位于蓟州区中部，长28.5千米，宽24米，与宝平公路、喜邦线、津蓟高速公路等相交，是连接华北、东北地区的一条国道。

京环线 [Jīng Huánxiàn]

起点为河北高碑店市，经天津市、河北唐山市、张家口市宣化区、保定市涞源县，终点仍为高碑店，是一条环北京的国道，于1959—1960年建成，初名津榆公路，1961年由天津市管辖。1987年天津外环线建成，部分路段废除。1989—1993年对北辰段进行拓建，2003年其余路段拓宽，2008年津榆公路被定为奥运期间迎奥路段，改今名。道路全长1 228千米，沥青混凝土路面，为一级公路。北辰路段位于北辰区中东部，东起东堤头村，西至外环北路，长23.3千米，宽9~21米，沥青混凝土路面，为二级公路，与克黄线、杨北公路相交，上跨京津塘高速公路、津蓟高速公路。宁河区段位于宁河区中部，东起河北唐山界，西至宁河、宝坻界，长48.4千米，宽12~54米，沥青混凝土路面，为一级公路，与滨玉公路、宝芦公路、滨蓟公路、塘承高速公路、滨保高速公路、津榆复线等相交。武清区段位于武清区南部，东起西青区，西至河北省界，长7千米，宽24~32米；沥青混凝土路面，为一级公路，与京岚线等相交。京环线是北京通往天津及外埠的一条重要通道。

京岚线 [Jīnglán Xiàn]

起点为北京市东城区永定门桥，终点为福建省福州市平潭县。公路途经北京、天津（静海区、武清区、北辰区、西青区）、济南、南京、杭州、福州等，原称京济公路（北京至济南），又称京宁公路（北京至南京），原为土路。1969年建灰土泥沙路面，1974年建沥青混凝土路面，1987年延至福州，改今名，1995年拓建。道路全长2 606千米，宽45米。北辰区段位于北辰区西部，北起后丁庄村，南至铁锅店村子牙河桥，长13.6千米，宽9米，为二级公路，与津永公路、津雄高速公路、津霸公路等相交。武清区段位于武清区西南部，西起河北省廊坊界，东至京环线，长41.5千米，宽23~32米，为一级公路。西青区段位于西青区中部，北起北辰区界，南至静海区界，长15.9千米，宽20米，为一级公路，与京环线、津静公路、京福支路等相交。静海区段位于静海区南北部，东起静海西青界，南至河北省界，长47千米，宽20米，为一级公路。京岚线对缓解京台高速公路拥堵现象起到明显作用，同时互为补充，促进华东地区物流南北流动。

京津线 [Jīngjīn Xiàn]

起点为北京市通州区，终点为天津市滨海新区，途经天津市武清区。1937年原为北运河河堤公路。1956、1974、1988、1990、1994、1997、2005年分别改建。道路全长149千米，沥青混凝土路面，为一级公路。武清区段位于武清区中部，北起河北省香河界，南至天津市北辰区，长47.4千米，宽

22.5~45 米,与河大路、崔廊路、大东线、武清环线等相交。北京段方便通州区居民快速进城,天津段加强了滨海新区同天津市区的联系。

山深线 [Shānshēn Xiàn]

起点为河北省秦皇岛市山海关区,终点为广东省深圳市,途经河北省、天津市(北辰区、宁河区、滨海新区、西青区、静海区)、山东省、江苏省、安徽省、浙江省、福建省、广东省。20 世纪 70 年代始建, 2000、2010 年分别修建, 2013 年对原山深线进行调线。道路全长 3 160 千米,宽 32 米,沥青混凝土路面,为一级公路。西青区段位于西青区东部,北起外环线,南至静海区界,长 22.9 千米,宽 24 米,与梨双公路、赛达大道、芦北公路等相交。静海区段位于静海区东部,北起静海区、西青区界向南,过独流减河,南至河北黄骅界,长 34.7 千米,宽 32 米。该路是一条联系华北、华东、华南地区的国道。

喜邦线 [Xǐbāng Xiàn]

在蓟州区中部,东起河北遵化界,西至蓟州区邦均镇。1920 年前称三蓟遵路、邦遵路,新中国成立初期称京喜公路, 1955 年改称邦喜公路, 1972—1981 年多次修建。道路全长 115 千米,路面宽 12~50 米,沥青混凝土路面,为二级公路,与京抚线、京秦高速公路、津蓟高速公路等相交。该路是通往天津市区及外埠的重要交通干线。

遵玉公路 [Zūnyù Gōnglù]

在蓟州区东部,北起西龙虎峪乡,南起燕山口,于 1976 年始建, 1979 年划分归属蓟州。道路全长 26 千米,天津境内长 5.9 千米。路基宽 8~9 米,路面宽 6 米,沥青混凝土路面,为二级公路。该路与水库东路、水库南路、燕遵路等相交,是通往天津市区及外埠的重要交通干线。

杨玉公路 [Yángyù Gōnglù]

在蓟州区东南部。东起河北玉田界,西至蓟州区大杨各庄。道路于 1956 年始建, 1978 年建成。全长 30 千米,天津境内长 9.5 千米。路面宽 12 米,沥青混凝土路面,为二级公路。杨玉公路与塘承高速公路、克黄线等相交,是蓟州区东南部的重要交通线路。

唐通公路 [Tángtōng Gōnglù]

在宝坻区北部。途经通州区、香河县、唐山市,东起唐山市,西至通州区。公路于 1973 年始建, 1984、1989、1993、1996、1998、2000、2001、2003、2007 年分别修建, 2008、2009、2010、2013 年分别扩建。全长 218 千米,天津市境内长 43 千米。路面宽 12~32 米,沥青混凝土路面,为二级公路。公路与曹三公路、平宝公路、林黑公路、九园公路、新钟公路、林钟公路等相交,是沟通天津市、北京市、河北省的一条重要通道。

潮阳大道 [Cháoyáng Dàdào]

在宝坻区中部。东起津蓟高速出口,西至新仓路。该路于 2003 年建成,因位于潮白河以北得名。全长 5.9 千米,路面宽 32 米,沥青混凝土路面,为一级公路。该路与克黄线等相交,是宝坻城区连接高速路的重要交通干线。

林大公路 [Líndà Gōnglù]

在宝坻区中部。东起九园公路,西至克黄线。公路于 2008 年建成。全长 23.6 千米,路面宽 9~16 米,沥青混凝土路面,为二级公路。公路与宝白公路、林黑公路、九园公路等相交,沿途有大口屯镇、郝各庄镇、口东镇、林亭口镇等。

宝芦公路 [Bǎolú Gōnglù]

在宝坻区、宁河区境内。东起九园公路，西至京环线。道路于1969、1974、1976年分别修建，1978年全线贯通，1988、1992年分段改造，2004年修建，2013年扩建。全长42.3千米。宝坻区段位于宝坻区东部，长16.8千米，路面宽7~16米。宁河区段位于宁河区西北部，长25.5千米，路面宽9米。该路为沥青混凝土路面，二级公路，与九园公路等相交，是宝坻区通往宁河区的一条重要通道。

唐廊公路 [Tánglán Gōnglù]

在宝坻区中部。东起九园公路，西至潘青公路。公路于2015年建成。道路全长15.3千米，路面宽16~20米，沥青混凝土路面，为二级公路。公路与宝白公路、潘青公路相交，途经林亭口镇、口东街道、牛家牌镇、周良街道、京津新城等，是通往天津市区及外埠的重要交通干线。

崔廊公路 [Cuīláng Gōnglù]

在武清区北部。东起克黄线，西起河北省廊坊市。该路于1940—1945年始建，1971、1977、1981、1983年分别修建，2007、2013年分别扩建。道路全长37千米，路面宽9~30米，沥青混凝土路面，为一、二级公路。车道数分别为双车道、四车道、六车道，设计时速分别为60千米/小时、80千米/小时。公路与崔杨公路、青上路，旗良路、武香路、高王路、通王路等相交，是武清区崔黄口镇通往城关镇的一条道路，承载武清区内部东西方向的区间交通。

梅丰公路 [Méifēng Gōnglù]

在宁河区、宝坻区、武清区境内。东起河北省唐山界，西至武清区梅厂镇。1970年为土路，1975年始建，1976年修建，1978—1979年建柏油路面，1983、1986年分别修建，1994年完成路基工程，1996年完成路面工程。2009年改建。2013年建成。长54.2千米。宁河区段位于宁河区东北部，东起河北省唐山界，西至宁河、宝坻界，长27千米，宽24米。宝坻区段位于宝坻区南部，东起宁河界尔王庄镇，西至武清界。道路长12.2千米，路面宽8~16米。武清区段位于武清区东部，长9.481千米，路面宽7~30米，沥青混凝土路面。该路为一、二级公路，车道数为双车道，设计时速分别为40千米/小时、80千米/小时，与武宁公路、九园公路、宝芦公路、滨玉路等相交。该路是武清区梅厂镇通往宁河区丰台镇、岳龙镇的一条重要通道。

大东公路 [Dàdōng Gōnglù]

武清区中部。东起大黄堡镇，西至东马圈镇。1978年建柏油路面，1985—1986修建大碱厂至南蔡村柏油路，1987年更名碱东路，1993、1999、2001年分别修建，2004年扩建，名大东路，2011年新建武落路至京岚线段，同年并入。道路全长41.4千米，路面宽6~32米，沥青混凝土路面，为二级公路。车道数为双车道，设计时速包括40千米/小时、80千米/小时。道路与崔杨公路、武香公路、京津线、高王公路、京岚线等相交，承载武清区内部东西方向的区间交通。

武宁公路 [Wǔníng Gōnglù]

在武清区东南部。东起克黄线，西至京津线。道路于2006年始建，2013年改建。全长11.2千米，路面宽24米，沥青混凝土路面，为一级公路。车道数包括双车道、四车道、六车道，设计时速包括40千米/小时、80千米/小时。该路与武清环线、崔杨公路等相交，是武清区通往宁河区的重要通道。

杨北公路 [Yángběi Gōnglù]

在东丽区、北辰区、武清区境内。东起环河南路，西至杨村火车站。该路于 1950 年建沙石路面，1960—1963 年建土质路面，1964—1965 年修建，1980 年建沥青混凝土路面，1984—1986 年建二号桥南段与北段，1996、1999、2006 年分别修建。道路全长 72.34 千米，路面宽 9~40 米。东丽区段位于东丽区中部，东起环河南路，西至东丽区、北辰区界，长 19.1 千米，宽 9~40 米。北辰区段位于北辰区东部，北起大张庄镇张四庄村北，南至金钟河大桥，长 17.8 千米，宽 9~14 米。武清区段位于武清区中部，东起武清区、北辰区界，西至杨村火车站，长 19.9 千米，宽 9~30 米，沥青混凝土路面，为一、二级公路。车道数分别为双车道、六车道、八车道，设计时速分别为 80 千米 / 小时、100 千米 / 小时。杨北公路与京岚线、京津公路、津汉公路等相交，是东丽区、北辰区、武清区区间互通的重要通道。

津芦公路 [Jīnlú Gōnglù]

在滨海新区、宁河区境内。西北起天津界，东南至滨玉公路。该路于 2004、2007、2009 年分别扩建，2010 年建成。滨海新区段位于滨海新区西北部，西北起天津界，东南至芦汉公路。道路长 1 千米，宽 16 米。宁河区段位于宁河区南部，东起滨玉公路，西至宁河东丽界。道路长 40 千米，宽 27~32 米，沥青混凝土路面，为一级公路，与滨玉公路、滨保高速、塘承高速、滨蓟公路、潮白河左堤路、海清公路等相交。该路是通往天津市区及外埠的重要交通干线。

津榆复线 [Jīnyú Fùxiàn]

在宁河区西南部。东起津芦公路，西至京环线。该路于 2007 年建成，后将此段从津芦公路中划出称今名。道路全长 7 千米，路面宽 12 米，沥青混凝土路面，为二级公路。该路与津芦公路、京环线等相交，是通往天津市区及外埠的重要交通干线。

津汉公路 [Jīnhàn Gōnglù]

在东丽区、宁河区、滨海新区境内。东起外环线，西至滨玉公路。旧道为汉茶路，1979 年北移重建，1985 年建成，1986 年多次修建，1987 年贯通。道路全长 66.1 千米，路基宽 8~40 米，路面宽 6~33 米，沥青混凝土路面，为二级公路。宁河区段位于宁河区南部，东起宁河汉沽界，西至金钟河大桥，长 17.5 千米，宽 12 米，与潮白河左堤路、海清公路等相交。滨海新区段位于滨海新区西北部，长 9.6 千米，与汉桥路、大汉路等相交。东丽区段位于东丽区中部，与宁静高速公路、京津塘高速公路等相交。该路是通往天津市区及外埠的重要交通干线。

津永公路 [Jīnyǒng Gōnglù]

在天津市、河北省永青县境内。东起津雄高速公路，西至京沪高速公路。原为北运河防洪大堤，于 1956 年始建，1957 年建炉灰路，1964 年建沥青混凝土路，1977 年建柏油路，1986 年延至安次县界，于 1990、2003、2006 年多次修建，2009 年更路线。道路全长 15.4 千米。北辰区段位于北辰区西北部，东起津雄高速公路，西至双口三村，路长 8.4 千米，宽 12~18 米。武清区段位于武清区南部，东起天津北辰界，西至京沪高速公路汉沽港出口，路长 7 千米，宽 12~31 米。全线为沥青混凝土路面，二级公路，与京岚线、腾旺道、腾轩道等相交，是天津市通往河北省的重要通道。

津霸公路 [Jīnbà Gōnglù]

在天津市北辰区、武清区、河北省境内。东起天津市北辰区，西至河北省霸州。原为永定河南泓故道右堤。1942 年名津同公路，1958 年改今名，1962 年建柏油路面，1970、1998、2008 年分别修建。道路全长 820 千米。北辰区段位于北辰区西南部，东起外环线，西至线河一村，长 15 千米，宽 9~24 米。武清区段位于武清区西南部王庆坨镇，宽 9 米。全线为沥青混凝土路面，二级公路，与京岚线、铁路南曹联络线等相交，是天津市通往河北省的一条重要通道。

津北公路 [Jīnběi Gōnglù]

在东丽区南部。东起东金路，西至外环东路。1940 年曾称津万塘国道，1949 年命今名，1968 年建成，1973—1990 年多次修建，2003 年至今多次修建。因从天津市中心城区修至北塘得名。道路全长 12.7 千米，宽 9~18 米，沥青混凝土路面，为二级公路，与驯海路等相交，是通往天津市区及外埠的重要交通干线。

赛达大道 [Sàidá Dàdào]

在西青区西部。赛达工业区内，北起营建公路，南至友谊路延长线。该路于 2010 年建成，2011 年全线贯通。道路全长 23.3 千米，路面宽 32 米，沥青混凝土路面，为一级公路。该路与京福支路、津涞公路、津文公路等相交，连接西青区营建路和津淄公路，是通往天津市区及外埠的重要交通干线。

津静复线 [Jīnjìng Fùxiàn]

在西青区西部。东起武静公路，西至津静公路。该路于 1998 年始建，2003 年建成。道路全长 2.9 千米，路面宽 28 米，沥青混凝土路面，为一级公路。该路与青沙公路、泰华路等相交，是连接西青区津静公路至武静公路的一条连接线。

先锋东路 [Xiānfēng Dōnglù]

在东丽区西南部。东至津塘二线，西至外环东路。道路于 1997 年建成，因先锋路向东延长线得名，全长 14.6 千米，路面宽 9~41 米，沥青混凝土路面，为二级公路。该路与一经路、二经路、三经路等相交，是通往天津市区及外埠的重要交通干线。

津涞公路 [Jīnlái Gōnglù]

在西青区、静海区境内。东起津涞道，西至津沧高速公路辅路。该路于 20 世纪 70 年代始建，80 年代建沥青混凝土路面，1965 年称津保南路，1977 年改今名，2009 年扩建。道路全长 12.2 千米，路面宽 40 米。该路位于西青区中部，东起外环线，西至静海区界，沥青混凝土路面，为二级公路。道路与赛达大道、辛老公路、京福支路等相交，是天津市通往河北省的重要通道。

静霸公路 [Jìngbà Gōnglù]

在静海区北部。东起津沧高速辅道，西至津静公路，北折至京岚线，与京岚线重叠，向西至梁台路，南折至静台路，再西折至河北省文安界，穿良王庄乡、独流镇、台头镇。该路原名西台路，于 1986、1987、1996、2009、2010、2012 年分别修建。道路全长 22.4 千米，路面宽 12 米，沥青混凝土路面，为二级公路。该路是静海区通往河北省霸州市的一条重要通道。

新港七号路 [Xīngǎng 7 Hào Lù]

在滨海新区东部。东起北港路，西至第九大街。因按新港东西走向干路的顺序排列为第七条路得名。道路全长 1 千米，路面宽 35 米，沥青混凝土路面，为一级道路。该路与跃进路等相交，是通往天津市区及外埠的重要交通干线。

津沽公路 [Jīngū Gōnglù]

在津南区、滨海新区境内。东起海滨大道，西至起外环南路津沽立交桥。清康熙三十三年（1694 年）称海大道，清乾隆三年（1738 年）、1931 年、1976 年分别修建，1979 年命今名，1988、1997、2000 年分别拓宽改造，2004、2008 年分别调整整治，2011、2013 年分别拓宽改造。道路全长 52 千米，路基宽 9~18 米，路面宽 7~14 米，沥青混凝土路面。津南区段位于津南区北部，西起外环南路津沽立交桥，东至马厂减河桥，全长 32.4 千米，宽 50 米，沥青混凝土路面，为二级道路。滨海新区段位于滨海新区中部，东起海滨大道，西至马厂减河桥，长 13.9 千米，宽 16 米。道路两侧有行道树。沿路有 18 座公路桥。该路与中央大道、秦滨高速公路等相交，是天津市通往滨海新区的重要通道。

二八公路 [Èrbā Gōnglù]

在津南区西部。东起体育场路，西至八里台镇团洼村。该路于 1973 年始建，1983、1997、2011 年多次修建。道路全长 12 千米，路面宽 28 米，沥青混凝土路面，为二级公路。该路与津港公路等相交，是通往天津市区及外埠的重要交通干线。

静海环线 [Jìnghǎi Huánxiàn]

在静海区北部。西起京岚线，向东折南，再向南折西至京岚线。道路由北环线、北华路、东环线、南环线组成，2005—2011 年分段修建。全长 26.8 千米，成 U 字形，路面宽 45 米，沥青混凝土路面，为一级公路。该路与静青线等相交，环绕静海镇，为城市主干路，是通往天津市区及外埠的重要交通干线。

团大公路 [Tuándà Gōnglù]

在静海区中南部。东起津神线，西至陈大公路。该路于 1974、1981、1988、2004、2005、2007 年分别修建，2008 年合并命今名。道路全长 30 千米，路面宽 19 米，沥青混凝土路面，为二级公路。道路与津沧高速公路、静陈路等相交，是静海区通往天津市区及外埠的重要通道。

新津涞公路 [Xīnjīnlái Gōnglù]

在静海区西部。北起静霸公路，南至青王公路。公路于 1998 年始建，1999 年建成，2010 年修建。道路全长 34.5 千米，路面宽 10 米，沥青混凝土路面，为二级公路。该路与津神线、陈大公路等相交，是静海区通往天津市区及外埠的重要通道。

高王路 [Gāowáng Lù]

在武清区西北部。南起京岚线，北至京津高速公路。该路于 2006、2010、2015 年分别修建。全长 56.4 千米，路面宽 12~31 米，沥青混凝土路面，为二级公路，车道数为双车道、四车道、六车道、八车道，设计时速为 60 千米 / 小时、100 千米 / 小时。该路与河大路、崔廊路、大东路等相交。作为南北向贯穿武清区内的重要省级道路，高王路也承担武清区通往河北省的过境交通任务。

武静公路 [Wǔjìng Gōnglù]

在武清区中南部。西起京岚线与高王公路交口，东至天津市北辰区界。该路于 1983、1995、2000、2010 年分别多次修建，2015 年改今名。道路全长 16.5 千米，宽 9~24 米，沥青混凝土路面，为一、二级公路。该路与小王村路、梅石公路等相交，是武清区通往静海区的重要通道。

南东公路 [Nándōng Gōnglù]

在武清区中部。北起武清区南蔡村镇，向南交武清环线至武静公路。该路于 1969 年始建，1973 年建成，原名京济公路，1984 年更名京福支路，1976 年震损，1981、1991、1992、2004 年分别多次修建。道路全长 9.9 千米，路面宽 24 米，沥青混凝土路面，为一级公路。该路与武清环线等相交，为武清城区南北向主要交通干线。

环城路 [Huánchéng Lù]

在武清区中部。南起京津线，至南东公路。该路于 2008 年建成，全长 21 千米，宽 16~32 米，沥青混凝土路面，为一、二级公路，四车道，设计时速 80 千米 / 小时。该路与京津线、崔杨公路等相交，为武清城区的外环线，承载武清城区的过境交通任务。

营建公路 [Yíngjiàn Gōnglù]

在西青区北部。北起津静公路，南至辛老公路。公路于 2001、2004 年分别扩建，全长 6.1 千米，路面宽 28 米，沥青混凝土路面，为一级公路。该路与京岚线、赛达大道等相交，是通往天津市区及外埠的重要交通干线。

武香路 [Wǔxiāng Lù]

在武清区北部。南起聂官屯京津线，北至河北省香河县。该路于 2005 年建成，全长 21.9 千米，路面宽 9~12 米，沥青混凝土路面，为二级公路，设计时速 80 千米 / 小时。该路与大东路、崔廊路、河大路等相交，为武清区内南北向交通干线。

京福支路 [Jīngfú Zhīlù]

在西青区北部。北起武静公路，南至津涞公路。该路于 2004 年改今名，2004、2011、2012 年分别修建。道路全长 11.8 千米，路面宽 24 米，沥青混凝土路面，为一级公路。该路与津静公路、赛达大道、辛老公路等相交，是通往天津市区及外埠的重要交通干线。

津文公路 [Jīnwén Gōnglù]

在西青区、静海区境内。东起天津，西至河北省文安交界处。该路于 1936 年始建，1952 年因独流减河开挖而改道，1954 年建成，1964 年修建柏油路，1997，2001 年分别修建，2001 年建成，2008、2010 年进行翻修，2011 年通车。道路全长 42.5 千米，路面宽 37 米，沥青混凝土路面。静海区段位于静海区北部，东起杨成庄大桥，西至河北省文安界，长 15.8 米，宽 12~37 米，为一级公路。西青区段位于西青区西部，北起津涞公路，南至静海区界，长 6.1 千米，宽 12 米，为二级公路。与赛达大道、津晋高速公路等相交，是通往天津市区及外埠的重要交通干线。

团唐公路 [Tuántáng Gōnglù]

在静海区东南部。东起山深线，西至京福公路。1993 年，前 12 471 米为原津王支路，1977 年，后 12 037 米为原唐王路。2008 年合并建成。道路全长 23.8 千米，路面宽 32 米，沥青混凝土路面，为二级公路。该路与团王公路等相交，是通往天津市区及外埠的重要交通干线。

崔杨公路 [Cuīyáng Gōnglù]

在武清区中部。东起崔黄口向西，西至京津线。该路于 1938 年始建，1959 年建炉渣碎砖路面，1962—1964 年建泥结碎石路面，1966 年建黑色路面，1974、1980、1993、1994、2002、2007 多次修建。道路全长 24.3 千米，路面宽 12~38 米，沥青混凝土路面，为一级公路。公路与宝武路、旗良路、大东路、武清环线等相交,是通往天津市区及外埠的重要交通干线。

宝武公路 [Bǎowǔ Gōnglù]

在宝坻区、武清区境内。公路于2011、2013年分别新建。宝坻区段位于宝坻区西部,北起平宝公路,南至大口屯镇宝武公路联络线,通过宝武联络线与克黄线相通,长26.2千米,宽12米。武清区段位于武清区东部,北起崔杨公路,南至武清环线,长11.3千米,宽12~16米,沥青混凝土路面,为二级公路。车道数为双车道,设计时速60千米/小时。该路与大东公路等相交,连接宝坻区和武清区,承载宝坻区至武清区的区间交通。

九园公路 [Jiǔyuán Gōnglù]

在宝坻区、北辰区、武清区境内。北起克黄线,南至京津线。该路于1986年始建,原名郎辛公路,1999年扩建后,更今名。2010、2011、2014年道路多次扩建,全长80.7千米。北辰区段位于北辰区北部,东起韩盛庄村,西至京津公路,与克黄线、京津城际上跨铁路等相交,长19.1米,宽9~54米。宝坻区段位于宝坻区东南部,北起克黄线,南至武清界,长58.479千米,宽9~24米。武清区段位于武清区东部,宽18米。全程为沥青混凝土路面,二级公路,与唐通公路、林大公路、宝芦公路等相交,是连接宝坻区九王庄和北辰区郎园的交通要道。

津武公路 [Jīnwǔ Gōnglù]

在北辰区、武清区境内。北起天和大道,南至外环北路。道路于2013年始建,全长8.9千米,路面宽40米,沥青混凝土路面。北辰区段位于北辰区北部,京津塘高速公路西侧,北起小街村,南至外环北路,长6.2千米,宽40米,为一级公路。武清区段位于武清区中部,下朱庄街,宽36米,为二级公路。该路与九园公路等相交,是通往天津市区及外埠的重要交通干线。

克黄线 [Kèhuáng Xiàn]

在北辰区、武清区、宝坻区、蓟州区境内。北起河北省围场县及黄崖关长城北端,南至天津外环。该路1934年为土堤,1959年为炉灰路面,1964年为砂石路面,名兴淀公路,宜兴埠至南王平段名宜南公路,1968年名津崔公路,1978年改津围公路。1982—1984年多次扩建,1989年新宜白大道并入,1991年改在宜兴埠立交桥西端。2000、2008、2009、2015年道路多次修建,后改今名,全长441.5千米,沥青混凝土路面。北辰区段位于北辰区东部,北起武清界,南至外环调整路,与滨保高速公路、京环线等相交,长9.1千米,宽16~27米,为二级公路。宝坻区段位于宝坻区中部,南起武清区界,北至蓟州区界,长30千米,宽22~33米,为一级公路,与林大公路、潮阳大道、唐通公路、九园公路相交。武清区段位于武清区东部,南起天津北辰区,北至宝坻区,长25.1千米,宽16~28米,为二级公路,与武宁公路、大东公路、津蓟铁路、崔廊公路、崔杨公路。蓟州区段位于蓟州区中部,南起宝坻区、蓟州区交界,北至下营镇黄崖关长城与兴隆交界,长61.7千米,宽12~36米,为二级公路,与京秦高速公路、京抚线、长城公路、中昌南大道、南环路相交。该路是通往天津市区及外埠的重要交通干线。

津围公路 [Jīnwéi Gōnglù]

在北辰区、蓟州区境内。北辰区段位于北辰区中部,北起外环线调整路,南至外环北路(宜兴埠立交桥),路长7.5千米,宽16~27米,二级公路。该路连接克黄线,与山深线、京津塘高速公路等相交。蓟州区段位于蓟州区中部，北起克黄线，南至京抚线，长 24.8 千米，宽 22~33 米，一级公路，与通武线、北环路等相交。该路是蓟州区通往北辰区的重要交通干线。

津港公路 [Jīngǎng Gōnglù]

在西青区、津南区、滨海新区境内。北起市区解放南路路口，南至滨海新区北围堤路。该路于 1991 年始建，2000、2009、2010 年分别扩建。道路全长 30.5 千米，路面宽 30 米。西青区段位于西青区东部，北起外环线，南至津南区界，长 8 千米，宽 24 米。津南区段位于津南区西部，西北起西青界，东南至八米河，长 19 千米，宽 24 米。滨海新区段位于滨海新区西部，长 3.511 千米，沥青混凝土路面，为一级公路，与梨双公路、芦北公路、二八公路等相交。该路是通往天津市区及外埠的重要交通干线。

宝平公路 [Bǎopíng Gōnglù]

在宝坻区、蓟州区境内。南起宝坻区，北至北京市平谷区。1950 年原名邦侯公路，改名平宝公路，为县级公路；1976—1983 年铺设沥青混凝土路面，后多次修建；1979 年升为省级公路。道路全长 70 千米，沥青混凝土路面，为二级公路。该路位于蓟州区西部，北起许家台乡，南至侯家营镇。蓟州区段长 35.6 千米，宽 12~52 米，与京秦高速公路、京抚线等相交。宝坻区段位于宝坻区西北部，北起蓟州区界，南至唐通线，全长 18.7 千米，宽 15~40 米。与京哈高速公路相交。该路是通往天津市区及外埠的重要交通干线。

金钟公路 [Jīnzhōng Gōnglù]

在东丽区北部。东起宁河区界，西至外环东路。该路于 1963 年始建，1970 年至今多次修建。道路全长 18 千米，宽 15~64 米，沥青混凝土路面，为二级公路，与赤海路等相交。该路是通往天津市区及外埠的重要交通干线。

白万公路 [Báiwàn Gōnglù]

在津南区、西青区境内。北起同砚路，南至津淄公路。该路于 1979 年始建，1993、1994、2002、2011 年分别修建。道路全长 14.8 千米，路面宽 9 米，沥青混凝土路面，为二级公路。津南区段位于津南区西部，北起同砚路，南至西青区界。西青区段位于西青区南部，东起津南区界，西至津淄公路，长 2.3 千米，宽 7 米，与津港公路、二八公路等相交。该路是通往天津市区及外埠的重要交通干线。

宝白公路 [Bǎobái Gōnglù]

在宝坻区南部。北起潮阳大道，南至九园公路。该路于 1980 年始建，2005 年改建，2006 年修建宝白路北延，2008 年合并，2012 年改建。道路全长 31.8 千米，路面宽 7~32 米，沥青混凝土路面，为一、二级公路。该路与林大公路、唐廊公路、九园公路等相交，是宝坻区内的重要交通干线。

葛万公路 [Gěwàn Gōnglù]

在津南区、滨海新区境内。该路于 1974 年始建，2006、2008、2012 年分别多次扩建。津南区段全长 11.9 千米，路面宽 18 米，位于津南区东部，东起津沽公路，西至津港公路。滨海新区段位于滨海新区西部，东北起津南区葛沽镇，西南止万家码头；长 9 千米，宽 9 米，路基宽 15.5~16.5 米。公路为沥青混凝土路面，二级公路，与津歧公路等相交，是通往天津市区及外埠的重要交通干线。

津歧公路 [Jīnqí Gōnglù]

在津南区、滨海新区境内。北起东沽路，南至河北歧口界。该路于1962年始建，1998、2010年分别修建。津南区段全长36.5千米，位于津南区中部，北起东沽路，南至八米河，与二八公路、广惠道等相交。滨海新区段长14.8千米，宽36米，位于滨海新区东南部，北起咸水沽西侧与津沽公路相接，南至河北省黄骅市歧口。公路为沥青混凝土路面，二级公路，是通往天津市区及外埠的重要交通干线。

汉港公路 [Hàngǎng Gōnglù]

在东丽区南部。北起津塘公路，南至海河。公路于1986年始建，1987年至今多次修建。道路全长1.5千米，路面宽18米，沥青混凝土路面，为二级公路。公路与先锋东路等相交，是通往天津市区及外埠的重要交通干线。

新北路 [Xīnběi Lù]

在滨海新区西北部。南起津塘公路，北至杨北公路。该路于清乾隆四十一年(1776年)始建，名北塘西南大道，1969年建沥青混凝土路面，1979年改今名。道路全长11.2千米，宽12~16米，沥青混凝土路面。公路与塘黄公路、宁车公路、塘汉公路、津北公路和津山铁路等相交。南段路东侧有烈士陵园。该路是通往天津市区及外埠的重要交通干线。

滨蓟公路 [Bīnjì Gōnglù]

在宁河区境内。北起蓟州区，南至滨海新区。该路于2013年始建，2014年建成，2015年新建至津芦公路。道路全长7.3千米，路面宽24米，沥青混凝土路面，为一级公路。该路与京环线、津芦公路相交，是滨海新区通往蓟州区的重要交通干线。

滨玉公路 [Bīnyù Gōnglù]

在宁河区境内。东起于滨海新区北塘，西止于河北省玉田界。该路于1971年始建，2010年由原芦玉公路、津榆支线(曹庄道口至芦汉路)、芦汉公路组成，更名滨玉公路。2011年新建至河北界。道路全长59.7千米。宁河区境内长36.4千米，宽17~33米，沥青混凝土路面，为一级公路。该路与梅丰公路、卫星公路、津榆公路、津榆支线、津芦公路等相交，是滨海新区通往河北省玉田县的重要交通干线。

宜白路 [Yíbái Lù]

在市境中北部，为河北区和北辰区界路。东起宜兴路，西南至铁东路。沿线与宜廉路、宜洁路、宜清路、红旗路、三千路、均强路、均胜路等相交。路长2千米，宽27米，沥青混凝土路面。原为土路，因通往铁路线白灰场，俗称为“白灰线”。1958年路面加宽，2000年扩建。因连接宜兴埠和白庙，故各取首字命今名。两侧多为住宅区。沿街有宜白北里、普东新苑、华宜里、今日家园等住宅小区。附近通多路公共汽车。

千里堤 [Qiānlǐ Dī]

在市境中北部，为河北区和北辰区界路。北起天平桥，南至天河桥。沿线与龙源道、竹山路、平津道等相交。路长2千米，宽70米，沥青混凝土路面。该路建于2010年，因临近千里堤得今名。东侧多为住宅区，沿街有锦西里、锦西南里、翠溪园等住宅小区。西侧有天津商业大学、区都市工业园、中海油天津化工研究设计院等单位。该路是快速路主要组成道路。附近通多路公共汽车。

子牙河南路 [Zǐyáhé Nánlù]

在市境中西部，为红桥区和西青区界

路。东起南运河北路，西至西横堤。沿线与三条石大街、北开大街、复兴路、红旗北路、咸阳路、团结路等相交。路长 6 千米，宽 7~22 米，沥青混凝土路面。1980 年将北营门东马路（南段）、沿河大街、西河南沿三条街道顺接，称今名。因位于子牙河南岸得名。两侧多为住宅区。沿街有西河名邸、河怡花园、水竹花园、河海花园等住宅小区，有红桥区人民检察院、市第五中学等单位，有天津之眼、摩天轮夜市等休闲场所。天津西站坐落于此。附近通多路公共汽车。

鲁山道 [Lǔshān Dào]

在市境中东部，为河东区和东丽区界路。西起凤亭路，东转南至龙山道。沿线与昌山路、贺兰路、凤山道等相交。路长 2.1 千米，宽 9~19 米，沥青混凝土路面，两侧人行道宽 3~6 米。该路于 1989 年建成，以河南省鲁山为名。2000 年该路分别向东、西两侧延伸。两侧多为住宅区。沿街有丹荔园、银蕊园、橙翠园、绿萱园、金旭园等住宅小区。市市政工程学校坐落于此。附近通多路公共汽车。

西青道 [Xīqīng Dào]

在市境中西部，为红桥区和西青区界路。东起子牙河南路，西至青致路。沿线与河北大街、赵家场大街、西站前街、复兴路、红旗路等相交。路长 15.6 千米，宽 52.5~60.5 米，沥青混凝土路面。原为土路，1963 年拓修，取西站的“西”字和杨柳青的“青”字命今名，后于 1983 年拓建。2009 年西站改造，将西青道东段建成下沉式地道。南侧为天津中北工业园区。两侧多为住宅区。沿街有跃进里、广阳里、河海花园、名景花园等住宅小区，有西青区人民法院、西青区人事局、西青区税务局、西青道中学、民族中学、西青医院等单位。天津西站坐落于此。附近通多路公共汽车和地铁 6 号线。

卫国道 [Wèiguó Dào]

在市境中东部，为河东区和东丽区界路。东北起外环东路，西南至十一经路。沿线与红星路、泰兴路、昆仑路、沙柳北路、雪莲南路等相交。路长 9.2 千米，宽 54~64 米，沥青混凝土路面。1930 年建万国跑马场时修建此路，初名马场道。1955 年改称卫国道，取“保卫祖国”之意。2005 年拓建。两侧多为住宅区。沿街有金色家园、柏丽花园、益寿东里、万兴花园、明珠花园等住宅小区，有市第八中学、武警天津总队医院、天津出入境边防检查总站、三美电机、华润万家超市等单位。桥园公园、体育健身园坐落于此。附近通多路公共汽车和地铁 2 号线。

龙山道 [Lóngshān Dào]

在市境中东部，跨河东区和东丽区。东北起博山道，西至昆仑北路。沿线与祁连路、鲁山道、秀丽路、云丽路、贺兰路、天山北路等相交。路长 2 千米，宽 31 米，沥青混凝土路面，两侧人行道宽 4.5~6 米。该路于 1998 年建成，2001 年以山西省龙山命名。两侧多为住宅区。沿街有路劲太阳城、清霖园、紫玉园、绿萱园、彩丽园、云丽园等住宅小区，有河东一幼、丽苑小学等教育单位，有喜悦购物公园等休闲场所。附近通多路公共汽车。

真理道 [Zhēnlǐ Dào]

在市境中东部，为河东区和河北区界路。东起昆仑路，西南至新阔路。沿线与凤凰路、泰兴路、靖江路、江都路、红星路、王串场六号路、王串场一号路等相交。路长 2.7 千米，宽 32 米，沥青混凝土路面。该路建于 1945 年，原称墙子大街，1952 年取“坚持真理”之意命名。2009 年向东延伸至昆仑路，统称现名。路两侧多为住宅区。沿街有真诚里、莹津里、焕玉公寓、靖江雅园、大众家园、华康里等住宅小区，有八一幼儿园、市九十三中学、天津城市职业学院、市交管局车管所、家乐福超市等单位。附近通多路公共汽车。

通北路 [Tōngběi Lù]

在市境中北部，为南开区和红桥区界路。东北起张自忠路，西南至东马路。沿线与张自忠路、大胡同、北马路等相交。路长 0.3 千米，宽 30 米，沥青混凝土路面。1994 年为贯通内环线，将古文化街北端及铁桥大街南侧沿线房屋拆除建路。因该路段西通北马路得名。两侧多为商业区。沿街有海河华鼎大厦，有天津解放广场、天津古玩城、天津古文化街旅游区等休闲场所。附近通多路公共汽车。

北马路 [Běi Mǎlù]

在市境中北部，为南开区和红桥区界路。东起东马路，西至西马路。沿线与西马路、城厢西路、大丰路、北门外大街、金钟桥大街等相交。路长 1.6 千米，宽 36 米，沥青混凝土路面。清光绪二十七年（1901 年）建路。清光绪三十一年（1905 年）在此铺设围城电车轨道，改为碎石路。1950 年修成沥青混凝土路面。1968 年将电车轨道拆除整修。该路因位于旧城北面得名。两侧多为住宅区。沿街有天康园、通庆里、尚佳新苑、惠灵顿国际等住宅小区，有陆家嘴中心、天津富力广场等大型商场。中医药研究院附属医院坐落于此。附近通多路公共汽车和地铁 1 号线。

芥园西道 [Jièyuán Xīdào]

在市境中西部，跨南开区和西青区。东起芥园道，西至外环线。沿线与外环线、黄河道、密云路、冶金路、向阳路、咸阳路等相交。路长 4.8 千米，宽 36~42 米，1958 年建成，1965 年铺成沥青混凝土路面，1980 年延伸至向阳路。1982 年因位于芥园以西得名。东段多为住宅区，西段多为厂区。沿街有大园新居、留园里、芥园里、怡园里、水郡花园等住宅小区，有津英中学、芥园道不锈钢城、天汽集团南开工业园、盛名工业园、国家海洋技术中心等单位。附近通多路公共汽车。

西营门大街 [Xīyíngmén Dàjiē]

在市境中西部，跨南开区和红桥区。东起复兴路，西至青年路。沿线与广开五马路等相交。路长 0.5 千米，宽 30 米，沥青混凝土路面。清咸丰十一年（1861 年）形成道路。1966 年始建，至今多次拓建。因位于天津建卫后形成的西营门得名。两侧多为住宅区。沿街有华瑞里、桦林园、万华里、兴云里等住宅小区，有区第四幼儿园、长庚老年公寓等单位，有天津战役烈士纪念碑、烈士陵园等。附近通多路公共汽车。

成林道 [Chénglín Dào]

在市境中东部，跨河东区和东丽区。东起外环东路，西至十一经路。沿线与红星路、建新路、万东路、昆仑路、天山路、雪莲路、沙柳北路等相交。路长 9 千米，宽 18~38 米，沥青混凝土路面，两侧人行道宽 2.5~14 米。原称小马路，解放后将此路修建至东郊区（今东丽区）程林庄。1963 年改称程林庄路。2004 年取“百木成林”之意命名。两侧多为住宅区。沿街有嘉华小区、金湾花园、阳新里、程林二村等住宅小区，有香山道小学、香山道中学、市第七中学、天津工业大学应用技术学院、天津城市职业学院等教育单位，有武警医学院附属医院、上海烟草集团公司天津卷烟厂、中美史克制药有限公司等单位。区政府坐落于此。有公共休闲场所河东公园。附近通多路公共汽车和地铁 5 号线。

创新大道 [Chuàngxīn Dàdào]

在市境东部，跨东丽区和滨海新区。东起天津滨海高新技术产业开发区东部，西至高新一路。沿线与高新一路、高新二路、津汉一支路等相交。路长 7.4 千米，宽 40 米，沥青混凝土路面。该路始建于 2008 年。取"创新发展"之意命名。两侧多为企业。沿街有渤新公寓、滨海航天城等住宅小区，有富通集团科技园、中海油能源发展工程技术公司等企业，有渤龙湖公园、航天公园等休闲场所。

南马路 [Nán Mǎlù]

在市境中西部，跨和平区和南开区。东起东马路，西至西马路。沿线与城厢东路、城厢中路、东兴大街、荣业大街、南门外大街等相交。路长 1.6 千米，宽 29 米。清光绪二十七年（1901 年）建路。清光绪三十一年（1905 年）在此铺设围城电车轨道，改为碎石路。1950 年修成沥青混凝土路面。1968 年将电车轨道拆除整修。因其修建于天津老城南部城墙基址，命此名。两侧多为住宅区和商业区。沿街有城南家园、平祥公寓、新世界花园、铜锣湾花园等住宅小区，有市第一中级人民法院、市人民检察院、市公安消防救援总队等单位，有天佑城、大悦城等大型商场。附近通多路公共汽车和地铁 2 号线。

津塘路 [Jīntáng Lù]

在市境中东部，跨河东区和东丽区。西北起九经路，东南至外环东路。沿线与十经路、十一经路、红星路、大直沽西路、大直沽中路、广宁路、昆仑路、雪莲南路、跃进路等相交。路长 9.1 千米，宽 25.2~56 米，沥青混凝土路面，两侧人行道宽 1.5~11.5 米。该路于 1913 年建成，称阿木鲁斯路，亦称 11 号路。1924 年改称十一纬路。1937 年改称津塘公路。1991 年因连接塘沽改现名。两侧多为住宅区。沿街有荣泰公寓、丰盈里、雅泰公寓、中山门西里等住宅小区，有河东区政协、河东区法院、河东区体育局、天津音乐学院、市第八十二中学、第三中心医院等单位，有二宫公园、河东体育中心、二宫体育场、金地国际广场、东丽广场、荐福观音寺等文体休闲场所。附近通多路公共汽车和地铁 9 号线。

津滨大道 [Jīnbīn Dàdào]

在市境中东部，跨河东区和东丽区。西北起十一经路，东南至外环东路。沿线与红星路、泰兴南路、泰昌路、顺达路、东兴路、跃进路等相交。路长 8.4 千米，宽 46~66 米，沥青混凝土路面，两侧人行道宽 3~4 米。该路于清道光二十年（1840 年）建成，称津塘公路，又称海大道。1936 年称洋灰道。1942 年称老津塘公路。1953 年改称张贵庄道。1984 年更名张贵庄路。1987 年后四次整修拓宽。2004 年更今名。2007 年拓建。因连通市中心区与滨海新区得名。两侧多为住宅区。沿街有俊东公寓、玉龙花园、东城家园、夏欣园等住宅小区，有中国民航大学等教育单位，有万达广场、爱琴海购物、红星美凯龙、平河装饰灯具城等大型商场。附近通多路公共汽车。

南京路 [Nánjīng Lù]

在市境中南部，跨南开区、和平区和河西区。东起台儿庄路，西至南开三马路。沿线与大沽南路、鞍山道、解放南路、大沽南路、哈尔滨道、滨江道、南门外大街、南开二马路等相交。路长 4.8 千米，宽 9~46 米，沥青混凝土路面。1946 年以前分属日租界、法租界、英租界。日租界段称住吉街，又称三十号路；法租界段名甘总领事路，又称三十九号路；英租界段名围墙道，又称二十九号路。1946 年三段合并称南京路。1973 年填平墙子河，与原上海道、南京路合并，称胜利路。1984 年更今名。2004 年拓建，以江苏省南京市市名命名，是市区主要交通干道和商业文化中心。沿街有市统计局、市卫生局、耀华中小学、市公安医院、天津音乐厅、天津犹太教堂、友谊宾馆等单位，有乐宾百货、国际商场、伊势丹、吉利大厦、和平大悦城、世纪都会商厦、天津国贸购物中心等大型商场。南京路串联了文化科技区、地铁商圈、大型商场、写字楼群，形成天津重要的城市发展集群。附近通多路公共汽车和地铁 1、3 号线。

港城大道 [Gǎngchéng Dàdào]

在市境东部，跨滨海新区和东丽区。东起塘汉路，西至经一路，沿线与塘汉路、经一路等相交。路长 17.2 千米，宽 50 米，沥青混凝土路面。2010 年取"海港新城"之意命名。两侧多为企业。沿街有中港城建材市场、金耀集团金耀生物科技工业园、中国运载火箭技术研究院、天津盛鑫海工业园等单位，有北塘水库、塘沽森林公园、滨海森林高尔夫俱乐部等休闲场所。附近通多路公共汽车。

大沽南路 [Dàgū Nánlù]

在市境中南部，跨河西区和津南区。北起徐州道，南转东南至外环南路。沿线与南京路、浦口道、杭州道、绍兴道、解放南路、柳林路、珠江道等相交。路长 10.7 千米，宽 23~64 米，沥青混凝土路面。清乾隆四年（1739 年）以海河堤岸培固垒土辟成，称海河叠道。道光年间更名海大道。光绪二十一年（1895 年）沦为德租界，名第十九号路、大沽前街。1919 年复名海大道。1945 年因通往大沽口更名大沽路。1952 年为与大沽北路相区别更今名。1956 年筑沥青路面。1989、1996、1997 年多次拓修成今貌。因通向大沽口，又因路段向南而得名。两侧多为住宅区。沿街有宝和里、澳景大厦、鹤望里、红云里等住宅小区，有土城小学、上海道小学、天津师范大学附属小学、市第四十二中学等教育单位，有天津日报社、环球磁卡、怡乐天地购物中心等单位。附近通多路公共汽车和地铁 1 号线。

复康路 [Fùkāng Lù]

在市境中西部，跨南开区和西青区。东起八里台立交桥，西至外环西路。沿线与卫津路、白堤路、庆丰路、红旗路、红旗南路、盈江路、艳阳路、榕苑路等相交。路长 6.6 千米，宽 80 米，沥青混凝土路面。该路于 1953 年始建，初为土路，1955 年建成，1985 年并入中环线进行拓建，1988 年改造红旗路以西路段后成今貌。因临近市干部疗养院，1954 年取祝愿疗养人员康复之意命名。北侧多为住宅区。沿街有侯台花园、金环里、荣迁东里等住宅小区，有市档案局、市生态环境局、文静高级中学、南开大学、天津农学院、市一中心医院、鑫茂天财酒店、天津医科大学眼科医院、爱尔眼科医院、天津网球中心等单位。附近通多路公共汽车。

迎水道 [Yíngshuǐ Dào]

在市境中西部，跨南开区和西青区。东北起水上公园北道，西至外环线。沿线与华苑西路、中孚路、华苑路、飞鸿路、苑西路、红旗南路、水上公园西路等相交。路长 4.2 千米，宽 34~41 米，沥青混凝土路面。1983 年随新建“南苑”居民住宅区形成道路，因东迎水上公园得名。两侧多为住宅区。沿街有佳闻公寓、稚优里、新华园、久华里、日华里、地华里等住宅小区，有鑫茂科技园、天津社会科学院、天津广播电视大学、天津民间艺术展示中心、新华通讯社天津分社、人人乐购物广场等单位。附近通多路公共汽车和地铁 3 号线。

宾水西道 [Bīnshuǐ Xīdào]

在市境中西部，跨南开区和西青区。东起卫津南路，西至外环线。沿线与红旗南路、水上公园西路、水上公园东路等相交。路长 4.5 千米，宽 31~41 米，沥青混凝土路面。原为鱼塘洼地，为迎接 1995 年世乒赛在该道中部南侧新建体育中心，故开辟此道。1993 年修至体育中心，1994 年与水上公园路接通。因系宾水道以西延长线得名。两侧多为住宅区。沿街有竹华里、水上温泉花园、水乡花园、学府花园等住宅小区，有天津工业大学、天津师范大学、天津理工大学等教育单位，有南翠屏公园、天津水上公园、奥城商业广场、天津奥林匹克中心等休闲场所。附近通多路公共汽车和地铁 6 号线。

浯水道 [Wúshuǐ Dào]

在市境中南部，为河西区和津南区界路。东起景盛路，西至洞庭路。沿线与艺林路、微山路、榆林路、浯南路、枫林路、梅林路等相交。路长 3.5 千米，宽 31 米，沥青混凝土路面。该路于 1989 年建成，取序数五的谐音，并取“水”字而得名。两侧多为住宅区。沿街有怡林园、安江里、祺林园、泓林园、仕林苑等住宅小区，有水晶小学、南开翔宇学校等教育单位。附近通多路公共汽车。

外环西路 [Wàihuán Xīlù]

在市境中西部，跨北辰区和西青区。北起北运河，南至津涞道。沿线与辰昌路、北辰道、光荣道、大明道、阜锦道等相交。路长 21.6 千米，宽 50 米，沥青混凝土路面。该路原名外环线，1986 年始建，1987 年一期建成，1988 年续建二期，将路面加宽至 36 米，后又拓宽至 45 米。2012 年划分为四段，因其位于西部得今名。两侧多为企业。沿街有天房璟悦府、文瑞家园、瞰景园、秋瑞家园等住宅小区，有天津城市建设管理职业技术学院、泰和园工业区、鑫茂科技园等单位，是外环线的一部分，与多条公路相连接，形成西部环城交通网络。

密云路 [Mìyún Lù]

在市境中西部，跨南开区和西青区。北起西青道，南至雅安道。沿线与宜宾道、长江道、海洋道、泾水道、黄河道、汾水道、芥园西道、前园道等相交。路长 5.1 千米，宽 14~24 米，沥青混凝土路面。1958 年形成土路。1966 年铺成渣石路。1976—1981 年向南北延伸拓建。2010 年重修，取北京市密云县之县名命名。两侧多为住宅区。沿街有雅润嘉园、宇翔园、乐园里、昔阳里、密云里、锦园里等住宅小区，有新南马路五金城北方城、熙悦汇购物中心等大型商场，有水西公园、绿水园等休闲场所。附近通多路公共汽车。

简阳路 [Jiǎnyáng Lù]

在市境中西部，跨南开区和西青区。北起西湖道，南至宾悦桥。沿线与保泽道、保山道、复康路、迎水道等相交。路长 5.6 千米，宽 7~42 米，沥青混凝土路面。1990 年在西湖道西端南侧开辟科技工业小区，同时形成该路。2007 年改建，取四川省简阳县之名命名。两侧多为住宅区和工业区。沿街有鹤园北里、盈江西里、保盈里、瑞丽园、郁园里等住宅小区，有博瀚小学、华苑小学、海泰火炬创业园、环境卫生设备研究制造所等单位。附近通多路公共汽车。

咸阳路 [Xiányáng Lù]

在市境中西部，跨南开和红桥两区。北起子牙河南路，南至北辛道。沿线与雅安道、云阳道、自贡道、嘉陵道、宜宾道、长江道、黄河道、芥园西道等相交。路长 3.6 千米，宽 33~40 米，沥青混凝土路面。1958 年建北段，向南延伸形成道路。1982 年延长到雅安道，以古都咸阳之名命名。两侧多为住宅区。沿街有水木天成、千禧园、商学院宿舍、西河名邸等住宅小区，有科技实验小学、第四十三中学、市养老院、南开工业园、天津城建设计院、南开区疾病防控中心等单位。附近通多路公共汽车和地铁 2 号线。

红旗路 [Hóngqí Lù]

在市境中西部，跨南开区和红桥区。北起西青道，南至复康路。沿线与津河南路、安全道、黄河道、渭水道、长江道、宜宾道、嘉陵道、雅安道、复康路等相交。路长 7.4 千米，宽 38~49 米，沥青混凝土路面。黄河道以南原有田间土道，俗称“王顶堤大道”，1959 年建天津拖拉机厂后成街。1987 年拓建中环线，取先行和热爱之意命名。两侧多为住宅区。沿街有宜兰里、清水里、立兴里、小西关新竹里、瑞兴里等住宅小区，有南开区政府、南开司法局、邵公庄小学、市人民医院、市第一中心医院、天拖医院等单位，有长虹生态园等休闲场所。附近通多路公共汽车和地铁 6 号线。

西马路 [Xī Mǎlù]

在市境中西部，为红桥区和南开区界路。北起北马路，南至南马路。沿线与北城街、鼓楼西街、南城街等相交。路长 1.0 千米，宽 36 米，沥青混凝土路面。原为旧城西城墙基，清光绪二十七年（1901 年）拆墙筑路。1992 年拓建天津内环线，此为内环线西北部路段，至今经过多次修缮。因系西城墙旧址建路得现名。两侧多为住宅区。沿街有卫安北里、卫安中里、族谊里、富力城等住宅小区，有天津富力广场、天佑城等大型商场。附近通多路公共汽车和地铁 1、2 号线。

卫津南路 [Wèijīn Nánlù]

在市境中南部，跨河西区和西青区。北起八里台立交桥，南至外环河。沿线与气象台路、环湖北道、环湖中道、宾水道、体院北道、黑牛城道等相交。路长 7.4 千米，宽 36 米，沥青混凝土路面。该路于 1936 年建成，称津盐公路，1979 年复称津淄公路，1992 年因位于卫津路南部更今名。两侧多为住宅区。沿街有宾侨村、宾水里、五环花园、美域华庭等住宅小区，有天津体育学院、天津电视塔、天津海河剧院、天津市肿瘤医院、天津天孕医院、温州国际商贸城等单位，有休闲场所天塔湖。附近通多路公共汽车和地铁 3 号线。

卫津路 [Wèijīn Lù]

在市境中南部，跨和平区和南开区。北起南京路，南至八里台立交桥。沿线与新兴路、鞍山道、电台道、同安道等相交。路长 3 千米，宽 28~49.5 米，沥青混凝土路面。该路于 1919 年建成，称津沽汽车路，1944 年改称八里台大街，1946 年又称八里台大道，1952 年因西邻卫津河得名。东侧多为住宅区，沿街有南大北村、乐昌里、双峰里、佳怡公寓等住宅小区，有市审计局南开分局、市广播电视局、市房屋鉴定勘测设计院、金海马家居等单位。西侧有南开大学和天津大学。附近通多路公共汽车和地铁 3 号线。

南门外大街 [Nánménwài Dàjiē]

在市境中西部，为和平区和南开区界路。北起南马路，南至南京路。沿线与南马路、服装街等相交。路长 1.7 千米，宽 43~56 米，沥青混凝土路面。北段建于清光绪二十七年（1901 年）。“南门外”旧称南关大街，今服装街以南至多伦道称南关下头。1932 年后二者合并称南门外大街，1944 年与南端海光寺大街接通统称西经中路，1946 年恢复两段原称，1975 年统称今名。两侧多为住宅区和商业区。沿街有郡城家园、博泰名居、紫光苑等住宅小区，有区财政局、市中华职业中等专业学校、中国人民解放军第九八三医院等单位，有滨江百货商场、滨江金耀广场、大悦城等大型商场。南市旅馆街坐落于此。附近通多路公共汽车和地铁 2 号线。

气象台路 [Qìxiàngtái Lù]

在市境中南部，跨河西区和和平区。北起新兴路，南至紫金山路。沿线与同安道、沿河道、吴家窑大街、平山道、平泉道、紫金山路等相交。路长 2.3 千米，宽 18~40 米。和平区段北部始建于 1947 年，名“平安里”；南部至吴家窑大街段建于 1952 年，名“三号路”；吴家窑大街至紫金山路段建于 1954 年，因西临天津气象台，名“气象台路”。1968 年三段合并统称今名。1978、1986 年延长拓宽成现状。两侧多为住宅区。沿街有中环公寓、德才里、凤凰城、气象北里等住宅小区，有市气象局、平山道小学、天津医科大学、农垦集团、市建筑设计院、市政工程华北设计院等单位。附近通多路公共汽车和地铁 3 号线。

张自忠路 [Zhāngzìzhōng Lù]

在市境中西部，跨和平区和南开区。西北起金钢桥，东南至营口道。沿线与水阁大街、荣吉大街、北安道、多伦道、解放北路、赤峰道、承德道等相交。路长 4 千米，宽 7.5~33 米，沥青混凝土路面。该路始建于清乾隆四年（1739 年）。1946 年南京国民政府时期将日、法租界路段顺接，命今名。1975 年改称海河西路。1984 年恢复原名，2008 年拓建，以抗日战争中为国捐躯的将领张自忠之名命名。东临海河，西侧多为商业区。沿街有天津古文化街旅游街、帝豪大酒店、仁恒海河广场、恒隆广场、天津环球金融中心、市烟草专属局、津湾大剧院等单位。津湾广场坐落于此。附近通多路公共汽车。

海河东路 [Hǎihé Dōnglù]

在市境中西部，跨河北区和河东区。北起金钢桥，南至海津大桥。沿线与狮子林大街、滨海道、建国道、民主道、进步道、自由道、胜利路等相交。路长 7.7 千米，宽 11~21 米，沥青混凝土路面。该路于清光绪三十四年（1908 年）建成，称那别列日路，亦称 9 号路。1924 年改称四纬路。1949 年称河东路。1975 年称今名。2008 年沿海河向东南延伸。2001 年将原四纬路、河坝路并入，因位于海河东岸得名。西临海河，东侧多为住宅区。沿街有望海楼北里、碧波园、军旅公寓、滨河家园等住宅小区，有远洋大厦、海河大厦、天津站前广场、河滨公园、望海楼教堂、津源大厦、香格里拉大酒店等。附近通多路公共汽车。

马场道 [Mǎchǎng Dào]

在市境中南部,跨河西区和和平区。东北起南京路,西南至天津工业展览馆。沿线与九江路、广东路、浦口道、永安道、围堤道、贵州路等相交。路长3.3千米,宽18米,沥青混凝土路面。该路建于清光绪二十七年(1901年),因原为英租界通向赛马场的马道而得名。1937年翻修。1941年更名东亚十区二十六号路,1945年复今名。西侧为五大道文化旅游区,两侧多为风格各异的2~3层别墅式住宅及开放式围墙和绿地花坛。沿街有友好里、安裕里、照耀里等住宅小区,有刘冠雄、雍剑秋、吴泰勋等名人旧宅,有马场道小学、新华中学、天津外国语大学、市第四十一中学、儿童医院、水利勘测设计院等单位,有iN城市天海广场、天津国贸购物中心等大型商场。附近通多路公共汽车。

贵州路 [Guìzhōu Lù]

在市境中南部,跨和平区和河西区。北起营口道,南至马场道。沿线与吴家窑大街、平山道等相交。路长2.1千米,宽9.8~25米,为沥青混凝土路面。营口道至西康路一段始建于1929年英租界时期,名"大北道",又称"五十七号路"。1946年以贵州省名更今名。西康路至新兴桥一段原名"小新兴路",始建于1942年,原为土路,1965年修筑沥青混凝土路面。因该路北端与贵州路相接,故于1979年更名为"贵州路",于2002年进行整修。两侧多为5~6层住宅。沿街有津中里、寿安里、碧云里、劳卫里等住宅小区,有昆明路小学、市第一中学、市第二十一中学、实验中学、市人民体育馆、区中医医院、妇女儿童保健中心等单位,有土山公园、佟楼文化公园等休闲场所。张鸣岐旧宅坐落于此。附近通多路公共汽车。

铁东路 [Tiědōng Lù]

在市境中北部,跨北辰区和河北区。北起普济河道立交桥,南至盐坨桥。沿线与志成路、张兴庄大道、宜爽道、宜白路、普济河东道、国宜道、榆关道等相交。路长3.5千米,宽40~60米,沥青混凝土路面。1986年由原仓联庄大街拓成,因处津山铁路东侧得名。2003年扩建后将普济河道立交桥以北部分更名为铁东北路。2006年修建此路和之前以南的铁东南路连成一条,复今名。东侧多为住宅区,沿街有普东新苑、北明新苑、繁华里等住宅小区;西侧为京沪铁路和京津城际铁路,有天津市中山志成职业中等专业学校、中环花鸟鱼虫市场、宜白路家具城等单位。附近通多路公共汽车和地铁3号线。

新开路 [Xīnkāi Lù]

在市境中东部,跨河东区和河北区。西北起新开路地道,东南至十一经路与成林道顺接。沿线与华龙道、华兴道、华越道、华捷道、华昌道、南横街等相交。路长2.6千米,宽39~41米,沥青混凝土路面,两侧人行道宽3~20米。1942年侵华日军在唐家口到北站之间强拆民房修建此路,取"新开辟"之意命名。1982年唐家口大街并入。1989年拓建。两侧多为住宅区。沿街有巨福园、春华公寓、新天地家园、久福园等住宅小区,有区邮电局、育才中学、市职业病防治院、市疾病预防控制中心、华北医院等单位,有远洋未来广场、嘉华国际商业中心等大型商场。如意园坐落于此。附近通多路公共汽车和地铁2号线。

友谊南路 [Yǒuyì Nánlù]

在市境中南部,跨河西区和西青区。北起黑牛城道,南至外环南路。沿线与郁江道、梅江道、珠江道、左江道、绥江道、江湾路、潭江道等相交。路长 5 千米，宽 13~60 米，为沥青混凝土路面。1999—2005 年建路，为梅江居住区内道路。1999 年因位于友谊路南侧命名。两侧多为住宅区。沿街有玉水园、翠水园、龙水园、国际老龄村、海逸王墅等住宅小区，有梧桐中学、天津金融学校、梅江国际会展中心、山姆会员商店等单位，有新业广场、梅江公园等休闲场所。附近通多路公共汽车和地铁 6 号线。

新阔路 [Xīnkuò Lù]

在市境中东部，为河东区和河北区界路。北起金钟河大街，南至真理道。沿线与幸福道、正义道等相交。路长 1.1 千米，宽 25 米，为东纵快速路组成路段，沥青混凝土路面。2008 年建红星路至东兴路段。2010 年建真理道至成林道段。根据天津市中心城区路网名称规划方案批准规划命名，以“新”为首，取“新颖宽阔”之意命名。两侧多为住宅区。沿街有碧泽园、碧水里、汇仁云居、华庆里等住宅小区，有市第七十二中学、市第七中学、天津工业大学应用技术学院等校区。西南侧为铁路段。附近通多路公共汽车。

王串场一号路 [Wángchuànchǎng 1 Hào Lù]

在市境中东部，跨河北区和河东区。西北起金钟河大街，南至华昌道。沿线与幸福道、正义道、真理道、井冈山路等相交。路长 2.1 千米，宽 22~33 米，沥青混凝土路面。河北区段建于 1952 年，名一号路。1954 年更今名。河东区段建于 1967 年，俗称一号路南头。1981 年两路顺接，统称今名，以王串场加序数词得名。两侧多为住宅区。沿街有莹津里、正兴里、泉清花园、东盈园等住宅小区，有前程小学、天津城市学院、津汇家具城等单位。附近通多路公共汽车。

台儿庄路 [Tái’érzhuāng Lù]

在市境中南部，跨河西区和和平区。北起营口道，南至海津大桥。沿线与蚌埠道、浦口道、南京路、绍兴道、宁波道、奉化道、刘庄大街等相交。路长 6 千米，宽 11~24 米。该路始建于 1919 年，为英租界管理，称河坝道。1946 年为纪念抗日战争中台儿庄战役大捷更今名。该路北临海河，西侧多为住宅区。沿街有明源里、开封里、扬州里、泰悦豪庭、津沽名园、海景公寓等住宅小区，有航道局、海河工程局、水产局、第一幼儿园、天津小学、海河公园、凯德天津湾购物中心、利顺德大饭店等单位。附近通多路公共汽车。

解放南路 [Jiěfàng Nánlù]

在市境中南部，跨河西区和西青区。北起徐州道，南至外环线连接津港公路。沿线与南京路、杭州道、绍兴道、新围堤道、大沽南路、珠江道、绥江道等相交。路长 9.5 千米，宽 22~52.5 米，沥青混凝土路面。该路建于清光绪二十一年（1895 年），称威廉街。1917 年更名为威尔逊街。1937 年更名为东亚十区一号路，1941 年改称中街。1949 年为纪念天津解放更今名。北侧多为西式风貌建筑，中段多为住宅区，南侧多为工业和仓储区。沿街有兴军公寓、龙海公寓、美泉新苑、五一家园、瑞江花园、水晶城等住宅小区，有海河中学、天津医院、河西医院、区妇产科医院、红星美凯龙、珠江装饰城、环渤海汽车城等单位。附近通多路公共汽车。

红星路 [Hóngxīng Lù]

在市境中北部，跨河北区和河东区。西北起金钟河大街，西南至津塘路。沿线与革新道、增产道、幸福道、正义道、卫国道、昌华道、成林道、津滨大道等相交。路长 5.9 千米，宽 60 米，沥青混凝土路面。1947 年将河堤加宽。1957 年破堤建路，称城防路。1959 年改今名。1985 年拓建。1987 年中环线建成，成为中环线东半环的组成路段，取“革命红星”之意命名。两侧多为住宅区。沿街有垣焕里、嵩山里、焕玉公寓、柏丽花园、向阳楼、林枫馨苑等住宅小区，有红星路小学、中医药大学第二附属医院、市行政许可中心、化学纤维研究所、荣众家具广场等单位。附近通多路公共汽车和地铁 5 号线。

江都路 [Jiāngdū Lù]

在市境中东部，跨河北区和河东区。北起增产道，南至常州道。沿线与如东道、幸福道、正义道、真理道等相交。路长 1.3 千米，宽 10.5 米，沥青混凝土路面，两侧人行道各宽 3.5 米。河东区段 1976 年形成，命今名。河北区段 1978 年建成，名八号路，1980 年更今名。该路以江苏省江都县之名命名。两侧多为住宅区。沿街有银山里、惠山里、玉山里、欢颜里、常州里等住宅小区，有金色摇篮幼儿园、红权小学、第三中心医院、中铁六院集团公司电气化设计院等单位。附近通多路公共汽车和地铁 5 号线。

靖江路 [Jìngjiāng Lù]

在市境中东部，跨河东区和河北区。北起靖江桥桥头，南至红星路。沿线与增产道、真理道、常州道、卫国路、晨阳道等相交。路长 4 千米，靖江桥至卫国道段宽 10 米，卫国道至红星路段宽 41~54 米，沥青混凝土路面。1976 年形成道路，命今名。1978 年拓建。2007 年该路向南延伸至红星路，以江苏省靖江县县名命名。两侧多为住宅区。沿街有乌江北里、天江里、靖江南里、乐江公寓、靖卫公寓、朝华大厦、林语居等住宅小区，有常州道小学、市第一〇二中学、市第九十三中学、中共天津市河北区委党校等教育单位，有天使公园、幸福公园等休闲场所。附近通多路公共汽车和地铁 5 号线。

洞庭路 [Dòngtíng Lù]

在市境中南部，跨河西区和津南区。北起富民桥，南至外环南路。沿线与大沽南路、黑牛城道、郁江道、怒江道、东江道、珠江道、双水道、浯水道等相交。路长 5.3 千米，宽 14~44 米，沥青混凝土路面。该路于 1953 年建成。1959 年称今名。1977 年洞庭湖二号桥至三水道段并入。该路以湖南省洞庭湖湖名命名。两侧多为住宅区。沿街有岩峰南里、海翔公寓、珠江里、漓江里、洞庭公寓等住宅小区，有中国电子科技集团公司第四十六研究所、中水北方勘测设计研究有限责任公司、公安交通管理局河西支队、桂发祥集团等单位。附近通多路公共汽车。

微山路 [Wēishān Lù]

在市境中南部，跨河西区和津南区。北起大沽南路，南至外环线。沿线与怒江道、新会道、海地道、东江道、茂名道、珠江道、陵水道、泗水道等相交。路长 4.1 千米，宽 40 米，沥青混凝土路面。该路于 1959、1977 年分段修筑，以微山湖湖名命名。两侧多为住宅区。沿街有四季馨园、华山里、君山里、泓春园、环美公寓、桂江里、泓林园等住宅小区，有微山路中学、第四医院、南开大学附属医院、消防二十四支队、海地变电站、国际联合轮胎橡胶有限公司等单位。附近通多路公共汽车和地铁 1 号线。

昆仑路 [Kūnlún Lù]

在市境中东部，跨河东区和东丽区。北起外环东路，西南至海河东路。嵩山道至富民路一段设有高架路。沿线与盘山道、崂山道、嵩山道、香山道、津塘路、娄山道、富民路等相交。路长 10.5 千米，宽 51~59 米，沥青混凝土路面。卫国道至成林道段，1983 年建万新村时建路。1986 年以昆仑山山名命名。博山道至卫国道段，1989 年建鲁山道新居民住宅区时建路，时称昆仑北路。2009 年向东南延伸至海河东路，统称今名。西临月牙河，东侧多为住宅区。沿街有凤岐里、曲溪西里、环秀西里、沧浪西里等住宅小区，有东新街劳动保障服务中心、东新派出所等单位，有居然之家、河东文化健康公园等休闲场所。附近通多路公共汽车。

天山北路 [Tiānshān Běilù]

在市境中东部，跨河东区和东丽区。北起凤山道，南至卫国道。沿线与龙山道等相交。路长 0.9 千米，宽 18 米，两侧人行道宽 6 米，沥青混凝土路面。该路于 1998 年建成。因位于天山路以北 2001 年改称今名。两侧多为住宅区。沿街有蓝山园、紫玉园、清霖园、松阳里等住宅小区，有体育健身园、喜悦购物公园等休闲场所。附近通多路公共汽车。

贺兰路 [Hèlán Lù]

在市境中东部，跨河东区和东丽区。北起博山道，南至卫国道。沿线与龙山道、岷山道、鲁山道、凤山道、云丽南道等相交。路长 1.4 千米，宽 6~18 米，沥青混凝土路面，两侧人行道宽 6 米。该路建于 1989 年，1998 年向南延伸至卫国道，2001 年以贺兰山山名命名。两侧多为住宅区。沿街有蓝山园、绿萱园、太阳城皓林园等住宅小区，有复康医院、伊美口腔、仲景堂药业等单位，有凤山商业广场、中心文化广场等休闲场所。附近通多路公共汽车。

祁连路 [Qílián Lù]

在市境中东部，跨河东区和东丽区。北起外环东路，南至卫国道。沿线与凤山道、龙山道、博山道、彩丽环道、秀丽北道、秀丽南道等相交。路长 2.2 千米，宽 31 米，沥青混凝土路面，两侧人行道宽 4.5 米。该路建于 1998 年，2001 年以祁连山山名命名。两侧多为住宅区。沿街有矽谷港湾、昆俞家园、香缇花园、银蕊园、彩丽园、秀丽园等住宅小区，有市政工程学校、恒泰医院、中化道达尔加油站等单位，有秀丽广场等休闲场所。附近通多路公共汽车。

光荣道 [Guāngróng Dào]

在市境中西部，跨北辰区和红桥区。东起北运河西路，西至外环西路。沿线与本溪路、咸阳北路、向东南路、丁字沽三号路、丁字沽二号路、丁字沽一号路等相交。路长 4.6 千米，宽 16~38 米，沥青混凝土路面。北洋桥至勤俭道路段建于 1952 年。1954 年取劳动光荣之意命今名。1992 年与津霸公路（勤俭道—千里堤路段）顺接成现状，将北辰津霸公路并入红桥段，更今名。两侧多为住宅区。沿街有瑞恒家园、宏泰公寓、虹都中心、天骄公寓等住宅小区，有市誉华专业技术学校、市红星职业中等专业学校、市财经学校、河北工业大学城市学院、天津商业大学等教育单位，有区税务局、中海油天津化工研究设计院等单位。西沽公园坐落于此。附近通多路公共汽车。

先锋路 [Xiānfēng Lù]

在市境中东部，跨河东区和东丽区。东起外环东路，西至变电所路。沿线与跃进路、福山路等相交。路长 3.1 千米，宽 23 米，沥青混凝土路面。该路建于 1989 年，同年建成，1993 年扩建，因位于先锋里住宅区附近得名。两侧多为住宅区和单位。沿街有欣园小区、詹滨里、先锋公寓、詹安里等住宅小区，有区人民法院、区民政局、区体育局、区公路管理局等单位，有市第一百中学、鉴开中学等教育单位。附近通多路公共汽车。

外环南路 [Wàihuán Nánlù]

在市境中南部，跨西青区和津南区。东起海河，西至津涞道，呈弧形。与外环东路、外环西路相连接。路长 6.2 千米，宽 48 米，沥青混凝土路面。该路于 1987 年建成，因环天津市城区且位于城区南部得名。两侧多为住宅区。沿街有柳景家园、通鑫园、林城佳苑、环美公寓等住宅小区，有双港高科技产业园区、天津职业技术师范大学东区、区第十五幼儿园等单位。南段有国家 AA 级旅游景区中华石园。附近通多路公共汽车。

奉化道 [Fènghuà Dào]

在河西区境东北部，东起台儿庄路，西至大沽南路。沿线与台湾路、解放南路、台北路、福建路、闽侯路等相交。路长 0.6 千米，宽 11~44 米，沥青混凝土路面。道路形成于 1913 年，1917 年以序数得名十二号路，1920 年改称河南路，1937 年复称十二号路，1946 年以浙江省奉化县县名命名，1976 年改称韶山道，1978 年复今名。两侧多为住宅区。沿街有敬爱里等住宅小区，有晶采大厦、磁卡大厦、天津城市供热工程公司、市经济发展研究院、天津环球磁卡有限公司等单位。奉化道是连接城市各主要分区的主要道路，在城市交通中发挥重要的作用。附近通多路公共汽车和地铁 1 号线。

永安道 [Yǒng'ān Dào]

在河西区境北部，东起广东路，西至马场道。沿线与友谊北路、绍兴道、汕头路等相交。路长 1.3 千米，宽 28~30 米，沥青混凝土路面。该路因始建人姓名得名。1921 年由兰永安在此建房形成道路，1932 年改称永安大街，1945 年更今名。两侧多为住宅区和高层建筑。沿街有庆荣里、泰达园等住宅小区，有区法院、区建委、中国银行、青年创业广场等单位，是连接城市各主要分区的主要道路，在城市交通中发挥重要的作用。附近通多路公共汽车。

吴家窑大街 [Wújiāyáo Dàjiē]

在河西区境西部，东起贵州路，西至卫津路。沿线与气象台路等相交。路长 1.3 千米，宽 34.0 米，沥青混凝土路面。道路形成于 1931 年，1951 年修建，1985 年拓宽并入中环线，因贯穿吴家窑村得名。北临津河，两侧多为住宅区。沿街有先进里、佛山里、森森公寓等住宅小区，有天津科学技术研究所等单位，有中环公园、爱心园等绿化景观，有佟楼公园和佟楼商业区等休闲场所，是连接城市各主要分区的主要道路，在城市交通中发挥重要的作用。附近通多路公共汽车和地铁 3 号线。

围堤道 [Wéidī Dào]

在河西区境中部，东起大沽南路，西至贵州路。沿线与隆昌路、广东路、白云路、越秀路、黄埔南路、友谊路、绍兴道、马场道等相交。路长 2.7 千米，宽 38~45.7 米，沥青混凝土路面。原为防洪堤埝，1952 年建路，1954 年改建，1985 年拓宽。因原是防洪堤埝得名。两侧多为企业。沿街有市水务局、华夏未来艺术小学、佟楼中学、市公路工程总公司、天津第一汽车销售有限公司、天津房地产大厦、北方金融大厦、天津房地产大厦、佟楼副食综合商场、南楼商场、华润万家超市等单位。围堤道是连接城市各主要分区的主要道路，在城市交通中发挥重要的作用。附近通多路公共汽车。

新围堤道 [Xīnwéidī Dào]

在河西区境东部，东北起光华桥，西南至大沽南路。沿线与湘江道、解放南路等相交。路长 1.5 千米，宽 38 米，沥青混凝土路面。原为湘江道，1985 年修建中环线时，成为其中的一段，1986 年因西连围堤道更今名。两侧多为住宅区。沿街有渤海明珠、海润公寓等住宅小区，有市第二中级人民法院、天津日报大厦、市第四十二中学、区文化中心、天津评剧院、天津医院、挂甲禅寺、中环高频设备公司等单位。该路是连接城市各主要分区的主要道路，在城市交通中发挥重要的作用。附近通多路公共汽车。

小围堤道 [Xiǎowéidī Dào]

在河西区境东部，东起台儿庄路，西至解放南路。沿线与湘阳大街等相交。路长 0.8 千米，宽 22.6 米，沥青混凝土路面。原为防洪堤埝，1958 年建路，1964 年改建。因原系堤埝，与围堤道相对应，规模小于围堤道得名。两侧多为住宅区。沿街有有福熙园、海景公寓等住宅小区，有区公证处、区第十四幼儿园、区工人俱乐部等单位。该路是连接城市各主要分区的主要道路，在城市交通中发挥重要的作用。附近通多路公共汽车。

乐园道 [Lèyuán Dào]

在河西区境中部，东起隆昌路，西至友谊路。沿线与广东路、白云路、越秀路等相交。路长 1.5 千米，宽 15~18 米，沥青混凝土路面。道路形成于 1984 年，因青少年儿童活动中心名称乐园得名。原名乐园路。1986 年因其自东而西走向，更今名。北侧为公园和住宅区，南侧为文化中心综合商业区。沿街有四化楼、向东里等住宅小区，有友谊公园、市民广场、银河购物中心、彩悦城等休闲场所，是连接城市各主要分区的主要道路，在城市交通中发挥重要的作用。附近通多路公共汽车。

宾水道 [Bīnshuǐ Dào]

在河西区境西部，东起友谊路，西至卫津南路。沿线与宾馆西路、紫金山路、环湖东路、环湖中路、环湖西路等相交。路长 2.2 千米，宽 19~28 米，沥青混凝土路面。道路形成于 1958 年，1959 年以天津宾馆的“宾”字和水上公园的“水”字组合命名。1984 年紫金山路至卫津南路段形成道路，因与宾水道相连，统称宾水道。两侧多为住宅区。沿街有欧亚花园、紫金花园等住宅小区，有市肿瘤医院、天津宾馆、水晶宫饭店、环渤海发展中心等单位。宾水道是连接城市各主要分区的主要道路，在城市交通中发挥重要的作用。附近通多路公共汽车。

平江道 [Píngjiāng Dào]

在河西区境中部偏西，东起尖山路，西至友谊路。沿线与隆昌路、隆昌南路、平江南道等相交。路长 1.4 千米，宽 22 米，沥青混凝土路面。道路形成于 1958 年，1959 年修建，1969 年定名卫东路，1984 年以湖南省平江县县名命名，1988 年扩建。两侧多为住宅区。沿街有文玥里、光华里、盛捷服务公寓等住宅小区，有天津博物馆、天津美术馆、天津图书馆、天津文化中心、天津医科大学第二医院、尖山礼堂等单位。平江道是连接城市各主要分区的主要道路，在城市交通中发挥重要的作用。附近通多路公共汽车。

宾馆南道 [Bīnguǎn Nándào]

在河西区境西部，东起友谊路，西至紫

金山路。沿线与宾馆西路等相交。路长 1 千米,宽 18~28 米,沥青混凝土路面。道路形成于 1958 年, 1984 年扩建。因位于原天津宾馆南侧得名。两侧多为住宅区。沿街有海建里、宾西楼、西园西里、西园南里等住宅小区,有海河下游管理局、市电子计算机研究所、天津理工大学华信软件学院等单位。宾馆南道是连接城市各主要分区的主要道路,在城市交通中发挥重要的作用。附近通多路公共汽车。

黑牛城道 [Hēiniúchéng Dào]

在河西区境中部偏南,东起海津大桥,西至中石油桥。沿线与洪泽路、太湖路、解放南路、尖山路、隆昌南路、友谊路、宾馆南道、紫金山路、紫金山西路、环湖东路、环湖中路等相交。路长 6.3 千米,宽 22~60 米,沥青混凝土路面。该路建于 1956 年, 1958 年、1982 年分段拓宽。1986 年将纪庄子道并入。2005 年再次拓宽,成为东南半环快速路的组成部分。该路因西北邻黑牛城住宅区命名。两侧多为住宅区。沿街有五一阳光、新世纪城等住宅小区,有市地方铁路管理局、区珠江园林管理所、友谊路小学、培杰中学、天津体育学院、市口腔医院、津门中医院、新业广场、黑牛城长途汽车站、红星美凯龙、国美电器、大润发超市、君豪酒店等单位。该路是连接城市各主要分区的主要道路,在城市交通中发挥重要的作用。附近通多路公共汽车。

体院北道 [Tǐyuànběi Dào]

在河西区境西部,东起紫金山路,西至卫津南路。沿线与环湖西路、环湖中路、环湖东路等相交。路长 1.3 千米,宽 18~24 米,沥青混凝土路面。道路于 1981 年形成,因位于天津体育学院北侧得名。两侧多为住宅区。沿街有育贤里小区、颐贤里、才华里等住宅小区,有区公安消防支队体院北中队、天津体育学院、颂世中医医院、体院北综合市场等单位。该路是连接城市各主要分区的主要道路,在城市交通中发挥重要的作用。附近通多路公共汽车。

珠江道 [Zhūjiāng Dào]

在河西区境南部,东起大沽南路,西至紫金山路。沿线与友谊南路、九连山路、解放南路、洞庭路、学苑路等相交。路长 6.6 千米,宽 40 米,沥青混凝土路面。道路于 1958 年形成, 1959 年以珠江江名命名。1977 年建小海地、珠江道住宅区,由洞庭路至津沽路一段形成道路,并入珠江道。两侧多为住宅区。沿街有蓝水园、龙水园、瑞江花园、名都新园等住宅小区,有枫林路中学、天津财经大学、市公交五公司、珠江五金城、珠江公园等单位。珠江道是连接城市各主要分区的主要道路,在城市交通中发挥重要的作用。附近通多路公共汽车和地铁 1 号线。

紫金山路 [Zǐjīnshān Lù]

在河西区境西部,西北起卫津南路,东南至珠江道。沿线与气象台路、宾水道、宾馆南路、黑牛城道、梅江道等相交。路长 4.7 千米,宽 34 米,沥青混凝土路面。原为土路, 1959 年拓宽,以南京市紫金山山名命名。西临天塔湖和卫津河,东侧多为住宅区。沿街有蓝水园别墅、芳水园、澳隆花园、紫金花园等住宅小区,有华北市政工程设计院、市气象局、市林业局、中国旅游管理干部学院、南开大学旅游与服务学院、梅江中学、中国农业银行大厦、喜来登大酒店、华润万家等单位。紫金山路是连接城市各主要分区的主要道路,在城市交通中发挥重要的作用。附近通多路公共汽车。

友谊路 [Yǒuyì Lù]

在河西区境西部，北起围堤道，南至黑牛城道。沿线与宾友道、宾水道、宾馆南道、西园道、平江道等相交。路长 2.7 千米，宽 25~31 米，沥青混凝土路面。道路于 1958 年形成并命今名，1981 年、1988 年两次拓宽。1993 年拓建友谊桥以北路段，将海口路顺入成现状，路名取“同各国人民友好往来”之意。友谊路既是体现天津现代化大都市风貌特色的迎宾主干线，又是集金融、涉外、商务、会展、餐饮等功能于一体的服务型经济聚集带。沿街有友谊花园、友谊东里等住宅小区，有文化中心、天津迎宾馆、喜来登大酒店、水晶宫饭店，以及天津大礼堂、天津国际展览中心、天津商业银行、北方金融中心、友谊商场等一批商贸、金融机构。该路是连接城市各主要分区的主要道路，在城市交通中发挥重要的作用。附近通多路公共汽车。

友谊北路 [Yǒuyì Běilù]

在河西区境北部偏西，北起马场道，南至围堤道。沿线与永安道、湛江道、桃园大街等相交。路长 1.1 千米，宽 28 米，沥青混凝土路面。该路原为海口路及住宅区甬路，1993 年重建、拓宽。1999 年因位于友谊路北并与其顺接而命今名。两侧多为住宅区。沿街有银丰花园、四化里、新会里等住宅小区，有中银街、浙商银行、齐鲁银行、东亚银行、中银大厦等大批金融机构，有上海道小学、合众大厦、金河购物广场、乐购超市、银座佳驿酒店等单位。该路北连五大道风景区，南接友谊路迎宾线和夏季达沃斯论坛保障线，是全市重要的交通干道之一。附近通多路公共汽车。

九龙路 [Jiǔlóng Lù]

在河西区境北部，北起马场道，南至永安道。沿线与绍兴道、汕头道、琼州道等相交。路长 0.9 千米，宽 22~30 米，沥青混凝土路面。道路于 1913 年形成，1941 年称青岛路，1942 年改称兴亚十区三十一号路，1945 年以香港九龙区区名更今名。该路南段原名汕头路，1997 年拓宽并入。两侧多为住宅区。沿街有荣华里、鸿华里、泰达园等住宅小区，有九三学社天津市委员会、天津外国语大学、新华中学、天津现代脾胃病医院、共创未来广场、隆化购物中心等单位。九龙路是连接城市各主要分区的主要道路，在城市交通中发挥重要的作用。附近通多路公共汽车。

广东路 [Guǎngdōng Lù]

在河西区境北部，北起马场道，南至乐园道。沿线与浦口道、绍兴道、徽州道、永安道、利民道、围堤道等相交。路长 2.3 千米，宽 30 米，沥青混凝土路面。道路于 1913 年形成，1917 年以序数得名二十四号路，1920 年改称山西路，1937 年恢复二十四号路旧称，1945 年以广东省省名命今名。1984 年，西南楼二号路并入。两侧多为住宅区。沿街有安德里、恒和园、西楼北里等住宅小区，有区教育局、区地税局、市物价局、市财政局、上海道小学、新华中学、天津医科大学、人民公园等。广东路是连接城市各主要分区的主要道路，在城市交通中发挥重要的作用。附近通多路公共汽车。

五号堤路 [5 Hào Dī Lù]

在河西区境南部，北起郁江道，南至珠江道。沿线与梅江道等相交。路长 1.2 千米，宽 10 米，沥青混凝土路面。道路于 1970 年形成，1982 年因双林五号堤命今名。

两侧多为住宅区。沿街有富华梅江公馆、城市别墅、景观花园、瑞江花园等住宅小区，有市实验华冠学校、光电科技园、聚力梅江文化科技创意产业园、中国铁建大桥工程局集团有限公司、建新建筑工程公司、市复印设备公司等单位。北侧有解放天津突破口纪念碑。该路是连接城市各主要分区的主要道路，在城市交通中发挥重要的作用。附近通多路公共汽车。

福安大街 [Fú'ān Dàjiē]

在和平区境西部，东起南门外大街，西至兴安路，沿线与庆善大街、荣业大街、华安大街、和平路等相交。路长 1.2 千米，宽 35 米。该路于 1921 始建，原为土路，1927 年以旧时书信中祝长辈“福寿安康”之语得名。1946 年修成渣石路面，1955 年铺压成沥青混凝土路面，2001 年拓建。两侧多为住宅区。沿街有万隆新文化花园、同方花园、庆有西里、和平园、裕德里等住宅小区，有市中华职业中等专业学校、福安菜市场等单位，有悦荟广场、万达广场、天津大都会天汇中心等大型商场。该路是连接城市各主要分区主要道路，在城市交通中发挥重要的作用。附近通多路公共汽车。

禄安大街 [Lù'ān Dàjiē]

在和平区境西北部，北起福安大街，南至多伦道。沿线与福安大街、清河大街等相交。路长 0.3 千米，车行道宽 25 米，沥青混凝土路面，两侧人行道各宽 3 米。该路于 1916 年始建，称“日租界后街”，1932 年以“禄”与“福”“寿”相连、“禄安”与“福安”“寿安”序列得名。1954 年铺压沥青混凝土路面。两侧多为住宅区。沿街有天汇雅苑、同方花园、同方蓝海国际等住宅小区，有悦荟广场、万达广场、天津大都会天汇中心等大型商场。该路是连接城市各主要分区主要道路，在城市交通中发挥重要的作用。附近通多路公共汽车。

营口道 [Yíngkǒu Dào]

在和平区境中部，东起张自忠路，南至新兴道。沿线与解放北路、大沽北路、建设路、新华路、南京路等相交。路长 3 千米，宽 5.6~29 米，沥青混凝土路面。该路于清咸丰十年（1860 年）始建，原为英、法租界分界线，英租界称宝士徒道，法租界称圣鲁易路。南京路至新兴路段又称墙子外路。1946 年以辽宁省营口市市名命名。两侧多为住宅区。沿街有迎新里、天兴里、贵阳公寓、惠嘉公寓、信义里等住宅小区，有天津海关、市国税局直属税务分局、市人口宣传教育中心、市市政工程设计研究院、市第一中学、耀华中学等单位，有伊势丹、和平大悦城、号外时尚馆等大型商场，有中心文化广场、名人故居等休闲场所。该路是连接城市各主要分区主要道路，在城市交通中发挥重要的作用。附近通多路公共汽车和地铁 1、3 号线。

曲阜道 [Qūfù Dào]

在和平区境东南部，东起台儿庄路，西至南京路。沿线与解放北路、大沽北路、浙江路、建设路等相交。路长 0.8 千米，宽 30~40 米，沥青混凝土路面。该路于 1921 年始建，为英租界管理，称“董事道”，1942 年改称“兴亚二区 24 号路”，1946 年以山东省曲阜市市名更今名，1984 年拓建。东侧为商业中心，南侧为住宅区。沿街有养和里、聚福里等住宅小区，有市财政局、区政府、市规划资源局、市公安医院等单位，有大光明影院、友谊精品广场、海信广场、小白楼商业区等大型商场。该路是连接城市各主要分区的主要道路，在城市交通中发挥重要的作用。附近通多路公共汽车。

鞍山道 [Ānshān Dào]

在和平区境西北部，东北起兴安路，西南至卫津路。沿线与和平路、河北路、山西路、南京路、新兴路等相交。路长2.3千米，宽6.6~36.0米，沥青混凝土路面。该路始建于清光绪二十八年（1902年），日租界管理，称宫岛街、宫岛西街。1946年以新疆乌鲁木齐市旧名将其命名为“迪化道”。新中国成立后，1953年以辽宁省鞍山市命今名，1999年整修。两侧多为住宅区。沿街有众诚里、长安东里、太和里、文化村等住宅小区，有鞍山道小学、市第五十五中学、市汇文中学、市第十九中学、天津医科大学总医院、八一礼堂等单位。市级文物保护单位“张园”坐落于此。该路是连接城市各主要分区的主要道路，在城市交通中发挥重要的作用。附近通多路公共汽车。

新兴路 [Xīnxīng Lù]

在和平区境西部，东起营口道，西至卫津路。沿线与鞍山道、四平西路等相交。路长1.2千米，宽22~33米，沥青混凝土路面。该路始建于1937年，原为旧日租界与旧法租界的西南界，日租界段名“海光寺路”，法租界段名“西小埝”（Petitede Ceinture），意即“小围墙路”。1946年取“新开辟之路”之意命名。1956年修沥青路面，2002年进行整修。两侧多为住宅区。沿街有信华里、天新里、迎新里、观云里等住宅小区，有区税务局、区人民法院、新星小学、天津医科大学总医院等单位。该路是连接城市各主要分区的主要道路，在城市交通中发挥重要的作用。附近通多路公共汽车。

庆善大街 [Qìngshàn Dàjiē]

在和平区境西北部，北起南马路，南至福安大街。沿线与慎益大街、清和大街、华安大街等相交。路长0.7千米，宽30米。该路于1923年始建，1954年改筑沥青路面，取《易经》“积善之家，必有余庆”之意命名。两侧多为住宅区。沿街有新世界花园、荣庆园、金茂广场等住宅小区，有南市食品街、南市旅游街、天地烩国际美食街等休闲场所。该路是连接城市各主要分区的主要道路，在城市交通中发挥重要的作用。

荣业大街 [Róngyè Dàjiē]

在和平区境西北部，北起南马路，南至多伦道。沿线与慎益大街、福安大街、荣安大街、保安大街等相交。路长1.3千米，宽18~25米，沥青混凝土路面。清光绪二十八年（1902年）由末代皇帝溥仪的岳父荣源投资成立的荣业房产公司开发建成南马路至清和大街段，名荣业大街。1921年东兴房产公司建成清和大街至多伦道段，称首善大街。两街于1982年合并，统称今名，1998年整修。两侧多为住宅区。沿街有新世界花园、天汇茗苑、天汇尚苑、新文化花园等住宅小区，有市公安局和平分局、区民政局、市永安医院、市第二南开中学等单位，有南市食品街、南市公园等休闲场所。该路是连接城市各主要分区的主要道路，在城市交通中发挥重要的作用。附近通多路公共汽车。

西康路 [Xīkāng Lù]

在和平区境西南部，西北起营口道，东南至马场道。沿线与汉阳道、成都道、贵州路、大理道、睦南道等相交。路长1.3千米，宽22~33米，沥青混凝土路面。该路始建于1932年，英租界管理，名海光寺道，又称七十四号路，1943年改称南经三十六号路，1946年以原西康省省名更今名，1955年修筑三合土路基，1962年筑成沥青混凝土路面，2006 年进行整修。两侧多为写字楼和住宅区。沿街有和康名邸、迎春里、康岳大厦、松乐里等住宅小区，有西康路小学、市第二十一中学、市骨科研究所等单位。该路是连接城市各主要分区的主要道路，在城市交通中发挥重要的作用。附近通多路公共汽车和地铁 3 号线。

新华路 [Xīnhuá Lù]

在和平区境中部，西北起多伦道，东南至马场道。沿线与鞍山道、哈尔滨道、烟台道、南京路、睦南道等相交。路长 5 千米，宽 10 米，沥青混凝土路面，两侧均有便道，宽 1.45~2 米。该路于清光绪二十六年（1900 年）后由日、法、英三国分段修筑。日租界段名荣街，法租界段分称樊教路、红墙道，英租界段称牛津路。1946 年各段合并，以当时国民政府主席林森之名统一命名林森路。1949 年以“新中华”之意命名。两侧多为住宅区。沿街有太和里、长安新里、连壁里、仁安里、昭余里等住宅小区，有市政协、哈密道小学、八一礼堂、和平体育馆、区妇产科医院等单位，有天津百货大楼、中原百货等大型商场，有中国瓷房子博物馆和名人故居。该路是连接城市各主要分区的主要道路，在城市交通中发挥重要的作用。附近通多路公共汽车。

赤峰道 [Chìfēng Dào]

在和平区境东北部，东北起南京路，西南至张自忠路。沿线与解放北路、大沽北路、和平路、新华路、河北路等相交。路长 2 千米，宽 9~22.5 米，沥青混凝土路面。清光绪十二年（1886 年）始建于法租界。张自忠路至解放北路段称水师营路，又称八号路乙；解放北路至和平路段称巴斯德路，又称八号路甲；和平路至南京路段称丰领事路，又称三十二号路。因多北洋系军政要人住所，故俗称“督军街”。1946 年将三条道路顺接，以内蒙古自治区赤峰市市名命今名。2008 年进行整修，沿用至今。两侧多为住宅区和历史文化区。沿街有清和南里、复新楼、泰余里等住宅小区，有市商业联合会、市口腔医院、天津新世纪妇儿医院等单位，有伊势丹、天津天河城购物中心等大型商场，有中国瓷房子博物馆，有张学良旧宅、李厚基旧宅、范竹斋旧宅等历史文化建筑。该路是连接城市各主要分区的主要道路，在城市交通中发挥重要的作用。附近通多路公共汽车和地铁 1、3 号线。

大沽北路 [Dàgū Běilù]

在和平区境东北部，北起张自忠路，南至徐州道。沿线与滨江道、哈尔滨道、赤峰道、保定道等相交。路长 2.2 千米，宽 8~39 米，沥青混凝土路面。清乾隆四年（1739 年），名海河叠道，因直通大沽口即“海下”，简称海叠道，俗称海大道。清咸丰十年（1860 年）沦为法、英租界。法租界内称紫竹林大街，又称第一号大沽路；英租界内称大沽路。1942 年改称兴亚三区一号路。1946 年因该路直通大沽，称大沽路。1952 年以徐州道为界，以北称大沽北路，以南称大沽南路。两侧多为商业区。沿街有市财政局、市妇女联合会、市人民政府外事办公室、市住房公积金管理中心、天津环球金融中心等单位，有天津天河城购物中心、友谊精品广场、海信广场、滨江购物中心等大型商场，有地标式建筑“津塔”。该路是连接城市各主要分区的主要道路，在城市交通中发挥重要的作用。附近通多路公共汽车。

滨江道 [Bīnjiāng Dào]

属劝业场街道域内，在和平区境东北

部。东北起张自忠路，西南至南京路。沿线与解放北路、大沽北路、兴安路、和平路、河北路等相交。路长 2.1 千米，车行道宽 12 米，沥青混凝土路面，人行道宽 1.8~7.5 米。该路于清光绪十二年（1886 年）始建，称“葛公使路”。1920 年修建与之对接的“福熙将军路”。1942 年分别改称兴亚三区四号路和兴亚三区二十六号路。1946 年将两路顺接，并以黑龙江省哈尔滨市旧称滨江县县名更今名。1925—1930 年在与今和平路相交的十字路口，先后建起劝业场、惠中饭店、交通旅馆、兴业银行等大型商业建筑，奠定了繁华商业中心的格局。2000、2010 年两次提升改造，中段建成休闲娱乐广场，通往和平路一侧和通往南京路一侧形成两大商业节点，7 个交叉路口形成 7 个商业街区，突出了欧式建筑风格，充分展示出天津历史文脉及建筑的复合型特色。沿街有天津劝业场、中原百货、滨江商厦、友谊新天地、麦购休闲广场、乐宾百货等休闲购物中心，是市区繁华商业步行街之一。附近通多路公共汽车和地铁 1、3 号线。

和平路 [Hépíng Lù]

属劝业场街道域内，在和平区境北部，北起东马路，南至营口道，沿线与多伦道、鞍山道、滨江道、赤峰道等相交。路长 2.1 千米，车行道宽 14 米，沥青混凝土路面，人行道宽 2~12 米。该路于清光绪三十一年（1905 年）始建，1942 年改名“兴亚三区二十一号路”，1946 年以当时的美国总统罗斯福之名命名罗斯福路，1953 年命名为和平路，1966 年改为战斗路，维持不久即复今名。2000 年对道路提升改造，路面改造为花岗岩面，沿街建筑为仿欧式风格。有恒隆广场、天河城购物中心、星巴克等休闲购物场所，是国内最长的商业步行街。附近通多路公共汽车和地铁 3 号线。

华龙道 [Huálóng Dào]

在河东区境西北部，东北起新泰路，西南至新兆路，与五经路隧道顺接。沿线与新博路、新开路、新环路、新广路等相交。路长 1.5 千米，宽 17~34 米，沥青混凝土路面，两侧人行道宽 2~22 米。该路于 1998 年在原天善社大街和李地大街顺接道路上拓建而成，取“中华腾龙”之意命名。两侧多为住宅区。沿街有聚安西园、聚安东园、巨福园、秋实园、汇和家园等住宅小区，有区少年宫、市第三十二中学、财经职业中等专业学校、爱维医院、市职业病防治院、市 120 急救中心、春华街派出所等单位。河东区危改纪念广场坐落于此。华龙道是连接天津站前、后站区的主要道路，在城市交通中发挥重要的作用。附近通多路公共汽车。

华昌道 [Huáchāng Dào]

在河东区境西北部，东北起红星路与卫国道交口，西南至海河东路，与顺驰桥顺接。沿线与王串场一号路、新阔路、新泰路、新浦路、新开路等相交。路长 2.2 千米，宽 12~52 米，沥青混凝土路面，两侧人行道宽 1~19 米。1988 年天津站改造建路，同年称华昌大街。1996 年将原复兴庄北街及新辟道路统称。1998 年取“中华昌盛”之意命名。两侧多为住宅区。沿街有华馨公寓、金盾里、华昌南里、东盈里等住宅小区，有区前程小学、天津美莱医学美容医院、天津天诚丽筠酒店等单位。嘉华国际商业中心坐落于此。华昌道是连接城市各主要分区的主要道路，在城市交通中发挥重要的作用。附近通多路公共汽车和地铁 2 号线。

新兆路 [Xīnzhào Lù]

在河东区境西北部，西北起华龙道，东

南至华昌道。沿线与华碧道、华兴道、华捷道等相交,中段被天津站城际广场所截。路长 0.7 千米,宽 17~25 米,沥青混凝土路面,人行道宽 6.5~8 米。1999 年由原郭庄子大街、李家台大街两条道路拓建而成。2000 年取"新颖吉兆"之意命名。沿街有裕阳花园、惠森花园、美福园、裕阳大厦等住宅小区。天津站、市长途客运中心站坐落于此。新兆路是连接天津站站前的主要道路,在城市交通中发挥重要的作用。附近通多路公共汽车和地铁 2、3、9 号线。

十三经路 [13 Jīng Lù]

在河东区境西部,东北起津塘路,西南至海河东路,与金阜桥顺接。沿线与八纬路、七纬路、六纬路等相交。路长 1.1 千米,宽 18~27 米,沥青混凝土路面,两侧人行道宽 1.8~8 米。该路建于 1913 年,地处俄租界,名亚力山大罗夫路,亦称二十七号路,收回后以南北向为经按排列顺序命今名。两侧多为住宅区。沿街有龙泓园、百瑞里、长城公寓等住宅小区,有市规划资源局河东分局、区文化和旅游局、区图书馆、国家电网国网天津研究院等单位。十三经路是连接城市各主要分区的主要道路,在城市交通中发挥重要的作用。附近通多路公共汽车。

大直沽西路 [Dàzhígū Xīlù]

在河东区境西南,东北起津塘路,与东风立交桥相接,西至海河东路,与直沽桥顺接。沿线与八纬路、六纬路等相交。路长 1.1 千米,宽 13~51.5 米,沥青混凝土路面,两侧人行道宽 2~10 米。该路形成于清光绪二十八年(1902 年)以前,清光绪三十一年(1905 年)依序称三号路。1984 年称大直沽三号路,1996 年拓建并延伸至津塘路,以大直沽主地名加方位更今名。两侧多为住宅区。沿街有海德公寓、怡安温泉公寓、福泽温泉公寓等住宅小区,有天津商务职业学院、区教育招生考试中心、河东体育中心等单位。该路是连接城市各主要分区的主要道路,在城市交通中发挥重要的作用。附近通多路公共汽车和地铁 5、9 号线。

光华路 [Guānghuá Lù]

在河东区境南部,东起津塘路,西至东兴路与六纬路交口。沿线与富民路等相交。路长 1.3 千米,宽 9.3~14.5 米,沥青混凝土路面,两侧人行道宽 3~5.6 米。该路于 1952 年建成,取"光耀中华"之意命名。北侧为第二工人文化宫,南侧为新仓库护库河。沿街有军旅公寓、军悦家园、龙凤公寓等住宅小区,有索亚风尚酒店、新城市运动中心、天津亚泰民族饭店等单位。光华路是连接城市各主要分区的主要道路,在城市交通中发挥重要的作用。附近通多路公共汽车和地铁 9 号线。

新广路 [Xīnguǎng Lù]

在河东区境西北部,西北起金纬路地道,东南至新兆路。沿线与华龙道、华碧道等相交。路长 0.7 千米,宽 26 米,沥青混凝土路面,两侧人行道宽 4.5 米。该路于 1998 年建成,同年以"新"为首,取"新颖广博"之意命名。两侧多为住宅区。沿街有秋实园、月光园、汇和家园等住宅小区,有天津实验河北区望海小学、市第三十二中学、福士登大酒店、天津京铁津通铁路机车车辆装备有限公司等单位。新广路是连接城市各主要分区的主要道路,在城市交通中发挥重要的作用。附近通多路公共汽车。

六纬路 [6 Wěi Lù]

在河东区境西部,一段西北起于海河东路,东南至东兴路与光华路交口;一段西北起于国泰路，东南至富民路。沿线与六经路、七经路、十五经路、大直沽西路、大直沽中路、大直沽八号路等相交。依规划该道路向南延伸至富民路，现国泰路至富民路段已建成。路长 5.2 千米，宽 14~33 米，沥青混凝土路面，两侧人行道宽 1.5~6.1 米。十五经路至海河东路段于清光绪二十六年（1900 年）沦为俄租界，清光绪三十四年（1908 年）前后称尼古拉路；光华路至十五经路段于清光绪二十八年（1902 年）沦入比利时租界，称一号路。1924、1931 年比、俄租界先后收回后，以东西向为纬按排列序数统称今名。两侧多为住宅区。沿街有雅颂居、祥云名苑、万海大厦、海峰公寓、神州花园等住宅小区，有区税务局、天津海关缉私局、国家海洋信息中心、六纬路小学、市第五十四中学、天津音乐学院附中等单位，有嘉里汇中心、新生活购物广场、三源益康文化中心等大型商场。六纬路是连接城市各主要分区的主要道路，在城市交通中发挥重要的作用。附近通多路公共汽车和地铁 9 号线。

新泰路 [Xīntài Lù]

在河东区境西北部，西北起万柳林大街，南至成林道。沿线与华龙道、华越道、华捷道、华昌道、南横街等相交。路长 3.6 千米，宽 20.8~28.8 米，沥青混凝土路面，两侧人行道宽 0.3~0.8 米，为单向车道。2001 年以“新”字为首，取“新颖安泰”之意命名。该路于 2010 年建成，东北侧为铁路专用线，西南侧多为住宅区。沿街有惠康家园、鑫泰家园、欣荣嘉园、瀚林园等住宅小区，有区环境卫生管理局、区行政许可服务中心等单位。该路是连接城市各主要分区的主要道路，在城市交通中发挥重要的作用。附近通多路公共汽车。

十一经路 [11 Jīng Lù]

在河东区境西部，西北起卫国道，东南至大光明桥。沿线与成林道、津滨大道、津塘路、十纬路、九纬路、八纬路、七纬路、六纬路等相交。路长 1.8 千米，宽 6.6~56.3 米，沥青混凝土路面，两侧人行道宽 1~17 米。清光绪三十四年（1908 年）建成，称领事路，亦称二十五号路。1924 年以南北向为经按排列顺序命名。两侧多为住宅区。沿街有怡祥园、经纬大厦、河东金融大厦、鼎泰大厦等住宅小区和商业建筑，有天津音乐学院、新生活广场、天津信华金融科技园区等单位。该路是连接城市各主要分区的主要道路，在城市交通中发挥重要的作用。附近通多路公共汽车和地铁 9 号线。

大直沽中路 [Dàzhígū Zhōnglù]

在河东区境西南部，东北起津塘路，西南至海河东路，与刘庄斜拉桥顺接。沿线与荐福道、六纬路、八纬路等相交。路长 1.2 千米，宽 18 米，沥青混凝土路面，两侧人行道宽 3~6 米。该路于清光绪二十八年（1902 年）建成，清光绪三十一年（1905 年）称五号路，1984 年称大直沽五号路，1996 年六纬路至津塘路建路，与原有道路贯通。同年以大直沽主地名加方位更今名。两侧多为住宅区。沿街有直沽园、碧波园、宫前园等住宅小区，有鸿起顺饭庄、鸿宴楼、丽人医院等单位。荐福观音寺、元明清天妃宫遗址博物馆坐落于此。该路是连接城市各主要分区的主要道路，在城市交通中发挥重要的作用。附近通多路公共汽车。

东兴路 [Dōngxīng Lù]

在河东区境东南部，东北起津滨大道，西南与光华桥顺接。沿线与新阔路、兰峰道、中山门二号路、津塘路、六纬路、八纬路、光华路等相交。路长 3.3 千米，宽 6~62.8 米，沥青混凝土路面，两侧人行道宽 1.5~13 米。该路于 1986 年由储运道、中山门货场、大直沽十一号路、四新东道拓建而成，取“兴旺发达”之意命名。东侧为区第二工人文化宫，南侧多为住宅区。沿街有军旅公寓、蝶桥公寓、文宫里、景悦公寓等住宅小区，有天津河东公安分局、市立达职专、天津华北地质勘查局等单位。该路是连接城市各主要分区的主要道路，在城市交通中发挥重要的作用。附近通多路公共汽车和地铁 9 号线。

富民路 [Fùmín Lù]

在河东区境南部，北起光华路，南转东至昆仑路。沿线与国康道、郑庄子大街、六纬路、富民南路等相交。路长 2.5 千米，宽 11~51 米，沥青混凝土路面。1937 年津塘路至郑庄子大街建成，称小马路。1951 年郑庄子大街至光华路建成，称八纬南路。1963 年两路合并，取“使人富足”之意命名。两侧多为住宅区。沿街有富民东里、滨河庭苑、富民公寓、滨河新苑等住宅小区，有区松竹里小学、市冶金医院等单位。该路是连接城市各主要分区的主要道路，在城市交通中发挥重要的作用。附近通多路公共汽车。

黄河道 [Huánghé Dào]

在南开区境北部，东起南马路，西至芥园西道。沿线与西马路、广开大街、广开三马路、广开四马路、广开五马路、红旗路、咸阳路、向阳路、密云路等相交。路长 4.6 千米，宽 27 米，沥青混凝土路面。1952 年建西南城角至黄河道桥段，原名二纬路，1954 年改称广开二纬路。1985 年建黄河道桥至芥园西道段，西段名黄河道，东段名嘉峪道。1967 年三段合并，并以“黄河”之名命名。两侧多为住宅区。沿街有雅润嘉园、盛达园、翰园东里、宁正园等住宅小区，有区政府、区文化和旅游局、国家海洋技术中心、市血液中心、市黄河医院、市津英中学、市第四十三中学、区科技实验中学等单位，有大型商场熙悦汇购物中心。黄河道是连接城市各主要分区的主要道路，在城市交通中发挥重要的作用。附近通多路公共汽车和地铁 2 号线。

通南路 [Tōngnán Lù]

在南开区境东北部，东起张自忠路，西至东马路。沿线与东马路等相交。路长 0.3 千米，宽 30 米，沥青混凝土路面。该路原是东门外翟家胡同、城角胡同、帝君庙胡同、慈航院胡同、南斜街部分旧址，1976 年地震后建成道路，1984 年因东起张自忠路，西通南马路命名，2005 年再次修建。两侧多为住宅区和商业区。沿街有仁恒海河广场、仁恒海河购物中心、松江进步广场等商业设施，同庆后大楼等住宅小区。该路是连接城市各主要分区的主要道路，在城市交通中发挥重要的作用。附近通多路公共汽车。

西市大街 [Xīshì Dàjiē]

在南开区境北部，西北起青年路，东南至南开二纬路。沿线与广开六马路、广开四马路、广开中街、广开二马路、广开三马路、南开五马路等相交。路长 1.0 千米，宽 28 米，沥青混凝土路面。该路原是旧城外西南隅污水坑边的土路，昔为旧物集市，交易多在黎明前进行，俗称“鬼市”；又因位于城西而名西市，后逐年建起住宅，形成街道，曾名“十字街”；后分别并入两街内，1954 年始称今名，同年将东段民益市场划入，场随街名，名称沿用至今。两侧多为住宅区。沿街有天江格调花园、风荷新园、凯兴天宝公寓等住宅小区，有五马路小学广开校区、市第二十五中学等，有南开危改纪念广场、南开公园等休闲场所。西市大街是连接城市各主要分区的主要道路，在城市交通中发挥重要的作用。附近通多路公共汽车。

南开二纬路 [Nánkāi 2 Wěi Lù]

在南开区境东北部，东起南门外大街，西至西市大街。沿线与南开四马路、南开三马路、南开二马路等相交。路长 1.1 千米，宽 28~38 米，沥青混凝土路面。1921 年形成土路，分三段，杨家花园东大街、杨家花园西大街、南华路。1944 年三段统称二纬路。1954 年定名为南开二纬路，名称沿用至今。两侧多为住宅区。沿街有凤翔里、寿康里、聚英里、春晖里等住宅小区，有市监狱管理局、区司法局、市公安局南开分局、南开中学等单位，有休闲场所翔宇公园。该路是连接城市各主要分区的主要道路，在城市交通中发挥重要的作用。附近通多路公共汽车和地铁 1 号线。

长江道 [Chángjiāng Dào]

在南开区境中部偏北，东起南京路，西至密云路。沿线与南丰路、白堤路、苏堤路、红旗路、临潼路、咸阳路、冶金路、兴泰路等相交。路长 4.3 千米，宽 7~12 米，沥青混凝土路面。东段原为墙子河北岸大堤，西段原为荒郊坟地。1957 年逐段建路，1963 年铺碎石路，1975 年三马路以西拓宽，1978 年红旗路以东拓宽。该路以中国名河“长江”之名命名。两侧多为住宅区。沿街有宁强里、西昌里、政通园、凯立天香家园、颂禹西里等住宅小区，有市高级人民法院、市规划资源局南开分局等行政单位，有南开康泰医院、南开中渤医院、天津怡泰医院、南开医院等医疗机构，有休闲场所长虹生态园。该路是连接城市各主要分区的主要道路，在城市交通中发挥重要的作用。附近通多路公共汽车。

鞍山西道 [Ānshān Xīdào]

在南开区境中部，东起卫津路，西至红旗路。沿线与三潭路、白堤路、玉泉路等相交。路长 2.7 千米，宽 31~36 米，沥青混凝土路面。该路建于 1983 年。东段原是天津大学校园，中段是田地及水坑，西段为土路，曾名“西湖道”，1989 年因是鞍山道的延长线得名。两侧多为住宅区。沿街有风湖里、府湖里、学湖里、景湖里等住宅小区，有南开体育中心、市育贤中学、天津大学、天津中医药大学第一附属医院、时代数码广场等单位。该路是连接城市各主要分区的主要道路，在城市交通中发挥重要的作用。附近通多路公共汽车和地铁 6 号线。

天拖北道 [Tiāntuō Běidào]

在南开区境中部，东起红旗路，西至简阳路。沿线与华坪路等相交。路长 1.0 千米，宽 5.2~7 米，沥青混凝土路面。原为空地，1980 年成路，1984 年因在天津拖拉机制造厂北侧得名。两侧多为住宅区。沿街有桂荷园、融创春丰园等住宅小区，有慧谷大厦、中环电子计算机有限公司科研楼、天环阳光新生活购物广场等单位。该路是连接城市各主要分区的主要道路，在城市交通中发挥重要的作用。

水上公园北道 [Shuǐshàng Gōngyuán Běidào]

在南开区境中部偏南，东起卫津南路，西至水上公园西路。沿线与庆丰路、迎水道、水上公园东路、通园路等相交。路长 2.1 千米，宽 22.5~27 米，沥青混凝土路面。该路于 2002 年建，因位于水上公园北侧得名。

两侧多为住宅区和单位。沿街有赏园里、水榭花园、凯祥花园等住宅小区,有市司法局、市教委、市游泳运动管理中心等单位,有鲁能城购物中心。周恩来邓颖超纪念馆坐落于此。该路是连接城市各主要分区的主要道路,在城市交通中发挥重要的作用。附近通多路公共汽车和地铁 3 号线。

红旗南路 [Hóngqí Nánlù]

在南开区境南部,北起复康路,南转东南至卫津南路。沿线与迎水道、育梁道等相交。路长 1.4 千米,宽 39~57 米,沥青混凝土路面。1982 年前为农田荒地, 1985 年建成, 1986 年因系红旗路向南延伸成路得名。两侧多为住宅区。沿街有彩虹花园、融创奥城领峰、奥林匹克村、迎水东里、御湖花园等住宅小区,有区纪检委、区民政局、市勘察设计院集团有限公司等单位,有天津奥林匹克中心、天津奥林匹克中心游泳跳水馆等场馆,有休闲场所南翠屏公园。该路是连接城市各主要分区的主要道路,在城市交通中发挥重要的作用。附近通多路公共汽车和地铁 6 号线。

广开四马路 [Guǎngkāi 4 Mǎlù]

在南开区境北部,北起西关大街,南至长江道。沿线与广开南街、广开中街、西市大街、天宝路等相交。路长 1.5 千米,宽 28~35 米,沥青混凝土路面。原是荒郊, 1930 年形成街道,1954 年将路侧余庆里、春远西里并入, 1964 年铺沥青混凝土路面。南北向街道称马路,且为西营门之外第四条,地属广开地域,故得名。两侧多为住宅区。沿街有兴云里、广林园、开明西里、凯兴天宝公寓等住宅小区,有区人民检察院、市规划资源局南开分局、区教育局、市第五十中学等单位。该路是连接城市各主要分区的主要道路,在城市交通中发挥重要的作用。附近通多路公共汽车和地铁 2 号线。

南丰路 [Nánfēng Lù]

在南开区境中部,北起南开三纬路,南至湖滨道。沿线与鞍山西道、灵隐道、长江道等相交。路长 2.0 千米,宽 32~42 米,沥青混凝土路面。清光绪三十年(1904 年)形成土路,1920 年名马场道,1957 年因重名以江西省南丰县名更今名, 1965 年修沥青混凝土路面, 1983 年改建,名称沿用至今。两侧多为住宅区。沿街有兴泰公寓、平湖东里、清新园、光湖里等住宅小区;有区义兴里小学、市育贤中学、天津中医药大学第一附属医院等单位。该路是连接城市各主要分区的主要道路,在城市交通中发挥重要的作用。附近通多路公共汽车。

凌宾路 [Língbīn Lù]

在南开区境南部,北起宾水西道,南至津涞道。沿线与红旗南路等相交。路长 2.0 千米,宽 37~47 米,沥青混凝土路面。该路于新中国成立后修建, 1985 年划入南开区, 1988 年取南北起止点凌庄子街和宾水西道的首字命名。两侧多为商业区和住宅区。沿街有奥林匹克村、康景园、仁爱濠景庄园、凌奥花园等住宅小区,有奥城商业广场、彩柒汇生活广场、天津奥林匹克中心等休闲场所。该路是连接城市各主要分区的主要道路,在城市交通中发挥重要的作用。附近通多路公共汽车和地铁 5 号线。

南开三马路 [Nánkāi 3 Mǎlù]

在南开区境东北部,北起南马路,南至长江道。沿线与服装街、南开二纬路、南开三纬路、南开四纬路等相交。路长 1.6 千米,宽 27 米,沥青混凝土路面。该路于 1920 年建,初为土路,后铺成渣石路, 1969

年修成沥青混凝土路面，1974 年拓宽，1980 年重修路面，1990 年再次拓宽至今。因自南门外大街向西排序为第三条马路，又位于南开区得名。两侧多为住宅区。沿街有城南家园、昆裕里、隆翔嘉园、源德里等住宅小区，有市高级人民法院、市中心妇产科医院、区中心小学等单位，有休闲场所翔宇公园。该路是连接城市各主要分区的主要道路，在城市交通中发挥重要的作用。附近通多路公共汽车和地铁 1 号线。

水上公园东路 [Shuǐshàng Gōngyuán Dōnglù]

在南开区境东南部，北起水山公园北路，南至宾水西道。沿线与天塔道、苍穹道、云际道、霞光道、亮丽道等相交。路长 1.8 千米，宽 30~40 米，沥青混凝土路面。该路建于 2002 年，因位于水上公园东侧得名。西侧为水上公园，东侧多为住宅区。沿街有宁乐西里、杏园里、鲁能公馆、翠泽园等住宅小区，有天津美津宜和妇儿医院，有鲁能城购物中心、上谷商业街等商业设施。该路是连接城市各主要分区的主要道路，在城市交通中发挥重要的作用。附近通多路公共汽车和地铁 6 号线。

城厢中路 [Chéngxiāng Zhōnglù]

在南开区境东南部，北起北马路，南至南马路，中部为环形路。沿线与北城街、南城街等相交。路长 1.0 千米，宽 43.5~48.5 米，沥青混凝土路面。该路建于 1998 年，因位于旧城厢中部得名。中间为天津鼓楼商业街，两侧多为住宅区和商业区。沿街有尚佳新苑、城厢公馆、盛津园、龙亭家园、檀府、新隆轩等住宅小区，有市人民检察院、市消防局、特有工种职业技能鉴定站、天津老城博物馆、崇化中学等单位。该路是连接城市各主要分区的主要道路，在城市交通中发挥重要的作用。附近通多路公共汽车。

城厢东路 [Chéngxiāng Dōnglù]

在南开区境东北部，北起北马路，南至南马路。沿线与北城街、鼓楼东街、南城街等相交。路长 1.0 千米，宽 28 米，沥青混凝土路面。该路于 1997 年建，因位于老城里东部得名。两侧多为住宅区。沿街有静德花园、儒园公寓、铜锣湾花园、熙园新居等住宅小区，有市第一中级人民法院、区鼓楼街综合执法大队等单位。有休闲场所九策城市广场。该路是连接城市各主要分区的主要道路，在城市交通中发挥重要的作用。附近通多路公共汽车。

东马路 [Dōng Mǎlù]

在南开区境东北部，北起北马路，南至南马路。沿线与北城街、水阁大街、南城街、鼓楼东街等相交。路长 1.6 千米，宽 28 米，沥青混凝土路面。清光绪二十七年（1901 年）拆除城墙建成土路，清光绪三十一年（1905 年）改为碎石路，新中国成立后筑成沥青混凝土路面，1968 年修整，因位于天津旧城之东得名。两侧多为住宅区和商业区。沿街有新安花园、铜锣湾花园、儒园公寓等住宅小区，有天津文庙博物馆、天津古文化街旅游区、新世界百货、仁恒购物中心等大型商场。该路是连接城市各主要分区的主要道路，在城市交通中发挥重要的作用。附近通多路公共汽车和地铁 2 号线。

古文化街 [Gǔwénhuà Jiē]

属鼓楼街道域内，在南开区东北部。北起通北路，南至水阁大街。路长 0.7 千米，宽 5 米，为水泥方砖路面。原街约建成于明嘉靖九年（1530 年），以天后宫方位为标准，分别称为宫南大街、宫前街、宫北大街。清道光二十六年（1846 年）的《津门保甲图说》标有官北之名称，1985 年修建文化街，1986 年定为步行街，1989 年命今名。因重修天后宫，将原宫南大街和宫北大街合并，改建成一条古色古香、展示天津特产工艺品的街道得名。两侧为仿明清式二层建筑。南北两端各立牌坊，分别额书"津门故里"和"沽上艺苑"，金碧辉煌。以"中国味，天津味，文化味，古味"为经营特色，沿街有老字号店铺、民间手工艺品店铺，喜马拉雅、大清邮币、泥人张彩塑等店铺，有狗不理包子、耳朵眼炸糕、煎饼果子、老翟药糖、天津麻花等美食，是天津著名文化旅游商业步行街。中部天后宫为市级文物保护单位。整体布局古朴典雅，誉为"故里寻踪"，是津门十景之一。附近通多路公共汽车。

普济河道 [Pǔjìhé Dào]

在河北区境西北部，东起普济河道立交桥，西至天泰路。沿线与朝阳路、南口路等相交。路长 2.4 千米，宽 40 米，分快慢车道，中以绿化带分隔，沥青混凝土路面，两侧人行道各宽 3 米。该路原为普济河河道，1965 年填河筑路，因河得名，1985 年拓建，1986 年为中环线东半环，2009 年整修。两侧多为住宅区。沿街有盛和家园、普天东里、普天南里等住宅小区，有市第三十五中学等单位。津宇客运站坐落于此，是连接城市各主要分区的主要道路，在城市交通中发挥重要的作用。附近通多路公共汽车。

榆关道 [Yúguān Dào]

在河北区境西北部，东起榆关道地道口，西至天泰路。沿线与南口路等相交。路长 1.7 千米，宽 44 米，沥青混凝土路面。该路于 1966 年建，以古长城关隘榆关得名。两侧多为住宅区。沿街有山海花园、胜景花园、金品家园、宝利园公寓等住宅小区，有区人力资源和社会保障局、市第一医院、河北玛丽医院等单位。该路是连接城市各主要分区的主要道路，在城市交通中发挥重要的作用。附近通多路公共汽车。

志成路 [Zhìchéng Lù]

在河北区境北部，东北起外环东路，西南至河北大街，全长 6.2 千米。区内路段东北起红星桥，西南至京津桥。沿线与杨桥大街、天泰路、南口路、铁东路等相交。路长 5 千米，宽 18 米，沥青混凝土路面。该路原为新开河北岸堤坡，习称旱河堤，1937 年建土渣道，1950 年顺河堤铺筑了沥青路面，取"众志成城"之意命名。东南侧为新开河，西北侧为住宅区。沿街有翠金园、爱贤里、北宁湾宁静家园、志成里、争芳里等住宅小区，有天津外国语学校、天津美术学院等教育单位，有津盛机动车检测服务有限公司、新开河建材装饰城等单位。北侧有市园林宜兴埠花圃。该路是连接城市各主要分区的主要道路，在城市交通中发挥重要的作用。附近通多路公共汽车。

金钟河大街 [Jīnzhōnghé Dàjiē]

在河北区境东南部，东北起于外环东路，西南至昆纬路。沿线与新大路、林边路、万柳村大街、革新道、红星路等相交。路长 4.7 千米，宽 60 米，沥青混凝土路面。该路原为金钟河河道，1918 年河废，1954 年填河筑路，曾称金钟河东街，与老金钟河大街并行。1958 年该路拓建，1964 年拓建，延伸至民权门，1984 年整修，由民权门延长到金钟公路。两侧多为住宅区。沿街有林容里、景逸园、芳景明居、润园里、梅宏园等住宅小区，有水利水电勘测设计研究院、天津铁路职业技术学院、市公安局河北分局、华润万家超市等单位。该路是连接城市各主要分区的主要道路，在城市交通中发挥重要的作用。附近通多路公共汽车。

育红路 [Yùhóng Lù]

在河北区境东北部，西北起盐坨桥，东南至中山北路。沿线与淮安西道、建昌道中山北路等相交。路长 2 千米，宽 40 米，沥青混凝土路面。该路于 1958 年建成，1982 年将原七号路并入。1986 年中环线东半环道路拓建并与沿宁路南段顺接，因位于育红里居民区得名。两侧多为住宅区。沿街有建北里、育红东里、国际城诗景凤苑、竞园里等住宅小区，有铁路运输法院、天津铁道职业技术学院、红光中学、中山北医院等单位。宁园坐落于此。附近通多路公共汽车。

中山北路 [Zhōngshān Běilù]

在河北区境中部，东起育红路，西至万柳村大街。沿线与建昌道、华新街等相交。路长 1.9 千米，宽 40 米，沥青混凝土路面。该路于 1952 年拓建，1975 年改称中山路，1982 年复今名，1993 年拓建，因位于中山路北得名。两侧多为住宅区。沿街有汇园里、慧宁嘉园、滨园里、泽园公寓等住宅小区，有津利华中山饭店、市第十四中学等单位。该路是连接城市各主要分区的主要道路，在城市交通中发挥重要的作用。附近通多路公共汽车和地铁 6 号线。

增产道 [Zēngchǎn Dào]

在河北区境南部，东起海门路，西至金钟河大街。沿线与王串场五号路、红星路、江都路、靖江路等相交。路长 2.3 千米，宽 7~21 米，沥青混凝土路面。1952 年建王串场工人新村时形成道路，1954 年取“增产节约”之意命名，1978 年向东延至泰兴路。两侧多为住宅区。沿街有华屏园、开城里、隆源家园、乐江公寓等住宅小区，有增产道小学、市第七十八中学、天津中医药大学第二附属医院等单位。该路是连接城市各主要分区的主要道路，在城市交通中发挥重要作用。附近通多路公共汽车。

狮子林大街 [Shīzilín Dàjiē]

在河北区境西南部。东起昆纬路，西至狮子林桥。沿线与金纬路、翔纬路、海河东路等相交。路长 1.4 千米，车行道宽 30~50 米，分快慢车道，两侧人行道各宽 4 米，沥青混凝土路面。1918 年海河裁弯调直，北运河即废，填河建路。1954、1964 年该路两次拓建，1975 年水梯子大街并入，1994 年拓建，因位于狮子林村得名。两侧多为住宅区。沿街有北岸华庭、昌海公寓、嘉海花园、金海岸公寓等住宅小区，有旺海国际广场、友谊新都百货等大型商场，有望海楼天主教堂。区人民政府坐落于此。该路是连接城市各主要分区的主要道路，在城市交通中发挥重要的作用。附近通多路公共汽车。

天泰路 [Tiāntài Lù]

在河北区境西部，北起京津路，南至京津桥。沿线与古北道、榆关道、席厂下坡等相交。路长 3.1 千米，宽 50 米，沥青混凝土路面。1937 年成路，习称小王庄，1952 年定名小王庄大街。1991 年津浦北路至勤俭立交桥一段，原称京津公路，并入小王庄大街。1998 年拓建，取“国泰民安”之意命名。两侧多为住宅区。沿街有水运名苑、东悦里、芳草园、东华里、盛宁家园、华泰园等住宅小区，有长庚耳鼻喉医院、育婴里小学、育婴里第二中学、晋达商业广场等单位。该路是连接城市各主要分区的主要道路，在城市交通中发挥重要的作用。附近通多路公共汽车和地铁 6 号线。

黄纬路 [Huángwěi Lù]

在河北区境西南部。西北起京津桥，东南至中山路。沿线与二马路、三马路、四马路、五马路、八马路等相交。路长1.3千米，车行道宽40米，分快慢车道，两侧人行道各宽5米，沥青混凝土路面。该路于清光绪二十九年（1903年）始建，清宣统元年（1909年）建成，1998年拓建，以南北向为纬，依《千字文》“天地玄黄”，择“黄”字得名。两侧多为住宅区。沿街有元泰里、抗震里、军民里、元吉里等住宅小区，有区人民法院、区检察院、区物价局、九八三医院等单位。曹家花园旧址坐落于此。该路是连接城市各主要分区的主要道路，在城市交通中发挥重要的作用。附近通多路公共汽车。

中山路 [Zhōngshān Lù]

在河北区境中部，东北起万柳村大街，西南至金钢桥。沿线与天纬路、吕纬路、金纬路、中山公园路、冈纬路、昆纬路、新大路等相交。路长2.6千米，车行道宽30米，两侧人行道各宽5米，沥青混凝土路面。清光绪二十九年（1903年）建路，以东西向为经，取名大经路。1946年为纪念孙中山先生更今名。1994年拓建。东端北侧为天津北站。两侧多为住宅区。沿街有月云公寓、容和里、锦绣园、金钟公寓等住宅小区，有区教育局、市第二医院、市第四中心医院、达仁医院、天津铁路职工子弟第一小学校、天津美术学院等单位。该路是连接城市各主要分区的主要道路，在城市交通中发挥重要的作用。附近通多路公共汽车。

金纬路 [Jīnwěi Lù]

在河北区境西南部，北起中山路，南至金纬立交桥。沿线与金钟路、金海道、金庭道、金田道、狮子林大街等相交。路长1.8千米，宽37.5米，中间快车道宽15米，左右慢车道各宽6米，两侧人行道各宽5米，沥青混凝土路面。该路建于1996年，以南北向为纬，依《千字文》“金生丽水”，择“金”字得名。两侧多为住宅区。沿街有金兆园、金辉家园、金谷里、金海岸公寓等住宅小区。阳光广场坐落于此。该路是连接城市各主要分区的主要道路，在城市交通中发挥重要的作用。附近通多路公共汽车。

律纬路 [Lǜwěi Lù]

在河北区境中部，西北起新开桥，东南至中山路。沿线与三马路、五马路、六马路等相交。路长0.8千米，宽40米，沥青混凝土路面。该路于清光绪二十九年（1903年）始建，1917年建成，1999年拓建，以南北向为纬，依《千字文》“律吕调阳”，择“律”字得名。西北侧为新开河。两侧多为住宅区。沿街有律笛里、择仁里等住宅小区，有京津医院、扶轮中学等单位。该路是连接城市各主要分区的主要道路，在城市交通中发挥重要的作用。附近通多路公共汽车。

胜利路 [Shènglì Lù]

在河北区境西南部，东北起昆纬路，西南至海河东路。沿线与金纬路、建国道、民主道、进步道、光复道等相交。路长2.2千米，宽13~40米，沥青混凝土路面。1975年由原新货场大街、津塘支路、北安道北段拓建顺接，因临铁路货场，更名货场大街。1999年货场大街拓建，与北安道顺接，并更今名。两侧多为住宅区。沿街有瑞海名苑、琴海公寓、德丰花园、秋星园等住宅小区，有天津实验河北区望海小学、市区教师进修学校、福士登大酒店等单位。意大利风景旅游区坐落于此。该路是连接城市各主要分区的主要道路，在城市交通中发挥重要的作用。附近通多路公共汽车。

昆纬路 [Kūnwěi Lù]

在河北区境中部，北起中山路，南至新开路地道北口。沿线与东二至东七经路、金钟河大街、狮子林大街等相交。路长 1.8 千米，宽 58 米，沥青混凝土路面。该路于清光绪二十九年（1903 年）拓建，1937 年延伸至小树林大街。1973 年与新开路北段顺接，以南北向为纬，依《千字文》中“玉出昆冈”，择“昆”字得名。1999 年道路拓宽。两侧多为住宅区。沿街有乾华园、昆石里、昆宏里、昆云里等住宅小区，有市规划资源局河北分局、市第五十七中学、市第二中学等单位。该路是连接城市各主要分区的主要道路，在城市交通中发挥重要的作用。附近通多路公共汽车和地铁 3 号线。

丁字沽一号路 [Dīngzìgū 1 Hào Lù]

在红桥区境北部，东南起光荣道，西北至千里堤。沿线与绥中路、本溪路、凤城路、台安道、咸阳北路、新宾路、勤俭道、新德道、五爱道、光荣道等相交。路长 3.1 千米，宽 31~38 米，沥青混凝土路面。该路于 1952 年建丁字沽工人新村时修建，1954 年按丁字沽地区由北往南序列得今名。1981 年、1982 年曾先后两次向西北拓宽成现状。两侧多为住宅区。沿街有永明西里、开源东里、福源公寓、风采里等住宅小区，有方舟实验中学、市第三中学、河北工业大学、红桥医院、红桥区文化宫、区都市工业园等单位，有大型商场凯莱赛商厦。该路是连接城市各主要分区的主要道路，在城市交通中发挥重要的作用。附近通多路公共汽车。

丁字沽三号路 [Dīngzìgū 3 Hào Lù]

在红桥区境西北部，东南起光荣道，西北至千里堤。沿线与绥中路、本溪路、彰武路、咸阳北路、白酒厂大道、四新道、勤俭道、新德道、五爱道等相交。路长 3 千米，宽 23.9~43 米，沥青混凝土路面。该路于 1953 年建，最初为灰渣路，1965 年改修为沥青路面，1982 年拓宽勤俭道至千里堤段，按丁字沽地区由北向南序列得今名。两侧多为住宅区。沿街有新凯里、虹溪公寓、泉富家园、康源公寓等住宅小区，有市区第一幼儿园、河北工业大学附属红桥小学、市红星职业中等专业学校、市财经学校、市第一轻工业学校等校区，有大型国企中海油天津化工研究设计院。该路是连接城市各主要分区的主要道路，在城市交通中发挥重要的作用。附近通多路公共汽车和地铁 1 号线。

邵公庄大街 [Shàogōngzhuāng Dàjiē]

在红桥区境南部，东起复兴路，西至红旗路。沿线与闸桥北路、邵公庄横街等相交。路长 0.7 千米，宽 34 米，沥青混凝土路面。原邵公庄大街位于南运河北岸，因位于邵公庄区片得名，2008 年变为绿地。为保留邵公庄大街名称，同年将新翻建佟家楼后大道和邵公庄后大道统一。两侧多为住宅区。沿街有河通花园、金联公寓等住宅小区，有市公安红桥分局、区道路管理所等单位，有大型家居商场红星美凯龙。该路是连接城市各主要分区的主要道路，在城市交通中承担重要的作用。附近通多路公共汽车。

芥园道 [Jièyuán Dào]

在红桥区境南部，东起西马路，西至青年路。沿线与复兴路、日月路、怡华路、怡德路、闸桥南路、红旗路、青年路等相交。路长 2.3 千米，宽 28~32 米，沥青混凝土路面。小西关大街至红旗路一段原称芥园大街，红旗路至青年路一段原称习艺所南街，1957 年接顺，全长 600 米，称今名。1995 年拆除西马路至红旗路及沿线两侧 30 余条街巷的部分路段和原芥园道东段 0.3 千米，新建 2 千米长的主干道，与红旗路至青年路段接通。该路因位于芥园水厂得名。两侧多为住宅区。沿街有怡和家园、明华里、康华里、水西园、新春花苑等住宅小区，有市人民医院、市怡和中学等单位，有吕祖堂坛口遗址和大型商场鹏欣水游城。该路是连接城市各主要分区的主要道路，在城市交通中发挥重要的作用。附近通多路公共汽车和地铁 6 号线。

西横堤 [Xīhéng Dī]

在红桥区境西部，北起子牙河南路，南至密云桥。沿线与西青道、江源西道、海源道等相交。路长 2 千米，宽 70 米，沥青混凝土路面。该路于 1986 年建，同年建成，原为防洪堤埝，因位于津西得今名。两侧多为住宅区。沿街有民畅园、碧杉园、水木天成花园等住宅小区，有师范学校附属小学、市第五中学等校区，有中新药业集团有限公司乐仁堂制药厂。该路是连接城市各主要分区的主要道路，在城市交通中发挥重要的作用。附近通多路公共汽车。

双环路 [Shuānghuán Lù]

在红桥区境西北部，北起佳宁道，南至千里堤。沿线与佳园道、佳宁道等相交。路长 1.1 千米，宽 58 米，沥青混凝土路面。该路于 1989 年建成，2009 年双环路南端规划路网至千里堤，因位于双环邨得今名。两侧多为住宅区。沿街有佳园东里、佳庆里、碧春园、益春里、佳春里等住宅小区。该路是连接城市各主要分区的主要道路，在城市交通中发挥重要的作用。附近通多路公共汽车。

咸阳北路 [Xiányáng Běilù]

在红桥区境西北部，北起北运河桥，南至平津道。沿线与丁字沽北大街、永明大道、丁字沽一号路、清源道、丁字沽三号路、光荣道、中嘉西道等相交。路长 5.4 千米，宽 33~55 米，沥青混凝土路面。该路于 1981 年建，因位于咸阳路以北得今名。两侧多为住宅区。沿街有秋水园、澄水苑、同心楼、清源楼、丽泰园公寓、中嘉花园等住宅小区，有市医药与健康研究中心、天津航海仪器研究所等单位。该路是连接城市各主要分区的主要道路，在城市交通中发挥重要的作用。附近通多路公共汽车。

红旗北路 [Hóngqí Běilù]

在红桥区境中部，北起子牙河桥，南至西青道。沿线与湘潭道、海源道等相交。路长 1.2 千米，宽 42 米，沥青混凝土路面。该路建于 1979 年，因位于红旗路北段得今名。两侧多为住宅区。沿街有湘潭里、益鑫里、银泰公寓等住宅小区，有大成中环城、登发装饰大世界、欧亚达商业广场等单位，有长途汽车红桥客运站。该路是连接城市各主要分区的主要道路，在城市交通中发挥重要的作用。附近通多路公共汽车。

勤俭道 [Qínjiǎn Dào]

在红桥区境北部，北起京津路，南至子牙河北路。沿线与丁字沽一号路、丁字沽二号路、丁字沽三号路、光荣道、洪湖北路、洪湖中路等相交。路长 2.6 千米，宽 32 米，沥青混凝土路面。1952 年随着丁字沽地区的建设而形成，取“勤俭办事”的世风得今名。1956 年铺沥青路面，1981 年分设快慢车道和人行道，1995 年建勤俭道立交桥。两侧多为住宅区。沿街有桃花园西里、保寿里、曙光里、广元楼、植物园东里等住宅小区，有区委、区政府、市第六养老院等单位，有河北工业大学、市第一轻工业学校等教育单位。

该路是连接城市各主要分区的主要道路，在城市交通中发挥重要的作用。附近通多路公共汽车。

复兴路 [Fùxīng Lù]

在红桥区境南部，北起子牙河南路，南至西关大街。沿线与湘潭道、西青道、邵公庄大街、日明道、先春园西街、芥园道、怡闲道等相交。路长 1.7 千米，宽 28 米，沥青混凝土路面。该路原为南运河河道，1917 年南运河裁弯取直，河道北移，1954 年填平废河道建路并命今名，1999 年重修，取"民族复兴"之意得今名。两侧多为住宅区。沿街有弘丽园、水西园、康华里、世春里、隆春里等住宅小区，有市公安局红桥分局、区道路管理所、天津意库创意产业园、市铃铛阁外国语中学等单位。天津西站坐落于此。该路是连接城市各主要分区的主要道路，在城市交通中发挥重要的作用。附近通多路公共汽车和地铁 6 号线。

新红路 [Xīnhóng Lù]

在红桥区境东部，西北起光荣道，东南至新红桥。沿线与红桥北大街、西于庄后大道、五中后大道等相交。路长 1.5 千米，宽 28 米，沥青混凝土路面。1996 年拆除大新街中段、五中后大道南段、西于庄后大道北段及 20 条里巷，1997 年建成，取"尽展红桥新貌"之意命今名。两侧多为住宅区。沿街有松楠里、北岸潞园、青春南里银杏公寓等住宅小区，有市第八十中学等单位。该路是连接城市各主要分区的主要道路，在城市交通中发挥最为重要的作用。附近通多路公共汽车。

大丰路 [Dàfēng Lù]

在红桥区境南部，北起南运河南路，南至芥园道。沿线与小伙巷、先春园大街等相交。路长 1 千米，宽 31 米，沥青混凝土路面。该路系 1953 年将原大伙巷北段和小伙巷南段的狭窄小马路合并拓宽而成，1970、1983 年两次拓宽成现状，因北接大丰桥得今名。两侧多为住宅区。沿街有河庭花苑、纪春里、海上花苑、民丰楼等住宅小区，有鹏欣水游城、陆家嘴中心等大型商场。天津清真大寺坐落于此。该路是连接城市各主要分区的主要道路，在城市交通中发挥重要的作用。附近通多路公共汽车和地铁 1 号线。

红桥北大街 [Hóngqiáo Běidàjiē]

在红桥区境东部，北起光荣道，南至子牙河北路。沿线与小辛庄大街、新红路、五中后大道等相交。路长 1.6 千米，宽 14 米，沥青混凝土路面。该路于 1937 年建，称西河桥北大街，1951 年拓宽，1956 年以其位于大红桥北侧更今命，1971 年与中段驴市街、北段武库菜园合并，仍称今名。两侧多为住宅区。沿街有流霞新苑、三江里、仁和里等住宅小区，有红桥小学、河北工业大学城市学院、河北工业大学附属红桥中学等教育单位。西沽公园坐落于此。该路是连接城市各主要分区的主要道路，在城市交通中发挥重要的作用。附近通多路公共汽车。

河北大街 [Héběi Dàjiē]

在红桥区境东南部，北起北营门立交桥，南至南运河北路。沿线与南运河北路、三条石大街、北开大街等相交。路长 1 千米，宽 36~54 米，沥青混凝土路面。该路形成于清光绪二十六年（1900 年），因位于南运河下游北侧得今名。2011 年道路北段新建北营门立交桥，占路面二分之一。两侧多为住宅区。沿街有金领花园、尚都家园、千吉花园、北开花园等住宅小区，有三条石派出所、泰达城展示中心、华夏未来泰达城幼儿园等单位。该路是连接城市各主要分区的主要道路,在城市交通中发挥重要的作用。附近通多路公共汽车。

北门外大街 [Běiménwài Dàjiē]

在红桥区境东南部,北起南运河南路,南至北马路。沿线与北马路、估衣街等相交。路长0.3千米,宽52米,沥青混凝土路面。该路明永乐二年(1404年)建,因位于原天津北城门外得今名,是当时进出天津城北门唯一大道,曾名药壶洞,俗称乐壶洞、老虎洞,是专卖鼻烟壶和鼻烟药的地方。清康熙元年(1662年)在街北端南运河边设税收关卡,故名北大关,也叫天津关。1966年路名改为向阳街,当时有著名的耳朵眼炸糕铺、天盛酱肉店等49家店铺。1967年恢复今名。西侧多为住宅区,东侧为估衣街。沿街有住宅小区惠灵顿河滨花苑。该路是连接城市各主要分区的主要道路,在城市交通中发挥重要的作用。附近通多路公共汽车。

大胡同 [Dàhútong]

在红桥区境东南部,北起南运河南路,南至北马路。沿线与南运河南路、张自忠路、新开大街等相交。路长0.4千米,宽22.5米,沥青混凝土路面。清道光年间,是南运河与子牙河上两个浮桥之间一条通道。清道光年间成街。1918年南运河裁弯取直之前,其位在南运河的北边,俗称河北大胡同。1918年后南运河裁弯取直,旧河道填平后,大胡同位于南运河南,因街道较短,似大胡同更今名。1996年金钢桥改造时将引桥建在大胡同上。两侧多为住宅区。沿街有钧和里、海河华鼎公寓等住宅小区,有东北角新华书店、天津泛太平洋大酒店、滨水广场等单位。该路是连接城市各主要分区的主要道路,在城市交通中发挥重要的作用。附近通多路公共汽车。

东丽大道 [Dōnglì Dàdào]

在东丽区境东北部。东起汉港大道,西至蓟汕联络线。沿线与丽湖环路、东丽湖路、景荟路、景福路等相交。路长8千米,宽60米,沥青混凝土路面。该路于2007年建,2008年建成东段,2011年因位于东丽湖附近得名,2012年建成西延段。两侧多为住宅区。沿街有水镜天苑、澜景雅园、万科揽城苑、碧岭苑等住宅小区,有东丽湖大酒店、恒大酒店等企业和天津湖心公园、天津欢乐谷等休闲娱乐场所。该路是连接城市各主要分区的主要道路,在城市交通中发挥重要的作用。附近通多路公共汽车。

弘泰道 [Hóngtài Dào]

在东丽区境中部。东北起北环大道,西南至华丰路。沿线与华裕路、华兴路、映春路等相交。路长3.1千米,宽40米,沥青混凝土路面。该路于2010年建,2011年建成,以“弘”为系列,取“平和安定”之意命名。两侧多为住宅区,有芳园、慈园、馨园、乔园、绿庭园等住宅小区;有流芳幼儿园、流芳小学等教育单位;有华明商贸中心、天使港科技型企业创业园等企业。向阳村天主教堂坐落于此。该道路是连接城市各主要分区的主要道路,在城市交通中承担重要的作用。附近通多路公共汽车。

华明大道 [Huámíng Dàdào]

在东丽区境中部。东北起弘程东道,西南至华丰路。沿线与华裕路、华兴路、映春路、文会路、永和路、辅仁路等相交。路长4千米,宽40米,沥青混凝土路面。该路于2003年建,同年建成,2007年建成延长线,因位于华明街道辖区内得名。东北段两侧多为住宅区,沿街有德园、翔园、通园、达园等住宅小区，有市华明学校、华明医院、华明社区卫生服务中心等单位。西南段两侧多为工业区，有中达兴盛科技、天津海特传动机械公司、天津华明印刷有限公司等企业。该路是连接城市各主要分区的主要道路，在城市交通中发挥重要的作用。附近通多路公共汽车。

映春路 [Yìngchūn Lù]

在东丽区境中部。东南起弘顺道，西北转西至华丰路。道路呈弧形。沿线与华裕路、华兴路、弘轩道、弘泰道、弘程道、华明大道、弘泽大街等相交。路长 4 千米，宽 40 米，沥青混凝土路面。该路于 2005 年建，同年建成东段，2007 年取“春色映照大地”之意命名，2009 年建成西段，至今经过多次延长。北侧多为住宅区，沿街有岭华里、岭泽里、岭盛里、厚园、锦园、芳园等住宅小区。南侧为工业区，有市泰利机械有限公司、迎宾商业中心、华明商贸中心等企业。该路是连接城市各主要分区的主要道路，在城市交通中发挥重要的作用。附近通多路公共汽车。

弘顺道 [Hóngshùn Dào]

在东丽区境中部。东起映春路，西至华丰路。沿线与华裕路、华瑞路、锦华路、华兴路等相交。路长 2.9 千米，宽 25 米，沥青混凝土路面。该路于 2011 年建，2012 年建成，2007 年以“弘”为系列，取“顺畅”之意命名。两侧多为企业。沿街有金泰丽湾嘉园、星港湾等住宅小区，有天津海特传动机械公司、有容蒂康通讯技术公司等企业。南临津汉公路。该路是连接城市各主要分区的主要道路，在城市交通中发挥重要的作用。附近通多路公共汽车。

外环东路 [Wàihuán Dōnglù]

在东丽区境西部。西北起新开河，东南至海河。沿线与津滨大道、津塘公路、先锋东路等相交。路长 18 千米，宽 50 米，沥青混凝土路面。该路于 1986 年建，1987 年建成，因是市外环路东部段命名。道路东临外环河，两侧多为住宅区。沿街有海丽园、海悦秋苑、明盛园、昆俞家园等住宅小区，有新开河建材装饰城、市兴耀消费品批发市场等企业。该路是连接城市各主要分区的主要道路，在城市交通中发挥重要的作用。

四纬路 [4 Wěi Lù]

在东丽区境西南部。东起泥窝村，西至西杨场村。沿线与一经路、二经路、三经路、西河、五经路、六经路、七经路等相交。路长 1.5 千米，宽约 26.5 米，沥青混凝土路面。该路于 2003 年建，同年建成南区部分，2006 年建成东南区部分，因以东西为纬且排第四条而命名。两侧多为企业。沿街有天津皆希爱化工有限公司、天津井上高分子材料制品有限公司、天津安骏挂车制造有限公司、天津龙巳模型有限公司等企业。该路是连接城市各主要分区的主要道路，在城市交通中发挥重要的作用。附近通多路公共汽车。

跃进路 [Yuèjìn Lù]

在东丽区境西部。北起丽泰北路，南至海河东路。沿线与先锋路、津塘路等相交。路长 8.4 千米，宽 12 米，沥青混凝土路面。该路于 20 世纪 50 年代末建，1972 年重建，同年建成通车，至 2014 年经过多次修缮，因值“大跃进”时期建设而命名。两侧多为住宅区和单位。沿街有振兴南里、金贸跃丽家园、福阳西里、秀悦园、夏欣园、金华里等住宅小区，有区委、区政府、区发改委、区人民检察院等单位，有东丽商场、东丽广场等购物场所。该路是连接城市各主要分区的主要道路,在城市交通中发挥重要的作用。附近通多路公共汽车。

丰安路 [Fēng'ān Lù]

在东丽区境西南部。北起津塘公路,南至先锋东路。沿线与晨宏道、霞宏道、先锋东路等相交。路长 0.8 千米,宽 8 米,沥青混凝土路面。1979 年形成土路,1982 年命名为东一路,1989 年改铺沥青路面后更今名,取“年丰平安”之意命名。北段两侧多为住宅区,沿街有丰年北里、丰年南里、常熟北里、常熟南里等住宅小区。南段东侧为开发区,有隆腾通达汽车养护中心等企业。南段西侧为区人民法院。该路是连接城市各主要分区的主要道路,在城市交通中发挥重要的作用。附近通多路公共汽车。

驯海路 [Xùnhǎi Lù]

在东丽区境南部。北起津北公路,南至津塘公路四号桥西侧。沿线与建新道、海星道、津塘公路等相交。路长 2.9 千米,宽 9 米,沥青混凝土路面。该路于 1955 年建,取“根治海河,驯服海河”之意命名,1959 年建成,2006—2014 年进行修缮。两侧多为住宅区。沿街有新粮里、民族公寓、蓝海苑等住宅小区,有宝元小学、新立村小学、中国民航大学等教育单位,有天津铁路信号有限公司、中国铁路物资、市富源起重设备有限公司、华祥聚氨酯等企业。该路是连接城市各主要分区的主要道路,在城市交通中发挥重要的作用。附近通多路公共汽车。

机场大道 [Jīchǎng Dàdào]

在东丽区境中部。北起津汉公路、南至机场大厅。沿线与机场北路等相交。路长 4.3 千米,宽 53 米,沥青混凝土路面。该路于 2006 年建,2007 年建成通车,因通往天津滨海国际机场航站楼得名。两侧多为企业。沿街有公安分局治安检查站、民航天津监管局等单位。该路是通往机场客运、货运的主要道路,在城市交通中发挥重要的作用。附近通多路公共汽车。

一经路 [1 Jīng Lù]

在东丽区境西南部。北起一纬路,南至东杨场村。沿线与一纬路、二纬路、三纬路、四纬路、五纬路等相交。路长 2.4 千米,宽 18 米,沥青混凝土路面。该路于 1992 年建,同年建成西区部分,2003 年拓建,同年建成南区部分。因为以南北为经且该路排在第一而得名。两侧多为住宅区。沿街有天合家园、金松花园、隆达公寓、丽东苑等住宅小区,有彩虹饲料公司、天津三五汽车部件有限公司、帝达工业园等企业。该路是连接城市各主要分区的主要道路,在城市交通中发挥重要的作用。附近通多路公共汽车。

三经路 [3 Jīng Lù]

在东丽区境西南部。北起一纬路、南至东杨场村。沿线与先锋东路、一纬路、二纬路、三纬路、四纬路、五纬路等相交。路长 2.4 千米,宽 12~26.5 米,沥青混凝土路面。该路于 1992 年建,同年建成西区部分,2003 年拓建,同年建成南区部分。因为以南北为经且该路排在第三而得名。两侧多为企业。沿街有中国汽车技术研究中心有限公司、天津劳尔工业有限公司、天津昂高有限公司等企业。该路是连接城市各主要分区的主要道路,在城市交通中发挥最为重要的作用。附近通多路公共汽车。

华兴路 [Huáxīng Lù]

在东丽区境中部。北起北环大道,南至津汉公路。沿线与映春路、弘晟道、弘轩道、弘泰道、弘程道、华明大道、弘顺道等相交。

路长 2.4 千米，宽 40 米，沥青混凝土路面。该路于 2003 年建，同年建成，2007 年建成延长线，因位于华明街道辖区内，以“华”字为系列，取“兴旺发达”之意命名。两侧多为工业园区。沿街有有容蒂康通讯技术公司、天津华明印刷有限公司、天津同星仁和制冷有限公司等企业。该路是连接城市各主要分区的主要道路，在城市交通中发挥重要的作用。附近通多路公共汽车。

军粮城大街 [Jūnliángchéng Dàjiē]

在东丽区境东南部。北起顺华道，南至津塘公路。沿线与景怡道、北旺道、李台道等相交。路长 3 千米，宽 18 米，沥青混凝土路面。该路于 2011 年建，2013 年建成，因位于军粮城街道办事处辖区内命名。两侧多为住宅区。沿街有夏荷轩、军祥园、军瑞园、军宏园、军丽园等住宅小区，有军粮城小学、东丽博物馆等单位。该路是连接城市各主要分区的主要道路，在城市交通中发挥重要的作用。附近通多路公共汽车。

东丽湖路 [Dōnglìhú Lù]

在东丽区境东北部。北起京津高速公路，南至津汉公路。沿线与金钟河道、东丽大道、北环铁路、迎乐路、智景东路等相交。路长 5.1 千米，宽 36 米，沥青混凝土路面。该路于 1994 年建，同年建成，2002 年拓建为水泥路面，2005 年拓建为柏油路面，2012 年进行改扩建，因位于东丽湖附近于 2011 年命名。东侧为东湖，西侧为丽湖。沿街有东丽湖度假旅游区、天津欢乐谷、天海风水上俱乐部、东丽湖自然艺苑区等旅游休闲区。该路是连接城市各主要分区的主要道路，在城市交通中发挥重要的作用。附近通多路公共汽车。

泰宁道 [Tàiníng Dào]

在西青区境北部。东起西横堤快速路，西至外环线。沿线与营玉路、罗浮路、营洁路等相交。路长 2.4 千米，宽 10 米，沥青混凝土路面，取“国泰民安”之意命名。两侧多为住宅区，沿街有绿洲里、南岸家园、怡和新村等住宅小区。该路是连接城市各主要分区的主要道路，在城市交通中发挥最为重要的作用。附近通多路公共汽车。

大明道 [Dàmíng Dào]

在西青区境北部。东起西横堤快速路，西至外环线。沿线与营冰路、营兴路等道路等相交。路长 2.5 千米，宽 11 米，沥青混凝土路面。原因玉门桥得名玉门路，泰和都市工业园提升改造后，因大明电机厂位于此更今名。两侧多为企业。沿街有盛和嘉园、盛和丽园、营和园等住宅小区，有天津师范学校和苑附属小学、新华中学和苑学校等教育单位。该路是连接城市各主要分区的主要道路，在城市交通中发挥最为重要的作用。附近通多路公共汽车。

丽江道 [Lìjiāng Dào]

在西青区境东部。东起珠江道，西至卫津南路。沿线与梅江西路、翠波道、纪明路等相交。路长 1.7 千米，宽 60 米，沥青混凝土路面。该路于 2010 年修建，以云南省丽江市市名命名。两侧多为住宅区。沿街有金奥广场、国风星苑、江湾广场等住宅小区，有星苑双语艺术幼儿园、西青高力小学、西青高力中学、天津经济贸学校等教育单位。该路是连接城市各主要分区的主要道路，在城市交通中发挥重要的作用。附近通多路公共汽车。

中兴路 [Zhōngxīng Lù]

在西青区境中部。东起外环南路，西至

秀川路。沿线与祥云路、光明路等相交。路长2.8千米，宽40米，沥青混凝土路面，取“振兴中华”之意而命名。两侧多为企业。沿街有鑫福佳园、育水佳苑等住宅小区，有市大津轮胎胶囊集团有限公司、韩国博运重工服务中心、天津名创传媒有限公司等企业。该路是连接城市各主要分区的主要道路，在城市交通中发挥重要的作用。附近通多路公共汽车。

天祥道 [Tiānxiáng Dào]

在西青区境中部。东起津淄公路，西至祥宪路。沿线与祥遵路、祥厚路、祥瑞路等相交。路长1.5千米，宽20米，沥青混凝土路面。该路原为津郊土路，于2005年建，取“祥和，吉祥”含义命名。两侧为天祥工业区。沿街有天津力生制药股份有限公司、天津中环电子照明科技有限公司、科丝美特生物科技有限公司等企业。该路是连接城市各主要分区的主要道路，在城市交通中发挥重要的作用。附近通多路公共汽车。

梅苑路 [Méiyuàn Lù]

在西青区境东部。北起复康路，南至迎水道。沿线与物华道、华天道等相交。路长1.2千米，宽50米，沥青混凝土路面。该路于1995年建，两侧多为企业。沿街有尚赫生物技术、丰田汽车技术中心、中源协和细胞基因工程股份有限公司等企业，有康达时尚广场、物美生活广场等休闲购物场所。该路是连接城市各主要分区的主要道路，在城市交通中发挥重要的作用。附近通多路公共汽车。

瑶环路 [Yáohuán Lù]

在西青区境东部。北起津涞道，南至丰产河。沿线与雅乐道等相交。路长1.1千米，宽46米，沥青混凝土路面。该路于2008年修建，依据市中心城区道路地名规划命名。两侧多为住宅区。沿街有惠鑫花园、秋瑞园、和瑞园、中盛里等住宅小区，有西青中等专业学校、天津韩国国际学校等教育单位。凌奥美食商业街坐落于此。该路是连接城市各主要分区的主要道路，在城市交通中发挥重要的作用。附近通多路公共汽车。

欣杨道 [Xīnyáng Dào]

在西青区境北部。东起柳口路，西至青静路。沿线与御河道等相交。路长0.9千米，宽35米，沥青混凝土路面。该路依据西青区环外地区道路地名规划命名。北临南运河，南侧多为住宅区和单位。沿街有雅景园、荷塘家园等住宅小区，有区市政工程管理所、区发展和改革委员会、区商务委员会等单位。该路是连接城市各主要分区的主要道路，在城市交通中发挥重要的作用。附近通多路公共汽车。

青静路 [Qīngjìng Lù]

在西青区境西部。北起文昌道，南至泽扬道。沿线与欣杨道等相交。路长1.3千米，宽40米，沥青混凝土路面。该路于2011年修建，2014年改建，依据西青区环外地区道路地名规划命名。两侧多为住宅区。沿街有瑞祥花园、江南城、雅庭园等住宅小区，有幼儿园、医院、超市、酒店等。该路是连接城市各主要分区的主要道路，在城市交通中发挥重要的作用。附近通多路公共汽车。

柳口路 [Liǔkǒu Lù]

在西青区境北部。北起西青道，南至津静公路。沿线与欣杨道、润杨道、泽杨道等相交。路长4.4千米，宽45米，沥青混凝土路面。该路于2002年拓宽，以杨柳青镇古名柳口命名。北段两侧多为住宅区和单位。沿街有柳馨园、美林苑、美庭苑、世纪新苑、柳苑里等住宅小区,有区人民政府、区教育局、区民政局、区地方税务局、镇人民政府等单位,有杨柳青二中、天津理工大学中环信息学院、市公用技师学院等教育单位,有全国重点文物保护单位、AAAA级旅游景区、市历史风貌建筑特殊保护单位杨柳青博物馆(石家大院)。该路是连接城市各主要分区的主要道路,在城市交通中发挥重要的作用。附近通多路公共汽车。

阜盛道 [Fùshèng Dào]

在西青区境北部。东起外环线,西至辰星路。沿线与星光道、金霞路、飞霞路等相交。路长3.4千米,宽30米,沥青混凝土路面。该路于2001年建, 2005年取“财源茂盛”之意命名。两侧多为企业。沿街有区交通运输管理局、市金维仁机电技术有限公司、天津太阳诱电电子有限公司、天津丰光电子有限公司等单位,有新城市中心、永旺梦乐城等大型商场。该路是连接城市各主要分区的主要道路,在城市交通中发挥重要的作用。附近通多路公共汽车和地铁2号线。

阜锦道 [Fùjǐn Dào]

在西青区境北部。东起外环线,西至春光路。沿线与飞霞路、万卉路、金霞路、星光道等相交。路长3.1千米,宽40米,沥青混凝土路面。该路于2005年建,取“财源茂盛”之意命名。两侧多为企业。沿街有锦曦花苑、曹庄欣苑等住宅小区,有红黄蓝双语幼儿园、中北第二小学等校区,有天津热带植物观光园、宜家家居等休闲购物场所,有聚成汽车部件有限公司、市外环实业公司工业区等企业。该路是连接城市各主要分区的主要道路,在城市交通中发挥重要的作用。附近通多路公共汽车。

中北大道 [Zhōngběi Dàdào]

在西青区境北部。东起外环线,西至京福公路。沿线与京福支路、春光路、万卉路等相交。路长5千米,宽60米,沥青混凝土路面。该路于2008年建,原名新津杨公路,后因沿街有中北镇人民政府更今名。两侧多为住宅区和单位。沿街有溪茗园、翠杉园、假日风景花园、溪景苑、溪悦园等住宅小区,有镇人民政府、镇人民法院、镇派出所、天津中北中学等单位。该路是连接城市各主要分区的主要道路,在城市交通中发挥重要的作用。附近通多路公共汽车。

卉康道 [Huìkāng Dào]

在西青区境北部。东起外环线,西至海光路。沿线与星光道、万卉路、万源路等相交。路长2.7千米,宽20米,沥青混凝土路面。该路于2011年建, 2012年建成,取“健康安宁”之意命名。两侧多为住宅区。沿街有御锦园、观锦园、郦锦园、云锦锦墅、依丽园等住宅小区。大稍直口工业园坐落于此。该路是连接城市各主要分区的主要道路,在城市交通中发挥重要的作用。附近通多路公共汽车。

海泰北道 [Hǎitài Běidào]

在西青区境北部。东起海泰南北大街,西至京福公路。沿线与海泰大道、瑞光路、东方红西大道等相交。路长2.4千米,宽40米,沥青混凝土路面。依据西青区环外地区道路地名规划,该路位于海泰科技发展股份有限公司北侧,因此命名。两侧多为企业。沿街有锦悦新城、云锦世家等住宅小区,有天津海泰建设开发有限公司、天津锐新昌轻合金公司、天津创业环保集团股份有限公司等企业。该路是连接城市各主要分区的主要道路,在城市交通中发挥重要的作用。附近通多路公共汽车。

新科道 [Xīnkē Dào]

在西青区境北部。东起外环西路,西至海泰南北大街。沿线与碧祥路等相交。路长 1.3 千米,宽 40 米,沥青混凝土路面。该路于 2002 年建,2005 年取“兴旺科技”之意命名。北侧多为住宅区。沿街有碧水家园等住宅小区,有亿万体育文化产业园、侯台绿化体育广场、市公安局等单位。该路是连接城市各主要分区的主要道路,在城市交通中发挥重要的作用。附近通多路公共汽车。

星光路 [Xīngguāng Lù]

在西青区境北部。北起西青道,南至海泰北道。沿线与阜锦道、阜盛道、中北大道等相交。路长 5.3 千米,宽 40 米,沥青混凝土路面。该路于 2002 年建, 2005 年取“星光照耀,前途美好”之意命名。两侧多为住宅区。沿街有假日风情、华亭国际、云锦世家等住宅小区,有聚成汽车部件有限公司、市外环实业公司工业区、天津伟荣机电有限公司等企业。该路是连接城市各主要分区的主要道路,在城市交通中发挥重要的作用。附近通多路公共汽车。

天和路 [Tiānhé Lù]

在西青区境北部。北起西青道,南至阜盛道。路长 0.8 千米,宽 25 米,沥青混凝土路面。该路于 2001 年建, 2005 年取“天地人和”之意命名。两侧多为企业。沿街有西青物流园、南方物流、天津星光橡塑有限公司、天津太阳诱电电子有限公司等企业。区交通运输管理局坐落于此。该路是连接城市各主要分区的主要道路,在城市交通中发挥重要的作用。附近通多路公共汽车。

海泰南道 [Hǎitài Nándào]

在西青区境中部。东起海泰东路,西至海泰西路。沿线与海泰大道、海泰南北大街、海泰发展一路等相交。路长 3.3 千米,宽 40 米,沥青混凝土路面。依据西青区环外地区道路地名规划,该路位于海泰科技发展股份有限公司南侧,因此命名。北侧多为企业。沿街有市政工程设计研究总院、天津力神电池股份有限公司、天津三安光电有限公司、中环天仪股份有限公司、天津生机集团股份有限公司、海泰国际产业基地等企业。该路是连接城市各主要分区的主要道路,在城市交通中发挥重要的作用。附近通多路公共汽车。

海泰大道 [Hǎitài Dàdào]

在西青区境北部。北起海泰北道,南至海泰南道。沿线与津静公路、创新六路、华科九路等相交。路长 3.9 千米,宽 76 米,沥青混凝土路面。该路因临近海泰科技发展股份有限公司得名。两侧多为企业。沿街有天津海泰建设开发有限公司、亚安科技物联网、华鼎高科技发展中心、西门子电气传动公司、市津兆机电开发有限公司等企业。该路是连接城市各主要分区的主要道路,在城市交通中发挥重要的作用。附近通多路公共汽车。

海泰南北大街 [Hǎitài Nánběi Dàjiē]

在西青区境北部。北起海泰北道,南至海泰南道。沿线与津静公路、内环南路、海泰发展六道等相交。路长 7 千米,宽 57 米,沥青混凝土路面。依据西青区环外地区道路地名规划,该路位于海泰科技发展股份有限公司南侧,因此命名。两侧多为住宅区。沿街有新兴园、华鼎智地、万科西华府、左岸花园等住宅小区,有天津城建大学、天津商业大学宝德学院等教育单位，有尚赫集团、海泰创新基地、天津力神电池公司、天津艾迪斯鼎力科技有限公司等企业。该路是连接城市各主要分区的主要道路，在城市交通中发挥重要的作用。附近通多路公共汽车。

津荣道 [Jīnróng Dào]

在西青区境东部。东起津港高速，西至梨双公路。沿线与鸿泽路、海泽路等相交。路长 1.2 千米，宽 30 米，沥青混凝土路面。该路于 2002 年建，取“天津兴旺发达”之意命名。两侧多为住宅区和企业。沿街有仁居鑫园、梨双公寓等住宅小区，有天津节水科技馆、市大寺中学、大寺工业园区、荣大汽车生态创意园、市机动车天马检测站等企业。该路是连接城市各主要分区的主要道路，在城市交通中发挥重要的作用。附近通多路公共汽车。

静水道 [Jìngshuǐ Dào]

在西青区境东部。东起梨双公路，西至津港公路。沿线与青宝路等相交。路长 0.5 千米，宽 30 米，沥青混凝土路面。道路取“安静祥和”之意命名。两侧多为住宅区和单位。沿街有龙居花园、龙达园、仁居锦园等住宅小区，有镇政府、镇信访办、镇派出所等单位，有休闲场所龙居公园。该路是连接城市各主要分区的主要道路，在城市交通中发挥重要的作用。附近通多路公共汽车。

兴华道 [Xīnghuá Dào]

在西青区境中部。东起津港公路，西至兴华十一支路。沿线与兴华四支路、兴华七支路、惠友道等相交。路长 3.2 千米，宽 30 米，沥青混凝土路面。该路于 1997 年建成，取“兴旺发达，振兴中华”之意命名。两侧多为企业。沿街有天津宝洁工业有限公司、西青人工智能产业园、天津松下电子部品有限公司、天津安施钼科技有限公司、天津阳光塑料有限公司、天津驰达电机有限公司等企业。该路是连接城市各主要分区的主要道路，在城市交通中发挥重要的作用。附近通多路公共汽车。

赛达路 [Sàidá Lù]

在西青区境西南部。北起兴华七支路，南至赛达一大道。沿线与赛达北三道、赛达北二道、赛达北一道等相交。路长 4.7 千米，宽 25 米，沥青混凝土路面。两侧多为住宅区，沿街有金泽园、玛歌庄园、天易园、赤龙澜园、赤龙家园等住宅小区，有泰达医药产业园、赛达液压产业园、金雄集团企业，有渔夫码头休闲广场等。该路是连接城市各主要分区的主要道路，在城市交通中发挥重要的作用。附近通多路公共汽车。

兴华四支路 [Xīnghuá 4 Zhīlù]

在西青区境中东部。北起民和道，南至毕升道。沿线与兴华道、惠友道、宏源道等相交。路长 2.3 千米，宽 30 米，沥青混凝土路面。该路于 1992 年建，1996 年建成，取“兴旺发达，振兴中华”之意命名。两侧多为企业，沿街有天津高乐高食品有限公司、天津武田药品有限公司、市大千管业永利有限公司、天津派克特精液压有限公司等企业。天津体育城坐落于此。该路是连接城市各主要分区的主要道路，在城市交通中发挥重要的作用。附近通多路公共汽车。

天华路 [Tiānhuá Lù]

在津南区境西南部。东起二八公路，西至西便道。沿线与建设二支路、建设路、建设三支路、建设四支路、建设五支路、建设六支路等相交。路长 1.8 千米，宽 18 米，沥青混凝土路面。该路于 2003 年建，2006 年以八里台工业园区道路地名规划命名。两侧多为企业。沿街有市佳诺天成科技有限公司、卡尔冈炭素公司、泰华塑料制品有限公司等企业。该路是连接城市各主要分区的主要道路，在城市交通中发挥重要的作用。附近通多路公共汽车。

科达三路 [Kēdá 3 Lù]

在津南区境中西部。东起幸福河西侧，西至二八公路。沿线与鸿图道、开拓道、开拓一支路、开拓二支路等相交。路长 1.5 千米，宽 16 米，沥青混凝土路面。2006 年该路因位于泰达科技工业区内并依顺序命名。两侧多为企业。沿街有市奥亚机电制品有限公司、天津润泽汽车零部件有限公司、富赛克物流控制设备公司、天津丰宁机电制品有限公司等企业。该路是连接城市各主要分区的主要道路，在城市交通中发挥重要的作用。

建设路 [Jiànshè Lù]

在津南区境西南部。北起津晋高速南侧，南至二八公路。沿线与丰泽四大道、丰泽三大道、丰泽二大道、天华路、胜利道等相交。路长 2.6 千米，宽 24 米，沥青混凝土路面。该路于 2007 年建，取“建设发展”之意命名。两侧多为住宅区和企业。沿街有八里坊、永安里等住宅小区，有市贯通热力有限公司、市春潭制衣有限公司、市芳华通讯工程有限公司等企业。该路是连接城市各主要分区的主要道路，在城市交通中发挥重要的作用。附近通多路公共汽车。

开拓道 [Kāituò Dào]

在津南区境中西部。北起科达六路，南至津港公路。沿线与科达五路、科达三路、科达二路、科达一路等相交。路长 1.5 千米，宽 16 米，沥青混凝土路面。2007 年该路取“开拓进取”之意命名。两侧多为企业。沿街有天津震宇创世精密模具、市越旺机电制配有限公司、天津恒浩建筑工程有限公司等企业。该路是连接城市各主要分区的主要道路，在城市交通中发挥重要的作用。

东沽路 [Dōnggū Lù]

在津南区境北部。东起天津大道，西至津沽公路。沿线与津南环线、尚德路、新城路、周汝昌路等相交。路长 2.2 千米，宽 34 米，沥青混凝土路面。该路于 2009 年建，因位于咸水沽以东得名。北侧为绿化景观带，南侧多为住宅区。沿街有合安园、合力园、米兰阳光花园等住宅小区，有区实验小学、市咸水沽第四中学等教育单位。该路是连接城市各主要分区的主要道路，在城市交通中发挥最为重要的作用。附近通多路公共汽车。

韩城桥路 [Hánchéngqiáo Lù]

在津南区境中部。东起大件路，西至同心路。沿线与月牙河西路、金华路等相交。路长 0.9 千米，宽 24 米，沥青混凝土路面。该路于 2010 年建成，以“韩城桥村”村名得名。两侧多住宅区。沿街有金华里、金郎园、金益园等住宅小区，有咸水沽集贸市场、天天新家居装饰城等。该路是连接城市各主要分区的主要道路，在城市交通中发挥重要的作用。

体育场路 [Tǐyùchǎng Lù]

在津南区境中部。东起建国大街，西至津歧公路。沿线与津沽公路、八米路、花园路、红旗路等相交。路长 1.6 千米，宽 22 米，沥青混凝土路面。该路于 1973 年建，因北侧有区体育场得名。两侧多为住宅区和单位。沿街有惠苑里、光明南里、红霞里、永安里等住宅小区，有市公安局津南分局、区水务局、区民政局等单位，有同坛商厦、鑫华商厦等大型商场。该路是连接城市各主要分区的主要道路，在城市交通中发挥重要的作用。附近通多路公共汽车。

南环路 [Nánhuán Lù]

在津南区境中部。北起津沽公路，南转西至津歧公路。沿线与红旗路、新兴南路、丰收路、紫江路、福鑫路、津南大道、富海路等相交。路长 4.3 千米，宽 25 米，沥青混凝土路面。该路于 1976 年建，取名南边路，2010 年因位于咸水沽城区南侧更今名。两侧多住宅区和单位。沿街有普明里、新祥园、宝业馨苑等住宅小区，有区人民法院、区人民检察院、消防津南支队等单位，有天津京开国际建材家居广场、海河文化创意产业园等企业。该路是连接城市各主要分区的主要道路，在城市交通中发挥重要的作用。附近通多路公共汽车。

南华路 [Nánhuá Lù]

在津南区境中部。东起双桥河路，西至津歧公路。沿线与祥福路、祥水路、紫江路、丰收路、新兴南路、花园路、红旗路等相交。路长 3.3 千米，宽 19 米，沥青混凝土路面。该路于 2003 年建，取“企盼津南区繁华”之意命名。两侧多为住宅区和单位。沿街有友和园、新旭园、南华里、众惠里等住宅小区，有区发展和改革委员会、区国家税务局等单位，有区少年宫、区实验小学、咸水沽第七小学、津南医院等单位。该路是连接城市各主要分区的主要道路，在城市交通中发挥重要的作用。附近通多路公共汽车。

聚兴道 [Jùxīng Dào]

在津南区境中部。东起海鑫路，西至周辛庄村路。沿线与福海路、兴海路、福鑫路、兴园路等相交。路长 1.4 千米，宽 30 米，沥青混凝土路面。该路于 2010 年取“聚福兴旺”之意命名。两侧多为企业。沿街有天津有精成伟业机器制造有限公司、天津金工机械设备制造有限公司、天津科密欧化学试剂有限公司、天津津重重工机器设备制造有限公司等企业。该路是连接城市各主要分区的主要道路，在城市交通中发挥重要的作用。

雅润路 [Yǎrùn Lù]

在津南区境中部。北起南慧路，南至祥明路。沿线与新慧路、文慧南路、同心路、同砚路等相交。路长 5.8 千米，宽 25 米，沥青混凝土路面。该路于 2009 年建，2010 年取“雅致温润”之意命名。2011 年建成。两侧多为住宅区。沿街有金芳园、金益园、金浩园等住宅小区，有天津中德应用技术大学、天津电子信息职业技术学院、天津海运职业学院、天华实验中学、咸水沽第五小学、咸水沽第六小学等教育单位。该路是连接城市各主要分区的主要道路，在城市交通中发挥重要的作用。附近通多路公共汽车。

福鑫路 [Fúxīn Lù]

在津南区境中部。北起南环路，南至广聚源纸业集团。沿线与聚鑫道、聚福道、聚兴道、聚园道等相交。路长 1.5 千米，宽 30 米，沥青混凝土路面。2010 年以海河工业园区福、聚、鑫顺序排列命名。两侧多为企业。沿街有亨泰起重设备制造公司、天津瑞日电子有限公司、市常盛酒业有限公司、市赛特思涂料有限公司等企业。该路是连接城市各主要分区的主要道路，在城市交通中发挥重要的作用。

北马路 [Běi Mǎlù]

在津南区境南部。东起汉港公路，西至津歧公路。沿线与天山路、东马路、丰乐路、寿昌路、小站环路、北湖村路、盛塘北路等相交。路长 4.2 千米，宽 15 米，沥青混凝土路面。该路于 2009 年建，因其位于建成区北部得名，2011 年建成。两侧多为住宅区。沿街有荷信苑、荷月阁、竹新苑等、梅香园等住宅小区，有小站实验中学、小站第六小学、区学生劳动教育基地等教育单位，有天津拓成金属制品有限公司、小站迎新合作社水上乐园、草莓采摘园等单位。东段两侧为绿化植被。该路是连接城市各主要分区的主要道路，在城市交通中发挥重要的作用。

天山路 [Tiānshān Lù]

在津南区境中南部。北起北马路，南至前营路。沿线与昌盛路、后营路等相交。路长 1.4 千米，宽 16 米，沥青混凝土路面。该路于 2009 年建，取天山山名命名，2014 年建成。西侧为风景区天山海世界·米立方，东侧为住宅区。沿街有津门熙湖、天山龙玺、天山水榭花都等住宅小区，有小站第六小学、区学生劳动教育基地等教育单位。该路是连接城市各主要分区的主要道路，在城市交通中发挥重要的作用。附近通多路公共汽车。

渌水道 [Lùshuǐ Dào]

在津南区境北部。东起大沽南路，西至洞庭路。沿线与景盛路、海天路、江林东路、桐林路、泽山路、学苑路、微山路、梅林路等相交。路长 4.8 千米，宽 25 米，沥青混凝土路面。该路于 2004 年建，以渌水河名命名。两侧多为住宅区。沿街有泓安园、博林园、天津全运村、宝聚家园、田喜盛园等住宅小区，有天津师范大学第二附属小学、天津职业技术师大东区、市社会实践教育中心、区新滨医院等单位。该路是连接城市各主要分区的主要道路，在城市交通中发挥最为重要的作用。附近通多路公共汽车和地铁 6 号线。

景茗道 [Jǐngmíng Dào]

在津南区境北部。东起鄱阳南路，西至津港高速东侧辅道。沿线与汇川路、微山南路、领世路等相交。路长 1.4 千米，宽 24 米，沥青混凝土路面。该路始建于 2007 年，2008 年建成，依据双港新家园地区道路编排顺序，以“荷、蓉、莲、荔、茗、蓬”命名。两侧多为住宅区。沿街有欣悦佳园、香薇邸、民兴园、民盛园等住宅小区，有世纪联华购物广场、天宇荣易创意园、坤港互联科技园等单位。该路是连接城市各主要分区的主要道路，在城市交通中发挥重要的作用。附近通多路公共汽车。

微山南路 [Wēishān Nánlù]

在津南区境北部。北起外环南路，南至景蓬道。沿线与赤龙街、上海街、天津街、重庆街、梨双公路等相交。路长 3.6 千米，宽 30 米，沥青混凝土路面。该路于 2007 年建，2008 年建成，因是微山路过外环线向南延伸而得名。两侧多为住宅区。沿街有新悦庭、富力桃园、首创香堤苑等住宅小区，有天津经济技术开发区国际学校分校、摩力达产业园、长青集团科技研发中心等企业。该路是连接城市各主要分区的主要道路，在城市交通中发挥重要的作用。附近通多路公共汽车。

艺林路 [Yìlín Lù]

在津南区境北部。北起泗水道，南至江林南道。沿线与浯水道、江林北道、渌水道等相交。路长 1.3 千米，宽 20 米，沥青混凝土路面。该路于 1998 年建，以“林”字为序列命今名。西侧有高尔夫球场，东侧多为住宅区。沿街有仕林苑、田喜盛园、龙瀚南园等住宅小区，有天津天海足球俱乐部、双港石园文化艺术园等单位。该路是连接城市各主要分区的主要道路，在城市交通中发挥重要的作用。附近通多路公共汽车。

吉兆路 [Jízhào Lù]

在津南区境西北部。北起海河，南至大沽南路。路长 1.6 千米，宽 54 米，沥青混凝土路面。该路于 2010 年建，取“吉祥的征兆”之意命名。两侧为大型医院。沿街有市胸科医院、市环湖医院、柳林小学、区第一幼儿园等单位，其中市胸科医院为三级甲等专科医院。该路是连接城市各主要分区的主要道路，在城市交通中发挥重要的作用。附近通多路公共汽车。

旺港路 [Wànggǎng Lù]

在津南区境西北部。北起外环南路，南至梨双公路。沿线与赤龙街、上海街、北京街、天津街、重庆街等相交。路长 2 千米，宽 21 米，沥青混凝土路面。该路于 1998 年始建，同年建成，2005 年取“兴旺双港”之意命名。两侧多为企业。沿街有天津和光精密模具有限公司、天津嘉华鞋业有限公司、市展特工程特技有限公司等企业。该路是连接城市各主要分区的主要道路，在城市交通中发挥重要的作用。附近通多路公共汽车。

雅正路 [Yǎzhèng Lù]

在津南区境中部。东起南慧路，西至同砚路。沿线与同德路、宁慧路、文慧北路、津沽公路、新慧路等相交。路长 7.6 千米，宽 25 米，沥青混凝土路面。该路于 2009 年建，2010 年取“典雅纯正”之意命名。北侧为景观植被，南侧为高校校区。沿街有轻工职业技术学院、现代职业技术学院、市机电工业学校、天津海河教育园区南开学校、天津商务职业学院等院校。该路是连接城市各主要分区的主要道路，在城市交通中发挥重要的作用。

发港南路 [Fāgǎng Nánlù]

在津南区境西北部。北起梨双公路，南至秃尾巴河。沿线与鑫港一号路、鑫港二号路、鑫港四号路、鑫港五号路、鑫港六号路等相交。路长 2.5 千米，宽 18 米，沥青混凝土路面。该路于 2003 年建，同年建成，2006 年因其为发港路南延长线命今名。两侧多为企业。沿街有申通快递有限公司天津津南分公司、天津埃斯福林空压机有限公司、天津中外建输送机械有限公司、天津维景智能设备技术有限公司等企业。该路是连接城市各主要分区的主要道路，在城市交通中发挥重要的作用。附近通多路公共汽车。

祥水路 [Xiángshuǐ Lù]

在津南区境东北部。北起津沽公路，南至津南大道。沿线与康荣道、朝荣道、南华路等相交。路长 1.2 千米，宽 18 米，沥青混凝土路面。该路于 2010 年建，2011 年建成，取“平安吉祥、在水一方”之意命名。两侧多为住宅区。沿街有福和园、友和园、兆和园、信和园等住宅小区，有双桥河第一小学、双桥河镇卫生院等单位。该路是连接城市各主要分区的主要道路，在城市交通中发挥重要的作用。附近通多路公共汽车。

双桥河路 [Shuāngqiáohé Lù]

在津南区境东北部。北起津沽公路，南至津晋高速北辅道。沿线与康荣道、朝荣道、南华路等相交。路长 1.4 千米，宽 24 米，沥青混凝土路面。该路于 2010 年建，2011 年建成，因靠近双桥河命名。西侧多为住宅区，东侧为沿河景观带人口文化园。沿街有有福和园、聚和园等住宅小区，有双桥河第一小学、世纪和福购物广场等单位。

该路是连接城市各主要分区的主要道路，在城市交通中发挥重要的作用。附近通多路公共汽车。

广惠道 [Guǎnghuì Dào]

在津南区境中南部。东起仁营路，西至津港公路。沿线与丰韩路、政祥路、高营路、政安路、北营路、东营路、西营路、右营路等相交。路长 5 千米，宽 16 米，沥青混凝土路面。以月牙河为界，东段 1995 年拓宽改造后命名“政和路”，后经两次改造成现状。西段于 2001 年建，2004 年建成，命名为“双东路”，2011 年改造提升，两段路取“城镇建设惠及广大群众”之意统一命今名。两侧多为住宅区和单位，有建新公寓、御和新苑等住宅小区，有镇政府、镇派出所、镇工商所等单位。该路是连接城市各主要分区的主要道路，在城市交通中发挥重要的作用。

宣惠道 [Xuānhuì Dào]

在津南区境中部。东起博惠道，西至右营路。沿线与建营路、北营路、津岐路、东营路、西营路等相交。路长 1.7 米，宽 20 米，沥青混凝土路面。该路于 2010 年建，2011 年取“历史上引御河之水开荒种稻，惠及一方百姓”之意，以“惠”字为序列命名。两侧多为住宅区。沿街有宣惠园、钱隆学府等住宅小区，有鑫龙盛地生态园。该路是连接城市各主要分区的主要道路，在城市交通中发挥重要的作用。

建营路 [Jiànyíng Lù]

在津南区境中部。北起宣惠道，南至德惠道。沿线与泽惠道、御惠道、普惠道、明惠道、福惠道等相交。路长 1.3 千米，宽 20 米，沥青混凝土路面。2011 年取“建新村”村名中的“建”字及含有小站、北闸口地区“稻耕文化”的“营”字组成“建营路”命名。两侧多为住宅区，沿街有宣惠园、御惠园、泽惠园等住宅小区，有天津世科机床制造有限公司、天津恒炫电子有限公司、市科华消防设备有限公司等企业。该路是连接城市各主要分区的主要道路，在城市交通中发挥重要的作用。附近通多路公共汽车。

高营路 [Gāoyíng Lù]

在津南区境中南部。北起博惠道，南至德惠道。沿线与御惠道、普惠道、众惠道、广惠道、明惠道、福惠道等相交。路长 1.7 千米，宽 20 米，沥青混凝土路面。2011 年取“高庄房村”村名中的“高”字，与含有小站、北闸口地区“稻耕文化”的“营”字组成“高营路”命名。两侧多为企业。沿街有市富力星辰玻璃有限公司、市宏晟变压器有限公司、俊星五金制品有限公司、渤海阀门集团等企业。该路是连接城市各主要分区的主要道路，在城市交通中发挥重要的作用。

普济河东道 [Pǔjìhé Dōngdào]

在北辰区境南部。东起宜兴埠立交桥，西至普济河道立交桥。沿线与铁东路、三千路、红旗路等相交。路长 3 千米，宽 60 米，沥青混凝土路面。该路于 1989 年建，2003 年改建拓宽，原为普济河道一部分（俗称新宜白大道），后经修缮、绿化，2010 年因位于普济河道东得名。两侧多为住宅区。沿街有紫藤苑、凌霄苑、普康里、普旺里等住宅小区，有普东街道办事处、宜兴埠镇第五街委员会、北辰现代和谐医院等单位，有天士力制药、爱趣源包装印刷等企业。该路是连接城市各主要分区的主要道路，在城市交通中发挥重要的作用。附近通多路公共汽车和地铁 5 号线。

龙门道 [Lóngmén Dào]

在北辰区境南部。东起辰永路，西至辰

昌路。沿线与辰昌路、辰旺路、辰兴路等相交。路长 1.5 千米，宽 40 米，沥青混凝土路面。该路于 2004 年建，2005 年建成，以“龙字打头，取鲤鱼跃龙门”之意命名。两侧多为住宅区。沿街有瑞益园、瑞康家园、瑞盈园等住宅小区，有新天地建材装饰城、市公交物业管理有限公司辰兴路站、王庄工业园、利顺达食品等单位。该路是连接城市各主要分区的主要道路，在城市交通中发挥重要的作用。附近通多路公共汽车。

辰昌路 [Chénchāng Lù]

在北辰区境南部。北起外环线，南至天平桥。沿线与佳宁道、龙门道、北辰道等相交。路长 4.9 千米，宽 43 米，沥青混凝土路面。该路于 1999 年建，2005 年改建，2000 年取“北辰昌盛”之意命今名。两侧多为住宅区。沿街有佳荣里、佳安里、佳欣里等住宅小区，有市儿童医院、瑞景大酒店、辰昌路小学、瑞景中学等单位。该路是连接城市各主要分区的主要道路，在城市交通中发挥重要的作用。附近通多路公共汽车和地铁 1 号线。

辰康路 [Chénkāng Lù]

在北辰区境南部。北起环瑞南路，南至大桂道。沿线与龙泉道、佳宁道、光荣道等相交。路长 2.4 千米，宽 24~44 米，沥青混凝土路面。该路于 2003 年建，原名辰盛路，2007 年取“北辰康宁”之意命今名。2014 年续建光荣道至大桂道段。两侧多为住宅区。沿街有燕宇艺术家园、瑞秀花园、瑞景家园、瑞晨家园等住宅小区，有清真金宝贝幼儿园、天穆镇成明二幼等单位。该路是连接城市各主要分区的主要道路，在城市交通中发挥重要的作用。附近通多路公共汽车。

南仓道 [Náncāng Dào]

在北辰区境南部。东起辰泰桥，西至南仓桥。沿线与高峰路等相交。路长 2.8 千米，宽 66 米，沥青混凝土路面。该路于 1958 年建成，1975 年修成沥青路面，后又拓修成快速路，因位于南仓村而得名。两侧多为住宅区。沿街有大通绿岛家园、金桥宸公馆等住宅小区，有天津重机工业园等，南侧有银泰家居广场、天穆镇环卫队、市南仓中学等单位。该路是连接城市各主要分区的主要道路，在城市交通中发挥重要的作用。附近通多路公共汽车。

京津路 [Jīngjīn Lù]

在北辰区境中南部。北起京津公路立交桥，南至勤俭立交桥。沿线与延吉道、北辰道、南仓道等相交。路长 7.7 千米，宽 66 米，沥青混凝土路面。原为京津公路一部分，因两侧建起居民住宅和行政、企业、事业单位，其性质已变为街道，故 1991 年更今名。两侧多为住宅区。沿街有蓝岸森林花园、双发温泉花园、方舟温泉花园等住宅小区，有市公安局北辰分局、区教育局、区农业经济委员会等单位。该路是连接城市各主要分区的主要道路，在城市交通中发挥最为重要的作用。附近通多路公共汽车。

朝阳路 [Cháoyáng Lù]

在北辰区境南部。北起外环北路（现修到南曹联络线南侧），南至普济河道。沿线与南仓道、北辰道、延吉道等相交。路长 7 千米，宽 9 米，沥青混凝土路面。该路 1967 年拓建，1968 年竣工，取“丹凤朝阳”之意命名。两侧多为住宅区。沿街有辰兴家园、辰庆家园、普天里等住宅小区，有津辰汽配园、天津重机工业园、海泰钢管等企业。该路是连接城市各主要分区的主要道路，在城市交通中发挥重要的作用。

铁东北路 [Tiědōng Běilù]

在北辰区境中南部。北起外环线，南至普济河道立交桥。沿线与北辰道、天运道、天盈道、淮河道等相交。路长 7.9 千米，宽 60 米，沥青混凝土路面。该路于 1956 年始建，名为铁东路，土质路面，1958 年铺沥青路面，2003 年扩建后将普济河道立交桥以北部分更今名，因位于铁东路北命名。东侧多为企业。沿街有绿泊庭苑、美阳馨苑等住宅小区，有北方汽贸园、天穆镇都市产业园、大海实业发展有限公司等企业，西侧为京津城际铁路、京沪铁路。该路是连接城市各主要分区的主要道路，在城市交通中发挥重要的作用。附近通多路公共汽车。

北辰道 [Běichén Dào]

在北辰区境南部。东起外环北路，西至外环西路。沿线与铁东北路、朝阳路、高峰路、京津路、辰昌路等相交。路长 8.1 千米，宽 33~55 米，沥青混凝土路面。该路于 1957 年始建，名为“北仓道”；1967 年铺沥青路面；2001—2002 年，自京津路西至外环西路新建一路，2003 年命名龙洲道；2008 年北仓道拓修并入命今名，以北辰区区名命名。两侧多为住宅区。沿街有紫瑞园、熙景园、秋瑞家园、辰悦家园等住宅小区，有区政府、区人民法院、区财政局等单位，有浩物汽车园、津辰汽车园、中铁四局集团公司企业，有市儿童医院、北辰医院、北辰疾病预防控制中心等医院。该路是连接城市各主要分区的主要道路，在城市交通中发挥重要的作用。附近通多路公共汽车。

外环北路 [Wàihuán Běilù]

在北辰区境南部。西北起北运河，东南至新开河。沿线与铁东北路、北辰道、普济河东道等相交。路长 15.1 千米，宽 50 米，沥青混凝土路面。该路于 1986 年始建，1987 年一期工程竣工，1988 年续建二期工程，将路面加宽至 36 米，后拓宽至 45 米。2012 年环城四区道路地名规划时，将外环线按其途经位置，划分为四段，因其位于北部，命今名。两侧多为企业。沿街有春泽苑、祥辰园、鸿泰园等住宅小区，有天津海河乳业有限公司、天士力控股集团等企业，有市第二回民公墓、天津憩园、市烈士陵园等。该路是连接城市各主要分区的主要道路，在城市交通中发挥重要的作用。附近通多路公共汽车。

淮河道 [Huáihé Dào]

在北辰区境南部。东起外环线，西至铁东北路。沿线与汀江东路、汀江路、汀江西路、天广路等相交。路长 2.6 千米，宽 80 米，沥青混凝土路面。该路于 2000 年始建，同年竣工，以河流名称命今名。两侧多为企业。沿街有秋怡家园、淮兴园等住宅小区，有天士力之骄药业有限公司、天津烟草物流中心、北辰科技园区地天泰工业园等单位。该路是连接城市各主要分区的主要道路，在城市交通中发挥重要的作用。附近通多路公共汽车。

果园北道 [Guǒyuán Běidào]

在北辰区境中南部，东起朝阳路，西至京津路。沿线与高峰路、中学西路、果园东路等相交。路长 1.8 千米，宽 12 米，沥青混凝土路面。1965 年始建，为土质路面。1975 年铺沥青路面。该路因地处果园新村北部而命名，两侧多为住宅区。沿街有东升里、晨辉里、高峰里等住宅小区，有区司法局、区卫生局、区房地产管理局、区实验中学、区实验小学等单位。该路是连接城市各主要分区的重要道路，在城市交通中发挥重要作用。附近通多路公共汽车。

双新大道 [Shuāngxīn Dàdào]

在北辰区境北部，东起京津公路，西至运河大堤，沿线与顺境路、顺帆路等相交。路长 1 千米，宽 40 米，沥青混凝土路面。原名龙顺北道，2006 年建，以“双街村人民过上更为幸福美好的新生活”的寓意命名。两侧多为住宅区。沿街有上河花园、双街新城、双街新家园、双街新邨等住宅小区，有区武术协会、区模范小学等单位。该路是连接城市各主要分区的主要道路，在城市交通中发挥重要的作用。

雍阳西道 [Yōngyáng Xīdào]

在武清区境中部，东起京津线，西至南东线。沿线与建设路、泉兴路、泉旺路、翠通路等相交。路长 5.7 千米，宽 32 米，沥青混凝土路面。该路建于 1975 年，因武清古称雍阳和所在方位而命名。两侧多为住宅区。沿街有盛世馨园、莱景园、盛世郦园等住宅小区，有区政府、区环保局、区人民医院、文化公园等单位，有杨村第七中学、第九小学、英华国际学校等教育单位，是连接城市各主要分区主要道路，在城市交通中发挥最为重要的作用。附近通多路公共汽车。

前进道 [Qiánjìn Dào]

在武清区境中部，东起京津线，西至新安路西 120 米。沿线与建设路、泉旺路、泉发路、泉达路等相交。路长 7.6 千米，宽 30 米，沥青混凝土路面。该路始建于 1998 年，取“前进”之意命名。北侧多为住宅区，南侧为铁路段。沿街有翠亨花园、和悦花园、华庭豪苑、新湾花园等住宅小区，有威尼都、佛罗伦萨小镇等商业街。京津城际铁路、京沪铁路在此设有城际武清站、杨村火车站等。该路是连接城市各主要分区的主要道路，在城市交通中发挥重要的作用。附近通多路公共汽车。

雍阳东道 [Yōngyáng Dōngdào]

在武清区境中部，东起育智路，西至京津线。沿线与育才路、体育场路、团结路、胜利路等相交。路长 1.7 千米，宽 22~45 米，沥青混凝土路面。103 国道至育才路段始建于 2006 年，育才路至育智路段建于 2013 年。该路因武清古称雍阳和所在方位而命名。两侧多为住宅区。沿街有馨达园、馨盛园、育德巷等住宅小区，有建委、财政局、体育馆等单位，有杨村第四小学、第一幼儿园等教育单位，有名汇广场、雍园等休闲公园。该路是连接城市各主要分区的主要道路，在城市交通中发挥重要的作用。附近通多路公共汽车。

泉水道 [Quánshuǐ Dào]

在武清区境中部，东起建设南路，西至武静公路。沿线与泉京路、泉尚路、泉奉路、泉百路等相交。路长 5.2 千米，宽 20 米，沥青混凝土路面。该路始建于 2011 年，取“泉州”之意命今名。两侧多为住宅区。沿街有丽德花园、丽泽花园、泉昇佳苑等住宅小区，有黄庄街道办事处、水城规划展览馆等单位，有泉昇第一幼儿园、泉鑫大地幼儿园、有泉昇中学等教育单位，有鸿昊广场、水城鸿嘉广场等大型商场。该路是连接城市各主要分区的主要道路，在城市交通中发挥重要的作用。附近通多路公共汽车。

嘉河道 [Jiāhé Dào]

在武清区境中部，东起环城路，西至京津线。沿线与清水路、清溪路、清泉路等相交。路长 2.2 千米，宽 20.5 米，沥青混凝土路面。该路修建于 2008 年，取美好河流之意命名。西北侧多为住宅区。沿街有盛轩园、碧溪春园、聚豪花园等住宅小区，有下朱庄街道办事处、下朱庄街医院等单位，有静湖小学、碧溪园第一幼儿园、下朱庄街中学等教育单位，有中心公园等休闲场所。是连接城市各主要分区主要道路，在城市交通中发挥最为重要的作用。附近通多路公共汽车。

翠通路 [Cuìtōng Lù]

在武清区境中部，北起光明道，南至前进道。沿线与富民道、强国道、雍阳西道、雍和道等相交。路长2.5千米，宽29米，沥青混凝土路面。强国道至雍阳西道段始建于2004年，前进道至强国道段建于2007年，雍阳西道至光明道段建于2010年，取万事亨通之意命名。两侧多为住宅区。沿街有奥来花园、北岸尚城、亨通花园、莱景园等住宅小区。有威尼都、意安广场、意瑞广场等商业街，有武清体育中心、凯旋王国等休闲娱乐场所。该路是连接城市各主要分区的主要道路，在城市交通中发挥重要的作用。附近通多路公共汽车。

翠亨路 [Cuìhēng Lù]

在武清区境中部，北起京津塘高速，南至滨河道。沿线与强国道、雍阳西道、光明道、福源道等相交。路长8.2千米，宽28~32米，沥青混凝土路面。前进道至北环段始建于2009年，滨河路至前进道建于2011年，取翠绿亨通之意命名。两侧多为住宅区。沿街有翠景园、盛世家园、海棠花园、畔水庭苑等住宅小区，有杨村第十二小学、杨村第十六小学等校区，有佛罗伦萨小镇、百兴广场等商业街。该路是连接城市各主要分区的主要道路，在城市交通中发挥重要的作用。附近通多路公共汽车。

泉达路 [Quándá Lù]

在武清区境中部，北起雍阳西道，南至前进道。沿线与富民道、强国道、振华西道等相交。路长1.9千米，宽32米，沥青混凝土路面。前进道至强国道段始建于2005年，强国道至雍阳西道段建于2007年，取"泉水旺达"之意命名。两侧多为住宅区。沿街有荔城公馆、翠亨花园、顺驰小区、保利上河雅颂等住宅小区，有杨村第九中学、英华国际学校等教育单位，有天津伊利乳品有限公司、中天高科特种车辆公司等单位。泉达路是连接城市各主要分区的主要道路，在城市交通中发挥重要的作用。附近通多路公共汽车。

泉旺路 [Quánwàng Lù]

在武清区境中部，北起雍阳西道，南至前进道。沿线与富民道、强国道、广厦道等相交。路长1.9千米，宽24米，沥青混凝土路面。该路建于1999年，2010年扩建，取"泉水旺达"之意命名。两侧多为住宅区。沿街有颐安花园、雍馨花园、栖仙公寓、尚清湾花园等住宅小区，有区政府、区教育局、市规划资源局武清分局等单位，有杨村第五小学、杨村第十小学等教育单位，有文化公园、天鹅湖温泉度假村等休闲场所。泉旺路是连接城市各主要分区的主要道路，在城市交通中发挥重要的作用。附近通多路公共汽车。

广贤路 [Guǎngxián Lù]

在武清区境中部，北起北运河西堤路，南至梅石路。沿线与梅石路等相交。路长5.5千米，宽24米，沥青混凝土路面。广贤路于2010年始建，取"广开贤路"之意得名。两侧多为住宅区。沿街有上水花苑、茂祥园、龙意园、君利新家园等住宅小区，有医疗机构区第二人民医院，有休闲购物场所金帆商业中心。广贤路是连接城市各主要分区的主要道路，在城市交通中发挥最为重要的作用。附近通多路公共汽车。

北环路 [Běi Huánlù]

在宝坻区境北部，东起东环路，西至西环路。沿线与东城北路等相交。路长 2.9 千米，宽 30 米，沥青混凝土路面。该路于 1997 年建成，原名为环城北路，后更今名。两侧多为住宅区。沿街有北新楼、蓝水湾花园、宝鑫景苑等住宅小区，有北环路幼儿园等。北环路是连接城市各分区的主要道路，在城市交通中发挥较为重要的作用。附近通多路公共汽车。

南城东路 [Nánchéng Dōnglù]

在宝坻区境东部，东起唐通公路，西至东城路。沿线与钰华街、林海路等相交。路长 2.6 千米，宽 16~32 米，沥青混凝土路面。该路于 1968 年建成，1986 年拓宽改造，2014 年大修改造，因位于南城路东得名。两侧多为住宅区。沿街有泰泽花园、祥和家园等住宅小区，有区交通局、区妇幼医院、渤海医院、向日葵体育馆、区粮食购销公司等单位。南城东路是连接城市各分区的主要道路，在城市交通中发挥较为重要的作用。附近通多路公共汽车。

南城西路 [Nánchéng Xīlù]

在宝坻区境西部，东起西城路，西至西环路。沿线与开元路等相交。路长 1 千米，宽 22 米，沥青混凝土路面。该路于 1969—1970 年始建，1984 年拓宽，2015 年大修改造，因位于南城路西得名。两侧多为住宅区。沿街有馨泰家园、华兴里、望都楼等住宅小区，有区巡警支队、进京路小学、区动物疫病预防控制中心等单位。南城西路是连接城市各分区的主要道路，在城市交通中发挥较为重要的作用。附近通多路公共汽车。

南城路 [Nánchénglù]

在宝坻区境东部，东起东城路，西至西城路。沿线与东城路、西城路等相交，路长 0.8 千米，宽 22 米，沥青混凝土路面。该路于 1968 年建成，1986 年拓宽改造。此路原是县城南城墙，新中国成立后将旧城拆毁，修成较宽的围城土路得名。两侧多为住宅区。沿街有岳园小区、瑞景花园、瑞祥花园等住宅小区，有区农业局、区卫生和计划生育委员会、区种植业发展服务中心等单位。南城路是连接城市各分区的主要道路，在城市交通中发挥较为重要的作用。附近通多路公共汽车。

南环西路 [Nánhuán Xīlù]

在宝坻区境西部，东起西环路，西至新仓路。沿线与朝霞路、望月路等相交。路长 1.7 千米，宽 36 米，沥青混凝土路面。该路始建于 2012 年，因位于南环路西得名。两侧多为企业。沿街有昌利铸件厂、道姆卡斯特机械有限公司、康派装饰家装体验馆等企业。该路是连接城市各分区的主要道路，在城市交通中发挥较为重要的作用。

南环路 [Nán Huánlù]

在宝坻区境南部，东起东环路，西至西环路。沿线与南关大街、开元路等相交。路长 3 千米，宽 30 米，沥青混凝土路面。该路于 1994 年修建，2004 年津围路—西环路段大修改造，2008 年津围路—东环路段大修改造，因位于区境南部且绕城而过得名。两侧多为住宅区。沿街有宝平景苑、天宝新苑、天宝华苑、龙熙帝景花园等住宅小区，有区发展和改革委员会、区质量技术监督局等单位，有怡购宝鑫商场、天津泰福家具建材装饰城等购物场所。南环路是连接城市各分区的主要道路，在城市交通中发挥较为重要的作用。附近通多路公共汽车。

东城南路 [Dōngchéng Nánlù]

在宝坻区境东部，北起南城路，南至钰华街。沿线与广川路、建设路等相交。路长1千米，宽30米，沥青混凝土路面。该路于1990年修建，2006年大修改造，因位于东城路南侧得名。两侧多为单位。沿街有区审计局、区财政局、区教育局、区建设管理委员会等单位，有天赋源商业广场、文化广场等休闲购物场所。该路是连接城市各分区的主要道路，在城市交通中发挥较为重要的作用。附近通多路公共汽车。

东城路 [Dōngchénglù]

在宝坻区境东部，北起北城路，南至南城路。沿线与学街、东街等相交。路长0.9千米，宽18米，沥青混凝土路面。该路于1974年修建，1982年拓宽改造，1997年路面改造。此处原是老城东城墙，新中国成立后将旧城墙拆毁，修成较宽的围城土路后得名。两侧多为商铺。沿街有区红十字会、京东第一集景点及商铺等。该路是连接城市各分区的主要道路，在城市交通中发挥较为重要的作用。附近通多路公共汽车。

东城北路 [Dōngchéng Běilù]

在宝坻区境北部，北起唐通公路，南至北城路。沿线与北环路等相交。路长1.8千米，宽22~30米，沥青混凝土路面。该路于1975年始建，1990年拓宽改造，因位于东城路北得名。两侧多为单位。沿街有区民政局、区消防支队挹青路支队等单位，有永发茶叶批发部、万家电器商店、美的电器专卖等商铺。该路是连接城市各分区的主要道路，在城市交通中发挥较为重要的作用。附近通多路公共汽车。

东环路 [Dōng Huánlù]

在宝坻区境东部，北起北环路，南至南环路。沿线与南城东路、建设路、南三路等相交。路长3.8千米，宽30~44米，沥青混凝土路面。该路于1997年建成，2009年路面改造，因位于区境东部且环城得名。两侧多为住宅区。沿街有宝鑫景苑、城市艺墅、绿景家园等住宅小区，有海滨小学、区第一中学等教育单位，有劝宝购物广场等大型商场。该路是连接城市各分区的主要道路，在城市交通中发挥较为重要的作用。附近通多路公共汽车。

第九大街 [Dì 9 Dàjiē]

在滨海新区境西部，东起新港七号路，西至洞庭路。沿线与黄海路、洞庭路、睦宁路、南海路、泰华路等相交。路长5.2千米，宽50米，沥青混凝土路面。该路于1995年建，1996年命名第十大街，1997年按天津经济技术开发区东西走向干路的顺序排列为第九条街更今名。两侧多为企业。沿街有天津一汽丰田汽车有限公司、爱信车身零部件有限公司、天津星马汽车有限公司等企业。该路是连接城市各主要分区的主要道路，在城市交通中发挥重要的作用。附近通多路公共汽车。

第五大街 [Dì 5 Dàjiē]

在滨海新区境中部。东起海滨高速，西至东江路。沿线与微山路、洞庭路、洪泽路、巢湖路等相交。路长5.7千米，宽40米，沥青混凝土路面。该路于1986年建，按天津经济技术开发区东西走向干路的顺序排列为第五条街命今名。两侧多为企业。沿街有万科金域蓝湾、瑞达公寓、万通新城国际等住宅小区，有天津葛兰素史克有限公司、天津港航工程有限公司、顶新国际集团等企业，有泰达时尚购物中心、泰达足球场、永旺购物中心、滨海国际会议中心等商务、休闲场所。该路是连接天津滨海科技园的主要道路，在城市交通中发挥重要的作用。附近通多路公共汽车和地铁 9 号线。

新港四号路 [Xīngǎng 4 Hào lù]

在滨海新区境中北部，东起天津新港，西至高架桥。沿线与东环路、国贸路、北海路、新城西路等相交。路长 12 千米，宽 15 米，沥青混凝土路面。该路于 1983 年建，按新港东西走向干路的顺序排列为第四条路命今名。两侧多为住宅区。沿街有新港雅苑、临开里、东海云天、新城家园等住宅小区，有区政府、区政协、保税区海关等单位。该路是连接城市各主要分区的主要道路，在城市交通中发挥最为重要的作用。通地铁 9 号线。

新胡路 [Xīnhú Lù]

在滨海新区境中北部，东起车站广场，西至津塘公路。沿线与胡北路等相交。路长 2.9 千米，宽 28 米，沥青混凝土路面。该路于 1957 年建，为铺渣石路，因位于新河车站（今铁路塘沽站）与胡家园（津塘公路口）之间得名。该路于 1959 年建，拓修成沥青混凝土路。北侧为津山铁路，南侧多为住宅区。沿街有滨海龙都、红光家园、四季风情等住宅小区，有天津海晶塑料制品有限公司、津岛公司等单位。该路是连接城市各主要分区的主要道路，在城市交通中发挥重要的作用。附近通多路公共汽车。

车站北路 [Chēzhàn Běilù]

在滨海新区境中部，北起塘汉路，南至车站立交桥。沿线与福州道、广州道、杭州道、津塘公路、营口道等相交。路长 2.3 千米，宽 32 米，沥青混凝土路面。该路于 1972 年建，1990 年因位于塘沽火车站北侧得名。两侧多为住宅区。沿街有莱茵春天、漓江里、湘江里、碧海兰庭等住宅小区，有桂林路小学、徐州道小学、塘沽第十三中学等教育单位。该路是连接城市各主要分区的主要道路，在城市交通中发挥重要的作用。附近通多路公共汽车。

河南路 [Hénán Lù]

在滨海新区境中部，北起河北路，南至津沽公路。沿线与坨场道、顺化道、天津大道等相交。路长 2.4 千米，宽 38 米，沥青混凝土路面。北段建于 1942 建，初名大沽坨地路，1975—1980 年全面拓修，1982 年因位于海河之南得名。两侧多为住宅区。沿街有海晶北园、天澜居、贻成泰和新都等住宅小区。该路有塘沽第二中心小学、塘沽第一中学、塘沽盐场中学等教育单位，有天津海昌极地海洋世界等休闲娱乐场所。该路是连接城市各主要分区的主要道路，在城市交通中发挥重要的作用。附近通多路公共汽车。

河北路 [Héběi Lù]

在滨海新区境中部，北起新北公路，南至海门大桥。沿线与宁波道、上海道、烟台道、杭州道、广州道等相交。长 3.6 千米，宽 32 米，沥青混凝土路面。该路于 1958 年建，以地处海河之北得今名，1994 年拓建。两侧多为住宅区。沿街有康居园、贻丰家园、美景园、心源家园等住宅小区，有塘沽区第二中心小学、育华中学等教育单位，有千山美家定制家居、新洋世纪商厦等购物场所，有绿岛公园、四季广场等休闲场所。该路是连接城市各主要分区的主要道路，在城市交通中发挥重要的作用。附近通多路公共汽车。

洞庭路 [Dòngtíng Lù]

在滨海新区境中部，北起京津塘高速公路，南至新港四号路。沿线与第一至第十三大街等相交。路长 7.7 千米，宽 40 米，沥青混凝土路面。该路于 1985 年建，以洞庭湖湖名命名。两侧多为住宅区。沿街有格调林泉、融创洞庭路壹号、盛泰公寓等住宅小区，有天津科技大学滨海校区，有天津国际生物医药联合研究院、天津可口可乐饮料有限公司等单位。该路是连接城市各主要分区的主要道路，在城市交通中发挥重要的作用。附近通多路公共汽车。

黄海路 [Huánghǎi Lù]

在滨海新区境中北部，北起京津塘高速公路，南至大连东道。沿线与第一至第八大街等相交。路长 7.8 千米，宽 50 米，沥青混凝土路面。该路于 1988 年建，取黄海海名命名。两侧多为住宅区。沿街有森泰家园、博美园、青海园等住宅小区，有永莲国际购物中心、金元宝滨海国际购物中心等大型商场，有天津科技大学滨海校区，有中新药业现代中药产业园、天津金耀制剂产品制造中心、华立达生物园等企业。该路是连接城市各主要分区的主要道路，在城市交通中发挥重要的作用。附近通多路公共汽车。

中新大道 [Zhōngxīn Dàdào]

在滨海新区境东北部，东北起汉北公路，西南至永定河。沿线与汉北路、中生大道等相交。路长 8 千米，宽 26 米，沥青混凝土路面。2010 年取“新起点、新生活”之意为该路命名。两侧多为住宅区。沿街有仕景苑、尚御名邸、倚琴轩等住宅小区，有中新天津生态城城市管理服务中心、中新天津生态城大厦等单位。有天津泰达足球训练基地、中新天津生态城动漫公园等休闲场所。该路是连接城市各主要分区的主要道路，在城市交通中发挥重要的作用。附近通多路公共汽车。

新开中路 [Xīnkāi Zhōnglù]

在滨海新区境北部，北起文化街，南至府南街。沿线与国家庄街、府北街等相交。路长 1.2 千米，宽 30 米，沥青混凝土路面，中段街道中央建有一条长 600 米，宽 6 米的隔离绿带。该路原系汉沽盐场的盐坨地，1987 年建路，因位于原新开北路与新开南路的中间地段得名。两侧多为住宅区。沿街有咸阳里、坨南里、玉坨里等住宅小区，有汉沽供电局、国家税务局等单位。该路是连接城市各主要分区的主要道路，在城市交通中发挥重要的作用。附近通多路公共汽车。

海油大道 [Hǎiyóu Dàdào]

在滨海新区境西部，东起唐津高速公路，西至规划环路。沿线与惠新路、高新五路、高新六路、中心庄路等相交。路长 5.9 千米，宽 30 米，沥青混凝土路面。该路始建于 2009 年，2010 年建成，因位于原中海油在军粮城的基地得名。北侧为北环铁路，南侧多为住宅区。沿街有渤龙御湖湾、渤龙观湖湾、渤龙湖总部基地二区等住宅小区，有休闲场所渤龙湖公园，有华泰汽车集团（天津）有限公司等企业。该路是连接城市各主要分区的主要道路，在城市交通中发挥重要的作用。附近通多路公共汽车。

高新五路 [Gāoxīn 5 Lù]

在滨海新区境西部，北起海油大道，南至神州大道。沿线与创新大道、康泰大道、惠仁道、惠才道等相交。路长 0.3 千米，宽 30 米；沥青混凝土路面。该路于 2008 年建，因位于滨海高新区，按南北走向从西向东的顺序排列为第五条路而得名。两侧多为企业。沿街有金辉优步湖畔、渤龙公寓等住宅小区，有休闲场所渤龙湖市民广场，有天津药物研究所、富通集团天津科技园、天津明阳风电设备有限公司等企业。该路是连接城市各主要分区主要道路，在城市交通中发挥最为重要的作用。附近通多路公共汽车。

高新六路 [Gāoxīn 6 Lù]

在滨海新区境西部。北起海油大道，南至杨北公路。沿线与康泰大道、惠仁道、惠才道、创新大道、神州大道等相交。路长 3.3 千米，宽 40 米，沥青混凝土路面。该路于 2007 年始建，2008 年建成，因位于滨海高新区，排序为第六条路而得名。两侧多为住宅区。沿街有渤龙公寓、渤龙御湖湾等住宅小区，有天津明阳风电设备有限公司、未来科技城海高创业园等企业，有渤龙天地商业街、渤龙山庄、渤龙湖公园等休闲场所。该路是连接城市各主要分区的主要道路，在城市交通中发挥重要的作用。附近通多路公共汽车。

高新七路 [Gāoxīn 7 Lù]

在滨海新区境西部。北起海油大道，南至杨北公路。沿线与创新大道、神州大道等相交。长 2.6 千米，宽 30 米，沥青混凝土路面。该路建于 2009 年，因位于滨海高新区，且排序为第七条路而得名。两侧多为住宅区。沿街有渤龙御湖湾、渤龙观湖湾、滨海航天城等住宅小区，有天津航天协作中心、天津航天中为数据系统科技有限公司等企业。该路是连接城市各主要分区的主要道路，在城市交通中发挥重要的作用。附近通多路公共汽车。

新港路 [Xīngǎng Lù]

在滨海新区境中部。东起新港一号路，西至新华路。沿线与新金融大道、春光路、春风路等相交。路长 2.6 千米，宽 32.0 米，沥青混凝土路面。该路于 1939 年建成，因通往天津新港得名，1949 年更名胜利路，1963 年更今名。两侧多为商业区和住宅区。沿街有世纪祥和家园、朝阳楼、抗震里等住宅小区，有天津宝龙城市广场、瑞龙城市广场等大型商场，有交通枢纽滨海站。该路是连接城市各主要分区的主要道路，在城市交通中发挥重要的作用。附近通多路公共汽车。

新华路 [Xīnhuá Lù]

在滨海新区境中部。西北起学校大街，东南至永太路。沿线与金蕴路、金滨路、金海路等相交。路长 3.6 千米，宽 32 米，沥青混凝土路面。该路原为土路，1945 年拓修，名中山路，1954 年取“新中华”之意命名。两侧多为住宅区。沿街有联合村、新华里小区等住宅小区。东侧为铁路，有交通枢纽塘沽南站。西侧为海河。南侧有天津茱莉亚学院。新华路是连接城市各主要分区的主要道路，在城市交通中发挥重要的作用。附近通多路公共汽车。

港滨路 [Gǎngbīn Lù]

在滨海新区境中部。北起旅顺道，南至新港二号路。沿线与新港三号路等相交。路长 1.1 千米，宽 36.0 米，沥青混凝土路面。该路于 1984 年建，2000 年因其所处地理位置得今名。两侧多为住宅区。沿街有华开里、北仑里、华云园等住宅小区，有小太阳国际幼儿园、市公安交通管理新港路大队等单位。该路是连接城市各主要分区的主要道路，在城市交通中发挥重要的作用。附近通多路公共汽车。

创业路 [Chuàngyè Lù]

在滨海新区境南部。东起津歧公路,西南至东围堤道。沿线与开发道、腾飞道、光明大道等相交。路长 6.1 千米,宽 30 米,沥青混凝土路面。该路于 1969 年建, 1982 年修缮,原名二号路,后取“艰苦创业”之意命今名。两侧多为住宅区。沿街有新兴小区、北苑小区、西苑小区、阳光佳园等住宅小区,有渤海装备中成机械制造公司、大港油田总医院、富丽大酒店等单位。该路是连接城市各主要分区主要道路,在城市交通中发挥重要的作用。附近通多路公共汽车。

光明路 [Guāngmíng Lù]

在宁河区境东南部。东起火车站,西至 112 国道,沿线与商业道、新华道、滨玉道等相交。路长 5.2 千米,宽 45.5 米,沥青混凝土路面。该路于 1942 年建,取“大学之道在明明德”之意命名,初名明德路, 1974 年拓宽并更今名。两侧多为住宅区和单位。沿街有运河家园、丽月湾、金城嘉园、愉悦港湾等住宅小区,有区政府、建委、交通局、国税局等单位及多家金融机构。该路是连接城市各主要分区的主要道路,在城市交通中发挥重要的作用。附近通多路公共汽车。

朝阳路 [Cháoyáng Lù]

在宁河区境东南部。东起滨玉路,西至新华道,沿线与商业道等相交。路长 1.1 千米,宽 34 米,沥青混凝土路面。该路 1980 年建,初名大寨路, 1984 年更今名。因该路修建于芦台镇最南端,取“门庭朝阳、明亮温暖”之意命名。两侧多为住宅区,沿街有朝阳花园、幸福花园、佳园小区等住宅小区,有区纪检委、家乐商业购物中心等单位。该路是连接城市各主要分区的主要道路,在城市交通中发挥重要的作用。附近通多路公共汽车。

金翠路 [Jīncuì Lù]

在宁河区境东南部。东起朝阳路,西至六经路,沿线与金华路、三八河路、金波道等相交。路长 2.2 千米,宽 30 米,沥青混凝土路面。该路于 1987 年建, 2011 年进行改造,取“金光闪耀、青春翠绿”之意命名。两侧多为住宅区。沿街有华翠小区、永兴小区、世纪花园等住宅小区,有芦台第五中学、芦台医院等单位,有休闲场所华翠公园。该路是连接城市各主要分区的主要道路,在城市交通中发挥重要的作用。附近通多路公共汽车。

五纬路 [5 Wěi Lù]

在宁河区境东南部。东起滨玉路,西至玖龙路,沿线与六经路、二经路等相交。路长 4.7 千米,宽 29.5 米,沥青混凝土路面。该路于 1993 年建,因东西为“纬”且排序为第五而得名。两侧多为单位。沿街有人力资源与社会保障局、经济开发区管委会、新华昌运输设备有限公司、汇新化学纤维有限公司、义聚永酒文化博物馆等单位。该路是连接城市各主要分区的主要道路,在城市交通中发挥重要的作用。附近通多路公共汽车。

六经路 [6 Jīng Lù]

在宁河区境东南部。北起四纬路以北 242 米,南至津芦公路,沿线与五纬路等相交。路长 1.5 千米,宽 22 米,沥青混凝土路面。2005 年,该路因南北为“经”且排序为第六得名。两侧多为企业。沿街有天钢联合金属制品有限公司、新华昌运输设备公司、温氏畜牧有限公司等单位。该路是连接城市各主要分区的主要道路,在城市交通中发挥重要的作用。

新华道 [Xīnhuá Dào]

在宁河区境东南部。北起沿河路,南至金翠路,沿线与光明路、震新路、朝阳路等相交。路长 1.8 千米,宽 20~30 米,沥青混凝土路面。该路于 1980 年建, 1984 年取"振兴中华"之意命名。两侧多为住宅区和单位,沿街有光明小区、滨新小区、幸福花园等住宅小区,有区民政局、区人民法院、区公安局等单位。该路是连接城市各主要分区的主要道路,在城市交通中发挥重要的作用。附近通多路公共汽车。

商业道 [Shāngyè Dào]

在宁河区境东南部。北起津榆支线,南至三八河路沿线与沿河路、光明路、震新路、朝阳路、金翠路等相交。路长 2.4 千米,宽 30 米,沥青混凝土路面。该路于 1979 年建,2008 年进行改造,2010 年延伸至三八河路,因沿途商铺网点集中得名。两侧多为住宅区,沿街有宁福花园、唐宁里等住宅小区,有百荣商厦、世纪欣都购物广场、幸福商业广场等大型商场,有区检察院、区交通局、区计生委等单位,有区体育馆、方舟公园、城乡规划展览馆等文化服务设施。该路是连接城市各主要分区的主要道路,在城市交通中发挥重要的作用。附近通多路公共汽车。

十三纬路 [13 Wěi Lù]

在宁河区境南部。东起滨玉路,西至六经路延长线。路长 1.9 千米,宽 16 米,沥青混凝土路面。2007 年,该路依道路走向排序而命名。两侧多为企业,沿街有天津汤始建华建材有限公司、京汉塑料模具有限公司、天津慧能塑料工贸有限公司等单位。该路是连接城市各主要分区的主要道路,在城市交通中发挥重要的作用。

金华道 [Jīnhuá Dào]

在宁河区境东南部。北起光华路,南至靳庄排河,沿线与金翠路等相交。路长 0.8 千米,宽 21 米,沥青混凝土路面。该路于 1987 年建,取"金色的阳光照耀中华大地"之意命名。两侧多为住宅区和单位,沿街有世纪花园、永兴小区、绿州别墅、福康花园等住宅小区,有区委党校、区行政许可服务中心、芦台医院等单位。该路是连接城市各主要分区的主要道路,在城市交通中发挥重要的作用。附近通多路公共汽车。

海航西路 [Hǎiháng Xīlù]

在宁河区境西南部。东起丽水道,西至赵温村头,沿线与富民街等相交。路长 2 千米,宽 50 米,沥青混凝土路面。原名为主干路, 2012 年因位于海航集团西方更名。两侧多为企业。沿街有京津合作园区总部基地、天津富奥泰北汽车部件有限公司等单位。该路是连接城市各主要分区的主要道路,在城市交通中发挥重要的作用。附近通多路公共汽车。

和山路 [Héshān Lù]

在静海区境北部。东起东环线,西至天海道。沿线与金海道、广海道、聚海道、汇海道等相交。路长 2 千米,宽约 30 米,沥青混凝土路面。该路依据开发区地理位置而命名。两侧多为企业,沿街有津成电线电缆、华夏科技园、宝力圣尼塑管制造公司、天津赛恩科技发展有限公司等单位。该路是连接城市各主要分区的主要道路,在城市交通中发挥重要的作用。附近通多路公共汽车。

东方红路 [Dōngfānghóng Lù]

在静海区境北部。东起东环线,西至津文线。沿线与物海道、庶海道、金海道、广海道、聚海道等相交。路长 2.2 千米,宽约 60

米，沥青混凝土路面。该路于明代与聚落同时形成，历称县府前街，西段称估衣街，1967年合并称今名，1959—1987年多次拓宽延伸成现状。该路于1992年改建，并取“东方红，太阳升”象征美好明天之意命名。两侧多为住宅区，沿街有华苑小区公寓、颖华小区等住宅小区，有区静海实验中学、镇第五小学等教育单位。有区中医医院、广播电视台等单位，有多家多功能休闲购物广场。静海火车站坐落于此。该路是连接城市各主要分区的主要道路，在城市交通中发挥重要的作用。附近通多路公共汽车。

金海道 [Jīnhǎi Dào]

在静海区境北部。北起津文路，南至十五号路。沿线与和山路、东方红路、顺帆路等相交。路长3千米，宽45米，路中间有景观绿化带分隔上下行车道，沥青混凝土路面。该路依据开发区地理位置而命名。两侧多为企业，沿街有天津天海同步科技有限公司、市永康食品有限公司等企业，有区行政许可服务中心、行政审批局、开发区管委会、新区派出所等单位。该路是连接城市各主要分区的主要道路，在城市交通中发挥重要的作用。附近通多路公共汽车。

东兴道 [Dōngxīng Dào]

在静海区境北部。北起北华路，南至团静线。沿线与静文路、地纬路、东方红路等相交。路长3.3千米，宽约16米，沥青混凝土路面。该路于1974年建成，取“东部兴隆”之意命名。两侧多为住宅区，沿街有华林家园、东兴公寓、泰和公寓等住宅小区，有瑞安医院、区妇幼保健院、静海第五中学等单位，有多家具有购物休闲等多功能的美食广场。该路是连接城市各主要分区的主要道路，在城市交通中发挥重要的作用。附近通多路公共汽车。

春曦路 [Chūnxī Lù]

在静海区境北部。北起静文路，南至静王公路。沿线与地纬路、东方红路等相交。路长3.4千米，宽约22米，沥青混凝土路面。该路于2001年建，取“象征着美好的一天”之意命名。两侧多为住宅区，沿街有禧顺佳园、金海园、景华春天等住宅小区，有天津鑫山家具有限公司、茂翔制衣有限公司等企业，有春曦公园等休闲娱乐场所。该路是连接城市各主要分区的主要道路，在城市交通中发挥重要的作用。附近通多路公共汽车。

迎宾大街 [Yíngbīn Dàjiē]

在蓟州区境中部。东起五龙山大道，西至长城大道。沿线与东环路、康平路、二六九路、中昌北大道、东风路等相交。路长3.7千米，宽19~36米，沥青混凝土路面。该路于1995年建，以“迎接宾客”之意命名。两侧多为住宅区和单位，沿街有海棠湾花园、龙庭庄园、天一绿海城等住宅小区，有区人民法院、市公安局蓟州分局、区第一小学、区第一中学等单位。该路是连接城市各主要分区的主要道路，在城市交通中发挥重要的作用。附近通多路公共汽车。

北环路 [Běi Huánlù]

在蓟州区境中部。东起东环路，西至环岛。沿线与康平路、光明路、中昌北大道、人民西大街等相交。路长7.6千米，宽40米，沥青混凝土路面。该路于2004年建，因其北环城区故名。两侧多为住宅区，沿街有府君花园、富裕家园、公乐园等住宅小区，有区国家地质公园、区地质博物馆、于庆成雕塑园、府君山公园等旅游休闲场所。该路是连接城市各主要分区的主要道路，在城市交通中发挥重要的作用。附近通多路公共汽车。

兴华大街 [Xīnghuá Dàjiē]

在蓟州区境中部。东起东环路，西至中昌北大道。沿线与光明路、康宏路、花园路、二六九路等相交。路长 2.4 千米，宽 32 米，沥青混凝土路面。原为碎石路，1972 年铺沥青路面，取“振兴中华”之意命名。两侧多为住宅区，沿街有佳城公寓、金盾花园、中节能远景城等住宅小区，有区教育局、区体育局、区第四中学、天津水利电力机电研究所等单位。该路是连接城市各主要分区的主要道路，在城市交通中发挥重要的作用。附近通多路公共汽车。

武定西街 [Wǔdìng Xījiē]

在蓟州区境中部。东起长城大道，西至人民西大街。沿线与武定街、渔山路、煤站路等相交。路长 1.4 千米，宽 15~22 米，沥青混凝土路面。该路于 1991 年建，两侧多为住宅区。沿街有鸿雁里、武定苑、育才里等住宅小区，有区公路路政支队、区卫生站等单位。该路是连接城市各主要分区的主要道路，在城市交通中发挥重要的作用。附近通多路公共汽车。

文昌街 [Wénchāng Jiē]

在蓟州区境中部。东起中昌北大道，西至渔阳南路。沿线与武定街、柴草市路、大井路、兴华大街等相交。路长 0.9 千米，宽 15 米，沥青混凝土路面。原为土路，1953、1973、1978 年 3 次拓宽改建，曾名鼓楼东大街、东大街，因路北侧有古文昌宫命今名。两侧多为购物商场。沿街有金地商场、华能商场、京百利发购物广场等多功能休闲购物场所。渔阳鼓楼、鼓楼广场坐落于此。该路是连接城市各主要分区的主要道路，在城市交通中发挥重要的作用。附近通多路公共汽车。

人民东大街 [Rénmín Dōngdàjiē]

在蓟州区境中部。东起东环路，西至中昌北大道。沿线与人民西大街、二六九路等相交。路长 2.5 千米，宽 14 米，沥青混凝土路面。该路于 2010 年建，两侧多为住宅区，沿街有鸿福家园、畅达园、翠湖新村等住宅小区，有区交警支队、区刑侦支队等单位。该路是连接城市各主要分区的主要道路，在城市交通中发挥重要的作用。附近通多路公共汽车。

人民西大街 [Rénmín Xīdàjiē]

在蓟州区境中部。东起中昌北大道，西至邦喜公路。沿线与人民东大街、武定西街、长城大道、北环路等相交。路长 4.6 千米，宽 19~46 米，沥青混凝土路面。该路于 1993 年始建，两侧多为住宅区，沿街有东方明珠苑、育才里、五子家园等住宅小区，有区国家税务局、区第二中学、区体育馆等单位。该路是连接城市各主要分区的主要道路，在城市交通中发挥重要的作用。附近通多路公共汽车。

南环路 [Nán Huánlù]

在蓟州区境中部。东起东环路，西至西环路。沿线与中昌北大道、津围公路、西环路等相交。路长 7.2 千米，宽 40 米，沥青混凝土路面。该路于 2008 年建，两侧多为住宅区和单位，沿街有区人民检察院、区人力资源和社会保障局、区林业局、区人民医院等单位，有休闲场所州河公园。该路是连接城市各主要分区的主要道路，在城市交通中发挥重要的作用。附近通多路公共汽车。

西环路 [Xī Huánlù]

在蓟州区境中部。北起北环路，南至南

环路。沿线与人民西大街等相交。路长 2.2 千米，宽 42 米，沥青混凝土路面。该路于 1975 年建，2006 年因位于区城外西南环沿城墙旧址处得名。两侧多为学校，沿街有住宅小区美域新城，有区燕山中学、区第二中学、区体育馆等单位。该路是连接城市各主要分区的主要道路，在城市交通中发挥重要的作用。附近通多路公共汽车。

渔阳南路 [Yúyáng Nánlù]

在蓟州区境中部。北起鼓楼广场，南至津围公路。沿线与三府街、白塔寺街、南四眼井街、人民西大街等相交。路长 2.9 千米，宽 24~46 米，沥青混凝土路面。该路于 1993 年建，以蓟州区之古称渔阳和方位命名。两侧多为住宅区，渔阳镇人民政府驻于此。沿街有广仁家园、胜达家园等住宅小区，有蓟州中学、区中医医院、区城市管理综合执法局等单位，有兴盛购物广场、渔阳商厦、杨园子公园等休闲娱乐场所。北连鼓楼广场，是连接城市各主要分区的主要道路，在城市交通中发挥重要的作用。附近通多路公共汽车。

长城大道 [Chángchéng Dàdào]

在蓟州区境中部。北起北环路，南至渔阳南路。沿线与津围公路、北环路、迎宾大街、商贸街等相交。路长 2.5 千米，宽 18 米，沥青混凝土路面。该路于 2000 年始建，两侧多为住宅区，沿街有武定苑、燕山食品厂家属院等住宅小区，有区市容和园林管理委员会等单位，有杨园子公园、独乐寺等景区。该路是连接城市各主要分区的主要道路，在城市交通中发挥重要的作用。附近通多路公共汽车。

渔阳北路 [Yúyáng Běilù]

在蓟州区境中部。北起区一中体育场，南至渔阳鼓楼。沿线与迎宾大街等相交。路长 0.6 千米，宽 13~24 米，沥青混凝土路面。该路于 1984 年始建，以蓟州区古称渔阳和方位命今名。两侧多为单位、学校和旅游景点。区人民政府驻此。沿街有区第一小学、区第一中学、区渔阳中学等校区，有蓟州文庙、鲁班庙等景区。该路南连鼓楼广场，是连接城市各主要分区的主要道路，在城市交通中发挥重要的作用。附近通多路公共汽车。

中昌北大道 [Zhōngchāng Běidàdào]

在蓟州区境中部。北起北环路，南至南环路。沿线与迎宾大街、文昌街、兴华大街、商贸街等相交。路长 3.5 千米，宽 35~48 米，沥青混凝土路面。该路于 1994 年建，两侧多为住宅区和单位，沿街有中昌新村东区、尚文里、康宏新村等住宅小区，有区地方税务局、区文物局、区文化广播电视局、友好医院等单位。该路是连接城市各主要分区的主要道路，在城市交通中发挥重要的作用。附近通多路公共汽车。

光明路 [Guāngmíng Lù]

在蓟州区境中部。北起桃花园村，南至南环路。沿线与北环路、迎宾大街、兴华大街等相交。路长 3.5 千米，宽 20~30 米，沥青混凝土路面。该路于 1993 年建，2007 年扩建，两侧多为住宅区，沿街有曲院风荷苑、阳光小区、光明里、乐园公寓等住宅小区，有区第三小学、区实验中学等教育单位。该路是连接城市各主要分区的主要道路，在城市交通中发挥重要的作用。附近通多路公共汽车。

东环路 [Dōng Huánlù]

在蓟州区境中部。北起北环路，南至南环路。沿线与迎宾大街、兴华大街、人民东大街、南环路等相交。路长 2.6 千米，宽 42 米，沥青混凝土路面。该路于 2003 年建，两侧多为住宅区，沿街有引滦小区、天一绿海、时代花园等住宅小区，有金贝星光幼儿园、区第四中学、星巴顿酒店等单位，有休闲场所凤凰山公园。该路是连接城市各主要分区的主要道路，在城市交通中发挥重要的作用。附近通多路公共汽车。

滨河西街 [Bīnhé Xījiē]

在蓟州区境中部。东起中昌南大道，西至城南大街。沿线与州河湾西街等相交。路长 1.5 千米，宽 27 米，沥青混凝土路面。该路于 2013 年建。两侧多为住宅区，沿街有州河湾西园、州河湾北园等住宅小区，有渔阳镇中心卫生院、新城派出所、区行政许可服务中心等单位。该路是连接城市各主要分区的主要道路，在城市交通中发挥重要的作用。附近通多路公共汽车。

城南大街 [Chéngnán Dàjiē]

在蓟州区境中部。东起中昌南大道，西至滨河西街。沿线与青池西街等相交。路长 1.4 千米，宽 41 米，沥青混凝土路面。该路于 2013 年建，因位于城区南部得名。南侧为大秦铁路，北侧多为新城住宅区。沿街有州河湾西园西区、州河湾西园东区等住宅小区。该路是连接城市各主要分区的主要道路，在城市交通中发挥重要的作用。附近通多路公共汽车。

中昌南大道 [Zhōngchāngnán Dàdào]

在蓟州区境中部。北起中昌北大道，南至蓟州立交桥。沿线与南环路、滨河西街、青池西街、城南大街等相交。路长 4.8 千米，宽 44 米，沥青混凝土路面。该路于 1990 年建，两侧多为新城住宅区，沿街有州河湾西园、东园、北园、南园等住宅小区，有凯烁车帮办汽车有限公司、天津长风商贸有限公司等企业。该路是连接城市各主要分区的主要道路，在城市交通中发挥重要的作用。附近通多路公共汽车。

现代导轨电车一号线 [Xiàndài Dǎoguǐdiànchē 1 Hào Xiàn]

在滨海新区境中北部，北起学院区北站，南至津滨轻轨泰达站，途经洞庭路站、第一大街站、第二大街站、第三大街站、第四大街站、第五大街站、第六大街站、第七大街站、第九大街站、第十大街站、第十一大街站、学院区南站、学院区站、学院区北站共 14 站。路长 7.86 千米。该路于 2006 年 2 月开工建设，2006 年 12 月 6 日开通运营，连接生活区、工业区、学院区，采用岛式月台设计。一号线是一条纵贯天津开发区西部南北方向的轨道交通线，主要服务于沿线的企事业单位，是国内第一条现代导轨电车线路。

地　铁

地铁 1 号线 [Dìtiě 1 Hào Xiàn]

跨北辰区、红桥区、南开区、和平区、河西区、津南区。从刘园起，至双桥河止。途经刘园、瑞景新苑（西横堤）、佳园里（果酒厂）、本溪路、勤俭道、洪湖里、西站、西北角、西南角、二纬路、海光寺、鞍山道、营口道、小白楼、下瓦房、南楼、土城、陈塘庄、复兴门、华山里、财经大学、双林、李楼、梨双路北、洪泥河东、高庄子、国家会展中心、国瑞路、东沽路、咸水沽北、双桥河等站。设 32 座车站（其中梨双路北、洪泥河东、上郭庄、咸水沽北、双桥河站暂未开通），长 42 千米。地铁 1 号线由天津地铁既有线延伸改造而来。天津地铁既有线是天津市最早的地铁线路，1984 年 12 月 28 日正式运营，2001 年 10 月 9 日停运。新线路于 2002 年 11 月 25 日开工改造，2006 年 6 月 12 日开通运营。2018 年 12 月 3 日东延线双林站和李楼站开通试运营。西站可换乘 6 号线，营口道站可换乘 3 号线，西南角站可换乘 2 号线，下瓦房站可换乘 5 号线。1 号线是天津市中心城区轨道交通线网中西北至东南方向的骨干线，连接铁路西站，小白楼商务区，滨江道、西南角商圈及沿线大量居住区。全线各车站装饰风格不同，装饰色彩统一，为红、白、黑、灰，红色为线路标识色，白色为顶面和墙面颜色，黑色为踢脚颜色，灰色为地面颜色。全线出入口除高架站外其余全部统一采用玻璃幕墙结构。

地铁 2 号线 [Dìtiě 2 Hào Xiàn]

跨西青区、南开区、河北区、和平区、河东区、东丽区。从曹庄起，至滨海国际机场止。途经曹庄、卞兴、芥园西道、咸阳路、长虹公园、广开四马路、西南角、鼓楼、东南角、建国道、天津站、远洋国际中心、顺驰桥、靖江路、翠阜新村、屿东城、登州路、国山路、空港经济区、滨海国际机场等站。设 20 座车站，长 27.1 千米。2 号线于 2006 年开工，2013 年 8 月 28 日曹庄—空港经济区段建成通车，2014 年 8 月 28 日东延线至滨海国际机场建成通车。长虹公园站可换乘 6 号线，西南角站可换乘 1 号线，天津站可换乘 3 号线、9 号线，靖江路站可换乘 5 号线。2 号线是天津市中心城区轨道交通线网中东西方向的骨干线，连接铁路天津站、滨海国际机场、西南角、鼓楼、东南角、意式风情区等商圈及沿线大量居住区。车站装饰设计延续了 1 号线“一站一景”的设计思路，整体装饰体现了大气、洋气、清新、靓丽的设计风格。

地铁 3 号线 [Dìtiě 3 Hào Xiàn]

跨北辰区、河北区、河东区、和平区、河西区、南开区、西青区。从小淀起，至天津南站止。途经小淀、丰产河、华北集团、天士力、宜兴埠、张兴庄、铁东路、北站、中山路、金狮桥、天津站、津湾广场、和平路、营口道、西康路、吴家窑、天塔、周邓纪念馆、红旗南路、王顶堤、华苑、大学城、高新区、学府工业区、杨伍庄、南站等站。全线设 26 座车站，长 34 千米。2007 年开工，2012 年 10 月 1 日建成通车，2013 年南延至天津南站。志成路站可换乘 5 号线，北站、红旗南路站可换乘 6 号线，天津站站可换乘地铁 2、9 号线，营口道站可换乘 1 号线。3 号线是天津市中心城区轨道交通线网中的东北至西南方向的主干线，连接铁路天津站、天津北站，和平路、营口道等商圈，水上公园、周邓纪念馆等旅游区域及沿线大量居住区。津湾广场站大型不锈钢浮雕《海河史歌》以天津不同时期为背景，以海河为主线，表现不同时期的劳动人民建设天津、改变天津的景象。和平路站则以和平路为主线，以石材浮雕的形式再现了"百年商埠"，充分体现了天津商业的百年传承与发展。

地铁 5 号线 [Dìtiě 5 Hào Xiàn]

跨北辰区、河北区、河东区、河西区、南开区、西青区。从北辰科技园北起，至中医一附院站止。途径北辰科技园北、丹河北道、北辰道职业大学、淮河道、辽河北道、宜兴埠北、张兴庄、志成路、思源路、建昌道、金钟河大街、月牙河、幸福公园、靖江路、成林道、津塘路、直沽、下瓦房、西南楼、文化中心、天津宾馆、肿瘤医院、体育中心、凌宾路、昌凌路、中医一附院、李七庄南等站。全线设 27 座车站，长 34.8 千米。2012 年 8 月 31 日开工，2018 年 10 月 22 日开通运营一期工程首通段（丹河北道站至中医一附院站），2019 年 1 月 31 日开通北辰科技园北站。张兴庄站可换乘 3 号线，金钟河大街站可换乘 6 号线，靖江路站可换乘 2 号线，直沽站可换乘 9 号线，下瓦房站可换乘 1 号线，天津宾馆至肿瘤医院站区间与 6 号线交叉重叠隧道，左、右线以上下重叠状出天津宾馆站渐变成交叉、麻花状，最后在渐变成上下重叠状进入肿瘤医院站。直沽站和志成路站分别建造了"津沽文化"的主题墙。

地铁 6 号线 [Dìtiě 6 Hào Xiàn]

跨东丽区、河北区、红桥区、南开区、河西区、西青区、津南区。从南孙庄起，至梅林路止。途径南孙庄、南何庄、大毕庄、金钟街、徐庄子、金钟河大街、民权门、北宁公园、北站、新开河、外院附中、天泰路、北运河、北竹林、西站、复兴路、人民医院、长虹公园、宜宾道、鞍山西道、天拖、一中心医院、红旗南路、迎风道、南翠屏、水上公园东路、肿瘤医院、天津宾馆、文化中心、乐园道、尖山路、黑牛城道、梅江道、左江道、梅江公园、梅江会展中心、解放南路、洞庭路、梅林路等站。全线设 39 座车站（其中北运河站暂未开通），长 45 千米。2011 年 3 月 29 日开工，2016 年 8 月 6 日开通运营一期工程首段（长虹公园站至南翠屏站），同年 12 月 31 日开通运营一期工程北段（南孙庄站至长虹公园站），2018 年 4 月 26 日开通运营一期南段（南翠屏站至梅林路站），2019 年 2 月二期工期（梅林路站至咸水沽西站）开工。金钟河大街站可换乘 5 号线，北站站、红旗南路站可换乘 3 号线，西站站可换乘 1 号线，长虹公园站可换乘 2 号线，麻花型隧道群以天津宾馆至肿瘤医院站区间为上下并行隧道，左右线以水平状平行出水上公园站后，渐变为上下重叠进入肿瘤医院站，并一直以重叠形式进入天津宾馆站。2019 年 9 月打造以"全民反诈、共同参与"为主题的天津市首列反诈地铁专列——"反诈"号列车。车站整体建筑风格以天津工业文化为主题，以天津百年工业为背景，利用壁画、老照片、旧机器模型等形式，凸显天津近代历史特色。

地铁 9 号线 [Dìtiě 9 Hào Xiàn]

跨河东区、东丽区、滨海新区。从天津站起，至东海路止。途经天津站、大王庄、十一经路、直沽、东兴路、中山门、一号桥、二号桥、张贵庄、新立、东丽开发区、小东庄、军粮城、钢管公司、胡家园、塘沽、泰达、市民广场、太湖路、会展中心、东海路等站。全线设 21 座车站，长 52.8 千米。2001 年 1 月 18 日开工，2003 年 9 月 30 日中山门站至东海路站于建成通车，2011 年 5 月 1 日中山门站至十一经路站开通试运营，2012 年 10 月 15 日十一经路站（不含）至天津站站开通试运营，9 号线全线贯通。天津站站可换乘 2、3 号线，直沽站可换乘 5 号线。9 号线是单线客运专线，是连接天津市区与滨海新区的快速轨道交通线路，也是目前唯一将两地连接的城市轨道交通线路，极大方便了市区与滨海新区之间的往来。车站高架站居多，站台采用现代化设计。沿线车站不仅具备乘客乘车功能，地上车站同时兼顾过街天桥功能，地下车站兼顾过街通道功能，且地下车站设有人防工程，可在战时起到人防和疏散功能。

车 站

蓟州北站 [Jìzhōu Běizhàn]

在蓟州区中部。该站于 1967 年建成，2017 年更名蓟州站，2018 年更今名，为客运站，二等站。车站占地面积 8 500 平方米，设二等车间。本站 11~14 道为电气化挂网部分，对机务折返段、八里庄线路所、蓟州西为电气化区段车站。东侧设旅客候车广场，广场北侧有食堂、行车公寓。北侧设货物线 4 条，有作业任务的专用线 6 条。主建筑客运大厅为长方形砖瓦结构，内设候车室、售票厅。车站日接发列车 30 列，日均装车 150 辆，日均卸车 150 辆，年客运量 260 000 人次，承担天津市区通往蓟州区的客货运输业务。附近通多路公共汽车。

宝坻站 [Bǎodǐ Zhàn]

在宝坻区东南部。东至火车站路，西至钰鑫园住宅小区，南至蓟潮引渠，北至建设路。该站于 1959 年建成，原名宝坻县火车站，1966 年更名津蓟铁路客货运站。宝坻站为客货运站，四等站，占地面积 500 000 平方米，建筑面积 4 200 平方米。车站设调度、运转、客运、货运 4 个车间。全站分为 1 个作业区，1 个车场，设有行车室、调休室、候车室、售票厅、广播室、工作区等设施。车站日接发列车 22 列，日均装车 2 辆，日均卸车 20 辆，年客运量 600 000 人次，年货物量

3 600 吨。该站承担天津通往宝坻区客货运输业务。

武清站 [Wǔqīng Zhàn]

在武清区西南部，位于前进道。车站于2008年建成，2015年扩建，为客运站，二等站，是京津城际高铁在武清区的中间站。站房面积4 600平方米，站房北侧有旅客候车厅、售票厅、出站厅等，客运量20 000人次。从武清站到北京南站高铁仅需23分钟、到天津站只需13分钟，方便了武清市民来往京津两地，带动了武清区发展。附近通多路公共汽车。

天津西站 [Tiānjīn Xīzhàn]

在红桥区南部。东至天津西站主楼，西至天津市汽车公司西站汽车站，南至南运河北路，北至子牙河南路。车站于清宣统元年（1909年）始建，清宣统二年（1910年）建成。站房为哥特式3层红墙红瓦，俗称红楼，具有典型德国古别墅风格。1958年后车站经过四次改造扩建，1959年修通陈塘支线，1978年津浦复线改造，成为天津铁路枢纽主要站。2009年新天津西站开建，2011年建成，为客运站，一等站，占地面积1 827 792平方米，建筑面积22 000平方米。天津西站成为全路44个大客运站之一，日客运量10 000人次。南北各建一个广场，北广场占地面积34 482平方米，南广场占地面积79 362平方米。站房主体结构为地上2层、地下3层。站场共24台26线，从北向南依次为津保车场4台4线、普速车场2台4线、津秦京沪高速车场12台12线、京津城际车场6台6线。通过地下直径线天津西站与天津站紧密相连；站区内还设有长途客运站、两个公交首末站和大型停车场，30余条公交线路和地铁1、6号线在西站设站，实现了铁路、公交、地铁、出租车、长途客运等多种交通运输方式的“零换乘”，成为天津最大的现代化交通枢纽。

南仓站 [Náncāng Zhàn]

在北辰区南部，天穆镇南仓村东。东至京沪铁路，西至朝阳路，南至普济河道立交桥，北至天津机务段126装备场。南仓站是津山铁路、京沪铁路、北环铁路的交会点，京九铁路引入天津的起点，为货运站，特等站。清光绪二十三年（1897年）津芦铁路开通，1928年京奉铁路在南仓开设线路所，1946年南仓线路所拆除，1951年建成南仓编组站，1955、1959、1973年分别多次增建，1979年成为北京铁路局五大编组站之一，1985年扩建，1989年设备改造，1990年新建南仓货场，占地0.28平方千米，2000年为全国第四大编组站，2008年京津城际铁路通过该站。车站中心里程132千米，占地面积5 000 000平方米，建筑面积150 000平方米，有建筑物400余栋，站坪全长6.5千米。下设上行运转、下行运转、货运、货检专用线、调度、设备维修、南仓行车公寓，共7个车间。主要货运物资有煤炭、建材、木材、钢材、生铁、有色金属和机械设备等。

天津北站 [Tiānjīn Běizhàn]

在河北区中部，中山路东北端，津山铁路线134千米743米处，京沪铁路与津山铁路交会处。东至津山铁路，西至调纬路，南至中山路，北至空地。天津北站为客货运站，是一等站。袁世凯升为直隶总督兼北洋通商大臣后，为了方便当时直隶省会保定与天津之间的出行，且不经过俄租界内的老龙头车站（今天津站），决定新修车站。该站于清光绪二十九年（1903年）建，初名新开河火车站，后更名天津城火车站、天津新站。

清宣统二年（1910年）京奉铁路与津浦铁路在天津新站举行联轨典礼，1912年更名天津总站。1938年更名天津北站，1946年由北宁、津浦两局分管，分称北站和总站，1950年更今名，1987年改建。车站占地面积40万平方米，建筑面积2.2万平方米，其中售票厅262.4平方米、贵宾室244.9平方米、候车室677平方米、行李房398.6平方米。车站设有旅客乘降站台3座，军用站台1座，天桥2座，8股到发线路，7股调车线路，9家专用线，2个大型货场；设有一个冷藏加冰台，可为过路冷藏车加冰。年客运量738 000人，日客运量2 000人。年货运量296 000吨，日均装车18辆，日均卸车50辆。站前通多路公共汽车和地铁3、6号线。

芦台站 [Lútái Zhàn]

在宁河区东部，芦台镇光明路1号，津山铁路中段，为客货运站，三等站。该站于清光绪十二年（1886年）始建，1976年震毁，1984年重建。站房设有候车室、售票厅、行李房、宿舍、天桥、水塔、货场等。占地面积156 000平方米，建筑面积11 000平方米，站内设有人行天桥1座，便于旅客乘降。车站日接发列车123列，日均装车5辆，日客运量800人次，此站既是北京铁路局客货两运铁路站点，又是天津公交与天津铁路的换乘枢纽站。

静海站 [Jìnghǎi Zhàn]

在静海区城区。东至京沪线，南至东方红路，西至联盟大街，北至静园里住宅小区。静海站为客货运站，二等站。该站于清光绪三十四年（1908年）始建，清宣统二年（1910年）建成，1977年津浦复线全线开通，且扩建。一层大厅内设立了站史室，展出实物有早期使用过的日本“精工社”机械挂钟、中国上海“三五牌”机械日历座钟、手摇铃铛、手摇磁石电话、手提信号灯、客票日期机、客票穿孔机和货车施封钳等；展出资料有早期津浦铁路的线路图，静海站各个历史时期的老照片等。车站占地面积9 600平方米，设有候车室、行车室、售票处、行李房、职工休息室、客运站2座、旅客地下通道1座。日客运量1 300人次；日行包发量166件，日货运量245吨，装车数4车，卸车数54车。该站于2007年被列为天津十大不可移动文物之一，2009年被收入由国家文物局主编的《第三次国家文物普查重要新发现》一书。周边交通便利，有客运站、汽车站，方便旅客出行。

杨柳青站 [Yángliǔqīng Zhàn]

在西青区北部。东至聚盛里住宅小区，西至天津工务段，南至西青道，北至京沪铁路。车站为客货运站，二等站。1912年修建津浦铁路并设站，1978年自动闭塞大站继电设备开通，1982年命名红旗站，2007年天津西站扩建，为临时站，2011年天津西站改造完成后保留部分客运业务。站台上有浓郁的古镇年画文化氛围，坐落着三米高的“大娃娃”雕塑，雕塑底部刻有“杨柳青站”和“连年有余”的字样，还有一条由10多幅年画组成的画廊。车站的会议室墙上贴着的《连年有余》和《福寿三多》两幅年画格外醒目，标语“古镇文化为我用，车站和谐谱新篇”凸显出车站企业文化的主题。车站占地面积300 000平方米，建筑面积40 000平方米，设有2座站台，有地道相通，日通过、接发列车99对。年客运量170 000人次，年货运量370 000吨。站内有4条到发线、6条货物线和2条专用线，候车室可容纳1 000多人。周边交通便利，有客运站、汽车站，方便旅客出行。

天津南站 [Tiānjīn Nánzhàn]

在西青区张家窝镇内，于2010年始建，2011年建成，为客运站。车站占地面积20 000平方米，建筑面积8 669平方米。站房综合楼采用线下型设计，客流流线采用下进下出方式，由进站集散厅、售票厅、候车大厅、出站厅等客运服务用房、车站办公管理用房、旅服用房及设备用房组成。站场共4台6线，设人工售票窗口3个、自动售票机8台，其中：卡式机6台、钱卡机2台。现平日开行列车51列，其中上行26列，下行25列；周末开行列车55列，其中上行28列，下行27列；高峰开行列车63列，其中上行32列，下行31列。日客运量4 500人。站前广场有公交车站、地铁3号线、出租汽车停车场。便捷的交通提升了城市产业结构，带动了西青区的经济发展。

天津站 [Tiānjīn Zhàn]

在河北区海河东路中段北侧。东至华昌道，西至民生路，南至海河东路，北至新兆路。天津站为客货运站，是特等站。该站于清光绪十二年（1886年）始建，清光绪十四年（1888年）初名天津车站，清光绪十八年（1892年）改名老龙头火车站，清光绪二十六年（1900年）被毁，清光绪二十八年（1902年）重建，改名天津紫站，清宣统三年（1911年）更名天津东站，1950年更今名，1987年原地新建，1988年竣工通车。车站由邓小平同志题名，2007年再扩建，2008年建成，2019年实施电子客票业务。站房包括城际北站房、高架候车室、地下进站厅、无站台柱雨棚及高站台、东西侧旅客地道、东西侧行包通道、南站房，建筑面积200 000平方米。北站房首层为进站中央大厅，二层直通高架候车室；屋面结构采用大跨钢网架，外檐装修采用新型石材和玻璃幕墙；东西方向呈单边内凹哑铃状，建筑面积26 700平方米。地下进站厅最大跨度为54米。地下进站厅位于地下一层，建筑面积12 400平方米。东、西旅客出站地道位于地下进站大厅东、西两侧，宽度达到18米。南站房为既有站房，主站房的中央圆厅直径40米，高21米，中部是由10根石柱围成的高大空间。顶部穹顶画《精卫填海》由天津市著名油画家秦征等人创作，画面上的精卫背生双翅，集爱、美、刚毅、顽强于一身，表现了中华民族移山填海的博大气魄。这幅壁画是目前国内最大的穹顶壁画。此外，还有很多著名书画家为天津站创作了书画作品，这些作品散布在各个贵宾室、候车厅，为天津站增光添彩。无站台柱雨棚覆盖全部站台，南北方向共5跨，建筑面积达80 850平方米。客站站场总规模为10台18线，自北向南依次为京津城际车场，4台7线；津秦高速车场，3台6线；普速车场，3台5线。客流乘降采用“上进下出”与“下进下出”两种方式。以天津站为中心还形成了天津站交通枢纽，是集普速铁路、京津城际轨道交通、津秦客运专线、地下直径线、地铁线（2、3、9号线）、出租车候车区、公交车站、客运站为一体的大型综合交通枢纽，对缓解天津站地区交通拥挤的局面，形成城市轨道交通骨干网络，构建完善的城市立体交通体系具有重要作用。站前通多路公共汽车和地铁2、3、9号线。

张贵庄站 [Zhāngguìzhuāng Zhàn]

在东丽区西部。该站于清光绪十四年（1888年）建，为客货运站，二等站。货场占地面积108 000平方米，是天津地区专门办理危险货物的车站，货运工作以危险货物运输为主，货场管理由危险作业区、普通货物作业区及专用线三个部分组成。危险货物仓库建筑面积 30 000 平方米，办理危险货物整车业务，货运办理能力为每年 140 000 吨。危险货物实行信息化管理，以全方位电视监控，方便快捷的电脑查询，保证危险货物的运输安全。普通货场占地面积 34 000 平方米，装卸货物线三股，其中 2 线为粗杂品卸车到达使用，3 线设卸煤机 1 台，专卸沙石料，4 线门吊（双梁吊）1 台，起重能力 20 吨，装卸笨重货物及整车不怕湿的货物到达、发送，全年发到量粗杂品区为 650 000 吨。津山铁路线通过该站。临外环东路、津塘路，附近通多路公共汽车。

军粮城站 [Jūnliángchéng Zhàn]

在东丽区南部，清光绪十四年（1888 年）建，为货运站，二等站。车站占地面积 20 000 平方米，建筑面积 1 000 平方米。津山铁路线通过该站。车站有行李房和两个客运站台。办理专用线、专用铁道整车货物业务，货运物资以煤、砂石、钢材、木材、粮食为主。临东金路、津塘公路，附近通多路公共汽车。

塘沽站 [Tánggū Zhàn]

在滨海新区中西部，大连道 2543 号。该站于 1925 年建，1958 年原名新河车站。后新河车站与塘沽车站（现塘沽南站）合并，改今名。1975 年建电气设备，1984 年建旅客站台和小型的候车室，2008 年扩建，南站房投入使用。2013 年京津城际延伸线建设，此站改造。2015 年北站房投入使用，2017 年运行，2019 年实施电子客票业务。塘沽站为客货运站，一等站，占地面积 1 100 000 平方米，建筑面积 27 000 平方米。车站设有调度、运转、客运、货运 4 车间。东侧有庭院式贵宾楼、行李房等，有 18 个货运专用调车场和 5 个客运专用调车场。主建筑客运大厅为球状钢网架结构，圆形，内设候车厅、售票房、小卖部、行李房、办公室、贵宾楼等。站口有旅客地下通道。南北各设站台及站台雨雪棚。日接发列车 143 列，日均装车 450 辆，年客运量 270 万人次。附近通多路公共汽车。

滨海站 [Bīnhǎi Zhàn]

在滨海新区中西部。车站于 2009 年始建，原名于家堡站，2015 年建成，实施电子客票业务，2019 年更今名。建筑面积 276 000 平方米，站房南北向长约 874 米，东西向宽约 63 米，建筑面积 86 168 平方米，最高点离地面 25.8 米，地层最深达 65 米；穹顶钢结构长 143 米，宽 80 米，高 24 米，总重量约 4 600 吨，主杆正、反螺旋变截曲线钢箱梁分别为 36 根。站台长 450 米，宽 11 米。地面层的房屋盖为贝壳形单层钢结构网壳，主体杆件由正反两组螺旋变截曲线钢箱梁组成，为大跨度空间曲线网格结构。站房共计三层，其中地上一层，地下两层，局部三层，共设有 11 个出入口。地上为站房出入口，地下一层为铁路及地铁站的站厅层，局部层设有候车大厅、售取票厅、进站厅、出站厅及站台出入口。站场规模为 3 台 6 线。年客运量 7 371 人次，总客运量 133.4 万人次。该站途经京津城际铁路，是集运输生产、旅客服务、市政配套等多功能为一体的综合交通枢纽站。附近通多路公共汽车。

滨海北站 [Bīnhǎi Běizhàn]

在滨海新区中西部。东至汉桥路、西至津汉公路、北至车站西路。滨海北站是津秦高铁的中间站，处于滨海站和唐山站之间，距秦皇岛站 176 千米，距北戴河站 157 千米。车站于 2013 年建成并投入使用，因位于滨海新区西北部，并与滨海站（今滨海西站）相对应，命今名。建筑面积 14 226 平方米，分地上两层，地下一层。规模为 2 台 4 线，年客运量 105 万人次。便捷的交通优势，带动滨海新区的经济发展。附近通多路公共汽车。

滨海西站 [Bīnhǎi Xīzhàn]

在滨海新区中部，设环形公路环绕站房，南、北高架落客平台均通过匝道与环形公路相连；环线东部连通万荣大道，南部连通黄山道，东北部连接华山道。车站于 2008 年始建，原名滨海站，2013 年正式运营，2019 年更今名。站房设计以“津风海韵”为建筑意象，建筑屋顶为钢桁架结构，入口斜向大柱子相互呼应，局部立面采用横长线条。内部候车大厅以浅色调为主，屋顶采用白色与灰色相间的铝板，大跨度的钢架屋顶。售票厅屋顶采用白色铝挂片，地面和四壁则采用灰麻花岗岩设计。站房面积 79 955 平方米，高度 34 米，站场前无柱雨棚总高度为 18.7 米，东西长 450 米，南北宽 189 米。站区半径为 350 米，占地面积 2 480 000 平方米，建筑面积 3 700 000 平方米。建筑平面呈“工”字形，为线上高架式车站，采用上进下出的旅客流线模式，整体为地上两层、地下两层。站场规模为 8 台 18 线。津秦高速铁路途经该站。车站设有母婴室供携婴旅客使用，南出入口设站前广场，南侧设租车停车场，南广场西侧有公交车站，该站是周边的重要交通枢纽，集高速铁路客运、长途客运、公交车、轨道交通于一体。其方便、快捷的零换乘设计将大大提高运输效率，带动滨海新区的城市发展。附近通多路公共汽车。

蓟州站 [Jìzhōu Zhàn]

在蓟州区淜瀊镇中部。车站于 1975 年始建，原名蓟州南站，1985 年扩建，2008 年停办旅客乘降作业，2018 年更今名，2019 年重新开通客运服务。车站为客货运站，四等站。主体建筑为砖混结构平房，占地面积 290 119 平方米，建筑面积 15 584 平方米。车站设有货场、站台、候车室、售票厅、行李房等。站台规模 2 台 7 线。日客运量 1 000 人次。京秦铁路通过该站。

天津市蓟州客运站 [Tiānjīn Shì Jìzhōu Kèyùnzhàn]

在蓟州区中部。东至西环路，南至人民西大街，西至北环路，北至蓟许铁路。车站于 2004 年始建，2007 年改建。占地面积 58 540 平方米，建筑面积 13 748.1 平方米，总投入 9 000 万元。车站拥有长短途班线 36 条，22 个发车位，日发班量 750 次，日发客量 1 500 人次。站前公交线路辐射城区及周边主要乡镇，方便南来北往旅客换乘。主要营运线涉及津、京、冀、内蒙等。附近通多路公共汽车。

天津市宝坻区汽车客货运输站 [Tiānjīn Shì Bǎodǐ Qū Qìchē Kèhuò Yùnshūzhàn]

在宝坻区中部，东至居民区，西至钰华街，南至居民区，北至建设路。车站于 1995 年建成，2001 年更今名。占地面积 25 000 平方米，建筑面积 2 000 平方米。年客运量 219 万人，主要营运线路通往北京、唐山、玉田、天津、赤峰、香河、丰润等地。附近通多路公共汽车。

武清区公路客运管理站 [Wǔqīng Qū Gōnglù Kèyùn Guǎnlǐzhàn]

在武清区中部，东至新华路，西至武清商城综合市场，南至银江商场，北至怡园饭店。车站于 1992 年建成，2000 年更今名，占地面积 4 400 平方米。年客运量 72 000 人。主要运营线路通往北京、天津、廊坊、胜芳、大王古等地。附近通多路公共汽车。

天津市长途汽车公司芦台汽车站 [Tiānjīn Shì Chángtú Qìchē Gōngsī Lútái Qìchēzhàn]

在宁河区东南部，东至交通局二运公司，西至滨玉路。车站于 1962 年始建，名芦台交通运输站，1976 年改名芦台汽车站，1982 年迁现址。占地面积 6 321 平方米，建有候车室、售票室、维修车间，均为砖混结构平房。车站主要经管客运业务等。附近通多路公共汽车。

天津市长途汽车公司红桥客运站 [Tiānjīn Shì Chángtú Qìchē Gōngsī Hóngqiáo Kèyùnzhàn]

在红桥区中部。东至红旗北路，西至涟源路，南至登发装饰大世界，北至海源路。车站于 1990 年始建，2009 年命今名，为二级客运站。占地面积为 6 660 平方米，建筑面积 2 430 平方米。日发班量 70 次，日运客量 1 000 人次。车站主要运营线路有河北省的雄县、平山、献县、沧州、曲阳，山东省的宁津等地。附近通多路公共汽车。

天津市长途汽车公司西站客运站 [Tiānjīn Shì Chángtú Qìchē Gōngsī Xīzhàn Kèyùnzhàn]

在红桥区中部。东至天津西站，西至西站大桥，南至西青道地道，北至京沪高速铁路。车站于 1955 年命今名，2009 年改建，2011 年建成。占地面积 26 654 平方米，建筑面积 3 958.3 平方米。营运班线 124 条，日发班量 255 次，拥有 32 个发车位，日运客量 6 000 人次。车站主要运营线路通往辽宁、吉林、黑龙江、河北、内蒙古、山东、河南、江苏、山西、浙江、福建、北京、重庆等地。附近通多路公共汽车和地铁 6 号线。

津宇客运站 [Jīnyǔ Kèyùnzhàn]

在河北区西部，普济河道 101 号。东至龙关道，西至普济河道，南至天泰路，北至白庙新村。车站于 2004 年始建，2006 年建成。因由天津津宇运业有限公司运营，命今名，又名白庙客运站。2015 年，位于建昌道 39 号的河北客运站所有客运班线及车辆整体迁此。该站是天津市第一家按照国家一级标准建设的公路客运站。占地面积 2 万平方米，建筑面积 6 500 平方米。停车场车位 165 个。日客运量 100 人次。车站主要运营线路通往北京、河北、山西、河南、内蒙古、辽宁、江苏等省区市。附近通多路公共汽车。

天津站长途客运站 [Tiānjīnzhàn Chángtú Kèyùnzhàn]

在河东区西北部。东北至新广路，西北至华碧道，西南至新兆路。车站呈三角形，于 2011 年始建，命今名，2013 年建成。占地面积 19 176 平方米，建筑面积 21 272 平方米。车站拥有长途班线 160 余条，21 个发车位，日发班量 300 次，日运客量 2.5 万人次。该站是天津市目前最大、最现代化的客运中心站、配套设施齐全，拥有 50 余部大客车的豪华车队，从事高速公路客运及旅游包车业务。车站主要运营线路通往津、京、冀、黑、辽、蒙、晋、陕、豫、湘、鄂、皖、苏、鲁、浙、川等省区市。附近通多路公共汽车和地铁 2、3、9 号线。

黑牛城长途汽车站 [Hēiniúchéng Chángtú Qìchēzhàn]

在河西区中部,黑牛城道中段南侧,因位于黑牛城道而得名。前身系佟楼客运站,1985 年由绍兴道迁今址重建,1989 年建成并更今名。占地面积 6 803.9 平方米,建筑面积 4 398 平方米。主体建筑为五层候车楼,底层为候车大厅,可容纳 700 人,并设售票室和小卖部。楼上为公用房。楼南侧为停车场,可同时停放大型车辆 40 部。该站为本市最大长途客运站,营运线路 97 条,通往津、冀、鲁、豫、内蒙古等省区市。附近通多路公共汽车。

滨海(塘沽)客运总站 [Bīnhǎi(Tánggū)Kèyùn Zǒngzhàn]

在滨海新区中部,胡家园街道东北部,胡家园立交桥西侧,津塘公路 5976 号。前身是 1997 年建成投入使用的塘沽客运站,现为滨海新区核心区域塘沽一带的汽车客运中心站,故名。车站于 2006 年始建,2007 年建成。总面积 59 504.6 平方米,建筑面积 18 165 平方米,总投资 1 亿元。总站设有 30 个售票窗口、10 个检票口及贵宾室、保健室、母婴室。长途班线 130 条, 20 个发车位,日发班量 400 次,日运客量 1 万人次,主要运营线路通往津、京、晋、鲁、豫等省市。附近通多路公共汽车。

滨海(泰达)长途客运站 [Bīnhǎi(Tàidá)Chángtú Kèyùnzhàn]

在滨海新区中部,东至居民区,南至第三大街,西至洞庭路,北至欣达街。车站于 2010 年建成。占地面积 12 500 平方米,建筑面积 5 000 平方米,停车场 12 000 平方米,能够同时停车 120 辆。售票、候车大厅内有 4 个售票窗口,拥有母婴室、小超市等配套服务设施,增加了旅游、商务等服务。主要运营线路通往山东、河北、河南、辽宁等省。附近通多路公共汽车。

天津港客运站 [Tiānjīngǎng Kèyùnzhàn]

在滨海新区中部,天津新港西部。原为天津港的客运码头。该站于 1986 年建成,占地面积 267 000 平方米,建筑面积 12 885 平方米。主体建筑为钢筋混凝土框架结构,二层楼分东、西两部分。东部为站房区,面积 10 591 平方米,设 8 个候船大厅,其中包括贵宾厅、母子厅,每厅容纳 1 000 人。西部为票房区,面积 1 726 平方米。楼下是售票厅,楼上为餐厅。东西两区之间有栈桥连接,钢筋混凝土框架结构。客运码头长 314 米,有两个泊位,可停靠万吨级客轮。国内定期班轮通往大连、龙口、烟台等地,国际航线通日本神户,年客运量 40 万人次。附近通多路公共汽车。

天津市长途汽车公司静海区汽车站 [Tiānjīn Shì Chángtú Qìchē Gōngsī Jìnghǎi Qū Qìchēzhàn]

在静海区北部,东至中国石油光明加油站,西至京岚线,南至东方仕嘉小区,北至东方红路。该站于 1999 年始建, 2000 年建成。总面积 3 004.1 平方米,建筑面积 525.4 平方米。总投资 200 万元。日发班量 60 次,日客运量 150 人次,主要运营线路通往津、京、冀、鲁、豫等省市。附近通多路公共汽车。

大港客运站 [Dàgǎng Kèyùnzhàn]

在滨海新区西南部,东至津歧公路,西至大港第三小学,南至居民区,北至世纪大道。车站于 1985 年建在世纪大道与津歧公路交口西南角，2007 年迁址古林街工农村南、津岐公路东侧，2009 年建成。占地面积 35 000 平方米，建筑面积 16 000 平方米。车站主要提供汽车客运站管理服务，小件寄存，房屋、柜台出租，劳务服务等。日客运量 500 人次。车站主要运营线路通往天津、北京、山东、河北、河南、江苏等省市。附近通多路公共汽车。

大港油田客运总站 [Dàgǎng Yóutián Kèyùn Zǒngzhàn]

在滨海新区东南部，东至滨海商厦，南至滨海公园，西至光明大道，北至团结东路。车站于 1966 年始建，1976 年迁址，1990 年建成。该站为公共汽车、长途、油田内部综合客运站。占地面积 22 880 平方米，建筑面积 1 200 平方米。车站设长途和短途两个候车室和小件寄存处。站前广场 4 000 平方米。车站拥有汽车 79 部，日客运量平时 4 000 人次，节日达 10 000 人次。有通往北京、天津、沧州、王官屯、黄骅市、羊三木、团泊洼等 7 条长途客运线和通往勘探路、北穿港路、油建公司、二道沟采油一公司等 4 条油田内部客运线。附近通多路公共汽车。

隧　道

海河东路隧道 [Hǎihé Dōnglù Suìdào]

在河东区西部、河北区南部。东起海河东路与北七纬路交口西侧，西至三经路。隧道长 949.3 米，宽 26 米，高 4.5 米，双向六车道，于 2008 年建成。隧道因所处道路而得名。整体结构为地下立交形式。该隧道是沟通区域交通和过境交通双重作用的重要通道。

五经路隧道 [5 Jīng Lù Suìdào]

在河东区西北部、河北区南部。东起华龙道与新环路交口西侧，西至五经路与自由道交口，长 1 590 米，宽 26 米，高 5 米，为双向六车道，时速 40 千米。双向六车道。隧道于 2008 年建成，2009 年通车，因位于五经路得名。该隧道是城市南北主干线，下穿京津城际铁路、天津站至天津西站地下直径线、津山铁路、建国道、进步道。

中央大道海河隧道 [Zhōngyāng Dàdào Hǎihé Suìdào]

在滨海新区中部，南北连通海河两岸。北起新港三号路，南至天津大道津沽立交桥。线路全长 4.2 千米，隧道全长 3.32 千米，洞体宽 36.6 米，为双向六车道，设计速度 60 千米 / 时。隧道于 2008 年 11 月开工建设，时称“天津海河隧道”，2014 年 3 月竣工，2015 年 1 月 23 日通车试运营。因其在中央大道上，定今名。隧道工程穿越海河采用沉管法施工工艺，沉管管段采用“两孔三管廊”断面设计，两侧为地下综合管廊，管廊为强弱电电缆、自来水管线、供热管线。隧道主要包括过河沉管段、南北岸陆地隧道段，以及风塔、管理中心、隧道内综合配套等。该隧道为沟通滨海新区中心商业区海河南北两岸的重要通道，是中央大道的重要组成部分。

桥　梁

普济河道立交桥 [Pǔjìhédào Lìjiāoqiáo]

在河北区北部、北辰区南部。桥长4656.1米，桥面宽18米。有3层互不交叉的不同方向的城市道路在此立体相交。最高层离地面14米。该桥于1985年修建，1986年拓建，1989年建成，因位于普济河道得名。为分离定向式钢筋混凝土立交桥，上部结构为钢筋混凝土预制“T”形梁及现浇箱型梁，下部结构为打入钢筋混凝土桩基现浇承台。该桥被誉为“中环蛇舞”胜景，在城市交通中起到缓解普济河道、铁东路与津围公路交会处交通压力，横跨津山铁路、南仓铁路编组站，连接河北区与北辰区的作用。最大载重量为20吨。附近通多路公共汽车。

天平桥 [Tiānpíng Qiáo]

在红桥区西北部、北辰区南部。桥长727.7米，桥面宽33.5米。该桥于2005年始建，2008年建成，因位于天平路得名。有3层互不交叉的不同方向的城市道路在此立体相交。最高层离地面13米。上部结构为混凝土梁，下部结构为桩基础。该桥在城市交通中起到缓解光荣道与丁字沽三号路交会处交通压力，连接红桥区与北辰区的作用。附近通多路公共汽车。

勤俭立交桥 [Qínjiǎn Lìjiāoqiáo]

在河北区西北部、红桥区东北部、北辰区南部。桥长456.8米，桥面宽17.6米。该桥于1995年建成，因位于勤俭道得名。有3层互不交叉的不同方向的城市道路在此立体相交，最高层离地面17米。上部结构为现浇钢筋混凝土连续箱型梁，下部结构为打入钢筋混凝土桩基现浇混凝土墩台。该桥在城市交通中起到缓解勤俭道、普济河道与京津路交会处交通压力，连接河北区、红桥区与北辰区的作用。最大载重量为20吨。附近通多路公共汽车。

金钟河大街立交桥 [Jīnzhōnghé Dàjiē Lìjiāoqiáo]

在河北区东部、东丽区西部。桥梁面积63 000平方米，排水10 055立方米，道路面积70 000平方米以及配套回填工程长28千米。有2层互不交叉的不同方向的城市道路在此立体相交，最高层离地面 7 米。该桥于 2005 年建成，因位于金钟河大街得名，在城市交通中起到缓解金钟公路与外环东路交会处交通压力，连接河北区与东丽区的作用。最大载重量为 20 吨。附近通多路公共汽车。

北营门立交桥 [Běiyíngmén Lìjiāoqiáo]

在红桥区东南部、河北区西部。桥长 3 104.6 米，桥面宽 26~42 米。该桥于 2009 年 11 月建成，因位于北营门大街得名。有 3 层互不交叉的不同方向的城市道路在此立体相交，最高层离地面 24 米。该桥为三层局部互通式立交桥，第一层为桥下辅路，第二层为北横快速路东西方向主线桥，第三层为西纵快速路南北方向主线桥，并设匝道通往天津西站东侧进站口。桥梁为沥青混凝土立交桥，在城市交通中起到缓解北横快速路与西纵快速路交会处交通压力，连接红桥区与河北区的作用。附近通多路公共汽车。

青云桥 [Qīngyún Qiáo]

在红桥区西南部、西青区东部。南北方向桥长 1 850 米，桥面宽 74 米；东西方向桥长 1 360 米，桥面宽 62 米。该桥于 2010 年建成，以西青道和密云路名称中各取中间一字得名。有 4 层互不交叉的不同方向的城市道路在此立体相交，最高层离地面 23 米。该桥在城市交通中起到缓解密云路与西青道交会处交通压力，横跨南运河，连接红桥区与西青区的作用。附近通多路公共汽车。

卫昆桥 [Wèikūn Qiáo]

在河东区东北部、东丽区西部。桥长 8 982 米，桥面宽 35.5 米。有 3 层互不交叉的不同方向的城市道路在此立体相交，最高层离地面 22 米。该桥于 2004 年建成，2005 年取卫国道和昆仑路首字命名。上部结构为混凝土梁，下部结构为桩基础。该桥在城市交通中起到缓解卫国道与昆仑路交会处交通压力，横跨月牙河，连接河东区与东丽区的作用。最大载重量为 20 吨。附近通多路公共汽车。

津昆桥 [Jīnkūn Qiáo]

在河东区东部、东丽区西部。桥长 5 681.9 米，桥面宽 16.5 米。有 3 层互不交叉的不同方向的城市道路在此立体相交，最高层离地面 22 米。该桥于 2003 年 4 月始建，2006 年建成，取津滨大道和昆仑路首字命名。上部结构为混凝土梁，下部结构为桩基础。该桥在城市交通中起到缓解津滨大道与昆仑路交会处交通压力，连接河东区与东丽区的作用。最大载重量为 20 吨。附近通多路公共汽车。

八里台立交桥 [Bālǐtái Lìjiāoqiáo]

在和平区西南部、南开区东部、河西区西北部。桥长 2 053.3 米，桥面宽 17 米。该桥于 1985 年始建，因位于八里台得名。有 3 层互不交叉的不同方向的城市道路在此立体相交，最高层离地面 8 米。上部结构为混凝土梁，下部结构为桩基础。第一层是人行道，第二层是直行卫津路的快车道，第三层是贯穿中环线的快车道。该桥在城市交通中起到缓解吴家窑大街、复康路与卫津南路、卫津路交会处交通压力，连接和平区、南开区、河西区的作用。最大载重量为 20 吨。附近通多路公共汽车。

复康路立交桥 [Fùkānglù Lìjiāoqiáo]

在南开区西部、西青区北部。桥长 840 米，桥面宽 17.5 米。该桥于 1988 年始建，因位于复康路得名。有 3 层互不交叉的不同方向的城市道路在此立体相交，最高层离地面 16 米。上部结构为混凝土梁，下部结构为桩基础。该桥为沥青混凝土立交桥，在城市交通中起到缓解复康路与简阳路交会处交通压力，连接南开区与西青区的作用。最大载重量为汽车 20 吨、挂车 100 吨。附近通多路公共汽车。

宾悦桥 [Bīnyuè Qiáo]

在南开区南部、西青区北部。桥长 8 531.9 米，桥面宽 25 米。该桥于 2005 年建成，取“宾朋愉悦之意”命名。有 3 层互不交叉的不同方向的城市道路在此立体相交，最高层离地面 16 米。上部结构为混凝土梁，下部结构为桩基础。该桥在城市交通中起到缓解秀川路与红旗南路交会处交通压力，连接南开区与西青区的作用。附近通多路公共汽车。

海津大桥 [Hǎijīn Dàqiáo]

在河东区南部、河西区北部。桥长 3 406 米，桥面宽 26 米。有 3 层互不交叉的不同方向的城市道路在此立体相交，最高层离地面 14 米。该桥于 2001 年始建，2004 年建成，取“河海通津”之意命名。上部结构为混凝土梁，下部结构为桩基础。该桥在城市交通中起到缓解昆仑路、黑牛城道、大沽南路、洞庭路、微山道交会处交通压力，连接河东区与河西区的作用。最大载重量为 20 吨。附近通多路公共汽车。

中石油桥 [Zhōngshíyóu Qiáo]

在河西区西南部、南开区东南部、西青区东部。桥长 10 380 米，桥面宽 27.5 米。有 4 层互不交叉的不同方向的城市道路在此立体相交，最高层离地面 14 米。该桥于 2006 年建成，因中国石油集团有限公司冠名建设得名。上部结构为混凝土梁，下部结构为桩基础。第一层为桥下辅路，第二层为卫津南路南北方向主线桥，第三层为东南半环快速路东西方向主线桥，第四层为东南半环快速路左转卫津南路方向匝道桥。该桥在城市交通中起到缓解黑牛城道与卫津南路交会处交通压力，连接南开区、河西区与西青区的作用。附近通多路公共汽车。

北运河桥 [Běiyùnhé Qiáo]

在红桥区北部、北辰区南部。桥长 760.5 米，桥面宽 39 米，车行道宽 30.5 米，人行道宽 5 米，跨径 140 米，桥底标高 9.7 米，为沥青混凝土桥面。该桥建成于 2004 年，因位于北运河得名，为大型河道桥梁。上部结构为混凝土梁，下部结构为桩基础。桥梁横跨北运河，两端连接红桥区与北辰区，连通咸阳北路。最大载重量为 40 吨。附近通多路公共汽车。

红星桥 [Hóngxīng Qiáo]

在河北区东北部、北辰区南部。桥长 118.4 米，桥面宽 12.2 米，桥下净高 6.2 米。该桥原为二道桥，为木结构便桥，1948 年被拆毁，1968 年重建，取“红星闪耀”之意命名，为大型河道桥梁。上部结构为混凝土梁，下部结构为桩基础。该桥横跨新开河，两端连接河北区与北辰区，连通红星路与宜兴路。最大载重量为 20 吨。附近通多路公共汽车。

勤俭桥 [Qínjiǎn Qiáo]

在红桥区东北部、河北区西部、北辰区南部。桥长 70 米，桥面宽 45.7 米，快慢车道 35.9 米，两侧人行道各 3 米。该桥于 1966 年建成，1985 年加宽，因位于勤俭道北端得名，为中型河道桥梁。上部为钢筋混凝土“T”形简支梁，下部为钢筋混凝土灌注桩，重力桥台，钢筋混凝土桥面。该桥是市中环线西半环重要桥梁之一，横跨北运河，两端连接河北区与红桥区，连通勤俭道与勤俭立交桥。最大载重量为 100 吨。附近通多路公共汽车。

北洋桥 [Běiyáng Qiáo]

在红桥区东部、河北区西北部。桥长 84 米，桥面宽 40 米。该桥于 1999 年建成，以“北洋”二字命名，为中型河道桥梁。上部结构为混凝土梁，下部结构为桩基础。该桥位于光荣道与天泰路相交处，横跨北运河，两端连接红桥区与河北区，连通光荣道与榆关道。最大载重量为 20 吨。附近通多路公共汽车。

天河桥 [Tiānhé Qiáo]

在红桥区西北部、西青区东北部。桥长 2000 米，桥面宽 32 米。该桥于 2005 年建成，因子牙河旧名为“天河”得名，为大型河道桥梁。上部结构为混凝土梁，下部结构为桩基础，沥青混凝土桥面。该桥为快速路上桥梁，横跨子牙河，两端连接西青区与红桥区。连通天平路与密云路。附近通多路公共汽车。

岷江桥 [Mínjiāng Qiáo]

在河北区东南部、河东区北部。桥长 26.9 米，桥面宽 20.1 米。该桥于 2002 年建成，因位于岷江路得名，为小型河道桥梁。上部结构为混凝土梁，下部结构为桩基础。该桥横跨月牙河，两端连接河东区与河北区，连通岷江路。最大载重量为 20 吨。附近通多路公共汽车。

永乐桥 [Yǒnglè Qiáo]

在河北区西南部、红桥区东部。桥长 603.8 米，桥面宽 23~31 米。该桥始建于 2003 年，2008 年建成，2007 年为纪念天津建卫六百年而命名，为大型河道桥梁。上部结构为混凝土梁，下部结构为桩基础。该桥横跨子牙河，两端连接红桥区与河北区，连通五马路与三条石大街。最大载重量为 20 吨。附近通多路公共汽车。

密云桥 [Mìyún Qiáo]

在红桥区西南部、西青区东北部。桥长 39.6 米，桥面宽 25.2 米。该桥于 1981 年建成，因位于密云路得名，为中型河道桥梁。上部结构为混凝土梁，下部结构为桩基础，沥青混凝土桥面。该桥横跨南运河，两端连接红桥区与西青区，连通密云路。最大载重量为 100 吨。附近通多路公共汽车。

金钢桥 [Jīngāng Qiáo]

在河北区西部、红桥区东部。上层桥长 710.9 米，桥面宽 18.5 米，下层桥长 85.6 米，桥面宽 18.5 米，为大型河道桥梁。清光绪二十九年（1903 年）将浮桥改建成双叶承梁式钢架桥。1924 年在桥下另建一座钢梁新桥。1942 年拆桥，1981 年改建成钢架便桥与主桥共同使用。1996 年改建双层双拱形跨河桥。该桥以钢架结构得名。结构形式为上下两层，沥青混凝土桥面。上层为三孔中承式无推力拱桥结构，下层利用旧桥墩改建为三孔钢与砖组合箱梁桥。该桥横跨海河，两端连接红桥区与河北区，连通中山路与东马路。最大载重量为 20 吨。附近通多路公共汽车。

狮子林桥 [Shīzilín Qiáo]

在河北区西部、红桥区东南部。桥长 96.6 米，桥面宽 39.8 米，为中型河道桥梁。1954 年始为木桥。1974 年在北侧修建三孔钢筋混凝土公路桥。1986 年安装了“哪吒闹海”“二龙戏球”喷泉彩雕。1994 年拓建。该桥因位于桥东狮子林大街得名。上部结构为预应力简支单悬讨箱型梁，下部结构为钢筋混凝土灌注桩。为美化津城，在桥两端各安放一对汉白玉石狮，是狮子林桥点题之作。该桥横跨海河，两端连接河北区与南开区，连通狮子林大街与通北路。最大载重量为 20 吨。附近通多路公共汽车。

咸阳桥 [Xiányáng Qiáo]

在南开区北部、红桥区南部。桥长 46.8 米，桥面宽 38 米。该桥于 2004 年建成，因位于咸阳路得名，为中型河道桥梁。上部结构为钢混叠合梁，下部结构为桩基础。桥梁横跨南运河，两端连接南开区与红桥区，连通咸阳路与邵公庄街。最大载重量为 40 吨。附近通多路公共汽车。

天明桥 [Tiānmíng Qiáo]

在南开区北部、红桥区南部。桥长 21.6 米，桥面宽 10.5 米。1964 年建木桥，称天明桥。1965 年改建钢筋混凝土 T 形梁桥。1984 年重建，因天明西里小区得名，为小型河道桥梁。上部结构为混凝土梁，下部结构为桩基础。该桥横跨津河，两端连接红桥区与南开区，连通旧津保路与青年路。最大载重量为 20 吨。

红旗北桥 [Hóngqí Běiqiáo]

在南开区北部。桥长 16.8 米，桥面宽 44.1 米。该桥于 1978 年始建，1985 年拓建，因位于红旗北路得名，为小型河道桥梁。上部结构为混凝土梁，下部结构为桩基础。桥梁横跨津河，连通津河与红旗北路。最大载重量为 150 吨。附近通多路公共汽车。

西营门桥 [Xīyíngmén Qiáo]

在南开区北部、红桥区南部。桥长 18.4 米，桥面宽 12.8 米。该桥于 1952 年建成，因位于西营门大街得名，为小型河道桥梁。上部结构为混凝土梁，下部结构为桩基础，沥青混凝土桥面。桥梁横跨津河，两端连接南开区与红桥区，连通西营门外大街与西营门大街。最大载重量为 15 吨。

进步桥 [Jìnbù Qiáo]

在河北区南部、南开区东部。桥长 605 米，桥面宽 30.7 米。该桥于 2006 年始建，2007 年建成，因位于进步道而得名，为大型河道桥梁。上部结构为钢桁架，下部结构为桩基础。该桥横跨海河，两端连接南开区与河北区，连通通南路与进步道。最大载重量为 50 吨。附近通多路公共汽车。

北安桥 [Běi'ān Qiáo]

在和平区北部、河北区南部。桥长 289.6 米，桥面宽 44.6 米，高 7.6 米。1939 年始为木桥，称日木桥，又称战备桥。1946 年拆木桥，建水泥灌桩木结构新桥，称胜利桥。1973 年改建，1975 年建成。2004 年，桥抬升 1.2 米，并在其两侧新建加宽桥，并建亲水平台通道，同时进行总体建筑景观装饰。该桥因位于北安道（今胜利路）得名，为大型河道桥梁。上部结构为预应力简支单悬臂箱型梁，下部结构为中墩 120 钢筋混凝土灌注桩。混凝土切块铺砌两边护栏，水磨石柱，中间镶以铸钢炉麦穗图案，并各装兰花式灯柱 8 根，每根装灯 13 盏，共 104 盏灯。该桥位于北安道与海河相交处。横跨海河，两端连接河北区与和平区，连通福安大街与胜利路。最大载重量为 20~150 吨。附近通多路公共汽车。

解放桥 [Jiěfàng Qiáo]

在和平区西北部、河北区南部。桥长 96.3 米，桥面宽 17.7 米。原名老龙头浮桥，清光绪二十八年（1902 年）改建成铁桥后，称万国桥。1926 年旧桥废，在其上游建今桥。1945年改名中正桥，1949年为纪念天津解放更今名。该桥为中型河道桥梁，共3孔，中孔为双叶立转式开启跨，备有汽油发电机；两边孔为固定跨。上部结构为钢木街架及纵横梁组成。解放桥是一座具有世界先进水平的开启式钢结构城市道路桥梁，横跨海河，两端连接和平区与河北区，连通海河东路、建国道与解放北路。最大载重量为20吨。附近通多路公共汽车。

赤峰桥 [Chìfēng Qiáo]

在和平区东北部、河东区西部。桥长954.5米，桥面宽39.5米。该桥于1981年建成，因位于赤峰道起端得名，为大型河道桥梁。桥梁为先张预应力空心简支板梁，钢筋混凝土结构，共7孔，中间5孔孔径各16米，两侧孔孔径各13米。桥底高5.9米。该桥横跨海河、海河东路与张自忠路，两端连接河东区与和平区，连通李公楼立交桥与赤峰道。最大载重量为20吨。附近通多路公共汽车。

大沽桥 [Dàgū Qiáo]

在和平区北部、河北区南部。桥长349米，桥面宽24米。该桥于2005年建成，取"宏伟壮观的天津"之意命名，为大型河道桥梁。桥梁为钢管拱桥，下部为桩基础，临近海河东路，横跨海河，两端连接和平区与河北区，连通大沽北路与五经路。最大载重限汽20吨，挂车100吨。附近通多路公共汽车。

金汇桥 [Jīnhuì Qiáo]

在和平区东部、河东区西部。桥长231米，桥面宽30米。该桥于2006年建成，取"津"谐音"金"，"汇"指此桥位于中央金融商务汇集区，由此命名。该桥为大型河道桥梁，是一座斜拉桥，下部结构为桩基础，横跨海河、海河东路与台儿庄路，两端连接河东区与和平区，连通八经路与保定道。最大载重量为20吨。附近通多路公共汽车。

大光明桥 [Dàguāngmíng Qiáo]

在和平区东部、河东区西部。桥长203.2米，桥面宽37米。该桥于1981年始建，1983年建成，2008年改建，因临近大光明电影院得名，为大型河道桥梁。桥梁由主桥、引桥、迎道桥及封闭引路组成，为预应力钢筋混凝土桥。上部为三箱两室应力混凝土箱梁，下部为混凝土灌注桩，横跨海河、海河东路与台儿庄路，两端连接和平区与河东区，连通曲阜道与十一经路。最大载重量为100吨。附近通多路公共汽车。

南大桥 [Nán Dàqiáo]

在东丽区西部、河东区东南部。桥长810.8米，桥面宽29.5米。该桥原为简易木桥，1948年东郊区（今东丽区）万新庄划分两个行政村，因位于行政村南得名。1971年废木桥建新桥，2003年改建。该桥为大型河道桥梁，上部结构为混凝土梁，下部结构为桩基础，横跨月牙河，两端连接东丽区与河东区，连通津滨大道。最大载重量为20吨。附近通多路公共汽车。

金阜桥 [Jīnfù Qiáo]

在河东区西部、河西区北部。桥长203.2米，桥面宽37米。该桥于2006年建成，2007年取"津"谐音"金"，"埠"谐音"阜"，代表小白楼中心商业区"金银聚集口岸"之意命名。该桥为大型河道桥梁。上部结构为钢梁，下部结构为桩基础。横跨海河、海河东路与台儿庄路，两端连接河东区与河西区。连通十三经路与蚌埠道。最大载重量为20吨。附近通多路公共汽车。

直沽桥 [Zhígū Qiáo]

在河东区西部、河西区北部。桥长568.3米，桥面宽41.8米。该桥于2006年建成，2007年因位于大直沽得名，为大型河道桥梁。桥梁上部结构为钢梁，下部结构为桩基础。桥体共分三跨，每跨由三道独立的拱组成，全桥共有27道飞跨拱，68片钢结构"花瓣"和296根吊杆。该桥横跨海河、海河东路与台儿庄路，两端连接河东区与河西区，连通大直沽西路与奉化道。最大载重量为20吨。附近通多路公共汽车。

气象台桥 [Qìxiàngtái Qiáo]

在和平区西部、河西区西部。桥长17.5米，桥面宽42.1米。桥梁于1967年始建，因位于气象台路得名，为小型河道桥梁。钢筋水泥灌铸桥面，下部为钢筋水泥桥墩。该桥横跨卫津河，两端连接和平区与河西区，连通气象台路。最大载重量为20吨。附近通多路公共汽车。

光华桥 [Guānghuá Qiáo]

在河东区西部、河西区东部。桥长877.5米，桥面宽30.6米。该桥于1977年4月建成，称四新桥，1985年取"光耀中华"之意命名，2007年7月改建，为大型河道桥梁。上部结构为混凝土梁，下部结构为桩基础。桥梁横跨海河、海河东路与台儿庄路，两端连接河东区与河西区，连通东兴路与新围堤道。最大载重量为20吨。附近通多路公共汽车。

聂公桥 [Niègōng Qiáo]

在南开区东部、河西区西部。桥长27.6米，桥面宽48.4米，高9.5米。该桥于清光绪二十六年(1900年)始建，1953年建成，1991年拓建，因聂士成将军得名，为小型河道桥梁。上部结构为混凝土梁，下部结构为桩基础。桥梁横跨卫津河，两端连接南开区与河西区，连通卫津南路与卫津路。最大载重量为20吨。附近通多路公共汽车。

国泰桥 [Guótài Qiáo]

在河东区西部、河西区东部。桥长396米，桥面宽36.9米。该桥于2007年始建，2009年9月建成，2007年以国泰路命名，为大型河道桥梁。桥梁为钢桁架拱桥，上部为钢拱结构，用钢索直拉桥身，全桥共计30根吊杆钢丝索。该桥横跨海河、海河东路与台儿庄路，两端连接河东区与河西区，连通国泰路与小围堤道。最大载重量为20吨。附近通多路公共汽车。

富民桥 [Fùmín Qiáo]

在河东区南部、河西区北部。桥长441.9米，桥面宽38.6米。该桥于2007年以路名命名，2008年3月建成，为大型河道桥梁，是一座混凝土梁悬索桥，下部结构为桩基础。桥梁横跨海河、海河东路与台儿庄南路，两端连接河东区与河西区，连通富民南路与洞庭路。最大载重量为20吨。附近通多路公共汽车。

海河桥 [Hǎihé Qiáo]

在东丽区西部、津南区北部。桥长266.5米，桥面宽28.5米。2006年，因位于海河得名。该桥为大型河道桥梁，结构型式为"T"形梁结构，单孔最大跨径35米，双柱式桥墩。桥梁横跨海河，两端连接津南区与东丽区，连通外环东路和外环南路。最大载重量为40吨。附近通多路公共汽车。

柳林桥 [Liǔlín Qiáo]

在河西区东部、津南区北部。桥长539米，桥面宽27米。该桥于2004年7月建成，因位于柳林路得名，为大型河道桥梁，上部结构为混凝土梁,下部结构为桩基础。桥梁横跨珠江道、双林引水河,两端连接河西区与津南区,连通大沽南路。最大载重量为20吨。附近通多路公共汽车。

引水河桥 [Yǐnshuǐhé Qiáo]

在河西区东部、津南区西部。桥长39.7米,桥面宽38米。该桥于2005年建成,因位于双林引水河得名,为中型河道桥梁。上部结构为混凝土梁,下部结构为桩基础。桥梁横跨双林引水河,两端连接河西区与津南区,连通大沽南路。最大载重量为40吨。附近通多路公共汽车。

友谊南路桥 [Yǒuyì Nánlù Qiáo]

在河西区南部、西青区东部。桥长54.4米,桥面宽40米。该桥于1999年建成,因位于友谊南路得名,为中型河道桥梁。上部结构为混凝土梁,下部结构为桩基础。桥梁横跨卫津河,两端连接河西区与西青区,连通友谊南路。最大载重量为100吨。附近通多路公共汽车。

潭江道桥 [Tánjiāngdào Qiáo]

在河西区西南部、西青区东部。桥长36.14米,桥面宽30米。该桥于2004年建成,因位于潭江道得名,为中型河道桥梁。上部结构为混凝土梁,下部结构为桩基础。桥梁横跨卫津河,两端连接河西区与西青区,连通潭江道。最大载重量为30吨。附近通多路公共汽车。

浯水道桥 [Wúshuǐdào Qiáo]

在河西区南部、津南区西部。桥长40米,桥面宽50米。该桥于2004年建成,因位于浯水道得名,为中型河道桥梁。上部结构为混凝土梁,下部结构为桩基础。桥梁横跨长泰河,两端连接河西区与津南区,连通浯水道与洞庭路。最大载重量为30吨。附近通多路公共汽车。

绍兴桥 [Shàoxīng Qiáo]

在河西区北部,桥长17.4米,桥面宽12.4米。该桥原为木桥,1953年重修加宽,1966年修成,因位于绍兴道得名,为小型河道桥梁。上部结构为混凝土梁,下部结构为桩基础。该桥系钢筋混凝土城市道路桥,横跨津河,连通绍兴道,担负城区主要道路交通任务。最大载重量为20吨。

隆昌桥 [Lóngchāng Qiáo]

在河西区北部,桥长35.8米,桥面宽28米。该桥始建于1966年,名一号路桥,1985年因南接隆昌路更名隆昌桥,2000年重修成现状。桥梁为中型河道桥梁,系钢筋混凝土城市道路桥,横跨津河,连通隆昌路,担负城区主要道路交通任务。最大载重量为20吨。附近通多路公共汽车。

佟楼桥 [Tónglóu Qiáo]

在河西区西部,桥长18米,桥面宽32米。该桥始建于1930年,因位于佟楼得名,1990年改建成现状。桥梁为小型河道桥梁,上部结构为混凝土梁,下部结构为桩基础,系钢筋混凝土城市道路桥,横跨津河,连通马场道,担负城区主要道路交通任务。最大载重量为20吨。附近通多路公共汽车。

津海桥 [Jīnhǎi Qiáo]

在河西区中部,桥长14.3米,桥面宽31米。该桥始建于1913年,系木栏杆石头桥,俗称东楼大桥,1970年拓宽,1997年再次拓建成现状,因古通大沽海口命名。桥梁为小型河道桥梁,上部结构为混凝土梁,下部结构为桩基础,系钢筋混凝土车行桥,横跨津河,连通大沽南路,担负城区主要道路交通任务。最大载重量为 20 吨。附近通多路公共汽车。

新兴桥 [Xīnxīng Qiáo]

在河西区西部，桥长 16 米，桥面宽 30 米。该桥于 1938 年始建，初为木桥，因位于原小新兴路（现贵州路）得名，1982 年、1992 年分别拓建成现状。桥梁为小型河道桥梁，上部结构为混凝土梁，下部结构为桩基础，系钢筋混凝土城市道路桥，横跨津河，连通贵州路，担负城区主要道路交通任务。最大载重量为 20 吨。附近通多路公共汽车。

西楼桥 [Xīlóu Qiáo]

在河西区北部，桥长 12.4 米，桥面宽 40.6 米。该桥原为木板小桥，名为西楼一号桥，1952 年重建，1984 年改建，因位于西楼得名，1997 年拓建成现状。桥梁为小型河道桥梁，上部结构为混凝土梁，下部结构为桩基础，横跨津河，连通广东路，担负城区主要道路交通任务。最大载重量为 20 吨。附近通多路公共汽车。

气象南桥 [Qìxiàng Nánqiáo]

在河西区西部，桥长 30.4 米，桥面宽 24.5 米。该桥于 1980 年修建，因位于气象台桥南得名。桥梁为中型河道桥梁，上部结构为混凝土梁，下部结构为桩基础，系钢筋混凝土城市道路桥，横跨卫津河，连通气象台路，担负城区主要道路交通任务。最大载重量为 20 吨。附近通多路公共汽车。

宾水桥 [Bīnshuǐ Qiáo]

在河西区西部，桥长 30.4 米，桥面宽 24.5 米。该桥于 1980 年修建成现状，因位于宾水道得名。桥梁为中型河道桥梁，上部结构为混凝土梁，下部结构为桩基础，横跨卫津河，连通宾水道，担负城区主要道路交通任务。最大载重量为 20 吨。附近通多路公共汽车。

体院北桥 [Tǐyuànběi Qiáo]

在河西区西部，桥长 40 米，桥面宽 30 米。该桥于 2007 年修建成现状，因位于体院北道得名。桥梁为中型河道桥梁，上部结构为混凝土梁，下部结构为桩基础，横跨卫津河，连通宾馆南道与体院北道，担负城区主要道路交通任务。最大载重量为 30 吨。附近通多路公共汽车。

万和桥 [Wànhé Qiáo]

在河西区西南部，桥长 34.6 米，桥面宽 12.5 米。该桥于 2001 年修建，并取“祥和美好”之意命名。桥梁为中型河道桥梁，结构形式为预应力拱式孔桥，横跨卫津河，连通西园道与纪庄子北道，担负城区主要道路交通任务。最大载重量为 20 吨。附近通多路公共汽车。

洞庭一号桥 [Dòngtíng 1 Hào Qiáo]

在河西区东南部桥长 33 米，桥面宽 30 米。该桥于 1954 年始建，初为木桥，1970 年重修，1985 年再建，2002 年修建成现状，因位于洞庭路并加序数得名。桥梁为中型河道桥梁，上部结构为混凝土梁，下部结构为桩基础，系钢筋混凝土城市道路桥。洞庭一号桥横跨复兴河，连通洞庭路，担负城区主要道路交通任务。最大载重量为 20 吨。附近通多路公共汽车。

复兴门桥 [Fùxīngmén Qiáo]

在河西区东南部，桥长 41.3 米，桥面宽 16.4 米，因位于复兴门得名。该桥为南北并列双桥。南桥于 1953 年始建，1969 年重建；北桥于 1989 年建，2005 年拓建成现状。桥梁为中型河道桥梁，上部结构为混凝土梁,下部结构为桩基础,系钢筋混凝土城市道路桥。该桥横跨复兴河,连通大沽南路,是通往市区与津南、大港的必经要道。最大载重量为 13 吨。附近通多路公共汽车。

郁江东道桥 [Yùjiāngdōngdào Qiáo]

在河西区南部,桥长 27.5 米,桥面宽 20 米。该桥于 2004 年修建成现状,因位于郁江东道得名,为中型河道桥梁,上部结构为钢混叠合梁,下部结构为桩基础。桥梁横跨长泰河,连通郁江东道,担负城区主要道路交通任务。最大载重量为 40 吨。附近通多路公共汽车。

纪庄子桥 [Jìzhuāngzi Qiáo]

在河西区南部,桥长 30.8 米,桥面宽 50 米。该桥初为石桥,相传建于清雍正年间,位于今桥北 50 米处,清光绪二十六年(1900 年)为阻止八国联军入侵天津而拆除。1953 年在今址建木桥,1979 年重修,因位于纪庄子 1986 年改今名。2007 年拓宽成现状。该桥为中型河道桥梁,上部结构为混凝土梁,下部结构为桩基础,横跨卫津河,连通紫金山路与紫金山西路,担负城区主要道路交通任务。最大载重量为 20 吨。附近通多路公共汽车。

怒江道桥 [Nùjiāngdào Qiáo]

在河西区东南部,桥长 41.5 米,桥面宽 25 米。该桥于 1958 年始建,初为木桥,因位于怒江道得名, 1981 年修建成现状。桥梁为中型河道桥梁,上部结构为混凝土梁,下部结构为桩基础,系钢筋混凝土城市道路桥。怒江道桥横跨长泰河,连通郁江道,担负城区主要道路交通任务。最大载重量为 10 吨。附近通多路公共汽车。

南围堤河桥 [Nánwéidīhé Qiáo]

在河西区西北部,桥长 73 米,桥面宽 36 米。该桥于 2004 年修建成现状,因位于原南围堤河(现复兴河)得名,为中型河道桥梁,上部结构为混凝土梁,下部结构为桩基础。桥梁横跨复兴河,连通紫金山路,担负城区主要道路交通任务。最大载重量为 30 吨。附近通多路公共汽车。

东江道桥 [Dōngjiāngdào Qiáo]

在河西区东南部,桥长 41.5 米,桥面宽 25 米。该桥于 1957 年始建,初为木桥, 1972 年重建成现状,因位于东江道得名。桥梁为中型河道桥梁,上部结构为混凝土梁,下部结构为桩基础,横跨长泰引水河,连通东江道,是通往珠江道与小海地的重要桥梁。最大载重量为 30 吨。附近通多路公共汽车。

洞庭二号桥 [Dòngtíng 2 Hào Qiáo]

在河西区东南部,桥长 60.8 米,桥面宽 20.5 米。该桥初为木桥, 1968 年改建, 2004 年拓建成现状,因位于洞庭路按序数得名。桥梁为中型河道桥梁,上部结构为混凝土梁,下部结构为桩基础,横跨长泰引水河,连通天津玛钢厂与洞庭路,担负城区主要道路交通任务。最大载重量为 20 吨。附近通多路公共汽车。

珠江桥 [Zhūjiāng Qiáo]

在河西区东南部,桥长 41.5 米,桥面宽 50 米。该桥于 1968 年始建,因位于珠江道得名。2004 年拓建成现状。桥梁为中型河道桥梁,上部结构为混凝土梁,下部结构为桩基础,系钢筋混凝土城市道路桥。珠江桥横跨长泰河,连通珠江道,担负城区主要道路交通任务。最大载重量为 10 吨。附近通多路公共汽车。

郁江桥 [Yùjiāng Qiáo]

在河西区中部，总面积 73 774 平方米。有 3 层互不交叉的不同方向的城市道路在此立体相交，最高层离地面 14.9 米。该桥于 2005 年建成，由主桥、引桥、匝道桥组成，因位于郁江道得名，为半苜蓿叶互通式立交桥。上部结构为解放南路南北向直行机动车道，中间为黑牛城道东西向机动车道，下部结构为解放南路辅路及黑牛城道辅路。该桥在城市交通中起到缓解解放南路与黑牛城道交会处交通压力的作用，是城市快速路上重要桥梁之一。附近通多路公共汽车。

月牙河桥 [Yuèyáhé Qiáo]

在河东区东部。桥长 34.3 米，桥面宽 40 米。该桥于 1963 年建成，称程林庄路（今成林道）桥。1986 年拆旧建新桥，2002 年拓建。因位于月牙河得名。该桥为中型河道桥梁。上部结构为混凝土梁，下部结构为桩基础。横跨月牙河，连通成林道，担负城区主要道路交通任务。最大载重量为 20 吨。附近通多路公共汽车。

一号桥 [1 Hào Qiáo]

在河东区东南部。桥长 42.7 米，桥面宽 56 米。该桥于 1938 年前后始建，为木质便桥。1948 年废木桥改建铁桥，1960 年重建，1989 年拓建，2003 年改建。因该桥是津塘公路（今津塘路）上建起的第一座桥而得名。一号桥为中型河道桥梁。上部结构为混凝土梁，下部结构为桩基础。该桥横跨月牙河，连通津塘路，担负城区主要道路交通任务。最大载重量为 20 吨。附近通多路公共汽车。

顺驰桥 [Shùnchí Qiáo]

在河东区中北部。桥长 3849 米，桥面宽 8~29 米。有 3 层互不交叉的不同方向的城市道路在此立体相交，最高层离地面 18 米。该桥建于 1998 年，取“顺随您愿，驰骋天下”之意命名，为大型钢筋混凝土立交桥。上部结构为混凝土梁，下部结构为桩基础。顺驰桥在城市交通中起到缓解红星路、华昌道与卫国道交会处交通压力的作用。最大载重量为 20 吨。附近通多路公共汽车。

李公楼立交桥 [Lǐgōnglóu Lìjiāoqiáo]

在河东区西北部。桥长 369 米，桥面宽 28.8 米。有 3 层互不交叉的不同方向的城市道路在此立体相交，最高层离地面 14 米。该桥于 1988 年建成，2008 年改建后与赤峰桥相连，因位于李公楼得今名，为中型吊杆式立交桥。上部结构为混凝土梁，下部结构为桩基础。李公楼立交桥在城市交通中起到缓解七纬路、海河东路、华昌道交会处交通压力，横跨新兆路、七纬路、海河东路、海河、张自忠路，连通赤峰桥的作用。最大载重量为 20 吨。附近通多路公共汽车。

东风立交桥 [Dōngfēng Lìjiāoqiáo]

在河东区中部。桥长 10 639.9 米，桥面宽 27.5~51.5 米。有 3 层互不交叉的不同方向的城市道路在此立体相交，最高层离地面 25 米。该桥于 1986 年建成，2006 年拆旧建新桥，因位于东风地道得名，为大型钢筋混凝土立交桥。上部结构为混凝土梁，下部结构为桩基础。该桥在城市交通中起到缓解成林道、红星路、津滨大道、大直沽西路等交会处交通压力的作用，横跨津塘路、广瑞西路、津山铁路、津滨大道、成林道。最大载重量为 20 吨。附近通多路公共汽车。

东兴立交桥 [Dōngxīng Lìjiāoqiáo]

在河东区东部。桥长 573.8 米，桥面宽 18 米。有 3 层互不交叉的不同方向的城市道路在此立体相交，最高层离地面 11 米。该桥于 1986 年建成，因位于东兴路得名，为大型钢筋混凝土立交桥。上部结构为混凝土梁，下部结构为桩基础。该桥在城市交通中起到缓解津滨大道、东兴路与顺达路交会处交通压力的作用，横跨津山铁路。最大载重量为 20 吨。附近通多路公共汽车。

中山门立交桥 [Zhōngshānmén Lìjiāoqiáo]

在河东西南部。桥长 2 609.4 米，桥面宽 9.5~13 米，匝道宽 9.5 米。有 3 层互不交叉的不同方向的城市道路在此立体相交，最高层离地面 10 米。该桥于 1986 年建成，因位于中山门得名，为曲线型立交桥，因形似蝴蝶状，习称“蝶桥”。主桥最高层为东西走向，分设上下行两个单方向，下层为南北向，地面层为双向非机动车道及人行道。该桥在城市交通中起到缓解津塘路与东兴路交会处交通压力的作用。最大载重量为 20 吨。附近通多路公共汽车。

昆仑桥 [Kūnlún Qiáo]

在河东区东南部。桥长 874.9 米，桥面宽 14 米。有 3 层互不交叉的不同方向的城市道路在此立体相交，最高层离地面 20 米。该桥于 2004 年建成，因位于昆仑路得名，为大型钢筋混凝土立交桥。上部结构为混凝土梁，下部结构为桩基础。该桥在城市交通中起到缓解津塘路与昆仑路交会处交通压力的作用。最大载重量为 20 吨。附近通多路公共汽车。

黄河道桥 [Huánghédào Qiáo]

在南开区北部。桥长 18.4 米，桥面宽 36.5 米。该桥于 20 世纪 50 年代始建，先后为木质人行桥、道路桥，曾名二纬路桥（因位于广开二纬路），1963 年重建，1980 年改建，因位于黄河道得名。上部结构为混凝土梁，下部结构为桩基础。黄河道桥横跨津河，连通黄河道，担负城区主要道路交通任务。最大载重量为 20 吨。附近通多路公共汽车。

市政桥 [Shìzhèng Qiáo]

在南开区北部。桥长 28.6 米，桥面宽 9.5 米。该桥于 1977 年始建，2000 年重建，因由市政工程一队承建得名。上部结构为混凝土梁，下部结构为桩基础。桥梁横跨津河，连通青年路与天香水畔花园，担负城区主要道路交通任务。最大载重量为 10 吨。

苏堤路桥 [Sūdīlù Qiáo]

在南开区北部。桥长 20.4 米，桥面宽 7 米。该桥于 1963 年始建，原是座简易木桥，无正式名称。1973 年拆木桥修建成钢筋混凝土城市道路桥，1984 年因位于苏提路北端得名。上部结构为混凝土梁，下部结构为桩基础。桥梁横跨津河，连通青年路与武乡里小区，担负城区主要道路交通任务。最大载重量为 10 吨。

长江道桥 [Chángjiāngdào Qiáo]

在南开区北部。桥长 16.2 米，桥面宽 46 米。该桥于 1958 年建，1963 年、1981 年分别二次改建，因位于长江道得名。上部结构为混凝土梁，下部结构为桩基础。桥梁横跨津河，连通长江道，担负城区主要道路交通任务。最大载重量为 20 吨。附近通多路公共汽车。

西湖桥 [Xīhú Qiáo]

在南开区中部。桥长 51.6 米，桥面宽 38 米。该桥于 2002 年建，因位于西湖道西端得名。上部结构为混凝土梁，下部结构为桩基础。桥梁横跨津河，连通红旗路与西湖道，担负城区主要道路交通任务。附近通多路公共汽车。

日环里桥 [Rìhuánlǐ Qiáo]

在南开区中部。桥长 51.6 米，桥面宽 50 米。该桥于 1982 年始建，2002 年 9 月拓建，曾名“鞍山道桥”，因位于日环里住宅小区得名。上部结构为混凝土梁，下部结构为桩基础。桥梁横跨津河，连通红旗路与鞍山西道，担负城区主要道路交通任务。最大载重量为 20 吨。附近通多路公共汽车。

六里台桥 [Liùlǐtái Qiáo]

在南开区东部。桥长 18.6 米，桥面宽 50 米。该桥于 1945 年以前始建，为木桥，1966 年拆木改建，系钢筋混凝土城市道路桥，1984 年拓建，1989 年重建，因位于六里台得名。上部结构为混凝土梁，下部结构为桩基础。桥梁横跨卫津河，连通鞍山西道与卫津路，担负城区主要道路交通任务。最大载重量为 20 吨。附近通多路公共汽车。

天津大学桥 [Tiānjīn Dàxué Qiáo]

在南开区东部。桥长 20 米，桥面宽 16.5 米。该桥于 2001 年建，因位于天津大学得名。上部结构为混凝土梁，下部结构为桩基础。桥梁横跨卫津河，连通卫津路与天津大学，担负城区主要道路交通任务。最大载重量为 30 吨。

紫光桥 [Zǐguāng Qiáo]

在南开区东部。桥长 17.9 米，桥面宽 3.6 米。该桥于 2001 年始建，因位于南开大学而南开大学以紫色为校色，故取“紫光瑞气”之意命名。桥梁系混凝土城市道路拱桥，下部为桩基础，横跨卫津河，连通卫津路与南开大学，担负城区主要道路交通任务。最大载重量为 30 吨。

晋宁桥 [Jìnníng Qiáo]

在南开区中部。桥长 60.6 米，桥面宽 13.5 米。该桥于 1981 年始建，称晋宁道桥，2003 年建成。因初建时桥东尚为荒地，桥西连红旗路接晋宁道而得名。上部结构为混凝土梁，下部结构为桩基础。桥梁横跨津河，连通航天道与红旗路，担负城区主要道路交通任务。最大载重量为 20 吨。附近通多路公共汽车。

南大中门桥 [Nándà Zhōngmén Qiáo]

在南开区南部。桥长 27.4 米，桥面宽 25.7 米。该桥于 2000 年建，2003 年拓建，因位于南开大学正门得名。上部结构为钢混叠合梁，下部结构为桩基础。桥梁横跨津河，连通复康路与南开大学，担负城区主要道路交通任务。最大载重量为 30 吨。

复康桥 [Fùkāng Qiáo]

在南开区东部。桥长 24.4 米，桥面宽 27.6 米。该桥于 1965 年建，1985 年拓建，因位于复康路得名。上部结构为混凝土梁，下部结构为桩基础。桥梁横跨卫津河，连通八里台立交桥与复康路辅路，担负城区主要道路交通任务。最大载重量为 20 吨。

白堤路桥 [Báidīlù Qiáo]

在南开区南部。桥长 42 米，桥面宽 22 米。该桥于 2000 年建，2003 年改建，因位于白堤路南端得名。上部结构为钢混叠合梁，下部结构为桩基础。桥梁横跨津河，连通复康路与白堤路，担负城区主要道路交通任务。最大载重量为 20 吨。附近通多路公共汽车。

科研南路桥 [Kēyán Nánlù Qiáo]

在南开区南部。桥长 37 米，桥面宽 16.5 米。该桥于 2003 年 4 月始建，因位于科研南路得名。上部结构为混凝土梁，下部结构为桩基础。桥梁横跨津河，连通科研南路与复康路，担负城区主要道路交通任务。最大载重量为 20 吨。附近通多路公共汽车。

凌奥桥 [Líng'ào Qiáo]

在南开区南部。桥长 32.6 米，桥面宽 12.7 米。该桥于 2003 年 11 月建成，因位于凌庄子得名。结构形式为混凝土拱桥，下部为桩基础。桥梁横跨四化河，连通凌宾路与津涞道，担负城区主要道路交通任务。

王顶堤立交桥 [Wángdǐngdī Lìjiāoqiáo]

在南开区西南部。桥长 7 800 米，桥面宽 9.5 米，弯道 8 米，底工程 4.5 米，箱型梁，有 3 层互不交叉的不同方向的城市道路在此立体相交，最高层离地面 13 米。该桥建于 1993 年，因位于王顶堤村得名，为大型定向式立交桥，上部结构为混凝土梁，下部结构为桩基础。第一层为人行道，第二层为直行红旗路、红旗南路的快车道，第三层为贯穿复康路的快车道。立交主体中心部位采用高杆灯和半高杆灯照明方式。在城市交通中起到缓解复康路、红旗路、红旗南路交会处交通压力的作用。附近通多路公共汽车。

长江道立交桥 [Chángjiāngdào Lìjiāoqiáo]

在南开区北部。桥长 418.4 米，桥面宽 17 米。上部结构为混凝土梁，下部结构为桩基础。该桥于 1985 年建，因跨越长江道而得名。该桥为公路桥，在城市交通中起到缓解红旗路、长江道交会处交通压力的作用。附近通多路公共汽车。

盐坨桥 [Yántuó Qiáo]

在河北区中部偏北。桥长 634.1 米，桥面宽 40.5 米。该桥于 1985 年始建，1986 年 7 月改建，因位于盐坨村得名，为大型河道桥梁，上部结构为钢筋混凝土 4 跨空心板梁，6 跨 T 形梁，下部结构为钢筋混凝土灌注桩。桥梁横跨新开河，连通育红路与铁东路，担负城区主要道路交通任务。最大载重量为 20 吨。附近通多路公共汽车。

建昌桥 [Jiànchāng Qiáo]

在河北区东北部。桥长 31.7 米，桥面宽 24 米。该桥于 1970 年建成，因位于建昌道得名，为中型河道桥梁，结构形式为拱形钢筋混凝土结构，上部为钢筋混凝土实心板梁，下部为钢筋混凝土灌注桩。桥梁横跨月牙河，连通建昌道与红星路，担负城区主要道路交通任务。最大载重量为 26 吨。附近通多路公共汽车。

红波桥 [Hóngbō Qiáo]

在河北区东北部。桥长 25 米，桥面宽 4 米。桥高出路面 0.8 米。该桥于 1959 年始建，1969 年改建为钢筋混凝土双孔桥，称双孔桥或五孔桥，1984 年命今名，因位于红波路得名。红波桥为小型河道桥梁，结构型式为双孔钢筋混凝土结构，横跨月牙河，连通红波路与红星路，担负城区主要道路交通任务。最大载重量为 20 吨。附近通多路公共汽车。

新开桥 [Xīnkāi Qiáo]

在河北区西北部。桥长 46.6 米，桥面宽 3.9 米。该桥于 1965 年建成，因位于新开河得名，为中型河道桥梁，结构型式为 5 孔拱形钢筋混凝土。上部为钢筋混凝土预应力单悬臂 T 形梁，下部为钢筋混凝土低桩承台钢筋混凝土方桩。桥梁横越新开河，连通律纬路与南口路，是通往市区与北郊、白庙工业区的重要桥梁。最大载重量为18吨。附近通多路公共汽车。

靖江北桥 [Jìngjiāng Běiqiáo]

在河北区西北部。桥长32.8米，桥面宽4.1米。该桥于2002年9月建成，因位于靖江路得名，为中型河道桥梁，上部结构为混凝土梁，下部结构为桩基础。桥梁横跨月牙河，连通靖江路，担负城区主要道路交通任务。最大载重量为20吨。附近通多路公共汽车。

京津桥 [Jīngjīn Qiáo]

在河北区西部。桥长102米，桥面宽38.5米。该桥于清光绪三十二年（1906年）始建，称旱桥。1949年拆木桥重建钢筋混凝土公路桥，1950年建成，1998年拓宽，因位于京津公路得名。该桥为中型河道桥梁，上部结构16.8米跨为预应力混凝土实心板梁，11米跨为普通混凝土空心板梁；下部结构基础为混凝土灌注桩，混凝土打桩，混凝土帽梁，共1孔。桥梁横跨新开河，连通黄纬路与天泰路，担负城区主要道路交通任务。最大载重量为20吨。附近通多路公共汽车。

靖江桥 [Jìngjiāng Qiáo]

在河北区东部。桥长50.4米，桥面宽24.5米，车行道宽18米，两侧人行道各宽3米。梁底中心标高3.5米。该桥于1984年建成，因位于靖江路得名，为中型河道桥梁，上部结构为钢筋混凝土板梁，下部结构为钢筋混凝土灌注桩。桥梁横跨北排污河，连通靖江路，担负城区主要道路交通任务。最大载重量为20吨。附近通多路公共汽车。

民权门立交桥 [Mínquánmén Lìjiāoqiáo]

在河北区中部。桥长1587.6米，桥面宽60米。该桥于2005年3月建成，因位于民权门得名，为大型互通式环形立交桥，上部结构为混凝土梁，下部结构为桩基础。桥梁为4层互通式立交桥，最高层离地面18米。第一层为桥下辅路，第二层为金钟河大街东北—西南方向主线桥，第三层金钟大街左转中环线定向匝道桥，第四层为中环线西北—东南方向主线桥。该桥在城市交通中起到缓解金钟河大街、红星路、育红路交会处交通压力的作用。最大载重量为55吨。附近通多路公共汽车。

金狮立交桥 [Jīnshī Lìjiāoqiáo]

在河北区南部。上层为金钟河大街至狮子林大街方向，桥长670.8米，桥面宽16米，车行道宽15米，梁底中心标高12.8米。中层南北方向顺接昆纬路，桥长497.6米，桥面宽16米，车行道宽15米，梁底中心标高6.9米。自南向西绕行线，桥长144.1米，桥面宽8米，车行道宽7米。自东向南绕行线，1999年建成通车，桥长199.8米，桥面宽8米，车行道宽7米。下层为辅路。有3层互不交叉的不同方向的城市道路在此立体相交。最高层离地面14米。该桥因位于金钟河大街和狮子林大街得名。上部结构为钢筋混凝土箱梁，下部结构为钢筋混凝土方柱。桥梁共34孔。金狮立交桥在城市交通中起到缓解金钟河大街、狮子林大街、新开路、昆纬路交会处交通压力的作用。最大载重量为20吨。附近通多路公共汽车。

志成桥 [Zhìchéng Qiáo]

在河北区东北部。桥长7 344米、宽15米。该桥于2009年建，以位于志成路得名。

有 3 层互不交叉的不同方向的城市道路在此立体相交，最高层离地面 15 米。上部结构为混凝土梁，下部结构为桩基础。该桥在城市交通中起到缓解铁东路与志成道交会处交通压力的作用。桥梁横跨新开河、津山铁路、京津城际铁路。最大载重量为 55 吨。附近通多路公共汽车。

西河桥 [Xīhé Qiáo]

在红桥区西部。桥长 861.9 米，桥面宽 42 米，车行道宽 32 米，人行道宽 5 米，跨径 211.1 米，孔数 3 个。该路于 2003 年建，2004 年建成，因子牙河曾用名为西河而得名。桥梁为钢箱梁自锚式悬索桥，横跨子牙河，连通咸阳路与咸阳北路，担负城区主要道路交通任务。最大载重量为 70 吨。附近通多路公共汽车。

西站西大桥 [Xīzhàn Xīdàqiáo]

在红桥区南部。桥长 2 140 米，桥面宽 42 米。该桥于 2009 年建，2011 年建成，因位于天津西站得名。上部结构为混凝土梁，下部结构为桩基础。桥梁横跨子牙河，连通南运河北路与洪湖北路，担负城区主要道路交通任务。最大载重量为 20 吨。附近通多路公共汽车。

子牙河桥 [Zǐyáhé Qiáo]

在红桥区中部。东侧桥长 136 米，西侧桥长 154.7 米，桥面宽 37.6 米，车行道各宽 15 米，人行道各宽 2.5 米。东侧桥建于 1966 年，称红卫桥。西侧拓建于 1985 年。1999 年该桥曾大修，因位于子牙河上得名。结构形式为 4 孔钢筋混凝土结构。南引桥长 300 米，北引桥长 350 米，上部为预应力 T 形钢梁，下部为低桩重力式墩台。该桥是中环线西半环上重要桥梁之一，横跨子牙河，连通勤俭道与红旗北路，担负城区主要道路交通任务。最大载重量为 100 吨。附近通多路公共汽车。

新红桥 [Xīnhóng Qiáo]

在红桥区东部。桥长 697 米，桥面宽 30.5 米。原为木桥，清光绪十三年（1887 年）改建成单孔拱形钢结构桥。1924 年被洪水冲毁，改建浮桥。1937 年西侧另建大红桥，浮桥遂废。1965 年再建单链悬索桥，称新红桥，1984 年拆索桥重建。上部结构为两跨连续钢梁，下部结构为钢筋混凝土灌注桩、墩，管桩桥台。桥梁横跨子牙河，连通河北大街与红桥北大街，担负城区主要道路交通任务。最大载重量为 100 吨。附近通多路公共汽车。

大红桥 [Dàhóng Qiáo]

在红桥区东部。桥长 80.7 米，桥面宽 12.7 米。该桥建于 1937 年，为区别原大红桥得名新红桥。1965 年原大红桥址又建单链悬索桥一座，亦名新红桥，因重名，再更今名。原开启设备于 1964 年拆除，1965 年对下部结构加固。上部结构为钢桁架，下部为墩台结构。该桥为天津市文物保护单位，横跨子牙河，连通新河北大街与红桥北大街，担负城区主要道路交通任务。最大载重量为 10 吨。

大丰桥 [Dàfēng Qiáo]

在红桥区南部。桥长 39.6 米，桥面宽 36.6 米，车行道 30 米，两侧人行道各 3 米。1917 年后建浮桥，因位于大伙巷北口得名大伙巷浮桥，又称大丰浮桥。1952 年拓建大丰路时，改建成混凝土桥，并更今名。1984 年重建拓宽成现状。上部结构为钢筋混凝土 T 形梁，下部结构为钢筋混凝土灌注桩。桥梁横跨南运河，连通大丰路与西站前街，桥下河底通地铁 1 号线，担负城区主要道路交通任务。最大载重量为 100 吨。附近通多路公共汽车。

井冈山桥 [Jǐnggāngshān Qiáo]

在红桥区南部。桥长 46.6 米，桥面宽 36 米。该桥于 1967 年建成，1998 年重建，以革命圣地井冈山命名。上部结构为混凝土梁，下部结构为桩基础。桥梁系沥青混凝土城市道路桥，横跨南运河，连通复兴路，担负城区主要道路交通任务。最大载重量为 20 吨。附近通多路公共汽车。

小伙巷桥 [Xiǎohuǒxiàng Qiáo]

在红桥区东南部。桥长 46.7 米，桥面宽 39 米。该桥于 2008 年建，因位于小伙巷道路得名。桥梁为混凝土梁斜拉桥，下部为桩基础，系沥青混凝土城市道路桥，横跨南运河，连通三条石大街与小伙巷，担负城区主要道路交通任务。最大载重量为 40 吨。附近通多路公共汽车。

金钟桥 [Jīnzhōng Qiáo]

在红桥区东南部。桥长 40.6 米，桥面宽 24 米。该桥原为 1888 年建在小关大街一带金钟河上的开启式钢架桥，1920 年南运河裁弯取直后迁此，1994 年重建成现状，因位于金钟河上得名。上部结构为混凝土梁，下部结构为桩基础。桥梁系沥青混凝土城市道路桥，横跨南运河，连通金钟桥大街，担负城区主要道路交通任务。最大载重量为 100 吨。

芥园桥 [Jièyuán Qiáo]

在红桥区南部。桥长 40.4 米，桥面宽 44 米。桥梁于 1983 年建成，因位于芥园大堤得名。上部结构为混凝土梁，下部结构为桩基础，系沥青混凝土城市道路桥。桥梁横跨南运河，连通红旗路，担负城区主要道路交通任务。最大载重量为 20 吨。附近通多路公共汽车。

邵公庄闸桥 [Shàogōngzhuāng Zháqiáo]

在红桥区南部。桥长 17 米，桥面宽 12.6 米，车行道 9 米，两侧人行道各 1.5 米。1954 年芥园水厂因蓄水建闸设木桥。1959 年木桥和闸拆除，改建成永久性桥梁，因位于邵公庄和始建桥的功能得名。上部结构为钢筋混凝土“T”形筒支梁，下部结构为重力式墩台。该桥系沥青混凝土城市道路桥。横跨南运河，连通闸桥南路与闸桥北路，担负城区主要道路交通任务。最大载重量为 13 吨。附近通多路公共汽车。

金华桥 [Jīnhuá Qiáo]

在红桥区东南部。桥长 44.9 米，桥面宽 60 米。此处原为清康熙五十五年（1716 年）设钞关浮桥，1920 年撤浮桥，1749 年老铁桥大街西口南运河上的金华桥移至此，1954 年铺沥青桥面，1957 年扩建，1982 年拆除重建成现状。因与金钢桥、金钟桥相邻，取汉字同音，金为津，取金华喻津华，以此命名。上部结构装配钢筋混凝土空心板，下部结构为 0.55 米预应力空心管桩。该桥系沥青混凝土城市道路桥，横跨南运河，连通北门外大街与河北大街，担负城区主要道路交通任务。最大载重量为 100 吨。附近通多路公共汽车。

津塘路立交桥 [Jīntánglù Lìjiāoqiáo]

在东丽区西南部。该桥于 1987 年始建，同年建成，至今经过多次修缮。桥长 90 米，桥宽 15.1 米。立交桥以路名命名，为马鞍状 4 层互通式立交桥，最高层离地面 16 米。最上层为高架桥，连通外环线。次上层为高架桥，连通津塘公路和津塘路。中层为长圆形环道（纵断面呈马鞍状，鞍部在桥下）。连通环道和津塘公路、津塘路、外环线的交通，由匝道互通。底层为自行车环道，由长圆形环道下设置4座小桥通过。自行车环道内为绿地种植花木。绿地中央有两座各高30米的集照灯。桥梁横跨地铁9号线，是连接市区与滨海新区、天津港的交通走廊。汽车载重限20吨，汽车挂车载重限100吨。附近通多路公共汽车。

御河桥 [Yùhé Qiáo]

在西青区北部。桥长62米，桥面宽40米。该桥于2001年建成，2002年因位于御河上得名。桥梁为中型河道桥梁，上部为普通T形面板，下部为灌注桩的钢筋混凝土公路桥。横跨南运河（又名御河），连通柳口路，担负城区主要道路交通任务。最大载重量为20吨。附近通多路公共汽车。

津静公路立交桥 [Jīnjìng Gōnglù Lìjiāoqiáo]

在西青区中部。桥长241米，桥面宽33米。有2层互不交叉的不同方向的城市道路在此立体相交，最高层离地面11米。该桥于2006年建成，因位于津静线得名，为四瓣苜蓿叶式立交桥，空心板梁结构，单孔最大跨径35米，双柱式桥墩。在城市交通中起到缓解外环线与复康路交会处交通压力的作用。最大载重量为55吨。

秦庄桥 [Qínzhuāng Qiáo]

在津南区中部。桥长39.6米，桥面宽20米。该桥于1998年始建，原名胜利河桥，2010年修缮，2011年以建在咸水沽镇秦庄子附近更今名。该桥为中型河道桥梁。上部结构为空心板梁，下部结构为钻孔桩。桥梁横跨胜利河，连通津沽公路，担负城区主要道路交通任务。最大载重量为55吨。附近通多路公共汽车。

西大桥 [Xī DàQiáo]

在津南区中部。桥长39米，桥面宽52.5米，总面积2047.5平方米。该桥建于1989年，因位于咸水沽镇西侧得名。桥梁为中型河道桥梁，上部结构为空心板梁，下部结构为钻孔桩。桥梁横跨月牙河，连通津歧公路，担负城区主要道路交通任务。最大载重量为30吨。附近通多路公共汽车。

二道桥 [Èrdào Qiáo]

在津南区中部。桥长50.6米，桥面宽28.1米。该桥建于1986年，以月牙河上桥梁序数得名。桥梁为中型河道桥梁。上部结构为空心板梁，下部结构为钻孔桩。桥梁横跨月牙河，连通二八公路，担负城区主要道路交通任务。最大载重量为30吨。附近通多路公共汽车。

北运河桥 [Běiyùnhé Qiáo]

在北辰区南部。桥长760.5米，桥面宽35~39米。该桥于2004年建成，因位于北运河得名。上部结构为钢混叠合梁，下部结构为桩基础，为大型河道桥梁。桥梁横跨北运河，连通咸阳北路，担负城区主要道路交通任务。最大载重量为40吨。附近通多路公共汽车。

宜兴埠立交桥 [Yíxīngbù Lìjiāoqiáo]

在北辰区东南部。跨高速公路桥长64米，宽19米，其中车行道宽16米，两侧人行道各宽1.5米（含护栏）。跨外环线桥长112米，总宽28.5米，中央带宽0.5米，两侧车行道各宽12.25米，人行道各宽1.5米（含护栏）。立交桥为双向匝道，左转匝道混行车道宽8.5米，两侧土路肩各宽0.75米，总宽10米；右转匝道宽度与左转匝道同。有2层互不交叉的不同方向的城市道路在此立体相交，最高层离地面7米。该桥于1989年建，1991年建成,因位于宜兴埠得名。桥梁为苜蓿叶式立交桥,路面为细粒或沥青混凝土。上部结构为钢筋混凝土,下部结构基础为打入桩,承台以上为墩柱双柱。津围公路跨高速公路桥共4跨,跨径16米;跨外环线桥共6跨,跨径16米2跨,跨径20米4跨。匝道2跨,跨径10米。该桥在城市交通中起到缓解津围公路和外环线交会处交通压力的作用。附近通多路公共汽车。

辰泰桥 [Chéntài Qiáo]

在北辰区南部。全长6731.71米,全宽28.5~44.5米。有3层互不交叉的不同方向的城市道路在此立体相交,最高层离地面21米。该桥于2005年建，2007年建成,取"安康、长泰"之意命名。桥梁为苜蓿叶式立交桥,下部结构为桩基础,上部结构为混凝土梁。该桥在城市交通中起到缓解淮河道和南仓道交会处交通压力的作用,横跨京沪铁路。附近通多路公共汽车。

南仓桥 [Náncāng Qiáo]

在北辰区南部。有3层互不交叉的不同方向的城市道路在此立体相交,最高层离地面20米。该桥于2010年建成,因位于南仓村附近得名。桥梁为苜蓿叶式立交桥,上部结构为混凝土梁,下部结构为桩基础。该桥在城市交通中起到缓解南仓道与西接双环路交会处交通压力的作用,横跨京津路。附近通多路公共汽车。

京津公路立交桥 [Jīngjīn Gōnglù Lìjiāoqiáo]

在北辰区中部。宽41.5米,双向车道。有2层互不交叉的不同方向的城市道路在此立体相交,最高层离地面11米。该桥于1989年始建，2007年将原京津公路立交桥拆除,同年动工修建新桥，2008年建成通车。因位于京津公路上得名。该桥为苜蓿叶式互通式立交桥,京津公路方向全长900米,主线采用两座独立桥梁上、下行并列形式。该桥在城市交通中起到缓解京津路与京津公路交会处交通压力的作用,横跨外环线、新引河与永定新河。最大载重量为55吨。附近通多路公共汽车。

外环线津保桥 [Wàihuánxiàn Jīnbǎo Qiáo]

在北辰区中部。长321.07米,宽13.25米,占地面积4254.2平方米,共15孔,单孔最大跨径为32米。有2层互不交叉的不同方向的城市道路在此立体相交,最高层离地面12米。该桥于2003年始建,同年建成通车。该桥跨越外环线,又是天津到保定的必要通道,故名。上部结构为预应力混凝土箱梁、钢筋混凝土箱梁,下部结构为肋板式桥台、柱式墩柱。该桥在城市交通中起到缓解辰昌路与津保高速公路交会处交通压力的作用。横跨外环西路。最大载重量为55吨。附近通多路公共汽车。

龙凤新河桥 [Lóngfèngxīnhé Qiáo]

在武清区中部,桥长140.8米,桥面宽26米,最大跨度20米。该桥始建于2004年,因位于龙凤新河得名,为大型河道桥梁。上部结构为箱形梁,下部结构为双柱式墩。该桥横跨龙凤新河,连通南东线,担负城区主要道路交通任务。最大载重量为55吨。附近通多路公共汽车。

翠亨路财源桥 [Cuìhēnglù Cáiyuán Qiáo]

在武清区中部,桥长34.3米,桥面宽53米,最大跨度34.3米。该桥于2009年建成，因位于翠亨路，取“财源广进”之意命名，为中型河道桥梁。结构形式为预应力混凝土板梁。该桥横跨五支渠，连通翠亨路，担负城区主要道路交通任务。最大载重量为 55 吨。附近通多路公共汽车。

西界渠桥 [Xījièqú Qiáo]

在武清区中部。桥长 24.7 米，桥面宽 64 米，最大跨度 24.7 米。该桥于 2011 年建成，因位于沟渠得名，为中型河道桥梁。结构形式为预应力混凝土板梁。该桥横跨西界渠，连通光明道，担负城区主要道路交通任务。最大载重量为 55 吨。附近通多路公共汽车。

翠亨路光明桥 [Cuìhēnglù Guāngmíng Qiáo]

在武清区中部，桥长 34.4 米，桥面宽 51.9 米，最大跨度 34.4 米。该桥于 2009 年建成，因位于翠亨路，取“正大光明”之意命名，为中型河道桥梁。结构形式为预应力混凝土板梁。桥梁横跨四支渠，连通翠亨路，担负城区主要道路交通任务。最大载重量为 55 吨。附近通多路公共汽车。

振华桥 [Zhènhuá Qiáo]

在武清区中部，桥长 55 米，桥面宽 40 米，最大跨度 55 米。该桥于 2002 年建成，因位于振华道得名，为大型河道桥梁。结构形式为预应力混凝土板梁。桥梁横跨北运河，连通振华西道与振华东道，担负城区主要道路交通任务。最大载重量为 55 吨。附近通多路公共汽车。

光明道光明桥 [Guāngmíngdào Guāngmíng Qiáo]

在武清区中部，桥长 55 米，桥面宽 40 米，最大跨度 55 米。该桥于 2003 年建成，因位于光明道，取“正大光明”之意命名，为大型河道桥梁。结构形式为预应力混凝土板梁。该桥横跨北运河，连通光明道，担负城区主要道路交通任务。最大载重量为 55 吨。附近通多路公共汽车。

雍阳桥 [Yōngyáng Qiáo]

在武清区中部，桥长 60 米，桥面宽 30 米，最大跨度 13.5 米。该桥于 1975 年始建，以武清别称雍阳命名，为中型河道桥梁。上部结构为 T 形梁，下部结构为双柱式墩。桥梁横跨北运河，连通雍阳西道与雍阳东道，担负城区主要道路交通任务。最大载重量为 30 吨。附近通多路公共汽车。

汉沽大桥 [Hàngū Dàqiáo]

在滨海新区北部。桥长 263 米，桥面宽 14.5 米，两侧人行道各 1.5 米，梁底高程 4.02 米，桥墩 13 座。该桥于 1979 年始建，1980 年建成，2008 年修缮，因位于汉沽庄得名。汉沽大桥属大型河道桥梁，为 T 形梁钢筋混凝土灌注桩结构。桥东头引路长 224 米，南北两侧设人行阶梯道，缓坡处修有环形花坛，桥西头引路长 1 300 米。桥梁横跨蓟运河，连通文化街与一纬路，担负城区主要道路交通任务。附近通多路公共汽车。

寨上大桥 [Zhàishàng Dàqiáo]

在滨海新区北部。桥长 221 米，宽 9.2 米，人行道各宽 2 米，高 5.44 米，桥墩 11 座。该桥原名津汉公路汉沽大桥，1976 年震损，1984 年重建，因位于寨上街得名。寨上大桥属大型河道桥梁，结构为预制先简支后连续小箱梁桥。桥东引路与滨河路交叉处建有立体箱涵两座，桥东头两侧建有人行阶梯道，设有自行车匝道。桥梁横跨蓟运河，连通太平街与四纬路，担负城区主要道路交通任务。最大载重量为70吨。附近通多路公共汽车。

营城大桥 [Yíngchéng Dàqiáo]

在滨海新区北部。桥长724米，桥面宽36米。该桥于2007年始建，2008年竣工，因位于原营城镇得名。此桥属大型河道桥梁，为双幅简支梁式桥梁。桥梁横跨蓟运河，连通五经路与工业园区，担负城区主要道路交通任务，对促进海滨休闲旅游区和泰达汉沽现代产业园区的开发建设具有十分重要的意义。附近通多路公共汽车。

南环大桥 [Nánhuán Dàqiáo]

在滨海新区北部。桥长377米，桥面宽29米。该桥于2003年建成，2009年拓建，因位于汉沽城区以南得名。南环大桥属大型河道桥梁，为钢筋混凝土结构。桥梁横跨蓟运河，连通津汉公路，担负城区主要道路交通任务。附近通多路公共汽车。

海门大桥 [Hǎimén Dàqiáo]

在滨海新区中部。桥长839.78米，桥面宽18米，其中车行道14米，两侧人行道各2米。该桥于1982年始建，1985年建成，取明代大学士李东阳《海门夜月》诗“海门东望极空明”中的“海门”得名。海门大桥属大型河道桥梁，结构形式为简支下承式拴焊钢桁梁，共23孔，是我国目前最大的直升式开启公路桥之一。桥梁横跨海河，连通河北路与河南路，担负城区主要道路交通任务，有利于港口贸易和海河下游经济建设和城市发展。最大载重量为100吨，附近通多路公共汽车。

海河大桥 [Hǎihé Dàqiáo]

在滨海新区中部。桥长2838米，桥面宽27.5米，为双向6车道。该桥于2002年建成，因位于海河入海口得名。海河大桥属特大型河道桥梁，由主桥和南、北引桥三部分组成，为独塔双索面、钢与混凝土混合型主梁斜拉桥。主桥长500米，桥下能双向通行5 000吨客货船。北引桥长1 040米，由24个墩跨组成，由南向北依次横跨河口街、新港一号路、新港铁路、新港二号路，在二号路和三号路之间落地；南引桥长680米，由17个墩跨组成，横跨海河、泄洪河道、船闸路、渔船航道与规划长怀路中线相接。该桥担负连通南北货运的主要道路交通任务。附近通多路公共汽车。

海河开启桥 [Hǎihé Kāiqǐqiáo]

在滨海新区中部。桥长1047米，桥下通航净宽68米，开启时净空大于31米。该桥于2008年始建，2009年建成，因位于海河下游且具有开启功能得名。此桥为特大型河道桥梁。桥梁由主桥和引桥两部分组成。主桥净跨径68米，主桥设有配跨，全长102米，桥面宽度20米。引桥宽度为陆地段17米，跨河段20米，全长767米。结构形式为立转式钢结构悬臂梁。桥梁横跨海河，连通响螺湾中心区与于家堡金融区，担负城区主要道路交通任务。附近通多路公共汽车。

世纪桥 [Shìjì Qiáo]

在滨海新区南部。桥长50.5米，桥面宽11.6米，高6米。该桥于1979年始建，2000年重修，因东侧与世纪大道相连接得名。世纪桥属中型河道桥梁，为柏油路面。桥梁横跨沧浪渠，连通津港公路与天津石化板厂路，担负城区主要道路交通任务。最大载重量为150吨。附近通多路公共汽车。

石化园区桥 [Shíhuà Yuánqū Qiáo]

在滨海新区南部。桥长39.3米，桥面

宽 6 米。该桥于 2004 年建成,因位于石化园区得名。此桥为中型河道桥梁,混凝土桥面。桥梁横跨排水渠,连通凯旋街与南环路,担负城区主要道路交通任务。最大载重量为 20 吨。附近通多路公共汽车。

河北路立交桥 [Héběilù Lìjiāoqiáo]

在滨海新区中部。桥长 1 100 米,桥面宽 16 米,高 7 米,最大跨度 260 米。有 2 层互不交叉的不同方向的城市道路在此立体相交,最高层离地面 7 米。该桥于 1993 年建成,因京津塘高速公路及其联络线与塘沽主干道河北路的立交工程得名。该桥为钢筋混凝土立交桥,有 8 个匝道,在城市交通中起到缓解京津塘高速公路与河北路交会处交通压力的作用。最大载重量为 55 吨。附近通多路公共汽车。

中心桥立交桥 [Zhōngxīnqiáo Lìjiāoqiáo]

在滨海新区西部。桥长 504 米,桥面宽 20 米,双向 4 车道。有 2 层互不交叉的不同方向的城市道路在此立体相交,最高层离地面 7 米。该桥于 2001 年始建, 2002 年建成,因位于中心桥村得名。桥梁在城市交通中起到缓解唐津高速公路与津塘公路交会处交通压力的作用。最大载重量为 55 吨。附近通多路公共汽车。

塘沽站立交桥 [Tánggūzhàn Lìjiāoqiáo]

在滨海新区中西部。桥长 564.8 米,桥面宽 21 米。有 2 层互不交叉的不同方向的城市道路在此立体相交,最高层离地面 10 米。该桥于 1997 年建成,因位于塘沽站得名,为混凝土立交桥。桥梁横跨津山铁路,在城市交通中起到缓解车站北路、上海道、新胡路、大连道交会处交通压力的作用。最大载重量为 20 吨。附近通多路公共汽车。

滨海立交桥 [Bīnhǎi Lìjiāoqiáo]

在滨海新区中部。桥长 5 870 米,桥面宽 18 米,最宽处 37.4 米,建筑总面积 87 763 平方米。有 3 层互不交叉的不同方向的城市道路在此立体相交,最高层离地面 17 米。该桥于 1998 年始建, 2001 年建成,因是核心区主要立交桥得名。该桥为 3 层苜蓿叶式互通式立交桥,由 A、B 两条主干道, 9 条匝道和两座人行天桥组成,双向 4 车道,桥下由绿化广场、雕塑群、森林公园和休闲漫步区组成。在城市交通中起到缓解黄海路、新华路、大连道交会处交通压力的作用,横跨津山与地方铁路线 11 条。附近通多路公共汽车。

新华路立交桥 [Xīnhuálù Lìjiāoqiáo]

在滨海新区中部。桥长 700 米,桥面宽 18 米,高 8 米,面积 12 600 平方米。有 2 层互不交叉的不同方向的城市道路在此立体相交,最高层离地面 8 米。该桥于 1994 年建成,因位于新华路得名。该桥横跨进港一线铁路,在城市交通中起到缓解上海道与新港路交会处交通压力的作用。附近通多路公共汽车。

临港立交桥 [Língǎng Lìjiāoqiáo]

在滨海新区中部。桥总长 718.4 米, 58 孔。主桥长 374.4 米,宽 15 米,高 5~6.7 米。东西匝桥长 526 米,引道长 573 米。有 3 层互不交叉的不同方向的城市道路在此立体相交,最高层离地面 11 米。桥梁于 1987 年建成,因位于天津新港得名。该桥为变形苜蓿叶式三层四方向互通式立交桥。装配式为先张预应力空心板梁和现浇后张预应力连续箱梁组成。该桥横跨新港铁路专线,在城市交通中起到缓解新港四号路与秦滨高速交会处交通压力的作用。最大载重量为120吨。附近通多路公共汽车。

东环立交桥 [Dōnghuán Lìjiāoqiáo]

在滨海新区中部。桥长870米，桥面宽15米，高8米。有2层互不交叉的不同方向的城市道路在此立体相交，最高层离地面11米。该桥因顺接东环路得名，是从原七米河码头往北的干道，在城市交通中起到缓解海滨九路与东环路交会处交通压力的作用。横跨新港二线铁路与新港四号路。附近通多路公共汽车。

芦台铁桥 [Lútái Tiěqiáo]

在宁河区东南部。桥长241.7米，桥面宽10米，最大跨度52.8米，桥下净高4.5米。该桥于1956年建，名为芦台大桥，1976年毁于地震，1979年重建，因位于芦台镇更名，为大型河道桥梁。上部结构为T形梁、空心板梁、钢桁架，下部结构为桩基础钢筋混凝土梁式桥、桁架桥。桥梁横跨蓟运河，连通山广支线，目前已封闭交通，不再担负城区主要道路交通任务。最大载重量为15吨。

白马泉桥 [Báimǎquán Qiáo]

在蓟州区中部。桥长20米，桥面宽31米。该桥于2004年建，因位于白马泉得名，为小型河道桥梁，上部结构为空心板梁，下部结构为多柱墩。该桥系钢筋混凝土城市道路桥，横跨三八水库河道，连通北环路，担负城区主要道路交通任务。最大载重量为55吨。附近通多路公共汽车。

沙河桥 [Shāhé Qiáo]

在蓟州区中部。桥长30.8米，桥面宽23米。该桥于2007年建，因位于沙河得名，为中型河道桥梁，上部结构为空心板梁，下部结构为双柱式墩。该桥系钢筋混凝土城市道路桥，横跨沙河，连通南环路，担负城区主要道路交通任务。最大载重量为55吨。

文昌桥 [Wénchāng Qiáo]

在蓟州区中部。桥长13.2米，桥面宽15米。该桥于1990年始建，因位于文昌街得名，系钢筋混凝土城市道路桥。桥梁横跨宾昌河，连通中昌北大道与长城路，担负城区主要道路交通任务。附近通多路公共汽车。

青池西街桥 [Qīngchíxījiē Qiáo]

在蓟州区中部。桥长34.9米，桥面宽41米。该桥于2012年建，因位于青池西街得名。桥梁为中型河道桥梁，上部结构为预应力空心板，下部结构为盖梁、钻孔灌注桩，横跨辽运河，连通青池西街，担负城区主要道路交通任务。最大载重量为55吨。附近通多路公共汽车。

滨河大街跨铁路立交桥 [Bīnhé Dàjiē Kuà Tiělù Lìjiāoqiáo]

在蓟州区中部，环线上跨铁路桥。桥长1 400米，宽25.5米，于2007年建成，为双层互通式立交桥。上部结构为空心板梁，下部结构为双柱式墩。桥梁连通南环路与津围公路，缓解了交通压力。最大载重量为55吨。

跨津蓟高速立交桥 [Kuà Jīnjì Gāosù Lìjiāoqiáo]

在蓟州区中部。桥长416米，桥面宽12米，于2002年建成，因位于津蓟高速得名。该桥为三层互通式立交桥，上部结构为箱梁，下部结构为双柱式墩，跨越津蓟高速公路,连通京抚线,缓解了交通压力。最大载重量为 55 吨。

潮瑞大桥 [Cháoruì Dàqiáo]

在宝坻区中部,京津新城西侧。桥长 1 107 米,桥面宽 18 米,车行道宽 16 米。该桥于 2014 年建成,因位于祥瑞大街得名,为公路桥。上部结构为箱梁,下部结构为钻孔灌注桩。桥梁横跨潮白新河,连通唐廊公路,缓解了交通压力。最大载重量为 55 吨。

江洼口大桥 [Jiāngwākǒu Dàqiáo]

在宁河区北部。桥长 264.8 米,桥面宽 11 米,高 6.9 米,最大跨度 20 米。桥梁于 1994 年建成,因位于江洼口村得名,为公路桥。上部结构为 T 形梁,下部结构中桥墩为双柱式墩,桥台为双柱框架式,桩基础钢筋混凝土梁式桥。桥梁横跨蓟运河,连通梅丰公路,缓解了交通压力。最大载重量为 30 吨。

京津高速跨线桥 [Jīngjīn Gāosù Kuàxiànqiáo]

在武清区西北部,京津高速公路与崔廊公路交叉处。桥长 335.4 米,桥面宽 27.5 米,高 5.8 米,最大跨度 30 米。2007 年建上行桥梁, 2013 年建下行桥梁,因位于京津高速公路得名。桥梁为单层立体交叉式立交桥,建筑面积 9223.5 平方米。上部结构为箱梁,下部结构为双柱式墩。桥梁跨越京津高速公路,连通崔廊公路,缓解了交通压力。最大载重量为 55 吨。

千米桥 [Qiānmǐ Qiáo]

在宝坻区南部。桥长 789.6 米,桥面宽 25 米,车行道宽 21 米。该桥于 1995 年建成,因该桥全长超过千米得名,为公路桥。上部结构为 T 形梁,下部结构为钻孔灌注桩。桥梁横跨潮白新河,连通九园公路,缓解了交通压力。最大载重量为 30 吨。

蓟运河桥 [Jìyùnhé Qiáo]

在宁河区东部。桥长 229 米,桥面宽 14 米,高 6.8 米,最大跨度 25 米。该桥于 2009 年建成,因位于蓟运河得名,为公路桥。上部结构为小箱梁,下部结构为双柱式桥墩,桩基础钢筋混凝土梁式桥。桥梁横跨蓟运河,连通卫星公路延长线,缓解了交通压力。最大载重量为 55 吨。

东安子桥 [Dōng'ānzi Qiáo]

在宝坻区南部。桥长 340.6 米,桥面宽 14 米,车行道宽 12 米。该桥 1983 年建成,因位于东安子庄得名,为公路桥。上部结构为预应力小箱梁,下部结构为钻孔灌注桩。桥梁横跨龙凤河,连通梅丰公路,缓解了交通压力。最大载重量为 55 吨。

永定新河大桥 [Yǒngdìng Xīnhé Dàqiáo]

在宁河区西部。桥长 546 米,桥面宽 28 米,高 15 米,最大跨度 30 米。桥梁于 2007 年始建,2008 年建成,因位于永定新河得名,为公路桥。上部结构为箱梁,下部结构中桥墩为双柱式墩,桥台为埋置式肋板结构,桩基础钢筋混凝土梁式桥。桥梁横跨永定新河,连通津芦公路,缓解了交通压力。最大载重量为 55 吨。

老安甸大桥 [Lǎo'āndiàn Dàqiáo]

在宁河区西北部。桥长 801.6 米,桥面宽 18.5 米,高 2 米,最大跨度 25 米。原为简易公路桥, 1988 年重建, 1998 年改建,因位于老安甸村得名,为公路桥。上部结构为 T 形梁与工字梁的组合,下部结构中桥墩为多柱式墩,桥台为多柱框架式,桩基础钢筋混凝土梁式桥。桥梁横跨潮白河，连通京环线，缓解了交通压力。最大载重量为 55 吨。

芦台立交桥 [Lútái Lìjiāoqiáo]

在宁河区东南部。桥长 502.5 米，桥面宽 9.75 米，高 2 米，高 11.2 米，最大跨度 30 米。该桥于 1992 年建成，因位于芦台镇城区内并上跨津山铁路得名，为公路桥。上部结构为引桥和主跨组合，下部结构中桥墩为单柱墩，桥台为肋板式，桩基础钢筋混凝土梁式桥。桥梁跨越津山铁路，连通京环线，缓解了交通压力。最大载重量为 20 吨。

滨保高速大张庄互通桥 [Bīnbǎo Gāosù Dàzhāngzhuāng Hùtōngqiáo]

在北辰区东北部，大张庄镇克黄线西侧。桥梁由五座匝道桥组成：大张庄互通 C 匝道桥，桥长 244.5 米，桥宽 10 米；大张庄互通 B 匝道桥，桥长 150.518 米，桥宽 8 米；大张庄互通 D 匝道桥，桥长 120.79 米，桥宽 8 米；大张庄互通 E 匝道桥，桥长 120.43 米，桥宽 8 米；大张庄互通主线桥，桥长 1 557 米，桥宽 20.25 米。该桥于 2010 年建成，因位于大张庄镇得名，是滨保高速公路与克黄线的互通立交桥，缓解了交通压力。

蓟运河大桥 [Jìyùnhé Dàqiáo]

在宁河区东部。桥长 357 米，桥面宽 18 米，高 2 米，高 5.3 米，最大跨度 25 米。桥梁于 2006 年始建，2010 年扩建，因位于蓟运河得名，为公路桥。上部结构为箱梁，下部结构中桥墩为双柱式墩，桥台为多柱框架式，桩基础钢筋混凝土梁式桥。桥梁横跨蓟运河，连通津芦公路，缓解了交通压力。最大载重量为 55 吨。

北运河大桥 [Běiyùnhé Dàqiáo]

在武清区中部。桥长 585.7 米，桥面宽 15 米，最大跨度 35 米。该桥于 2012 年建成，因位于北运河得名，为公路桥。建筑面积 8 785.5 平方米。上部结构为箱梁，下部结构为双柱式墩。桥梁横跨北运河，连通梅石路，缓解了交通压力。最大载重量为 55 吨。

刘马庄立交桥 [Liúmǎzhuāng Lìjiāoqiáo]

在北辰区北部。桥长 620.08 米，桥面宽 58.04 米，于 2012 年建成，因位于大张庄镇刘马庄村内得名，为公路桥。单孔最大跨径 40 米。结构为箱梁，桩基础钢筋混凝土梁式桥，双柱式桥墩。桥梁跨越京津塘高速公路与津武公路，连通永定道，缓解了交通压力。

北环大桥 [Běihuán Dàqiáo]

在滨海新区北部。桥长 290 米，桥面宽 14 米，高 6 米，双向两车道。该桥于 2007 年始建，2008 年建成，因位于汉沽城区北部得名，为公路桥。桩基础钢筋混凝土梁式桥。桥梁横跨蓟运河，连通津汉公路，对沟通蓟运河两岸交通发挥重要作用。

津蓟高速跨线桥 [Jīnjì Gāosù Kuàxiànqiáo]

在北辰区东部。桥长 415.87 米，桥面宽 26 米，于 2002 年始建，2013 年重建，因位于津蓟高速公路得名，为公路桥。单孔最大跨径 28 米。结构为箱梁，双柱式桥墩。桥梁跨越津蓟高速公路，缓解了交通压力。

东堤头互通立交桥 [Dōngdītóu Hùtōng LìJiāoqiáo]

在北辰区东部，西堤头镇东堤头村。桥长 852.08 米，桥面宽 34 米，最大跨度 851.7 米。该桥于 2006 年始建，2008 年建成，为公路桥。结构为箱梁。桥梁跨越山深线与丰产河,缓解了交通压力。

永金引河特大桥(津宁高速)[Yǒngjīn Yǐnhé Tèdàqiáo(Jīnníng Gāosù)]

在北辰区东南部。桥长 1 048 米,桥面宽 17 米,最大跨度 36.5 米。该桥于 2011 年建成,因位于永金引河得名,为公路桥。结构为整体现浇板。桥梁横跨永金引河,连通津宁高速公路,缓解了交通压力。

杨北公路立交主线桥 [Yángběi Gōnglù Lìjiāo Zhǔxiànqiáo]

在北辰区东南部。桥长 994 米,桥面宽 17 米,最大跨度 25 米。桥梁于 2011 年建成,因位于杨北公路得名,为公路桥。结构为箱梁。桥梁跨越杨北公路,连通津宁高速公路,缓解了交通压力。

华北河大桥 [Huáběihé Dàqiáo]

在北辰区东南部。桥长 710 米,桥面宽 16.5 米,最大跨度 30 米。桥梁于 2011 年建成,因位于华北河得名,为公路桥。结构为箱梁。桥梁横跨华北河,连通津宁高速公路,缓解了交通压力。

津蓟高速互通式立交主线桥 [Jīnjì Gāosù Hùtōngshì Lìjiāo Zhǔxiànqiáo]

在北辰区东南部。桥长 590.53 米,桥面宽 17 米,最大跨度 35 米。桥梁于 2011 年建成,因与津蓟高速相交而得名,为公路桥。结构为整体现浇板。桥梁跨越津蓟高速公路,连通津宁高速公路,缓解了交通压力。

于家岭大桥 [Yújiālǐng Dàqiáo]

在宁河区南部。桥长 704 米,桥面宽 15 米,高 7.5 米,最大跨度 27 米。该桥于 1971 年始建,2007 年重建,因位于于家岭村得名,为公路桥。上部结构为箱梁,下部结构中桥墩为双柱式墩,桥台为三柱框架式,桩基础钢筋混凝土梁式桥。桥梁横跨潮白新河,连通津汉公路,缓解了交通压力。最大载重量为 55 吨。

跨南仓编组站斜拉桥 [Kuà Náncāng Biānzǔzhàn Xiélāqiáo]

在北辰区南部,系南仓道跨南仓编组站桥。桥长 1 060 米,于 2010 年建成,因位于南仓编组站及桥梁类型得名。该桥为境内首座大型斜拉桥。主桥为双塔连体四索面预应力混凝土分幅斜拉桥,主塔高 109 米。桥梁连通南仓道,缓解了交通压力。

津霸立交桥 [Jīnbà Lìjiāoqiáo]

在北辰区南部,津霸公路 11.238 千米处。桥长 334 米,桥面宽 11 米。该桥于 1999 年建成,因是津霸公路跨越外环西路的一座立交桥得名,为公路桥。单孔最大跨径 30 米。空心板梁结构,双柱式桥墩。桥梁跨越外环西路,连通津霸公路与光荣道,缓解了交通压力。

金钟路高架桥 [Jīnzhōnglù Gāojiàqiáo]

在东丽区西部,桥长 3 807 米,桥面宽 25 米,高 17 米,最大跨度 156 米。桥梁于 1987 年始建,1993 年建成,因位于金钟公路得名,为公路桥。上部结构为钢筋混凝土连续箱梁和预应力混凝土简支 T 形梁,共 153 跨,下部结构采用柱式墩、门式墩,薄壁台,T 形梁支座为矩形板式橡胶支座,箱梁支座为盆式橡胶支座。桥面为沥青混凝土,仿毛勒式伸缩缝。桥梁跨越金钟公路,连通京津塘高速公路,缓解了交通压力。最大载重量为 120 吨。

金钟立交桥 [Jīnzhōng Lìjiāoqiáo]

在东丽区西部。桥长 337 米，桥面宽 34 米。该桥于 2005 年建成，因位于金钟公路得名，为公路桥。单孔最大跨径 33 米。结构为箱梁，单柱式桥墩。桥梁跨越金钟河大街，连通外环东路与外环北路，缓解了交通压力。最大载重量为 40 吨。

河北大街立交桥 [Héběi Dàjiē Lìjiāoqiáo]

在河北区西北部，北横快速路通道与西纵通道相交处。桥长 3 104.66 米，桥面宽 26~42 米，高度 20 米。建筑面积 47 853.31 平方米。桥梁于 2009 年建成，2011 年正式投入使用，因位于河北大街得名，为公路桥。桥梁为钢塔斜拉桥，钢塔高 78 米，主桥长 230 米，宽 36.8 米，为双向 8 车道，跨度 145 米。上部结构为混凝土梁式桥，下部结构为桩基础。桥梁连通河北区与红桥区，与志成路相连，缓解了交通压力。最大载重量为 20 吨。

西青道立交桥 [Xīqīngdào Lìjiāoqiáo]

在红桥区南部。桥长 638.3 米，桥面宽 26 米。该桥于 1989 年建成，2007 年拆除，2008 年重建，因位于西青道得名，为公路桥。上部结构为混凝土梁式桥，下部结构为桩基础，为沥青混凝土桥面。桥梁跨越红旗路与红旗北路，连通西青道，缓解了交通压力。最大载重量为 20~100 吨。

前园桥 [Qiányuán Qiáo]

在红桥区西南部。桥长 600 米，桥面宽 12.8 米。桥梁于 2006 年建成，因位于明永乐年间形成的前园得名，为公路桥。上部结构为混凝土梁式桥，下部结构为桩基础，为沥青混凝土桥面。桥梁跨越咸阳北路，连通西青道，缓解了交通压力。

祁连桥 [Qílián Qiáo]

在河东区东北部，卫国道与祁连路相交处。桥长 687.95 米，桥面宽 32.5~35.5 米。该桥于 2004 年建成，2005 年命今名，因位于祁连路得名，为公路桥。上部结构为混凝土梁式桥，下部结构为桩基础。桥梁跨越祁连路，连通卫国道，缓解了交通压力。最大载重量为 20 吨。

芥云桥 [Jièyún Qiáo]

在南开区西部。桥长 1 064.8 米，桥面宽 50 米。该桥于 2008 年建成，因位于芥园西道得名，为公路桥。上部结构为混凝土梁式桥，下部结构为桩基础。桥梁跨越密云路，连通芥园西道，缓解了交通压力。

水库泵站跨线桥 [Shuǐkù Bèngzhàn Kuàxiànqiáo]

在滨海新区西北部。桥长 550 米，桥面宽 42 米，高 6 米。该桥于 2007 年建成，因位于滨海湖泵站南侧洪排河上得名，为公路桥。该桥为桩基础钢筋混凝土梁式桥。桥梁跨越滨海湖路，是京津高速公路上的主要桥梁，最大载重量为 55 吨。该桥对沟通滨海湖路交通起重要作用。

彩虹大桥 [Cǎihóng Dàqiáo]

在滨海新区东北部。全长 4.6 千米。主桥长 504 米，桥面宽 29 米，高 6 米。双向四车道。该桥于 1996 年始建，1998 年建成，2009 年重修，因形似彩虹得名。该桥为公路桥。设计采用结构新颖，具有国内领先水平的 3 孔（每孔 168 米）下承式吊杆，系杆无推力钢管混凝土拱桥。引桥长 712 米，宽 27 米，采用 25 孔 25 米预制梁和 2 孔 50 米现浇梁。此主体结构形式及跨度的设计在国内同类型桥梁中尚属首例。桥梁横跨北塘河口(永定新河与蓟运河交汇处,距三河岛下游约200米处),连通黄海北路与汉北路,为改善滨海新区南北交通,特别是沟通中新天津生态城与滨海新区核心区的交通起重要作用。

杨北公路二桥 [Yángběi Gōnglù 2 Qiáo]

在滨海新区西北部。桥长518米,桥面宽12米,高6米。该桥于2008年建成,因杨北公路跨越京津高速进港联络线的桥梁得名,为公路桥。该桥为桩基础钢筋混凝土梁式桥,对沟通杨北公路交通发挥重要作用。

北环铁路立交桥 [Běihuán Tiělù Lìjiāoqiáo]

在滨海新区西北部,滨海湖东湖以南。桥长606.3米,桥面宽26米,高6米。该桥于2010年建成,为公路桥,采用3跨30米跨径预应力混凝土简支板梁,斜桥跨越现状2股北环铁路,墩位布置与北环铁路基本平行。桥梁分幅设桥,跨越北环铁路处按中央分隔离带设桥墩分幅跨越。两侧引桥采用跨度为30米预应力混凝土连续箱梁,3~4孔设置1联,单幅桥长746米。主桥跨铁路柱墩基坑均按二级基坑设置。桥梁跨越北环铁路,连通港城大道,缓解了交通压力。

解放南路立交桥 [Jiěfàng Nánlù Lìjiāoqiáo]

在河西区东部,天津医院北侧,坐落在解放南路与新围堤道交口处。桥长840米,桥面宽15.7米,高10.15米。该桥于1985年建成,因位于解放南路得名。建筑面积15 922.6平方米。结构为钢筋混凝土灌柱与预制混凝土桥面相结合的弧形二层立体交叉城市道路桥梁,另附设匝道,以达互通效果。桥梁跨越解放南路,缓解了交通压力。最大载重量为20吨。

津浦铁路桥 [Jīnpǔ Tiělù Qiáo]

在西青区北部。桥长1 616米,桥面宽14.5米。全桥共66孔,最大跨度44米,2006年建成,因跨津浦铁路得名。该桥为铁路桥,结构为钢筋混凝土箱梁、小箱梁、预应力混凝土箱梁、预应力混凝土空心板梁。桥梁跨越京沪铁路,连通荣乌高速公路,缓解了交通压力。最大载重量为55吨。

张家窝桥 [Zhāngjiāwō Qiáo]

在西青区中部。桥长1 497米,桥面宽16.5米。全桥共59孔,最大跨度40米。该桥于2005年建成,因跨张家窝镇得命名,为公路桥。结构为钢筋混凝土箱梁、预应力箱梁、小箱梁、钢筋混凝土叠合梁。该桥连通荣乌高速公路,缓解了交通压力。最大载重量为55吨。

丰年村高架桥 [Fēngniáncūn Gāojiàqiáo]

在东丽区南部。桥长1 596.1米,宽17.1米,高12米,最大跨度34米。该桥于1998年建成,因位于丰年村街道办事处辖区内得名,为公路桥。桥梁横跨一经路,连通津塘公路,缓解了交通压力。汽车载重限20吨,汽车挂车载重限120吨。

津谊桥 [Jīnyì Qiáo]

在河西区西部,友谊路与黑牛城道交口。桥长776.8米,桥面宽32.5米,高5米。该桥于2004年始建,同年建成,因跨友谊路得名,为钢管拱桥。下部结构为桩基础。桥梁跨越友谊路与友谊北路,连通黑牛城道,缓解了交通压力。最大载重量为 20 吨。

紫金山路立交桥 [Zǐjīnshānlù Lìjiāoqiáo]

在河西区西部，紫金山路与黑牛城道交口。桥长 839.8 米，桥面宽 16.3 米，高 5 米。该桥于 2007 年建成，因位于紫金山路得名。建筑面积 22 950.9 平方米。上部结构为钢混叠合梁，下部结构为桩基础。桥梁跨越紫金山路，连通黑牛城道，缓解了交通压力。

双港高架桥 [Shuānggǎng Gāojiàqiáo]

在津南区双港镇北部。桥长 1879.7 米，桥面宽 33 米，高 6.1 米。该桥于 2010 年建成，因位于双港镇内得名。桩基础钢筋混凝土梁式桥。桥梁横跨外环河，连通天津大道，缓解了交通压力。最大载重量为 55 吨。

独流减河大桥 [Dúliújiǎnhé Dàqiáo]

在滨海新区东南部，独流减河入海口处。全长 1 708.3 米，桥长 720 米，宽 12 米，其中行车道 11 米，两侧防撞护栏各宽 0.5 米，中央隔离带宽 1 米，引路长 983 米。全桥为 30 米后张预应力小箱梁，采用钻孔灌注桩基础，中墩桩直径 1.8 米，上接直径 1.5 米的圆形墩柱，边墩柱直径 1.5 米，上接直径 1.5 米的圆形墩柱。大桥下部结构为双墩柱接盖梁。桥面铺装层为表层 4 厘米细粒式沥青混凝土，底层 5 厘米中粒式沥青混凝土，共设 7 道 GQF-MLZ80 型伸缩缝。汽车载重限 20 吨、汽车挂车载重限 120 吨。地震等级为按 7 度设计，8 度设防。由于桥梁地处入海口，混凝土构件均采用一、二级防腐。该桥于 2003 年建成，因跨独流减河得名，设计车速为 100 千米 / 小时，为沥青混凝土桥面，为一级公路大桥。桥梁横跨独流减河，连通海防路，对沟通独流减河两岸交通发挥重要作用。

新北路立交桥 [Xīnběilù Lìjiāoqiáo]

在滨海新区中部，新北路与泰达大街交口。桥长 440 米，桥面宽 14 米，高 8 米。该桥于 1980 年建成，因新北路跨越京津塘高速公路桥得名。桥梁跨越泰达大街，连通新北路，对缓解滨海新区核心区的交通压力发挥重要作用。

白万公路桥 [Báiwàn Gōnglùqiáo]

在津南区双港镇北部。桥长 366.9 米，桥面宽 16.3 米，高 3.7 米。该桥于 2010 年建成，因跨天津大道连接白万公路得名。该桥为桩基础钢筋混凝土梁式桥，连通天津大道与白万公路，缓解了交通压力。最大载重量为 55 吨。

周芦铁路高架桥 [Zhōulú Tiělù Gāojiàqiáo]

在西青区南部。桥长 710 米，桥面宽 11.86 米，最大跨度 30 米。该桥于 1999 年建成，因跨周芦铁路得名，为公路桥。全桥共 34 孔，结构为预应力混凝土 T 形梁，预应力混凝土连续箱梁。桥梁跨越周芦铁路，连通津沧高速公路，缓解了交通压力。最大载重量为 55 吨。

解放南路立交桥（津港桥）[Jiěfàng Nánlù Lìjiāoqiáo(Jīngǎngqiáo)]

在西青区南部。桥长 311 米，桥面宽 34 米。该桥于 1999 年建成，因跨解放南路得名，为公路桥。该桥为空心板梁结构，单孔最大跨径为 44 米，双柱式桥墩。桥梁跨越解放南路，连通外环南路，缓解了交通压力。最大载重量为 55 吨。

辛柴路桥 [Xīncháilù Qiáo]

在津南区辛庄镇北部。桥长 367.7 米，桥面宽 12.8 米，高 10.5 米。该桥于 2010 年建成,因跨天津大道连接辛柴路得名。桥梁为桩基础钢筋混凝土梁式桥,跨越天津大道,连通辛柴路,缓解了交通压力。最大载重量为 55 吨。

东沽路桥 [Dōnggūlù Qiáo]

在津南区咸水沽镇北部。桥长 527.1 米,桥面宽 33 米,高 7.9 米。该桥于 2010 年建成,因跨东沽路得名。该桥为桩基础钢筋混凝土梁式桥,横跨胜利河,跨越东沽路,连通天津大道,缓解了交通压力。最大载重量为 55 吨。

四里沽路桥 [Sìlǐgūlù Qiáo]

在津南区咸水沽镇北部。桥长 307.6 米,桥面宽 16.3 米,高 9.8 米。该桥于 2010 年建成,因跨天津大道连接四里沽路得名。该桥为桩基础钢筋混凝土梁式桥。桥梁跨越天津大道,连通盛展道,缓解了交通压力。最大载重量为 55 吨。

跨津淄公路立交桥 [Kuà Jīnzī Gōnglù Lìjiāoqiáo]

在西青区南部。桥长 900 米,桥面宽 36 米。该桥于 2010 年建成,因跨津淄公路得名,为公路桥。该桥为空心板梁结构,单孔最大跨径 50 米,为桩基础钢筋混凝土梁式桥,多柱式墩。桥梁跨越津淄公路,连通赛达大道,缓解了交通压力。最大载重量为 55 吨。

汉港高架桥 [Hàngǎng Gāojiàqiáo]

在津南区双桥河镇北部。桥长 2 214.7 米,桥面宽 33 米,高 12.3 米。该桥于 2010 年建成,因跨汉港公路得名。桥梁为桩基础钢筋混凝土梁式桥,跨越汉港公路,连通天津大道,缓解了交通压力。最大载重量为 55 吨。

葛万路主线上跨桥 [Gěwànlù Zhǔxiàn Shàngkuàqiáo]

在津南区葛沽镇北部。桥长 648 米,桥面宽 41 米,高 10.2 米。该桥于 2010 年建成,因跨葛万路得名。桥梁为桩基础钢筋混凝土梁式桥,跨越葛万路,连通天津大道,缓解了交通压力。最大载重量为 55 吨。

东方大桥 [Dōngfāng Dàqiáo]

在静海区中部。桥长 615 米,桥面宽 17 米,高 6 米,最大跨度为 15 米。该桥于 2004 年建成,因位于东方红路得名。该桥为多柱式桥梁。桥梁跨越津沧高速公路,是连接居民商业区与开发区的重要组成部分,连通东方红路与金海道。最大载重量为 55 吨。

万家码头桥 [Wànjiā Mǎtóu Qiáo]

在西青区南部。桥长 1 029.3 米,桥面宽 8.5 米,两侧人行道各宽 0.75 米,最大跨度 20 米。该桥于 1976 年建成,因位于万家码头得名,为公路桥。上部结构为 T 形梁,下部结构为灌注桩,共 73 孔,孔径 14.1 米,为桩基础钢筋混凝土梁式桥。桥梁横跨独流减河,连通津淄公路,缓解了交通压力。最大载重量为 13 吨。

东风大桥 [Dōngfēng Dàqiáo]

在滨海新区南部。旧桥长 1 001.06 米,桥面宽 8.5 米,高 6 米,其中车行道宽 7 米,两侧人行道各宽 0.75 米。新桥长 1 060.73 米,宽 18 米,其中车行道宽 15 米,两侧人行道各宽 1.5 米,并设有 1 米高石质人行护栏。1965 年建旧桥命今名,因长千米,又名千米桥。1976 年因地震变为危桥。1984 年在旧桥东侧 34.5 米处建新桥,取“东风浩荡”之意命名。该桥为 T 形结构公路桥,为桩基础钢筋混凝土梁式桥，55 孔，其中深槽 23 孔，浅槽 32 孔，双柱型墩，计 54 个。该桥是津歧公路上横跨独流减河的大型桥梁，连津、冀、鲁三省的交通要道，也是通往大港油田的咽喉。汽车载重限 20 吨，汽车挂车载重限 120 吨。两侧有照明设施。

当城互通立交桥 [Dāngchéng Hùtōng Lìjiāoqiáo]

在西青区北部。全长 1 594.12 米，宽 16.5 米，分四个匝道桥，B 匝道长 1 013.5 米，宽 8 米，C 匝道长 301.3 米，宽 8 米，D 匝道长 724.73 米，宽 8 米，E 匝道长 706.57 米，宽 9.5 米。该桥于 2005 年建成，因位于当城得名，为公路桥。该桥结构为预应力混凝土箱梁，跨越荣乌高速公路，连通京沪高速，缓解了交通压力。最大载重量为 55 吨。

独流减河特大桥 [Dúliújiǎnhé Tèdàqiáo]

在静海区北部。全桥长 860 米，桥面宽 12.5 米，高 7.3 米，护栏高 1.4 米，最大跨度 20 米。该桥于 2004 年建成，因跨独流减河得名，为公路桥，沥青混凝土桥面。两侧置水泥框架，内镶铁栏杆护栏。上部结构为小箱梁，下部结构为桩基础。桥梁横跨独流减河，连通京岚线，缓解了交通压力。最大载重量为 55 吨。

跨京津塘高速桥 [Kuà Jīngjīntáng Gāosù Qiáo]

在武清区西部，高王公路与京津塘高速公路相交处。桥长 420.8 米，桥面宽 11 米，高 5.7 米，最大跨度 35 米。该桥于 2007 年建成，为单层立体交叉式立交桥。上部结构为箱梁，下部结构为重力式墩。桥梁跨越京津塘高速，连通高王公路，缓解了交通压力。最大载重量为 30 吨。

东州桥 [Dōngzhōu Qiáo]

在武清区中部。桥长 508 米，桥面宽 14 米，最大跨度 14 米。该桥于 2000 年建成，2010 年上部结构修建，为公路桥。上部结构为空心板梁，下部结构为双柱式墩。桥梁横跨永定河，连通武静线，缓解了交通压力。最大载重量为 55 吨。

子牙河大桥 [Zǐyáhé Dàqiáo]

在北辰区西南部、西青区北部。桥长 277 米，桥面宽 17 米。该桥于 1989 年建成，因跨子牙河得名，为公路桥。结构为 T 形梁，单孔最大跨径 35 米，多柱式桥墩。桥梁横跨子牙河，连通津同线，缓解了交通压力。最大载重量为 55 吨。

后河淤立交桥 [Hòuhéyū Lìjiāoqiáo]

在武清区中部，京津塘高速公路与南东路交叉处。桥长 240.8 米，桥面宽 26 米，高 5.9 米，最大跨度 30 米。该桥于 1990 年建成，2008 年重建，为公路桥。该桥为单层立体交叉式立交桥，上部结构为箱梁，下部结构为双柱式墩，连通南东线，缓解了交通压力。最大载重量为 55 吨。

西琉城大桥 [Xīliúchéng Dàqiáo]

在西青区西部。桥长 845.6 米，桥面宽 18.5 米，其中车行道 16.0 米，两侧人行道各宽 1.2 米，共 12 孔。旧桥建于 1969 年，1976 年震损后，只可供非机动车和行人使用。1987 年在旧桥西侧建新桥，因位于西琉城村得名，为公路桥。该桥为桩基础钢筋混凝土梁式桥，上部结构为 T 形梁，下部结构为灌注桩。桥梁横跨独流减河，连通津沧高速公路，缓解了交通压力。最大载重量为 55 吨。

天华路一号桥 [Tiānhuálù 1 Hào Qiáo]

在西青区北部。桥长 210 米，桥面宽 12 米，最大跨度 28 米。该桥于 2006 年建成，因跨京沪高速公路得名，为公路桥。结构为钢筋混凝土箱梁、预应力混凝土箱梁。全桥共 9 孔，跨越荣乌高速公路，连通天华路，缓解了交通压力。最大载重量为 55 吨。

京津塘高速立交桥 [Jīngjīntáng Gāosù Lìjiāoqiáo]

在武清区中部。桥长 380 米，桥面宽 32 米，最大跨度 380 米。该桥于 2009 年建成，为公路桥。结构为预应力混凝土小箱梁。桥梁跨越京津塘高速公路，连通翠亨路，缓解了交通压力。最大载重量为 55 吨。

辛老路桥（津沧高速） [Xīnlǎolù Qiáo (Jīncāng Gāosù)]

在西青区南部。桥长 560 米，桥面宽 26.5 米。该桥于 1999 年建成，因跨津沧高速得名，为公路桥。中桥为空心板梁结构，单孔最大跨径 15 米，双柱式桥墩。桥梁跨越津沧高速公路，连通辛老路与外环线，缓解了交通压力。最大载重量为 55 吨。

跨津沧高速桥 [Kuà Jīncāng Gāosù Qiáo]

在西青区中部。桥长 653.6 米，桥面宽 36 米。该桥于 2010 年建成，因跨越津沧高速得名，为公路桥。桥梁为空心板梁结构，单孔最大跨径 50 米，桩基础钢筋混凝土梁式桥，多柱式桥墩。桥梁跨越津沧高速公路，连通赛达大道，缓解了交通压力。最大载重量为 55 吨。

团泊新桥 [Tuánbó Xīn Qiáo]

在静海区东部。桥长 1 296 米，桥面宽 45 米，高 6 米，最大跨度 138 米。该桥于 2008 年建成，因位于团泊新城得名，为公路桥。桥梁横跨独流减河，连通团泊大道，缓解了交通压力。最大载重量为 55 吨。

津静公路高架桥 [Jīnjìng Gōnglù Gāojiàqiáo]

在西青区中部。桥长 400 米，桥面宽 11.8 米，最大跨度 25 米。该桥于 1999 年建成，因跨津静公路得名，为公路桥。结构为预应力混凝土 T 形梁。全桥共 16 孔。桥梁跨越津静公路，连通津沧公路，缓解了交通压力。最大载重量为 55 吨。

简阳路桥 [Jiǎnyánglù Qiáo]

在南开区北部。桥长 556 米，桥面宽 22.6 米。该桥因位于简阳路得名，为公路桥。上部结构为混凝土梁，下部结构为桩基础。桥梁跨越咸阳路。连通简阳路，缓解了交通压力。

长江道立交桥 [Chángjiāngdào Lìjiāoqiáo]

在南开区北部。桥长 418.4 米，桥面宽 17 米。该桥于 1985 年建成，因跨越长江道得名，为公路桥。上部结构为混凝土梁，下部结构为桩基础。桥梁跨越长江道，连通红旗路，缓解了交通压力。

北新桥 [Běixīn Qiáo]

在北辰区中部，铁东北路与北辰道交口。桥长 1 134.77 米，桥面宽 27 米。该桥于 2005 年建成，因“天津北部区域欣欣向荣”之意得名，为公路桥。上部结构为混凝土梁，下部结构为桩基础。桥梁跨越北辰道，连通铁东北路，缓解了交通压力。

永定新河大桥（京津塘高速） [Yǒngdìngxīnhé Dàqiáo (Jīngjīntáng Gāosù)]

在北辰区中部。左右幅分离，桥长

506.0 米，桥面宽 25 米，桥跨布置为 20 米 × 25 米。该桥于 1987 年始建，1993 年建成，2011 年改建，因跨越永定新河得名。上部结构为预应力混凝土简支 T 形梁，单幅每跨横向 5 片 T 形梁，两片梁间 6 片横隔板；下部结构采用柱式墩、柱式台，支座为矩形板式橡胶支座；桥面为沥青混凝土铺装，毛勒式伸缩缝。汽车载重限 20 吨，汽车挂车载重限 120 吨，设计洪水频率为 1/100。桥梁横跨永定新河，是京津塘高速公路的主线桥梁，缓解了交通压力。

金纬立交桥 [Jīnwěi Lìjiāoqiáo]

在河东区西北部，新广路与津山铁路相交处。桥长 809 米，桥面宽 17 米，高度 5 米。该桥于 2000 年建成，2012 年命今名，因位于金纬路得名。上部结构为混凝土梁，下部结构为桩基础。桥梁跨越津山铁路，连通新广路与金纬路，是沟通河东区与河北区的桥梁之一。最大载重量为 20 吨。

东纵通道金钟河大街跨铁路桥 [Dōngzòngtōngdào Jīnzhōnghédàjiē Kuàtiělù Qiáo]

在河北区东部，金钟河大街附近。桥长 1 334.3 米，桥面宽 12.8 米。该桥于 2009 年建成，因位于金钟河大街附近得名。上部结构为混凝土梁，下部结构为桩基础。桥梁跨越金钟河大街，连通万柳村大街与新阔路，是沟通河东区与河北区的桥梁之一。最大载重量为 20 吨。

潮昕大桥 [Cháoxīn Dàqiáo]

在宝坻区西部。桥长 980.7 米，桥面宽 15 米，车行道宽 12 米。该桥于 2011 年建成，以“迎接潮白河日出黎明”之意命名，为公路桥。上部结构为先简支后灌注桩。桥梁横跨潮白新河，连通宝武公路，缓解了交通压力。最大载重量为 55 吨。

十一经路立交桥 [11 Jīnglù Lìjiāoqiáo]

在河东区西部，十一经路与津山铁路相交处。桥长 712 米，桥面宽 16 米，高度 15 米。该桥于 1982 年建成，2008 年扩建，在原桥两侧加建新桥，因位于十一经路得名。上部结构为混凝土梁，下部结构为桩基础。原桥两端顺接十一经路，新桥西南与十一经路顺接，东北与卫国道相连，桥中部向东与东风立交桥相通。桥梁跨越津塘路、津山铁路、津滨大道、成林道，缓解了交通压力。最大载重量为 20 吨。

大张庄桥 [Dàzhāngzhuāng Qiáo]

在北辰区东部。桥长 481.44 米，桥面宽 15 米，高 6.2 米，两侧人行道各宽 1.5 米。该桥于 1971 年始建，1983 年旧桥建新桥。桥梁用混凝土制块铺砌，混凝土铺面，护栏为混凝土方柱。桥上部为钢筋混凝土拱桁架微弯板结构，下部为 T 形梁高承台钢筋混凝土灌注桩，共 22 跨，其中 18 跨为 20 米，4 跨为 30 米。桥梁横跨永定新河和新引河桥，是克黄线上大型桥梁之一。汽车载重限 20 吨，汽车挂车载重限 100 吨。

南珠桥 [Nánzhū Qiáo]

在河西区尖山街道，解放南路与珠江道交口。桥长 626 米，桥面宽 27 米，高 4.98 米。该桥于 2005 年建成，因位于解放南路与珠江道交口得名。该桥为分离式立交桥。上部结构为混凝土梁，下部结构为桩基础。桥梁跨越跨珠江道，连通解放南路，缓解了交通压力。

李辛庄桥 [Lǐxīnzhuāng Qiáo]

在北辰区东部。桥长 208 米，桥面宽

4.2 米，高 2.3 米，梁底高 1 米，最大跨度 6.5 米。该桥于 1972 年始建，70 年代末冲毁，曾用木船代浮桥。1988 年重建，因位于李辛庄村附近得名。桥梁横跨永定新河，连通张何路与永定新河右堤路，缓解了交通压力。最大载重量为 5.4 吨。

京沈跨线桥 [Jīngshěn Kuàxiànqiáo]

在宝坻区东北部。桥长 256.7 米，桥面宽 19 米，车行道宽 18 米。该桥于 1997 年建成，因跨京沈高速得名，为跨河桥。上部结构为空心板梁，下部结构为钻孔灌注桩。桥梁跨越京哈高速公路，连通宝平公路，缓解了交通压力。汽车载重限 20 吨，汽车挂车载重限 120 吨。最大载重量为 55 吨。

潮白河大桥 [Cháobáihé Dàqiáo]

在宝坻区南部。桥长 667.4 米，桥面宽 34 米，车行道宽 32 米。该桥于 1989 年建成，因位于潮白河得名。上部结构为 T 形梁，下部结构为钻孔灌注桩，为公路桥。桥梁横跨潮白新河，连通克黄线，缓解了交通压力。最大载重量为 55 吨。

北京排污河桥 [Běijīng Páiwūhé Qiáo]

在武清区东部。桥长 340.8 米，桥面宽 14.5 米，最大跨度 20 米。该桥于 2007 年建成，因跨北京排污河得名，为公路桥。桥梁上部结构为箱梁，下部结构为重力式墩。横跨北京排污河，连接青上路，缓解了交通压力。最大载重量为 55 吨。

永金引河特大桥 [Yǒngjīnyǐnhé Tèdàqiáo]

在北辰区东南部。桥长 685 米，桥面宽 27.5 米，最大跨度 30 米。该桥于 2003 年建成，因跨越永金引河得名，为公路桥。桥梁为空心板梁结构，横跨越永金引河，连接津蓟高速公路，缓解了交通压力。最大载重量为 20 吨。

宝平跨线桥 [Bǎopíng Kuàxiànqiáo]

在宝坻区南部。桥长 340 米，桥面宽 12 米，车行道宽 10 米。该桥于 2000 年建成，2016 年重建，为公路桥。上部结构为箱梁，下部结构为钻孔灌注桩。桥梁跨越克黄线，连接宝平公路，缓解了交通压力。汽车载重限 20 吨，汽车挂车载重限 120 吨。最大载重量为 55 吨。

永定新河特大桥 [Yǒngdìngxīnhé Tèdàqiáo]

在北辰区东部。桥长 1 455 米，桥面宽 27.5 米，最大跨度 30 米。该桥于 2003 年建成，因跨越永定新河得名，为公路桥。空心板梁结构。桥梁横跨越永定新河，连接津蓟高速公路，缓解了交通压力。汽车载重限 20 吨。

津汉立交桥 [Jīnhàn Lìjiāoqiáo]

在东丽区西部。桥长 344 米，桥面宽 26.5 米，高 12 米，最大跨度 40 米。该桥于 1999 年命今名，因跨津汉公路得名。结构为箱梁，单孔最大跨径 40 米，多柱式桥墩。桥梁跨越津汉公路，连通外环东路，缓解了交通压力。最大载重量 40 吨。

津晋跨线桥 [Jīnjìn Kuàxiànqiáo]

在津南区八里台镇白万路 K7+400 处。桥长 288.3 米，桥面宽 10.9 米，高 8 米。该桥于 2002 年建成，因跨越津晋高速得名，为公路桥。上部结构为空心板梁，下部结构为钻孔桩。桥梁跨越津晋高速公路，连通白万路，缓解了交通压力。最大载重量 30 吨。

张贵庄铁路立交桥 [Zhāngguìzhuāngtiělù Lìjiāoqiáo]

在东丽区西部。桥长 511 米，桥面宽 45.5 米，高 8 米，最大跨度 102 米。该桥于 1987 年建成，2006 年命今名，因跨越张贵庄铁路得名。桥梁为 T 形梁结构，双柱式桥墩，跨越津山铁路，连通外环东路，缓解了交通压力。最大载重量 40 吨。

霍庄子大桥 [Huòzhuāngzi Dàqiáo]

在北辰区东部。两桥并列，桥长 490.2 米，桥面宽 8.5 米。车行道各宽 7 米，混凝土路面；人行道各宽 0.75 米，用混凝土板块铺砌。两桥之间用混凝土砌块和方柱隔开。1971 年建旧桥，1975 年建新桥，1976 年建成，且旧桥震后曾加固。桥梁因位于霍庄子村附近得名。桥上结构部为 T 形梁，下部结构为单排双柱灌注桩，混凝土方柱护栏，各有 36 跨，跨径 13.5 米。桥梁跨越永定新河大桥，是杨北公路大型桥梁之一。旧桥单车载重限 13 吨，挂车载重限 60 吨；新桥单车载重限 20 吨，挂车载重限 100 吨。

潮阳大桥 [Cháoyáng Dàqiáo]

在宝坻区东南部。桥长 910 米，桥面宽 20.5 米，车行道宽 18.1 米。该桥于 2007 年建成，因位于潮阳大道交口得名，为公路桥。上部结构为小箱梁，下部结构为钻孔灌注桩。桥梁横跨潮白新河，连通宝白公路，缓解了交通压力。最大载重量 55 吨。

八道沽桥 [Bádàogū Qiáo]

在宝坻区南部。桥长 245 米，桥面宽 11 米，车行道宽 9 米。该桥于 1971 年建成，因位于八道沽庄得名，为跨河桥。上部结构为箱梁，下部结构为钻孔灌注桩。桥梁横跨引青入潮河道，连通潘青公路，缓解了交通压力。汽车载重限 20 吨，挂车载重限 120 吨。最大载重量为 30 吨。

张满庄路桥 [Zhāngmǎnzhuānglù Qiáo]

在津南区辛庄镇北部。桥长 367.6 米，桥面宽 16.3 米，高 10.9 米。该桥于 2010 年建成，因该桥上跨天津大道连接张满庄路得名。该桥为钢筋混凝土结构，跨越天津大道，连通张满庄路，缓解了交通压力。最大载重量 55 吨。

华北桥 [Huáběi Qiáo]

在北辰区东部，宁河区西部。桥长 481.5 米，桥面宽 18.8 米。该桥于 1959—1960 年始建，原名三号桥，建北京排污河上。1970 年挖永定新河，原桥废。1969 年建新桥，名东堤头大桥。1976 年震损。1981—1982 年两次修建，为危桥。1984 年又建新桥，1988 年建成，因位于原华北河附近得名。该桥为箱梁结构，单孔最大跨径 100 米，重力式桥墩。桥梁横跨永定新河，连通山深线，缓解了交通压力。汽车载重限 20 吨。

盛塘路互通立交主线桥 [Shèngtánglù Hùtōng Lìjiāo Zhǔxiànqiáo]

在津南区小站镇津港高速与津港高速延长线 K19+251 千米处。桥长 2 278.7 米，桥面宽 34 米，高 3.4 米，最大跨度 45 米。该桥于 2008 年始建，2010 年建成，因该桥跨盛塘路得名。结构为小箱梁、预应力箱梁，全桥共 76 孔。桥梁跨越盛塘路，连通津港高速公路，缓解了交通压力。

大杨各庄桥 [Dàyánggèzhuāng Qiáo]

在宝坻区南部。桥长 240 米，桥面宽 18.5 米，车行道宽 15.5 米。该桥于 1993 年建成，因位于大杨各庄得名。上部结构为空心板梁，下部结构为钻孔灌注桩。桥梁横跨青龙湾减河，连通宝白公路，缓解了交通压力。最大载重量 30 吨。

京沈高跨桥 [Jīngshěn Gāokuàqiáo]

在宝坻区北部。桥长 376.7 米，桥面宽 9 米，车行道宽 7 米。该桥于 1999 年建成，因跨京沈高速得名，为高速跨线桥。上部结构：1~7、12~18 为空心板梁，8~11 为箱梁。下部结构为钻孔灌注桩。桥梁跨越京哈高速公路，连通九园路，缓解了交通压力。汽车载重限 20 吨，挂车载重限 100 吨。最大载重量为 30 吨。

民营示范基地桥 [Mínyíng Shìfàn Jīdì Qiáo]

在津南区葛沽镇北部。桥长 367.1 米，桥面宽 12.8 米，高 7.1 米。该桥于 2010 年建成，因该桥上跨天津大道连接民营示范基地内部道路得名，为公路桥。桥梁为钢筋混凝土结构，跨越天津大道，连通福滨路，缓解了交通压力。最大载重量 55 吨。

营房路桥 [Yíngfánglù Qiáo]

在津南区葛沽镇北部。桥长 367.7 米，桥面宽 16 米，高 10.3 米。该桥于 2010 年建成，因该桥上跨天津大道连接营房路得名，为公路桥。该桥为钢筋混凝土结构，跨越天津大道。连通营房路，缓解了交通压力。最大载重量 55 吨。

三合路桥 [Sānhélù Qiáo]

在津南区葛沽镇东部。桥长 330 米，桥面宽 16.3 米，高 6.5 米。该桥于 2010 年建成，因该桥上跨天津大道连接三合路得名。桥梁为钢筋混凝土结构，跨越天津大道，连通三合路，缓解了交通压力。最大载重量 55 吨。

永和大桥 [Yǒnghé Dàqiáo]

在宁河区西南部。桥长 527 米，桥面宽 13.8 米，高 9.5 米，最大跨度 40 米。该桥于 1987 年建成，2011 年已成危桥，2012 年在原桥上游新建，因位于永和村附近得名，为公路桥。上部结构为箱梁，下部结构中桥墩为三柱式墩，桥台为三柱框架式，桩基础钢筋混凝土梁式桥。桥梁横跨永定新河，连通津汉公路，缓解了交通压力。最大载重量 55 吨。

滨海大桥 [Bīnhǎi Dàqiáo]

在津南区葛沽镇长深高速 K1067+513 千米处。整座大桥由主桥和南、北引桥三部分组成，桥长 2 838 米，桥面宽 27.5 米，高 39.5 米，最大跨度 364 米。该桥于 2001 年始建，2003 年建成。结构为预应力钢筋混凝土 T 形梁、钢筋混凝土箱梁。全桥共 65 孔，南、北边跨各为 152 米，主塔采用宝瓶形结构，高 140 米，从两座主塔中横梁和上横梁之间的 H 形塔柱上各放射出 25 对共 104 根斜拉钢索，组成 4 个优美的扇形，犹如 4 把展开的折扇悬挂在天穹间。桥面宽 27.5 米，设计为双向六车道主桥桥下净高 33 米，能双向通行 5 000 吨级客轮。横跨海河。桥梁连通长深高速公路，为海河上最大的桥。汽车载重限 20 吨，挂车载重限 120 吨。

塘黄分离式桥 [Tánghuáng Fēnlíshì Qiáo]

在滨海新区西北部。桥长 405.8 米，桥面宽 9 米，高 6 米。该桥于 2000 年建成，为公路桥。桥梁为钢筋混凝土结构，跨越长深高速公路，连通塘黄路，缓解了交通压力。最大载重量 30 吨，对缓解塘黄路交通压力发挥重要作用。

潮白河特大桥 [Cháobáihé Tèdàqiáo]

在宁河区南部。桥长 1 027 米，桥面宽 13.5 米，高 7.8 米，最大跨度 30 米。该桥于 2010 年建成，因跨潮白河得名，为公路桥。上部结构为箱梁，下部结构中桥墩为三柱式墩。桥台为肋板式，桩基础钢筋混凝土梁式桥。桥梁横跨潮白新河，连通津宁高速公路，缓解了交通压力。最大载重量 55 吨。

宁车沽立交桥 [Níngchēgū Lìjiāoqiáo]

在滨海新区西部，桥长 580 米，桥面宽 11 米，高 7 米，最大跨度 200 米。该桥于 1990 年建成，因宁车沽路跨越京津塘高速得名。桥梁为钢筋混凝土结构，跨越京津塘高速公路，连通宁车沽路，缓解了交通压力。

政通大桥 [Zhèngtōng Dàqiáo]

在滨海新区中部。桥长 774 米，桥面宽 26 米，高 6 米。该桥于 2002 年建成，因由塘沽政通公司承建得名。桥梁为钢筋混凝土结构，是车站北路跨越京津塘高速公路，连接宝山道、天津经济技术开发区第五大街的重要立交工程，是城区内部环线的重要节点。

北塘大桥 [Běitáng Dàqiáo]

在滨海新区中西部。原为上下行永定新河铁路桥，现为单行道大型公路桥。西桥上行，向西南，东桥下行，向东北。两桥相距 400 米，桥长 502.1 米，桥面宽 10 米，高 6 米。两侧设护墙，护墙两侧为人行道。原桥于 1971 年建，1976 年震损。1983—1984 年在两桥间另建铁路桥，1989 年命今名，因位于北塘得名。上、下桥各 20 孔，由预应力装配式钢筋混凝土 T 形梁组成，孔径 23.8 米。水面距桥 4.5 米。汽车载重限 20 吨，挂车载重限 100 吨。该桥对沟通塘沽与汉沽交通发挥重要作用。

光明桥 [Guāngmíng Qiáo]

在宁河区东南部。桥长 241.5 米，桥面宽 45.5 米，高 110 米，最大跨度 236 米。该桥于 2015 年建成，因位于光明路得名，为公路桥。主体结构为空间扭转索面独塔钢箱梁斜拉桥，主墩布置在蓟运河河中心，主桥采用两跨方式横越蓟运河。桥梁连通光明路与桥北光明路，缓解了交通压力。最大载重量 55 吨。

津榆支线芦台大桥 [Jīnyúzhīxiàn Lútái Dàqiáo]

在宁河区东南部。桥长 245 米，桥面宽 20 米，高 4.5 米，最大跨度 20 米。该桥于 1998 年扩建，因位于津榆支线宁河区芦台镇得名，为公路桥。上部结构为后张预应力空心板梁，下部结构为四柱框架式墩台，为桩基础钢筋混凝土梁式桥。桥梁横跨蓟运河，连通山广支线，缓解了交通压力。最大载重量 55 吨。

南仓高架桥 [Náncāng Gāojiàqiáo]

在河北区北部。桥长 6 000 米，桥面宽 8 米，高 8 米。该桥于 1976 年建成，1987 年列入天津北环线，因位于南仓地区得名。桥梁孔跨：33~20 m 普通钢筋混凝土 T 形，1~16 m 普通钢筋混凝土低高度 T 形，28~20 m/5~23.8 m 预应力钢筋混凝土 T 形。桥梁跨越榆关道，连通南仓站和宜兴埠站，缓解了交通压力。最大载重量 100 吨。

子牙河特大桥 [Zǐyáhé Tèdàqiáo]

在河北区西北部、红桥区东部。桥长 1 334.3 米。原为津浦铁路 2 号、3 号、4 号、5 号、6 号 5 座单线钢梁桥，津浦铁路改建复线时将其拆除，桥移至上游百米处，合并重建。新桥于 1976 年始建，1979 年建成，因位于子牙河得名。该桥是一座多跨、不同孔径、不同结构、不同基础的复线钢筋混凝土大桥。全桥共75孔，其中长12米兀形梁2孔、12米长钢筋混凝土板梁4孔、16米长钢筋混凝土低T形梁64孔、长31.7米预应力钢筋混凝土梁2孔、长40米预应力串联箱梁2孔、长20米无砟无枕梁1孔。桥身在4.4‰的坡道上，部分处于半径为400米的曲线上。桥梁跨越天泰路，连通河北区与红桥区，缓解了交通压力。

其他

天津港 [Tiānjīn Gǎng]

在滨海新区东部，海河入海口处，位于京津城市带和环渤海经济圈的交会点上，是首都北京和天津市的海上门户，我国北方重要的对外贸易口岸，是连接东北亚与中西亚的纽带。天津港是天津、滨海新区、天津新港三个港区的总称。现在的主体为天津新港。1939年始建塘沽新港，1952年重新开港通航，1984年更名天津港务局，2003年天津港务局转制，2004年更今名。天津港与日本、韩国、美国、荷兰等国家的12个港口建立了友好港关系，同世界上180多个国家和地区的400多个港口有贸易往来，每月航班400余班，直达美洲、欧洲、亚洲等世界各地的枢纽港口。2007年货物吞吐量突破3亿吨，居世界港口第六位，集装箱吞吐量达到710万标箱，稳居世界集装箱港口前20位，是中国最大的人工海港。港区现有水域面积336平方千米，陆域面积131平方千米。目前，天津港主航道长35千米，水深19.5米，25万吨级船舶可自由进出港，30万吨级船舶可承潮进出港。天津港主要分为北疆、南疆、东疆、临港经济区南部区域、南港港区东部区等5个港区。天津港共拥有各类泊位159个，其中本港泊位91个，万吨级以上泊位69个，泊位岸线总长2.04万米，是中国华北、西北和京津地区的重要水路交通枢纽，对外交通十分发达，已形成了颇具规模的立体交通集疏运体系。

大梁子渡口 [Dàliángzi Dùkǒu]

在滨海新区中部，福建路的南侧。渡口以客渡为主，也可摆渡小型汽车。渡口河面300米宽，摆渡单程需5分钟。清初始建，1952年改为集体所有制，1956年归塘沽区渡口管理所，1968年由大沽化工厂接管，1963年有木船摆渡，1963年改为轮渡，1968年建候船室，1990年改建。该渡口为沟通滨海新区海河南北两岸的重要渡口之一。北岸码头靠近河滨公园后门，附近通多路公共汽车。

天津国际邮轮母港 [Tiānjīn Guójì Yóulún Mǔgǎng]

在滨海新区东疆保税港区南部，与东疆

港保税港区毗邻。该渡口于 2008 年始建，2010 年正式开港。建筑面积 160 万平方米，岸线长 2000 米，建有 6 个邮轮和相关功能泊位，水深 11.5 米，能接待世界上最大的豪华邮轮。客运大厦建筑面积 5.9 万平方米。建筑主体 3 层、局部 5 层，可同时为 4 000 人提供出入境通关服务，年客运量 50 万人。其中歌诗达“浪漫号”邮轮以此为母港，共 10 个航次的日韩航线，是中国北方的一条国际豪华邮轮路线。依托国际邮轮泊位与客运站房，邮轮母港区域内拟布置包含邮轮码头管理、港务口岸服务、出入境管理、邮轮公司办事机构、船舶代理、旅游服务和金融保险等在内的综合性写字楼，以及餐饮宾馆和商业设施，配合东疆保税港区拟后续建有国际商务采购中心、五星级酒店、大型商业设施，以及特色型旅游会展温泉度假设施等复合型商业体系。京津塘高速公路沿泰达大街，经南海路、第九大街、跃进路进入天津港东疆港区，沿亚洲路直达邮轮母港。

天津滨海国际机场 [Tiānjīn Bīnhǎi Guójì Jīchǎng]

在东丽区中西部。东至京津塘高速公路，西至外环东路，南至津北公路，北至津汉公路。机场距市中心 13 千米。前身为天津张贵庄机场，1939 年由日军始建，1942 年建成，1948 年中国人民解放军 46 军解放张贵庄机场，1950 年中华人民共和国成立后首次开辟民用航线，史称“八一通航”，因同时承担培养专业飞行和技术人才，故有“新中国民航的摇篮”之誉。1974 年，该机场被确定为首都国际机场的备降机场，1995 年更今名。2007 年完成一期扩建工程，2014 年完成二期扩建工程，拥有航站楼 2 座，分别为 T1（国际及地区）、T2（国内）航站楼。总建筑面积 36.4 万平方米，其中航站楼面积 11.6 万平方米，货库 8.9 万平方米，现有跑道 2 条，第一跑道 3600 米，第二跑道 3 200 米，机位 59 个。机场开通航线 180 条，通航城市 132 个。飞行区等级 4E 级，可满足各类大型飞机全载起降。机场具有管制二次雷达、卫星通信终端、机场数据传输网络等先进的导航通信设备及完善的地面保障设施；承担为滨海西站机场分流，助力京津冀协同发展的重大责任；促进天津空铁联运、空陆联运向京冀地区的拓展延伸，提升天津空港交通枢纽功能和地位。该机场通地铁 2 号线和机场大巴、公交机场专线。

第四部分　教育、医疗、科研、文体

教　育

天津大学 [Tiānjīn Dàxué]

设有卫津路校区、北洋园校区和滨海工业研究院校区，分别位于南开区卫津路92号、津南区雅观路135号和滨海新区嘉陵江道48号。卫津路校区占地总面积约140万平方米，北洋园校区占地总面积约240万平方米，滨海工业研究院校区占地总面积约30万平方米。其前身为北洋大学，始建于1895年，是中国第一所现代大学，开中国近代高等教育之先河。学校初名天津北洋西学学堂，原址在天津西营门梁家园一带，1896年更名为北洋大学堂，1903年迁西沽武库，1912年更名为北洋大学校，1913年改名国立北洋大学，1928年改名国立北平大学第二工学院，不久废止，暂称国立北洋工学院。1937年，学校与北平大学、北平师范大学同迁西安，共同组建国立西安临时大学。1938年初迁汉中地区，更名国立西北联合大学。同年，国立西北联合大学改组为国立西北大学、国立西北工学院、国立西北师范学院和国立西北医学院。其中，北洋工学院与北平大学工学院、东北大学工学院和私立焦作工学院合组国立西北工学院，校址设在陕西城固。1946年返津复校，仍名北洋大学。1951年北洋大学与河北工学院合并，定今名。1952年南开大学工科和津沽大学、清华大学、北京大学、燕京大学、唐山工学院的一些系并入，同年迁至现卫津路校区。2015年北洋园校区一期建成后，学校以学科组群的形式实现整体搬迁。北洋园新校区有12个学院（部）、全校72%的科研基地、近30个本科实验教学中心，而卫津路校区则保留了11个学院（部）。天津大学于1959年被中共中央指定为国家首批重点大学，是“211工程”“985工程”首批重点建设的大学，入选国家“双一流”建设高校。学校坚持“强工、厚理、振文、兴医”的发展理念，形成了工科优势明显、理工结合，经、管、文、法、医、教育、艺术等多学科协调发展的综合学科布局。现有74个本科专业，43个一级学科硕士点，31个一级学科博士点，30个博士后科研流动站。卫津路校区有两座总建筑面积为2.6万平方米的图书馆，馆藏书刊总量260.34万册，另有多种音像资料、微缩资料和各类光盘数据库。现有教职工近5 000人，其中不乏院士、国家“杰出青年科学基金”获得者、国家“优秀青年科学基金”获得者等高端人才。

南开大学 [Nánkāi Dàxué]

设有八里台校区、津南校区和泰达校区，分别位于南开区卫津路94号、津南区同砚路38号和滨海新区宏达街23号。学校总占地约400万平方米，其中八里台校区占地约120万平方米，津南校区占地约250万平方米，泰达学院占地约 7 万平方米。校舍建筑总面积近 200 万平方米。学校于 1919 年由近代著名爱国教育家张伯苓、严修创办，原址在今南开中学内，因校址在南开，故名。1923 年，学校迁至现卫津路校区，1937 年南迁长沙，与北京大学、清华大学组建国立长沙临时大学，1938 年集体迁至昆明改称国立西南联合大学，1946 年返津复校。学校是教育部直属重点综合性大学，国家“211 工程”和“985 工程”重点建设的综合性研究型大学，2017 年 9 月，入选国家“双一流”建设高校。南开大学是国内学科门类齐全的综合性、研究型大学之一，形成了文理并重、基础宽厚、突出应用与创新的办学特色。学校有专业学院 27 个，学科门类覆盖文、史、哲、经、管、法、理、工、农、医、教、艺等。学校现有专任教师 2 000 余人，其中不乏两院院士、长江学者等高端人才。

河北工业大学 [Héběi Gōngyè Dàxué]

设有天津市北辰校区、红桥校区和河北省廊坊校区，其中红桥校区又分为东院、南院和北院。北辰校区位于天津市北辰区西平道 5340 号，红桥校区分别位于天津市红桥区光荣道 8 号、29 号和丁字沽一号路 8 号，廊坊校区位于河北省廊坊市广阳区新华路 144 号。学校总占地面积逾 260 万平方米。前身为创办于 1903 年的北洋工艺学堂，是我国最早的培养工业人才的高等学校，创办了全国最早的高校校办工厂。之后学校相继更名为直隶高等工业学堂、直隶高等工业学校、直隶公立工业专门学校、河北省立工业专门学校、河北省立工业学院、河北省立工学院、河北工学院，1951 年与北洋大学合并为天津大学，1958 年恢复重建，1962 年与天津工学院合并改称天津工学院，1971 年复名河北工学院，1995 年定名为河北工业大学。学校由河北省人民政府举办、天津市人民政府和教育部共建，行政主管部门是河北省教育厅，故名。学校始终秉承“兴工报国”的办学传统和“勤慎公忠”的校训精神，坚持“工学并举”的办学特色，形成了“勤奋、严谨、求实、进取”的优良校风；坚持以工为主、多学科协调发展，1996 年入选国家“211 工程”重点建设高校，2016 年入选河北省“国家一流大学建设”一层次学校，2017 年入选国家“双一流”建设高校。学校设有 21 个教学机构，63 个本科招生专业，涵盖工、理、经、管、文、法、艺七大学科门类。学校大力实施人才强校工程，坚持引育并举、以德为先，不断完善多元人才评价体系，持续推进“元光学者计划”，创新人才工作体制机制，人才队伍的年龄、学历、学缘结构进一步优化，汇聚了一批学科领军人才、青年优秀人才和创新团队。学校现有教职员工 2 800 余人，其中专任教师 1 700 余人。

天津商业大学 [Tiānjīn Shāngyè Dàxué]

在北辰区光荣道 409 号。占地面积近 90 万平方米，建筑面积近 51 万平方米。学校原名天津商学院，由国家商业部和天津市人民政府于 1980 年创建。1998 年学校实行中央与地方共建、以地方管理为主的管理体制。2007 年学校更名为天津商业大学，是一所以商学为主干，管、经、工、法、文、理多学科相互支撑、协调发展的高等学校。动力工程及工程热物理学科入选天津市一流学科建设名单，冷链物流、现代服务业学科群入选天津市特色学科群建设名单。学校现有 50 余个本科专业，教学科研仪器设备总值 5.56 亿元。图书馆中外文藏书 220.87 万册。学校现有专任教师约千人，其中近半数具有高级职称。

天津美术学院 [Tiānjīn Měishù Xuéyuàn]

设有天纬路校区和志成路校区，其中天纬路校区又分为南北两院，分别位于河北区天纬路 8 号、4 号和志成路 7 号。总占地面积约 10 万平方米，建筑面积约 15 万平方米。学院前身为 1906 年由近代著名教育家傅增湘先生创办的北洋女师范学堂，是我国最早的公立高等学府之一；1912、1913、1916、1928 年先后改为北洋女子师范学校、直隶女子师范学校、直隶第一女子师范学校、河北省立第一女子师范学校；1930 年并入河北省立女子师范学院；1937 年该院遭日机轰炸，遂迁西安、兰州等地；1945 年抗日战争胜利迁返天津复校。1949 年 1 月市人民政府接管该校，是年实行男女兼收招生制度，8 月移交河北省，改名为河北师范学院。1956、1958 年该院将理科、文科及体育等系迁出，保留音乐、美术两系，改为河北艺术师范学院。1959 年音乐系并入天津音乐学院，美术系分成绘画、工艺、师范三个系，改称河北美术学院。1962 年音乐系迁回，复称河北艺术师范学院。1970 年撤销建制，建立天津“五七”艺术学校。1973 年更名为天津艺术学院。1980 年经国务院批准将天津艺术学院分设为天津美术学院和天津音乐学院，美术学院迁今址。天津美术学院是中国最具影响力的九所美术院校之一，是中国北方重要的美术教育和美术研究中心，为中国独立设置的八所美术学院之一。邓颖超青年时代曾在该校前身直隶第一女子师范学校求学。学院建有美术馆，定期出版《北方美术》《中国书画报》两个专业刊物。图书馆藏有一批珍贵文物、图书和古今书画原件，藏书达 14.97 万册。学院现有美术学、设计学、艺术学理论等 3 个一级学科点，均有硕士学位授予权，设有 16 个本科专业，9 个二级学院。学校现有教职工约 500 人，专业教师约 300 人，其中不乏中宣部文化名家暨“四个一批”人才、全国中青年德艺双馨文艺工作者、享受国务院政府特殊津贴专家等高端人才。

天津中医药大学 [Tiānjīn Zhōngyīyào Dàxué]

设有静海团泊校区和南开玉泉路校区，分别位于静海区团泊新城西区鄱阳湖路 10 号和南开区玉泉路 61 号。总占地面积约 170 万平方米，建筑面积约 70 万平方米。1958 年天津市中医学校、天津市中医进修学校、中医研究班、中医医院 4 个单位合并建成天津中医学院。1992 年在天津中医学院建立中国传统医药国际学院，2006 年更今名。学校原址在南开区西湖道与玉泉路交会处，2018 年迁入团泊主校区，校园以湖水景观为特点，以中药植被为标志，以中医药文化为主线。天津中医药大学是全国面积最大的中医药大学，拥有全国最大的中药植物园（药山）、中医药博物馆和中医药临床实训中心，是全国最大最先进的中医药科技园和中医药国际教育中心。2017 年学校进入世界一流大学和一流学科建设高校行列。设有 6 个学科门类，共计 31 个本科专业，以中医药为主体，医、理、文、管、工、教育多学科协调发展。学校在编教职工近 4 000 人，其中不乏中国工程院院士、国医大师等高端人才。

天津外国语大学 [Tiānjīn Wàiguóyǔ Dàxué]

设有五大道校区和滨海校区。五大道校区三个院落分布在天津市历史风貌建筑文化旅游区内（马场道、睦南道、郑州道），滨海校区坐落在滨海新区大港高教生态园区内学府路 60 号。总占地面积近 50 万平方米。学校前身为秦皇岛外语专科学校，1964 年建成，1965 年迁河北省保定市，改名河北省外语专科学校。1966 年学校迁天津市河北区，1970 年迁南开区，改名天津师范学院外语系，1974 年学校恢复并改名为天津外国语学院，同年招生的有英、日、法、俄、西班牙等语种。1977 年恢复高考后，恢复招收全日制本科生。1979 年学校开始招收英语和日语专业硕士研究生，1981 年被国务院批准为首批硕士学位授予单位，2010 年经教育部批准更名为天津外国语大学。学校拥有全国唯一的“党和国家重要文献对外翻译研究”国家特殊需要博士人才培养项目，外国语言文学学科是天津市一流建设学科、中国语言文学学科是天津市一流培育学科。外国语言文学学科具有接受国内高校青年骨干访问学者和一般访问学者资格。学校现有 61 个本科专业，是一所主要外语语种齐全，文学、经济学、管理学、法学、教育学、艺术学、工学等多学科协调发展、特色鲜明的高等学校。两个校区图书馆馆舍面积 2.3 万余平方米，藏书 759 万册（含汉语、英语、意大利语、葡萄牙语、阿拉伯语、泰语、缅语等多个语种多个学科的电子图书和纸质图书），中外文报刊、杂志 8 万余种，73 个文献类型、语种及学科专业覆盖较为全面的中外文数据库；特色馆藏包括 17 世纪至 20 世纪中期出版的中外文文献近 2 万册，其中中外文古籍、民国文献、西方汉学文献等具有重要历史文物价值和学术研究价值。学校体育设施完善，拥有标准运动场、足球场、网球场、篮球场、排球场等体育设施，万余平方米的综合体育馆，建有游泳馆、击剑馆等现代体育场所。学校现有教职工 1 000 余人，其中专任教师（含外籍教师）700 余人，专任教师中超过 60% 拥有海外留学或工作经历，部分专业达到 100%。

天津音乐学院 [Tiānjīn Yīnyuè Xuéyuàn]

设南、北两个校区，分别位于河东区十四经路 9 号和十一经路 57 号。总占地近 10 万平方米。学校前身是 1950 年创办于天津的中央音乐学院。1958 年中央音乐学院迁至北京后，于此地组建河北音乐学院。1959 年 7 月，中央音乐学院（留津部分）将原河北艺术师范学院音乐系并入称师范系，而新建天津音乐学院，1973 年，改称天津艺术学院。1980 年，经国务院批准音乐、美术独立分建，恢复天津音乐学院。天津音乐学院是全国首批有硕士学位和学士学位授予权的院校之一，是培养音乐、舞蹈、戏剧、影视专门人才的重要高等艺术教育学府。学校设有音乐学、作曲、声乐、民族声乐、民乐、管弦、钢琴、手风琴、键盘、音乐教育、艺术管理、现代音乐、舞蹈、戏剧影视、基础课部、思政教学中心等 15 个教学系部以及继续教育学院、附中和附小（合作），形成了完备的多层次、多类型艺术人才培养模式和培养体系。现有教职工 400 余人。

中国民航大学 [Zhōngguó Mínháng Dàxué]

在东丽区新立街道津北公路 2898 号。占地面积约 170 万平方米，建筑面积近 90 万平方米。学校前身是 1951 年成立的中国人民革命军事委员会民用航空局第二民航学校，1958 年更名中国民用航空高级航空学校。1963 年，民航成都机械专科学校与中国民用航空高级航空学校的地勤部分合并，在天津机场组建了中国民用航空总局机械专科学校，并列入普通高校序列，1981 年更名中国民用航空学院，2006 年更今名。

中国民航大学是中国民用航空局直属的一所以培养民航高级工程技术和管理人才为主的高等学府，是中国民用航空局、天津市人民政府、教育部共建高校，以服务航空运输业、航空制造业，特别是“两业融合”为特色，致力于培养高素质、国际化、复合型的高级工程技术与管理人才，是一所具有工、管理、理、经济、文、法和艺术等学科门类的多科性大学，是天津市“双一流”建设高校和高水平特色大学建设高校。学校设有15个学院，以及研究生院、飞行分校、科技创新研究院。图书馆现有馆藏纸质图书238万册，电子图书317万册，数据库106个，与全球知名航空制造企业合作共建了中商飞、空客、波音、赛峰资料室，开通了中商飞在线、波音在线、空客在线网站，可直接访问相关技术资料。学校现有教职工2 100余人。

天津城建大学 [Tiānjīn Chéngjiàn Dàxué]

在西青区津静路26号。占地面积近60万平方米，建筑面积约45万平方米。学校始建于1978年，前身为天津大学第四分校，依托天津大学开办本科教育。1979年，学校更名为天津大学建筑分校，1987年更名为天津城市建设学院，2013年更今名。在服务新型城镇化和城市现代化进程中，学校形成了“立足城建、紧贴行业、德能并举、培养适任敬业的复合型应用人才”的办学特色，现有城市规划、城市建设、城市管理、生态城市、智慧城市、城市经济、城市文化7大学科群，14个硕士学位授权一级学科，11个专业硕士学位授权类别。学校设有15个学院、3个教学部（中心）和1个继续教育学院，现有教职工1 400余人，其中专任教师1 000余人。

天津农学院 [Tiānjīn Nóngxuéyuàn]

设有东校区、西校区和蓟州校区，分别位于西青区津静路22号、津同公路19号和蓟州区五百户镇青池1村。占地面积约86万平方米，校舍建筑面积约38万平方米。学校于1976年始建，1982年获学士学位授予权，1996年首批通过教育部本科教学合格评价，2001年天津市城乡经济学校并入，2006年获硕士学位授予权。2007年，在教育部进行的本科教学工作水平评估中获得“优秀”。学校建有现代化的教学楼、实验楼、图书馆、网络中心、体育场馆等设施，馆藏纸质文献123万册。学校以农科为主体，农、工、管理、理、经济、文、艺术各学科协调发展。经过多年的办学实践，学院形成了紧贴区域经济社会发展，服务于现代都市型农业的鲜明办学特色，现有15个学院（部），7个学科门类，48个本科专业及专业方向，现有教职员工1 000余人。

天津医科大学 [Tiānjīn Yīkē Dàxué]

设有主校区和广东路校区，分别位于和平区气象台路22号和河西区广东路1号。总占地面积约30万平方米，建筑面积约6万平方米。前身天津医学院创建于1951年，是新中国成立后原国家政务院批准建立的高等医学院校。1959年，学校改名天津医科大学，1962年复原名，1994年天津医学院与天津第二医学院正式组建成立天津医科大学。天津医科大学积极投身于我国医学高等教育事业，是国家最早批准试办临床医学八年制的2所医学院校之一，也是首批试办临床医学七年制的15所院校之一。1996年成为天津市唯一的国家“211工程”重点建设市属院校，2015年成为天津市人民政府、国家卫生健康委员会和教育部共建高校，2017年入选国家世界一流学科建设高校。学校现有本科专业 21 个,设有 19 个学院(系)和 1 个独立学院。包含大学医院在内,学校现有各类专业技术人员约 8 600 人,其中不乏两院院士、长江学者等高端人才。

天津工业大学 [Tiānjīn Gōngyè Dàxué]

在西青区宾水西道 399 号。总占地面积约 195 万平方米,总建筑面积约 86 万平方米。学校源于 1912 年创建的北京工业专门学校机织科,后历经北平大学工学院机织系、西北联合大学西北工学院纺织系、国立北洋大学纺织系和河北工学院纺织系、天津大学纺织系等办学阶段,1958 年河北省整合天津大学纺织系和天津纺织工业学校等办学资源,独立组建河北纺织工学院。学校于 1964 年改由纺织工业部管理,1968 年更名为天津纺织工学院,1998 年后实行以天津市管理为主的管理体制。2000 年,天津纺织工学院与天津经济管理干部学院合并组建天津工业大学。2011 年底,学校由原河东校区整体搬迁至西青大学城,2017 年入选国家“双一流”世界一流学科建设高校,2018 年获批国防科工局与天津市共建高校,是我国最早开展纺织高等教育的学府之一,现已发展成为一所以工为主,工、理、文、管、经、法、艺、医协调发展的多科性综合大学。下设 5 个学部、24 个学院、1 个书院、2 家附属医院,本科专业 65 个。现有教职工 2 200 余人,其中专任教师 1600 余人,其中不乏两院院士、长江学者等高端人才。

天津师范大学 [Tiānjīn Shīfàn Dàxué]

在西青区宾水西道 393 号。占地面积约 230 万平方米,建筑面积约 85 万平方米。学校始建于 1958 年,原名天津师范学院。学校传承的天津师范教育历史可追溯到 1906 年成立的北洋师范学堂、1921 年成立的天津工商大学和 1930 年成立的天津市立师范学校。1982 年,学校更名为天津师范大学,1992 年南开大学分校更名为天津师范大学应用文科学院,1996 年天津师范大学应用文科学院并入天津师范大学。1999 年,原天津师范大学、天津师范高等专科学校、天津教育学院合并组建新天津师范大学。天津师范大学是天津百年师范教育的传承者,是天津基础教育文脉发祥地,是天津唯一面向基础教育培养优质师资的师范大学。学校设有 2 个学部,20 个学院,75 个本科专业。硕博研究生教育包含经济、法、教育、文、历史、理、工、管理、艺术等 9 个学科门类。图书馆藏书近 400 万册,馆藏古籍约 15 万册,善本古籍 1 300 多种约 1.2 万册。学校有教职员工约 2 500 人。

天津理工大学 [Tiānjīn Lǐgōng Dàxué]

在西青区宾水西道 391 号。总占地面积约 150 万平方米,建筑面积约 75 万平方米。学校前身为天津理工学院,于 1979 年以天津大学理工分校名义开始招收本科生,1981 年经国务院批准正式设立天津理工学院。1996 年,原天津理工学院与原天津大学分校、天津大学机电分校、天津大学冶金分校三所本科院校合并,组建成新的天津理工学院。经教育部批准,学校于 2004 年更名为天津理工大学,2013 年完成由南开区红旗南路原址到现址的搬迁,是一所以工为主,工理结合,工、理、管、文、艺等学科协调发展的多科性大学。学校现有专业学院 15 个,还设有继续教育学院、工程训练中心、体育教学部等机构,现有本科专业 66 个。图书馆建筑面积约 4.6 万平方米,纸质藏书约 200 万册、电子图书约 190 万册、电子期刊约 3 万种,拥有中外文高水平数据库 60 余个。学校现有教职工近 2 000 人，其中专任教师约 1 500 人，其中不乏中国工程院院士、长江学者等高端人才。

天津体育学院 [Tiānjīn Tǐyù Xuéyuàn]

设有团泊校区和河西校区，分别位于静海区团泊新城西区东海道 16 号和河西区卫津南路 51 号。总占地面积约 75 万平方米，各类校舍建筑总面积约 40 万平方米。1958 年原天津体育学校、石家庄师范学院体育系合并，组建天津体育学院。1969 年天津体育学院由河北省划归天津市管辖。2017 年天津体育学院团泊新校区投入使用。天津体育学院是为国家培养中等以上学校体育师资，同时培养教练员、运动员的体育科研和管理等专门人才的市重点高等院校。学校现有 18 个本科专业，涉及教育、管理、文、艺术、理、医 6 个学科门类，形成了以体育学科为主、相关学科协调发展的办学特色与优势，构建了从本科教育到硕士、博士研究生教育的完整办学体系，以及涵盖普通高等教育、成人教育和留学生教育的开放式办学格局，成为一所在国内外有较大影响力的现代体育高等学府。图书馆新馆建筑面积近 2 万平方米，现有纸质文献馆藏总量约 45 万册，纸质期刊 800 余种，拥有数据库 45 个，电子图书总量 104 万余册，电子期刊总量 127 万余册。学校现有教职工约 600 人。

天津科技大学 [Tiānjīn Kējì Dàxué]

设有滨海校区和河西校区，分别位于滨海新区天津经济技术开发区第十三大街 9 号和河西区大沽南路 1038 号。总占地面积约 150 万平方米。学校创建于 1958 年，时名为河北轻工业学院，是我国首批四所轻工类本科院校之一，曾隶属原轻工业部。1964 年原北京轻工业学院的发酵工学专业，原无锡轻工业学院的塑料成型加工专业先后调入，1968 年更名为天津轻工业学院，1971 年天津大学制浆造纸专业全部调入，1972 年原北京轻工业学院盐化专业和中国轻工业部塘沽盐业专科学校合并后划归并入。1998 年学校管理体制改为由中央与地方共建，以天津市管理为主，2002 年更今名。2004 年在滨海新区建成滨海校区并投入使用。2013 年原天津经济技术开发区职业技术学院并入。天津科技大学是中央和地方共建、天津市重点建设高校，以工为主，工、理、文、农、医、经、管、法、艺等学科协调发展的多科性大学。学校现有专业学院 14 个、本科招生专业 57 个，其中 17 个专业入选国家级一流本科专业建设点，15 个专业入选天津市一流本科专业建设点。图书馆馆藏图书 195 万余册。学校现有教职工 2 100 余人，其中专任教师 1 400 余人。

天津财经大学 [Tiānjīn Cáijīng Dàxué]

设有主校区和马场道校区，分别位于河西区珠江道 25 号和马场道 123 号。总占地面积近 100 万平方米，建筑总面积约 54 万平方米。学校始建于 1958 年，是以南开大学经济类专业为基础组建的，原名为河北财经学院。1969 年学校划归天津市领导，更名为天津财经学院，2004 年更今名。天津财经大学是新中国最早建立的财经大学之一，是天津市属重点大学和中国北方培养高级经济管理人才的重要基地，是一所以经济学和管理学为主干，兼有法学、文学、理学、工学、教育学、艺术学等学科门类交叉渗透、协调发展的多科性大学。学校有 14 个教学单位，开设 49 个本科专业。数字化逸夫图书馆有藏书 150 余万册。学校现有专任教师 700 余人。

天津市第一轻工业学校 [Tiānjīn Shì Dìyī Qīnggōngyè Xuéxiào]

设有 6 个校区,分别位于红桥区勤俭道 24 号、河北区古北道 2 号、南开区灵隐道 77 号、河东区井冈山路 17 号、南开区长江道 60 号、南开区冶金路 17 号。1958 年建,初名轻工业学校；1963 年改名为机械工业学校，1966—1971 年停办；1972 年复招,定今名。该校是一所以工科为主兼办经贸和艺术类专业的国家级重点中专学校，1980 年被国家教育部批准为首批国家级重点中专学校，1999 年和 2003 年两次被国家教育部确定为国家级重点中职学校，2014 年被教育部确定为首批国家中等职业教育改革发展示范校。学校开设 7 个专业门类，17 个专业，18 个专业方向,现有教职工约 380 人,专任教师约 280 人。

天津市南开区职业中等专业学校 [Tiānjīn Shì Nánkāi Qū Zhíyè Zhōngděng Zhuānyè Xuéxiào]

在南开区淦江路 4 号。占地面积约 1 万平方米,总建筑面积 1 万余平方米。学校于 1964 年建成,名咸阳路中学；1972 年建建民里校区,名为建民里小学；1987 年命名口腔职专;1995 年命名南开职专;2012 年命今名。该校是首批国家级重点职业学校,全国德育科研先进实验校,全国学校毒品预防教育工作先进单位,全国职业技能大赛金牌获奖校。学校有加工制造类、交通运输类、信息技术类、医药卫生类、财经商贸类、文化艺术类 6 大专业群 10 个专业,有专任教师 160 余人。

天津市电子计算机职业中等专业学校 [Tiānjīn Shì Diànzǐ Jìsuànjī Zhíyè Zhōngděng Zhuānyè Xuéxiào]

在河西区利民道 48 号。占地面积约 1 万平方米,建筑面积约 1.6 万平方米。学校因以计算机专业为主而得名。前身为河西区师范学校，1959 年建立。1961 年和其他区师范学校合并为天津市第二师范学校,在原校址成立利民道中学。该校于 1963 年被确定为河西区初中重点校，1974 年招收高中生成为一所完中校。1980 年高中部与天津市科委所属电子计算应用技术研究所联合创办了全国第一所电子计算机职业学校，1985 年更今名，1996 年成为首批国家级重点职业高级中学。1995 年原天津爱国道中学并入,1996 年原西南楼小学并入,2000 年原天津翔宇职专并入，2015 年与原统计职专正式合并。学校开设了辐射加工制造、信息技术、财经商贸、文化艺术和教育 5 个专业群的 11 个专业,学制三年,拥有计算机应用和动漫游戏 2 个天津市骨干示范专业。教职员工约 180 人,其中专任教师约 120 人。

天津市统计职业中等专业学校 [Tiānjīn Shì Tǒngjì Zhíyè Zhōngděng Zhuānyè Xuéxiào]

在河西区小海地西横街 27 号。占地面积约 2 万平方米,总建筑面积约 1.6 万平方米。1964 年建天津市农业机械修配职业学校,1968 年改名天津市灰堆中学,1986 年更名天津市第一零四中学，1993 年宁波道中学内的统计职业高中并入，1994 年更今名，与天津市第一零四中学合并，1995 年用现名。该校系首批国家级重点中等职业学校。2007 年建实训楼、学生宿舍楼和天津市数控技术应用实训基地、天津市电工电子自动化实训基地。学校设有财经、计算机、旅游服务、机电、外语 5 个类别 13 个专业，有教职工近百人。

天津市南洋工业学校 [Tiānjīn Shì Nányáng Gōngyè Xuéxiào]

在津南区津沽路 700 号。占地面积约 10 万平方米，建筑面积约 5.6 万平方米。学校始建于 1964 年，隶属天津市津南区政府。2001 年天津市津南区职业中等专业学校和天津市源阳中等专业学校合并，名天津市津南区职业成人教育中心，2003 年名天津市南洋职业技术学校，2007 年更今名。该校是首批国家级重点职业学校，被列入天津市首批示范性职业院校和首批职业教育实训基地建设项目。学校下设信息部、机电部、数控部、财经部 4 个专业部，开设会计、机电技术应用、计算机应用、电子商务、数控技术应用、汽车运用与维修、学前教育等 7 个专业，有教职员工约 170 人，其中专任教师约 120 人。

天津外国语大学附属外国语学校 [Tiānjīn Wàiguóyǔ Dàxué Fùshǔ Wàiguóyǔ Xuéxiào]

在河北区南口路 11 号。占地面积约 6 万平方米，建筑面积约 5 万平方米。学校因专业方向而命名，创建于 1964 年，时名天津市外国语学校，1978 年划归天津外国语学院领导，更名为天津外国语学院附属外国语学校。2010 年天津外国语学院更名为天津外国语大学，学校随之更名为天津外国语大学附属外国语学校。该校是周恩来、陈毅等老一辈革命家主持创办的全国七所外国语学校之一，为天津市直属重点中学，首批示范校，全国外国语学校副理事长校。学校设有初中部、高中部、国际部，开设英、日、德、法、西 5 种外语。图书馆藏书约 13 万册。现有教职工约 230 人。

天津市武清区杨村第一中学 [Tiānjīn Shì Wǔqīng Qū Yángcūn Dìyī Zhōngxué]

在武清区南东路 282 号。占地面积约 24 万平方米，建筑面积近 10 万平方米。1951 年建武清县黄花店小学，同年由黄花店迁至杨村四街沈家大院。1954、1955、1956 年，学校先后更名为杨村初级中学、武清县杨村第一初级中学、河北杨村初级中学；1958 年改名河北杨村中学，迁杨村塔园路（现在的城区道路）5 号；1959 年更名河北武清第一中学；1968 年复名河北杨村中学；1973 年改名天津市武清县杨村第一中学；1996 年迁杨村泉州南路校区；2000 年撤县建区，命今名；2013 年迁武清城区南东路 282 号校区。该校为天津市首批重点中学，是天津市首批示范性高中校，首批高中现代化达标校，特色高中校。学校主要建筑除了教学—信息—实验连体主楼之外，还有配套有 3 栋公寓、5 个餐厅和 1 个洗浴中心，有配套的 400 米橡胶跑道，还有形似莲花的图书馆，宛如玳瑁的体育馆，按功能分为生活服务区、教学办公区和体育运动区。现有教职工约 350 人。

天津市南开中学 [Tiānjīn Shì Nánkāi Zhōngxué]

在南开区南开四马路 36 号。占地面积约 7.7 万平方米，建筑面积约 6 万平方米。南开中学“校父”严修、首任校长张伯苓得邑绅郑菊茹捐出的天津城西南角“南开洼”的空地近 7 000 平方米作为新校址，募集经费，兴建校舍，同年秋季迁入新校址，自此以地名为校名。1904 年学校始称私立中学堂,后改名敬业中学堂,次年又改称私立第一中学堂。1907 年更名为私立南开中学堂,1912 年改称私立南开学校,1952 年南开中学改为公立中学,校名为天津市第十五中学, 1960 年恢复使用校名天津市南开中学。南开中学是南开系列学校(现有一所大学、三所中学)的发源地,是南开校友总会的九大成员之一。学校于 1978 年被中华人民共和国教育部列为国家级重点中学。校园主体建筑为 8 层的综合办公楼,其南侧为第一教学楼、电教信息楼、大会堂、科普馆,北侧为第二教学楼、实验楼、报告厅和多功能体育馆,校园东部有多功能综合体育运动场,其北端第三教学楼和南端的学生公寓、师生餐厅遥遥相对。千兆校园网遍及全校的 800 多个计算机终端。学校设有初中部、高中部和国际部。现有教职工约 300 人。

天津中学 [Tiānjīn Zhōngxué]

在南开区中孚路 41 号。占地面积约 4.7 万平方米,总建筑面积约 3.2 万平方米。前身是始建于 20 世纪 80 年代初期的天津市外语师范学校。1980 年为适应四化建设需要,培养外国语人才,天津市教育局决定将天津市南开区第五十二中学高中改办为天津市外国语职业学校,学制 3 年,主要培养中等外语水平人才。1986 年市政府决定将外语职业学校改办为普通师范学校,定名为天津外语师范学校,主要培养小学外语师资。1992 年市政府决定自 1993 年 1 月起,天津外语师范学校由南开区区属学校划归为市教育局直属师范学校,成为当时我市唯一一所以培养小学外语师资为目标的市教育局直属中等专业师范学校。2000 年为全国示范住宅区——华苑住宅区配套建设一所重点完全中学,天津外师整建制并入新组建的天津中学。该校是天津市教委直属公办全日制重点完全中学,是天津市首批高中示范校,也是市首批高中特色校和市首批高考改革种子示范校。校内有教学楼、办公楼、实验楼、宿舍楼、食堂、报告厅、图书馆、电子阅览室、体育馆、游泳馆、9 道 400 米塑胶跑道环绕的绿茵田径运动场、篮球场、生态园,教育教学设施属一流水平。图书馆约 2 000 平方米,藏书 6 万余册。现有教职工约 180 人。

天津市实验中学 [Tiānjīn Shì Shíyàn Zhōngxué]

在河西区平山道 1 号。占地面积约 3.3 万平方米,建筑面积约 2.7 万平方米。学校又名天津师范大学附属中学。1923 年,法国天主耶酥会创办工商大学,设有预科。1931 年预科改为附属高级中学。1948 年工商学院改名津沽大学,工商附中遂更名为津沽大学附中。1952 年津沽大学改名为天津师范学院,附中遂成为天津师范学院附属男子中学。1954 年学校由河西区马场道(现天津外国语大学)迁至现址。1956 年天津师范学院改名河北大学,附中改为天津市第六十中学并开始招收女生,结束男校历史。1960 年学校与原天津市第十一中学合并,重新作为天津师范学院附属中学, 1970 年改名为天津市平山道中学, 1981 年改为现名。2003 年第二师范学院并入天津实验中学,同年,又被命名为天津师范大学附属中学。该校是天津市教育委员会直属重点中学,拥有数字网络教学系统、多媒体闭路电视教学系统、电子政务办公系统;有数字图书馆库和藏书 15 万余册的图书馆、多功能数字演播厅、各类多媒体专用教室和先进的理化生实验室、创新实验室、心理健康服务中心;有思学楼、逸夫科技楼、国际部综合楼等教学大楼；有 1 万多平方米的室外田径场，还有篮球场和足球场；有体育艺术中心楼，建筑面积约 1.2 万平方米。其中地下一层为学生自行车库，一层为室内田径塑胶跑廊，二层为体育艺术专用教室，三层为篮球场。现有教职员工约 350 人。

天津市第一中学 [Tiānjīn Shì Dìyī Zhōngxué]

在和平区西安道 117 号。占地面积约 5.3 万平方米。校址原系英国兵营，1947 年将原市二中和三中合并，在现址成立天津市立中学。1949 年市立中学排定为第一中学。该校是天津市教育委员会直属重点高级中学、天津市普教系统首批“AAA”学校、全国现代教育技术实验学校。校园分为生活休闲区、教育教学管理区、文体活动区。教学主楼建筑面积约 3.2 万平方米，除行政办公用房外，设教室 60 余间，计算机网络教室 8 间，多媒体教室 4 间，包括逸夫科教楼的理化实验室在内的理化生实验教室共 22 间，阶梯教室 2 个，精密实验室、标本室 5 个；另设音乐、美术、科技、劳动技术教室，国际部专用教室以及学生阅览室、电子阅览室。该教学主楼可容纳 60 个教学班。学生活动中心建筑面积约 1.1 万平方米，包括大型室内体育馆、游泳馆、艺术活动中心和师生食堂。校内还建有 400 米环形塑胶跑道和铺设人工草皮的标准田径场。新图书馆建于 2003 年，位于教学楼内的五、六两层，总面积约为 1 800 平方米，从功能上划分了五个区域，包括学生自修室、中心借阅区、图书采编室、电子阅览室、教师资料室。学校拥有馆藏图书 10 万余册。学生公寓占地近 9 000 平方米，共 14 层，内设电梯两部，实行公寓式管理，可容纳 600 多人住宿。现有教职工 200 余人。

天津市耀华中学 [Tiānjīn Shì Yàohuá Zhōngxué]

在和平区南京路 106 号。占地面积约 5.3 万平方米，建筑面积约 6.7 万平方米。学校于 1927 年创建，初名天津公学，校址在今湖北路 37 号，1929 年迁今址，1935 年取“光耀华人”之意，后引申为“光耀中华”，更名耀华学校。1952 年耀华学校由私立学校改为公立学校，中学部与小学部分开，中学部更名天津市第十六中学，小学部更名天津市五区五小。1988 年复名天津市耀华中学。该校为天津市首批重点中学，全国首批中小学现代教育技术实验学校、天津市教委直属重点中学。校内主要建筑为砖木结构 4 幢二层教学楼，有教室 90 多间，还拥有音体美专用教室、舞蹈房、能容纳 1 300 人的大礼堂、藏书 12 万册的图书馆、理化生实验室、科教馆和网络中心，体育馆约 6 200 平方米，设有篮球馆、田径馆、乒乓球室、柔道武术室、体操房，学校还建有封闭式的游泳池和由 400 米标准橡胶跑道环绕的田径场，有可容纳 1 800 人同时用餐的餐厅、学生公寓等。图书馆藏书 12 万册。教职工约 300 人。

天津市第二十中学 [Tiānjīn Shì Dì’èrshí Zhōngxué]

设有 2 个校区，分别位于和平区湖北路 59 号和湖北路 2 号。总占地面积近 5 万平方米，建筑面积约 4 万平方米。学校前身为 1938 年始建的浙江中学和津华女中。1951 年两校合并统称浙江中学，1952 年按序号定今名，1955 年迁入现湖北路 59 号校区，2012 年将湖北路 2 号（原二十一中校舍）划归二十中学。该校为首批市级重点中学、天津市示范性高级中学。校内主要建筑有砖混结构三层实验楼和四层教学楼各 1 幢，有容纳 600 人的礼堂、可容纳 300 人的报告厅，信息技术教室、美术教室、音乐教室、舞蹈教室的设施均能满足新课程需要。校内有配备电子阅览设备的教师资料室和学生阅览室。现有教职工约 200 名。

天津市新华中学 [Tiānjīn Shì Xīnhuá Zhōngxué]

在河西区马场道 99 号。占地面积约 4 万平方米，建筑面积约 5 万余平方米。学校始建于 1914 年，初名天津私立圣功女学校，1929 年更名为圣功女中，1941 年迁至马场道陶园（现新华中学校址），1952 年改为市立天津师范学院女附中，1956 年改名天津师范学院附中，1958 年后天津师范学院附中先后改名为天津师范大学第一附属中学、天津师范大学附属中学、河北大学附属中学。1973 年河大附中更名为新华中学，1978 年定为天津市首批重点校，是天津市教育委员会直属重点中学。校内主体建筑为三层、四层混合结构教学楼各 1 幢，院西侧另有平房 1 栋，有电子计算机室、大小阶梯教室、语音实验教室、物理实验室、化学实验室、生物实验室、仪器室。南部操场有田径场、篮球场、排球场、足球场等。计算机管理现代化图书馆藏书 10 万册。现有教职工约 200 人。

天津市静海区第一中学 [Tiānjīn Shì Jìnghǎi Qū Dìyī Zhōngxué]

在静海区地纬路 19 号。占地面积约 20 万平方米，建筑面积约 6 万平方米。根据天津市静海区高等中学名称综合排序，该校位列第一而得名。学校于 1958 年建，原名河北静海中学；1959 年青县与静海县合并，学校改名静海二中；1961 年青县与静海县分置，学校改河北静海中学；1969 年改名河北静海“五七”学校；1973 年改名天津市静海中学；1978 年改名天津市静海县第一中学；2015 年更今名。该校为天津市首批重点中学、天津市首批“AAA”学校、首批市级高中示范校。学校有综合办公楼 1 幢，教学楼 3 幢，科技实验楼 3 幢，学生宿舍楼 4 幢，还设有餐饮服务中心、多功能报告厅、标准运动场等建筑设施。图书馆藏书达 8 万册，已实现电子检索，有可供 400 余人同时阅览的阅览室 2 个。现有教职工约 300 人。

天津市第二中学 [Tiānjīn Shì Dì’èr Zhōngxué]

在河北区昆纬路 109 号。占地面积约 5 万平方米，建筑面积约 3 万平方米。因学校在天津市中学序列排在第二而得名。学校原为 1947 年成立的私立介寿中学（原址在河北区月纬路），1949 年合并了建于 1912 年的天津四中（原觉民中学），正式命名为天津市第二中学，由原址迁至现址。该校是天津市第一所高中示范校、天津市首批重点中学、天津市“AAA”学校。学校拥有设施完备的理化生实验室、语音教室、设备先进并配备了千兆校园网的计算机房、现代教育技术网络教室和可以随时上网的电子阅览室；拥有可同时容纳 200 名教师、800 名学生的阅览室和供 400 名学生住宿的宿舍楼，400 米标准塑胶跑道、草皮运动场、设计新颖的体育馆、游泳馆等设施。现有教职工约 270 人。

天津市第三十五中学 [Tiānjīn Shì Dìsānshíwǔ Zhōngxué]

在河北区龙关道 2 号。占地面积约 2.7 万平方米。学校始建于 1949 年，名私立人民中学，1952 年由天津市教育局按序列排名，将学校更今名。2012 年将五十七中学宙纬路校区整体划拨该校使用。后随着棚户区改造，学校于 2015 年迁入现址，徽派的建筑风格与毗邻的南普公园浑然一体，别具特色，办学环境得到了极大的改善。该校系天津市首批恢复高中学制的学校，1978 年被定为天津市市级重点中学。1981 年初，由于地理位置被定为河北区重点中学，分高中部和初中部，配有标准教室 40 间，实验室、音乐美术教室、高端配置的计算机房、多媒体教室及教师电子备课室、教工活动室等一应俱全。图书馆藏书 3 万余册，各种报纸杂志 170 余种。现有教职工约 140 人。

天津市第十四中学 [Tiānjīn Shì Dìshísì Zhōngxué]

在河北区水产前街 45 号。占地面积约 7 万平方米，建筑面积约 5 万平方米。学校因天津中学序列排名而命名，于 1952 年成立。建校初期为市属公办中学，仅设有初中部，1958 年开始招收高中生成为完中校。1994 年学校与八十一中学合并。1995 年创办了民办公助初中部——天士力中学，1997 年改制为高中校，2006 年红光中学搬迁，原校址划归十四中学。2007 年学校与正华中学合并，原正华中学的校舍正式改为民办初中校——天士力中学。2011 年天士力中学整体搬迁至十四中校区。该校为天津市首批市级重点中学、第二批天津市示范高中校，是天津市 60 所示范校之一。学校设有主教学楼（含教学楼、行政楼、图书馆、实验楼）、食堂、体训馆（含看台）、宿舍等，拥有符合国家颁布标准的物理实验室、化学实验室、生物实验室、地理专用教室、专用机房，每个年级设有电子备课室。图书馆约 1 100 平方米，报告厅可容纳 500 人，每间教室配备现代多媒体教学设备。体育馆占地约 1.2 万平方米，拥有室内游泳池、乒乓球馆、羽毛球馆、篮球馆、健美训练馆，有 400 米标准塑胶跑道及草皮运动场。现有教职员工约 270 人。

天津市第三中学 [Tiānjīn Shì Dìsān Zhōngxué]

在红桥区向东路 1 号。占地面积约 6 万平方米，建筑面积约 3.8 万平方米。1900 年邑绅高凌雯、王世芸先生商议将坐落在天津城西铃铛阁大街上的稽古书院改为学堂，1901 年正式创立，初名官立中学堂，1905 年更名为天津府中学堂，1913 年改为省立天津中学堂，1916 年名直隶省立第一中学校，1928 年改称河北省立第一中学校，1933 年名河北省省立天津中学校，1940 年改为天津特别市市立第一中学校，1945 年复名河北省省立天津中学校。1949 年按排序定名为天津市第三中学，1960 年迁至丁字沽现址。该校是天津市近代第一所官立中学，1982 年获联合国教科文组织资助，1984 年定为天津市市级重点校，1994 年列入中国名校。现为天津市“AAA”学校，是全市首批九所重点校之一。学校建有教学楼、体育馆、图书馆、实验室、宿舍楼、食堂等设施。现有教职员工约 260 人。

天津市红桥区实验小学 [Tiānjīn Shì Hóngqiáo Qū Shíyàn Xiǎoxué]

在红桥区丁字沽二号路 1 号。总占地面积近 2 万平方米。学校始建于 1960 年，原名新村第四小学，1965 年更名为红桥区二号路小学，郭沫若先生亲笔为学校题写校名，1996 年更名为红桥区实验小学。学校先后荣获全国青少年科技集体、全国学校艺术教育先进单位、全国优秀家长学校、天津市首批义务教育示范校、天津市首批通过现代化标准验收学校、天津市“三八”红旗集体、天津市阳光体育活动先进学校、天津市专利工作先进单位等300多项荣誉称号，连续荣获区教育教学评估特等奖。现有教职工约200人。

天津市南开区中营小学 [Tiānjīn Shì Nánkāi Qū Zhōngyíng Xiǎoxué]

在南开区城厢西路与北城街交会处东南角。现占地面积约2.4万平方米，总建筑面积近2万平方米。学校因坐落于南开区老城区中营前街而得名。该校于1906年创建，初名天津官立模范两等小学堂，1916年名直隶模范小学校，1928年名河北省立第一模范小学校，1940年名天津特别市立模范小学校，1946年名天津实验小学，1947年名河北省立天津师范附小第一部，1952年名河北师范学院第二附小，1956年名天津市城厢区中营小学，1960年更今名，是天津创办最早的小学之一，同时是天津最早的公立小学。学校分别于2005年和2011年两次原址扩建，并按照修旧如旧的原则，重新对平房建筑进行了一次彻底维修，整修后的平房仍保留着清末时期的建筑风格。具有百年风貌的校舍庭院被列为天津市历史风貌建筑，南开区重点文物保护单位。现有教职工约200人。

天津市河北区育婴里小学 [Tiānjīn Shì Héběi Qū Yùyīnglǐ Xiǎoxué]

在河北区元纬路113号。占地面积约2.5万平方米。学校因原址坐落于河北区育婴路而得名，于1952年建立，名为三区第九小学，后改名第三十七小学，1956年又改名育婴里小学。“文化大革命”时曾名培红小学，后复今名。该校被首批认定为天津市义务教育示范学校、“AAA”学校和素质教育示范学校，还多次被评为天津市文明学校、普教系统先进单位、“教书育人，为人师表”模范集体以及天津市落实德育规程先进校、红领巾示范校、课改先进集体、青少年科技活动先进校、艺术教育特色学校和体育工作先进校。校内建有综合楼、体育馆、食堂等，现有教职工约150人。

天津市河东区实验小学 [Tiānjīn Shì Hédōng Qū Shíyàn Xiǎoxué]

设有2个校区，分别位于河东区韶山道36号和晨光道878号。占地面积约2.7万平方米，建筑面积约2万平方米。学校取“实验”之意命名，于1961年建成，前身为唐口一号路小学，2001年迁今址，更今名。该校隶属于天津市河东区教育局，为首批天津市“AAA”学校、天津市义务教育示范校、天津市素质教育示范校、全国现代教育技术实验校。校内有阶梯教室、科学实验室、信息技术教室、图书馆、草坪操场，现有教职工约210人。

天津市和平区中心小学 [Tiānjīn Shì Hépíng Qū Zhōngxīn Xiǎoxué]

设有4个校区，分别位于和平区西宁道8号、西宁道84号、宝鸡东道文善里1号和宝鸡西道吉星北里平房4号。占地面积约1.7万平方米。学校于1990年建成，2003年西宁道小学并入，隶属和平区教育局，是天津市首批义务教育示范学校、素质教育“AAA”学校、“双高普九”规范化学校。学校教师论文集《播种希望》已出版五集；坚持出版《中心小学家长报》《作文报》，搭建起学校与家长沟通的桥梁。现有教职工约300人。

天津市和平区鞍山道小学 [Tiānjīn Shì Hépíng Qū Ānshāndào Xiǎoxué]

设有3个校区，分别位于和平区鞍山道81号、新疆路22号、哈密道121号。总占地面积约6 500平方米，建筑面积约7 100平方米。1930年日租界当局开办宫岛街幼稚园，后改小学；1945年日本投降后改为一区三保小学；1949年后改称一区第一小学；1959年改为甘肃路人民公社第二分校；1960年定为和平区重点小学，改今名。该校为首批天津市《中小学生日常行为规范》示范校、义务教育示范校、艺术教育示范校、"AAA"学校、文明学校标兵、市级绿色学校、师德师风先进单位。主要建筑有教学楼、操场、综合楼等。学校以数学教育为特色，通过教育整体改革实验，形成了"主动学习，全面发展"的办学思想。现有任课教师约150人。

天津市实验小学 [Tiānjīn Shì Shíyàn XiǎoXué]

在和平区柳州路28号。占地面积约1.2万平方米，建筑面积约1万平方米。学校于1948年建，名天津市十区十一保国民学校，更名为天津市十区示范国民学校，1949年改今名，1982年重建。该校是天津市教育局唯一的直属小学，也是天津市基础教育实验基地之一。校内有砖混结构四层教学楼1幢和二层实验楼1幢。教学设施齐备，体育场、体育馆、游泳池齐全，拥有报告厅、读书堂、演播室和语音室、微机室、实验室及科技、劳技、音乐、美术等各种专用教室，音乐铃、电子显示屏、卫星接收及闭路电视系统等现代化教学设施。学校曾被评为天津市首批义务教育示范校、"AAA"学校、《中小学生行为规范》示范校、素质教育示范校、艺术教育示范校、青少年科技活动先进校、全国先进体育传统项目学校、全国艺术教育先进校及全国首批现代化教育技术实验学校。现有教职工210余人。

天津市河西区上海道小学 [Tiānjīn Shì Héxī Qū Shànghǎidào Xiǎoxué]

设有友谊路校区（主校区）、广东路校区和利民道校区，分别位于河西区绍兴道226号、广东路5号和大沽路和平新村1排1号。总占地面积约2万平方米，总建筑面积约1.6万平方米。学校前身为1950年接管的私立天然小学，定名为六区第一小学。1953年六区第三十一小学并入，1956年迁今址并改今名，1960年和1968年将蚌埠道小学、大营门街办小学并入，1976年震损。1979年另建分校区，1幢三层教学楼，在河西区广东路5号（广东路校区），1981年原教工幼儿园校舍划归该校。该校是天津市"AAA"学校、素质教育示范校，入选第一届全国文明校园。学校有标准教室，图书馆、阅览室、体育馆、游泳馆、舞蹈室以及音乐、美术、自然专用教室。信息技术设备完善，配有机器人工作室、演播厅、电子阅览室、电子备课室、有线电视台、校园网、业余电台等。现有教职工约200人。

医　疗

天津医科大学总医院 [Tiānjīn Yīkē Dàxué Zǒngyīyuàn]

在和平区鞍山道 154 号，跨路分东西两院。占地面积约 9 万平方米，建筑面积约 31 万平方米。医院前身为 1943 年日本人开办的公立居留民团医院，1945 年为国民政府中央医院。1946 年医院正式开诊，为当时全国五所大型中央医院之一。1951 年命名天津总医院，1956 年更名天津医学院附属医院，1994 年更今名。该医院为天津市最大的集医疗、教学、科研、预防于一体的综合性三级甲等医院和天津市医学中心，设有 33 个临床科室、9 个医技科室、10 个临床研究所。开放床位 2 468 张。现有职工约 4 400 人。

天津市胸科医院 [Tiānjīn Shì Xiōngkē Yīyuàn]

在津南区台儿庄南路 261 号。占地面积约 9.2 万平方米，建筑面积约 12.1 万平方米。医院前身为建于 1920 年的英国侨民医院，原址设在曲阜道 121 号。1937 年医院迁入和平区西安道 93 号（即原英租界 47 号，大门位于柳州路与潼关道交界处），1939 年改名清源医院，1941 年改名特政区公立医院，1942 年改称同仁会诊疗班第二院，1945 年为美军俱乐部，1947 年称天津公立结核病防治院，1950 年改称天津市第一结核病防治院，1972 年更名胸科专科和平医院，1982 年更今名，2014 年迁今址。该医院是一所以治疗心、肺疾病为主，集医、教、研、防为一体的现代化三级甲等专科医院。医院设有临床科室 24 个，医技科室 17 个，内设管理机构 21 个，群团组织 2 个，同时设有天津市心血管病研究所，编制床位 1 019 张。现有职工约 1 700 人，其中专业技术人员约 1 500 人。

天津市肿瘤医院 [Tiānjīn Shì Zhǒngliú Yīyuàn]

在河西区宾水道 45 号增 1 号。占地面积约 7.5 万平方米，建筑面积约 25.1 万平方米。前身为英法联军驻屯军医院，1861 年建，原址在和平区承德道紫竹林，1868 年改名英国伦敦教会施诊所。1879 年扩建医院，1888 年马根济病逝，1925 年更名马大夫纪念医院，1951 年更名为天津市立人民医院。1952 年金显宅教授在医院建立新中国第一个肿瘤科，后发展成为肿瘤专科医院，1956 年改名骨瘤专科医院，1971 年改名肿瘤专科医院，1986 年定名为天津市肿瘤医院，1987 年迁入现址，1997 年成为天津医科大学附属肿瘤医院。该医院是我国肿瘤学科的发祥地，是集医、教、研、防、健为一体的大型三级甲等肿瘤专科医院、首批国家恶性肿瘤临床医学研究中心。医院设有 48 个临床医技科室、12 个基础研究科室，开放病床 2 000 余张。现有在册职工约 3 000 人，包括中国工程院院士、国际南丁格尔奖获得者等专家。

天津市儿童医院 [Tiānjīn Shì Értóng Yīyuàn]

设有马场院区和龙岩院区，分别位于河西区马场道 225 号和北辰区龙岩道 238 号。马场院区占地面积约 5.5 万平方米，龙岩院区占地面积约 8.3 万平方米。医院前身为妇婴医院，1881 年由李鸿章出资捐助在紫竹林地区海大道（现大沽路 152 号）建成，1915 年迁至南关大街新院址，起名为中华基督教卫理公会妇婴女医院。1949 年医院更名天津市私立妇婴医院，1951 年改名天津市立妇婴医院，又改名天津市立儿童医院，1956 年迁入现马场院区。2015 年龙岩院区开诊。该医院是天津市唯一一家三级甲等综合性儿科医院，集医疗、教学、科研、预防、保健、康复、健康管理为一体。两个院区共计床位 1 721 张，人员、技术、设备共享，一体化运行，服务辐射整个华北地区。医院设临床及医技科室 38 个，其中儿内科 12 个专业，儿外科 10 个专业。马场院区为儿科医疗孵化器，以培养儿科医疗骨干为己任，以精准医学科研为专业核心，以急危重症救治为诊疗重点。特色专业为急诊、EICU、NICU、PICU，以老专家为核心，开设专家门诊、综合门诊、特需门诊等为广大患儿提供诊疗服务。龙岩院区为“儿科医疗助推器”，以抚育儿科医疗大家为目标，以罕见病为临床特色，以疑难杂症诊治为医疗重点。特色专业为感染、康复、心理及各新兴亚专业，开设专科门诊、MDT 门诊、特需门诊等为广大患儿提供诊疗服务。现有高级专业技术人员 300 余人。

天津中医药大学第一附属医院 [Tiānjīn Zhōngyīyào Dàxué Dìyī Fùshǔ Yīyuàn]

设有南、北两个院区，分别位于西青区昌凌路 88 号和南开区鞍山西道 314 号。总占地面积约 16 万平方米，总建筑面积约 26 万平方米。1954 年天津市中医门诊部成立，是天津市有史以来第一个国家兴办的中医医疗机构。1955 年机构扩建，名天津市立中医医院，郭沫若题名。1958 年天津中医学院成立，更名天津中医学院附属医院，1969 年更名为天津市中医医院。1970 年医院与天津市干部疗养院合并，将干部疗养院院址与二七一医院院址对调，多伦道 205 号（原二七一医院院址）成为医院住院部。1978 年医院更名为天津中医学院第一附属医院，1985 年迁南开区鞍山西道重建，1990 年建成，2006 年改名天津中医药大学第一附属医院，同时命名天津中医药大学第一临床医学院。2014 年位于西青区昌凌路的南院区正式开诊，是天津市历史最悠久、建设规模最大的中医医疗机构，是全国首批三级甲等医院，是国家中医针灸临床医学研究中心、国家中医临床研究基地、国家中医应急医疗队伍和疫病防治及紧急医学救援基地、国家中医药服务出口基地、中医药传承创新工程建设单位和全国中医文化建设示范单位、天津市中医医学中心。医院有针灸推拿学和中医内科学两个国家教育部重点学科，有针灸科、儿科、推拿科、肿瘤科 4 个国家临床重点专科，有临床技术科室 54 个，编制床位 2600 张。现有职工 2 600 余人，包括中国工程院院士、国医大师、全国名中医等专家。

天津市中心妇产科医院 [Tiānjīn Shì Zhōngxīn Fùchǎnkē Yīyuàn]

在南开区南开三马路156号。占地面积约5万平方米，建筑面积约7万平方米。前身是由法国天主教仁爱会于1862年创办的教会医院，1945年改名第八临时医院，1946年改名市立产科医院，1949年改名市立妇产科医院，1953年更今名。该医院是新中国成立后建立的第一家妇产专科医院，也是天津市唯一一家妇产专科三级甲等医院。医院集医疗、教学、科研、预防于一体，是天津市妇产科重点学科的承担者，2017年挂牌南开大学附属妇产医院，并为天津医科大学临床医院，天津中医药大学、天津医学高等专科学校教学基地。医院设有产科、妇科、妇瘤科、新生儿科、计划生育科、生殖医学中心、乳腺科、中医科等多个临床科室，并开设内分泌门诊、特需门诊、营养门诊等专科门诊；设有超声科、放射科、检验科、病理科、药剂科等辅助科室。该院拥有高危孕产妇和高危新生儿诊治、妇科肿瘤和妇科疑难病症诊治、辅助生殖技术、腔镜技术、超声诊断技术等方面的特色与优势。现有职工千余人，享有国务院特殊津贴专家10余人。

天津市中医药研究院附属医院 [Tiānjīn Shì Zhōngyīyào Yánjiūyuàn Fùshǔ Yīyuàn]

在红桥区北马路354号。占地约3.4万平方米，建筑面积7.6万平方米。医院前身为天津市第二中心医院，2001年建立天津市中医药研究院，2004年重组，天津市中医药研究院院部迁今址（二中心医院旧址）。同年天津市中医药研究院附属医院由原和平区多伦道79号迁今址。天津市医药科学研究所由和平区贵州路96号迁入和平区多伦道79号（天津市中医药研究院附属医院旧址）。该医院是天津市集科研、医疗、教学、预防为一体的三级甲等中医医院，拥有国家卫健委重点临床专科4个：皮肤科、肾病科、针灸科、临床药学。国家中医药管理局重点专科7个：肾病科、皮肤科、脾胃病科、针灸科、推拿科、疮疡科、临床药学。医院肾病科2018年入选国家中医药管理局区域医学诊疗中心。医院拥有临床研究所、中药研究所、基础研究所、实验中心、中医药信息研究所、中医肾病研究所、中西医结合疮疡研究所、有效处方筛选中心8个研究所，现开放病床600张。现有职工1 300余人，包括国医大师、天津市名中医等专家。

天津市环湖医院 [Tiānjīn Shì Huánhú Yīyuàn]

在津南区吉兆路6号。占地面积约10万平方米，建筑面积约12万平方米。该医院又名天津市脑系科中心医院，前身为1981开始筹建的体院北医院。1985年明确以神经外科为特色的办院方向。1986年因原址位于河西区气象台路西端北侧，三面环湖，正式定名为天津市环湖医院。1988年医院被确定为以神经科为重点的一级综合性医院并正式开诊。1992年增名天津市脑系专科医院，明确医院仍为以脑系专科为主的综合性医院，也是三级医疗网中最终转诊的单位，承担起天津市脑系科疾病的诊断、治疗任务。2016年迁今址。该医院是以神经内、外科为特色，集医疗、教学、科研、预防、康复为一体的三级甲等专科医院，2013年获批国家神经外科临床重点专科建设单位，2018年确定为国家神经外科临床重点专科，2021年获批委市共建国家神经疾病区域医疗中心。医院设有职能科室23个、临床科室 33 个、医技科室 8 个。现有床位 1 180 张。现有正式职工约 1 600 人。

天津市眼科医院 [Tiānjīn Shì Yǎnkē Yīyuàn]

在和平区甘肃路 4 号。占地面积约 1.2 万平方米，建筑面积约 4.5 万平方米。前身为 1924 年北洋医科学校法籍教授卢梭望创办的中国华洋防盲会，1927 年与天津扶轮会联合成立联合防盲会，1931 年迁至原法租界丰领事路（今赤峰道），并改名为防盲医院。1949 年医院更名为华北防盲医院，是新中国成立后第一批眼科医院，1952 年改名为天津市立眼科医院，1957 年天津市卫生局将和平区兴安路 255 号与哈尔滨道 118 号调配给眼科医院使用。1976 年天津市卫生局将和平区大同道 21 号（原第四医院）给眼科医院做住院部使用。1991 年眼科医院门诊部从哈尔滨道迁至和平区四平东道 15 号（和平路上）。2004 年结束院分三处的历史，迁今址。该医院是一所集医疗、预防、教学、科研多功能为一体的眼病专科三甲医院，现有 15 个临床专业，设有手术中心、临床麻醉科、视功能检查治疗区、检验科、临床眼科药学专业、医学影像科等部门。天津市眼科研究所也坐落于此。医院开放床位 245 张。现有职工 400 余人，卫生技术人员近 300 人。

天津医科大学口腔医院 [Tiānjīn Yīkē Dàxué Kǒuqiāng Yīyuàn]

在和平区气象台路 12 号。占地面积约 2 000 平方米，建筑面积约 8 000 平方米。医院始建于 1974 年，其前身为天津医学院口腔系，1988 年改名天津医学院附属口腔医院，1994 年更今名。该医院是集医疗、教学、科研、预防为一体的三级甲等专科医院，是全国首批口腔专业住院医师规范化培训基地。天津医科大学口腔医学院、口腔研究所亦设置于此。医院现有诊疗椅位约 130 台，病床 50 张，临床科室 12 个，医技科室 5 个。现有职工约 200 人。

天津市口腔医院 [Tiānjīn Shì Kǒuqiāng Yīyuàn]

在和平区大沽北路 75 号。总建筑面积约 2.7 万平方米。医院始建于 1947 年，是由原天津市立第一、二齿科医院合并组建而成（市立第一、二齿科医院前身分别为小松崎和爱齿齿科医院），初建名称为天津市立牙科医院，院址迁设在天津市第一区罗斯福路（今和平路）233 号。1948 年医院改名天津市立牙科防治院，1956 年改今名，1966 年改称向东医院，1968 年复今名，1990 年由和平路迁现址，2008 年经批准成为南开大学附属口腔医院。2010 年成立分诊部，在河西区黑牛城道 73 号。该医院是集临床、教学、科研、预防为一体的三级甲等口腔专科医院，设有 22 个临床科室，编制住院病床 80 张，口腔综合治疗台 228 台。现有职工约 900 人。

天津市泰达医院 [Tiānjīn Shì Tàidá Yīyuàn]

在滨海新区第三大街 65 号。占地面积约 4.2 万平方米，建筑面积约 7.8 万平方米。医院于 1990 年始建，2005 年扩建。是由天津经济技术开发区管委会投资兴建的一所集医疗、教学、科研、预防、保健、康复为一体的公立性三级综合医院。重症医学科、骨科、耳鼻喉科 3 个学科被评为滨海新区重点学科。神经科介入、呼吸科、胸外科等一些新建学科快速发展，诊治水平在滨海新区处于领先地位。医院开放病床 510 张，设有

32 个临床科室、10 个医技科室。现有职工约 900 人，包括多名享受国务院特殊津贴专家。

天津市人民医院 [Tiānjīn Shì Rénmín Yīyuàn]

在红桥区芥园道 190 号。占地面积约 11 万平方米，建筑面积约 19 万平方米。2002 年在天津市百年监狱的旧址始建。2003 年由原天津市第二中心医院、天津市滨江医院、天津市红十字会医院实质性合并。2004 年原三家医院迁址。该医院是一所环境优美，临床科室齐全，技术力量雄厚，集医疗、科研、教学以及预防为一体的现代化大型三级甲等综合医院。肛肠外科自 1953 年由张庆荣老主任创立以来，经过五代专家的传承，在全国肛肠外科领域始终处于引领地位。2013 年成立肛肠疾病诊疗中心，在结直肠肿瘤、复杂痔瘘裂、炎性肠病、盆底疾病的治疗方面经验丰富，技术精湛。医院设有 82 个临床医技科室，编制床位 1 800 张。现有职工约 2 800 人。

天津市第二人民医院 [Tiānjīn Shì Dì'èr Rénmín Yīyuàn]

在南开区苏堤南路 7 号。占地面积约 6 万平方米，建筑面积约 4 万平方米。医院前身是天津市传染病医院。医院于 1920 年始建，隶属北洋防疫处，1928 年改名天津平民医院，1945 年定名天津市传染病医院，2013 年改今名。该医院是一所集医疗、教学、科研、预防、保健为一体，内、外、妇、儿全面发展，以综合肝病治疗为特色的三级甲等专科医院。医院的传染病学科被确定为天津市临床优势学科、天津市优势领域学科、天津市重点发展学科。医院设临床科室 13 个，医技科室 9 个，开放床位 400 张。现有职工近 700 人。

天津市第一中心医院 [Tiānjīn Shì Dìyī Zhōngxīn Yīyuàn]

在南开区复康路 24 号。占地面积约 4.5 万平方米，总建筑面积约 11.5 万平方米。1942 年医师张纪正、方先之、柯应夔、邓家栋发起建天和医院，院址为当时马场道原西湖饭店（今天津市妇女保健所）。是年金显宅、卞万年、方先之、林崧、曾昭德等七人开办私立恩光医院，院址位于黄家花园（今成都道河北路口）。1949 年天津中纺公司诊疗所价购犹太医院，成立天津中纺医院，地址为天津十区武昌道 21 号。1950 年天津中纺医院改组更名为华北纺织管理局第一医院。1952 年华北纺织管理局新扩建第一医院开诊，地址为天津十区西康路八十一号。1956 年天津市公共卫生局批准将华北纺织局第一医院、邮电医院、天和医院以及恩光医院部分专家合并组建天津市第一中心医院。1992 年新一中心医院大楼竣工并全面开诊，院址为南开区复康路 24 号。这是一所以器官移植、急救医学、耳鼻喉专业学科为特色，融医疗、教学、科研、预防为一体的综合性三级甲等医院，是天津市医学中心之一。医院拥有 1 500 多张病床，47 个临床专业科室，其中有 5 个国家重点临床专科建设项目（器官移植中心、重症医学科、重点实验室、中西医结合科和检验科）、3 个市级重点专科（器官移植中心、重症医学科和耳鼻咽喉头颈外科）和 6 个市级研究所（天津市器官移植研究所、天津市急救医学研究所、天津市耳鼻喉研究所、天津市影像医学研究所、天津市血栓与止血研究所、天津市医院系统工程研究所），拥有卫生部危重病急救医学重点实验室和临床医学博士后工作站。现有卫生技术人员 2 500 余人。

天津市中西医结合医院南开医院 [Tiānjīn Shì Zhōngxīyī Jiéhé Yīyuàn Nánkāi Yīyuàn]

在南开区长江道6号。总占地面积约6万平方米，总建筑面积约12万平方米。医院于1947年始建，前身为中国人民解放军华北军区后方勤物部军需生产部天津职工医院，1957年更名天津市南开医院。1997年以天津市中西医结合医院为第一名称，天津市南开医院为第二名称，命今名。该医院是中国中西医结合外科和内镜外科的发源地，是以国家级重点学科、中西医结合临床为平台，以中西医结合急腹症防治和微创技术为特色，以中西医结合外科、中西医结合护理学、脾胃病科、胆胰疾病科、脑病科、急诊科、妇科等国家级重点专科建设项目群为支撑，以中西医结合全科为基础的研究型三级甲等综合医院。医院设有51个临床（医技、医辅）科室，编制床位1 100张。现有职工约1 200人，包括中国工程院院士、国医大师等专家。

天津医科大学朱宪彝纪念医院（代谢病医院） [Tiānjīn Yīkē Dàxué Zhūxiànyí Jìniàn Yīyuàn (Dàixièbìng Yīyuàn)]

在北辰区环瑞北路6号。占地面积约6.5万平方米，建筑面积约12万平方米。该医院又名天津代谢病防治中心，1998年在和平区同安道66号正式开诊，初名天津医科大学代谢病医院。2004年医院与1978年成立的天津市内分泌研究所合并，2019年迁今址，以防治内分泌与代谢性疾病为特色，为纪念我国内分泌学科创始人之一、天津医科大学和天津市内分泌研究所的缔造者朱宪彝教授，传承和弘扬朱宪彝教授大医精诚的精神，新增天津医科大学朱宪彝纪念医院为第一名称。该医院是一所集临床诊疗中心、科技研发中心、教学实训中心、疾病预防中心、健康管理中心为一体的，以代谢病为特色的综合性三级甲等大学医院，是全国首家以防治糖尿病及其并发症为主的现代化专科医院。核定床位1 200张。现有在岗职工800余人。

中国医学科学院血液病医院（中国医学科学院血液学研究所） [Zhōngguó Yīxué Kēxuéyuàn Xuèyèbìng Yīyuàn (Zhōngguó Yīxué Kēxuéyuàn Xuèyèxué Yánjiūsuǒ)]

在和平区南京路288号。占地面积约5万平方米，建筑面积约6万平方米。现址是昔日津门古刹海光寺遗址，1951年建驻华北军区后勤卫生部军医学院，1954年改为第十三军医学校，1957年改为中国人民解放军军事医学科学院输血及血液研究所和附属医院。1971年医院迁往四川简阳县，1982年迁回现址，更名为中国医学科学院血液学研究所、中国医学科学院海光医院，1987年改今名。该医院是全国唯一一所三级甲等血液病专科医院，也是我国目前最大的集医疗、科研、教学、产业于一体的国家级科研型血液病专业医疗机构，是国内血液病诊断和治疗的顶尖机构。医院设有贫血诊疗中心、白血病诊疗中心、血栓止血诊疗中心、干细胞移植中心、淋巴瘤诊疗中心、MDS诊疗中心、儿童血液病诊疗中心、综合诊疗中心、再生医学诊疗中心、血液病急救中心、重症医学诊疗中心、血液病理诊断中心和临床检测中心。目前共有床位795张。现有在岗职工1 300余人。

天津医科大学第二医院 [Tiānjīn Yīkē Dàxué Dì' èr Yīyuàn]

在河西区平江道23号。占地面积约8.6万平方米，总建筑面积约12万平方米。医院于1960年建成，名河北省医院，1966年迁石家庄。1972年建立天津医学院附属医院分院，1974年更名天津医学院第二附属医院，1994年更今名。该医院是集医疗、教学、科研、预防为一体的大型综合性三级甲等大学医院，是天津市区域医疗中心，设有54个临床医技科室，拥有天津市泌尿外科研究所、天津心脏病学研究所、天津市感染性疾病研究所、天津市眼眶病研究所4个市级研究所。泌尿外科是国家级重点学科。医院以泌尿肾脏学科群、心血管病学科群为引领，重点建设生殖与发育学科群、老年病学科群、重症感染性疾病学科群和医学影像学科群。现有职工约2 300人。

天津市天津医院 [Tiānjīn Shì Tiānjīn Yīyuàn]

设有河西院区和和平院区，分别位于天津医院原址（天津市河西区解放南路406号）和原天和医院原址（天津市和平区睦南道122号）。总建筑面积约16万平方米。1941年太平洋战争爆发后，北京协和医院被迫停办，张纪正、方先之，柯应夔、邓家栋、朱宪彝等原协和医院医师来到天津，筹办天和医院，寓意天津的协和，1942年正式开诊。1944年骨科先驱方先之创建天津骨科医院，1956年并入天津市立人民医院。1965年在天津医院现址上建立了新的骨科医院，开始命名为海河医院，后更名为反帝医院，于1972年最终命名为天津医院，是当时亚洲最大的骨科医院。1999年增名天津骨科医院。1956年天和医院与中纺医院、邮电医院、恩光医院合并，更名为天津市第一中心医院。1992年天津市第一中心医院迁往新址，其中一部分在原址复名为天和医院。2012年原天津医院与天和医院合并组建为新的天津医院，在保持两院原有学科优势、学科特色的基础上，实现优势互补，形成以骨科、创伤急救、血管外科、老年医学、康复医学等学科为特色，集医疗、教学、科研、康复、预防保健为一体，学科齐全的大型现代化三级甲等综合性医院和区域医疗中心。医院设有天津市创伤急救中心、关节外科中心和康复中心。河西院区开设住院部、门诊、急诊等学科，和平院区保留内、外、骨、内分泌、中医、老干部、心内科等门诊。开放床位2 533张。现有专业技术人才近2 000人。

天津市第三中心医院 [Tiānjīn Shì Dìsān Zhōngxīn Yīyuàn]

设有两个院区，分别位于河东区津塘路83号和河北区江都路220号。总占地面积约7.7万平方米，总建筑面积约10.4万平方米。医院于1957年成立，名天津市河东医院，1987年增名为天津第二医学院附属河东医院，1992年更今名，2001年增名天津市肝胆病院。2013年天津市第三医院划归第三中心医院管理，更名为天津市第三中心医院分院。该医院是一所集医、教、研、预、管为一体的三级甲等综合性医院，是天津市五大市级医学中心之一，天津医科大学临床学院、南开大学附属医院。医院设有临床和医技科室36个，拥有国家临床营养质控中心、国家临床重点专科（护理部），天津市重症医学、护理、临床营养三个质量控制中心。编制床位1 100张。现有职工约2 300人。

南开大学附属医院 [Nánkāi Dàxué Fùshǔ Yīyuàn]

在河西区微山路4号。占地面积约3.1万平方米，建筑面积约2.2万平方米。医院始建于1988年，初名天津市第四医院，2015年被南开大学接受为附属医院，2016年整建制并入南开大学更今名。该医院是一所以烧伤整形为特色，集医疗、教学、科研、预防为一体的综合性三级乙等医院，是天津市高等医学院校临床教学实习基地、天津医科大学烧伤外科研究生培训基地和国内较大的烧伤临床基地之一。烧伤整形学科为天津市重点学科，天津市烧伤研究所、天津市烧伤急救中心均设于此。医院设有重症烧伤科(BICU)、综合烧伤科、烧伤整形科、内科、糖尿病内分泌科、外科、骨科、脑系科、妇产科、儿科、中医科、皮肤科、口腔科、眼科、耳鼻喉科、心理科、消化科、疼痛科、麻醉科及药剂科、检验科、放射科、超声科、病理科等配套的医技科室，设病床315张。现有职工约550人，其中有医务人员约450人。

天津市安定医院 [Tiānjīn Shì Āndìng Yīyuàn]

在河西区柳林路13号。占地面积约4.1万平方米，建筑面积约7.9万平方米。医院前身为1950年创办的位于吴家窑大街38号的天津市精神病管治所，1958年更名天津市精神病防治院。1978年医院与立新医院(原为广济医院)合并，定名天津市精神病院，1989年更今名。2004年丁字沽立新医院筹备处并入天津市安定医院。2005年医院接收天津铁路分局天津结核防治疗养院，2006年增名天津市精神卫生中心，2009年迁今址。该医院是天津市卫生健康委直属的唯一一所三级甲等精神专科医疗机构，承担着全市精神卫生医疗、教学、科研、预防、康复、社会服务和对外学术交流等任务，是天津市规模最大、业务种类最全、学科发展最优的精神卫生专科医疗机构。医院主要诊治精神分裂症、心境障碍、器质性精神障碍、焦虑障碍、儿童青少年及老年期精神障碍、物质依赖、睡眠障碍等各类精神障碍患者，设有普通精神科、心境障碍科、成瘾医学科、中西医结合科、老年科、临床心理科、儿童青少年心理科、睡眠医学科、综合科、门急诊科、心理门诊、社区预防科、康复医学科、鉴定科等特色科室。编制床位1 220张，现有职工900余人。

天津市海河医院 [Tiānjīn Shì Hǎihé Yīyuàn]

在津南区双港镇津沽路890号。占地面积约13.5万平方米，建筑面积约7万平方米。1984年，医院名中铁十八局中心医院。2003年"非典"疫情爆发，因要担起保卫天津、保卫海河的历史使命，医院遂改名天津市海河医院；2004年与天津市肺科医院合并，沿用此名。该医院是天津市卫生健康委所属的一家以治疗呼吸系统疾病为主的集医疗、教学、科研为一体的大型三级甲等综合医院，是国家重点投资建设的现代化医院之一。医院设有临床科室27个，设置床位810张，开放床位610张。现有职工约900人。

天津市第五中心医院 [Tiānjīn Shì Dìwǔ Zhōngxīn Yīyuàn]

在滨海新区浙江路41号。占地面积约6.2万平方米，建筑面积约14.3万平方米。1928年日本人于沟沿街9号开设前岗医院，1945年抗战胜利后医院由政府接收，1946年更名塘大卫生院，院址在花园街，

1950年更名塘大医院，1952年启用塘沽医院，1962年迁至西半圆路南侧，1969年曾改名为塘沽卫生防治病院，1973年复名塘沽医院。1983年在西半圆路北侧新建门诊部，原址改为住院部，2004年更今名。2008年医院与北京大学合作共建，又名北京大学滨海医院。该医院是一所集医疗、教学、科研、预防保健、康复为一体的大型三级甲等综合医院，是天津市滨海新区人民政府和北京大学医学部合作共建医院，纳入北京大学附属医院管理体系，是北京大学医学部、天津医科大学、天津中医药大学教学医院。医院设有44个临床医技专业学科，儿科（儿科学）为天津市医学重点建设学科，外科（普通外科学）为天津市医学重点发展学科，早产儿器官发育表观遗传实验室为天津市重点实验室。医院编制床位1 000张。现有职工约1 600人。

泰达国际心血管病医院 [Tàidá Guójì Xīnxuèguǎnbìng Yīyuàn]

在滨海新区第三大街61号。占地面积约6.9万平方米，建筑面积约6.3万平方米。医院于2003年建成，因位于天津经济技术开发区和作为心血管专科医院，命今名。该医院系天津经济技术开发区投资兴建的、纳入中国医学科学院北京协和医学院管理体系的三级甲等心血管病专科医院和心血管研究所，是委省共建国家心血管病区域医疗中心、国家心血管疾病临床医学研究中心分中心建设单位、国家冠心病和心律失常介入诊疗培训基地、国家住院医师规范化培训基地、国家医院消毒供应中心实践基地、国家首批心血管病专科护理及技术培训示范基地、天津市心血管病临床医学研究中心、天津医科大学心血管病临床学院。医院设置病床500张，可开展从常规心血管手术到心脏移植在内的各类心血管外科手术和各类心血管内科介入手术。

天津市职业病防治院 [Tiānjīn Shì Zhíyèbìng Fángzhìyuàn]

在河东区新开路55号。占地面积约1.3万平方米，建筑面积约3.6万平方米。该医院于1949年建立，命名为天津市立第五医院，同年更名天津市立工人医院，1951年更名天津市抗美援朝救护委员会临时第一医院，复名天津市工人医院，1971年更名天津市河东区工人医院，1982年复名天津市工人医院，1995年扩建，1997年建成。1999年医院并入第一中心医院，更名天津市第一中心医院东院。2011年医院与天津市职业病防治院合并，更今名。该医院是天津市唯一从事职业病防治工作的专科医院，是专科与综合并重的三级医院，同时是卫生部指定的国家化学品中毒救治基地，内设有28个临床科室，5个医技科室，编制床位500张。现有职工近600人，专业技术人员500余人。

天津市蓟州区人民医院 [Tiānjīn Shì Jìzhōu Qū Rénmín Yīyuàn]

在蓟州区南环路18号。占地面积约11万平方米，建筑面积约11万平方米。医院于1949年始建，1950年更名蓟县卫生院，1956年更名蓟县医院，1966年更名蓟县人民医院，2016年改今名。该医院是一所集医疗、科教、康复、保健于一体的综合性国家三级甲等医院，设计床位1 000张，批准床位936张，开放床位800张。学科门类齐全、技术力量雄厚，以多学科综合优势和危急重救治能力享誉全区及周边地区。医院设临床科室和病区43个、医技科室21个、职能科室26个，有临床医师规范化培训基地 4 个，临床教学教研室 5 个；获得国家专利 30 项；市级科技成果 108 项；拥有国家级协作学科 1 个，天津市重点学科 1 个，区级重点学科 13 个。现有职工约 1 500 人，其中卫生技术人员约 1 400 人。

天津市宝坻区人民医院 [Tiānjīn Shì Bǎodǐ Qū Rénmín Yīyuàn]

在宝坻区广川路 8 号。占地面积约 9 万平方米，总建筑面积约 18 万平方米。1949 年建宝坻县卫生院，1959 年改名宝坻县人民医院，1969 年县医院与卫生科、防疫站、保健站合并，名卫生防疫院，1970 年复县医院，2001 年更今名。该医院是集医疗、教学、科研、预防、保健、康复为一体的三级甲等综合医院，为天津医科大学临床医院，是国家自然科学基金委员会依托单位、国家全科医师规范化培训基地和全国首批住院医师规范化培训基地。批准开放床位 1 400 张。医院设有临床学科 32 个，医技学科 16 个，职能处室 26 个，神经内科、心血管内科、呼吸与危重症医学科、肿瘤科、胸外科、眼科、手足外科、脊柱关节外科、泌尿外科、妇科、麻醉科、医学影像科、临床护理学为医院重点学科。现有职工约 1 300 人，其中卫生技术人员约 1 200 人。

武清区人民医院 [Wǔqīng Qū Rénmín Yīyuàn]

设有 2 个院区，分别位于武清区雍阳西道 100 号和雍阳西道 88 号（东院区）。总占地面积约 5.6 万平方米，总建筑面积约 6 万平方米。医院于 1949 年始建，原址在武清城关，名武清县卫生院。1951 年医院迁至杨村九街，1973 年迁址杨村机场道北侧，1988 年迁现址，2000 年撤县设区，更今名。该医院是一所集医疗、科研、教学与急救为一体的综合性三级乙等医院，是天津医学高等专科学校的临床教学医院和天津市南开医院协作医院，是全区医疗诊治和医学科研中心。医院现有门急诊楼、住院楼、科教楼，拥有床位 670 张，设有临床科室 33 个、医技科室 16 个、病区 20 个。现有职工约 1 500 人。

武清区中医医院 [Wǔqīng Qū Zhōngyī Yīyuàn]

在武清区机场道 10 号。占地面积约 4 万平方米，建筑面积约 6.8 万平方米。1988 年建天津市武清县中医医院，2000 年撤县设区，更今名。该医院是一所集医疗、教学、科研、预防、康复、保健于一体的创新型三级甲等中医医院，也是一所具有中医特色的综合性医疗单位，运用中西医相结合的办法开展防病、治病工作。医院设有一级临床科室 18 个，医技科室 8 个，开放床位 680 张。现有职工约 1 200 人。

北辰区中医医院 [Běichén Qū Zhōngyī Yīyuàn]

在北辰区京津路 436 号。占地面积约 1.5 万平方米，建筑面积约 4 万平方米。1989 年建北郊区中医医院，1992 年更名北辰区中医医院，1996 年命今名，2008 年被天津中医药大学批准为附属医院。该医院是一所以中医特色为主、中西医结合的三级甲等综合性中医医院，由中医传统诊疗部、门诊部、急救中心、住院部、脑病住院部、南院行政楼、北院行政楼组成，开放床位 550 张，设有临床科室 27 个，医技科室 12 个。其中针灸科为国家中医药管理局重点专科，脑病科、心病科、骨伤科、妇科、护理部为天津市级中医重点专科。现有职工 800 余人，其中卫生专业技术人员近 700 人。

中国人民解放军联勤保障部队第九八三医院 [Zhōngguó Rénmín Jiěfàngjūn Liánqín Bǎozhàng Bùduì Dì 983 Yīyuàn]

设有主院区和和平院区，分别位于河北区黄纬路60号和和平区多伦道185号。主院区占地面积约20万平方米，和平院区占地约5万平方米。医院由解放军医院统一命名。2018年原解放军二五四医院与原解放军二七二医院，合并组建为解放军联勤保障部队第九八三医院。主院区原二五四医院原为北洋政府末任总统曹锟的私家花园。1938年侵华日军在此建立第153兵站医院。1945年抗战胜利后，国民党接收并更名为国民党联勤总部天津陆军总医院。1949年解放天津时，我军在此成立华北军区卫生部天津陆军总医院。1950年医院转隶第一军医大学，改名为第一军医大学临床学院。1954年随着全军编制体制调整，命名为第二五四医院。2016年转隶郑州联勤保障中心领导管理。主院区整体呈现为花园式院区，按照功能划分为办公区、医疗区、休闲区和生活区，办公区内分布有机关楼、战备楼和勤务汽车队，医疗区内分布有新住院楼、门诊楼、老住院楼和药学楼，休闲区内有紧接相连的双湖花园和曹锟花园，生活区分东西两院，分别为东院经济适用房区和西院公寓房区。九八三医院是一所集医疗、教学、科研、预防、保健和康复于一体的军队三级甲等综合医院，拥有2个全军中心（冠心病介入治疗中心、计划生育优生优育技术中心）、4个原军区中心（泌尿外科研究诊疗中心、妇产科研究诊疗中心、胃病诊疗中心、骨科微创诊疗中心），现为南开大学医学院、天津中医药大学硕士授权点，陆军军医大学、白求恩医务士官学校、南开大学医学院临床教学医院，是国家临床药物试验机构、全国合理用药监测系统重点监测医院、全军临床药理基地、解放军天津血站。医院设有75个科室，床位1260张。现有职工约2 000人。

天津市第四中心医院 [Tiānjīn Shì Dìsì Zhōngxīn Yīyuàn]

在河北区中山路1号。占地面积约4.4万平方米，建筑面积约4.6万平方米。医院因在天津市的医院中排序第四而得名，1930年成立，原为天津铁路中心医院，1999年命今名。主体建筑为混合结构四层门诊楼1幢，三至四层住院部楼4幢。该医院是一所集医疗、教学、科研、预防、保健、康复、心身为一体的综合性三级甲等医院，2001年被定为天津市“北部区域医疗中心”，2018年被国家卫健委公布为首批肿瘤多学科诊疗试点医院，拥有临床及医技科室47个，其中心血管内科、神经内科、骨科、耳鼻咽喉头颈外科、精神医学科为医院重点学科。现有职工约1 500人。

天津中医药大学第二附属医院 [Tiānjīn Zhōngyīyào Dàxué Dì'èr Fùshǔ Yīyuàn]

在河北区增产道69号。占地面积约7.6万平方米，总建筑面积15.9万平方米。医院始建于1958年，1964年建成投入使用，名天津中医学院附属医院，“文革”期间改名河北区王串场中医医院，1980年改称天津中医学院第二附属医院，2006年天津中医学院改名为天津中医药大学，遂更今名。原址为河北区王串场真理道816号。医院编制床位1 500张，有临床科室33个，医技科室7个，在中西医结合防治心脑血管疾病、呼吸病、妇科疾病、疮疡、治未病、儿科疾患及中药疗效评价领域居国内领先水平。医院已发展成为集医疗、教学、科研、预防、康复于一体的三级甲等综合性中医院，为天津市三个中医医疗中心之一，天津市九个区域医疗中心之一，全国百姓放心示范医院。现有职工近千人。

宁河区医院 [Nínghé Qū Yīyuàn]

在宁河区芦台街道沿河路 23 号。占地面积约 4 万平方米，总建筑面积约 5.6 万平方米。医院于 1950 年始建，原名宁河县卫生院，原址在芦台镇中街。1971 年医院与防疫站分家，更名宁河县医院，2015 年更今名。该医院是一所集医疗、保健、教学、科研于一体的三级综合性医院，有 6 栋主要建筑，门诊楼、内科住院楼、外科住院楼、营养食堂、感染疾病科病房、职工宿舍。医院设开放病床 550 张，设置临床科室 28 个，医技科室 6 个，职能科室 24 个，重点科室 6 个。现有职工千余人。

静海区医院 [Jìnghǎi Qū Yīyuàn]

在静海区静海镇胜利南路 14 号。占地面积约 5.8 万平方米，建筑面积约 9.5 万平方米。前身是静海县人民政府大众诊所。始建于 1948 年，1950 年建成，初名静海县人民政府卫生院，1956 年改名静海县医院。1966 年县直卫生系统实行"六合一"，即县卫生科、县医院、县防疫站、计划生育办公室、妇幼保健站、卫生协会联合办公，当时称为静海县人民卫生防治院。1969 年"六合一"分置，静海县医院独立，2015 年更今名。该医院是集医疗、教学、科研、保健、康复、社区服务为一体的天津西南地区唯一一所综合性三级甲等公立医院，有门诊楼（含行政办公）、急诊及脑系内科住院楼、内科住院楼、外科综合楼、后勤附属楼（供水、供电、医疗垃圾处置）各 1 幢。医院设临床科室 35 个，医技科室 14 个，编制床位 700 张，开放床位 800 张。现有职工千余人。

科　研

天津水利电力机电研究所 [Tiānjīn Shuǐlì Diànlì Jīdiàn Yánjiūsuǒ]

在蓟州区兴华大街 19 号。东至光明路，西至兴华购物街，南至佳城公寓，北至兴华大街。研究所于 1979 年建成，曾先后隶属水利电力部、电力工业部、能源部、水利部。2002 年根据国家科研机构管理体制改革的要求，与北京中水科工程总公司科禹泵制造厂进行实质性重组后，机电研究所成建制并入中国水利水电科学研究院，并在天津注册成立全民所有制企业。研究所设有地质勘查和水利管理业务，主要从事水利、水电、电力行业机电技术和流体机械技术的研究，电力行业工程设计，机电设备成套和工程、计算机软件开发及维护，国家法律法规允许经营的进出口业务，普通货运等。在电力系统输变电及电网安全、电站自动化装置及控制系统、高效特种泵方面已形成本所特有的核心技术。开发生产的产品销售额连续多年大幅度上升，不仅在国内得到了广泛应用，部分产品已进入国际市场。

中国科学院化学研究所天津研究院 [Zhōngguó Kēxuéyuàn Huàxué Yánjiūsuǒ Tiānjīn Yánjiūyuàn]

在武清区西北部，大王古庄镇京滨工业园古达路 15 号。东至天津永乐华航有限公司，西至古达路，南至益元道，北至轩元道。1953 年中国科学院决定在北京筹建综合性的化学研究所，1955 年化学所实验大楼落成，1956 年化学所成立，2012 年化学所与天津市武清区合作，2013 年化学所天津研究所（武清基地）建立，2015 年四方验收后物业接管园区管理。项目占地面积约 4 万平方米，建筑面积约 3 万平方米。研究院有研究科研楼 1 栋，中试车间厂房 10 栋及配套基础设施。主体建筑为 1 幢 5 层办公楼。单位下设 9 个部门，有在职人员约 60 人。研究院以先进材料的研发、工程化中试以及重大科研成果的转移转化为主，重点发展耐超高温、耐超低温、耐辐射、耐空间环境等极端环境的先进高分子材料；开展职能温控相变材料、特种纳米复合材料、纳米能源材料、特种高强高模纤维以及可再生材料等。

天津水泥工业设计研究院有限公司 [Tiānjīn Shuǐní Gōngyè Shèjì Yánjiūyuàn Yǒuxiàn Gōngsī]

在北辰区中部，引河里北道 1 号。东至引河里，西至天津市三和热力有限公司，南至仕名公寓，北至引河里北道。其设计产品闻名全国。前身为天津水泥工业设计研究院，1953 年建，是中国最早建立的主要大型国家骨干工业设计院之一，属于中国建材行业中实力最雄厚的甲级设计院。2000 年改制成为中央直属科技型企业。2005 年与中国材料工业科工集团进行战略性重组，并入中国材料工业科工集团。2007 年重组改制，更今名。该企业目前已经发展成为一家国际化工程公司，主要从事建材行业、电力行业工程咨询和环境工程、冶炼机电工程、防腐保温工程，为企业提供劳务服务，承包各类境外工程及境内国际招标工程，对外派遣实施上述境外工程所需的劳务人员、境外工程所需的设备、材料出口等。

天津福云天翼科技有限公司 [Tiānjīn Fúyúntiānyì Kējì Yǒuxiàn Gōngsī]

在北辰区东南部，景明路 9 号。东至景明路，西至汉森风电动力设备（中国）有限公司，南至华实道，北至沃德（天津）传动有限公司。公司于 2010 年建成，前身是 2001 年成立的哈尔滨工业大学电液伺服仿真及试验系统研究所。公司占地约 3 万平方米，建筑面积 24 000 多平方米，是哈尔滨工业大学电液伺服仿真及试验系统研究所投资近亿元建立的、专业从事以电液伺服系统为驱动的大型力学环境试验装备、仿真试验设备和电液伺服核心部件的研发、生产及技术服务的高科技实体。企业主要从事机械设备、液压设备、电气设备、电子设备及其零部件的技术开发、设计、制造、销售、安装、调试以及相关的技术咨询服务，仪器仪表批发兼零售，机电一体化技术开发、咨询、服务，国家法律法规允许经营的进出口等业务。

中国汽车工业工程有限公司 [Zhōngguó Qìchē Gōngyè Gōngchéng Yǒuxiàn Gōngsī]

在南开区长江道 591 号。东至青川路，西至天津市全兴汽车装饰工贸公司，南至晴川花园，北至长江道。公司于 2005 年建成，由原机械工业第四设计研究院和机械工业第五设计研究院合并重组而成，隶属于中央大型企业集团——世界 500 强的中国机械工业集团有限公司。企业现有国家颁发的工程勘察、设计、咨询、制造、监理、环评等甲级资质证书 26 项，是国内综合实力最强的大型机械工业设计院和中国机械行业规模最大、拥有甲级资质最多的工程公司之一。企业秉承“业务相关多元化，业务单位专业化”的发展战略。核心业务有工程咨询、设计，工程总承包，装备制造及研发，新兴产业，工程勘察、监理，海外业务等，同时涉及制造业。主要从事汽车工业生产。

国家海洋技术中心 [Guójiā Hǎiyáng Jìshù Zhōngxīn]

在南开区黄河道与咸阳路交叉口。东至咸阳路，西至红日路，南至黄河道，北至咸阳路 58 号内。1965 年建国家海洋局海洋仪器研究所，是隶属于国家海洋局的公益性事业单位，1983 年更名为“国家海洋局海洋技术研究院”，2001 年更今名。项目占地面积约 16 772.6 平方米，建筑面积约 33 517 平方米。单位设有科学研究、技术服务和地质勘查业，主要负责对全国海洋技术发展实施业务指导，为国家海洋自然资源管理、海洋公益服务及海洋安全保障提供技术支撑，开展我国海洋领域基础性、前沿性和关键共性技术创新。主要业务方向包括国家全球海洋立体观测网规划与设计、国家海洋观测网建设运行业务保障、海洋空间规划与功能区划研究与编制等。有业务部门 5 个、科研部门 5 个及开发部门 3 个。现有科技人员约 350 名。

天津复印技术研究所 [Tiānjīn Fùyìn Jìshù Yánjiūsuǒ]

在红桥区昌图道 7 号。东至丁字沽一号路，西至千里堤，南至昌图道，北至红桥区一号路综合批发市场。研究所于 1965 年建成，1966 年在中国科学技术情报研究所的基础上由北京迁此，定名中华人民共和国科学技术委员会复印研究所，隶属国家科委。1970 年单位下放，更名天津市复印研究所，1978 年复归国家科委，易名国家科委天津复印技术研究所，1982 年改属机械工业部，更今名。项目占地约 5 万平方米，建筑面积约 2.6 万平方米。职工人数约 360 人。该院以复印机及复印材料的研制和复印技术理论研究为主要任务，涉及机、光、电、磁、计算机、物理、化学、半导体等专业，同时承担全国复印行业专业归口任务，并建立国家复印机质量监督检验测试中心，统管复印行业产品质量监督检测工作。

中华全国供销合作总社天津再生资源研究所 [Zhōnghuá Quánguó Gōngxiāo Hézuòzǒngshè Tiānjīn Zàishēng Zīyuán Yánjiūsuǒ]

在南开区红旗南路 247 号。东至天津华润万家生活超市有限公司红旗路分公司，西至红旗南路，南至天津华润万家生活超市有限公司红旗路分公司，北至天津南开仁山医院。研究所于 1978 年建成，占地面积约 785.5 平方米，建筑面积约 2 802.2 平方米。院内还有《再生资源与循环经济》杂志社、中国再生资源回收利用协会专家委员会。

研究所设有公共管理和社会组织，主要从事再生资源研究，系中华全国供销合作总社直属事业单位，重点开展再生资源国家战略、技术规范、行业标准、技术咨询、鉴定培训、国际合作及技术创新和产业孵化工作，是再生资源生态、高效、高值利用的国家级专业研究机构。

中国航天科工集团八三五八研究所 [Zhōngguó Hángtiān Kēgōng Jítuán 8358 Yánjiūsuǒ]

在南开区航天道北侧。东至科研西路，西至津河，南至航天道，北至天津市制造业信息化生产力促进中心。占地面积约 33 366.2 平方米，建筑面积约 28 094.4 平方米。研究所主要开展科学研究、技术服务和地质勘查，是国内最早从事红外与激光技术工程应用研究与产品研发、生产的单位之一，1983 年被原航天工业部确定为红外与激光技术中心研究所，是国防光电制导与探测技术领域的核心所、骨干所。

中国船舶工业总公司七零七研究所 [Zhōngguó Chuánbó Gōngyè Zǒnggōngsī 707 Yánjiūsuǒ]

在红桥区丁字沽三号路 24 号。东至福源楼，西至咸阳北路，南至丁字沽三号路，北至丁字沽一号路。研究所于 1961 年建成，1962 年更名为“总字九一三部队”，1966—1982 年体制变动，1968 年规划为国防科工委，1975 年划归第六机械工业部后，更今名。占地面积约 116 670 平方米。职工人数约 1 600 人，其中具有高级职称的有 400 多人，拥有初级职称的有 200 多人，技术工 460 多人。该所除完成军品任务外，还为本市及全国 23 个省市共完成了 255 项民品研究生产任务，涉及科学研究、技术服务和地质勘查。

农业部环境保护科研监测所 [Nóngyèbù Huánjìng Bǎohù Kēyán Jiāncèsuǒ]

在南开区长实道北侧。东至天津市教育科学研究院，西至红医里，南至长实道，北至丹颐园。监测所于 1979 年经国务院批准成立，为农业部直属，1997 年划归中国农业科学院，命今名。占地面积约 33 560 平方米，建筑面积约 13 234.1 平方米。监测所设有水利、环境和公共设施管理业务，主要从事环境保护科研监测工作。

国家海洋局海水淡化与综合利用研究所 [Guójiā Hǎiyángjú Hǎishuǐdànhuà Yǔ Zōnghélìyòng Yánjiūsuǒ]

在南开区科研西路 1 号。东至龙兴里，西至科研西路，南至龙兴里，北至航海道。研究所于 1984 年经国务院批准成立，为我国唯一专门从事海水利用公益技术、共性技术、产业化关键技术和发展战略研究的国家级公益类非营利性科研机构。占地面积约 22 513.9 平方米，建筑面积约 25 566.5 平方米。研究所设有科学研究、技术服务和地质勘查业务，主要从事海水淡化与综合利用研究。

中国医学科学院放射医学研究所 [Zhōngguó Yīxué Kēxuéyuàn Fàngshè Yīxué Yánjiūsuǒ]

在南开区白堤路西侧。东至白堤路，西至科研东路，南至大学道，北至中国医学科学院生物医学工程研究所。该研究所于 1959 年在北京成立，是我国卫生系统最早从事放射医学与核医学研究的专业机构，1969 年迁四川简阳，1984 年迁天津，命今名。占地面积约 18 934.3 平方米，建筑面积约 15 327.4 平方米。职工人数近 300 人。主要研究内容涵盖核事故等应急事件的生物基础、防护与救治研究、辐射损伤生物效应研究、辐射危险评价、天然与合成的辐射防护药物和肿瘤放射治疗增敏药物、显像及靶向导向诊断和治疗技术为主的分子核医学研究、体外荧光免疫及放射诊断方法研究、多肽靶向药物等新药筛选及药理学研究等重点研究领域。

中国医学科学院生物医学工程研究所 [Zhōngguó Yīxué Kēxuéyuàn Shēngwù Yīxué Gōngchéng Yánjiūsuǒ]

在南开区白堤路与科研东路交会处西南侧。东至白堤路，西至科研东路，南至汇高花园酒店，北至科研东路。前身为中国医学科学院医疗仪器研究所，1960 年成立于北京，1978 年更今名。占地面积约 2 万平方米，科研办公楼建筑面积约 1.6 万平方米。该研究所是国家级社会公益类研究所，直属于国家卫生健康委员会。职工人数约 200 人。研究所设有科学研究、技术服务等业务，主要从事医学科学院生物医学工程和电子学研究两大领域。

内燃机燃烧学国家重点实验室 [Nèiránjī Ránshāoxué Guójiā Zhòngdiǎn Shíyànshì]

在南开区南丰路与湖滨道交会处。东至南丰路，西至国家工业结晶工程技术研究中心，南至湖滨道，北至天大四季村。实验室依托于天津大学，于 1986 年经国家计委批准开始建设，1989 年建成并对外开放。占地面积约 28 001.4 平方米，建筑面积约 20 638.4 平方米。研究所设有科学研究、技术服务等业务，主要从事科学研究与技术服务，是我国内燃机学科唯一的国家重点实验室。

天津市建筑科学研究院有限公司 [Tiānjīn Shì Jiànzhù Kēxué Yánjiūyuàn Yǒuxiàn Gōngsī]

在南开区兴泰路西侧。东至兴泰路，西至白堤东里，南至白堤东里，北至兴泰西里。公司于 1956 年建成，1977 年改名天津市建筑科学研究所，1985 年改名天津市建筑科技设计研究院，1989 年分设为天津市建筑科学研究所和天津市建工局设计院，2000 年由事业单位转制为国有科技型企业，2001 年更今名。占地面积约 17 277.4 平方米，建筑面积约 7 773.6 平方米。该公司是天津建筑工程行业内唯一包含科研、开发、检测、监理、设计、司法鉴定、生产和销售的综合性机构，现拥有国有控股及参股企业 7 家，资产总数 1.32 亿，员工近 200 人。多年来通过鉴定的科研项目有 252 项，其中 9 项成果获全国科技大会奖，75 项成果获市级科技进步奖，授权专利 5 项，新申报 4 项，并广泛应用于天津地区和国内各省区市的重要建设项目。

天津药物研究院有限公司 [Tiānjīn Yàowù Yánjiūyuàn Yǒuxiàn Gōngsī]

在南开区鞍山西道与玉泉里交会处。东至玉泉里，西至天津市高级人民法院，南至鞍山西道，北至云松里。公司于 1959 年建成，原是国家食品药品监督管理局直属的全国综合性医药科研单位之一。2000 年命名为天津药物研究院，2014 年命今名。占地面积约 12 995.2 平方米，建筑面积约 21 340.6 平方米。公司涉及科学研究、技术服务等业务，主要开展对重大疾病防治的创新药物发展研究；各类新药品种的开发研究，重大新药品种生产工艺的技术创新研究；新产品、新技术的产业化研究，提供新药研制相关的安全性评价、质量控制、医药信息等方面的技术开发与服务。另设分院在滨海新区滨海科技园惠仁道306号。

应急管理部天津消防研究所 [Yìngjíguánlǐbù Tiānjīn Xiāofáng Yánjiūsuǒ]

在南开区卫津南路110号。东至卫津南路，西至钻石山小区，南至卫宁大厦，北至奥体道。前身为天津市公安局消防科技室，1965年成立"公安部天津消防科学研究所"。该研究所是中华人民共和国应急管理部直属的综合性消防研究机构。1966年研究所从天津市和平区鞍山道4号搬入和平区河北路35号，1970年定名为天津市消防研究所，1972年更回原名。1994年成立公安部消防局火灾原因技术鉴定中心，2003年更名为公安部天津消防研究所，2018年更今名。占地面积约24 000平方米，建筑面积约20 000平方米。研究领域包括建筑防火技术研究、工程消防应用技术研究、火灾科学研究、火灾原因分析鉴定与相关技术研究、消防标准化技术研究、消防检测技术研究和消防科学技术研究等。

中国航天科工集团八三五七研究所 [Zhōngguó Hángtiān Kēgōng Jítuán 8357 Yánjiūsuǒ]

在南开区航天道北侧。东至科研西路，西至津河，南至航天道，北至天津市制造业信息化生产力促进中心。研究所于1966年建成。占地面积约33 366.2平方米，建筑面积约28 094.4平方米。该研究所设有科学研究、技术服务等业务，在工业控制计算机硬件、计算机软件、自动化工程、机电一体化设备、防雷技术、计算机网络工程等方面均有很强的技术实力，先后获国家及部级成果奖101项，连续三年获航空航天工业部具有重大贡献的研究所称号。

铁道第三勘察设计院集团有限公司 [Tiědào Dìsān Kānchá Shèjìyuàn Jítuán Yǒuxiàn Gōngsī]

在河北区中山路东北段北侧。东至调纬路，西至吕纬路，南至中山路，北至三马路。1938年建津浦铁路办公楼，1953年建华北设计分局，1956年撤销原建制，改名铁道部第三设计院，1968年更名交通部第三铁路设计院，1978年改今名。该公司是国家级科研院所。占地面积约13 262平方米，建筑面积约18 700平方米。主体建筑为混凝土框架结构"丁"字形六层办公楼。公司隶属中华人民共和国铁道部，设办公室、统计、技术等职能部门及线路、摊路、工程、桥隧、设计处，主要承担铁路线路、桥梁、隧道、工程经济、工程地质、水文地质、铁路站场、工业民用建筑、暖通、给排水、识保与环评、机械、电力、通信、铁道电气化等31个专业的勘测设计和管理。

河北省水利水电勘测设计研究院 [Héběi Shěng Shuǐlì Shuǐdiàn Kāncè Shèjì Yánjiūyuàn]

在河北区金钟河大街238号。东至增光里，西至金钟河大街，南至天津铁道职业技术学院，北至民权门北蔬装饰城。1956年建立，名河北省水利厅勘测设计院，1958年随省会迁津。1973—1979年曾名河北省根治海河指挥部勘测设计院，1980年复名，1986年改名河北省水利水电勘测设计院，1994年更今名。该研究院是国家级科研院所。占地面积约8 968平方米，建筑面积约10 000平方米。主体建筑为混合结构矩形三至四层办公楼。研究院隶属河北省水利厅，现有职工约千人。该院设有办公室、财务、计划经营、生产生活服务中心，以及文印室、档案室、勘察总队等多个处室。设有以水利水电勘测设计为主体的勘探、地质、施工监理计算机应用等专业；承担大中型民用建筑、市政交通等工程勘察设计的任务。研究院完成了海河、滦河流域规划和 20 多座大型水库的新建、扩建及 1 000 余项中小型水利、水电工程建设，另有国外的水渠、水库工程的勘测设计和施工监理，为祖国赢得了荣誉。建院以来，共有 146 项勘测设计和科研项目获得国家、省、部和厅级奖励。

中国电子科技集团公司第 46 研究所

[Zhōngguó Diànzǐ Kējì Jítuán Gōngsī Dì 46 Yánjiūsuǒ]

在河西区东南部，洞庭路 26 号。1958 年建 601 试验所，1960 年改名 703 厂，1975 年又改名四机部 1446 研究所，1988 年更今名。1989 年在南开区红旗路高新技术产业园区开设二部和电子材料质量监督检测中心。占地面积约 93 332.4 平方米，建筑面积约 50 620 平方米。主体建筑为 3 层砖木结构办公楼，东、西两侧各有 1 幢 2 层建筑，呈品字形。该研究所是我国机械电子工业部早期唯一的电子材料研究所，且是首批制出硅单晶、光导预制件的单位之一。单位有干部职工约 820 人，其中工程技术干部约 400 人。下属 10 个研究室、1 个车间，主要承接军民电子材料研制和批量生产任务，设有直片硅晶护区熔单晶炉、高压单晶炉和切、磨、抛等制片加工设备，具有光导预制件到拉丝成缆和承包小工程的光通信能力，涉及科学研究和技术服务业务。

中水北方勘测设计研究有限责任公司

[Zhōngshuǐ Běifāng Kāncè Shèjì Yánjiū Yǒuxiàn Zérèn Gōngsī]

在津南区洞庭路 60 号。前身是水利部天津水利水电勘测设计研究院，1954 年成立，1979 年落户天津，2003 年由事业单位整体改制，2008 年成立现公司，并逐渐发展成为全国百强设计单位、全国水利优秀企业、全国水利水电勘测设计行业信用最高等级 AAA+ 单位、国家高新技术企业，在国内外享有盛誉。公司主要从事工程设计、测绘，环境保护，土木工程建筑，线路管道、设备安装，地质勘查，水利管理等方面的业务。承包与其实力、规模、业绩相适应的国外工程项目，对外派遣实施上述境外工程所需的劳务人员。此外还有自然科学研究与试验发展，工程和技术研究与试验发展，水利水电工程、建筑工程技术检测、技术推广服务，工程总承包等。

中交第一航务工程勘察设计院

[Zhōngjiāo Dìyī Hángwù Gōngchéng Kānchá Shèjìyuàn]

在河西区大沽南路 1002 号。东至曲江道，西至微山路，南至河西区第十幼儿园教学楼，北至大沽南路。1958 年交通部渤海区工程处设计室成立；1959 年扩建，迁河西区台儿庄路 63 号，更名河北省交通厅航务工程局设计处；1961 年更名交通部航务工程局设计处；1964 年扩建为交通部第一水运工程设计院；1969 年更名为交通部第一航务工程局设计研究院，迁现址；1978 年用现名；1979 年更名交通部第一航务工程局勘察设计院；1981 年改今名。占地面积约 22 858 平方米，建筑面积约 30 430 平方米。该院有职工近 600 人，设有港口总体、水文气象、地貌泥沙、水工结构、机械工艺等30多个专业，主要承担国内外港口、航道、锚地、海上灯塔、人工岛、通航建筑物、口岸设施、修造船厂、水上交通管制设施、海岸景观、河道整治、核电站、电厂等项目及配套设施的勘察、规划、咨询、预可行性研究、工程可行性研究、初步设计、施工图设计、勘察监理、设计监理、施工监理、施工及设备采购招标技术规格书编制、计算机网络系统集成、建筑智能化设计、设备采购安装调试和工程项目总承包等项业务。

中交天津港湾工程研究院有限公司 [Zhōngjiāo Tiānjīn Gǎngwān Gōngchéng Yánjiūyuàn Yǒuxiàn Gōngsī]

在河西区大沽南路1002号。公司于1959年始建，2008年建成，是紧密结合港口、海岸、海洋及其他土木工程实践，集科研、勘察、设计、监测、检测、评估、咨询、施工于一体的综合性研究院。公司设有科学研究和技术服务业，主要从事地基基础工程施工、实验研究，近海工程水工模型实验研究，港口工程施工技术及设备仪器的实验研究，电子自动化、基础工程施工工艺的开发与研究及上述项目的技术开发、技术服务和技术咨询，工程勘察，水工建筑物、建筑材料、钢结构防腐蚀的技术开发与研究，港口工程、工业民用工程、水利工程、交通工程检测和评估等业务。

交通运输部天津水运工程科学研究所 [Jiāotōngyùnshū Bù Tiānjīn Shuǐyùn Gōngchéng Kēxué Yánjiūsuǒ]

在滨海新区塘沽新港二号路2618号。前身为1957年成立的天津港回淤研究站和1965年成立的西南水利水运科学研究所。两研究所于1974年合并，成立交通部天津水运工程科学研究所，简称“天科所”。研究所于1982年成为驻津单位，2010年改用今名。占地面积约210 000平方米，建筑面积约100 000平方米。该所拥有各种大型试验厅14座，试验室数十座。试验厅（室）内配备有各种试验用大、中型现代化仪器设备，涉及科学服务和地质勘查业，具有中国工程咨询协会颁发的工程咨询甲级资质，国家环保局颁发的环境影响评价甲级证书等资质，设有港口航道泥沙等交通部重点研究专业，运用原体观测、动态仿真技术等手段，从事海岸河口、海上建筑物等方面的基础理论研究及水运工程建设项目技术服务、技术、咨询等工作。

国家超级计算天津中心 [Guójiā Chāojí Jìsuàn Tiānjīn Zhōngxīn]

在滨海新区经济技术开发区第六大街与北海路交口滨海外包产业园5号楼。该中心是由科技部2009年批准成立的首家国家级超级计算中心，部署有2010年11月世界超级计算机TOP500排名第一的“天河一号”超级计算机，构建有超算中心、云计算中心、电子政务中心和大数据研发环境，是我国目前应用范围最广、研发能力最强的超级计算中心，为全国的科研院所、大学、重点企业提供了广泛的高性能计算、云计算、大数据等高端信息技术服务。天津市已将超级计算应用推广工作纳入“十二五”发展规划，滨海新区将以应用需求为牵引，立足天津，面向全国，按照“高科技公共服务、信息产业发展、信息专业人才聚集培养”三位一体的思路建设国家超级技术天津中心，为提高国家科技创新能力、促进战略新型产业技术创新提供强大的高性能计算支撑。

文　体

天津杨柳青博物馆 [Tiānjīn Yángliǔqīng Bówùguǎn]

在西青区杨柳青镇估衣街47号。东至明清一条街，西至御河人家，南至御河道，北至安家大院。博物馆前身为“石家大院”。清光绪元年（1875年）年始建，是清朝中末期天津“八大家”之一的石元士宅第。1948年杨柳青解放，1952年天津地委从此迁出，1991年命今名，2005年确定公布为天津市特殊保护等级历史风貌建筑，2006年被国务院公布为第六批全国重点文物保护单位，且被国家旅游局评定为AAAA级旅游景点。占地面积约7 500平方米，建筑面积约3 552平方米。主体建筑为典型的北方四合院，共有18个院落，278间房屋。博物馆现设群工组、陈列组、安保组、后勤组。主要职能为地方综合性博物馆，通过征集收藏文物、举办陈列展览（开设了戏楼、佛堂、花厅、书房等石府复原陈列和杨柳青婚俗、商俗、砖雕艺术等陈列展览）宣传古代建筑文化及地方民俗文化。

天津奥林匹克中心体育场 [Tiānjīn Àolínpǐkè Zhōngxīn Tǐyùchǎng]

在南开区卫津南路90号。项目于2003年动工兴建。占地约8万平方米，建筑面积约15.8万平方米，功能齐全，设施先进。主体结构南北长407.3米，东西宽284.6米，标高53米，设有主席台座位518个，记者席座位272个，观众席座位6万个。该馆是一座不规则的椭圆形建筑，状如水滴，以金属和玻璃为主要材料制成的明亮夺目的银色外结构线条流畅，使场馆有着水滴一般的晶莹感。场馆临水而建、依水而起，四面被一汪碧水包围，远远望去，就像在水中溅起的一颗水珠。该馆是第29届奥运会足球预选赛场馆之一。目前为中国足球超级联赛中的天津津门虎足球俱乐部的主场。场馆既可满足国际足球和田径比赛要求，而且设有卖场、展馆、会议厅、健身房等辅助设施，是融群众休闲、娱乐、健身、购物为一体的综合性体育场。

天津电视塔 [Tiānjīn Diànshìtǎ]

在河西区体院北卫津南路与紫金山路交会处。东连卫津河，西靠水上公园，南接体院北住宅区，北邻八里台立交桥。项目于1988年始建，1991年建成。占地面积约35万平方米，建筑面积约4 500平方米。塔主体建筑面积为约8 774平方米，分为上下两部分，塔座二层3 120平方米，地下室1 200平方米；碟式塔楼建在离地面275米处，共7层，面积4 454平方米。塔高415.2米，钢筋混凝土结构，目前为世界第十、亚洲第七高塔。电视塔由塔基、塔座、塔身、塔楼和桅杆 5 部分组成。塔座直径 55 米。塔楼为飞碟式造型，共 7 层。第 2 层为瞭望厅，设高倍望远镜及多种游乐设施。第 3 层为旋转餐厅，周旋一周约 60 分钟。桅杆为一体化玻璃钢结构天线。可发射 7 套电视节目和 9 套调频立体声广播节目，最大覆盖半径 55~80 千米。电视塔被 20 万平方米的湖面环绕，波光塔影，相映成趣，有“天塔旋云”之称，为天津市十大景观之一。天津广播电视塔的建成提高了人民群众广播和电视收听收看质量，扩大了天津广播电视覆盖范围。

世纪钟广场 [Shìjìzhōng Guǎngchǎng]

在河北区南部。广场北依天津站，西临意式风情区，东侧和南侧紧靠海河，位于海河东路与三经路交口北侧圆形环岛区域。东至海河，西至建国道，南至自由道，北至天津站。广场占地面积约 6 000 平方米，在 2000 年即“世纪交替，千年更迭”之际，为迎接新世纪在天津站前广场建成大型标志性城雕建筑。东南方向在印度红花岗岩石上镌刻“世纪钟”字样，西北部有世纪钟碑。该钟为全金属材质，分钟盘、摆架和基座三部分。钟表盘周围采用黄道 12 星座的浮雕，钟盘侧面有巨大的钟摆造型，内环为透明亚克利盘芯，内嵌罗马数字及“天津”“2000”字样，外挂不锈钢欧式风格指针。上顶“太阳”，下挂“月亮”，S 形摆架取材于太极分割线形状，寓意阴阳交替，互始互终。厚重的锻铜底座上布满大小齿轮、链条和巨大的螺钉、铆钉。每逢清晨 7 时整，响起《东方红》音乐，其余整点为国际通用报时乐曲。世纪钟象征天津这座老工业城市在历史进程中又前进一大步。广场集观光旅游、纪念宣传于一体。附近通多路公共汽车。

西沽公园 [Xīgū Gōngyuán]

在红桥区光荣道与红桥北大街交口。公园原是津门圣地“西沽桃林”的一部分，因地处红桥区西沽村而得名。传说西沽公园在清代为清政府存放武器之处，后废，改为菜园，人称“武库菜园”。1937 年抗战全面爆发后，日军强占该地，改为伪满铁路局农场。1945 年日本投降后，国民党接收该地，仍属铁路农场。1949 年天津解放，天津铁路局接管农场并恢复了蔬菜种植，供市场需求。1956 年改为农林水利局苗圃，1958 年定今名。公园占地约 32 万平方米，建筑面积约 5 564 平方米，2009 年被列入全市提升改造重点工程，改造后形成综合活动区、生态湿地区、历史文化展示区、演艺观赏区、健体休闲区、游乐区、植物观赏区、潞河风情区八个板块，深入提炼“潞河漕运”文化，仿照明清古典园林营造模式，打造具有鲜明运河文化特色和历史韵味的生态文化旅游胜地。公园现为红桥区最大的公园。

北宁公园 [Běiníng Gōngyuán]

在河北区中部，中山北路 1 号。清光绪三十二年（1906 年）建种植园，1930 年修建，1931 年名宁园，取“宁静致远”之意，后曾名铁路工人文化宫、二七公园，1970 年扩建，1990 年修建激流勇进水上大世界、儿童游乐场、大型观览车等电动游乐设施。公园于 2010 年改造，突出“水系、亭廊、楼阁”三大景观特色，遵循古法，恢复旧观，体现了历史文化内涵，再现了百年名园风貌，现为国家 AAAA 级景区。占地面积约 456 500 平方米，水域面积约 117 000 平方米。园内有“四山”“九湖”“十渠”之胜。“一馆”“三廊”“八堂”之美，“二楼”“十一桥”“十三亭”之秀。“四山”对峙于湖、渠之间，以体积为 5 万立方米的叠翠山为最高，位于园区中心、琵琶湖畔，登山俯瞰，全园景色尽收眼底。山顶矗立一座纪念碑，高约 10 米，上镌郭沫若题“革命烈士永垂不朽”。水有九湖，湖间以十渠相连，以拱桥相通。西大湖最大，湖心有假山、八角亭。东大湖中设畅观楼。四方湖畔有温泉；东北侧高阜建有致远塔，塔 9 层，高 74 米，登塔可俯瞰全园；塔前有一对金代石狮。该园兴建有电影院、温泉宾馆以及仿古建筑花展馆、舒云台、叠翠宫、畅观楼、水上餐厅、清式环湖长廊、九曲七弯狮拱桥、双层待月楼以及码头。

天津华侨城欢乐谷 [Tiānjīn Huáqiáochéng Huānlègǔ]

在东丽区东丽之光大道 2 号。项目以华侨城集团公司在津开发建设的“欢乐谷”主题公园命名，于 2011 年始建，2013 年建成。占地面积约 35 万平方米。有演艺中心、欢乐时光、维京海港、圣诞村四个游乐区，开设极速鲨吻（水磁过山车）、激流勇进、火山探险等游乐项目。园区拥有 56 项水陆两栖、老少皆宜的游乐设备，9 家主题餐厅，拥有 12 项在中国、亚洲乃至世界领先的顶级游乐体验。园区每日组织近 90 场艺术盛宴，以多元欢乐塑造一座全年欢乐之都、一个充满激情与浪漫的繁华都市开心地。

长虹生态园 [Chánghóng Shēngtàiyuán]

在南开区红旗路东侧。东至津河，西至红旗路，南至长江道，北至黄河道。生态园因在长江道、红旗路交会处东北侧，故以谐音得名。公园于 1981 年筹建，初名湾兜公园，1986 年建成，定今名，2008 年对外免费开放。占地面积约 324 000 平方米。园内划分为西门广场区、游览休闲区、健康活动区、水上活动区、长虹风情街、管理服务区等六个功能区，为游人提供陆路、水路两条游览线路，形成多视点、多层次的观赏点，沿途景点的布置给游人创造适宜的停留空间，能够满足一日游的需求。

南翠屏公园 [Náncuìpíng Gōngyuán]

在南开区水上公园西路西侧。东至红旗南路，西至水上公园西路，南至红旗南路，北至宾水西道。2000 年之前为建筑垃圾填埋场，累积收容建筑工程渣土、混凝土大块、无害化工业垃圾，接纳墙子河、卫津河河道淤泥，2001 年名堆山公园，2006 年定今名。占地面积约 398 600 平方米。公园于 2008 年列为天津八大公园改造提升工程之一，山体部分建设“翠屏览胜”“漫舞花溪”“浅草漫步”三大景区。平地建设“静湖映翠”“碧荷拾香”“曲水晓月”，满足游人一年四季的观赏需求。园内修建了三个广场和四座风格迥异的桥梁，南侧山脚下，修建 6 400 平方米现代化简约风格的综合服务建筑。山体北侧修建 13 万平方米的滑雪道，供游客冬季滑雪。

红旗剧院 [Hóngqí Jùyuàn]

在南开区红旗路 376 号。东至津河，西至淦江东里，南至楚雄道，北至晋宁道。剧院因地处红旗路而得名，于 1988 年建成。占地约 4 400 平方米，建筑面积约 5 581 平方米。主体建筑 3 层，高度为 21.2 米，是 3 层框架结构楼，外镶黄色瓷砖，前厅装饰巨幅茶色玻璃，厅外有环楼走廊。一层为行政职能办公区，二、三层为观众厅，有座位 1 175 个。楼厅北侧有录像厅，设座 160 个。楼后为生活区。该院以演出评剧为主，也承接音乐、舞蹈、话剧等演出，并兼营电影放映，为天拖南、王顶堤一带重要的文娱场所。

天津市动物园 [Tiānjīn Shì Dòngwùyuán]

在南开区水上公园东路 1 号。园区因以饲养、展出动物供游人欣赏为业而得名。动物园于 1975 年始建，1980 年建成。占地面积约 525 400 平方米。园内树木葱郁，碧草如茵，天水一色，风光旖旎，馆区观赏、林中漫步、水上荡舟、湖边垂钓，风味美食及老少各宜的游艺项目令游客流连忘返。园中有开放式动物展区三洽园、灵峪、鸟语林等，人与动物和谐共处，自然亲近。现有各类动物 160 余种 1 900 余只，其中国家一级保护动物大熊猫、东北虎、金丝猴、扭角羚、丹顶鹤等堪称稀世珍宝，国家二级保护动物小熊猫、大天鹅、猞猁等亦为世所罕见，更有来自异域的珍稀动物美洲虎、非洲狮、亚洲象、长颈鹿、犀牛、河马、北极熊、黑猩猩、金刚鹦鹉等。每年中外游客达 200 多万人次。该动物园是国家建设部命名的全国“十佳”动物园，也是全国科普教育基地和天津市科普教育基地。

天津市图书馆 [Tiānjīn Shì Túshūguǎn]

复康路馆在南开区复康路 15 号，海河教育园馆在津南区海洋教育园区新慧路 1 号，文化中心馆在河西区平江道 58 号。原馆于 1913 年迁河北公园（今中山公园），1918 年迁鼓楼东大街，1931 年建天津市立图书馆，1949 年改名天津市立第一图书馆，1948 年建天津图书馆，1949 年与河北省立图书馆（即直隶图书馆）合并，改名天津市立第二图书馆。1952 年第一、第二两图书馆合并，更名为天津市人民图书馆，1982 年易今名，1990 年迁今址。1991 年复康路馆建成开放。2011 年海河教育园馆、文化中心馆建成开放。如今，天津图书馆已经形成“一馆三舍”的发展格局，规模在国内省级公共图书馆中处于领先地位。文化中心馆是天津图书馆的主体馆区，总建筑面积约 5.7 万平方米，分为地上五层，地下一层。它的建筑设计立意为“智慧乐园”，强调图书馆是承载智慧的建筑，在功能上实现了老年和青少年阅览共享，使其成为市民热爱知识的乐园。容纳藏书 600 万册，开架阅览 100 万册图书、3 500 种期刊、500 种报纸。涵盖省级图书馆的全部功能，包括书、刊、报的外借阅览，视听资料欣赏，数字资源加工利用，以及工具书、历史文献资料查阅，珍本图书展示，还有古籍文献保管、整理、修复，还包括视障读者、少儿读者的服务和政府信息的查阅等，为读者提供全面的公益性图书馆服务环境。复康路馆占地面积约 3.3 万平方米，建筑面积约 3.2 万平方米，容纳藏书 500 万册。建筑采用高书库、低阅览的楼群式总体布局，平面呈“工”字形，正立面呈“山”字形，对称严谨，错落有序，富有中华传统文化特色。定位于专业信息服务中心，一方面提供大众化专业文献服务，另一方面积极开展专业文献深加工服务，在满足市民专业信息需求的基础上，努力探索公共图书馆专业信息服务的新模式。海河教育园馆总建筑面积约 3.2 万平方米，设计藏书总量为 100 万册，定位于大学生文化素质教育中心，以社会科学、文艺类读物服务为主，满足园区师生课外阅读及当地居民基本阅读需求。海河教育园馆的成立，是公共文化系统与教育系统携手推进公共文化服务体系建设的一次重大举措。三处馆舍组成天津图书馆集团，馆舍面积共 12 万平方米，开架借阅书刊 246 万册，阅览座位 5 700 余个，总设计藏书容量达到 1 200 万册，在国内省级公共图书馆中位居前列。

天津市水上公园 [Tiānjīn Shì Shuǐshàng Gōngyuán]

在南开区水上公园东路西侧。东至水上公园东路，西至水上公园西路，南至天津动物园，北至水上公园北道。因陆少水多而得名。公园初名青龙潭，1950 年修建，1951 年建成，1980 年改名天津动物园，1984 年改建桃柳堤，1991 年，其景色“龙潭浮翠”被天津市民评为“津门十景”之一，2004 年被国家旅游局评为 AAAA 级旅游风景区。2009 年公园定位为“北方西湖，水上四季”，命今名。占地面积约 125 万平方米，水面面积约 75 万平方米，陆地面积约 5 万平方米。公园由三湖五岛构成，环湖绿树成荫，湖面荷花吐艳，玉带碧水之间众岛与眺远亭相映成趣；七座石拱桥与多处仿明清建筑相得益彰；三处明清式长廊镶嵌在绿荫之中，姿态婀娜，引人入胜；“水景长堤”“水晶广场”，步移景异，富过仙界；盆景园、神户园、水生植物园、牡丹园等风格各异，美不胜收；翠堤览胜、桃柳宜春、秋宇清霜、冬宜雪韵等景观区域季相突出，风貌宜人，胜似西湖美景。

海河剧院 [Hǎihé Jùyuàn]

在南开区卫津南路 8 号。东至卫津南路，西至卫津河，南至津河，北至京燕大厦。建筑面积约 1.2 万平方米。主体建筑 4 层，高度 18.1 米。大剧场有 1 850 平方米 950 座，小剧场有 700 平方米 217 座。艺术交流室、排练厅、化妆间、会议室等约 6 538.5 平方米。大剧场采用镜框式舞台结构，由主舞台和左右舞台组成。戏剧文化始终是天津文化的重点，评剧曾经红极一时，拍成电影的古装评剧有《花为媒》《秦香莲》，现代评剧代表作有《刘巧儿》《夺印》《千万不要忘记》等。

天津市三条石历史博物馆 [Tiānjīn Shì Sāntiáoshí Lìshǐ Bówùguǎn]

在红桥区尚都家园社区内博物馆街西侧。因坐落在三条石附近故名。建筑于 1959 年建，原址为聂士成祠堂，由周恩来总理亲笔题今名。1976 年地震时损毁。建筑面积约 2 174 平方米。该博物馆是以地区民族铸铁机器制造业发展史为基本陈列内容的地方专业性博物馆。展览以翔实的史料、丰富的文物和照片，生动形象地概括了三条石地区铁工业作坊兴起及其特点，记述了三条石地区铸铁和机器业兴衰的历史过程，较典型地反映了中国民族工业在三座大山的压迫下，艰难而缓慢发展的历程。展出实物 2 900 多件。

天津市滨湖剧院 [Tiānjīn Shì Bīnhú Jùyuàn]

在河西区体院北环湖中路 6 号。因临滨湖中路故名。剧院于 1988 年始建，2006 年重建，2008 年建成。占地面积约 9 332 平方米，总建筑面积约 17 370 平方米。外墙采用天然石材塑造出厚重、怀旧的建筑风格，简洁素雅的外立面，配合欧式条窗、檐口及屋顶的造型设计，经典纯粹。该剧院是国家重点京剧院团——天津京剧院的专属剧场，以京剧演出为主，承接芭蕾舞、交响乐、话剧、歌舞剧、儿童剧等不同门类的文艺演出。

天津文庙博物馆 [Tiānjīn Wénmiào Bówùguǎn]

在南开区鼓楼街道东门里大街 1 号。东至东马路，西至儒园公寓，南至东门内大街，北至静德花园。建筑于明正统元年（1436 年）始建，名孔庙，亦名文庙。清雍正九年（1731 年）改州设府，改名府庙。清雍正十二年（1734 年）在府庙以西又建一县庙。至今天津府、县文庙并存。明代天顺、万历，清代康熙、乾隆年间均有重建、扩建。1927 年教育家严范孙等在庙内组织建立“崇化学会”，后改名崇化中学，1949 年改名东门内一中，1985 年复修，1989 年更今名。该建筑现为天津市文物保护单位。占地面积约 1 200 平方米，建筑面积约 3 272 平方米。修复后的文庙由府庙、县庙、照壁和过街牌楼组成，庙内有泮池、棂星门、大成门、大成殿、崇圣祠。殿两侧有东庑、西庑、名宦祠、乡贤祠。泮池是文庙特有的建筑。棂星门是文庙必有的建筑，为四柱三楼冲天牌楼，黄琉璃瓦悬山顶。大成殿为庙内主体建筑，顶覆黄琉璃瓦，九脊歇山顶，其中大吻与垂脊的交接处置吞脊兽，具有天津地方古建筑特色，是天津现存唯一的官式古建筑。西侧为县庙。东侧设有明伦堂、魁星阁、文昌阁。建筑均为砖木结构，雕梁画栋，典雅肃穆。南隔照壁有明万历年间所建的二柱三楼庑殿顶木结构的过街牌楼两座，额书“德配天地”“道冠古今”，为国内珍品。博物馆现对外开放，是津门保存最完整的古建筑群。

天津市少年宫 [Tiānjīn Shì Shàonián-gōng]

在红桥区子牙南路 2 号。少年宫于 1956 年建，原址在和平区鞍山道，名天津市少年之宫。1962 年迁天津青年会旧址，同年改今名。1966—1972 年停止活动，1973 年恢复活动。2019 年由天津市少年宫、天津市红领巾凤凰山营地管理处（天津市少年儿童活动基地）、天津青少年活动中心（天津乐园）等 3 个单位整合组建，后由南开区东马路北段西侧迁现址。建筑面积约 19 036 平方米，户外约 22 624 平方米。少年宫共有 57 间教室和 2 个小剧场，开展文艺、美术、书法、科技等多方面兴趣培训活动。现有教职员工 300 余人，每年组织“娃娃庙会”“红领巾公益岗”“红领巾领袖营”“童心向党”等少年儿童品牌公益活动上百场，参与人数达 10 万人次；已建立一支政治鲜明、思想先进、团结友爱、活泼向上的新时代校外少先队组织；常年开办音、舞、美、体、科等 100 余个美育教育兴趣课程，年培训学员 5 万人次，以美育人、以美化人、以美培元。下设天津市天津少年艺术团，主要包括合唱团、交响乐团、民乐团、打击乐团和舞蹈团等专业公益社团。积极承办“天津市学校美育课堂”“全国中小学研学实践营”等比赛展演和活动，年承接团队 60 余次。是中国青少年宫协会常务理事单位、中国青少年宫协会主题活动专业委员会主任单位，被中央文明委和天津市分别授予“全国未成年人思想道德建设工作先进单位”“天津市爱国主义教育基地”称号。

天津自然博物馆 [Tiānjīn Zìrán Bówù-guǎn]

在河西区友谊路 31 号。以展出自然标本而得名。前身系法国神父黎桑建于 1913 年，1927 年建北疆博物馆，原址为马场道工商学院（今天津外国语大学），1952 年改名天津人民科学馆，1957 年定今名，1959 年迁至河西区马场道 272 号。1968 年由天津市历史博物馆、天津市艺术博物馆、天津市自然博物馆合并组建，1974 年更今名，1997 年原址翻新，1998 年建成并对外开放。该博物馆是国家首批一级博物馆之一，2002 年获得“全国文物系统先进集体”称号，2013 年新馆改建工程被列为“天津市 20 项民心工程”之一。2014 年博物馆改建完毕对外开放，新址位于天津文化中心原天津博物馆内。新馆陈列以“家园”为主题，从户外“家园·足迹”到首层“家园·探索”，从二层“家园·生命”到三层“家园·生态”，讲述一个从远古到当代、从世界到天津的“家园”故事，是全国第一个主题单元化、全景式展示的自然探索、科学体验、科学教育的自然史博物馆。博物馆于 2018 年入选“全国中小学生研学实践教育基地”。总建筑面积约 3.5 万平方米，展示面积约 1.4 万平方米，包括常设陈列区、临展区、体验娱乐区、科普教育区四部分。馆藏生物标本 40 万件，其中一、二级珍品 1 282 件，模式标本 1 452 件。新馆充分利用现代化电子科技手段，安装了观众计数系统、儿童定位导览系统、手机导览等服务设施，为前来参观的观众提供热情、高效、便捷的服务。

天津民俗博物馆 [Tiānjīn Mínsú Bówùguǎn]

在南开区古文化街 80 号。博物馆于 1985 年始建，1986 年建成。该馆利用以天后宫正殿为主的古建筑群体为馆舍，除保留天后宫大殿及前殿的塑像作复原陈列外，另征集民俗文物 2 000 余件，分别在四座配殿和藏经阁、张仙阁开辟以展示天津民俗民风为内容的基本陈列，介绍了天津漕运兴起、渔盐的发展和习俗；天津民间各路花会特别是“皇会”的沿街表演；迎亲嫁娶、夫妻拜堂、洞房花烛和津门独有的“拴娃娃”习俗；天津店铺悬挂于门前的各式招幌；民间生活用品、乡土风情；衣食住行；杨柳青年画、风筝、砖刻、泥塑、绒花、剪纸、编织等民间手工艺品和民间戏曲艺术。此外，馆内还经常举办不同主题的书画、服饰、刻瓷、根雕、百业画及民间工艺展览和展销活动，每逢重大节日还要在古戏楼和广场举办传统的戏剧演出及民间花会表演，并展卖各种民间艺术品。

海河历史建筑保护展览馆 [Hǎihé Lìshǐjiànzhù Bǎohù Zhǎnlǎnguǎn]

在河北区北安桥畔钟楼，光复道 39 号。建筑面积约 1 000 平方米。该馆是一个以“天津小洋楼”为主题的综合性展馆。因位于海河畔意式风情区而得名，又名海河历史风貌建筑展览馆。两层展厅划分为古街新韵、金融名街、意式风貌街、奥式风貌区和五大道等 9 个主题区域。展览以海河两岸独特风貌建筑为主题，通过图片、文字、模型和实物等多种形式，在展示“天津小洋楼”古今变迁和中西文化交融的同时，真实详尽地反映了近年来海河综合开发的城市建筑成果。此展览馆的建成即为市民和中外游客提供了一个休闲旅游的好去处，又丰富了河北区文化旅游内容。

第一工人文化宫 [Dìyī Gōngrén Wénhuàgōng]

在河北区民族路 47 号。东至民生路，西至民族路，南至博爱道，北至自由道。以序数和服务对象命名。用地原为荒地，清光绪二十六年（1900 年）为意租界，1920 年建网球场，1936 年改建回力球场，1949 年改名天津市工人文化宫，1950 年改建天津工人文化俱乐部，同年改称天津市工人文化宫，1957 年改今名。占地面积约 14 395 平方米。主体建筑为 4 层，屋顶为露天活动场所。钢筋混凝土结构，大理石砌墙。主楼一层为大型剧场，设有 2 400 个坐席。南侧为职工业余大学教室，北侧是花园和图书馆。主要活动设施有剧场、游艺厅、小舞厅、台球厅、文艺活动排练室及科技培训教学楼等。文化宫拥有一座约 8 000 平方米的工人技术大学教学楼，图书馆设在楼内，藏书 6 万余册,另外还有招待所、餐厅等服务设施。

睦南公园 [Mùnán Gōngyuán]

在和平区南部,睦南道与云南路交口西北侧。东至云南路,西至玫瑰厅,南至睦南道,北至大理道。公园于1949年始建,名镇南道苗圃,1954年改名睦南道苗圃,1964年成为绿化科学研究所科研基地。1970年命今名, 2009年提升改造。占地面积约14 550平方米。公园建有200平方米的花展厅,展出名贵花卉300余种。园区秉承"历史文脉与现代人交相辉映"的设计理念,充分发挥绿地公园的功能,延续其月季品种栽植特色,打造经典欧式月季主题园。

天津市规划展览馆 [Tiānjīn Shì Guīhuà Zhǎnlǎnguǎn]

在河北区博爱道30号。东至民族路,西至胜利路,南至博爱道,北至自由道。展览馆于2009年对外开放。占地面积约5 832.5平方米,建筑面积约15 000平方米,其中布展面积约10 000平方米。主体层数为3层。各展厅结合不同展示背景、展示内容及历史文脉。一层设历史展区、总体规划展区、交通规划展区、中心城区规划模型展区、公示区和临展区;二层设滨海新区规划展区、海河规划展区、名城保护规划展区、旅游规划展区和海河之旅4D影厅;三层设住房建设规划、公共设施规划展区、生态规划展区、环境整治展区、重点地区规划展区、区县规划展区、城市映像影厅、公众互动参与区;四层设办公区和多功能厅。展馆旨在让参观者在轻松的心情下认识规划、了解规划、参与规划,具有专业性、知识性、互动性、趣味性和艺术性。

天津电力科技博物馆 [Tiānjīn Diànlì Kējì Bówùguǎn]

在河北区进步道29号。东至五经路,西至民生路,南至自由道,北至进步道,为清光绪三十年(1904年)比利时天津电灯电车公司旧址。占地面积约991.5平方米,建筑面积约3 000平方米。主体层数为3层。博物馆由天津市电力公司出资兴建,以"展示电力历史,传播电力科技"为主题,通过电的初识—启蒙研究—电力革命—时代能源—电力与生活—回顾与展望六个展厅的展示,阐述了天津电力工业乃至中国电力工业的发展历程。该馆内部的展品、展具、教具等主要采用声、光、电、多媒体等高新技术和科技手段实现内容的展示,具有较强的参与性、互动性。

中山公园 [Zhōngshān Gōngyuán]

在河北区中山公园路3号。东至中山公园路,西至中山路,南至金钟路,北至冈纬路。因纪念孙中山1912年在园内发表演说而命名。公园于清光绪三十一年(1905年)始建,初名劝业会场,是天津首座大型园林。清宣统元年(1909年)改名河北公园, 1912年更名天津公园, 1928年改名天津中山公园, 1936年更名天津第二公园, 1937年修缮, 1955年复今名。占地面积约19 980平方米。正门有古典彩绘牌坊式大门,鱼脊粉墙,园门高悬耿仲敭题写的匾额,绕假山、瀑布。四周砌穿云墙、月形门,有江南园林风韵。园中有琉璃瓦六角飞檐亭。园内绿化面积约8 932平方米,有十五烈士碑,南皮张氏两烈女碑、魏士毅女士纪念碑、《中山公园记》石碑、孙中山先生铜像等景观。1984年公园被定为区级文物保护单位。2009年公园改造后,更有仿古建筑六角亭、双顶园亭和小型儿童游艺场杂陈其间，是市级优秀公园之一。中山公园现为天津市文物保护单位、被国家列为“革命历史纪念地”。

天津市美术展览馆 [Tiānjīn Shì Měishù Zhǎnlǎnguǎn]

在和平区东北部，新华路237号。东至四川路，西至新华路，南至泰安道，北至天津市文物公司。展览馆于1957年建，由郭沫若题名，因故停用，2000年复馆。占地面积约890平方米，建筑面积约4 500平方米。展厅总面积约550平方米，光线充足，格调高雅，展壁可以任意组合。

天津数字艺术博物馆 [Tiānjīn Shùzì Yìshù Bówùguǎn]

在和平区承德道与吉林路交口。东至解放北路，西至吉林路，南至承德道，北至长春道菜市场。建筑于1929年建，被法国公议局、天津市政府、天津图书馆、天津市少年儿童图书馆等占用。1956年由天津市历史博物馆艺术部扩充组建，1995年由解放北路迁此。占地面积约4 660平方米，建筑面积约9 700平方米。建筑为巴洛克风格，砖木结构。展厅地上3层，地下1层。分为3个展厅。建筑分为主楼和配楼，主楼又分中间部分和左右两翼，是典型的古典三段式。博物馆以数字技术为基础，通过虚拟现实技术手段展示艺术作品和文化遗产。

天津青年宫 [Tiānjīn Qīngniángōng]

在和平区东北部，哈尔滨道18号。东北至金湾广场，西至中国金融博物馆，南至哈尔滨道。青年宫于1953年建，是共青团天津市委直属的教育事业单位。2003年底青年宫新厦落成，占地面积约3 000平方米，建筑面积约25 000平方米。主体层数为21层。青年宫以服务青年、服务社会、服务大局、服务经济为宗旨，开设舞蹈类、声乐类、器乐类、书画类、表演类、语言类、体育健身类等各类课程，并为社会各界开展团体培训服务，承办并组织艺术、语音等大型竞赛展示活动。

天津博物馆 [Tiānjīn Bówùguǎn]

在河西区友谊路与平江道交口东北侧。博物馆于2001—2003年由天津市文化局建，2007年对外免费开放，2008年被评为国家一级博物馆，2018入选“全国中小学生研学实践教育基地”。占地面积约57 040.8平方米，建筑面积约34 884平方米。博物馆为半圆形空间网壳结构建筑，绿化率32%。此馆是一座历史艺术类综合性博物馆，其前身可追溯到1918年成立的天津博物院，是国内较早建立的博物馆之一。其收藏特色是中国历代艺术品和近现代历史文献、地方史料并重，现有古代青铜器、陶瓷器、法书、绘画、玉器、玺印、文房用具、甲骨、货币、邮票、敦煌遗书、竹木牙角器、地方民间工艺品及近现代历史文献等各类藏品近20万件，图书资料20万册。

天津美术馆 [Tiānjīn Měishùguǎn]

在河西区平江道60号。该馆于2012年开馆，2018年入选“全国中小学生研学实践教育基地”。建筑面积约28 065平方米，展厅面积约9 000平方米。建筑层数为5层，建筑高度为29.7米。其中最具特色的二层展厅面积约1 800平方米，高8米，建筑规格居全国首位。美术馆借鉴国内外同类展馆的特点，融合众多设计元素，在功能上、空间上可满足国内外不同类型不同体量的展览需求，具有很强的应变能力和适应能力。可同时展出国画、油画、雕塑、版画及工艺美术等不同类别的艺术珍品，能同时举办多个高质量、高规格的国内外大型美术展览，在国内美术馆中处于领先地位。美术馆既提供了永久性和临时性展览空间，也提供了公共教育与文化休闲的空间，是中国最具现代化标准的美术展览馆之一。

天津音乐厅 [Tiānjīn Yīnyuètīng]

在和平区浙江路32号，浙江路与建设路交口西侧。初名平安电影院。建筑于清宣统二年（1910年）修建，1916年新建，1919年失火另迁，1922年又建，1952年接管，1956年改做大型音乐会的专业音乐场所，1960年更今名。建筑面积约为4 860平方米，分为前厅、主厅（观众席）、舞台（演出厅）、后台（化妆间）、排练厅、贵宾接待厅等，厅内严格按照举办大型交响音乐会的声学需求进行设计，充分考虑大规模乐队演奏，增大了舞台面积，同时观众席面积也进行了适当的扩大。演奏台设在观众席一侧，宽20米，深11米，可容纳120人的乐团演奏。演奏台共有5块升降台，演奏台前部设有大型乐器升降台，演奏台后设有可供80人合唱队使用的合唱区。音乐厅的观众坐席设计非常人性化，场内观众坐在任何一个位置都能清晰地看到舞台上演员的表演，座椅的设计也很特殊，不仅材料质地可以吸音，而且每个座椅下均设有通风口，以此来调节温度，确保每位观众都能充分享受一流的演出环境。

天津大剧院 [Tiānjīn Dàjùyuàn]

在河西区平江道58号增1号。剧院于2009年始建，2012年建成，2013年荣获2012—2013年度中国建设工程鲁班奖。总建筑面积约10.5万平方米，其中建筑本体约7万平方米，地下设施约3万平方米，3个建筑单体位于6米台基之上，由一个大屋顶连接。大剧院定位为综合性多功能艺术创作与演出机构，由歌剧厅、音乐厅和小剧场组成，可容纳3 600名观众。大剧院音乐厅位于入口南侧，是天津面积最大的歌剧厅。歌剧厅A、B、C、D四个观众席位区的入口分别位于地上零至三层。音乐厅有座位1 200个，设有岛式舞台、钢琴独立升降台。音乐厅以演出西洋乐和民族乐为主，可容纳120人的管乐队和大型合唱队。在歌剧厅和音乐厅之间是小剧场和多功能厅。观众在大剧院内不同功能区之间行走时，会经过约1 200米长的艺术品商业街。多功能厅场内尺寸深33.6米，宽16米，400个可伸缩观众座位，可供艺术院团演出排练使用，也可对外开放，组织与其剧场规模相匹配的各类演出。

中华剧院 [Zhōnghuá Jùyuàn]

在河西区平江道56号，隆昌路与平江道交口。东至隆昌路，西至天津图书馆，南至平江道，北至天津科技馆。剧院于2006年建成。占地面积约7 993平方米，建筑面积约9 079平方米，主体层数2层，主体高度6米，有1 006个座位。建筑拥有剧院、综合楼、金禧园宾馆、园林四个功能区。剧院按原声演唱设计，声场均匀，安装了舞台声视频内通系统和高清、微波电视转播系统、功能齐全。观看演出效果好、舒适度高。

人民公园 [Rénmín Gōngyuán]

在河西区广东路与琼州道交口。东至厦门路，西至广东路，南至琼州道，北至徽州道。公园取“为人民服务”之意命名，原为李春城的“荣园”，俗称“李善人花园”。清光绪二十六年（1900年）名荣园，1945年曾为“育德”学院校址，1948年国民党军队驻院内，1949年重建，1951年命今名，2009年改造且对外免费开放。总面积约13万平方米，水域面积约3.3万平方米。人民公园是天津市区现存的清代造园遗迹之一，是以休闲娱乐为主的综合性公园。园林景观具有南派风格，园中有园，步移景异。园中一条环形河将东南西北中五个区域自然分开，情趣各异。北部是儿童游乐区，可满足不同年龄游客的游玩需要；西部是水上游乐及沿湖游览区，此处设有长廊、水榭、湖心亭、白石桥、中合塔等建筑；南部设有“百鸟笼”，是小动物观赏区；东部是休闲文化区；中部地区保留了古建筑显密园通殿。公园东南隅，保留了古建筑藏经阁。在延续历史文脉的基础上，古朴兼容，老幼适宜，动静结合，人民公园形成了融江南意蕴和北方园林文化于一体的独特园林景观。

天津科技馆 [Tiānjīn Kējìguǎn]

在河西区隆昌路94号。科技馆于1992年始建，1994年建成，1995年开馆。占地面积约4万平方米，建筑面积约1.8万平方米，常设展厅约1万平方米。主馆为钢筋混凝土6层建筑，外檐造型为桥梁形。科技馆分上、下两层，五大展区共展出310件集科学性、知识性、趣味性、参与性于一体的科普展品。一层有“探索发现”“梦幻剧场”“智慧结晶”展区，二层有“自我认知”“机器人天地”“梦幻天地”展区。天象厅拥有直径8米的穹顶显示幕可观赏浩瀚的宇宙星空。建筑主体上方的球形建筑是宇宙剧场，内部装有直径23米的倾斜式铝质天幕、全天域穹幕电影放映系统。该馆主要普及科学技术、科学思想和科学方法。

光华剧院 [Guānghuá Jùyuàn]

在河西区南北大街2号。东至南北大街，西至天津挂甲禅寺，南至美宁公寓，北至新围堤道。剧院取“光耀中华”之意命名，2006年建成。占地面积约2 177平方米，建筑面积约6 593平方米。主体层数4层，主体高度20.4米。剧院内有912个座位，灯光、音响、舞台设备一流。该剧院是集演出、办公、排练等功能于一体，包含观众服务配套设施在内的综合性剧院。建筑造型新颖，构思独特，为五波流水式建筑。剧场设计突出了为孩子服务的特色，着力打造观众和演员互动的剧场。

元明清天妃宫遗址博物馆 [Yuánmíngqīng Tiānfēigōng Yízhǐ Bówùguǎn]

在河东区大直沽中路51号。东北至八纬路，西南至大直沽前街，东南至宫前园，西北至大直沽中路。元至元十八年至二十一年（1281—1284年）在大直沽修建天妃灵慈宫。这是中国北方地区年代最早的妈祖庙，1997年在改建中发现其遗址，并修建，2001年建成。2002年博物馆对外开放，加挂天津市文化遗产保护中心牌子。占地面积约5 900平方米，建筑面积约3 000平方米。该馆是天津市区内唯一一座遗址类博物馆。主体建筑采用三层船型设计，前广场中央矗立一通柱式妈祖像。通柱象征桅杆，采用浮雕手法，自下而上雕刻着代表元、明、清三代不同的海洋图案。柱的顶端立一尊妈祖像，是海内外众多妈祖雕塑中，唯一采用“人”形设计的妈祖形象。博物馆基本陈列为“海洋的旋律”，以中央大厅的元代建筑基址和明、清时期天妃宫大殿基址为依托，周围设两层展厅，200米长的展线，展出200余件遗址出土的文物及300余幅图片。展览分为“浩瀚的海洋”“神奇的妈祖”“河与海的城市”“永恒的遗址”四个部分。博物馆免费开放,年均接待观众10余万人。

天津市荐福观音寺 [Tiānjīn Shì Jiànfú Guānyīnsì]

在河东区大直沽中路27号。东北至津塘路,西北至大直沽中路,东南至荐福道,平面略呈三角形。寺庙以“佛教观世音菩萨道场,以供奉观音菩萨”得名。2002年移今址,2009年被评为国家AAA级旅游景区。占地面积约8 400平方米。由山门殿、圆通宝殿、西方三圣殿、东方三圣殿、报恩堂、千佛塔等组成。寺院现有常住法师70余人,职工150余人。该寺有三宗宝,第一宝:四面千手观世音。佛像设计遵循《造佛度量经》标准,采用传统的“木雕漆金朱金”工艺,选用优质香樟、野生苎麻、原始生漆、陈年瓦粉等天然材料和黄金经过雕塑、自然干燥、保香、夹苎、上灰、水磨、贴金等48道工艺精制而成,高度8.6米,四面的感观效果相同,有四十四头、千只佛手及九十六臂,在佛基莲花座上有观世音菩萨的三十二应身,下有八难三途青石须弥座,工艺精湛,造型完美。佛像于2002年安座供奉于荐福观音寺圆通宝殿。第二宝:古槐参天叶根深。古槐系指该寺圆通宝殿前一株六百余年的古槐树。六百年树王菩萨供奉在荐福观音寺圆通宝殿古槐树一侧,护卫着宝刹,显得古朴、典雅、雄伟和壮观。第三宝:津沽梵刹第一钟。钟是佛门法宝之一,击钟象征欢乐、吉祥、平安、灾除。直径2米、高3米、重约5吨。此钟铸造精细,音响深厚悠扬,钟上铸有发心铸钟者的功德芳名。钟鼓楼对信众开放。天津市佛教慈善功德基金会和天津弘一佛乐演唱团驻该寺。

河东公园 [Hédōng Gōngyuán]

在河东区成林道120号。以河东区区名命名。原为天津热电一厂的堆灰场,俗称“灰坑”。公园于1994年修建,1997年建成,2008年改造,2009年完成。占地面积约10万平方米。河东公园是一个综合性大型公园。园内建有占地面积约9 500平方米的大型沉降式喷泉广场和老年活动区、儿童游艺区、文化活动区、游泳池、长廊等。北侧入口建有“和谐广场”,采用开放式入口、阶梯休息设施、台阶式花坛、草坪坡地、自然修剪模纹造型贴近欧洲公园风格。西侧建有“风华艺圃”,设有儿童游乐设施,园艺示范游览活动区,品茗茶社。其建筑采用单层建筑,内设多个休闲空间以及室内服务设施,外延整体采用暖色调,以红、黄两色为主,各色花卉,造型植物,构成庭院式园林环绕四周、突出公园人文和谐理念。中部景观区地势最高处,以植物景观为主要特色,配合原有古树,以雪松造景,建造观景亭,形成公园主景。登上观景亭,全园景色一览无余,尽收眼底,定名“极目远眺”。园内水景深处,结合原有小叶杨等各类自然植被,构筑亲水平台,定名“濠濮听鱼”,登台而望,游人可近距离观赏湖内缓缓游动的锦鲤,放松身心、陶冶性情。南侧建有“七彩炫季”,设有室外泳池、景观围墙、座椅、儿童活动场地等设施,为居民提供了一个寓教于乐、情趣怡然的休闲娱乐空间。园内修建亭阁2个,兴建桥梁5座。

天津方特欢乐世界 [Tiānjīn Fāngtè Huānlè Shìjiè]

在滨海新区中新天津生态城,中生大道4888号。西至中生大道,南至天津市滨海新区营城污水处理厂,北至静湖北路。园区于

2011 年始建，2014 年建成，占地面积约 32 万平方米，是国家 AAAA 级旅游景区。乐园以科技和互动体验为特色，以大型高科技展示项目为表现形式，由飞越极限、魔法城堡、熊出没历险、蓝色地球、东方神韵、海螺湾、唐古拉雪山、津门大峡谷等 27 个主题项目区组成，包含科技动漫、未来幻想、科普教育、神话传说、主题表演等。游客可以置身于直径达 22 米的直立球型银幕之中，体验身临其境的飞行之旅；走进历史悠久的魔法学院，经历一次神秘的魔法考验；还能展示卡通方特城堡的制作全过程。公园有“东方梦幻乐园”“亚洲科幻神奇”之美誉。

天津滨海航母主题公园 [Tiānjīn Bīnhǎi Hángmǔ Zhǔtí Gōngyuán]

在滨海新区汉北路 269 号。公园是以基辅号航母为中心建设的大型军事主题公园，故名。园区于 2006 年对外开放。占地面积约 5.57 平方千米，是国家 AAAA 级旅游景区，以基辅号航空母舰为核心，以军事为特色主题，集武备观光展示、角色体验、培训拓展、休闲娱乐、国防教育、会议承办、活动举办、外景拍摄等功能于一体。主要景点有基辅号航母，是前苏联基辅级航母的首制舰，1970 年建，1975 年建成服役，1994 年退役，曾经是令世界瞩目的海上“巨无霸”，服役间曾出访印度、朝鲜和阿尔及利亚等国，被喻为“水晶理想”“国家名片”，是前苏联北方舰队的旗舰，一度是前苏联海军的象征。基辅号航母全长 273.1 米，宽 52.8 米，全高 61 米，标准排水量 32 000 吨。创意风情街是天津滨海航母斥资打造的一条以俄罗斯文化为核心的综合型主题街区，无论是精雕细琢的俄罗斯建筑，纯正地道的俄式商品，还是悉心营造的俄罗斯风情，都凝炼了原汁原味的俄罗斯文化精髓。王牌项目有航母风暴，是滨海航母打造的世界首部以真实航母为题材的大型实景海战表演剧。飞车特技是滨海航母重磅打造的又一部巨作，该剧是国内首部，也是全球规模最大的实景飞车特技表演剧。花车巡游在俄罗斯风情街上演，气势磅礴，十分壮观。喷气飞艇是滨海航母从“喷气飞艇游乐王国”——新西兰皇后镇引进的一项水上探险运动，是世界上最惊险最刺激的娱乐项目之一，被称为“水上过山车”。其他项目还有世博天津馆、基辅 4D 影院、航母 CS 野战营等。

天津梅江会展中心 [Tiānjīn Méijiāng Huìzhǎn Zhōngxīn]

在西青区友谊南路 18 号。东至友谊南路，西至规划景观水面，南至外环南路，北至烟波路。项目于 2009 年始建。2010 年建成。总用地面积约 35.62 万平方米，建筑面积约 10 万平方米。展馆有会议厅、多功能报告厅、贵宾厅、宴会厅等。会议室配有音响、灯光、视频、同声传译、现场控制、投影灯系统设备。该馆是一座集展览、会议、商务、餐饮、娱乐等多功能于一体的现代智能化展馆，濒临梅江风景区，环境优美，交通便利，设施完善，是举办大型展览、高端会议的理想场所。

天津海昌极地海洋世界 [Tiānjīn Hǎichāng Jídì Hǎiyáng Shìjiè]

在滨海新区响螺湾商务区 61 号。场馆因馆内开放内容为极地海洋动物而得名。项目于 2011 年建，占地面积约 19.3 万平方米，是集吃、住、行、游、购、娱为一体，以极地海洋文化为主题的大型开放式旅游景区。园区由极地海洋馆、阳光海游城、酒店式公寓、城市旅游大道及嘉年华板道街等五大功能区构成。主体建筑外观造型酷似畅游中的鲸鱼。景区包含南极企鹅岛、神秘北极村、海底隧道、远古海洋、鲨鱼港湾、珊瑚海、白鲸湾、柳穿鱼巷、海草堂、奇趣鱼馆、未来水母馆这十一大展区。其中未来水母馆是水母繁育基地、物种中心，是京津冀地区最大规模的海洋科普教育基地，是目前国内最大的特色水母主题展馆。场馆有“海洋七萌团”“白鲸之恋”“人鱼童话”三大别具特色的精彩表演，以及潜水、海底冒险等体验，有白鲸、海豚、北极熊等130余只大小形态各异的南北极地海洋生物，另有3万余只海洋生物汇聚一堂。体量巨大的海底隧道，带游人融入神秘的极地深海世界。其鲜明的特点、独特的风貌给天津及周边地区人民带来浓郁的极地海洋文化气息。

海河外滩公园 [Hǎihé Wàitān Gōngyuán]

在滨海新区上海道南侧，海河岸边。因位于海河岸边而得名。公园于2003年建成，占地面积约13万平方米，东西长约1 000米，南北宽60~250米。公园平面呈不规则带状梯形。原海河岸边建有约4米高的防洪墙，推倒后建高5米的漫坡式弧形山体。山体下建有一条宽30米、长约700米的商业走廊。高架平台迎宾步道长1 000米，平均宽9米。公园建有主喷高度达170米、东西长360米的喷泉景观。绿地、花坛等绿化景观占地约2.5万平方米。公园内外装点各种泛光灯、景观灯近1万套；19组风格各异的青铜景观雕塑点缀在广场的不同部位；三组大悬挑构架的大型标志物“海之魂”，自西至东分别高达100米、70米、50米，像大海中航行的帆船，与蔚蓝的海河水相呼应。

天津滨海国际会展中心 [Tiānjīn Bīnhǎi Guójì Huìzhǎn Zhōngxīn]

在滨海新区天津经济技术开发区泰达时尚广场东侧。项目于2003年建，占地面积约16.9万平方米，建筑面积约6.1万平方米，主体为两层建筑框架结构楼房。展馆共21个会议室，其中面积最大的为1号会议室，面积952平方米。3209和4203会议室面积最小，面积为45平方米。该展馆是21世纪滨海新区新形象的标志性建筑和旅游观光景点之一，提供商品展览、商贸洽谈，承接大型会议、宴会、集会、庆典活动等功能。中心曾承办2008世界经济论坛新领军者年会暨夏季达沃斯论坛、首届中国企业国际融资洽谈会、中国生物经济大会等国内外展会活动，并成功主办天津国际手机展览会、天津国际投资理财洽谈会等品牌展会等。

陈官屯运河文化博物馆 [Chénguāntún Yùnhé Wénhuà Bówùguǎn]

在静海区南部，陈官屯镇中心区，津浦铁路西120米处。东至古城洼粮库，西至丰产路，南至陈大路，北至团大路。因古老的京杭大运河贯穿陈官屯镇全境，为了弘扬其运河文化而命名。博物馆于2014年兴建，2015年命今名，2016年对外开放。占地面积约2 900平方米。在地形方面，除全馆最高点以外，多以微地形为主，高程均控制在2米以内；在建筑方面，除主体建筑统一外，馆内布展分为序厅、千年古韵、运河流翠、两岸风俗、古城崛起、跨越发展、奔向未来7个部分，让历史风貌与现代建筑风格相互统一，采用声、光、电等现代技术手段向人们展示了古老运河与现代经济社会的发展。

天山海世界·米立方 [Tiānshān Hǎishìjiè·Mǐlìfāng]

在津南区小站镇中心。东至天山大道，西至小站镇边界，南至后营路，北至昌盛路。天山海世界是天山集团冠名开发的旅游系列产品，另因该景区坐落在天津市津南区小站镇，且该景区为水上项目与北京水立方相仿而得名。项目于2010年始建，2013年建成。占地面积约8.7万平方米，建筑面积约4.3万平方米。内部分为前厅、餐厅、咖啡厅、VIP休息室、更衣室、淋浴间、大厅戏水区及浴都等功能区。大厅戏水区面积约1.2万平方米。园内有水上滑道群、500米漂流河、儿童海战池、24种人工造浪池、温泉SPA区、人工沙滩及玛雅城堡等设施。

天津古林古海岸遗迹博物馆 [Tiānjīn Gǔlíngǔhǎi’àn Yíjì Bówùguǎn]

在滨海新区津歧公路东侧。因保护古贝壳堤遗址兴建而得名。天津古贝壳堤形成于距今5 000年到1万年之间，与美国圣路易斯安纳州贝壳堤、南美苏里南贝壳堤并称为世界三大贝壳堤。博物馆于2002年建在古贝壳堤遗址上，2003年建成，命今名。占地面积约6 000平方米，建筑面积约2 200平方米。博物馆建筑分三层：地下一层，地上两层。一层为贝壳展区，共展出5纲49科423种1 200余个贝壳，分布于世界各地，包括国家一级保护野生动物，有“贝类老寿星”美称的砗磲及号称“活化石”的鹦鹉螺等。二层为科普教育展示区，设有关于古海岸与湿地保护方面的科普教育展牌100余块。展牌图文并茂，全面细致地介绍了天津地区海陆变迁沧海变桑田的过程，使人们认识古海岸与湿地国家级自然保护区的价值，提高对其进行保护的自觉性。地下部分为古贝壳堤遗址展示区，该展区采用现代科技手段对古贝壳堤进行了保护性挖掘，展出的古贝壳堤剖面层次分明、出露清晰、规模宏大，真实地纪录了历史变迁过程。该馆曾获得天津市科普教育基地、天津市爱国主义教育基地称号。

蓟州体育馆 [Jìzhōu Tǐyùguǎn]

在蓟州区人民西路与西环路交口。该馆于2013年建成，命今名。占地面积约59 879.06平方米，建筑面积约13 027平方米，看台座位5 130个，内场最大尺寸46 m × 34 m，最小尺寸28 m × 33 m。蓟州体育馆是蓟州区唯一一处集体育、文化、旅游、商业、休闲于一体的综合性体育场馆。体育馆设计先进、功能齐全、设施完备，可满足篮球、排球、手球、网球、羽毛球、乒乓球、室内五人制足球等多种比赛活动的需要，可用于高水平运动训练、大中小型运动竞赛、大众健身娱乐。

武清体育中心 [Wǔqīng Tǐyù Zhōngxīn]

在武清区新城翠通路2号。场馆于2014年建成，命今名。该馆是2017年全运会天津赛区乒乓球比赛主赛场，是武清区政府的重点工程。占地面积约186 878.3平方米，建筑面积约107 086平方米，主体高度40米，主体层数为7层，幢数2幢。体育馆有65 00个座席，体育场有10 000个看台座席，一个标准足球场和400米环形跑道，是武清区举行体育活动的中心场馆，包括体育馆、热身馆、体育场、室内训练馆、全民健身馆和集训练楼。全运会后向市民开放的全民健身馆则主要设置了全民健身泳池和健身房及儿童早教中心等，满足了普通百姓在专业化的场馆中享受体育运动的乐趣。

汉沽体育馆 [Hàngū Tǐyùguǎn]

在滨海新区一经路。项目于1980年始建，1982年第一期竣工，1986年兴建第二期工程，1989年建成。占地约20 400平方米，建筑面积约5 713平方米。场馆系钢筋混凝土框架结构高层建筑。该馆可容纳观众4 000余人，为本区和国家开展体育运动比赛提供了良好的场所。

汉沽体育场 [Hàngū Tǐyùchǎng]

在滨海新区太平街南侧。场馆于1973年建成。占地面积约25 583平方米，建筑面积约24 560平方米。主要设施有足球场、篮球场等。汉沽体育场是天津市滨海新区汉沽建立的体育活动单位。体育场同时作为汉沽第五中学的操场，在学生休假时对汉沽人民开放。

天津体育中心自行车馆 [Tiānjīn Tǐyù Zhōngxīn Zìxíngchē Guǎn]

在静海区团泊新城西区健康产业园内。项目于2013年建成。占地面积约85 336.4平方米，界内用地为约81 652.9平方米。建筑高度41米。建筑共三层，首层为壁球馆，二层为自行车比赛场，三层为看台区，有坐席3 000个。自行车比赛场赛道测量线周长250米，赛道宽度为7.5米，蓝区宽度0.8米，安全区宽度不小于2 666.67平方米，经国际自行车联盟测量认证为第一类自行车赛道。该馆承担了第六届东亚运动会自行车场地赛及壁球比赛。

天津体育中心棒球场 [Tiānjīn Tǐyù Zhōngxīn Bàngqiúchǎng]

在静海区团泊新城西区健康产业园内。项目于2013年建成。占地面积约110 275.8平方米，界内用地为约107 075.5平方米。场内有两块标准比赛场地，全部为人工草皮。其中一块比赛场地设置活动看台1 000坐席。该馆承担了第六届东亚运动会棒球比赛。

天津体育中心曲棍球场 [Tiānjīn Tǐyù Zhōngxīn Qūgùnqiúchǎng]

在静海区团泊新城西区健康产业园内。项目于2013年建成。占地面积约54 918.7平方米，界内用地约为52 336.9平方米。比赛场地东北角设有9.6米 ×6.4米户外彩色电子显示屏一块。建筑三层，高17.83米。首层包括运动员休息区、裁判员休息区、媒体区等附属用房。二层为观众区，设固定坐席2 100个。三层为贵宾休息区、技术代表办公区。该馆承担了第六届东亚运动会曲棍球比赛。

天津体育中心射击馆 [Tiānjīn Tǐyù Zhōngxīn Shèjīguǎn]

在静海区团泊新城西区健康产业园内。项目于2013年建成。占地面积约74 811.6平方米，界内用地约61 693平方米。场馆采用由瑞士修斯公司研发制造的国际最先进的电子靶。比赛场地分预赛馆和决赛馆。10米气枪预赛射击馆，射击位100个，观众席416个。决赛馆射击位10个，观众席765个。附属设施有运动员休息区、裁判员休息区、贵宾区、媒体区等。该馆承担了第六届东亚运动会射击比赛。

天津国际网球中心 [Tiānjīn Guójì Wǎngqiú Zhōngxīn]

在静海区泊新城西区健康产业园内。项目于2010年命今名，2013年建成。占地面积约为194 737.2平方米。场馆由中心赛场、半决赛场和体育会所组成。比赛场地包括中心赛场 1 座，坐席规模 10 000 个；半决赛场 1 座，坐席规模 4 000 个。赛场场地长 23.77 米，宽 10.97 米。观众席 392 个，主席台座位 174 个。附属设施有运动员休息室、裁判员休息室、贵宾室等，附属场地 12 片。该馆承担了第六届东亚运动会网球比赛。

天津网球中心 [Tiānjīn Wǎngqiú Zhōngxīn]

在南开区复康路 9 号。场馆于 1994 年始建，1998 年扩建。2011 年建地下一层为停车场和设备用房，地上一层为赛事功能用房，二、三层为观众席，共设置 3 500 座位。2013 年整体建成。占地面积约 122 988.5 平方米。该馆南北长 105 米，东西宽 45 米。内外共有 30 块比赛热身场地，可同时进行 6 个台区的比赛。该馆承办了第六届东亚运动网球比赛。

天津游泳跳水馆 [Tiānjīn Yóuyǒngtiàoshuǐguǎn]

在南开区水上公北道北侧。项目于 1992 年建成。占地面积约 12 167.3 平方米。有楼房 3 幢。该馆为市级专业队水上运动训练基地，并承办国际、国家及市级等水上运动竞赛场馆。

天津市人民体育馆 [Tiānjīn Shì Rénmín Tǐyùguǎn]

在和平区贵州路 33 号。项目于 1954 年始建，1956 年落成，1973 年重修，1994 年改建。占地面积约 28 140 平方米，建筑面积约 15 700 平方米。整体建筑为混全结构，设有比赛馆、健身室、小卖部等。在院内东南角设有两个露天灯光场地，可进行网球、排球、篮球训练比赛。天津的许多大型活动和重大会议经常在该馆举行。

民园体育场 [Mínyuán Tǐyùchǎng]

在和平区重庆道、河北路、大理道、衡阳路交会处。原为洼地，1903 年为英租界。1926 年始建简易运动场，四周设铁栅围墙，由于未能形成正式比赛场地，各阶层人士都能在此活动，故称民园。1943 年改名天津特别市市立第二体育场，1949 年改建，1956 年命今名，1976 年地震后停止使用，1979 年重建，1982 年建成后翻建，2013 年对外开放。占地面积约 33 000 平方米，建筑面积约 71 236.21 平方米。民园已打造成集中外游客集散中心、特色文化博览中心、休闲体育体验中心、异国风味美食中心为一体的城市休闲广场，广场主要突出休闲健身、特色文化、旅游消费功能，成为一个开放性的综合休闲活动场所。按业态功能，划分为旅游服务配套板块、休闲餐饮娱乐板块、文博拍卖展示板块以及休闲体育体验板块。同时，地下一层将引进形成新颖、国内较少见的健身俱乐部和新型健身项目。

天津市和平区新华路体育场 [Tiānjīn Shì Hépíng Qū Xīnhuálù Tǐyùchǎng]

在和平区新华路与保定道交口处。因地处新华路旁而得名。场馆于清光绪二十一年（1895 年）始建，名公共体育场，称英国球场。1942 年改名日军汽车修理厂，1946 年命名天津市第一体育场，1957 年命名新华路体育场，翌年更今名，2010 年新馆投入使用。占地面积约 13 320 平方米。场馆设有田径场、标准足球场、综合训练馆（含击剑、柔道、射击、举重、网球、乒乓球、游泳、田径、篮球、足球等十几个项目）。

天津市河东体育场 [Tiānjīn Shì Hédōng Tǐyùchǎng]

在河东区津塘路 52 号。场馆于 1924

年建，因临近刘台居民住宅区，故名刘台球场。1949 年改名第五体育场，1955 年建成 C 形木制看台，可容纳观众 7 000 余人，并设有灰砟跑道。1956 年更名第五工人体育场，1958 年改今名，1977 年将木制看台改为弓形预制板看台，可容纳观众 15 000 人。1980 年建成可容纳 4 100 人的灯光篮球场，1984 年足球场铺设天然草坪，1989 年建了网球场地。1979—1988 年场馆承接了国际比赛 21 场、全国甲级联赛和国际足球比赛超过百场。2001 年维修看台、铺设 400 米标准塑胶跑道。占地面积约 64 883.45 平方米，建筑面积约 10 452.54 平方米。场馆隶属河东区体育局。

东丽区体育中心 [Dōnglì Qū Tǐyù Zhōngxīn]

在东丽区先锋东路 3 号。项目于 1984 年始建，1987 年建成，2000 年训练馆建成，2001 年建立天津体育学院高职学院，2001 年建立东丽体育中心健身训练馆，2003 年建立天津体育学院运动与文化艺术学院，2010 年东丽体育中心体育场、体育馆、网球馆和全民健身服务中心兴建，2013 年建成，2010 年命今名。建筑面积约 63 850 平方米，建有 1 座体育馆、1 座网球场和 1 座体育场看台，建有运动员培训中心大楼、全民健身训练馆、学生宿舍楼、教学楼、学生食堂、浴室等以及全民健身广场，共有 4 个网球场、8 个篮球场、10 个足球场等健身和训练场地。

海河教育园区体育场 [Hǎihé Jiàoyù Yuánqū Tǐyùchǎng]

在津南区海河教育园区体育环路 5 号。项目于 2010 年始建，2012 年建成。占地面积约 65 562 平方米，建筑面积约 46 308 平方米。比赛场地长 194.16 米，宽 99.08 米；观众坐席 26 131 个、主席台座位 116 个、带桌记者席 267 个、灯光照度 1 000 勒克斯、大屏幕 1 块。附属设施包括运动员休息室、裁判员休息室、兴奋剂检测站、贵宾室、新闻发布厅等。附属热身场地为人造草坪。场馆可承接各类田径、足球等比赛活动。

海河教育园区体育馆 [Hǎihé Jiàoyù Yuánqū Tǐyùguǎn]

在津南区海河教育园区体育环路 1 号。项目于 2010 年始建，2012 年建成。占地面积约 70 643 平方米，建筑面积约 27 000 平方米。场馆承办过全国大学生运动会乒乓球比赛。比赛场地长 63 米，宽 50 米，高 25 米。观众固定坐席 5 260 个，活动座席 1 328 个，主席台座位 76 个，灯光照度 1 200 勒克斯，大屏幕 2 块，可显示文字、图像。附属设施包括运动员休息室、裁判员休息室、兴奋剂检查站、贵宾室、新闻发布厅等，具备 IT 网络和电视转播条件。赛前热身馆场地长 63 米，宽 36 米。

塘沽体育馆 [Tánggū Tǐyùguǎn]

在滨海新区上海道 101 号。场馆于 1972 年命名，1972 年建馆，1973 年提议，1975 年召开工程设计会，1980 年施工，1985 年建成，为国家乙级体育馆。占地面积约 2 200 平方米，建筑面积约 6 900 平方米。该馆分为三层，地面为塑胶地板，第一层为排球、羽毛球、乒乓球、手球等比赛场地，还可以进行武术、体操等活动。第二层为看台，可容纳观众 4 205 人。前后设有两个休息大厅，前边是外宾休息室，还有男女运动员休息室、更衣室、卫生间。第三层安装声响、照明设施等。馆内有空调设备保持一定的室内温度。建筑基础采用灌注桩，楼体采钢筋混凝土结构框架。该体育馆主要任务是组织、安排市、区体育竞赛活动，也可举办国际、国内一般性体育竞赛和大型会议、文艺演出。

泰达第二体育场 [Tàidá Dì'èr Tǐyùchǎng]

在滨海新区泰达街道南部。东至北海路，西至北海西路，南至广达街，北至第二大街。因系天津经济技术开发区第二座体育场而得名。场馆于2005年建成。占地面积约30 600平方米，建筑面积约31 000平方米。场馆拥有8个篮球场，七人制、五人制笼式足球场各1个，笼式网球场1个，以及多功能球场、健身活动区、儿童游乐区、健身步道、半场网球墙等设施。

天津之眼摩天轮 [Tiānjīnzhīyǎn Mótiānlún]

在河北区永乐桥之上。东至海河东路，西至子牙河南路。因建桥上且达到最高点时可以把周边景色一览无余，名"天津之眼"。项目于2008年始建，2009年建成。主要景点有摩天轮，高度为120米，轮外挂装48个透明座舱，每舱可乘8个人，可同时供384人观光。摩天轮依靠电力驱动，匀速旋转，约28分钟旋转一周。地处海河三岔河口黄金地段的核心，是天津传统文化和民俗文化最集中的区域。周边拥有大悲院、古文化街、鼓楼、意式风情区、奥式风情区等天津重要的商贸旅游资源，也是海河水上游船观光区的起点。项目连接河北区与红桥区，是一座跨河建设、桥轮合一的摩天轮，兼具观光和交通功用。是天津市著名的旅游点，国家AAAA级景区。

津塔 [Jīn Tǎ]

在和平区海河河畔的天津金融城，大沽北路2号。东至大沽桥，南至兴安路，西至佳木斯道，北至海河。项目于2006年始建，2010年封顶，2011年建成。总建筑面积约34万平方米。写字楼高度336.9米，地上75层，地下4层。建筑为全钢结构超高层建筑，是天津市新地标。该楼设计借鉴了中国传统折纸艺术。

天津市和平区中心文化广场 [Tiānjīn Shì Hépíng Qū Zhōngxīn Wénhuà Guǎngchǎng]

在和平区北部，花园路环岛内，沿线与承德道、辽宁路、丹东路等相交。占地面积约1.6万平方米。1917年始建，原址为法租界海大道公园的一部分。1922年建成，时值第一次世界大战期间曾任法军总司令的霞飞来华访问，遂命名霞飞广场。1942年改为储存军用物资场地。1945年南京国民政府时期命名为中心公园，翌年改名罗斯福公园。新中国成立后，改名为中心公园。1964年改名为红领巾公园。1998年修建音乐喷泉和世界著名音乐家雕塑，并因位于市区中心更名。2010年增设木地板休闲区域，花木品种，园中种植草花，是典型的街心公园。该园呈圆形，是典型的法国规则式人工园林，园中心筑西式八角双柱石亭一座，周围以草坪环保陪衬，路面为火烧板石材，且结合声、光、电等多种技术。该广场是集文化休闲、儿童游乐、交友相亲等多重功能于一体的公共场所。附近通多路公共汽车和地铁3号线。

阳光广场 [Yángguāng Guǎngchǎng]

在河北区南部，东至金钟路，西至中山路，南至金纬路，北至金正公寓。占地面积5 000平方米。广场于2000年9月建成，取"阳光普照"之意命名。该广场由雕塑、绿地、花坛、喷泉组成。广场西北部有大型危改雕塑，柱顶名为“筑巢”的不锈钢装饰，象征人民安居乐业，纪念碑下的基座以放射形的红色大理石铺面。广场东部为扇形喷泉，设5组喷头，喷涌时水花成雪松状。绿地面积2 400平方米，广场铺装2 000平方米灰色花岗岩。广场东靠房产大厦，其余三侧隔街相邻低层楼房。阳光广场为集纪念宣传、文化传播、健身娱乐于一体的综合性广场。附近通多路公共汽车。

海河广场 [HǎiHé Guǎngchǎng]

在区境南部，紧靠海河北岸，东至解放桥，西至天津站，南至海河东路，北至铁路。占地面积103 000平方米。广场于1950年始建，为大型集会和节日游行场地，广场中央设检阅台。1960年五一劳动节毛主席曾在此接见市劳动模范，检阅游行队伍。1964年改建为半永久性建筑，1983年9月建成大型喷泉，1985年后曾建海河游乐场等设施，1994年9月检阅台拆除，2010年8月建成现广场，9月对外开放，成为市最大的广场公园。广场因位于市中心得名。园内有喷泉，主池为椭圆形，池中有红黄蓝绿四种颜色的水下彩灯，定时变换颜色。喷头采用音控、时控两套装置。广场南靠海河公园，北邻意式风情街，东西两侧多为高层大厦。中心广场为集休闲游览、文化传播、健身娱乐场于一体的广场。附近通多路公共汽车。

天津解放广场 [Tiānjīn Jiěfàng Guǎngchǎng]

在红桥区东南部，东至自忠路，西至金钢桥，南至通北路，北至海河华鼎公寓。广场占地面积约1.1万平方米，2001年建成，因纪念解放天津胜利会师得今名。四周为大面积绿地，中间为大型解放雕像：一名战士在吹响冲锋号，另一名战士把刺刀刺向天空，再现了解放军战士战斗时的英姿，以纪念1949年天津胜利解放这一历史事件。雕像周围的喷泉为旱式环形水池，池底由花岗岩装饰而成，广场上铺有网格状的大理石地面。公园西南角与绿化带连为一体，形成一道绿色的屏障，将公园与身边的闹市隔开。广场面朝大胡同和古文化街北门，背靠海河。解放广场为集爱国主义教育、展览演出、健身娱乐于一体的综合性广场。附近通公共汽车。

东丽区中心广场 [Dōnglì Qū Zhōngxīn Guǎngchǎng]

在东丽区西南部，津塘路和跃进路交口。东至跃进路，西至金乡里，南至栖霞道，北至津塘路。占地面积约5万平方米。广场于2003年命名，取“东方太阳升起的地方”之意。主轴线上的大型喷泉组群润化着周围的空气，主广场以近4米高的叠水平台为主景，叠台前方为浮雕“东乘丽风”，在主广场周边设有6组旱式喷泉，代表东丽区的六大支柱产业。叠台内侧设平台与水面以玻璃栏杆相隔，人们可凭栏远眺或近观叠水涌泉，或坐于台阶上，三两交谈。平台中心是“东起鹏程”的雕塑，雕塑以门、船、帆的抽象造型组成，意在表现东丽区作为天津东大门的重要地理位置和以水文化为主题的深厚历史及在新形势下强劲的发展势头。广场硬化铺地面积约3万平方米，水面、绿化面积约2万平方米，绿化覆盖率约为40%，种植各种树木花卉60余种，树种丰富、林木葱茏，景石、坐椅布置其间。该广场集休闲游览、文化传播、健身娱乐功能于一体。附近通多路公共汽车。

宝坻区文化广场 [Bǎodǐ Qū Wénhuà Guǎngchǎng]

在宝坻区中部，东城南路与广川路交口，东至东城南路，西至宝坻宾馆，南至广川路，北至瑞祥花园。广场占地面积为26 000平方米，2005年建成，俗称“荷花池”。该广场由荷花池、雕塑、喷泉、绿地组成，主景为直径18米的声控旱地喷泉，并配置了舞台、舞池，每当夜幕降临，整个广场灯光璀璨，人潮涌动，舞姿翩翩。广场有人民表演艺术家赵丽蓉铜像。该广场为集休闲游览、文化传播、健身娱乐于一体的广场。附近通多路公共汽车。

世纪广场 [Shìjì Guǎngchǎng]

在滨海新区中部。广场占地面积约2000平方米，于2000年建成，因建于世纪之交，呼应世纪大道，突出大港特点得今名。广场东部配置部分南方花木，北部波浪式流线型嵌草铺装，中部建旱式音乐喷泉，南部设柱廊表演台，西部为大面积草坪绿地，红屋顶欧式建筑点缀其间。该广场是集文化、休闲、锻炼于一体的新型城市公共空间。广场东临迎宾街，西临三春里小区，北临世纪大道，南临振兴路。附近通多路公共汽车。

凯旋王国主题游乐园 [Kǎixuánwángguó Zhǔtí Yóulèyuán]

在武清区中部，雍和道与翠通路交口。游乐园于2012年建成。占地面积约866 671平方米。园区一期占地约307 334.87平方米，以大型户外游艺设施为主，包括凯旋广场、激情游乐场、勇闯索马里、穿越无限、奇遇冒险、太空基地和童乐汇7个主题游乐区，32组游艺设备。二期占地约533 336平方米，以亲水型游艺设施为主，是室内外相结合的水主题公园。园区规模大、设备功能强、服务水平高，是集主题、文化、娱乐、休闲于一体的旅游综合基地。

文化公园 [Wénhuà Gōngyuán]

在武清区中部，雍阳西道与泉发路交口。公园于2009年始建，因以举行文化活动为特色，故名。公园于2010年建成，占地面积约273 000平方米，是一座集休闲、娱乐、健身等多功能于一体的生态型公园。整个公园以中心对称的设计手法，北静南动的设计理念，全力打造“一轴两区两馆”的景观格局。“一轴”即北入口、音乐喷泉、京津明珠主题雕塑、舞池和南入口，“两区”包括北部两侧的自然生态区和中部、南部的广场区域的休闲娱乐区。“两馆”为武清区影剧院和图博馆。该园是武清区人民举行文化活动的公园，主要景点有中央美院设计制作的“京津明珠”雕塑、自然生态区。京津明珠雕塑位于公园中心，由中央美院设计制作，红色的半球体雕塑与水中的倒影融合为一体，寓意武清各项事业如一轮红日冉冉升起。主体景区为自然生态区，规划面积约5.6万平方米，分为东、西两部分，由树木、假山、流水、小桥、亭台楼榭、雕塑小品等元素构成。园内种植各种树木170余种1.5万余株。公园与少年宫相连接，形成完整的综合型休闲场所，为市民提供了生态化、多样化的休闲空间。

第五部分　名胜古迹与纪念地

盘山烈士陵园 [Pánshān Lièshì Língyuán]

在蓟州区城西北部，蓟官路附近。陵园为纪念盘山抗日根据地烈士而建，经河北省委批准为“盘山烈士陵园”。园区于 1956 年始建，1986 年建招待所。占地面积约 20 万平方米，建筑面积约 5 403.5 平方米。主要建筑有烈士纪念塔、烈士墓区、烈士纪念馆、抗日战争斗争史展览。烈士陵园的建筑物保存良好，每年约有十余万人前来瞻仰，敬献花圈。陵园主要任务是存放烈士骨灰、收藏烈士遗物；撰写烈士事迹，供人们进行瞻仰，从事纪念活动，达到褒扬烈士进行革命传统教育的目的。盘山烈士陵园是蓟东有名的褒扬先烈教育后人的重要建筑之一，1962 年被公布为天津市文物保护单位，1989 年被公布为全国重点烈士纪念建筑物保护单位，1995 年被公布为天津市爱国主义教育基地，1996 年被公布为市级国防教育基地，1997 年被公布为全国爱国主义教育示范基地，2005 年被公布为全国红色旅游经典景区。

天津市烈士陵园 [Tiānjīn Shì Lièshì Língyuán]

在天津市北辰区外环线与铁东路交叉口处 5998 号。园区于 1955 年始建，初址建于北辰区北仓镇三义村，1971 年迁址于南开区水上公园内，2006 年选址新建陵园并正式开放。占地面积约 58 000 平方米，建筑面积约 8 000 平方米。陵园主要建筑有 32.6 米高的烈士纪念碑、7 000 平方米的烈士纪念馆、烈士骨灰馆、烈士祭悼厅、纪念广场和纪念平台 18 000 平方米。广场东侧有安葬了 2 994 具无名烈士骨灰的天津战役无名烈士墓区、英烈园、天津公安英烈墙，广场西侧建有在日殉难·烈士劳工名录墙和纪念雕塑、花冈暴动浮雕墙、雕塑；在日殉难·烈士劳工纪念馆旧址纪念亭、花冈暴动纪念景观河等。园内存放着 6 300 多位烈士的骨灰。绿化面积约 28 500 平方米，纪念馆北侧堆筑占地面积约 10 000 平方米的假山景观。园内风格古朴庄重，气势恢宏，假山掩映，翠柏长青。天津市烈士陵园于 2009 年被公布为全国重点烈士纪念建筑物保护单位和全国爱国主义教育示范基地、全国国防教育示范基地。2014 年在日殉难·烈士劳工纪念馆被公布为第一批国家级抗战纪念设施之一。

天津梁启超纪念馆 [Tiānjīn Liángqǐchāo Jìniànguǎn]

在河北区民族路 44、46 号。因在梁启超旧居基础上开辟，为纪念梁启超而建得名。旧居于 1914 年建成。梁启超（1873—1929 年），字卓如，一字任甫，号任公，又号饮冰室主人、中国之新民、自由斋主人。清光绪年间举人，中国近代思想家、政治家、教育家、史学家、文学家，戊戌变法（百日维新）领袖之一、中国近代维新派、新法家代表人物。建筑占地面积约 2 500 平方米，总建筑面积约 2 000 平方米。梁启超晚年居住于此，其去世后两栋房产先后卖出，后为百姓杂居，2001 年腾迁后按原貌修复，2003 年对外开放，是天津市第一个名人旧居纪念馆。2012 年纪念馆完成整体修缮和展览提升，由旧居和“饮冰室”书斋两部分组成。旧居设主题为《梁启超与近代中国》的展览，通过大量的历史文献、照片，并辅以蜡像、多媒体等手段展现了梁启超不同时期的思想变化、政治主张及学术成就。“饮冰室”书斋则通过百余件家具及生活用品的复原陈设，再现了梁启超当年工作及生活情景。该建筑为意式楼房，楼顶东侧建有八角形阁楼，梁启超曾在此和蔡锷密谋武装反袁。梁启超晚年于此撰写《清代学术概论》《中国史研究法》《中国近三百年学术史》等60多篇专著。该建筑为全国重点文物保护单位、天津市重点保护等级历史风貌建筑、国家AAA级旅游景区和天津市爱国主义教育基地。

周恩来邓颖超纪念馆 [Zhōu'ēnlái Dèngyǐngchāo Jìniànguǎn]

在南开区水上公园西路9号。该馆是为纪念缅怀周恩来、邓颖超两位新中国缔造者而建立的纪念馆。1978年在南开中学东楼建立了周恩来同志青年时代在津革命活动纪念馆。1994年在河北区觉悟社旧址旁、原河北区女星社旧址建立了天津邓颖超纪念馆。该馆于1998年建成。占地面积约70 000平方米，建筑面积约13 000平方米。建筑高21.3米，主体为3层，布局呈“工”字形，屋顶采取传统重檐形式并结合现代工艺，石材屋面，外檐镶嵌花岗石，色彩朴素淡雅。纪念馆基本陈列分为三大展区：主展厅、按1∶1比例仿建的北京中南海西花厅专题陈列厅和专机陈列厅。纪念馆于1998年被列为副局级事业单位，2004年获“全国爱国主义教育示范基地先进单位”称号，2008年获“国家一级博物馆”称号，2017年公布为全国文明单位。

平津战役纪念馆 [Píngjīn Zhànyì Jìniànguǎn]

在红桥区平津道8号。此馆为纪念平津战役伟大胜利而修建名。故该馆于1994年始建，1995年工程奠基，1997年建成。聂荣臻元帅为纪念馆题写馆名，江泽民、李鹏、张万年、迟浩田、刘华清、张震为纪念馆题词。占地面积约4.7万平方米，建筑面积约1.4万平方米。纪念馆由胜利广场、主展馆、多维演示馆和军威园四部分组成。主展馆陈列内容共分为：战役决策、战役实施、人民支前、伟大胜利、英烈业绩五个部分，展线总长740延长米，展出历史照片400余幅，历史文物2 000多件，以及多媒体、电动沙盘、旧址复原、景观、雕塑、绘画等辅助展品；多维演示馆是目前亚洲第一大球体建筑，高43米，直径50米，运用声、光、电高科技与多元化的视听艺术手段，全景式演示了平津战役的多维空间和历史画面。军威园坐落在平津战役纪念馆西侧胜利花园内，占地面积约7 000平方米，总体呈长方形，四周护栏按船舷形式设计制作，远远望去好似一艘大型航空母舰。园内陈列中国人民解放军捐赠的大型兵器展品。该馆于2013年被公布为国家AAAA级旅游景区。

南开学校旧址 [Nánkāi Xuéxiào Jiùzhǐ]

在南开区兴南街道南开四马路西侧。建筑于清光绪三十年（1904年）建成，现为南开中学伯苓楼。建筑面积约960平方米。现存南楼、东楼、北楼、瑞庭礼堂四栋建筑，原是我国近代教育家严范孙创办的私立中学用房。东楼为校旧址主要建筑，二层砖木结构的楼房，坡屋顶，外立面以青砖镶嵌红砖饰面。该建筑形体简单，细部繁复，为典型的古典建筑风格，仿罗马式但又具有中国民族装饰的特点。旧址为国务院1996年公布的第四批全国重点文物保护单位，2005年被公布为天津市特殊保护等级历史风貌建筑。

盐业银行（天津分行）旧址 [Yányè Yínháng(Tiānjīn Fēnháng) Jiùzhǐ]

在和平区赤峰道12号，以其曾为盐业

银行营业大楼得名。该楼于1925年始建，1915年创办，同年天津分行开业，1928年总行迁至天津，1934年总行迁至上海。旧址初系盐务专业银行，后改为普通商业银行，系著名的“北四行”之一。主要业务为存放款，并以巨额资金购入国内公债后外币债券，获利甚巨。中华人民共和国成立后，于1952年加入金融业全行业公私合营，成立公私合营银行天津分行，该行遂宣告结束。原址现为天津市工商银行使用。占地面积约800平方米，为钢筋混凝土砖混结构建筑，设有地下室。建筑外部面阔七间，外立面以红砖墙为主调，两边尽端略用块石饰壁柱来装饰，壁柱柱头装饰有雕饰。外部中间五间有二层高的爱奥尼克柱，柱子上方作檐壁、檐头。建筑三层窗头用三角形山花装饰，最上端设有花瓶栏杆式女儿墙。其余三面装饰简单，红墙局部用白色腰檐和白色窗套装饰。门窗洞口较大，一层为弧形拱券，二、三层为方窗。整体建筑平面为近似矩形，入口两侧采用爱奥尼克巨柱支撑的空廊，檐部阁楼使用方柱，上下呼应，为罗马古典复兴的建筑风格。建筑入口门廊采用希腊山门手法，由山花、倚柱、台基等装饰物组成。内廊柱为罗马科林斯柱。一层为科林斯柱廊的八角形大营业厅，大厅内部顶棚用黄金等材料构成“蓝天飞凤满天星”图案。窗户上的彩绘刻画的是由比利时彩色玻璃拼成的“盐滩晒盐”画面，图案精美并呼应了盐业主题。大厅内部的地面、廊柱、营业台都由大理石砌成。该建筑为国务院2006年公布的第六批全国重点文物保护单位。

天津利顺德饭店旧址 [Tiānjīn Lìshùndé Fàndiàn Jiùzhǐ]

在和平区解放北路199号。饭店以“利顺以德”之意得名。饭店于清光绪十二年（1886年）始建，早年为德商投资，后改为中外合资的股份制企业；1925年重建，是当时租界中设施最为考究的饭店，中外名人来天津多在此下榻。日伪政府时期改名“亚细亚饭店”。抗日战争胜利后恢复原名。新中国成立后，先后改名“天津大饭店”“天津饭店总店”及“天津饭店”，一度成为接待来津外国元首的宾馆。1984年饭店恢复原名。1987年在旧楼东侧接建新楼，2009年旧楼立面恢复原貌。此饭店专门开辟了700余平方米的酒店博物馆，讲述酒店的历史，内藏著名客人的珍贵画像和文献史料，如中国最早使用的电灯、电话、电梯和数字统计机，以及慈禧赐予饭店早期股东的一品顶戴花翎，溥仪欣赏音乐的留声机，宋庆龄弹奏过的钢琴，藏传佛教的金佛像，意大利文艺复兴时期的雕花长椅等丰富文物，展示了天津租界时期的风貌。目前，利顺德博物馆每天开放，供酒店住客免费参观。旧址为国务院1996年公布的第四批全国重点文物保护单位，2005年被公布为天津市特殊保护等级历史风貌建筑。

北洋水师大沽船坞遗址纪念馆 [Běiyángshuǐshī Dàgū Chuánwù Yízhǐ Jìniànguǎn]

在滨海新区西沽大沽坞路27号天津市船厂之内，因原址为北洋水师大沽船坞得名。清光绪六年（1880年）北洋大臣直隶总督李鸿章在大沽筹建船坞，也称海神庙船坞，是继福建马尾船政、上海江南船坞后中国第三所近代造船所，也是中国北方最早的船舶修建厂和重要的军火基地。清光绪十一年（1885年），大沽船坞不仅修船，而且可以自己造船。清光绪八年至十六年（1882—1890年）间共造乾雷艇、挖泥船等

15 艘。清光绪十年（1884 年）起，船坞承修海防工程，清光绪十七年（1891 年）制造枪炮、水雷等，实际上又成了一座军火工厂。清光绪二十六年（1900 年）八国联军入侵后占领船坞，清光绪二十八年（1902 年）交还中国。1913 年船坞改名为"海军部大沽造船所"，1913—1923 年改建为天津船厂。现"甲"字船坞保存完好。2000 年纪念馆动工，2000 年建成。占地面积约 1 200 平方米，展厅面积约 1 000 平方米。该馆包括中国近代修造船设备和船坞遗址、海神庙遗址两部分。馆内拥有中国第一座板基泥坞大型沙盘，中国海军第一艘潜水艇模型，展现了中国北方第一代产业工人的卓越创造力以及中国近代船舶建造的智慧。纪念馆收集了建坞初期进口的机床、大沽口防御砖，保留了建厂初期的厂房，还有当年李鸿章亲自栽下的两株百年古杨树等，再现了百年船坞的原始风貌。北洋水师大沽船坞遗址纪念碑于 2003 年 10 月在天津船厂落成。碑体高 1.8 米，宽 5.1 米，厚 1 米，采用曲阳优质花岗岩制造，重达 25 吨。碑中详细记载了北洋水师大沽船坞的创建背景、发展历程、历史地位及北洋水师大沽船坞遗址纪念馆、北洋水师大沽船坞遗址纪念碑的创建过程。遗址于 2018 年入选第一批中国工业遗产保护名录。海神庙遗址为天津市文物保护单位。

中共天津历史纪念馆 [Zhōnggòng Tiānjīn Lìshǐ Jìniànguǎn]

在和平区山西路 98 号，以其为纪念中国共产党在天津的建立和发展而建馆得名。纪念馆于 1961 年始建，原址在长春道普爱里 21 号，名"中共天津建党纪念馆"。1998 年闭馆，2001 年迁址于此，并更今名。占地面积约 933 平方米，建筑面积约 1 750 平方米，共设五个展室和一个声像厅。该馆展出了 1919—2001 年中共天津建党的历史，包括不同时期共产党人的革命史、斗争史和建设史。馆藏 450 多幅珍贵的历史照片、图表和大量的历史文物，以及真实的影像资料。陈列品内容丰富，层次分明，客观生动地展示了五四运动以来中国共产党领导天津人民进行革命、建设和改革的奋斗历程及取得的辉煌业绩，同时，也浓墨重彩地展示了李大钊、刘少奇、周恩来、张太雷、彭真、姚依林、于方舟、江浩等老一辈无产阶级革命家在天津从事革命活动的有关情况和丰功伟绩。该馆是天津市唯一的地方党史展馆，也是一处重要的爱国主义教育基地。

解放天津会师纪念地 [Jiěfàng Tiānjīn Huìshī Jìniàndì]

在河北区建国道西端，与水阁大街相连，因其曾为解放天津的胜利会师地，依文物命名规范而得名。1949 年中国人民解放军向天津国民党守军发起总攻，解放军采取"东西对进，拦腰斩断，先南后北，各个歼灭"的战略方针，经过 16 小时的激战，至 15 日凌晨 2 时，东西对进主攻部队在金汤桥上胜利会师，宣告天津战役取得决定性胜利。1984 年在金汤桥东端南侧修建纪念碑。纪念碑为豆青色水磨石面，基座上方是白色方柱横托。方柱前后嵌着铜牌，正面镌刻着"解放天津会师纪念地"，背面镌刻说明文字。纪念地于 1991 年被公布为天津市文物保护单位。

王兰庄天津学生抗日救亡义务教育点纪念地 [Wánglánzhuāng Tiānjīn Xuéshēng Kàngrì Jiùwáng Yìwù Jiàoyùdiǎn Jìniàndì]

在西青区王兰庄花园 7 号别墅内，因一

二·九运动而得名。1936 年夏，在一二·九运动推动下，北洋中学、南开大学、法商学院、三八女中、中西女中、女子师范、汇文中学、扶轮中学等校的进步学生，响应中国共产党的号召，走知识分子与工农相结合的道路，在本市王兰庄、小园、姜井等地开展义务教育，进行抗日救亡宣传，为本村培养了抗日骨干力量，为当年秋季在王兰庄建立党组织奠定了基础。纪念地占地面积约 1 666.75 平方米，主要景展出图片和文字，被公布为国家 AA 级纪念地。

原工商学院教学楼 [Yuán Gōngshāng Xuéyuàn Jiàoxuélóu]

在和平区马场道 117~119 号 21 号楼，以其曾为原工商学院教学大楼得名。建筑于 1920 年始建，初名工商大学；1925 年成立工、商两科，1933 年改名为天津工商学院；1937 年设建筑系；1948 年改名私立津沽大学；1970 年原址更为天津外国语学院。建筑面积 4 917 平方米，是一座 3 层带地下室混合结构的英式建筑。大楼坐南朝北，正面面对马场道，建筑平面为对称形式，中间高，四周低，似“工”字形，外立面为古典构图原则模式，清水砖墙并以大块蘑菇石修饰，顶部为曼塞尔式红瓦坡顶，屋顶内部为法国孟莎结构穹顶。屋顶前后的墙上各嵌有一座巨大的圆钟，圆钟两侧和上方分别采用巴洛克的券罩和断山花加以防护和装饰。建筑主门厅居于正中，正厅内悬有利玛窦、南怀仁画像，墙壁正中悬挂着南怀仁绘制的巨幅《坤舆万国全图》。主楼 1~3 层主要为教室、备课室和办公室。主楼西翼内部建有小教堂，并设有单独入口。教堂顶部采用半穹顶。该建筑于 1997 年被公布为天津市文物保护单位，2005 年被公布为天津市特殊保护等级历史风貌建筑。2013 年被国务院公布为第七批全国重点文物保护单位。

庆王府旧址 [Qìngwángfǔ Jiùzhǐ]

在和平区重庆道 55 号，因其曾为最后一代庆亲王载振的居所得名。建筑于 1923 年始建，1925 年载振迁居天津，购得清宫最后一名总管太监小德张自建楼房一所，人称“庆王府”。载振（1876—1947 年），字育周，庆王奕劻子，加封贝子衔，清光绪二十八年（1902 年）出使英国，清光绪三十三年（1907 年）奉派赴东三省查办事件。1917 年庆亲王奕劻病故，载振承袭庆亲王爵衔。房屋为砖木结构，局部 3 层，平屋顶，带地下室，楼房及附属平房共 94 间。占地面积约 4 385 平方米，总建筑平面为矩形。房屋为南北向，中间是中空到顶、面积约 350 平方米的长方形大厅，大罩棚式厅顶。一、二层房间及大厅周围环绕设置而成。东、西、南、北四面开间，均为“明三暗五”对称排列。一楼除大厅、客厅外，多为住房。二楼属附属房间。局部三屋的八间房，是载振加盖上去的，专做祭祀和供奉祖先的影堂。二楼大厅四周设有列柱式回廊。从东、西、北三面穿堂过厅，厅堂相通，给人一种幻化的空间叠进的巧妙感觉。楼东是花园，建设有传统的六角凉亭。楼北正中门厅为主入口，青条石垒就的”宝塔式”高台阶，望之气象威严。该楼于 1991 年被公布为天津市文物保护单位，2005 年被公布为天津市特殊保护等级历史风貌建筑，2013 年被国务院公布为第七批全国重点文物保护单位。

女星社旧址 [Nǚxīngshè Jiùzhǐ]

在河北区中山路达仁里 2 号。旧址因曾为女星社活动地，依文物命名规范得名。房屋建于民国初年，1923 年邓颖超在此创办女星社。1992 年迁至宙纬路三戒里 46

号，辟建天津邓颖超纪念馆，后改为河北区发展史馆。占地面积约216平方米，为砖木结构两合六间民宅院落。复原后的女星社旧址是一处青砖瓦房院落，由门厅和两个贯通起来的小院组成。门楼上方挂着江泽民亲笔题写的“天津邓颖超纪念馆”匾额，左墙镶有“女星社旧址”的大理石标志牌。院中矗立着邓颖超青年时代的半身铜像。纪念馆以丰富的史料、文物和大量的照片详细地介绍了邓颖超光辉的一生。该建筑为天津市文物保护单位、天津市重点保护等级历史风貌建筑。

觉悟社旧址 [Juéwùshè Jiùzhǐ]

在河北区宙纬路三戒里49号，因曾为觉悟社活动地，依文物命名规范得名。1919年周恩来、马骏等在此创办觉悟社。1984年“天津觉悟社旧址陈列馆”在觉悟社旧址上设立，后更名为“天津觉悟社纪念馆”，1982年被列为天津市文物保护单位。1986年邓颖超同志专程来馆视察并亲题馆名。2012年纪念馆进行了全面修缮和展览提升改造。占地面积约450.5平方米，建筑面积约298.1平方米。馆内展陈分为复原陈列和辅助陈列两部分。复原陈列根据邓颖超等社员的回忆摆放了家具、用品以及社员抓阄用的铁盘和纸阄等，再现了社员们当年活动的场景。辅助陈列则展出珍贵文物、历史照片和文献等，辅以电子书、定向音场等多媒体手段，全方位展示觉悟社的历史沿革。旧址成为对青少年进行爱国主义、革命传统教育的基地，以及天津市重点保护等级历史风貌建筑。

中共北方局旧址 [Zhōnggòng Běifāngjú Jiùzhǐ]

在和平区黑龙江路隆泰里19号。房屋于1915年建成，是中共北方局1936—1937年在津的办公驻地，也是刘少奇同志任北方局书记期间居住过的地方。占地面积约121.22平方米，建筑面积约202.16平方米。房屋为里岗式砖木结构二层楼房中的一个院落，隐蔽性强，中共中央北方局遂选址于此。西南侧隆泰里两胡同之间的临街处一幢二层楼房。楼下前后门相通。当年，楼下是惠兴德裁缝店，二楼临街有三个窗户，左边第一个窗户的房间，就是刘少奇居住的地方，他以教书先生因病休养的名义住在这里。屋内有一张木板床、一个小方桌、两把藤椅、四把木椅和一个煤球炉，后来为符合居室主人的身份，又添了一个大衣柜。旧址于1982年被公布为天津市文物保护单位。

中共中央在津秘密印刷厂旧址 [Zhōnggòng Zhōngyāng Zàijīn Mìmì Yìnshuāchǎng Jiùzhǐ]

在和平区唐山道47号，以其曾为中共中央在天津的秘密印刷厂而得名。印刷厂于清光绪二十六年（1900年）建成。1928年在中共顺直省委的安排下，对外以“华新印刷厂”之名，将中共中央秘密印刷厂转移至此，由毛泽民夫妇负责，专门印刷党中央的刊物和各种宣传品。1931年毛泽民回上海，不久该厂亦停办。印刷厂为一幢一院两厢的二层楼房，前门靠马路，后门靠胡同，胡同内有5个出口处。旧址于1982年被公布为天津市文物保护单位，2009年被公布为天津市重点保护等级历史风貌建筑。

平津战役前线司令部旧址 [Píngjīn Zhànyì Qiánxiàn Sīlìngbù Jiùzhǐ]

在蓟州区礼明庄镇孟家楼村。1948年为部署平津战役，定为平津战役的指挥中心。1969年为了纪念平津战役胜利20周年，在孟家楼村修建了平津战役纪念厅，共建平房 12 间，门楼两座，占地面积约 26 666.67 平方米。2009 年旧址修建。占地面积约 1 000 平方米。该宅为砖木结构，院落狭长，东西厢房排列有序，正房为穿堂式，一明两暗。其东西厢房供作战、机要及警卫人员居住；东次间为前委书记、司令员林彪居住；西次间设为作战室。屋顶架设防弹铁丝网。平津战役历时两个多月，共歼灭和改编国民党军队 52 万余人，基本上解放了华北全境。孟家楼这个指挥中心从此被载入史册。孟家楼平津战役前线司令部见证了解放战争，也是军民前仆后继、支援前线并建立卓越功勋的历史见证。旧址于 1991 年被公布为天津市文物保护单位，2008 年被公布天津市重点保护等级历史风貌建筑。展品的征集和布展弘扬了红色文化，继承和发扬了优良传统，使旧址成为一处爱国主义教育基地和红色旅游景点。

平津战役天津前线指挥部旧址 [Píngjīn Zhànyì Tiānjīn Qiánxiàn Zhǐhuībù Jiùzhǐ]

在西青区杨柳青镇药王庙东大街 4 号。1948 年平津战役天津前线指挥部设在此处并在此制定解放天津作战方针。此地原是戴姓民宅，旧式两进四合院，青砖木结构，1980 年旧址整修复原，建陈列馆，是近现代重要史记代表性建筑。建筑面积约 384 平方米。旧址于 1962 年被列为河北省文物保护单位，1982 年被公布为天津市文物保护单位，1984 年被公布为天津市爱国主义教育基地、国防教育基地、西青区青少年爱国主义教育基地，2011 年被评为国家 AA 级景区，中国共产党成立 90 周年时对外开放。

文化部静海五七干校旧址 [Wénhuàbù Jìnghǎi Wǔqī Gànxiào Jiùzhǐ]

在静海区东部，团泊镇薛家房子村西侧。文化部五七干校由原八个协会和戏曲研究室、电影剧本创研室、音乐出版社、音乐研究所等 12 个文艺单位的七百余人组成。1969 年建在河北省怀来县文化部五七干校于 1970 年迁址到宝坻，交由北京军区代管，根据周恩来总理指示，转由河北省军区宣传队进驻。同年，五七干校迁至静海团泊洼原属于河北省新生农场的孵化场，至 1975 年全部学员离校止。该场地现由大港油田团泊洼开发公司管理使用。占地面积约 10 000 平方米，建有房屋 100 余间，现旧址断壁残墙，水闸、水塔、门楼等尚在，门楼两侧字迹模糊，大院墙体字迹剥落，隐约可见“深挖洞，广积粮”等字。旧址于 2013 年被公布为天津市文物保护单位。

法国公议局旧址 [Fǎguó Gōngyìjú Jiùzhǐ]

在和平区承德道 12 号，因其曾为旧法租界公议局办公大楼得名。1929—1931 年始建。公议局原为法租界工部局下属的秘书部和工程部；后改组为法租界公议局，下设秘书长及工程、捐务、会计三处，分别负责租界内的土木建筑工程，各种税收及财务收支；附设巴斯德化验所，承接各种医学化验。现为天津市文化广播影视局，天津市文物局。占地面积约 2 700 平方米，建筑面积约 3 700 平方米，是一座古典复兴式、3 层混合结构的建筑。其中，大楼中部为 3 层，两翼为 2 层并设有半地下室。因此，大楼立面的古典主义三段式设计很明显，中央主体突出，左右两翼对称。在外立面方面，整幢建筑外墙面用仿花岗岩块砌筑并以宽而深的凹槽分隔饰面，而大楼底层的基座里面采用花岗石镶面。建筑主入口为三个半圆拱券的铁花大门。正门大厅内设有黑白相间的大理石宽大台阶，汉白玉扶手，双瓶式栏杆，彩色大理石地面。二层中央设有六根爱奥尼克柱式空廊，柱面下部以宝瓶式栏杆连接，其腰线、窗眉、檐口多花饰，檐部左右两端各有三角形断山花，山花内有花饰盾徽。井字梁带花饰顶棚，配以彩色轧花玻璃采光窗，内装古朴华丽的八角形吊灯、半圆形铜壁灯和各种灯具。二楼大厅墙上有六根圆形壁柱，地面铺人字地板。顶棚中间为彩色轧花玻璃窗，四周墙壁上半部亦以轧花图案装饰。该建筑为一座巴洛克风格的罗马古典复兴主义建筑，1997 年被公布为市级文物保护单位，2005 年被公布为天津市特殊保护等级历史风貌建筑，2006 年被国务院公布为第六批全国重点文物保护单位。

英国公学旧址 [Yīngguó Gōngxué Jiùzhǐ]

在和平区湖北路 59 号，因其曾为旧英租界当局为天津英国侨民开办的子弟学校得名，亦称“英国文法学校”。学校于清光绪三十一年（1905 年）始建，系初天津英国侨民捐办；其前身为创办于 19 世纪末的安立甘教会学校，同年迁校址于旧英租界怡丰道（今湖北路），1927 年在此建新校舍。第二次世界大战期间，学校被日本占领当局接收，改为日本公学，1955 年改为天津市第二十中学。《中国建设》杂志总编辑爱泼斯坦即毕业于该校。主楼全部建筑面积约 4 967 平方米，教学大楼总建筑面积约 3 800 平方米。建筑主体为 2 层砖混结构，局部 3 层，部分带半地下室。砖墙和柱子承重，现浇钢筋混凝土和钢筋混凝土小肋空心砖楼板，木屋架，多坡筒瓦屋顶，雨水暗排。该建筑坐北朝南，其正面和背立面均为对称式，外檐高级装饰，首层窗户为拱券形，2 层以上的窗户为矩形。底部为基座，采用仿青石的斩假石，显得稳重、坚实。基座之上外檐是仿花岗石的水刷石大块分格，石头的质感很强。钢筋混凝土檐口，饰以水平线脚。外檐四周有两种不同形式的壁柱相间排列。该建筑于 2005 年被公布为天津市重点保护等级历史风貌建筑，2013 年被国务院公布为第七批全国重点文物保护单位，现为天津市第二十中学主教学楼。

北洋大学堂 [Běiyáng Dàxuétáng]

在红桥区丁字沽光荣道 2 号河北工业大学院内。1933 年建南楼，1936 年建北楼和团城。团城是校长宿舍。南楼与北楼均为砖混结构 3 层楼房，南楼建筑布局为古典对称构图，占地面积约 2 290 平方米，建筑面积约 4 902.5 平方米；北楼强调竖向构图，占地面积约 2 390 平方米，建筑面积约 4 805.1 平方米；团城为砖木结构平房，红瓦坡顶，青砖墙面，占地面积约 773 平方米，建筑面积约 515.4 平方米。主体层数为 1 层。3 幢建筑被公布为天津市重点保护等级历史风貌建筑，2013 年被国务院公布为第七批全国重点文物保护单位。

徐世章旧宅 [Xúshìzhāng Jiùzhái]

在和平区睦南道 122 号，因其曾为著名文物收藏家徐世章的居所得名。1921 年始建。徐世章（1886—1954 年），字瑞甫，毕生酷爱收藏，去世后家属遵其遗愿，将所藏古玉、砚、玺印等珍贵文物及书籍共 2 000 余件全部捐献给国家。建筑面积约 1 295 平方米，为一座 3 层砖木混合结构摩登式建筑。建筑内部设有书房、舞厅、客厅和餐厅等。建筑四周原设有庭院式花园内设假山和小亭，四周设有透景式花墙。该建筑于2005年被公布为天津市重点保护等级历史风貌建筑，2013年被国务院公布为第七批全国重点文物保护单位。

曹锟旧宅 [Cáokūn Jiùzhái]

在和平区洛阳道45号，因曾为北洋政府大总统曹锟的居所而得名。建筑于1923年始建。曹锟（1862—1938年），字仲珊，天津人。清光绪八年（1882年）投新建陆军，后被选送天津武备学堂深造。1920年直皖战争，皖系失败，曹锟以直隶督军兼直鲁豫三省巡阅使，成为直系首领。1923年其贿赂国会议员当选总统，1926年后隐居天津。建筑占地面积约900平方米，建筑面积约1 153平方米。该建筑为2层砖瓦楼房，带地下室，共有楼、平房42间，主楼前檐有4根钢筋混凝土立柱，塑有花纹。外墙镶黄色瓷砖，内部装饰考究，雕刻有花卉、动物等图案，整座楼房富丽堂皇，至今保存完好。该建筑于2004年被公布为天津市和平区文物保护单位，2005年被公布为天津市重点保护等级历史风貌建筑，2013年被国务院公布为第七批全国重点文物保护单位，现为天津市文化局幼儿园使用。

吴颂平旧宅 [Wúsòngpíng Jiùzhái]

在和平区南部，昆明路117号，以其曾为富翁吴颂平的居所得名。建筑于1934年始建。吴颂平，名熙忠，江西婺源人。天津早期四大买办之一吴调卿长子。清光绪三十年（1904年）毕业于北洋巡警学堂，捐得候补知府衔，后赴美学习军事，回国后任山西教育厅长。日伪统治时期，其任日资企业大华煤油公司常务董事。该楼由奥地利建筑师盖苓设计，为砖木结构2层楼房（局部3层），平面呈八字形，红瓦坡顶，外檐为混水墙面，局部琉缸砖清水墙。立面构图简洁朴素，形体特点鲜明，高耸的双坡顶错落有致，建筑整体大方端庄。该建筑具有欧式乡村别墅风格，早年在庭院内设有喷泉、小亭，并种植各种名贵花草树木。2005年被公布为天津市重点保护等级历史风貌建筑，2013年被国务院公布为第七批全国重点文物保护单位。

龚心湛旧居 [Gōngxīnzhàn Jiùjū]

在河北区胜利路20号，因其曾为龚心湛住宅，依文物得名。该建筑于1920年始建，1926年龚心湛脱离政界后寓居于此。1937年曾租与抗日名将李文田，其在此召集天津军政要员共谋抗日大计，联合签署并向全国发布抗日通电，史称“七人军事会议”。龚心湛（1871—1943年），字仙舟，安徽省合肥人。1919年任北洋政府财政总长兼代理国务总理。1924年任段祺瑞政府内务总长，1925年任交通总长。建筑为砖木结构，2层带地下室，坡顶出檐，上筑老虎窗，南侧1层有平顶外跨阳台。2009年被公布为天津市一般保护等级历史风貌建筑，河北区文物保护单位。

高树勋旧宅 [Gāoshùxūn Jiùzhái]

在和平区睦南道141号，因其曾为著名爱国将领高树勋的居所得名。高树勋（1898—1972年），著名爱国将领，新中国成立后任全国政协委员，国防委员会委员及河北省副省长。建筑占地面积约1 275平方米，建筑面积约614平方米，为砖木结构2层英式别墅，局部为3层，建筑两侧为平面，中间立面有凸起的半圆形玻璃窗。建筑左侧设有伞状塔楼，屋顶为红瓦坡顶并设有外露的半木屋架构件。外立面为琉缸砖清水墙面和浅色混水墙面搭配，院内花木扶疏，柏树四季常青。该建筑于 2004 年被公布为区级文物保护单位，2005 年被公布为天津市重点保护等级历史风貌建筑，2013 年被国务院公布为第七批全国重点文物保护单位。

金邦平旧宅 [Jīnbāngpíng Jiùzhái]

在和平区重庆道 114 号，以其曾为政治活动家金邦平的居所得名。金邦平，字伯平，安徽黟县人。早年留学日本，回国后任翰林院检讨、北洋常备军督练处参议；晚清预备立宪，任天津府自治局督理、资政院秘书长。辛亥革命后，任中国银行筹办处总办，农商次长兼全国水利局副总裁，农商总长。去职后寓居天津，致力实业，曾任天津启新洋灰公司经理，耀华学校校长等职。现为办公用房。该建筑是 2 层砖木结构仿德庭院式楼房，局部为 3 层。外立面为清水墙面，建筑 2 层中部设有梯形阳台。建筑顶部为多坡屋顶，左侧为陡牛舌瓦顶，右侧为大筒瓦顶，并设有老虎窗。进门大厅出地面铺有彩色马赛克。2005 年被公布为天津市重点保护等级历史风貌建筑，2013 年被国务院公布为第七批全国重点文物保护单位。

孙氏旧宅 [Sūnshì Jiùzhái]

在和平区大理道 66 号，以其曾为安徽寿州孙氏家族的居所得名。建筑于 1931 年始建。安徽寿州孙氏是清末民初新兴的家族实业集团，孙多鑫（1864—1907 年）、孙多森（1867—1919 年）、孙多钰（1882—1951 年）均系光绪帝师孙家鼐之侄孙。孙多鑫曾任直隶官银号总办，孙多森曾任直隶劝业道、中国银行总裁，孙多钰曾任中孚银行总经理天津英租界工部局董事，以经营面粉业著称。此宅为孙多森长子孙震方所建。现为和平宾馆主楼，砖木结构，3 层别墅式楼房，建筑面积约 3 996 平方米，平面呈“∩”形，琉缸砖墙体，三角坡顶，上开天窗，入口设于中部，上为露天阳台，整体对称，风格典雅。该楼系西班牙乡村别墅式建筑风格，占地面积约 3 431 平方米，建筑面积约 1 917 平方米，该宅砖木结构，有主楼、配楼 2 幢。主楼 3 层，平面呈凹字形，正立面为对称式，门厅居中。琉缸砖清水墙面，花岗岩台阶。木檐口，木屋架，瓦楞铁坡屋顶，分设于东西两侧。院宇宽阔，院内有成排的白杨树、院府海棠、藤萝花架的甬道和小型游泳池。水波状的白色拉毛院墙具有浓郁的地中海风情。2005 年被公布为天津市特殊保护等级历史风貌建筑，2013 年被国务院公布为第七批全国重点文物保护单位。

周叔弢旧宅 [Zhōushūtāo Jiùzhái]

在和平区睦南道 129 号，以其曾为著名爱国民主人士周叔弢的居所得名。建筑于 1938 年始建。周叔弢（1891—1984 年），名暹，安徽东至人，著名实业家和收藏家，晚清两江总督周馥之孙。青年时起即随叔父周学熙经营实业。先后四次将珍藏的古籍善本图书约 4 万册，古玺、印章、字画等文物 1 000 余件捐献国家。建筑为 2 层砖木结构别墅，顶部为红瓦坡顶，外立面为琉缸砖清水墙面，楼房和院落紧凑而舒展，建筑外形精巧别致而简洁大方。建筑一楼为客厅和饭厅，二楼为卧室和办公室。该建筑于 2004 年被公布为和平区文物保护单位，2005 年被公布为天津市重点保护等级历史风貌建筑，2013 年被国务院公布为第七批全国重点文物保护单位。

张自忠旧宅 [Zhāngzìzhōng Jiùzhái]

在和平区成都道 60 号，以其曾为著名爱国将领、革命烈士张自忠居的所得名。建筑于1930年始建。张自忠（1891—1940年），字荩忱，著名抗日爱国将领。青年时投笔从戎，后参加北伐战争。1933年日军进攻长城各口，率部在喜峰口英勇抗敌。1936—1937年任天津市市长。七七事变后，参加鲁南台儿庄会战及武汉保卫战，并转战于鄂西、豫南。1940年与日军主力遭遇，英勇作战，最终壮烈牺牲，遗体安葬重庆，延安各界举行了追悼大会，毛泽东主席亲笔题写“尽忠报国”的挽词。抗战胜利后，天津市将旧日、法租界沿海河三段道路顺接，命名为张自忠路。新中国成立后，追认其为革命烈士。建筑占地面积约2870平方米，建筑面积约1 999平方米，是一座庭院式的小洋楼，主体建筑为砖木结构的2层西式楼房（局部3层），楼前面用立柱支撑上下两层内廊，楼两侧有对称的外凸多边形房间。房子立面处理遵循现代简约风格，采用天津地方材料，造型朴实无华。院落里种植了各种花草，花园设计和绿化布置极为讲究。该建筑于2004年被公布为和平区文物保护单位，2005年被公布为天津市重点保护等级历史风貌建筑，2013年被国务院公布为第七批全国重点文物保护单位。

卞万年旧宅 [Biànwànnián Jiùzhái]

在和平区云南路57号，因曾为著名医学家卞万年的居所得名。建筑于1937年始建。卞万年，江苏仪征人，系著名银行家卞白眉四子，曾就读于新学书院，1931年毕业于北平协和医学院，任住院医师。在英租界开设恩光医院，任院长，擅内科及心脏科。后移居美国。主体建筑为砖木结构2层楼房，属英格兰乡村别墅建筑风格，建筑面积约889平方米。整幢楼坐东朝西，立面为3层人字形组合造型，顶部为人字形大坡瓦顶，层次分明，错落有致。室内为菲律宾木地板、木楼梯、三槽窗，内装修十分考究，设施完善。该址院落宽敞，遍植花草，景色优美，环境幽静。2005年被公布为天津市重点保护等级历史风貌建筑，2013年被国务院公布为第七批全国重点文物保护单位。

陈光远旧宅 [Chénguāngyuǎn Jiùzhái]

在和平区大理道48号，因其原为陈光远晚年居所得名。建筑于1923年始建。陈光远（1873—1939年），字秀峰，天津武清人，毕业于天津武备学堂，任北洋常备军军政司总务处总办，第四镇统制。辛亥革命后，历任总统府咨议官，赤峰镇守使，京津警备司令，江西督军等职。去职后退居天津，投资工商业和房地产业；并在故乡崔黄口大起宅第。这是一座2层（局部3层）的欧式现代风格建筑，平面布局不规则，立面高低错落，外墙用浅色混水墙面与深色琉缸砖搭配，简洁大方，颇具现代建筑风格。尤其引人注目的是2层凸出于3层，2层上有一大型露台，3层楼顶有一琉璃瓦八角凉亭，使整个建筑呈现出中西合璧的特点。该建筑现为天津市机关幼儿园使用，于2004年被公布为和平区文物保护单位，2005年被公布为天津市重点保护等级历史风貌建筑，2013年被国务院公布为第七批全国重点文物保护单位。

林鸿赉旧宅 [Línhónglài Jiùzhái]

在和平区大理道42~44号，因其曾为天津中国银行经理林鸿赉的居所得名。建筑于1920年始建。林鸿赉（1900—1981年），字庶希，浙江宁波人，毕业于天津新学书院及清华大学经济系，赴美深造；后调任天津中国银行，任经理；又任中孚银行经理。新中国成立后，在河北财经学院国际贸易系任教。其居所为南京国民政府海关总署署长张福运所赠。建筑为3层砖木结构楼房，外立面为清水墙面，线条简洁，设计大方。室内有菲律宾木地板和楼梯。该建筑2006年被公布为天津市一般保护等级历史风貌建筑，现为天津市文物管理中心和天津市和平区公用房屋管理所。

曾延毅旧宅 [Céngyányì Jiùzhái]

在和平区常德道1号，以其曾为著名爱国将领曾延毅的居所得名。建筑于1930年始建。曾延毅(1892—1964年)，字仲宣，湖北黄冈人，著名爱国将领，毕业于保定军官学校，1928年任天津特别市公安局局长。1936年发动抵抗日军侵犯的绥远抗战，取得胜利。1938年因伤病回津治疗。抗战胜利后，支持子女参加爱国学生运动，并把住所作为中国共产党地下活动的中心之一，同时争取北平守军最高负责人，促成北平和平解放。1956年天津市政协成立，当选为委员。该建筑是一座欧洲中世纪风格的3层楼房，坐西朝东，正门处设有退台式圆台阶，上面建有扇形遮雨檐，二楼设有圆形阳台。2005年被公布为天津市一般保护等级历史风貌建筑，2013年被国务院公布为第七批全国重点文物保护单位。

李勉之旧宅 [Lǐmiǎnzhī Jiùzhái]

在和平区睦南道74号，因其曾为著名企业家李勉之的居所得名。建筑于1937年始建，李勉之(1898—1976年)，字宝时，天津人，著名民营企业家。毕业于天津德华中学，后赴德国学习，回国后在启新洋灰公司工作。1928年与人合资经营中天电机厂，任董事长，曾组织技术人员研制出中国第一台自动电话机；又投资煤矿、洋灰、玻璃、纺织、银行、建材等业。新中国成立后任中天电机厂经理、天津市电机工业公司经理、天津市工商联常委、全国政协委员、天津市人大代表、天津市政协常委等。建筑由奥地利设计师盖苓设计，共有完全相同的楼房4幢，每幢建筑面积984平方米，均为地下1层、地上3层。院内面积约1 000平方米，仿英式庭院设计，砖木结构，花岗石基础，琉缸砖墙面，卵石混水罩面。室内护墙板、地板全为高级硬木制作，客厅为六角形，内有造型精致的壁炉，是具有德国风格的庭院式别墅住宅，建筑现状良好。该建筑于2004年被公布为和平区文物保护单位，2005年被公布为天津市重点保护等级历史风貌建筑，2013年被国务院公布为第七批全国重点文物保护单位。

关麟征旧宅 [Guānlínzhēng Jiùzhái]

在和平区长沙路95号，因其曾为爱国将领关麟征的居所得名。关麟征(1905—1980年)，字雨东，陕西户县人，爱国将领。黄埔军官学校毕业，历经北伐和抗日战争，特别在长城古北口和台儿庄战役中重创日军，曾任陆军军官学校校长，陆军总司令等职。1948年定居香港，1980年病逝。建筑占地面积约1 608平方米，建筑面积约2 708平方米，有主楼、配楼、后楼各一幢。主楼朝西南，3层，立面一侧为独特的半圆形，是一处砖木结构的英格兰庭院式建筑。1楼有客厅、饭厅、书房。佛堂位于1至2楼转角处，窗朝东北。2楼、3楼主要是卧室和书房，房间较大。配楼为红砖清水墙，房间稍小，装修一般。主楼和后楼之间有平台相连接，后楼的房间进深较小。该建筑于2005年被公布为天津市一般保护等级历史风貌建筑，2013年被国务院公布为第七批全国重点文物保护单位。

陶茂正旧宅 [Táomàozhèng Jiùzhái]

在和平区成都道36号，因其曾为收藏家陶茂正的居所得名。建筑于1930年始建。陶茂正，河南人，喜爱收藏和鉴赏文物、古籍，在天津投资、经营房地产，附近建有瑞玮山庄。两侧各有5条相对支巷，全长403米，宽3.3米。故居为砖木混合结构，3层公馆式楼房带亭子间和地下室，建筑面积约602平方米。建筑正立面为三段式，在层次上逐一退线、减层，建筑外立面为清水砖墙面，部分墙面以混水砂石罩面。建筑奇巧，新颖别致，室内设施完善。2005年被公布为天津市一般保护等级历史风貌建筑。

訾玉甫旧宅 [Zīyùfǔ Jiùzhái]

在和平区大理道37号，因其曾为木业商人訾玉甫的居所得名。訾玉甫，天津祥发顺木器行经理。建筑于1932年始建，为一座2层砖木结构建筑，外立面为红砖清水墙，顶部为红色坡瓦顶。该建筑正面的顶层设有角楼式阁楼天窗，入口处设有石头台阶，上方设有由4根白色方柱支撑的白色带装饰护栏的半圆形阳台并形成半封闭式门厅过廊。建筑的门窗以白色水泥镶边。该建筑现为天津市卫生局幼儿园，2004年被公布为和平区文物保护单位，2005年被公布为天津市一般保护等级历史风貌建筑，2013年被国务院公布为第七批全国重点文物保护单位。

安乐村 [Ānlè Cūn]

在和平区马场道与桂林路交口，马场道98~110号，以“平安快乐”之意命名。建筑于1928年始建，为法国天主教会首善堂投资建造，由3幢联排式住宅组成，当时主要租住给美国驻军的军官，称“武官胡同”。1953年改今名。占地总面积约为7 600平方米，总建筑面积约为9 300平方米，共有3幢联排式公寓住宅，呈“品”字形分布。其中，平行于马场道一侧的马场道98~112号的联排式公寓住宅为南北向3层，并设有8个门；垂直于睦南道的安乐村1~19号和安乐村2~20号2幢联排对称式公寓住宅为东西向2层，共设有10个门。这3处建筑均为由分户单元联排组成的砖木混合结构楼房带地下室，每户住宅的前后设有独门的小院。建筑外立面为清水砖墙，正立面部分为混水抹灰。顶部为坡屋顶，瓦屋面。建筑每户的主入口的门和建筑2层的窗均为以西班牙半圆拱花饰装饰的拱券式设计。其中，窗间装饰有具有支撑作用的绞绳柱。建筑外部出挑下以雕花状牛腿支撑的阳台。建筑内部房间的设置齐全，暖卫设施较为完备，此外，建筑内部还设有至今保持着良好的使用功能的木楼梯、木地板和木门窗。安乐村3幢建筑工整且流畅，总体上是一处具有意大利古典式和巴洛克式建筑风格和折中主义建筑特征的联排式公寓住宅，该建筑于2004年被公布为和平区文物保护单位，2005年被公布为天津市重点保护等级历史风貌建筑，2013年被国务院公布为第七批全国重点文物保护单位。

纳森旧宅 [Nàsēn Jiùzhái]

在和平区南部，睦南道中段南侧70号，因其曾为英籍犹太人纳森的居所得名。建筑于1928年始建。纳森，全名爱德华·乔纳·纳森，天津海关税务司德璀琳之四女婿。清宣统二年（1910年）来华，初任职于开平矿务局。1916年回国，任职于英国陆军军部。1919年返华，时滦州、开平两矿已合并为中英合办的开滦矿务局，仍在局中任职；1928年后，历任开滦矿务局副总经理，董事部主席兼总经理。1942年太平洋战争爆发后，开滦煤矿被日本军队强行接管，纳森被迫回国。旧宅为砖木结构，局部 3 层西式楼房，红砖清水墙，大坡度的顶子使其显得活泼轻快，风格别致，屋内的装修则与屋外所表现出的年轻不同，像是带着钻饰的贵妇人，宽敞的院落种植各种花草树木，后院原有花窖和马厩。该建筑于 2004 年被公布为和平区文物保护单位，2005 年被公布为天津市特殊保护等级历史风貌建筑，2013 年被国务院公布为第七批全国重点文物保护单位。

卞荣卿旧宅 [Biànróngqīng Jiùzhái]

在和平区睦南道 79 号，因曾为天津"八大家"之一的卞氏的居所得名。建筑于 1936 年始建。卞氏原籍江苏武进，康熙年间移居天津，早年居天津旧城里浙江乡祠南，故有"乡祠卞家"之称。在津经营有隆顺榕药铺、隆顺号纱布庄、隆昌海货店等。在此购地、建房和居住的为卞氏后裔卞颖新（1908—1972 年），字仲禾，河北高工毕业，天津法政学院肄业，自营新亚油厂，宏孚化工厂及隆合货栈，后任天津市第二轻工业局工程师。建筑面积约为 3 280 平方米。该建筑为砖木混合结构 4 层楼房，外立面为琉缸砖清水墙，顶部出檐，设有缓坡瓦顶。建筑正立面两侧前凸，各自设有一个方形阳台。建筑二层的中部设有一排半圆曲线形阳台，阳台正门的上部设有欧式山花，两侧设有绞绳式立柱。该建筑是一座具有典型的折中主义建筑风格的欧式建筑，于 2004 年被公布为和平区文物保护单位，2005 年被公布为天津市重点保护等级历史风貌建筑，2013 年被国务院公布为第七批全国重点文物保护单位。

李氏旧宅 [Lǐshì Jiùzhái]

在和平区河北路 239 号，因其曾为仁记洋行买办李吉甫后裔李警予的居所得名。李警予，在津从事工商业活动。该建筑于 1925 年始建，为 2 层砖混结构西式楼房，局部为 3 层。该旧宅的建筑面积约为 2 496 平方米。建筑首层的入口由石柱支撑并形成门廊，右侧上方筑有长方形的大平台，上面设有金属护拦。整体建筑外檐二层开一列平窗，屋檐下转角处设有跨甬阳台，阳台上方筑有半圆雨厦。建筑外檐为墙水泥饰面，顶部为多坡屋顶带屋顶间，顶部开有多处天窗。该建筑是原天津英租界内一处高级花园别墅，于 2004 年被公布为和平区文物保护单位，2005 年被公布为天津市重点保护等级历史风貌建筑，2013 年被国务院公布为第七批全国重点文物保护单位。

顾维钧旧宅 [Gùwéijūn Jiùzhái]

在和平区河北路 267 号，因其曾为著名外交家顾维钧的居所得名。顾维钧（1888—1985），字少川，上海人，近代杰出外交家。1922—1926 年任外交总长、财政总长，两次代理内阁总理。1931 年后，先后担任驻法、英、美等国大使。1945 年出席旧金山会议，参加起草《联合国宪章》。1956—1976 年，先后任海牙国际法庭法官，国际法院副院长。退休后定居美国。著有《顾维钧回忆录》等。旧宅为西洋古典式砖混结构 3 层楼房，占地面积约 1 320 平方米，建筑面积约 1 547 平方米，房屋 48 间。房屋为木屋架起脊，外立面为红砖清水墙面并砌筑拱券等花样，木楼板楼梯，双槽玻璃窗，二、三楼均有平台。楼内卫生、暖气设备齐全。楼门前一对巴洛克式麻花柱，进门左侧还装有楼内配套的硬木沙发式坐席，菲律宾木人字地板。2005 年被公布为天津市特殊保护等级历史风貌建筑，2013 年被国务院公布为第七批全国重点文物保护单位。

周氏旧宅 [Zhōushì Jiùzhái]

在和平区河北路 277 号，因其曾为著名戏曲研究家周明泰的居所得名。建筑于 1933 年始建。周明泰（1896—1984 年），字志辅，别号几礼居主人，安徽东至人。中国戏曲史专家。近代著名实业家周学熙长子。北洋政府时期曾任总统府秘书，内务部参事，因酷爱观剧，后从事中国戏曲史研究。周明泰熟悉梨园掌故，广泛搜集戏曲图籍，其中颇多精品，并与著名京剧演员多有往来，著有《几礼居戏曲丛书》等。1949 年移居香港，后定居美国华盛顿。所藏珍贵戏曲史料及唱片悉数捐献给国家。旧宅占地面积约 1 100 平方米，建筑面积约 1 025.32 平方米，建筑是一幢具有折中主义建筑特征的英国外廊式小楼。为砖木结构 3 层楼房（局部 2 层），正立面首层设有三联拱券前廊，为连列券式敞廊；2 层部分设计有罗马遗风并饰以精致的花饰和波纹的双柱三开间阳台。该建筑的深褐色缸砖全部来自英国。其中，窗套上方的仙女雕饰象征着幸福吉祥，为中西合璧风格，仙女的长发为西式，而脸部有中式特征。建筑内部门窗皆为菲律宾木，卫生间瓷砖为绿色，窗台为汉白玉，钢窗上镶嵌着空心玻璃，具有保温隔热效能。一楼回廊内设有 40 多平方米的阳面大客厅，客厅顶部有拱形装饰，两侧设有古希腊雕塑风格水波纹旋涡纹装饰的廊柱，建筑楼顶设有方亭。2005 年被公布为天津市重点保护等级历史风貌建筑，2013 年被国务院公布为第七批全国重点文物保护单位。

张绍曾旧宅 [Zhāngshàozēng Jiùzhái]

在和平区河北路 334 号，因其曾为北洋军阀张绍曾的居所得名。该建筑于 1920 年始建。张绍曾（1880—1928 年），字敬舆，河北大城人，毕业于天津武备学堂及日本陆军士官学校，曾任陆军贵胄学堂监督，新军第二十镇统制。辛亥革命后任绥远将军，陆军训练总监，总统府顾问，陆军总长，国务总理等职。退职后寓居天津。1928 年被奉系军阀褚玉璞刺杀。该建筑是巴洛克风格的 2 层砖木结构小楼，建筑坐西朝东，入口处设有 2 块水泥板小雨厦和由水波纹花饰支撑的 2 根贴墙罗马柱。建筑内部的过厅有拱券分割，地面铺有菲律宾木人字地板，墙上设有双槽窗。该建筑于 2004 年被公布为和平区文物保护单位，2005 年被公布为天津市一般保护等级历史风貌建筑，2013 年被国务院公布为第七批全国重点文物保护单位。

张学铭旧宅 [Zhāngxuémíng Jiùzhái]

在和平区睦南道 50 号，因其曾为爱国民主人士张学铭的居所得名。建筑于 1925 年始建。原业主为郑炽，后为张学铭购得。张学铭（1908—1983 年），字西卿，辽宁海城人。张学良胞弟。毕业于日本步兵专门学校。1931 年任天津市公安局局长，后任天津市市长，曾两次粉碎日本特务的便衣队骚乱。此后长居天津。建筑前为主楼，后为辅助用房。主楼前有花园。主楼为 2 层砖木结构楼房，红色筒瓦坡顶，紫红色清水砖墙。主楼首层设有暖廊、花室、餐厅、备餐厅、卧房、厨房。大厅顶部为彩色玻璃提拉通天窗，顶棚与柱子装有装饰灰线。餐厅内木制护墙板以木雕花饰点缀。主楼 2 层为卧室和会议室。该建筑是一座宽敞的庭院式西式楼房，于 1997 年被公布为天津市文物保护单位，2005 年被公布为天津市特殊保护等级历史风貌建筑，2013 年被国务院公布为第七批全国重点文物保护单位。

蔡成勋旧宅 [Càichéngxūn Jiùzhái]

在和平区大理道1号，因其曾为北洋军阀蔡成勋的居所得名。该建筑于1935年始建。蔡成勋（1871—1946年），字虎臣，天津人，毕业于天津武备学堂，曾任近畿督练处参议，浙江第四十一混成协协统。辛亥革命后，历任大总统侍从武官，第一师师长，察哈尔都督，陆军总长，江西督军等职。后退居天津，在河北地区建有蔡家花园，为北洋军阀会议之所。旧宅占地面积约7 150.22平方米，建筑面积约2 100平方米，是一座中西合璧建筑风格的公馆式建筑，院落宽敞，围墙高阔，朱褐色大门有一种豪华和气派的感觉。院内的主楼即寓所，为砖木结构的3层法国罗曼式西洋建筑。楼正门两侧为对称式，楼房外檐为青砖墙体，以白色窗楣为饰，楼房的第三层配有凸出檐的平台。主楼的内装修兼具中西特色。楼内是大开间型，各居室功能不同，均有硬木地板、护墙板，楼梯也是硬木质地。其中一楼的隔断墙有红木落地透雕隔扇，月亮门造型，属精雕细刻的罕见精品。进入楼内的突出感觉是典雅高贵和豪华安适。该主楼的西侧有一排中国庙宇式的平房建筑，是蔡成勋为祭祖而建的祠堂。该建筑于2004年被公布为和平区文物保护单位，2005年被公布为天津市重点保护等级历史风貌建筑，2013年被国务院公布为第七批全国重点文物保护单位。

雍剑秋旧宅 [Yōngjiànqiū Jiùzhái]

在和平区马场道60~62号，因其曾为著名买办商人雍剑秋的居所得名。建筑于1920年始建。雍剑秋（1875—1948年），名涛，江苏高邮人。早年就读于香港、新加坡及上海等地。清光绪二十六年（1900年）任上海组织的“救济北方难民慈善团”翻译，翌年任天津造币厂副厂长，后改任德商礼和及捷成洋行军火买办，遂成巨富。1918年移居天津，曾筹建西湖饭店，并对基督教会、教会医院及学校大量捐款，遂被选为江苏会馆、广仁堂、天津基督教青年会、中西女中、汇文中学等处的董事长及南开中学董事。建筑面积约1 728平方米，为3层砖木结构洋楼，设有地下室平面布局严整对称，中部内收，建筑立面为西方古典建筑三段式构图。外立面为通体水泥饰面，筒瓦坡顶，挑檐较深。建筑一层入口为长方形洞门，二层腰线两侧设有两个阳台并装有水泥花饰护栏。建筑侧山左右各设有一方形角楼，下方有旁门。建筑内部用雕花木制品装修。该建筑是一栋具有折中主义风格的欧式建筑，2005年被公布为天津市一般保护等级历史风貌建筑，2013年被国务院公布为第七批全国重点文物保护单位。

孙季鲁旧宅 [Sūnjìlǔ Jiùzhái]

在和平区郑州道20号，因其曾为天津盐商孙季鲁的居所得名。该建筑于1939年始建。孙季鲁（1883—1950年），天津人。天津裕蓟盐务公司经理，居士。一生笃信佛教，吃斋念佛；率眷参加天津居士林法师讲经，20余年从不间断。建筑面积约为210平方米，平面呈“T”形布局，为3层砖混结构楼房，建筑的夹角部为弧形平顶3层塔楼。该建筑原为天津市和平区人大办公楼，现为新华有限责任会计师事务所，于2004年被公布为和平区文物保护单位，2005年被公布为天津市一般保护等级历史风貌建筑，2013年被国务院公布为第七批全国重点文物保护单位。

李赞臣旧宅 [Lǐzànchén Jiùzhái]

在和平区睦南道 28~30 号，因其曾为著名盐商李赞臣的居所得名。建筑于 1937 年始建。李赞臣（1882—1955 年），名宝诗，天津人。大盐商“李善人”之后。1921 年任长芦纲总，兼任纲商所办天津殖业银行经理；又投资兴办粮食、呢绒、颜料、照相等业。后因北洋军阀及国民党政府借口查办“长芦积案”，进行勒索，财产受到很大损失。其侄李家祈（叔福）系李赞臣弟李荩臣（宝说）之子，因进行股票交易而破产。该建筑为 3 层砖木混合结构楼房带地下室，外立面为清水红砖混水墙面，楼层间和窗间的墙面为水泥砂浆抹灰饰面。建筑整体造型对称严格，建筑一楼正立面设有 3 个拱型大门，大门上方由三联拱券构成，其上部 2 层设有 4 根通高的八角柱、柱头为科林斯式雕花，支撑挑檐构成开敞柱廊。建筑内部按照西方生活方式，设有舞厅、客厅、书房、会客室、卧室、餐厅等。建筑四周围有高墙，自成院落。该建筑是一座具有典型的古典主义特征的洋楼，于 1997 年被公布为天津市文物保护单位，2005 年被公布为天津市重点保护等级历史风貌建筑，2013 年被国务院公布为第七批全国重点文物保护单位。

颜惠庆旧宅 [Yánhuìqìng Jiùzhái]

在和平区睦南道 24~26 号。建筑始建于 20 世纪 20 年代。颜惠庆（1877—1950 年），字骏人，上海人。1927 年后寓居天津，复出任驻美国、苏联大使。新中国成立后，任华东军政委员会副主席，中央人民政府政治法律委员会委员长等职。1943 年曾作为伪满洲国领事馆。该建筑是一所褐色琉缸 3 层砖木混合结构高级欧式住宅（设有地下室），建筑面积约 2 553 平方米。建筑具有欧洲中世纪古典风格和古罗马风格特点。红瓦坡顶，琉缸砖清水墙面，墙体采用疙瘩砖琉缸砖砌筑。局部设有不规则出挑，其中，出挑的部分作有意劈凿以形成“疙瘩墙”。该建筑外立面为呈对称布置的三段式构图，一段的比例关系为古典主义风格，立面的中部半圆形联拱券中突出四联拱形外廊，方窗和拱形外廊形成鲜明的形体对比。正面立有 5 根方柱。建筑外檐造型多变，凹凸结合，细节部分设有旧装饰式样。故居入口处设有高大的转折楼梯。建筑内部设有客厅、舞厅、餐厅和佛堂等。地板及门窗均为菲律宾木材，并设有壁炉。墙头上面设有方形的日式玻璃灯，正门为铸铁大门。现使用单位为天津三源电力投资有限公司。该建筑于 1987 年被公布为天津市文物保护单位，2005 年被公布为天津市特殊保护等级历史风貌建筑，2013 年被国务院公布为第七批全国重点文物保护单位。

张作相旧宅 [Zhāngzuòxiàng Jiùzhái]

在和平区重庆道 4 号，以其曾为东北军将领张作相的居所得名。该建筑于 1929 年始建。张作相（1881—1949 年），字辅忱，辽宁义县人，奉系将领，毕业于东北讲武学堂，历任团长、旅长，奉天警备司令，吉林省保安司令，吉林省省长、省政府主席。九一八事变后，任华北第二集团军总司令兼第六军团总指挥。1933 年来天津英租界寓居。1937 年天津沦陷后，日伪多次劝其出任伪职，均被拒绝。抗日战争胜利后，任东北行辕政治委员会委员。占地面积约为 1 408 平方米，建筑面积约为 1 620 平方米，为 2 层砖木结构建筑带半地下室，建筑顶部为红筒瓦坡屋顶。外立面为白色并装饰有西式雕花，建筑两侧设有青石台阶。建筑一层设 6 间房，其中，大客厅内装饰有雕饰精致的护墙板，大客厅前设有大平台，其他房间作为书房和接待室使用。建筑二层设7间房,分别为卧室和卫生间,还设有阁楼做贮藏室。地下室做锅炉房和佣人房。该建筑为一座西欧风格的花园式住宅,于2004年被公布为和平区文物保护单位,2005年被公布为天津市重点保护等级历史风貌建筑,2013年被国务院公布为第七批全国重点文物保护单位。

许氏旧宅 [Xǔshì Jiùzhái]

在和平区睦南道11号,以其曾为奉系军阀首领张作霖之四姨太许氏的居所得名。该建筑于1926年始建。设计采用英国维多利亚时期民居建筑形式,朴素实用,简洁大方。占地面积约650平方米,建筑面积约1 330平方米。该建筑为一座3层砖木结构英格兰庭院式楼房,外立面为清水红砖墙,屋顶为大坡度多层式红瓦坡顶。建筑内部设有书房、客厅、餐厅、卧室等。该建筑采用英国维多利亚时期民居建筑形式并带有19世纪英国浪漫主义建筑的特点,是一座典型的英国乡村别墅式的高级住宅楼。该建筑2005年被公布为天津市重点保护等级历史风貌建筑,2013年被国务院公布为第七批全国重点文物保护单位。

孙殿英旧宅 [Sūndiànyīng Jiùzhái]

在和平区睦南道20号,以其曾为军阀孙殿英的居所得名。建筑于1930年始建。孙殿英(1889—1948年),名魁元,河南永城人,出身绿林,后任师长、军长。1928年利用驻防蓟州区马伸桥之机,以演习为名炸开清东陵乾隆及慈禧墓葬,将墓中珍宝盗掘一空。抗日战争期间一度投敌,抗战胜利后被收编。1947年在河南汤阴被中国人民解放军俘获,翌年病死于河北武安。该建筑为英国古典式建筑风格。整个建筑物的外形高低错落有致,别具一格,在五大道风貌建筑中是属于相当精致和考究的。它共有4层,二楼的平台有8根白色的立柱直通到三楼,显得古朴典雅,三楼中间4个房间朝南有4个门通向平台,四楼的东西两端各有一个平台。该建筑于1997年被公布为天津市文物保护单位,2005年被公布为天津市特殊保护等级历史风貌建筑,2013年被国务院公布为第七批全国重点文物保护单位。

李叔同故居 [Lǐshūtóng Gùjū]

在河北区海河东路与滨海道交口,因曾为李叔同诞生地和青少年时代居住地而得名。建筑于2007年始建,2008年建成,2011年对外开放。李叔同(1880—1942年),幼名成蹊,学名广侯,字息霜,别号漱筒。李叔同是著名音乐家、美术教育家、书法家、戏剧活动家,是中国话剧的开拓者之一。他从日本留学归国后担任过教师、编辑之职,后剃度为僧,法名演音,号弘一,晚号晚晴老人,被人尊称为弘一法师。其出生在天津,出家在浙江杭州,圆寂在福建泉州。故居占地面积约4 000平方米,分为故居和园林两部分。故居占地面积约1 400平方米,园林占地面积约2 600平方米。故居为砖木结构,虎座门楼,青石台阶,两侧有石门枕、扁狮、门楣镶雕砖补饰,旧悬"进士第"匾额,今已无存。景区由园林、桐达钱庄、存朴堂、起居室、洋书房和室外展区等新建与复原展览构成。该建筑于1991年被公布为天津市文物保护单位。

曹禺故居 [Cáoyú Gùjū]

在河北区民主道3~7号。该建筑于1910年建成,2007年修建。故居因其曾为曹禺住宅,依文物命名规范而得名。曹禺(1910—1996处),原名万家宝,字小石,小名添甲,汉族,祖籍湖北潜江,出生于天津,中国杰出的现代话剧剧作家。1928年考入南开大学。1930年转至清华大学外国文学系读书。1934年毕业后回到天津，在河北女子师范学校执教。著有《雷雨》《日出》。故居有前后2座意式小洋楼，建筑面积约600余平方米，砖木结构，呈浅灰色。每座楼有8间房，楼上楼下各4间，木质楼梯。前楼，坐南朝北，二层有宽敞的阳台；后楼坐东朝西，大门有门楼1座。另建有曹禺故居纪念馆，馆内拥有大量历史资料和近3 000张馆藏照片。其中展出的照片有500余张，恢复性摆陈家具50余件，物件40余件。该建筑于2008年被公布为天津市重点保护等级历史风貌建筑，2013年被公布为天津市文物保护单位。

吉鸿昌故居 [Jíhóngchāng Gùjū]

在和平区中部花园路4号，以其曾为著名爱国将领、烈士吉鸿昌的居所而得名。该建筑于1917年始建。吉鸿昌（1895—1934年），字世伍，河南扶沟人，著名抗日爱国将领。1913年开始军旅生涯，北伐战争时任国民革命军第二集团军第19师师长，后任第30军军长兼宁夏省政府主席。1932年到天津寓居，不久加入中国共产党。九一八事变后毁家纾难，组织察哈尔民众抗日同盟军，任北路前敌总指挥；在天津成立中国人民反法西斯大同盟，出版机关刊物《民族战旗》；1934年国民党特务在天津国民饭店刺杀吉鸿昌，吉鸿昌受伤被捕，后在北平遇害。占地面积约1 001平方米，建筑面积约1 408平方米。建筑为砖木结构2层，局部3层的欧式楼房，清水砖墙，局部饰面，造型灵活，平面布局紧凑，使用功能齐全。对面为圆形花园，环境安静幽美。1995年11月10日吉鸿昌将军诞辰100周年时，旧宅对面中心公园内建造吉鸿昌将军青铜塑像。塑像高3米，安放在2米高的大理石底座上，塑像为将军横刀立马，怒视前方。时任全国政协主席李瑞环为塑像题名。该建筑于1982年被公布为天津市文物保护单位，2005年被确定公布为天津市重点保护等级历史风貌建筑。

于方舟故居 [Yúfāngzhōu Gùjū]

在宁河区西部，解放村北，因纪念早期革命家于方舟而命名。建筑于1943年建成。原有砖坯正房4间、庭院和围墙，1976年因地震被毁，后市政府拨款按原貌恢复，粉刷油漆，美化庭院。占地面积约326.7平方米，建筑面积约102.4平方米。自成院落，坐北朝南。修复后为砖坯正房四间，东二间为烈士生平事迹展览室，陈列有邓颖超、彭真、李瑞环、张明远、李运昌等国家领导人题词。西一间为复原室。故居门前彭真同志题写“于方舟故居”匾额，院内设花池甬道，栽植柏树，外有围墙。该建筑于1959、1981年两次被列为县级文物保护单位，1991年被公布为天津市文物保护单位。

白塔 [Bái Tǎ]

在蓟州区渔阳镇中部，白塔寺街8号。白塔始建于隋，重建于辽。明嘉靖十二年（1533年）修葺白塔，在塔前建起寺庙，称观音寺，俗称“白塔寺”“塔下寺”，立“重修渔阳郡塔碑”。1976年因地震白塔出现通体裂纹，塔刹震落，覆钵开裂。1983年重修，1986年对外开放。1993年天仙宫由武定西街迁至白塔寺东院。2005年地宫被盗。2006年进行修缮和加固。塔有院，南北长68米，东西宽24米。白塔平面呈八角形，高30.6米，是城区重要的标志性建筑之一，由高大的束腰须弥座、八角重檐亭式塔身，巨形覆钵、十三天相轮和宝顶等部分组成。

塔身向南开有龛洞，其他三面做假窗，其余四面刻偈语。之上砌出双重檐，灰筒板瓦。檐上又砌出一层台座，上置覆钵。覆钵上叠涩出檐，砌 13 层相轮，加铜塔刹。该塔于 1956 年被公布为河北省文物保护单位，1982 年被公布为天津市文物保护单位，2013 年被国务院公布为第七批全国重点文物保护单位。

独乐寺 [Dúlè Sì]

在蓟州区渔阳镇武定街 41 号，又名大佛寺，相传为安禄山起兵叛唐誓师之地。独乐之名，亦安禄山所命，盖安禄山思独乐而不与民同乐得名。该寺于唐代贞观十年（636 年）始建，辽代统和二年（984 年）重建，明万历二十五年（1595 年）、清顺治、乾隆、光绪年间均有维修。清乾隆十八年（1753 年）增砌照壁，增设观音阁重檐上下各四根擎檐柱，并建寺东行宫。独乐寺为中国现存年代最早的木结构高层楼阁建筑之一。占地扩展到 1.6 万平方米，建筑面积约 5 670 平方米。由山门、观音阁和东西配殿组成。山门为中国现存最早的庑殿顶山门之一。东西两间各有彩塑护卫神像一尊。正殿观音阁，上下两层，中间设一暗层，高 23 米，东西五间，进深四间，九脊歇山顶。梁柱接榫部位共采用斗拱 24 种，未用一根钉子。后进正中须弥座上彩塑观音立像，高 16 米，头上塑十小头像，故又称十一面观音。两侧伫立胁侍菩萨各一。下层四壁彩绘二明王、十六罗汉像。独乐寺于 1961 年被国务院公布为第一批全国重点文物保护单位，1989 年被列为津门十景之一“独乐晨光”，1993 年列入申报世界文化遗产预备清单，后被列为市级特殊保护等级历史风貌建筑。

天尊阁 [Tiānzūn Gé]

在宁河区丰台镇，因阁内供奉元始、道德、灵宝三位天尊而得名，又名太乙观。天尊阁于明末清初始建，自成院落，坐北朝南。占地面积约 4 763 平方米，建筑面积约 240 平方米，主体为 1 幢 3 层木结构阁楼，高度 17.4 米。天尊阁建在砖石台基上，面阔五间，进深四间，前出廊。殿内用 8 根通天木柱，高 12.1 米，直达阁顶，辅以廊柱，檐柱 24 根，九脊歇山顶，具有清初木结构建筑特征。天尊阁于 1959、1981 年两次被列为县级重点文物保护单位，1982 年被公布为天津市文物保护单位，2006 年被公布为天津市重点保护等级历史风貌建筑，2013 年被国务院公布为第七批全国重点文物保护单位。

石家大院 [Shíjiā Dàyuàn]

在西青区杨柳青镇估衣街 47 号，因其为石氏地主家族的代表人物石元士的宅邸而得名。院落于清光绪元年（1875 年）始建，1987—1990 年修缮成今貌，1991 年作为天津杨柳青博物馆正式开馆。占地面积约 7 500 平方米，原为清末天津八大家之一石元士住宅。现石家大院为仅存“尊美堂”宅地，曾有“天津第一家”“华北第一宅”之称。石家大院由两套三进四合院、花厅、戏楼、回廊、佛堂等组成。其中两套四合院分布于东西，主建筑为五脊硬山顶，飞檐翘角，分为寝室群和私塾院。大院内建筑木、砖、石雕工艺精巧，造型优美，纹样丰富，为中国北方保存较完好、艺术价值较高的大型民宅建筑群之一。石家大院于 1991 年被公布为天津市文物保护单位，2005 年被公布为天津市特殊保护等级历史风貌建筑，2006 年被国务院公布为第六批全国重点文物保护单位，同年被列为国家 AAAA 级旅游景区，2010 年被列为全国廉政教育基地之一，2020 年入选全国文明单位名单。

李纯祠堂 [Lǐchún Cítáng]

在南开区白堤路 82 号。因江苏督军李纯购得北京庄亲王府,拆除后以其建材在天津建成家祠而得名。建筑 1913 年始建,1924 年建成。始为李氏家祠,抗日战争时期被用作日本军营,解放战争时期成为国民党兵营,新中国成立后成为南开工人文化宫, 2010 年重修更名天津庄王府。建筑面积约 2 730.9 平方米,占地面积约 19 840 平方米。祠堂由花园、照壁、石牌坊、石拱桥、大门、前殿、中殿、后殿、配殿和回廊组成。整座建筑色彩艳丽,碧瓦朱栏,宏伟壮观。该祠堂是天津市近代规模最大的仿古建筑群, 1982 年被公布为天津市文物保护单位, 2005 年被公布为天津市重点保护等级历史风貌建筑, 2013 年被国务院公布为第七批全国重点文物保护单位。

天津西站主楼 [Tiānjīn Xīzhàn Zhǔlóu]

在红桥区西站前街 1 号。建筑于清光绪二十八年(1902 年)始建,清光绪三十四年(1908 年)建成为砖混结构德式别墅风貌建筑。2009 年采用滑动摩擦平移方法至新址。2010 年主楼抬升 3.6 米。占地面积约 742.6 平方米,建筑面积约 1 709 平方米,主体部分为 3 层楼房带地下室。建筑整体坐南朝北,立面强调对称式构图,造型丰富,平面呈凸字形。顶部为红瓦坡顶,外立面为清水砖墙,窗套、立柱、花饰及入口台阶均为石材,上雕有南极仙翁仙鹤还有龙嘴图案。2005 年被公布为天津市特殊保护等级历史风貌建筑, 2013 年被国务院公布为第七批全国重点文物保护单位, 2018 年选入中国 20 世纪建筑遗产项目。

广东会馆 [Guǎngdōng Huìguǎn]

在南开区鼓楼街道城厢中路西侧,因原系广东商人聚会之所而得名。建筑于光绪二十九年(1903 年)始建,光绪三十三年(1907 年)建成。1925 年成立天津总工会。1949 年改建成学校,初为“天津私立普育女子中学”,后改为“天津市立第三女子中学”和“红军中学”。1953—1975 年扩建,名天津市第九中学。1985 年复原修缮。占地面积约为 5 299.8 平方米,建筑面积约 3 400 平方米。现馆由四合院和戏楼组成,坐北面南,正门巨石横额上镌“广东会馆”,门厅为青瓦硬山顶,厅内高悬横匾上书“岭海珠辉”,山墙是“五岳朝天”阶梯式。院内北面正堂、门楣上置大匾书“岭渤凝和”,东、西配建厢房,均由回廊将正房、配房、门厅的廊厦连成一体,方砖墁地,环境幽雅。经正堂两侧小天井至古典剧场歌舞台,俗称戏楼。戏楼是用 3 根主梁 2 根平行的跨空枋和 1 根东西向施额枋架起,无柱。这种空间跨度为国内所罕见。楼内均为木结构建筑,分上下两层,可容 500 余名观众。隔扇、横眉等木构件,镂刻细雕,精湛至极,南面为伸出式戏台,台深 7 米,宽 8 米,高 1 米,台上无柱,正面匾额书“薰风南来”。台顶平伸,上置藻井,为悬臂结构,千余件木制斗拱参差,接榫堆叠螺旋而上,为回音罩,直径约 5 米,可调节音响。台下可从三面清晰观看演出,是国内仅存的最大的古典剧场。该建筑于 1982 年被公布为天津市文物保护单位, 1986 年辟为天津市戏剧博物馆, 2001 年被国务院公布为第五批全国重点文物保护单位, 2005 年被公布为天津市特殊保护等级历史风貌建筑, 2017 年入选中国 20 世纪建筑遗产名单。广东会馆同时也是国家 AAA 级旅游景区、全国优秀近代建筑、天津市爱国主义教育基地。

谦祥益绸缎店 [Qiānxiángyì Chóuduàn Diàn]

在红桥区估衣街 64 号。谦祥益是山东章丘旧军镇孟氏家族经营的“八大祥”之一，已有 300 多年的历史。建筑面积约 1 848.2 平方米，主体部分为 2 层，附有中西商业建筑，砖木结构，叠梁式屋架，四合院式平面布局。院落分东西两部分，西半部分为营业厅和后楼，东半部是后接用房。院子均为二层外廊式房。2002 年修缮，改为谦祥益文苑茶艺楼。姜昆先生为谦祥益文苑题字“相声之家”。天津众多相声名家均在此演出，到谦祥益“听相声、赏古建、品香茗”已经成为市民和外地游客休闲娱乐的一种方式。该建筑于 2005 年被公布为天津市特殊保护等级历史风貌建筑，2013 年被国务院公布为第七批全国重点文物保护单位。

望海楼教堂 [Wànghǎilóu Jiàotáng]

在河北区狮子林大街 292 号，取“登楼远眺，烟波浩渺，似可望海”之意命名。清康熙年间建原址，名海河楼，清同治八年（1869 年）建圣母得胜堂，清同治九年（1870 年）“天津教案”中被毁，清光绪二十三年（1897 年）重建，清光绪二十六年（1900 年）被义和团第二次焚毁，清光绪三十年（1904 年）再次重建，1976 年震损，1984 年整修，1985 年重新开放，河北区天主教爱国会设于此。占地面积约 3 330 平方米，建筑面积约 2 810 平方米。教堂主建筑为三通廊式天主堂，石基砖木结构，平面呈长方形，长 55 米，宽 16 米。正面为三座笔架形塔楼，高 22 米，内堂高约 13 米。青砖墙体，门窗为尖券，东西墙檐排水天沟各镶有 8 个石雕狮子头，头颈展露于外，逢雨射流，宛如喷泉。正厅内东西两侧各立 8 根直径 56 厘米，高 10 米的圆柱，支撑拱形大顶，蔚为壮观，内有塑像、灯盏及壁画，地面铺砌花岗岩方砖，整个建筑宏伟幽深，古朴不俗，属哥特式建筑。院北部为神父楼，东部为 1996 年建的一座 3 层 900 平方米，设备较完善的备修院。1988 年被国务院公布为第三批全国重点文物保护单位，2005 年被公布为天津市特殊保护等级历史风貌建筑。

天津劝业场大楼 [Tiānjīn Quànyèchǎng Dàlóu]

在和平区滨江道 152~166 号，以鼓励国民投资实业建设之“劝业”命名。该建筑于 1928 年建成，是天津著名老字号。井陉矿务局津保售煤处总经理高星桥集股兴建，匾额由著名书法家华士奎题写，设有天华景戏院、天宫影院、天乐戏院、天会轩戏院、天露茶社、天纬地球社、天纬台球社、天外天屋顶花园等“八大天”集购物、娱乐、消遣于一体。经营理念先进，场地设施先进，功能齐全，是当时华北地区规模最大的综合购物中心。新中国成立后，1958 年将毗邻的天祥商场并入。1966 年改名“人民商场”，1980 年复原名。1992 年拆除原天祥商场，改建为劝业新厦。楼高 33 米，共 5 层，局部 8 层，由 5 层起三段逐节收分，建筑面积有约 29 600 平方米，为钢筋混凝土框架结构，是一座受折中主义风格影响的大型综合开敞式商场。大楼主体 5 层，转角局部 7 层，7 层之上建有高耸的塔楼，塔楼主体由 2 层六角形的塔座、2 层圆形塔身及穹隆式的塔顶所组成，塔楼上面还装有旗杆和避雷针。在外立面处理方面，受新颖的现代建筑思潮影响，石材饰面，大楼东南角形成八字立面，大楼底层临街陈列窗上方设有一圈钢筋混凝土大挑檐，构成风雨走廊。在大楼入口处设有大拱券，与两侧大挑檐连接贯通，拱券的顶部和前面都装饰有花纹。大楼外立面设有凸凹两种阳台，凸阳台以牛腿支承；凹阳台两侧配有廊柱，中部以宝瓶栏杆装饰。大楼五层转角处设有三开间的挑阳台，挑梁也设计为牛腿状。大楼的五层和七层以长方窗为主，部分拱券窗做点缀，皆为三连拱或二连拱半圆拱窗券。2001 年被国务院公布为第五批全国重点文物保护单位，2005 年被公布为天津市特殊保护等级历史风貌建筑。

大沽口炮台遗址 [Dàgūkǒu Pàotái Yízhǐ]

在滨海新区东部，大沽口南岸，因建于大沽口得名。海口宽 495 米，水深 4.99 米，“外接深洋，内系海口”，乃京津屏障，亦为明清两代沿海要塞之一。明嘉靖元年至四十五年（1522—1566 年）设铜铁大炮，即大沽炮台之雏形。至清嘉庆二十一年（1816 年）于大沽口两岸各建炮台一座。清咸丰八年（1858 年）重建，共 5 座，以“威、镇、海、门、高”五字命名，另外，在北岸石头缝处也建炮台 1 座，在后墙营门还建小炮台 25 座。清光绪元年（1875 年），除对原有炮台进行整修外，在大沽、北塘等处又新建了一些炮台。清咸丰六年至十年（1856—1860 年）第二次鸦片战争期间，外国侵略者曾三次进犯大沽口，均遭到守军痛击。清咸丰九年（1859 年）英法联军第二次来犯，军民奋勇迎战，这就是闻名中外的大沽口保卫战。清光绪二十六年（1900 年）八国联军突然袭击大沽炮台，守军及义和团与敌浴血鏖战。清光绪二十七年（1901 年）清廷慑于列强威胁，竟与英、美、俄等八国签订丧权辱国的《辛丑条约》，大沽炮台依约被毁。1949 年后，中国人民解放军进驻大沽口，守卫着祖国海防前哨。遗址于 1962 年被列为市级重点文物保护项目，1988 年被国务院公布为第三批全国重点文物保护单位，1990 年被列为天津市爱国主义教育基地，2010 年成立大沽炮台遗址博物馆。建筑面积约 0.39 万平方米，由展厅、临时展厅、3D 影厅等组成，其中主展厅面积约 0.17 万平方米，由序厅、京畿海门、沽口御侮、国门沦陷等部分组成，生动展现百年大沽口的沧桑历史。博物馆为首批国家国防教育示范基地，国家 AAAA 级旅游景区，全国红色旅游经典景区。大沽口炮台曾以“海门古塞”入选“津门十景”。

义和团吕祖堂坛口遗址 [Yìhétuán Lǚzǔtáng Tánkǒu Yízhǐ]

在红桥区芥园道与怡华路交口。前身为永丰屯祠堂，明宣德八年（1433 年）始建，清康熙五十八年（1719 年）改为吕祖堂。清光绪二十六年（1900 年）义和团乾字团首领曹祖田率团民由静海县来津在此设总坛口，经常与坎字团首领张德成、红灯照首领林黑儿在此拜坛议事，领导和抗击八国联军。1976 年，吕祖堂山门和后殿在地震中被震毁，后修缮。现为天津义和团纪念馆。纪念馆占地面积约 1300 平方米，建筑面积约 600 平方米。建筑由山门、前殿、后殿、五仙堂组成，是义和团运动在津重要活动遗址，1982 年被国务院公布为第二批全国重点文物保护单位，2005 年被公布为天津市重点保护等级历史风貌建筑。

马可波罗广场建筑群 [Mǎkěbōluó Guǎngchǎng Jiànzhùqún]

在河北区民族路与自由道交会处。1908—1916 年建 6 座角楼，1924 年建中心广场，原建有为纪念一战结束的科林斯式石柱及柱顶铜像,后毁弃。1976 年塔楼震损后修复, 2006 年修复。它见证了近代中国在“庚子事变”后受列强欺压的屈辱历史,也见证了之后的中国租界特有的文化现象。该建筑群由 6 幢意式花园别墅式建筑和中心广场组成,每幢小楼均为地上 2 层、地下 1 层,并配以塔楼和凉亭。广场平面呈圆形,中有科林斯式石柱及柱顶铜像,下为喷水池。广场与建筑相互衬托,为意租界的标志性建筑群。该建筑群被列为全国重点文物保护单位,天津市历史风貌建筑。

静寄山庄 [Jìngjì Shānzhuāng]

在蓟州区城西北 12.5 千米的盘山南麓,以“静居山中,寄兴林泉”之意得名。该建筑于清乾隆九年(1744 年)始建,后经清乾隆、嘉庆、道光诸朝陆续修筑。清道光十一年(1831 年)裁撤盘山行宫。1926 年陕军驻此,为筹军饷,以斥卖官产为名,伐松拆屋,终计亩卖地,所得万金。同时,原看守园官亦争相抢夺。1927 年石佛殿建筑被毁。1956 年山庄内南部修建盘山烈士陵园。1959 年修建于桥水库时,朱庄子村新址将山庄东南角占用。1975 年修建盘山水库时贞观遗踪的建筑基址被毁。后遗址内逐渐建起憩园、荣军疗养院、财税疗养院等。20 世纪 90 年代后,遗址内的村民逐步兴建起农家院。山庄占地面积约 143 万平方米。主要景点有盘山“内八景”,即:静寄山庄、镜圆常照、太古云岚、泉音松吹、层岩飞翠、四面芙蓉、清虚玉宇、贞观遗踪。此外还有:池上居、半天楼、农乐轩、小普陀、雨花室、泠然阁、小石城等。现地面建筑已毁,残存宫墙十几段,显示出行宫范围,其他建筑基址皆清晰可辨。有乾隆御制诗石刻 15 处和“青牛”题记等 9 处,共 260 余字。在财税疗养院内西侧有石砌御井一眼,现仍有水。该建筑于 1992 年被公布为蓟县文物保护单位,2013 年被公布为天津市文物保护单位。

文庙 [Wénmiào]

在蓟州区渔阳镇文安街,是祭祀孔子的地方,故又称孔庙。隋大定元年(581 年)始建,金天会年间(1123—1135 年),知州高遽重建大成殿三间和东、西庑。金正隆元年(1156 年)渔阳知县史亨吉对文庙进行了修缮;现存当时的《重修宣圣庙碑记》。明朝时,文庙有大成殿、东庑、西庑、棂星门、戟门、宰牲房、神厨、神库等建筑及设施。明洪武九年(1376 年)重修,明成化十年(1474 年),知州汪溥,守备马宣,重建大成殿九间,新塑圣贤遗像。明嘉靖元年(1522 年)知州王遂建棂星门。明末文庙毁于兵火。《康熙蓟州志》有载,到了清朝,历任知州于际清、胡国佐、董廷恩、余时进、张朝琮、赵锡蒲等屡次重修和增建。重修了大成殿、戟门、棂星门和东庑、西庑,增建了照壁、泮池、登瀛桥、名宦祠、乡贤祠、启圣祠、节孝祠、尊经阁等建筑。民国期间,又整修大成殿、东庑、西庑和棂星门。棂星门外东、西各有“德配天地”“道冠古今”牌坊两座,跨越庙前通道(今文安街)。现为旅游景点对外开放。文庙是蓟州儒学(学宫、州学)的一个组成部分,又称宣圣庙、孔庙,占地面积约 2018 平方米。现存建筑为大成殿、东庑、西庑、戟门、泮池、登瀛桥、棂星门、名宦祠和乡贤祠等,为天津市文物保护单位、天津市重点保护等级历史风貌建筑。

渔阳鼓楼 [Yúyáng Gǔlóu]

在蓟州区鼓楼广场。鼓楼于明洪武四年(1371 年)始建。明天顺三年(1459 年)守备指挥刘辅将其合而为一,称鼓楼。明崇祯十五年(1642 年)十一月,清军屠城(史称“壬午屠城”)，烧毁鼓楼。明清时期均有修葺。清道光十六年(1836 年)重建，新中国成立后曾多次修葺。鼓楼由城台和楼阁两部分组成，城台为青砖垒砌。中间有拱形门洞，为南北向通道。城台上楼阁面阔三间，进深二间，四周出廊，顶作歇山式。南北两面分别悬挂“古渔阳”和“畿东锁钥”匾额。该建筑于 1973 年被列为区级文物保护单位，1991 年被公布为天津市文物保护单位，2006 年公布为天津市重点保护等级历史风貌建筑。

鲁班庙 [Lǔbān Miào]

在蓟州区渔阳北路，又名公输子庙，为古人奉祀土木工匠祖师鲁班所修建的庙宇。庙宇于清康熙年间始建，清光绪三年(1877 年)重修，清末到民国年间修缮。1934 年中共迁遵蓟中心县委书记李子光不顾国民党政府通缉，在鲁班庙西配房创办一分利文具店，作为共产党的活动秘密联络点。1949 年后，所有房屋由城关中学使用，1984 年收回，1985—1986 年维修。1987 年修复了鲁班师徒塑像五尊，布置“一分利”展室，展出部分文物和图片。1987 年对外开放。主体建筑按照官式建筑修建，坐北朝南，木结构，由山门、东西配房、东西配殿、大殿等组成。该建筑于 1973 年被公布为蓟县文物保护单位，1991 年被公布为天津市文物保护单位，2006 年确定公布为天津市重点保护等级历史风貌建筑。

秦城遗址 [Qínchéng Yízhǐ]

在宝坻区中部，引滦输水明渠东。据说秦始皇灭燕之后，为了巩固战果屯聚兵力，一举消灭齐国而在此筑城，以为戍守，因名秦城。秦城筑于战国，秦汉两次修葺，西汉末因海侵而荒废，曾为雍奴古城遗址。相传，唐太宗东征时亦驻跸于此。明、清均被列为“宝坻八景”之一，明称“秦城烟树”，清称“秦城烟柳”。1950 年开挖潮白新河时将西南角挖掉 200 米。土城垣基尚存，夯筑层 10~20 厘米不等，残垣高 5 米，厚约 2.5 米。东西 870 米，南北 650 米，近似五边形，面积约 60 万平方米。北墙中段向外折弯，呈不规则长方形。遗址内文化层厚 50 厘米，有人骨、兽骨刀、石刀、铜矛、陶壶、加工蚌片和范阳丞印、泉州丞印图章等。遗址于 1982 年被公布为天津市文物保护单位。

天津清真大寺 [Tiānjīn Qīngzhēn Dàsì]

在红桥区芥园街道大丰路 23 号。此清真寺是中国伊斯兰教古寺，于清顺治元年(1644 年)始建，清康熙十九年(1680 年)扩建，清嘉庆七年(1802 年)再次扩建。寺院坐西朝东，历经多次修葺，由门厅、大殿、讲堂、耳房和沐浴室组成，门前照壁以砖石砌筑。镶嵌的汉白玉石匾“化肇无极”，为清肃亲王手书。门厅为青瓦硬山顶，抱厦为歇山顶，大殿为重檐庑殿顶，后部为攒尖顶。门厅面阔三间，进深三间。明间、次间各开砖雕拱券门。后檐接卷棚廊厦，廊柱间置坐登栏杆。礼拜殿为寺内主体建筑，以四组建筑连搭构成。该寺处于回族聚居区，是全市伊斯兰教活动的中心，曾多次接待伊斯兰教国际友人。该建筑于 1982 年被公布为天津市文物保护单位，2005 年被公布为天津市特殊保护等级历史风貌建筑。

大悲禅院 [Dàbēi Chányuàn]

在河北区天纬路 38~40 号，因供奉大慈大悲观世音菩萨而得名。前身早于清顺治十四年(1657 年)，清顺治十五年至十六年(1958—1659 年)间得名。清康熙八年

（1669年）、清光绪元年（1875年）两度重修，曾建有塔、楼、亭、台，今已无迹。清同治十一年（1872年）建六角五层瞭望塔，名“镇海楼”，改名“得胜寺”。清光绪二十六年（1900年）八国联军入侵，寺院遭劫，僧众星散。清光绪二十八年（1902年）建北洋银元局、铁工厂等。1940年新修三大殿及两厢配殿。1954年修葺并将瞭望塔拆除。1956年周恩来总理、陈毅副总理访印时，应印度政府之请，将玄奘法师灵骨连同院藏宋版《积沙藏经》影印本一部，送往玄奘法师当年求学讲经圣地——印度那烂陀寺。1978年依原貌重修庙宇，再塑金身。1993年新加坡居士奉献一尊高1.6米，重888千克的玉佛，供奉在大雄宝殿。1994寺院扩建，1997年方丈室、佛协楼建成，2001年大雄宝殿建成。占地面积约15 800平方米。寺院主要由山门、天王殿、大雄宝殿、大悲殿组成，高墙深院，清静幽雅。山门高约5米，悬有中国佛教协会会长、书法家赵朴初题写的匾额“真如觉场”。天王殿总高10米，面积约50平方米，殿门匾文“古刹大悲禅院”，为甲骨文专家、书法家王襄篆书。殿内供弥勒佛像和韦驮像，两厢系四大天王像。大雄宝殿位居中心，殿高约13米，面积约260平方米，门悬金匾“大雄宝殿”，为书法名家华世奎之墨宝。殿内供奉明代所铸古铜鎏金释迦牟尼像，阿难、迦叶侍立左右；后座供观世音菩萨，殿角为文殊、普贤二菩萨，两侧彩塑十八罗汉。后殿名大悲殿，殿门悬“放大光明”匾额，为书法家吴玉如手迹。千手观音趺坐莲台，视端容寂。环墙绘释迦牟尼悟道成佛壁画，殿外有披廊连接东西配殿。东配殿设玄奘法师纪念堂、讲经堂；西配殿为地藏殿及弘一法师纪念堂。沿配殿走廊进圆通门可达西院，内建殿堂三进，面积约800平方米。新落成大雄宝殿采用清式重檐歇山建筑，建筑面积约9 275平方米。主殿台基1.8米，为须弥座形式，周围绕以汉白玉栏板望柱。大殿正中供释迦牟尼、药师佛和阿弥陀佛三世佛像，佛像系在缅甸用缅甸玉雕成，净高4米。大殿东西次间之北面供观音、普贤二菩萨像各1尊。东西两侧供十八罗汉像。三期工程将在殿后重建大悲观音殿、藏经阁，原大雄宝殿亦将改建。大悲禅院是津门名胜古刹，亦是海内外佛教文化交流之地。现为天津市佛教协会。1982年被公布为天津市文物保护单位，2005年被公布为天津市特殊保护等级历史风貌建筑。

张园 [Zhāng Yuán]

在和平区西北部，鞍山道和山西路交口的东北侧，鞍山道67号，以其曾为清末武将张彪的居所而得名。建筑于1915—1916年始建。张彪（1860—1927年），字虎臣，山西榆次人。武举出身，赐总兵衔，任湖北营务处总办，标统、提督，驻武昌陆军第六镇统制。武昌起义爆发，携眷逃往日本长崎。辛亥革命后来天津定居，于日租界筑露香园，人称张园。1924年孙中山先生赴京途经天津，曾下榻张园。1925—1929年溥仪由北京日本使馆潜逃至天津，亦居于此。天津沦陷后，张彪旧宅为日本占领当局购得，改建为军官官邸，与原楼房迥异。占地面积约6 660平方米，建筑面积约4 500平方米（包括附属建筑物），主建筑为砖木结构罗马式二层楼房。该建筑于1982年被公布为天津市文物保护单位，2006年被公布为天津市重点保护等级历史风貌建筑，2019年被国务院公布为第八批全国重点文物保护单位。

西开天主教堂 [Xīkāi Tiānzhǔ Jiàotáng]

在和平区中部，西宁道东部南侧，因地处旧法租界老西开，故称西开教堂，俗称法国教堂。建筑于1913—1916年始建，始称圣味增爵（天主教遣使会和仁爱会创始人）堂，后改名圣若瑟（耶稣的养父）堂，俗称西开教堂。1912年天主教天津教区成立后，决定新建主教府和主教座堂，且不顾天津人民的激烈反对，强行于华界老西开购地建堂。教堂建成后法国驻津领事派出武装军警，非法把老西开划入法租界，最终引发了全国性的反对法国强占老西开的斗争。教堂占地面积约2 940平方米，建筑面积约1 858平方米，高42米，平面呈拉丁"十"字形，三大圆顶呈"品"字形排布，为罗马式建筑。主体为木结构，表面包以铜片，年久呈深绿色，与建筑本身红白相间外檐墙相映，风格独特。内部是三通廊式，为坐南朝北大厅，北面为正门，南面有三个祭台，中间为主祭台，供奉耶稣受难铜制十字架。两侧为小祭台，供奉圣母玛利亚和耶稣圣心画像。大厅中由两排方柱，每排7根共14根，周围挂耶稣14处受难画像，两侧有4个告罪忏悔室，上部楼台为音乐台。墙壁粉刷为浅绿色，并喷刷散落小花朵，给人以静雅之感。教堂可容纳1 500人进行宗教活动。每逢圣诞节或其他重大天主教节日，参加活动者达七八千人次之多。该建筑于1991年被公布为天津市文物保护单位，2005年被公布为天津市特殊保护等级历史风貌建筑。

千像寺造像 [Qiānxiàngsì Zàoxiàng]

在蓟州区盘山东麓官庄镇联合村北，又名祐唐寺。唐开元年间始建，辽重建，1938年毁于战火。现存唐刻千佛像、辽盘山千佛祐唐寺创建讲堂碑、千像寺遗址、明清碑刻等。占地约4 500平方米。千佛像分布在千像寺遗址周围岩壁之上，约近百尊，一般高1.5米左右，或坐或立，大部头戴宝冠、背托佛光、脚踏莲花、袒露右肩、面颊丰满，具唐代风格。盘山千佛祐唐寺创建讲堂碑高3米，宽1米，顶部四角饰蟠螭，碑文书法刚劲秀丽，有"京东第一碑"之称。寺后有"八石"之一"摇动石"。

天后宫 [Tiānhòu Gōng]

在南开区古文化街80号，因是祭祀天后娘娘的庙宇而得名。建筑于元泰定三年（1326年）建成。1934、1938年重修钟鼓楼，1985年复原修建。天后宫原名天妃宫，俗称娘娘宫，是中国现存年代较早的天妃（妈祖）庙之一。占地面积约5 330平方米，建筑面积约1 341平方米。宫内中轴建有山门、牌楼、前殿、正殿、凤尾殿、藏经阁和启圣祠。两侧有钟鼓楼、配殿、张仙阁。东南隅建假山、走廊。正殿由3座建筑勾连搭组成，中部主体面阔三间，进深三间，九檩单檐庑殿顶，内供天后塑像。山门前半圆形小广场两侧矗立两根巨形幡杆，广场东为过街戏楼。天后宫1982年被公布为天津市文物保护单位，1986年成立天津市民俗博物馆，2005年被公布为天津市特殊保护等级历史风貌建筑，2013年被国务院公布为第七批全国重点文物保护单位。

义和团纪庄子战场遗址 [Yìhétuán Jìzhuāngzi Zhànchǎng Yízhǐ]

在河西区横跨卫津河的纪庄子桥桥北约50米的紫金山西路上，因历史事件而得名。19世纪来，法国传教士在纪庄子建教堂传教，欺压民众，群众对此十分气愤。清光绪二十六年（1900年）3月初，纪庄子一带建立了义和团，由杨贵林带领练武，7月，八国联军攻下大沽炮台后，一支日军沿黑牛城向纪庄子进犯。7 月 9 日,义和团埋伏在纪庄子桥头。当日军进入埋伏圈后, 300 多名义和团团民英勇杀敌,击败侵略军,击毙日军中队长。不久日军发动了 2 000 人的反攻,义和团英勇抵抗,终因寡不敌众,武器相差悬殊而失败。日军进庄后大肆烧杀,近 2 000 团民和百姓惨遭杀戮。纪庄子战斗是天津近代史上悲壮的一页。为纪念这一事件, 1982 年,该遗址被公布为天津市文物保护单位。

疙瘩楼 [Gēda Lóu]

在和平区河北路 283~295 号。其楼体外立面巧妙使用天津特产建筑材料——琉缸砖,使墙体呈现出“疙瘩”状不均匀的突起,独具特色,被形象地称为“疙瘩楼”。建筑于 1937 年始建。占地面积约 1 900 平方米,建筑面积约 2 900 平方米,为三层半砖木结构八门联体洋楼,其中,一层在半地下,二层为圆拱形正门所在,由高台阶通达,三层为阳台,四层为一排百叶窗,百叶窗上部设有绿色的遮阳棚。该楼建筑平面布局合理,采用当时欧洲流行的联排独户住宅的布局,布置较为紧凑,房间朝向和采光通风条件良好。建筑外立面为清水墙面,上面铺有琉璃砖并镶嵌着一些疙瘩砖,构成建筑主体外观粗糙的质感,圆形的门楣之上设有圆拱半凹悬挑的曲尺形阳台,并设有珍珠串式栏杆,窗边设有水纹花饰,是一座具有浓郁的意大利风格的西洋公寓式建筑。该建筑于 2004 年被公布为和平区文物保护单位, 2005 年被公布为天津市重点保护等级历史风貌建筑, 2013 年被国务院公布为第七批全国重点文物保护单位。

塘沽烈士陵园 [Tánggū Lièshì Língyuán]

在滨海新区新北路增 1 号,全称为天津市滨海新区塘沽烈士陵园,为了纪念在解放战争中为解放塘沽牺牲的烈士而建造,选址为解放塘沽战役中战斗最激烈的地方。陵园于 1954 年建成, 1967、1975、1979、1994、2000、2004、2008 年多次扩建。占地约 9 万平方米。主要纪念性建筑物有烈士纪念碑、纪念广场、烈士墓区和塘沽解放纪念馆。纪念广场约 5 000 平方米,可同时容纳 1 万人集会。纪念馆建筑面积约 2 800 平方米,分为上下两层,一层为塘沽解放展,通过大型浮雕、英雄塑像以及多媒体等表现手段,展示塘沽解放战役中的经典战斗场景及战斗中出现的英雄。二层展厅设立枪械展示区、宣誓厅和塘沽党史陈列展,是爱国主义教育基地的重要组成部分。革命烈士纪念碑于 2009 年建成。整体为解放战争中东北野战军的英雄形象。背面为山的造型。碑身高 19.5 米,底座刻有“浩气长存,英雄不朽” 8 个贴金大字。通体采用红砂岩石材,体现庄严厚重之感。烈士墓区安葬有 590 名烈士,有两个集体墓和 132 座独立墓。

“东方公主”号 [“Dōngfāng Gōngzhǔ” Hào]

在滨海新区海河外滩公园东侧码头。全长 150.3 米,宽 21 米,高 47 米,总吨位 10 298 吨,经营面积近 8 000 平方米。1967 年下水,至 1985 年期间服务于广州中远分公司, 1985 年租给境外旅游公司经营,更名“海龙星”号,成为当时中国沿海航行为数不多的豪华游轮。1988 年重新装修后更名“东方公主”号。2002 年在因经营不善被天津市滨海新区国有资产投资经营有限公司买进，落户滨海新区。2004 年由天津大维集团出资对其进行更新、升级、改造，共有 6 层，是集观光、休闲、娱乐、餐饮、演艺于一体的多功能游轮，游览面积 8 000 平方米，设有 40 余间客房供游客入住，成为海河外滩广场上一颗璀璨夺目的明珠。此处拍摄过《德龄公主》《月上海》等巨制宏片。

光合谷旅游度假区 [Guānghégǔ Lǚyóu Dùjiàqū]

在静海区东部，团泊新城东区，距市中心城区仅 16 千米。东至荣乌高速，西至津王公路，南至津汕联络线，北至独流减河。以团泊湿地的自然景观为基础，营造光合作用的环境氛围故名。园区于 2008 年兴建，2011 年命今名，2013 年对外开放。占地面积约 3.53 平方千米，用地划分为青年文化区、温泉度假区、湿地公园区和设施农业区。通过精致规划旗下的 3 平方千米生态用地建设，一般有儿童游乐场、恐龙园、动物园、生态餐厅、草坪婚礼、休闲水吧、垂钓馆、勇士营、勇敢者联盟、房车营地、原始部落烧烤及青年文化广场，是天津近郊最具原生态的旅游度假区。该园区为国家 AAAA 级景区。

蓟州溶洞 [Jìzhōu Róngdòng]

在蓟州区罗庄子镇洪水庄村北灵气山下，属燕山余脉、中上元古界地层。18 亿年前，整个燕山地区开始剧烈沉降，海水入侵形成浅海。五千多万年前，由于地球引力的作用，地壳发生了剧烈的运动，随着燕山的隆隆升起和南面平原的缓缓下沉，举世闻名的中上元古界地层剖面浮出水面。景区于 2002 年建成。占地面积约 3 万平方米，洞内全长 1 200 米。主要景点如下。其一，腾龙渡海，此处有两条石龙，一条大龙长约 40 余米，飞腾在洞顶之上；一条金色小龙，沿壁冲天而起，藏首露尾，栩栩如生。其二，石花长廊。这里的洞壁长满形态各异的石花，灯光照耀之下，犹如繁星布满夜空，璀璨无比；又如万花织成的挂毯晶莹闪亮，熠熠生辉，置身其中如闯入藏宝的龙宫。其三，石佛观瀑，在溶洞三层的最顶部有酷似观音的石佛，正盘膝打坐，头上莲花宝灯倒悬，洞口石猴护法。两侧石壁犹如黄河壶口瀑布，气势磅礴。其四，巨大石柱林景区。在溶洞东南端有七个直径为 8~25 米不等的巨大石柱，这些石柱所暴露的高度在 6~15 米不等。其中取名擎天一柱的大石柱，围绕一圈近百米，以上景观可以称为中国之最。其他景观如龙宫、凌霄仙境、蓬莱求医、月宫桂树、菩陀仙境、北溟神宫都蔚然壮观。蓟州溶洞于 2012 年被公布为国家 AAA 级旅游景区。

天津市萨马兰奇纪念馆 [Tiānjīn Shì Sàmălánqí Jìniànguǎn]

在静海区东部，团泊新城西区健康产业园团泊大道东侧，以展出国际奥委会终身名誉主席萨马兰奇先生藏品，传播奥林匹克精神为主旨的文化、艺术、体育等交流平台而得名。纪念馆于 2012 年始建，2013 年对外开放。占地面积约 14.4 万平方米。建筑面积约 1.9 万平方米。主体建筑展区部分集中展示萨马兰奇收藏的书籍、邮票、纪念品、绘画及与他相关的信件、照片、私人用品，以及极为珍贵的与奥委会相关的文献等。该馆于 2013 年被公布为国家 AAAA 级旅游景区。

南湖·绿博园 [Nánhú· Lǜbó Yuán]

在武清区东部。占地面积约 380 万平方米，其中水面约 140 万平方米。风景区分为南部湖区、北部景区。1986 年建南部湖区。2013年建北部景区。2015年8月，第三届中国绿化博览会开幕。2017年，园内增设鹿园、花香海、百鸟园等项目。南部湖区包括滨湖度假区、主展馆区、游船体验区、绿色科普区、湿地观赏区、水街风情区等功能区。其中，湿地观赏区由三座湖心岛组成，通过栈桥相连。湖心主岛上建有百鸟园，系一个集鸟类观赏、鸟艺观摩、鸟类生态科普为一体的鸟类乐园。北部展区包括48个参展单位展园，划分为"中西合璧、时代新风、民俗风情、写意山水、江南秀色、古韵雄风"等六大主题区域。展园内有绦柳、国槐、毛白杨、山桃、碧桃等多个树种。景区还配有多个休闲娱乐项目，包括天海风水上休闲运动俱乐部。每逢节假日举办各类文娱活动，如传统相声、京韵大鼓、古彩戏法、民族舞蹈等。

天津海河意式风情区 [Tiānjīn Hǎihé Yìshì Fēngqíngqū]

在河北区北安桥畔，光复道39号。东至五经路，西至胜利路，南至博爱道，北至建国道。紧邻天津站和海河，与古文化街、和平路商业街、天津环球金融中心、天津金融城隔河相望，是天津市著名的旅游景点之一，国家AAAA级景区。因街区曾为意大利租界而得名，江泽民同志亲笔题今名。意租界于光绪二十八年（1902年）始建。当局对此进行了认真的规划与建设。规划引进了意大利城市建设思想，以马可波罗广场为中心规划了完整的道路网以及公用设施。区内街道呈棋盘状，以住宅为主，所建房屋以意大利的花园别墅风格为主，并严格规定不同的街道风格不能一致。区内各种社区功能齐全，几乎囊括了意大利不同历史时期的风格建筑，主要建筑特点是稳定、平展、简洁。马可波罗广场和但丁广场颇具意大利文化色彩。区内建筑大量使用了古罗马的高低拱券、穹顶、塔楼、柱石，在广场建纪念石柱、铜人、喷水池和园林小品，楼房均为庭院式、别墅式，并注重绿化、美化，房顶为意式角亭，角亭又有圆亭与方亭、圆柱与方柱之分，并分别用圆拱、平拱、实拱、连拱、垂柱进行点缀。区内历史建筑很多，其中较有代表性的有意式回力球场、圣心堂、意大利领事馆和兵营等；另有名人住宅38处之多，美轮美奂的建筑与历史名人事件相结合，成为意式风情区重要的历史文化特色。2000年复修，重建马可.波罗广场，在非风貌地段补充现代意大利式街景、园林、广场、雕塑等，并建设了一座意式风情区工业园，生产、经营意大利皮货为主的商品。功能的日益完备，使之光彩更加夺目。2002年整修，引入了具有异国情调的餐饮娱乐等商户，打造出意大利风情浓郁的经典街区。占地面积约28万平方米。建筑面积约40万平方米。形成了集吃、住、行、游、购、娱等多功能为一体的综合性特色商业街区。意式风情区是由五经路、博爱道、胜利路、建国道4条道路合围起来的四方形区域。内含进步道、民族路、民主道、民生路、自由道、光复道、光明道等多条道路。

中华石园 [Zhōnghuáshí Yuán]

在津南区双港镇淇水道以南。东至林城佳苑，西至微山路，南至外环辅道，北至泓天园。占地面积约6.67万平方米，其中水面占一半，绿化占三分之一。因园内有一巨型灵璧石酷似中华版图而得名。1996年由张宝树个人设计、建造的中华石园正式动工，2000年被评为私人建造最大藏石园，并被评为国家AA级旅游景区。园内欧式古堡与中国石文化相结合，有大小9个展馆，分别为悟石斋、听石轩、奇石馆、藏珍阁、畅想楼、易石楼、会贤楼、石泉洞、百砚厅；园内景观还有敬石亭、丝竹岛、滴翠等。

大觉禅寺 [Dàjué Chánsì]

在宝坻区祥瑞大街与玉锦道交会处，因重建辽代大觉禅寺而得名。寺院于辽重熙二年（1033 年）始建，俗称东大寺或东寺，旧址位于宝坻老城区。明正德八年（1513 年）、明崇祯二年（1629 年）两次重修，1986 年再度修葺，2012 年重建。占地面积约 33 万平方米，建筑面积约 16 万平方米。现仅存大殿，面阔 13.6 米，进深 8.8 米，檐高 3.9 米，砖木结构，青灰瓦顶。梁架木柱系明代建筑，余为近代改建，但仍保存辽代风格。该寺院于 2006 年被确定公布为天津市一般保护等级历史风貌建筑，2013 公布为天津市文物保护单位。

天穆清真北寺 [Tiānmù Qīngzhēn Běisì]

在北辰区南部，京津路西侧、方舟温泉花园南侧。明永乐二年（1404 年）建成，系天津市最古老的清真寺之一。清光绪二十六年（1900 年）毁于兵燹，清宣统元年（1909 年）肃亲王题字“清真古教”，1931 年新建清真女寺，1948 年再次毁于兵燹，1951 年修建，1966 年文物被毁，1980 年修缮，1984 年重建，1986 年建沐浴房，1988 年立碑，1992—1994 年重建大殿，1994 年市长张立昌为该寺题词“清真祥和”，2006 年大修。占地面积近 1.3 万平方米。建筑面积 5 000 余平方米。大殿正面悬“清真古教”等匾额 3 块，可容纳千余人聚礼。殿前设辅殿，为 3 脊 18 柱，柱高 7 米。前殿内矗立 8 根直径 40 厘米、高 6 米多的擎天柱。后殿南北长 30 米、东西宽 13 米，地铺 9 班礼拜用毯，殿内错落挺立 14 根 8 米多高的朱红漆柱，托起 5 层画梁，构成 3 个拱顶，最高约 16 米。殿前两侧建有 2 层讲堂。殿后跨院建有清真女寺。望月楼高 20 米。寺门前北侧立“北寺史考”“穆氏宗谱”石碑 2 块。寺院于 1997 年被列为市级模范清真寺，1998 年被中国伊斯兰教协会评为全国“双爱”（爱国爱教）模范清真寺。

天穆清真南寺 [Tiānmù Qīngzhēn Nánsì]

在北辰区南部，北辰路北侧。因天穆镇内有两座清真寺，又因其坐落在村南而得名。清咸丰四年（1854 年）建成，始称天齐庙清真寺，亦称天齐庙经房子。1928 年修缮，1948 年毁于兵燹，1950 年重建，1951 年改今称，1958 年修缮，1976 年震损，1989 年重建，1997 年扩建，1998 年在殿前右侧立南寺续建碑，2004 年举行 150 周年建寺庆典。占地面积约 2 900 平方米。建筑面积约 2 800 平方米。以礼拜大殿为中心，由对厅、南北讲堂、清真女寺及水房组成。建筑风格最初为中国传统建筑，重建时按阿拉伯风格设计，为拜占庭伊斯兰建筑体系。大殿坐西朝东，为一殿一厦式，钢筋混凝土结构，东西长 23 米，南北宽 17.5 米，由 24 根 8 米高擎天柱支撑，地铺 15 班礼拜用毯，可容 600 余人礼拜。屋顶有金色球形尖顶，直径 4 米，重 4 吨。左右两侧各有小球，直径 2 米，倒 U 形底架支托。前檐有时任天津市长李瑞环题写的“清真寺”金地黑字横匾。大殿前厦为 6 柱支撑，前额有中国伊斯兰教协会会长安世伟题写的金匾 3 块。殿前右有募捐纪念碑，左有重建南寺记碑。南侧配殿为藏经室。对厅为阁楼式建筑，楼下有 3 个大门、1 个小门。楼上为一字排开式会客厅兼会议厅。殿两侧为 2 层楼讲堂。南讲堂为经学班教室，北讲堂为教长室和民管会办公室。大殿隔街对面建有清真女寺。该建筑为市级文物保护单位。

挂甲禅寺 [Guàjiǎ Chánsì]

在河西区新围堤道南北大街北段西侧。相传,挂甲寺建于隋末唐初,有 1 300 多年历史。明万历二十八年(1600 年)《重建挂甲寺碑记》载:“大直沽迤南三里许,有古刹曰庆国寺,后名挂甲寺。其由来远矣,图经无考。得与父老传闻云:当大唐征辽奏捷,驻师此寺,故更名焉。世远倾颓,遗址尚在。”当年挂甲寺“栋宇嵯峨,象设赫濯,遐迩士女,瞻谒云集”,香火鼎盛。明朝、清朝末年、1944 年曾三次重建。1994 年翻建。1997 年建成。占地约 10 000 平方米,建筑面积约 1 404.7 平方米。有大雄宝殿位于寺院中部,建筑面积约 413 平方米,高 16 米,斋堂、寮房坐落在寺院东北隅和西北隅,均为 175 平方米;地藏殿位于大雄宝殿西侧,建筑面积约 129 平方米;观音殿位于大雄宝殿东侧,建筑面积约 129 平方米;天王殿位于寺院西南隅,建筑面积 125.7 平方米;另有客堂、接待室,建筑面积均为 129 平方米。禅寺建筑群为单层,宏伟壮观,错落有致,布局协调,色调明快,古朴大方,浑然一体。挂甲禅寺是天津市中心区南部最大的佛教活动场所。

天津八仙山国家级自然保护区 [Tiānjīn Bāxiānshān Guójiājí Zìrán Bǎohùqū]

在蓟州区下营镇古强峪村北。东至蓟州区界,西至八仙山与梨木台边界,南至北齐长城,北至蓟州区界。占地面积约 10.49 平方千米。原名“八仙桌子”,因此山上有一块较平的大石头,传说八仙常到此下棋玩乐而得名。1984 年该山被划为蓟县八仙桌子森林生态自然保护区(县级),1990 年被列为市级自然保护区,1992 年更名为八仙山森林生态自然保护区,1995 年命今名,1999 年被列为“全国科普教育基地”,2002 年被列为天津蓟州区国家地质公园八仙山石英岩峰林峡谷景区,2006 年被列为全国自然保护区示范单位。全称为森林和野生动物型的自然保护区,以保护暖温带落叶阔叶林地带性生物类型和生态系统及珍稀濒危野生动植物资源及其栖息地为宗旨,集生物多样性保护、科研宣教、生态旅游和可持续发展等功能于一体的综合性自然保护区。景区地质遗迹丰富多样,其中最具观赏价值和科研价值的遗迹是石英岩峰林峡谷地貌,峰林上栩栩如生的动物奇石、刀劈斧剁般的天梯、峡谷中河流高阶地、万卷天书地层、美丽壮观的石瀑布、跨越 8 亿年的太古界与元古界地层、太古界 25 亿年长寿石等。

天津九龙山国家森林公园 [Tiānjīn Jiǔlóngshān Guójiā Sēnlín Gōngyuán]

在蓟州区穿芳峪镇境内。东至唐山 90 千米处,西至北京 90 千米处,南至天津 100 千米处,北至承德 170 千米处。占地面积约 21.26 万平方米。在公园东北部,连绵耸立着九条山脊,恰似九龙聚首,故名“九龙山”。占地面积约 21.26 平方千米,其中人工油松林约 9 平方千米,森林覆盖率达到 95% 以上,活立木蓄积量达到 20 万立方米,有华北地区典型的暖温带落叶阔叶林,针阔混交林、天然侧柏林和人工油松林,有各种植物 160 科 800 种,茂密的森林中还栖息繁衍着 400 种野生动物,其中有国家重点保护的动植物 40 种,是一座天然的森林植物园和野生动物园,每年为引滦水库输送 1.2~1.6 亿立方米的纯净水,是华北地区的绿色瑰宝和天然氧吧。1995 年被列为森林公园,1996 年被列为市级森林公园,1997 年被列为国家森林公园。这里是以森林景观为主体的生态型自然景区，集古洞、幽林、奇峰、秀水为一体，有九龙山、梨木台、黄花山3个景区。主要景点有龙泉洞、赏心亭、宝藏亭、黄花岭、望龙峰等，建成了野生动物园、森林植物园、森林沐浴园、宾馆等。

蓟州区国家地质公园 [Jìzhōu Qū Guójiā Dìzhì Gōngyuán]

在蓟州区城北，北起九山顶，南至府君山，东至八仙山，西至盘山。居京津唐三市腹心地带，素有京、津、唐“金三角”之称。占地面积约342平方千米。中上元古界地层剖面代表的地质历史时限长达10亿年，并以其岩层齐全、出露连续、保存完好、构造简单、顶底界限清楚、变质极浅而得天独厚。从常州村至府君山距离仅在24千米内，长达10亿年的地质历史中连续沉积的一个完整的海陆变迁过程。古生物化石丰富，其中发现了宏观多细胞生物化石，使多细胞生物出现的年代从国际公认的9亿年前提前到17亿年前。另外，尚有一些世界上最古老的地质现象，如形成于距今12~13亿年间的沉积海泡石矿床和铁岭组内发现的世界上最古老的喷气孔构造。这里是大自然留给人类的宝贵自然遗产，所发现的一些重要生物化石对研究早期生命的演化和地球的形成过程有重要意义。对揭开地球远古时期许多科学之谜有着不可替代的地位。地质公园划分为7个景区，中上元古界地质自然保护区、八仙山石英岩峰林峡谷景区、盘山花岗岩地貌景区、九龙山碳酸盐岩峰丛景区、黄崖关断崖地貌景区、九山顶石英砂岩峰林景区、府君山地质构造遗迹景区。景区各具特色，天然造化、精彩纷呈、群峰俊秀、峡谷幽深、空气清新怡人，在漫长的历史长河里，为人类留下了珍贵的地质遗产。这里交通方便，是休闲、度假、旅游、览胜的好去处，是探索自然之谜的难得场所。该公园于1984年被列为中国第一个地质类国家级自然保护区“中上元古界地质自然保护区”，2001年命今名。

天津青龙湾固沙林自然保护区 [Tiānjīn Qīnglóngwān Gùshālín Zìrán Bǎohùqū]

在宝坻区西南部。2006年批准设立，属市级自然保护区。总面积约4.16平方千米。保护区内林木茂盛，现有树木为20世纪60—70年代人工栽植的人工林及天然次生林，林地面积约1.75平方千米，占区内面积的42%。有植物种类33科82属118种，包括国家二级保护植物野大豆。区内地势平坦，植物类型多，气候适宜，为动物的栖息繁衍提供条件。动物有数百种，主要为兽类、鸟类、两栖爬行类、昆虫等，有金雕、丹顶鹤、大鸨3种国家一级保护动物，有大天鹅、小天鹅、苍鹰等24种国家二级保护动物。这里是以保护人工林和天然次生林为代表的固沙林及丰富的生物多样性以及典型的沙地生态系统为目的的自然保护区。

天津大黄堡湿地自然保护区 [Tiānjīn Dàhuángpù Shīdì Zìrán Bǎohùqū]

在武清区东部。东至大黄堡镇与宝坻区接壤处，西至津围公路与曹子里镇交界，南至上马台镇王三庄村，北至崔黄口镇南曹家岗路。占地面积约112平方千米，深度0.5米。其中核心区约40平方千米，缓冲区约35平方千米，实验区约37平方千米，是一个大型芦苇沼泽湿地以及多种珍稀鸟类栖息地。水源为北运河水系，土壤类型为潮土，依次分布为普通潮土、盐化潮土和湿土。气候类型：暖温带半湿润大陆性季风气候，年均温度 11.6 摄氏度，年均温差 31.3 摄氏度，年降水量 578.3 毫米，年无霜期 313 天，动植物种类 577 种。其中耕地约 7.33 平方千米，苇田约 25.33 平方千米，鱼池约 4 平方千米。地势西北高，东南低。海拔 3~3.8 米，滞洪水位 4.5 米，平均水深 1.2 米，总滞洪量 12 719 万立方米。除汛期分洪外，汛后常年蓄水 7 000 万立方米。原名大黄堡洼。1951 年始废筐儿港引河，开辟大黄堡滞洪区，时青龙湾河、北运河二河水量分入。1955 年开挖龙凤新河，水仍分。1956—1957 年开挖抗旱河，河道以西筐儿港故道土地全部还田。1964 年二次开挖筐儿港新引河，引河南、北、西的土地全部还田。1971 年开挖北京排污河，将港沟河、凤河、龙凤新河、筐儿港引河、导水沟、抗旱河等 6 条河道连在一起，河道以南土地全部还田。1972 年开挖黄沙河排水干渠，干渠以西土地全部还田。1974 年开挖东粮窝引河，并在北京排污河北岸修建陈庄、东汪庄 2 座扬水站。2004 年命今名。保护区于 2005 年被列为市级自然保护区。保护区内湿地资源丰富、水网密布、芦苇茂密、气候凉爽、空气清新、动植物种类繁多，是一个由草甸、沼泽、水体、野生动植物等多种生态要素组成的湿地生态系统，可称为动植物基因宝库。区内有龙凤新河、柳河干渠、黄沙河排水干渠、东粮窝引河 4 条河渠贯穿全境，常年积水，适宜芦苇生长。此外，保护区历史文化底蕴深厚，有燕王湖、张勋堤及部分抗日遗迹等。该保护区是天津城市总体规划中“一轴两带三区”至“中部七里海—大黄堡洼湿地生态环境建设区”的重要组成部分，同时也是东亚至澳大利亚涉禽迁徙路线上的重要驿站。保护区大片湿地生境为南北方鸟类的交会提供了良好场所，也为珍稀动植物的生存、繁衍提供了环境。大黄堡湿地自然保护区的建立是构筑生态宜居高地，推进“南北生态”保护区建设的重要组成部分，对于天津市生态环境具有重要意义。

天津古海岸与湿地国家级自然保护区

[Tiānjīn Gǔhǎi'àn Yǔ Shīdì Guójiājí Zìrán Bǎohùqū]

在宁河区西南部。七里海地处北京、天津、唐山大中城市的腹地。南至滨海新区。占地面积约 233.5 平方千米。因有大面积以牡蛎礁为代表的古海岸遗迹和大面积天然湿地而得名。距今 5 000 年前，七里海与渤海连在一起，是风光明媚的浅海滩。距今 3 000 年前，七里海演变成沼泽洼淀。距今 800 年前，形成内陆湖。汉代时，七里海属渔阳郡雍奴县管辖。北魏时，著名地理学家徐霞客将七里海这片沼泽洼淀称为“雍奴薮”。明朝和清朝时期，“七里海广褒二百五十二里”，相当于现在面积的三倍，由前海、后海、曲里海三部分组成。民国时期为天津滨海最大的洼淀。新中国成立后，七里海面积约为 108 平方千米。后海、曲里海已变成良田。目前七里海湿地核心区、缓冲区约 87.1 平方千米，其中核心区约 44.9 平方千米，全部由芦苇和水域组成。保护区于 1992 年被列为国家级自然保护区，主要保护对象有贝壳堤、牡蛎礁、七里海湿地。保护区不仅对古地理、古气候、海洋生态、海陆变迁等学科的研究具有重要价值，是研究、教学、科研的基地，而且是不可再生的生态资源。区内的七里海湿地栖息和生长着多种珍稀野生动植物。该保护区的建立对于更好地保护七里海湿地生态系统和野生动植物资源，对于进一步发展“京津绿肺”的生态功能保护与恢复生物物种多样性具有重要意义。

北大港湿地自然保护区 [Běidàgǎng Shīdì Zìrán BǎohùQū]

在滨海新区大港街道西北部。东至迎宾街，西至十米河，南至海河，北至南环路。这里是天津市面积最大的湿地自然保护区，为自然生态系统类别中的海岸生态系统类型，主要保护对象为鸟类和其他野生动物，珍惜、濒危物种等。项目于2001年建成，因原为北大港洼淀，故名。占地面积约3.1平方千米，可绿化面积约2.2平方千米。因其所在区域及公园景色特点而得名。由沼泽、鱼塘及浅水储水库构成的复合型湿地自然保护区，生物多样性十分丰富，动物种类，尤其是鸟类种类繁多。同时，北大港湿地又是大港城区与大港油田的天然分界，而这块湿地的核心区域还同时充当着工业生产污染“过滤池”的作用，调解着天津市整个生态系统和地区小气候，还是大港生活区和工业区之间的重要生态屏障。整体布局分三个部分，即南部防护林带，面积约36万平方米；中部湿地型绿地，面积约114万平方米；北部为滨河风景带，面积约70万平方米。每年春秋两季，来自东亚至澳大利亚的候鸟都会在北大港湿地自然保护区进行停留休息。每年迁徙到北大港湿地和繁殖的鸟类有近100万只，其中有国家一、二级保护鸟类23种，有17种达到国际“非常重要保护意义”标准，是候鸟的重要栖息地。

天津市团泊鸟类自然保护区 [Tiānjīn Shì Tuánbó Niǎolèi Zìrán Bǎohùqū]

在静海区东部，位于环湖北路与环湖西路交会处。其范围以团泊水库为主。东至七排干渠，西至六排干渠，南至青年渠，北至独流减河。占地面积约60平方千米。因位于团泊湖而得名。团泊湖水面积约66.67平方千米，蓄水量达1.8亿立方米。湖区碧水粼粼、荻苇环生、欧鸟翔集、锦鳞游渌，被誉为“华北明珠”。1995年建成，同年列为市级鸟类自然保护区。区内栖息的鸟类38个科181种，其中一级保护动物有丹顶鹤、东方白鹳、黑鹳、大鸨、白尾海雕和二级保护动物天鹅、鸳鸯、白鹭等。其所处的独特地理位置和良好的生态环境为多种类型动物提供了栖息场所，具有丰富的鱼类、两栖类、爬行类、无脊椎动物资源和以芦苇、狗尾草群落为主的高生产量的植物资源。热水储量达84亿立方米，距地表900米，水温82 ℃，含有24种对人体有益的微量元素，具有较高的养生保健价值。在环湖约132平方千米的区域中，除团泊湖水域外，其他部分为农田和荒地，适宜旅游开发。

第六部分　农业与水利

天津市里自沽农场 [Tiānjīn Shì Lǐzìgū Nóngchǎng]

在宝坻区南部。东至宝白公路，西至引滦输水明渠，南至引青入潮河，北至柴家铺排干渠。面积约 8.8 平方千米。因位于里自沽洼而得名。农场于 1962 年始建，1968 年改名国营宝坻县里自沽农场，1980 年改今名，属天津市农场管理局，现归属天津食品有限公司。该场地属于农业区，人口 400 余人。年平均气温 11.6 ℃，年降水量 580 毫米，年无霜期 184 天。主要产业有种植业、水产养殖业、设施农业、旅游观光业。

天津市黄庄农场 [Tiānjīn Shì Huángzhuāng Nóngchǎng]

在宝坻区东南部。东至九园公路，西至潮白河，南至黄庄洼水库，北至唐廊公路。面积约 3.57 平方千米。因位于黄庄洼而得名。农场于 1961 年始建，原名河北省国营肖刘杜农场。1962 年迁至宝坻尔王庄洼，更名国营尔王庄农场。1970 年迁现址，改名宝坻黄庄农场。1980 年改今名，属天津市农场管理局领导，现归属天津食品集团有限公司。该场地属于农业区，人口近 500 人。年平均气温 11.6 ℃，年降水量 580 毫米，年无霜期 184 天。主要产业有农业、工业。

天津市大钟庄农场 [Tiānjīn Shì Dàzhōngzhuāng Nóngchǎng]

在宝坻区东部。东至林钟公路，西至塘承高速，南至大米庄乡村公路，北至通唐公路。面积约 9.1 平方千米。因位于大钟庄镇而得名。农场于 1963 年始建，属天津市，1966 年属宝坻，1980 年由天津市农场管理局接管，现归属天津食品集团有限公司。该场地属于农业区，人口约 670 人。年平均气温 11.6 ℃，年降水量 580 毫米，年无霜期 184 天。主要产业有种植业、畜牧养殖业、工业。

天津滨海国际花卉科技园区 [Tiānjīn Bīnhǎi Guójì Huāhuì Kējì Yuánqū]

在东丽区东北部，赤欢路 6901 号。因主营花卉产业而命名。园区于 2008 年始建，2012 年建成。占地面积约 226.7 万平方米。该场地属于农业区，年平均气温 15 ℃，年均降水量 583 毫米，年无霜期 230 天。园区内划分综合管理服务区、高档花卉工厂化生产区、高新技术成果展示区 3 个功能区。园区兼具旅游观光功能，旅游观光区域主要由采摘园、百花园、文化创意园、生态餐厅、雕塑喷泉小广场等组成。园区分三期建设，打造高档花卉生产、技术推广、生态休闲三大产业体系，建成北方花卉高新技术孵化中心、科技培训服务中心、物流集散中心，成为全国知名高档花卉研发和产业基地。

天津市华泰现代农业示范园区 [Tiānjīn Shì Huátài Xiàndài Nóngyè Shìfàn Yuánqū]

在东丽区中部，津北公路 9669 号。东至东丽区丽君烤漆厂，西至天津山河电子有限公司，南至天津邦达石油管材制造有限公司，北至津滨高速公路。园区于 1988 年始建，以建设主体天津市华泰现代农业开发有限公司命今名，简称华泰农业示范园区。该场地属于农业区，占地面积约 33.5 万平方米，是一个集蝴蝶兰种苗繁育、无公害蔬菜种植、特种鱼养殖等多产业于一体的综合性现代农业园区。建有智能大棚、全日光智能温室、日光节能温室、组培车间及精养鱼池、组培楼、综合楼等。园区为国家农业部重点扶持单位，先后被定为国家星火计划龙头企业技术创新中心、天津市生态观光点和天津市科普示范基地。

北大港农场 [Běidàgǎng Nóngchǎng]

在滨海新区小王庄镇。农场于 1956 年始建，时因坐落在静海县内，命名为国营静海机械农场。1963 年 8 月抗洪斗争中为确保天津安全曾被定为分洪区，洪水将农场淹没。1968 年属市农场局，因位于北大港而得名，全称天津市北大港农场。1993 年 7 月成立天津市农工商津港公司，又名天津农垦津港有限公司，现归属天津农垦集团公司。农场处于半湿润半干旱大陆性季风气候区，年平均降水量 410.5 毫米，但分布不均，多集中在 6~9 月。农场东有北大港水库自然保护区，南连青静黄排水渠，北临钱圈水库，农场内部排水渠道纵横，节排水设施较为齐全。地下水属较强开采区，浅层水质适宜农业灌溉，可保证未来设施农业的需要。农场自身拥有乳品加工厂和农业公司两个分公司。新修公路 20 千米，公路延伸到各分场。农场现建有精品果园区、反季节栽培示范区、林下散养基地、垂钓鱼池等。外来投资企业建有大型养牛场 3 个，棉花加工厂、榨油厂、蔬菜基地各 1 个，苗木生产基地 3 个，养鸡场 4 个，是农、牧、副、工、商综合性农场。滨海王朝玫瑰香葡萄基地位于此，为优质葡萄酒的原料产地。反季节栽培示范区种植有维多利亚葡萄、丰蕾甜瓜、雪龙甜瓜等多个水果品种。

天津市名洋湖农业园区 [Tiānjīn Shì Míngyánghú Nóngyè Yuánqū]

在津南区小站镇。东至天津市津南区学生劳动教育基地，西至三合纸箱厂，南至天津成明智达包装有限公司，北至马厂减河。占地面积约 4.02 平方千米。依其功能性质和所在地而命名。园区于 2011 年建成，命今名。园区内部排水渠道纵横，节排水设施较为齐全。园区内新修公路 7 千米，延伸到园区各个种植点。园区以蔬菜种植、水稻种植、淡水养殖为主，另新建农产品加工保鲜基地。

宝坻区牛家牌镇万亩生态林 [Bǎodǐ Qū Niújiāpáizhèn Wànmǔ Shēngtàilín]

在宝坻区南部，牛家牌镇青龙湾以南。东至大白街道八道沽村基本农田区，南至武清区蒋庄子村基本农田区，西至武清区大黄堡镇，北至青龙湾右堤。因其地理位置及占地面积而得名。林区于 2003 年始建，牛家牌镇依据本镇土地资源的优势，规划打造“南林北渔”的发展模式，除增加农民收入外，更主要的是保护生态。面积约 18.67 平方千米。场地属林区，年平均气温 11.5 ℃，年降水量 597.4 毫米，年无霜期 194 天。主要有坨林、森泉两大绿色品牌。

天津市恒扬农林园区 [Tiānjīn Shì Héngyáng Nónglín Yuánqū]

在东丽区东部，苗四路东侧。东至东军开源农林种植发展有限公司，西至天津市鑫杏材食品有限公司，南至杏林里，北至津滨高速公路。园区于 2012 年建，因建设主体为天津市恒扬农林发展有限公司而命名。场地属农业区。占地面积约 53 万平方米。园区建有种植大棚 80 个，是规模化规范化设施农业示范园区，提供无公害蔬菜大棚种植技术示范。经苗四路可西接东金路。

于桥水库 [Yúqiáo Shuǐkù]

在蓟州区中部。东至孙各庄满族乡，西至渔阳镇，南至原五百户镇，北至穿芳峪镇。因于桥村而得名。1959 年始建，1960 年建成，1969 年拦洪蓄水。面积约 2 160 万平方米，总库容 20 530 万立方米，该水库是根治蓟运河的主要工程，主体工程有拦河坝、泄洪洞、灌溉引水洞、电站和溢洪道五项工程，水库设计正常蓄水位 18.65 米，坝长 2 215 米，设计灌溉面积约 418.67 平方千米，有效灌溉面积约 733.33 平方千米，最高洪水位 26.5 米，水深 21.8 米，年产鱼约 90 万千克，是天津市重要的淡水鱼供应基地。大坝均为土质坝，电动启闭闸门。主要功能以防洪、城市供水为主，兼顾灌溉、发电等。水库已累计向天津城市安全供水约 179.72 亿立方米，不仅保证了城市居民的饮水安全，也极大地改善了天津市的投资环境和生态环境，为天津市经济社会的健康协调发展做出了重要贡献。

团泊洼水库 [Tuánbówā Shuǐkù]

在静海区东部，距蓟州城区约 15 千米，坐落于运东大三角地区，距天津外环线 15 千米。东至环湖东路，西至环湖西路，南至环湖南路，北至独流减河右堤。因设计时选址在团泊洼而得名。20 世纪 70 年代初由于各河上中游相继兴建大中型水库，控制了山区产水，静海境内各河三季或全年断流。加之工农业用水明显增加，供需矛盾日益突出，兴建水库，蓄汛期弃洪、降水径流，涵养水源成为解决用水矛盾的一个途径。1975 年《静海县水利十年规划》提出以蓄为主的方案。1976 年《静海县五五农田水利蓄水规划》提出"西挖河，东建库，大力涵养水资源，发展农田灌溉"，提出利用团泊洼鱼苇生产区建设水库的明确方案，并被纳入市总蓄水规划之中。水库于 1977 年兴建，1978 年建成。2010 年对团泊水库实施了除险加固工程实施后，堤顶高程由原大坝坝顶高程 8.5 米降至 6.5 米，水库最高蓄水位 4.3 米，围堤总长度 33.70 千米，以蓄代排、储备生态水源。面积约 51.0 平方千米，长 9.82 千米，宽 3.51 千米，总库容约 18 000 万立方米。主要水源为大清河系。这里是著名的鸟类自然保护区，水域辽阔，环境清幽，水产资源及水生物蕴含丰富，盛产鱼虾，栖息着 40 多种珍禽，其中有国家一级保护动物白鹳、黑鹳、大鸨，二级保护动物海鸬鹚、大天鹅、鸳鸯、灰鹤等。每年候鸟迁徙的时节，会有大量的候鸟在此聚集，是观赏鸟类的大好时机。水库是联合国野生珍禽保护区之一，天津市十大旅游景区之一。团泊洼地带有丰富的地热资源，富含人体所需的多种微量元素，对人体健康十分有益。

天津市西青区鸭淀水库 [Tiānjīn Shì Xīqīng Qū Yādiàn Shuǐkù]

在西青区东南部，距区驻地杨柳青 45 千米。东至大沽排污河，西至津淄公路，南至小金庄，北至大沽排污河。因建库前该地是个洼淀，是农田自然排水、蓄水的地方，称鸭淀。建库后名称引其所用，即鸭淀水库。水库于 1976 年始建，1979 年建成。总库容约 2.4 亿立方米，蓄水面积约 10 平方千米。长度约 5 千米，宽度约 2.8 千米，平均水深约 4.2 千米。主要水源为赤龙河、津港运河、农田自排水。此库系区级管理；土质坝，平原封闭水库；可储蓄农田用水和养殖水产，结冰期在 1、2、3、12 月份。有效灌溉农田约 46.7 平方千米，年产鱼 5 000 余吨。该水库附属设施建有办公楼 500 平方米，其他库房 600 平方米，为蓄水、灌溉农田建有扬水站 3 座。

北大港水库 [Běidàgǎng Shuǐkù]

在滨海新区中部，独流减河行洪道南侧，因该水库位于北大港地区而得名。该水库是天津市最大旁侧型平原水库，于1972年建成。建筑物包括主坝、防波浪土坝、进水闸、泄水闸、过船调节闸和扬水站等。主坝为复式均质土堤坝，长54.5千米，高9.5米，顶宽10米。水库面积约1 603.5平方千米，总库容为5亿立方米。库内平均地面高程3.5米（大沽高程），最高4.5米，最低2.8米。最高蓄水位7.0米。内侧有28~35米宽防浪林台；防波浪土坝于主坝轴线内侧200~1 000米处，高7.5米，顶宽8米；扬水站设计流量78立方米/秒。年调节水量3亿立方米，可向市区提供水量2.3亿立方米，解决市区用水天数150天，可向库区周边工农业提供水量0.7亿立方米，有效灌溉面积约133~200平方千米，宜苇蒲面积约66.67平方千米，宜鱼面积约100平方千米。水库可自流引蓄津南水系的南运河、漳卫河洪水，提蓄津西水系的大清河、子牙河及南系来水入库。水库以防洪为主，兼具灌溉、养殖、调节水量、供生活用水等多种效益。

塘白渠 [Tángbái Qú]

在宝坻区西北部。西起塘头村北，东至白龙港村东侧。水道于1978—1979年始建，以起止点命名。全长约18.275千米。上口宽24~30米，深3.5~5.1米，两侧有支渠9条，干渠1条，上有公路、生产桥19座。西端设闸沟通北干渠，东端与蓟潮引渠相交。灌溉面积约40平方千米。塘白渠属区县级管理。该渠是鲍丘河以北、蓟运河东段南部地区的主要排灌渠道，灌溉面积约40平方千米。

潮北南排干渠 [Cháoběinán Páigānqú]

在宝坻区西南部。西北起邵家铺村南，东至胡各庄扬水站。水渠于1975年始建，以方位作用得名。全长14.94千米，上口宽12~18米，深2.6米，最大输水量4立方米/秒。该渠属区县级管理，是潮白新河以北地区南部的排水截渗渠道。中段北侧配支渠沟通窝头河，东端设扬水站1座，排水以后入潮白新河。

黄庄洼退水渠 [Huángzhuāngwā Tuìshuǐqú]

在宁河区北部，宝坻区东南部。西起潮白新河，东至张头窝扬水站。水渠建于1971—1972年，为退除黄庄洼内积水用渠，故此得名。全长22.35千米，上口宽19~23米，深3.5米，最大输水量30立方米/秒，灌排面积约22平方千米。该渠属区县级管理，以排为主，兼具灌溉效益。

青污渠 [Qīngwū Qú]

在宁河区西部。该河起大龙湾村西北京排污河，止潘庄青龙湾故道，取二河河名中各一字命名。为解决宁河区西部各乡、镇灌溉用水，引取北京排污河污水充实地上水源。水渠于1970年始建。全长12.6千米。两端均有闸涵控制，流量20立方米/秒。渠底高程 -0.5米，保证水位4.0米。该渠对区内西南部地区的灌溉、排蓄及土壤改良起到一定作用，是区管二级河流，为内流河，地上河，常年河。

蓟运河堤防 [Jìyùnhé Dīfáng]

在宁河区境内，自江洼口村北入境至东升村南出境，清光绪《宁河县志·河渠》中记载："清乾隆二十九年（1764年）与堤头曾口河同浚"，"七里海东亦有河形一道直达蓟运河"。以此而得名。清乾隆年间筑堤，2006年采用浆砌石防浪墙的形式加固。区境内蓟运河江洼口至闫庄段河长45千米。两岸堤防长91.4千米，其中左堤长43.2千米，右堤长48.2千米。其中左堤未治理长度为29.2千米，右堤未治理长度为31.1千米。蓟运河闫庄至东升段河长13.6千米，两岸堤防合计长29.3千米，其中左堤长14千米，右堤长15.3千米。

青静黄排水渠 [Qīngjìnghuáng Páishuǐqú]

在滨海新区南部。西起河北省青县，经静海、黄骅（现为滨海新区南部地段），东至马棚口村西北入海。水渠于1955年始建，1957、1958、1965、1967年清淤扩建，1971年再次扩建。2013年对河道清淤，进一步提升防汛排涝能力。全长46.76千米。滨海新区境内河段西由小王庄镇李庄子村西入境，流经太平镇、港西街，东至古林街马棚口村西北入海，长36.37千米。渠底宽由上游的13米到海口为61米，设计水位由上游的2.59米到海口的1.36米，流量由上游的36立方米/秒到海口的182立方米/秒。该渠主要解决青县、静海、大港南部沥水排涝，同时解决两岸土地易碱易涝以及农业低产的问题。滨海新区境内津歧公路、海滨高速公路、工农大道、荣乌高速公路、黄万铁路均建有跨河桥。

沧浪渠 [Cānglàng Qú]

在滨海新区南部。自河北省沧县浪洼，流经黄骅市至滨海新区大港南部，经太平镇，沿港西街、古林街至歧口入海。因源于沧州浪洼而得名。该道于1950年始建，1960、1970年扩挖疏浚。全长72.2千米，流域面积约766平方千米。滨海新区段长28.2千米，渠底高程2.68~-1.00米，水位5.63~3.176米，水深3~4.18米，流量23.3~81立方米/秒。该渠主要排泄捷地减河北、兴济减河南之沥水，可解除沥涝约166.67平方千米，改良盐碱地约200平方千米。东有津歧公路，西有工农大道横跨该渠。

前进渠 [Qiánjìn Qú]

在静海区南部。起前小屯闸，止城关扬水站。因治理河段多流沙，浚河不达深，后又回淤，妨碍了效益的发挥而开凿得名。渠道于1959年始建。1972年浚成平底深渠，初名运西排干渠，同年更今名。该渠长27.4千米，平均流量12.0立方米/秒，最大水深2.5米，是境内主要引水灌溉渠道。

争光渠 [Zhēngguāng Qú]

在静海区中北部。起唐王路，止独流减河耳河，取“发展灌溉，争取大丰收”之意命名。水渠于1958年始建，初名运动大进干渠，1970年浚深并定今名。长38.0千米。平均流量16.0立方米/秒，最大水深2.5米。该渠是境内主要排灌两用渠道。

青年渠 [Qīngnián Qú]

在静海区、武清区、滨海新区境内。静海区段起迎丰渠北段，止大团泊扬水站。长22.4千米，平均流量20.0立方米/秒，最大水深2.5米。因静海共青团委组织青年承做而得名。水渠于1956年开挖，天津地区统筹施工，1973年浚深。武清区段内北起西边渠，南至南边渠。在静海区东部，起迎丰渠北段，止大团泊扬水站。滨海新区段内自静海县沿大赵路、洋苏公路后至大港，又穿黄万铁路后向南至青静黄排水渠。水渠取“五四青年”之意而得名，于1956年始建，1973年建成。全长4 050米，均宽30米，平均流量20.0立方米/秒，最大水深2.5米。渠道建有桥梁2座。该渠具有排灌效益。

柳河干渠 [Liǔhé Gànqú]

在武清区东北部。北起黄沙河和柳河交口处,南止龙凤河陈赵庄水站。国民党统治时期,柳世平主持开挖。1944 年下伍旗修建火力发电站时开挖排水渠一段，1958 年开挖打铁苏庄至高坑村段，1959 年开挖打铁苏庄至刘皮庄段，1976 年开挖高坑村至龙凤河段,终成现状。全长 37.08 千米,上口宽 35.5 米,下口宽 21.5 米,深 3.5 米。承担着下伍旗镇、河北屯镇、大良镇、崔黄口镇、大黄堡镇 5 个镇街农田排灌和排涝任务。设计流量为 31.5 立方米 / 秒。以排水为主,兼具灌溉效益。

迎丰渠 [Yíngfēng Qú]

在静海区东部,迎丰渠北段。起自青年渠,止迎丰扬水站。长 12.9 千米,平均流量 16~21 立方米 / 秒,迎丰渠南段,起自高速大屯出口,止四党口扬水站,长度 8.6 千米,平均流量 16~21 立方米 / 秒,最大水深 2.5 米。因临近迎丰扬水站而得名。1955 年始建。是境内主要排灌两用渠道。

南干渠 [Nán Gànqú]

在宝坻区西部。北起潮白新河,南至庞家湾涵洞,因位于潮白新河南部而得名。水渠于 1972 年始建,1974、1978 年分段清淤。全长 17 千米,上口宽 24~31 米,深 2~4 米,最大输水量 10 立方米 / 秒,灌溉面积约 28 平方千米。该渠主要引潮白河水灌溉。

引滦输水明渠 [Yǐnluán Shūshuǐ Míngqú]

在宝坻区、武清区、北辰区境内。东北起九王庄进水闸,西南至大张庄泵站前池,因作为引滦入津工程输水明渠而得名。水渠于 1982 年始建,同年建成。该渠总长度 64.2 千米,其中九王庄进水闸至尔王庄泵站长 47.2 千米,渠底宽 22 米,边坡比 1∶3,设计流量 50 立方米 / 秒,设计水深 3 米;尔王庄泵站至大张庄泵站长 17 千米,设计流量 30 立方米 / 秒,渠底宽 11 米,边坡比 1∶3,设计水深 3 米。明渠上有桥梁 42 座,其中公路桥 5 座,生产桥 37 座。

高庄子干渠 [Gāozhuāngzi Gànqú]

在蓟州区西南部,跨侯家营镇。北起邦均镇张辛庄村,南止侯家营镇高庄子村高庄子排水站,因“青甸洼深渠网络—干渠终点是侯家营镇高庄子村”之意得名。渠道于 1949—1985 年始建。全长 12.5 万米,底宽 6 米,堤距 22 米,最大水深 2.5 米,边坡比 1∶2。过水流量 30 立方米 / 秒,平均流量 15 立方米 / 秒。该渠以灌溉效益为主,兼有防洪效益,灌溉面积约 6.7 平方千米。

马营渠 [Mǎyíng Qú]

在宝坻区北部。北起东刘各庄村北,西南柴家铺排干渠,以中部邻近马营村得名。渠道于 1967—1969 年始建。全长 15.2 千米,上口宽 30 米,深 2~5 米,最大输水量 5 立方米 / 秒。灌溉面积约 30 平方千米。该渠是境内主要排灌渠道之一。

三岔口干渠 [Sānchàkǒu Gànqú]

在蓟州区西南部。起桑梓镇辛撞庄村,止三岔口排水站,因靠近三岔口乡而得名。1975 年建成。长 20 000 米,宽 4~8 米,最大水深 3.2 米。流量 28 立方米 / 秒,正常蓄水量 24.8 立方米,边坡比 1∶2,平均流量 25 立方米 / 秒。该渠经三岔口排水站注入洵河,是境内主要排水渠道。

嘴头干渠 [Zuǐtóu Gànqú]

在蓟州区南部。南起嘴头排水站,北至

东施古镇柳子口村，因靠近嘴头村附近而得名。渠道于1974年建成。长10 000米，宽30米，深2.2米，平均流量12立方米/秒。流经东施古、下窝头等镇穿过三马公路和蓟宝公路至青甸洼东部，通过嘴头排水站出入泃河。该渠是境内主要排水渠道。

干八里干渠 [Gānbālǐ Gànqú]

在蓟州区南部。北起三道港干渠张其林村张其林闸，南止下仓镇干八里村干八里排水站，以"太河洼深渠网络—纵横南北的总干渠，干渠终点是下仓镇干八里村"之意得名。渠道于1949—1985年始建。全长9 800米。干渠底宽5.5米，堤距25.5米，边坡比1∶2。过水流量12立方米/秒。该渠以灌溉效益为主，兼有防洪效益，灌溉面积约6.7平方千米。干八里干渠是其中总干渠之一，是境内主要排灌渠道。

大钟庄排干渠 [Dàzhōngzhuāng Páigānqú]

在宝坻区东部。北起大钟庄镇八字桥，南至宽江庄扬水站，以首水端大钟庄得名。渠道于1960年始建。全长13千米，上口宽21米，深4.2米，最大输水量13立方米/秒，排灌面积约12平方千米。该渠是境内主要灌排两用渠道。

第七部分　企业

海洋石油工程股份有限公司 [Hǎiyáng Shíyóu Gōngchéng Gǔfèn Yǒuxiàn Gōngsī]

在滨海新区天津港保税区海滨十五路199号，简称海洋工程，系中国海洋石油总公司控股的上市公司，中国唯一集海洋石油、天然气开发工程设计、陆地制造和海上安装、调试、维修以及液化天然气、炼化工程为一体的大型工程总承包公司。2000年由中海石油平台制造公司、中海石油海上工程公司、中海石油工程设计公司、中国海洋石油南海西部公司和中国海洋石油渤海公司共同发起设立。2002年在上海证券交易所上市。注册资本44.21亿元。公司以海洋油气田开发及配套工程的设计、建造与海上安装为主营业务，现有员工约7 800人，形成了多层次、宽领域的适应工程总承包的专业团队。公司在山东青岛拥有超过120万平方米的海洋工程制造基地，在天津临港工业区投资57.5万平方米的海洋工程装备制造基地，在广东珠海的合营公司中海福陆重工有限公司拥有207万平方米的海洋工程制造基地。公司拥有深水铺管船、7 500吨起重船、水下工程船、深水挖沟船、5万吨半潜式自航船等21艘海上施工船舶，形成了海洋工程设计、海洋工程建造、海洋工程安装、海上油气田维保、水下工程检测与安装、高端橇装产品制造、海洋工程质量检测、海洋工程项目总包管理等业务，具有300米以内水深传统海域较强的油气田工程建设综合能力。公司自主掌握了3万吨级超大型导管架和组块的设计、建造和安装技术，全面的海上浮托安装技术，1 500米水深铺管和作业技术，水下结构物安装、海底管道修复、海上废旧平台拆除等一系列核心技术。近年来，公司逐步走向国际市场，承揽并实施了俄罗斯Yamal LNG模块化建造项目、澳大利亚Ichthys LNG模块化建造项目、巴西FPSO工程总包项目等海外项目，国际化经营能力逐步提升。公司以总承包或者分包的方式承揽工程合同，参与海洋油气田工程、LNG、FPSO、海上风电等项目建设。先后为中国海洋石油有限公司、壳牌、康菲、沙特阿美、巴西国油、哈斯基、科麦奇、Technip、MODEC、Aker Solutions、FLUOR等客户开发海上油气资源提供工程服务，业务涉及中国各大海域和亚洲、大洋洲、欧洲、非洲等20多个国家和地区。

天津大唐国际盘山发电有限责任公司 [Tiānjīn Dàtáng Guójì Pánshān Fādiàn Yǒuxiàn Zérèn Gōngsī]

在蓟州区别山镇。1996年大唐天津盘山发电厂被国家计委列为利用国家外汇储备购买国产发电设备发展民族工业的试点项目。公司于1998年始建，2001年和2002年投产发电。经过十几年的实践和不断地调整完善，公司在生产管理方面建立起了以运行集控、设备点检定修为核心的安全生产保证体系、以安全点检为核心的安全生产监督体系，同时，通过不断磨合与实践，盘山发电公司与各承包商之间的责任关系进一步明确，大盘电的指导思想逐步确立。体系的构建、思想的确立为盘山发电公司安全生产水平的稳步提升奠定了坚实的基础，4号机组在2003年、2004年、2005年全国600兆瓦大机组竞赛中始终名列前茅，先后获得特等奖、一等奖，3号机组也在2005年、2006年全国600兆瓦大机组竞赛中获得了二等奖、一等奖。盘山发电公司先后获得大唐国际党建达标先进党委、双文明单位；中国大唐集团先进单位、一流企业、思想政治工作先进集体；天津市文明单位标兵；国资委中央企业先进单位；全国模范职工之家、电力信息化标杆企业、全国设备管理优秀单位、全国五一劳动奖状等诸多荣誉。2015 年企业获得中央精神文明建设指导委员会授予的“第四届全国文明单位”荣誉称号。公司主营行业为电力、热力、燃气及水生产和供应业。

天津华能杨柳青热电有限责任公司 [Tiānjīn Huánéng Yángliǔqīng Rèdiàn Yǒuxiàn Zérèn Gōngsī]

在西青区杨柳青镇西青道 246 号。1958 年筹建西郊发电厂，1964 年停建，1971 年建成，改称杨柳青发电厂。1974 年与原天津第三发电厂合并，更名天津第三发电厂，1984 年更名华能杨柳青电厂，1996 年复今名。企业占地面积约 513 625.68 平方米，建筑面积约 54 012.26 平方米，是天津地区建设最早的高温高压全燃油大型火力发电厂和京津唐电网第一调频厂，是天津地区 110 千伏和 220 千伏路线系统的重要联络枢纽。公司设运行、检修、燃料、热工、化学和修配等 6 个主要车间，有职工约 1 200 人，设 15 个科室，主要设备有国产发电机组 4 台，总装机容量 37.5 万千瓦，年发电量 20 亿度。厂区南北主干道东侧为砖混结构 4 层办公大楼、通信楼。西侧为生活区，北部为生产区，生产办公楼与厂房连为一体。主厂房临主干道，1 至 4 号机组由东到西横向布局。厂区设铁路专用线在津浦铁路曹庄中色（天津）特种材料有限公司站接轨。南临西青道。

天津国电津能热电有限公司 [Tiānjīn Guódiàn Jīnnéng Rèdiàn Yǒuxiàn Gōngsī]

在东丽区杨北公路与金钟路交口，杨北公路 876 号。该公司是国电华北电力有限公司和天津市津能投资公司共同投资建设的火力发电企业，2005 年建成。在册员工 200 余人。公司曾建设了天津东北郊热电厂一期和二期工程等。公司致力于提供绿色、环保、优质的电力、热力资源和服务，曾获“天津市文明单位”荣誉称号。

天津军粮城发电有限公司 [Tiānjīn Jūnliángchéng Fādiàn Yǒuxiàn Gōngsī]

在东丽区津塘公路 318 号。企业占地东至津东水表有限公司，西至新立街道日间照料托老中心，南至先锋东路，北至津塘公路，占地面积约 81 万平方米，因位于军粮城地区附近而命名。前身为天津军粮城发电厂。企业于 1966 年始建，1971 年一、二期工程 4 台 50 兆瓦机组建成投产，1986 年进行三、四期扩建，1988 年 4 台 200 兆瓦机组建成投产，至 1993 年成为天津地区第一座百万电厂和华北电网主力电厂。1999 年公司被评为国家一流火力发电厂，2005 年改今名。企业属热力发电站，总装机容量 25 万千瓦，日发电量 1 644 万度，年发电量 60 亿度。业务范围设有电力、热力的生产经营，资源综合利用，以电力、热力供应为核心的其他相关产业的投资和经营，发电设备运行、维护、检修，发电设备运营咨询、发电设备运行技术服务等。

天津国电津能滨海热电有限公司 [Tiānjīn Guódiàn Jīnnéng Bīnhǎi Rèdiàn Yǒuxiàn Gōngsī]

在洞庭北路 612 号。该企业是由国电华北电力有限公司和天津市津能投资公司合资建设的火力发电、供热以及相关产品的开发和生产经营公司，于 2010 年成立。注册资本 7.18 亿元。公司负责北塘热电厂一期燃煤机组和二期燃气机组开发工作，主要有火力发电、供热以及相关产品的开发和生产经营。电厂建有铁路专用线。

天津国投津能发电有限公司 [Tiānjīn Guótóu Jīnnéng Fādiàn Yǒuxiàn Gōngsī]

在滨海新区汉南路 260 号，简称国投北疆发电厂。公司于 2004 年建成，由国家开发投资公司、天津市津能投资公司和天津长芦汉沽盐场有限责任公司分别以 64%、34% 和 2% 的比例共同出资组建，占地面积约 2.2 平方千米。企业采用当今世界上最先进的高参数、大容量、高效率、低污染的“超超临界发电技术”，建设 4 台 100 万千瓦的清洁燃煤发电机组，这也是百万千瓦等级的超超临界机组在我国首次使用。同时，还将配备漫滩取水、海水冷却塔等一系列高新技术设施。北疆发电厂采用“发电—海水淡化—浓海水制盐—土地节约整理—废物资源化再利用”模式，国家发改委宏观经济研究院经过评审认为，该项目符合循环经济的“3R”原则，即减量化、再利用、再循环的要求，是一个资源利用最大化，废物排放最小化，经济效益最优化的典型的循环经济项目和生态工程。

国能（天津）大港发电厂有限公司 [Guónéng (Tiānjīn) Dàgǎng Fādiànchǎng Yǒuxiàn Gōngsī]

在滨海新区津岐公路西侧东风大桥以北，因该发电厂位于原大港区境内而命名。企业于 1974 年始建，1978 年建成，1988 年扩建，1991 年和 1992 年正式投产，2002 年进行燃煤改造，2004 年投产。占地面积约 528 600 平方米，装机总容量 1 314 兆瓦，是华北电网直属驻津企业，国家电力公司一流火力发电厂。安装四台意大利进口的 328.5 兆瓦发电机组，装机总容量 1 314 兆瓦，是国家电力公司特大型发电企业、华北电网主力调峰发电厂之一，是国内海水综合利用水平较高的企业之一。该厂引进的美国环境公司两套多级闪蒸海水淡化装置，单台日产水量 3 000 吨，是目前全国最大的海水淡化设施之一。

天津滨海电力有限公司 [Tiānjīn Bīnhǎi Diànlì Yǒuxiàn Gōngsī]

在滨海新区津沽公路 6 600 号，1998 年始建，2000 年建成，占地面积约 33 000 平方米，是华北地区首台燃气、蒸汽联合循环机组。装有 106B 机组一套，由一台 PG6551B 型 3.8 万千瓦燃机与一台 1.8 万千瓦蒸汽机组组成，是华北地区首台燃气蒸汽联合循环机组。汽机为 N1.8-3.3/440 型。燃机采用 MarkV 控制，机炉采用 DCS 控制，利用渤海油田石油伴生气发电，改善了天津地区能源结构，增加了电网调节能力和天津东部能源支撑能力，改善了环境质量。

华能(天津)煤气化发电有限公司 [Huánéng (Tiānjīn) Méiqìhuà Fādiàn Yǒuxiàn Gōngsī]

在滨海新区临港经济区北部,淮河道2218号。公司于2008年由中国华能集团公司、绿色煤电有限公司、华能国际电力股份有限公司、天津市津能投资有限公司共同出资成立,2009年始建,2012年投产发电。注册资本7.34亿元。公司负责建设和运营中国第一座整体煤气化联合循环(IGCC)项目——华能天津IGCC示范电站。公司下设综合部、计划部、财务部、工程部、安检部、物资部、生产部、运行部、人事政工部等9个部门。电站装机规模为265兆瓦,建有4台F级"一拖一"燃气蒸汽联合循环热电联产机组。华能天津IGCC示范电站项目由我国自主研发、设计、制造、建设并运营,具有完全自主知识产权,先后被列为国家洁净煤发电示范工程、"863计划"重大课题依托工程和天津市重大工业项目。

天津津能临港热电有限公司 [Tiānjīn Jīnnéng Língǎng Rèdiàn Yǒuxiàn Gōngsī]

在滨海新区临港经济区北部粮油加工区,海河中道418号。公司于2009年由天津津能滨海供热集团有限公司、天津临港公用事业集团有限公司共同出资组建,2011年正式投产。注册成本1亿元。公司主要为临港经济区内粮油企业提供生产用蒸汽,供汽能力每小时215.5吨,年供汽量可达129.3万吨。公司主要有火力发电;供热、制冷服务;粉煤灰、脱硫石膏及相关建材制品的开发及生产经营;海水淡化、污水处理及相关技术咨询服务。

天津市热电有限公司 [Tiānjīn Shì Rèdiàn Yǒuxiàn Gōngsī]

在河东区建新路29号。该公司是天津能源投资集团有限公司全资子公司,天津市集中供热骨干企业。公司于1981年建立,承担天津市和平区、河东区、东丽区等区域的热电联产集中供热,供热管网建设和运行职责。现有职工近300人。公司拥有东北郊热电厂、军粮城热电厂一期、军粮城热电厂二期3个供热管网,一次管网长度253千米,无人值守换热站822座。总供热面积达2 233万平方米,热用户达16.8万户。企业曾获"天津市供热行业先进单位""天津市模范集体""天津市供热改燃并网工作先进单位"等荣誉称号。

天津大神堂风电场 [Tiānjīn Dàshéntáng Fēngdiànchǎng]

在滨海新区洒金坨村以南,大神堂村东侧4千米处,西距汉沽城区约19千米。公司于2009年建。使用的风力发电机组是目前国内陆上投入商业运行的风机中单机容量最大、桨叶直径最长、技术最先进的和具有完全自主知识产权的风力发电机组。总区域面积约3.5平方千米。工程投资3亿多元,建设规模为26兆瓦,采用13台单机容量2兆瓦的风电机组。该风电场每年可向电网提供5 213万千瓦时的绿色电能,可供15 000个家庭使用。它的开发建设对于提升天津市形象、改善区域的电源结构和电能质量将起到积极的示范作用,将成为滨海新区可再生能源发展的里程碑、节能减排生力军和生态旅游新景观。大神堂风电场是国内第一例采用国际先进的分布式上网的风电场,能最大限度减少电网输送环节的消耗,显著提高能源的利用效率;该电场还是国内第一个建设在8级地震烈度地区的风电场，将为地质条件恶劣地区的风电场建设积累宝贵的经验。此外，大神堂风电场项目社会环境效益显著，以每度电消耗355克标准煤为例，大神堂项目投产后，每年节约标煤1.9万吨，节水3.04万吨，年减排二氧化碳6万吨、氮氧化物88吨、烟尘10.4吨、二氧化硫39.2吨，成为滨海新区节能减排的主力军。

天津大港沙井子风电场 [Tiānjīn Dàgǎng Shājǐngzi Fēngdiànchǎng]

在滨海新区天津大港港西街。电场总装机容量达到9.9万千瓦，与相同发电容量的火电机组相比，每年可节约标煤近8万吨，节约用水4 200万立方米，减少排放二氧化碳12.48万吨、二氧化硫1.4万吨、粉尘0.06万吨，对滨海新区节能减排和生态环境保护发挥了重要作用。

东方电气(天津)风电科技有限公司 [Dōngfāng Diànqì (Tiānjīn) Fēngdiàn kējì Yǒuxiàn Gōngsī]

在天津经济技术开发区西区新兴路79号。公司系中国东方电气集团直属核心骨干企业东方汽轮机有限公司的全资子公司，于2008年成立。注册资本2亿元。公司主要从事风力发电机组设计、制造、销售、服务及技术引进、开发、应用；风力发电场建设及运营；风力发电机组及其零部件销售；有关风机制造、风电场建设运营方面的技术服务与技术咨询；风力发电机组及其零部件与相关技术的进出口等业务。拥有双馈型和直驱型两种机型风力发电机组的制造能力。2017年完成首台抗台风型5兆瓦海上风机装配生产。

中色(天津)特种材料有限公司 [Zhōngsè (Tiānjīn) Tèzhǒng Cáiliào Yǒuxiàn Gōngsī]

在西青区中北镇紫光路86号。东至紫光路，西至开源路，南至聚源道，北至京福支路。公司于2010年建成，坐落于中国有色集团天津新材料产业园内，占地面积约17万平方米，建筑面积约18万平方米。年设计产能5.5万吨，总投资超过12亿元人民币。该企业是特种有色金属新材料生产和研发相结合的大型有色金属加工企业。中色特材公司配备有55兆牛、28兆牛、18兆牛和10兆牛国内一流的铝合金挤压生产线；拥有15吨和5吨铝熔铸炉生产线；国际先进的数控加工设备数十台套；国内先进的铜上引连铸机组和铜材连续挤压生产线，以及1 200千牛铜材液压拉拔机等先进设备。企业还配备有国际先进的产品理化检测和分析设备，产品质量已得到多家世界500强企业的技术认证，产品达到国际先进水平。公司产品将主要为世界500强企业进行配套，包括国际知名的德国西门子、日本松下和东芝公司，丹麦科比公司、法国斯蒂华公司等，还为国内南车、华为、中兴、奇瑞、宇通、金龙等企业，以及化工和军工企业做配套。公司拥有多项自主知识产权的专利技术，市场辐射面较广，产品具有一定的市场知名度。产品突出“新、特、优”的特点，注重“高端化、高值化、高新化”市场目标。产品市场主要涉及我国目前的风力发电、电力电子、高速铁路、电动汽车、光伏发电、通信、石油石化、航空航天等新技术、新材料、新能源领域，具有很好的市场前景，许多产品出口到欧、美、亚洲的国家和地区。

天津天士力集团 [Tiānjīn Tiānshìlì Jítuán]

在北辰区南部，万科花园东路与普济河东道交口北侧，东至宜兴埠立交桥，西至万科花园东路，南至普济河东道，北至辽河东道。天——“天”人合一，士——“士”乃人杰，力——凝聚“力”和创造“力”。企业于1994年建，是以大健康产业为主线、以制药业为中心，包括现代中药、化学药、生物制药和保健品，健康食品等，涵盖科研、种植、提取、制剂、营销等的高科技企业集团，是天津市重点支持的大企业集团之一。集团以大健康产业为主线，以全面国际化为引领，以大生物医药产业为核心，以健康保健产业和医疗康复、健康养生、健康管理服务业为两翼，形成产业与资本双轮驱动的高科技企业集团，形成了由心脑血管系统用药、抗肿瘤与免疫系统用药、胃肠肝胆系统用药、抗病毒与感冒用药构成的产品体系。

天津英利新能源有限公司 [Tiānjīn Yīnglì Xīnnéngyuán Yǒuxiàn Gōngsī]

在宁河区西南部，现代产业区海航东路5号，东至规划安捷路，西至海航东路，南至规划敏捷路，北至华康路，是英利能源（中国）有限公司旗下全资子公司。公司于2011年建成，占地面积约311 263.8平方米，建筑面积约87 339.9平方米，主要经营多晶硅太阳能电池的铸锭、硅片、电池、组件及应用系统。

天津渤海化工集团有限责任公司 [Tiānjīn Bóhǎi Huàgōng Jítuán Yǒuxiàn Zérèn Gōngsī]

在和平区湖北路10号。渤化集团有着百年历史，前身是著名爱国实业家范旭东先生于1914年创建的久大制盐和于1917年创办的永利碱厂，被誉为中国制碱工业的摇篮和近代化学工业的策源地。公司于1993年建立，原址在河东区井冈山路4号，为全国特大型企业，国家计划单列的企业集团，也是我国重要的化学工业生产基地之一。主要产品包括制盐、纯碱、氯碱、有机化工、无机化工、精细化工、橡塑加工、化学试剂等类别的2 000多个品种。

天津金耀集团有限公司 [Tiānjīn Jīnyào Jítuán Yǒuxiàn Gōngsī]

在河东区八纬路109号。前身为1939年建立的天津制药厂和1930年建立的韦迪氏制药厂。公司于2001年组建，是天津市国资委直接监管企业，是天津市重点支持的大型企业集团之一。公司设有国家级技术中心，博士后科研工作站，以生产经营皮质激素类药物及制剂、氨基酸原料药和大输液药物为主，同时生产经营心脑血管药物、外用药物、计生药物、抗肿瘤药物、精神麻醉类药物、眼科药物、呼吸系统药物、中成药、保健食品等350多种产品，所有生产企业全部通过GM国家P认证，8个原料药产品通过美国FDA、欧洲COS认证，21个制剂产品获国际注册。集团在行业中处于主导地位，是中国化学制药工业协会副会长单位，甾体、氨基酸行业协会的主任单位，中国药典委员会成员，负责皮质激素内容的起草及提供标准品。

锦湖轮胎（天津）有限公司 [Jǐnhú Lúntāi（Tiānjīn）Yǒuxiàn Gōngsī]

在滨海新区天津经济技术开发区西区中南二街333号，东至新昌路，西至新安路，南至新业三街，北至北大街。公司建于2005年，主要经营研究、开发、加工、生产和销售子午线轮胎及相关产品，并提供相关的服务和技术咨询等。总投资额达 4.26 亿美元，占地面积约 31 万平方米，于 2006 年 7 月竣工，用于专门生产子午线轮胎，年产量达到 1 300 万条。天津工厂拥有国际主流的技术和设备，秉承“绿色企业”的宗旨，严格实施防尘污染措施，确保所有污染排放达到国家环保标准。

中国中材装备集团有限公司 [Zhōngguó Zhōngcái Zhuāngbèi Jítuán Yǒuxiàn Gōngsī]

在北辰区中部，北辰科技园区中捷科技园火炬大厦内，东至引河里，西至鑫发花园，南至仕名公寓，北至引河里北道。1953 年中央重工业部建筑材料工业管理局设计公司成立，1955 年更名中央重工业部建筑材料工业管理局建筑材料工业设计院，1956 年分为“建筑材料工业设计院”和“水泥工业设计院”，1961 年合并为建筑工程部水泥玻璃工业设计院，1965 年分为“建筑材料工业部水泥工业设计院”和“建筑材料工业部玻璃工业设计院”，1966 年更名为建筑材料工业部北京水泥工业设计院。1975 年在唐山组建“国家建委建材局水泥工业设计院”，1978 年在津重建，更名为国家建筑材料工业总局第一水泥工业设计研究院，1979 年更名为天津水泥工业设计研究院，1980 年更名为建筑材料工业部天津水泥工业设计院，1985 年更名为国家建筑材料工业局天津水泥工业设计研究院。2000 年企业转制，更名为天津水泥工业设计研究院；2005 年重组，并入中国材料工业科工集团；2007 年重组改制，名为天津水泥工业设计研究院有限公司；2010 年重组，合并后定名天津水泥工业设计研究院有限公司，同时成立中国中材国际工程股份有限公司天津分公司；2011 年重组整合，更今名。公司主要经营机电产品及其配件、建筑材料的研发、设计、制造、销售、服务；从事国家法律法规允许经营的进出口业务；建材（水泥（含余热发电）和非金属矿）、建筑工程、环境污染防治专项工程设计；工程总承包；工程咨询；建筑材料、非金属新材料的开发、研究、技术咨询；压力容器的设计（经特种设备安全监察部门许可后经营）；环境影响评价；20 万人口以下城市总体规划和各项专项规划的编制（含修订或者调整）；详细规划的编制；研究拟定大型工程项目规划选址意见书；承包境外建材行业、建筑行业建筑工程的勘测、咨询、设计和监理项目；上述境外项目所需的设备、材料出口；对外派遣实施上述境外项目所需的劳务人员。

西门子机械传动（天津）有限公司 [Xīménzǐ Jīxiè Chuándòng (Tiānjīn) Yǒuxiàn Gōngsī]

在北辰区北部，北辰经济开发区双辰中路 18 A 号，东至双辰中路，西至双辰西路，南至双河道，北至盖泽工业（天津）有限公司。公司于 1996 年成立。占地面积约 13 万平方米。主要经营生产、加工、销售三轴以上联动的数控机床、数控系统及伺服装置、机车车辆及主要部件、风力发电设备主要部件以及全系列传动设备及相关产品，并提供相关咨询服务和售后安装调试服务。

天津塑力线缆集团有限公司 [Tiānjīn Sùlì Xiànlǎn Jítuán Yǒuxiàn Gōngsī]

在北辰区南部，北辰科技园区汀江路 7 号。东至天津市津热集团北辰供热有限公司南区供热站，西至汀江路，南至乙牛制衣，北至香河道。公司建于 1989 年，是以电线电缆制造为主导产品，科、工、贸一体化的大型中外合资企业集团。集团注册资本 17.40 亿元，净资产 25.28 亿元，主要经营电线、电缆、电缆轴、电缆设备、铜材、铝材、电缆材料、塑料制品、五金电料的制造、销售，金属压延，普通货物运输等业务。

天津一汽夏利汽车股份有限公司 [Tiānjīn Yīqì Xiàlì Qìchē Gǔfèn Yǒuxiàn Gōngsī]

在西青区京福公路 578 号。东至京福公路，西至中北镇旱地，南至天津一汽丰田汽车有限公司，北至润杨道。公司于 2010 年成立，占地面积约 359 535.3 平方米，建筑面积约 1 952.9 平方米。公司拥有居国内先进水平的冲压、车身、涂装、装配生产线，整车质量检测线，汽车发动机铸造及机加工生产线、变速器生产线、计算机工作站、产品开发及检测实验室等，主要生产“夏利”“威姿”“威乐”“威志”系列轿车，天内牌系列汽车发动机、天齿牌变速器也是企业的拳头产品。

天津百利机电控股集团有限公司 [Tiānjīn Bǎilì Jīdiàn Kònggǔ Jítuán Yǒuxiàn Gōngsī]

在南开区长江道 4 号。东至天津市高级人民法院，西至天津市中西医结合医院南院，南至长江道，北至天津市中西医结合医院南院。企业前身为 1949 年成立的天津市工业局，1950 年改名天津市人民政府公营工业管理局，1952 年改为天津市人民政府地方国营工业局，1954 年撤销组建。1955 年天津市机电工业局成立，1959 年调整行业布局，1986 年改组为天津市机械工业管理局，1995 年转制为天津市机电工业总公司，2000 年改制为天津市机电工业控股集团公司，2009 年改制，更今名。公司占地面积约 9 736.1 平方米，建筑面积约 11 638.2 平方米。集团凭借着对市场的敏锐洞察、合理的战略规划和多年来技术与实力的积累，构成了合资企业与重点国有骨干企业多点支撑、多极增长的发展格局，形成了以电工电器、重型矿山、机床工具、通用环保四大产业板块为主体的产业体系，并重点发展高端装备制造、新能源、节能环保三个战略性新兴产业，主要产品包括输配电设备、发电设备、大型铸锻件、起重设备、探矿机械、大重型液压机、数控齿轮机床、螺杆泵、潜没电泵、减速机、阀门及电装、鼓风机、环保成套装备等。2012 年公司位列中国企业 500 强第 184 位，中国制造业企业 500 强第 88 位。

中芯国际集成电路制造（天津）有限公司 [Zhōngxīn Guójì Jíchéng Diànlù Zhìzào（Tiānjīn）Yǒuxiàn Gōngsī]

在西青区兴华道 19 号。东至兴华五支路，西至兴华七支路，南至惠友道，北至兴华道。公司于 2003 年建。占地面积约 215 733.6 平方米，建筑面积约 70 578.7 平方米。公司主要经营半导体集成电路芯片制造、针测及测试，与集成电路有关的开发、设计服务、技术服务，光掩膜制造、测试封装，销售自产产品。

天津富奥电装空调有限公司 [Tiānjīn Fù'ào Diànzhuāng Kōngtiáo Yǒuxiàn Gōngsī]

在西青区赛达世纪大道 22 号。东至赛达世纪大道，西至电装（天津）空调部件有限公司，南至赛达七支路，北至赛达六支路。公司于 2005 年成立。经营范围有汽车用空调一体单元 HVAC、电动风扇、冷凝器、模具、生产和检验设备、工具的制造、装配、销售;冷却模块、汽车用 AC 系统的配套组装、销售;上述产品的进出口、批发及售后服务;实验设备、工具的租赁;提供项目实验服务及相关咨询服务。

天津城建集团有限公司 [Tiānjīn Chéngjiàn Jítuán Yǒuxiàn Gōngsī]

在南开区鞍山西道 260 号。东至天大北五村,西至西湖村大街,南至鞍山西道,北至云栖里。前身是市政工程局所属施工企业,1998 年政企分开时成立现公司。企业于 1999、2001 年两次被列入市政府重点支持的大型企业集团名单,2002 年获国有资产授权,2003 年归市建委管理,2008 年归市国资委管理。企业占地面积约 1 483.1 平方米,建筑面积约 5 929.5 平方米。天津城建集团是一家以路桥施工为主,集基础设施投资建设、设计咨询、房地产开发、高端酒店服务为一体的大型企业集团,是国家交通部首批 22 家特级企业、建设部首批 99 家特级施工企业之一,年经营能力 200 亿元,是天津市基础设施领域唯一一家大型国有企业集团,隶属天津市国资委管理。企业连续 10 年跻身全国 500 强、全国建筑业 30 强、天津 100 强企业。集团拥有一批核心技术,在高等级公路、超大型立交、城市景观桥梁、轨道交通、污水处理、构筑物顶升平移等领域的施工技术处于全国领先、国际一流水平,具有投资建设一体化、设计施工一体化优势,获鲁班奖 9 项、国优奖 20 项、中国市政金杯奖 40 项。

天津市建筑材料集团(控股)有限公司 [Tiānjīn Shì Jiànzhù Cáiliào Jítuán (Kònggǔ) Yǒuxiàn Gōngsī]

在南开区红旗南路 508 号。东至金研里,西至金地里,南至天竺高尔夫俱乐部,北至红旗南路。企业前身是天津市建筑材料工业管理局,1958 年建,1994 年改组后名为天津建筑材料集团总公司,2001 年改制后命今名,简称天津建材集团。占地面积约 14 998.7 平方米,建筑面积约 20 567 平方米。该集团涵盖建筑材料研发及生产、建材及相关产品贸易与物流、房地产开发与经营三大主营业务,是一家多元化经营业态共同发展的综合性大型国有企业集团,在 2012 年天津百强企业和中国建材五百强企业中分列 50 位和 25 位。此外,集团旗下还拥有建筑材料科学研究院和新型建材建筑设计研究院两家科研设计单位,从而形成了独具建材特色的完善配套的现代产业体系,这两个单位肩负着集团建材研发、检测和建筑设计的职能,科研设计实力比较雄厚。

天津市金桥焊材集团销售股份有限公司 [Tiānjīn Shì Jīnqiáo Hàncái Jítuán Xiāoshòu Gǔfèn Yǒuxiàn Gōngsī]

在东丽区东丽经济开发区六经路 1 号。东至六经路,西至帝达东谷国际,南至二纬路,北至东丽区人口管理服务中心。企业于 1995 年成立,是专业研发和生产焊接材料的大型民族企业,主要生产电焊条和气保实心焊丝、药芯焊丝、埋弧焊丝、氩弧焊丝、焊剂、焊带等七大类共 400 多个品种焊接材料,涵盖船舶海工、石油石化、轨道交通、桥梁钢构、压力容器、国防电力等诸多领域。企业产销量常年居行业第一,产品远销全球 100 多个国家和地区。

天津市新宇彩板有限公司 [Tiānjīn Shì Xīnyǔ Cǎibǎn Yǒuxiàn Gōngsī]

在西青区毛条路与裕华道交会处。公司于 2002 年成立。占地面积约 333 333.3 平方米,建筑面积约 30 000 平方米。企业主要经营制造、加工彩色压型钢板及镀锌卷板、彩色卷板、高频焊管；制造新型墙体材料；经营本企业自产产品及技术的出口业务和本企业所需的机械设备、零配件、原辅材料及技术的进口业务；钢压延加工；金属材料批发。企业引进、培养高端技术人才，加大科研经费的投入，组建了以高级工程师为主导的技术团队，加快研发速度，巩固了在同行业的领先地位，目前拥有员工近 2 000 人。公司目前有自主专利超过 200 项，并被授予“天津市专利试点企业、高新技术企业”等称号，形成了以科技带动生产力的良好局面。

天津市利达钢管集团有限公司 [Tiānjīn Shì Lìdá Gāngguǎn Jítuán Yǒuxiàn Gōngsī]

在西青区利达路与金龙道交会处。企业取“利己者利人，达己者达人”的含义而命名，1992 年成立，名为天津市利达钢管厂，2006 年更名天津市利达钢管有限公司，2011 年组建且命今名。占地面积约 113 333.3 平方米。企业主要经营钢压延加工；铝塑复合管材、钢材管材管件制造、加工、销售；矿产品批发；进出口业务。公司是专业生产直缝高频焊管、镀锌钢管、钢塑复合管的企业，具有完善的检测实验设备，健全的管理和研发队伍。经过多年的生产经营和技术改造，公司拥有高频焊管机组 9 条，热镀锌机组 10 条，钢塑复合机组 7 条，具有年产直缝高频焊管 80 万吨，热镀锌钢管 70 万吨，钢塑复合管 7 万吨的生产能力。公司生产的利达牌管材在 2006 年被评为天津市名牌产品，2009 年利达商标被认定为中国驰名商标。公司是中国钢结构协会钢管分会、天津市建材协会、中国质量检验协会、天津市钢铁协会、中国建筑金属协会给排水协会理事单位、中国消防协会、中国城市燃气协会会员单位。

天津宝迪农业科技有限公司 [Tiānjīn Bǎodí Nóngyè Kējì Yǒuxiàn Gōngsī]

在宝坻城区南部，马家店工业园内。东至津蓟铁路，西至兰家洼二支渠，南至天津市宝坻区潮阳街道烧角村村民委员会，北至管委会道。公司于 2000 年成立。占地面积约 333 350 平方米，建筑面积约 56 000 平方米。业务范围包括进出口业务；现代办公用品、日用百货、文化体育用品零售；预包装食品、散装食品批发兼零售；饲料销售分支机构经营；畜禽类养殖屠宰加工、销售；食用油、粮食批发。

天津长芦汉沽盐场有限责任公司 [Tiānjīn Chánglú Hàngū Yánchǎng Yǒuxiàn Zérèn Gōngsī]

在滨海新区汉沽街道办事处辖区内东部和南部，西临汉沽、寨上两街办事处，北连杨家泊镇，西至河北省丰南县，南濒渤海湾。该厂前身称芦台场，后唐同光三年（925 年）始建，历经辽、金、元、明、清 5 个朝代，均称芦台场，以盛产海盐著称。1913 年，芦台场署由芦台迁到汉沽，称芦台场务所，1915 年亦改称芦台场，1956 年改称长芦汉沽盐务局，翌年，称长芦汉沽盐场，1966 年更名河北省汉沽盐场，1969 年亦称天津汉沽盐场，1977 年东风盐化厂与其合并，1989 年亦称天津长芦汉沽盐场，1996 年更今名。该企业是国内北方大型海盐生产企业。东西长 25 千米，南北宽 7.5 千米，占地面积约 149.31 平方千米。本场分建 4 个制盐分厂、1 个制卤分场、1 个再制盐厂、3 个盐业化工厂、2 个储运分厂、1 个修配厂及劳动服务公司、职工医院、运盐沟 18 条、扬水站 8 处等。盐田集中式 1 处、结晶区 2 处、半集中式 1 处。场部设在滨海新区汉沽街国家庄街 28 号。现场区已划出部分用于建北疆电厂、航母公园等。场部占地面积约 13 340 平方米，建筑面积约 6 020 平方米，为两楼三层砖混结构办公楼。盐场以经营海盐为主，并经营加工盐和海洋化工产品。另有水产养殖和畜牧养殖。产品主要涉及盐、卤水化工、精细化工三大领域。是国家首批食用盐定点生产企业，国内重要的食用盐生产基地，海内外著名的长芦盐区骨干企业之一。公司是国家商务部首批认定的“中华老字号”企业，“芦花”牌商标在轻工业部和天津市评比中多次获奖，并且荣获绿色生态原产地称号。

中粮北海粮油工业(天津)有限公司 [Zhōngliáng Běihǎi Liángyóu Gōngyè (Tiānjīn) Yǒuxiàn Gōngsī]

在滨海新区胡家园街道胡北路 869 号，濒临海河，临津山铁路、津塘公路、津滨高速、京津塘高速公路等。公司于 1992 年成立。占地面积约 88 890 平方米，拥有 1 个日处理毛油 900 吨的精炼厂、1 个日灌装精炼油 1 000 吨的小包装厂、1 个日处理能力 300 吨的分提车间、1 个年产 1.8 万吨的起酥油车间、1 座 3 000 吨级对外开放的码头，1 座存储量达 7 万吨的油罐区，2 座 3 000 平方米的小包装成品仓库。公司是中粮集团在中国北方最大的油脂生产、加工基地，“福临门”及“四海”系列食用油的生产、灌装基地。“福临门”系列食用油被评为“中国名牌产品”。公司产品畅销全国，并出口韩国、日本、越南、马来西亚等国家。

邦基正大(天津)粮油有限公司 [Bāngjī Zhèngdà (Tiānjīn) Liángyóu Yǒuxiàn Gōngsī]

在滨海新区泰达街道西部，洞庭路 149 号。东至洞庭路，西至天津益东油脂有限公司，南至第六大街，北至第七大街。2007 年成立。企业由邦基毛里求斯有限公司、正大集团(天津)实业有限公司、正大(天津)投资有限公司共同投资设立，2008 年正式投产。注册资本 4 653 万美元。业务经营范围有生产、加工、销售油料、植物油、蛋白饼粕及其深加工产品。公司采用高温脱皮生产工艺，从事大豆及其派生产品的加工、生产和销售。大豆日加工能力 4 000 吨。主要产品有“五岳”牌豆粕、“锦汇”牌豆粕、脱胶豆油。产品销售覆盖华北、西北、西南、东北等地区。

九三集团天津大豆科技有限公司 [93 Jítuán Tiānjīn Dàdòu Kējì Yǒuxiàn Gōngsī]

在滨海新区天津港保税区中部，新港大道 266 号。东至海滨十一路，西至海滨十三路，南至新港大道，北至津滨大道，占地面积约 12 万平方米。企业于 2004 年始建，是一个设备先进、管理规范的现代化大豆油脂深加工企业，主要经营大豆的生产加工；蛋白系列产品、食用油脂；食用植物油、大豆磷脂以及饲料的生产销售；仓储；保税仓储；包装容器加工、销售；国际贸易；农副产品、大豆、食用植物油、预包装食品的批发、零售、进出口等业务。

嘉里粮油(天津)有限公司 [Jiālǐ Liángyóu (Tiānjīn) Yǒuxiàn Gōngsī]

在滨海新区天津港保税区东部，津滨大

道 95 号。东至新港六号路，西至海滨八路，南至津滨大道，北至京门大道。公司于 2002 年成立，2003 年建成，2004 年投产运营。占地面积约 20 万平方米。企业主要经营生产、加工、精炼及分装各类植物油和各类动物油脂产品；生产人造黄油、起酥油及各类食物和非食品工业特种油脂，生产、销售供食用油及油脂包装用的包装材料、食物添加剂；饲料、饲料添加剂生产、加工、分装；经营各类动植物油脂的仓储业务和保税仓储业务；国际贸易；为集团内企业提供产品的分拨服务；食用植物油料、油脂、饲料、饲料添加剂、食品及食品添加剂、托盘的批发、佣金代理、进出口及其他相关配套业务；托盘的租赁。企业拥有员工超过 600 人，年生产量在 130 万吨以上。嘉里集团的业务涉及食品加工、贸易、房地产、酒店、船务与运输、金融保险、传播媒介等行业。

中粮佳悦（天津）有限公司 [Zhōngliáng Jiāyuè (Tiānjīn) Yǒuxiàn Gōngsī]

在滨海新区临港经济区北部，渤海四十路 510 号。企业于 2008 年 3 月由中粮集团有限公司、佳悦国际有限公司共同出资成立，2011 年 7 月建成投产。占地面积约 30 万平方米。企业有员工 1 000 余人，主要经营生产、加工和经营各类油籽、油料、动植物油脂、蛋白饲料等粮油产品及其深加工产品，生产经营各种规格的油脂、饲料和深加工产品的包装材料，提供各类油籽、油料、动植物油脂的存储、深加工服务；粮油中转仓储、装卸搬倒及相关劳务服务；保健食品的生产及销售；道路普通货运；油脂油料检测；食品添加剂氮气的生产及销售。公司引进国际先进的生产、物流设施，形成港口接卸、仓储物流、生产加工、成品发运一体化运营模式。企业目前拥有国际先进的油脂检测设备，严格控制进货、工序、成品品质，旨在为亿万消费者提供营养健康的粮油食品。公司拥有 1 座年吞吐能力达 260 万吨的 10 万吨级粮油泊位；具备 60 万吨的综合仓储能力，年加工大豆及油脂 200 万吨，年产包装油 2 700 万箱。公司系中国北方大型油脂生产、加工企业之一，所生产"福临门""四海""福掌柜"等品牌食用油，覆盖华北、东北、西北等北方地区市场。

天津市二轻集团（控股）有限公司 [Tiānjīn Shì Èrqīng Jítuán (Kònggǔ) Yǒuxiàn Gōngsī]

在南开区长江道 108 号。东至华晨汽车（天津伟盛），西至红日南路，南至长江道，北至怡美家园。企业前身为天津市天津市第二轻工业局，1996 年改组后名天津市二轻工业总公司，2001 年改制后命今名。占地面积约 6 350.7 平方米，建筑面积约 5 178.2 平方米。企业主要生产经营自行车、电动车、白色家电、智能家居、健康体育用品、工艺制品、金属制品六大门类产品，拥有一批如"飞鸽""红旗"自行车、"春合""中华"牌体育器械、"天津"地毯、"梦乡"家具等驰名中外、享有盛誉的中国名牌、中国驰名商标和中华老字号等产品。

天津纺织集团（控股）有限公司 [Tiānjīn Fǎngzhī Jítuán (Kònggǔ) Yǒuxiàn Gōngsī]

在东丽区东九道与中心道交口道。天津纺织具有 120 多年的历史，是天津市国资委直接监管的国有独资集团企业。其前身是天津市纺织工业局，1995 年改组为天津纺织工业总公司，2000 年改制为天津市天纺纺织工业集团（控股）有限公司，2001 年与天津中孚国际集团有限公司合并重组更今名。集团注册资本 11.23 亿元。拥有土地面积约 400 万平方米，总体房屋建筑面积约 220 万平方米。2003 年投资建设天津纺织重要生产制造基地——纺织工业园。自 2013 年逐步构建以园区开发运营、外贸进出口、现代服务业、高端制造、资产经营为主营业务的五大板块。

梦金园黄金珠宝集团有限公司 [Mèngjīnyuán Huángjīn Zhūbǎo Jítuán Yǒuxiàn Gōngsī]

在滨海高新区华苑产业区梓苑路 15 号。东至榕苑路，西至梓苑路，南至物华道，北至天津富通光纤技术有限公司。其前身为天津梦金园黄金珠宝有限公司，于 1994 年建立，2012 年准许启用，2012 年更今名。占地面积约 9 334.7 平方米，建筑面积约 17 555.39 平方米。企业主要经营珠宝首饰、金银制品、工艺品的批发、零售；金银制品的加工；首饰加工技术的开发、咨询、服务、转让。企业现有员工 2 000 多名，自有黄金生产加工基地，年生产加工能力近百吨，产品销往全国 30 多个省区市，并荣登“2018 中国制造业企业 500 强”，拥有无焊料焊接技术专利品牌（发明专利号：ZL200810139385.4），首饰含金量高达 999.999‰，成功创造两项吉尼斯世界纪录，连续 8 年冠名 CCTV-3《黄金 100 秒》。公司以“专注于黄金珠宝产业发展，为消费者奉献物超所值的产品及服务”为使命，秉承“诚信和谐、时时创新、事事务实”的核心价值观，以真纯的品质、真情的设计、真值的服务打造视人如宝的知名珠宝品牌。

第八部分　服务业

鹏欣水游城 [Péngxīn Shuǐyóuchéng]

在红桥区大丰路与芥园道交口。东至大丰路,西至纪春里,南至先春园大街,北至红桥芥园派出所。场所依南京、上海水游城,附加建设单位鹏欣得名。该商业街于2011年建成。占地面积约4 020.2平方米,建筑面积约24 121.5平方米,是集购物、餐饮、娱乐、文化等为一体的一站式年轻时尚家庭型购物中心。一栋建筑面积约3万平方米的星级酒店,四幢建筑面积4万平方米的写字楼。该项目曾荣获津云新媒体集团2019年度"城市商业地产影响力奖"、中经联盟"天津商业金地标奖"等奖项。附近通多路公共汽车和地铁1号线。

天津百货大楼 [Tiānjīn Bǎihuò Dàlóu]

在和平区和平路172号,多伦道与和平路交口处。建筑取"楼高店大,货物繁多"之意命名,于1927年始建,1928年开业,1994年建新楼,1997年建成。2010年振华集团收购天津百货大楼。百货大楼地处天津市和平路商业圈,是"中华老字号",也是华北地区第一家大型国营百货公司,历经86年沧桑,在不同的历史时期有过不同的辉煌,国内外享有盛誉。提升改造后,建筑由原来的6层扩建到7层,营业面积达6.8万平方米。1~6层为商场,并设有主题咖啡厅、餐饮、精品超市、美容院,7层为主题餐厅、VIP会员俱乐部,还有一座可容纳400多个车位的现代化停车场。其购物环境、布局规划、商品结构、经营理念等均迎合现代消费观念和生活方式,充分展现出天津现代大都市精品百货店风采。

友谊新天地广场 [Yǒuyì Xīntiāndì Guǎngchǎng]

在和平区滨江道208号,滨江道与河北路交口。东至滨江道,西至锦州道,南至河北路,北至山东路。建筑因是天津友谊商厦旗下的商场而得名,2005年建成。占地面积约25 316平方米,总建筑面积约8.9万平方米。主体层数为6层,其中地下1层(局部2层),地上5层,采用极富现代感的全通透水晶城式外檐设计、南北跨度1 000多米的超长室内空中步行街设计,现已成为时尚潮流风向标,拥有众多时尚潮流品牌,形成十大商品品类、国际国内知名时尚品牌400余个、超大规模餐饮娱乐业态共同强势发展的时尚经营格局,是津门最具活力的潮牌时尚品牌聚集地。B区-1~2汇聚了各种大中型人气餐饮等,并拥有娱乐电玩城、美容美发、教育等众多独具特色的时尚业态元素,让顾客体验全新的一站式消费。

中原百货 [Zhōngyuán Bǎihuò]

在和平区,滨江道中部西侧。东至滨江道,西至狗不理总店,南至山东路,北至延安影剧院。建筑因为是中原百货企业集团所属而得名。中原百货于1926年始建,1933年开业,原名中原公司第一分店,1949年改名中原公司,1950年改名新中原公司,1956年改名妇女儿童用品商店、工农兵商场,1980年复今名,1988年建今貌,1989年改名华联商厦中原公司,1990年建新厦,命今名。华联店坐落于天津核心商圈滨江道,经营面积约2.6万平方米,建筑面积约4.5万平方米。地下2层,地上局部9层。商场拥有国际、国内知名品牌,汇集台湾美食、动漫餐厅、保龄球馆、音乐酒吧等餐饮、娱乐、康体、休闲的大型连锁百货商场。商场配套设施完备,服务功能齐全,完成了从传统百货向现代百货的转型。滨海店坐落于天津市滨海新区核心商圈解放路,现有3层卖场,建筑面积约1.6万平方米,经营面积约1.2

万平方米；以“青春、时尚、动感、健康”为经营定位，与华润超市、餐饮等业态共同勾勒出“金街”MALL，内附设大型停车楼等设施。

天津国际商场 [Tiānjīn Guójì Shāngchǎng]

在和平区南京路211号。东至吉利大厦，西至天津中心，南至西宁道，北至南京路。商场因定位于面向国际一线品牌而得名，2004年建成，2005年重修。占地面积约4 900平方米，分A、B两座楼。A座6层，B座5层，以经营国内外知名品牌商品为主要特色，是一家集购物、餐饮、休闲等多种功能为一体的高端商场。附近通多路公共汽车和地铁1、3号线。

天津乐宾百货 [Tiānjīn Lèbīn Bǎihuò]

在和平区南京路128号，南京路与滨江道交口。东至滨江道，西至长春道，南至南京路，北至陕西路。商场于2007年建成，分为地下1层、地面8层，共计约10万平方米，其中3万平方米为大中型餐饮，7万平方米为流行百货，大型地下车库拥有400多个车位。该商场是集购物、餐饮、休闲、娱乐为一体的一站式大型现代化购物中心。附近通多路公共汽车和地铁1、3号线。

吉利大厦 [Jílì Dàshà]

在和平区中部，南京路209号。东至世纪商厦，西至国际商场，南至二十一中，北至南京路。此地原为砖木平房，1990年拆建，1994年建成改造的。建筑占地面积约5 742平方米，建筑面积约61 011.6平方米。主体层数为15层，幢数1幢。附近通多路公共汽车和地铁1、3号线。

天津伊势丹南京路店 [Tiānjīn Yīshìdān Nánjīnglù Diàn]

在和平区南京路108号。东至营口道，西至乐宾百货，南至南京路，北至陕西路。商场因之前由伊势丹控股旗下的株式会社伊势丹负责营运而得名，1993年开业，2006年迁新址。占地面积约4 668平方米，建筑面积约42 012平方米。营业面积约31 734平方米，是集购物、餐饮、休闲、娱乐为一体的一站式大型现代化购物中心。附近通多路公共汽车和地铁1、3号线。

世纪都会 [Shìjì Dūhuì]

在和平区中部，南京路与长沙路交口西南侧。东至长沙路，西至和平大悦城，南至潼关道，北至南京路。建筑取“繁荣都市”之意得名，2005年始建，2008年建成，占地面积约16 917.10平方米，建筑面积约225 645平方米，主体高度171米，主体层数为57层，幢数1幢。绿地率15%。商场由地下1层至地上6层组成，近200余间多元化商铺结合购物、餐饮、消闲娱乐等形成一站式享乐型消费模式的购物场所。甲级写字楼，楼高260米。高级公寓“都会轩”共933户。三部分组合将工作、居住、商业、餐饮及休闲娱乐集于一身，全方位打造南京路地标式城市综合体。附近通多路公共汽车和地铁1、3号线。

滨江购物中心 [Bīnjiāng Gòuwù Zhōngxīn]

在和平区开封道29号。东至徐州道，西至开封道小白楼1902欧式风情街，南至建设路，北至大沽路。购物中心因隶属于滨江集团而得名，1998年开业。建筑面积约5万平方米，营业面积约为3万平方米。建筑地下1层，地上5层，局部6层。商场设有金品百货商场、鞋帽商场、针棉商场、针织商场、时装商场、男服商场、儿童家居、运动时尚广场8个部分,共有400多个知名品牌。附近通多路公共汽车和地铁1号线。

天津海信广场 [Tiānjīn Hǎixìn Guǎngchǎng]

在和平区东北部,解放北路188号。东至解放北路,西至大沽北路,南至信达广场,北至曲阜道。广场取"海纳百川"和"信诚无限"两个成语中各一字而得名。商场于2007年开业。总建筑面积约5.8万平方米,地下2层,地上6层,拥有3 000余平方米的室内中央共享空间,被称为"天津第一中庭",汇集了高档百货、餐饮、美容美发、超市等顶级奢侈品店。商场引进300多个国内国际知名品牌和30余个国际一线品牌,提供温情导购、代客泊车、礼品递送、会员沙龙活动等多项高品质专属服务,让购物休闲成为舒适怡然的尊贵享受。

万象城 [Wànxiàng Chéng]

在河西区乐园道南侧。东至广东路,西至越秀路,南至天津大剧院,北至乐园道。占地面积约75 115平方米,建筑面积约237 500平方米。建筑物为框架结构,主体层数5层,地下2层,主体高度37.5米。此地原为天津青少年活动中心,2010—2011年由天津乐城置业有限公司开发建设,2010年命名为银河国际购物中心,2017年更名为万象城。商场是集高端购物、餐饮、娱乐、休闲、文化等多种功能于一体的场所。附近通多路公共汽车和地铁5、6号线。

友谊商厦 [Yǒuyì Shāngshà]

在河西区中部,天津迎宾馆东北侧。东至旭光里,西至友谊路,南至天津科技大厦,北至天津市地震局。占地面积约17 500平方米,建筑面积约36 000平方米。主体建筑4层,主体高度12米,1985年建成,是天津市最早的涉外商场,因位于友谊路命今名。至2007年建筑经历了三次改扩建,以经营国内外高档名牌商品为主,云集了众多的世界一线品牌和国际著名品牌。

嘉华国际商业中心 [Jiāhuá Guójì Shāngyè Zhōngxīn]

在河东区西北部,华昌道与新开路交口东北侧,华昌道70号。东北至新浦路,西南至新开路,东南至华昌道,西北至远洋国际中心。占地面积约31 546平方米,建筑面积约86 540平方米。该建筑为一个具备购物、展示、休闲、餐饮等综合功能的国际化大型购物中心,也是海河东岸大型商业设施,被誉为商业地标。此地原为复兴庄北街小学及平房里巷,2003年4月由天津市河东区房地产开发总公司开发建设,同年11月取"美好祥和"之意而命名。主体建筑为4层框架结构大型建筑物。中心以嘉华国际商业大厦为核心,其中大厦二、三层为沃尔玛大型购物超市,同时汇集了耐克水牛城、李宁工厂店、登凯路、斯凯奇、奥凯盛等品牌商店。附近通多路公共汽车和地铁2号线。

南市食品街 [Nánshì Shípǐnjiē]

在和平区西北部,南门外大街与清和大街交口东北侧。东至庆善大街,西至南门外大街,南至清和大街,北至慎益大街。因地处南市并位于西侧食品街,建筑以客房旅馆为主而得名。此地原为宝庆西里危旧房,1987年建成。占地面积约22 001.1平方米,建筑面积约4.1万平方米,地下1层,地上3~4层,局部5层,为砖混结构。食品街的4个门楼为仿清式建筑,高24.5米,宽16米。门楼屋顶为重檐殿式木结构。4座门楼上各有一块牌楼门匾，南为“振羽”，西为“兴歌”，北为“中圣”，东为“华腴”，4个门的字首联起来为“振兴中华”。中间设有十字甬道，甬道顶是弧形玻璃顶，将四方城封闭起来，连成一体，形成共享空间。食品街不仅汇集了全国八大菜系，还包容了天津风味菜、山西风味菜、绍兴风味菜、清真菜、外国风味菜、宫廷菜等。

天津市蓟州区渔阳宾馆 [Tiānjīn Shì Jìzhōu Qū Yúyáng Bīnguǎn]

在蓟州城区内迎宾大街12号。东至蓟州自来水管理所，西至钱局子胡同，南至东北隅村居民点，北至三八水库溢洪道。蓟州古称渔阳，因此得名。1958年，当地建第一招待所，1973年建第二招待所，1978年第一招待所改建蓟县渔阳宾馆，1989年第二招待所与其合并，2008年更名天津市蓟州渔阳宾馆。占地面积约26 000平方米，建筑面积约36 000平方米。主体建筑为一座16层高营业楼，拥有各类客房363间，大小中餐厅37个，经营川菜、官府菜、地方菜、自助餐等，可容纳1 700人。为方便顾客，馆内还设有购物中心、商务中心、健身房、台球室、棋牌室、美容美发厅、歌舞厅、KTV包间、散座酒吧、小型花园等附属消闲娱乐设施，以消除来宾旅途的劳累和烦恼。

天鹅湖温泉度假村 [Tiān'éhú Wēnquán Dùjiàcūn]

在武清区中部，福源道20号。项目于1995年开发，挖人工湖注水后每年招引大量天鹅驻足湖中，同时区域内有优越的温泉资源一并开发，故命名天鹅湖温泉度假村。项目于2000年开业，为国家AAA级旅游景区，度假村配套有商务楼，仿清皇家四合院风格，拥有豪华别墅、康体中心、国际标准高尔夫球场，是一座集住宿、会议、餐饮、娱乐于一体的四星级涉外度假酒店。占地面积约80万平方米，陆地面积约40万平方米，水面约40万平方米。在原来的基础上湖面增加了游船，园区内树种形成植物群落，道路系统划分为广场区、旅游休闲区、健康活动区、游船码头区、管理服务区等。

晋滨国际大酒店 [Jìnbīn Guójì Dà Jiǔdiàn]

在和平区鞍山道135号。酒店建于2006年，是由天津晋滨投资管理集团投资兴建的商务四星级酒店。建筑面积约1.8万平方米，地上17层，地下1层，设有商务间、豪华间、各式套房共计245间。房间设计经典时尚，装修装饰简约温馨，洋溢着浓郁的现代感。酒店设有宽阔优雅的酒店大堂，宁静悠闲“港式茶餐厅”风格的咖啡厅、大堂吧，津门首家经营“京派官府菜”特色的盛华瑄中餐厅。另有各种规模的中小型会议室，拥有功能强大的视听系统和丰富的专业策划经验，全方位的提供“一站式”会议服务。

维多利亚国际大酒店 [Wéiduōlìyà Guōjì Dà Jiǔdiàn]

在河北区中山路66号。酒店于2008年开业，楼高30层，有豪华套房、行政套房、总体套房，装潢出自国际设计大师的手笔，设备齐全，舒适温馨。其中的海鲜大酒楼主营正宗粤菜，内设31间典雅舒适、装修风格迥异的贵宾房，装饰宽敞豪华气派的多功能宴会大厅可容纳1 100人用餐。该酒店曾被津门宾客评为“津门性价比最高的五星级酒店”，美食宫餐饮被评为“津门餐饮第一品牌”。

中新天津生态城世茂希尔顿酒店 [Zhōngxīn Tiānjīn Shēngtàichéng Shìmào Xī'ěrdùn Jiǔdiàn]

在滨海新区中新天津生态城南部。东至中生大道,西至动漫中路,南至中新大道,北至动漫北路。酒店于2010年建。酒店以清代王府为设计蓝本,占地面积约8万平方米,由5幢客房主楼以及5座大小不一的庭院组成,共有301间客套房,4间餐厅及酒吧,10个私人包间可容纳224人,是商务宴请和休闲聚会理想之选。酒店拥有10间会议室,1 500平方米的无柱式大宴会厅。可分隔为三间独立的会议室、9间灵活的多功能厅,供举办不同形式的会议活动。另有专为儿童设计的室内"儿童游乐园",专门定制的晨跑及骑行路线。

团泊湖温泉酒店 [Tuánbóhú Wēnquán Jiǔdiàn]

在静海区东部,团泊镇团泊村。东至津王路,西至东环乡路,南至团泊村,北至团泊第二干路。酒店因临近团泊湖而得名,2007年始建,2008年建成。占地面积约13 120平方米,建筑面积约26 038.7平方米,主体高度21米,主体层数为5层,幢数20幢。该酒店是一座以天然活水温泉为主要特色,集温泉养生、亲子娱乐、私汤住宿、会议、餐饮、为一体的四星级休闲度假酒店,能提供满足人们日益增长的对健康、娱乐、休闲、会议、社交等需求,提供以自然、生态、健康、理疗为主要服务特色的高端优质服务等。

水晶宫饭店 [Shuǐjīnggōng Fàndiàn]

在河西区友谊路28号。东至友谊路,西至天津迎宾馆,南至宾水道,北至天津迎宾馆。饭店为全封闭钢筋混凝土结构,现代光亮派风格,1/3坐落在水中,三面环水。白色外墙与大型隔热玻璃幕墙浑然一体,因形如冰晶玉莹而得名。饭店于1984年兴建,1986年始建,1987年建成。占地面积约30 000平方米,建筑面积约29 700平方米。饭店拥有346间风格各异的房间,包括标准客房、套房、公寓、商务客房及写字间,室内装饰布局典雅舒适,服务周到。餐饮设施有舒乡阁、潮汕阁、天子阁、瑞士咖啡厅、酒吧、湖边食廊等多间中西餐厅。多功能水晶厅是举行大型宴会、会议的理想场所。

天津宾馆 [Tiānjīn Bīnguǎn]

在河西区宾水道16号。东至友谊路,西至宾馆西路,南至宾馆南道,北至宾水道。宾馆于1958年建,名河北宾馆,1966年更名为河北工农兵宾馆,1968年更名为天津宾馆。占地面积约307 692平方米,建筑面积约108 113平方米。宾馆设有3间餐厅,环境优雅时尚,供应国际美食;另有室内网球场、室内泳池、按摩水池和24小时健身中心;设有共计约3 900平方米的会议空间,其中包括1 500平方米,可拆分为3部分的无柱式大宴会厅。宾馆拥有近万平方米的天然湖畔草坪花园,宛如城市中的绿洲,在繁华的都市中为您提供静谧一隅;主要接待大型外宾旅游团体、国际会议、中央各部委及市内各种会议。

津利华大酒店 [Jīnlìhuá Dà Jiǔdiàn]

在河西区友谊路32号。酒店于1988年开业,2001年重新装修,是由中、日、德合资经营的四星级酒店,有各类客房270间,豪华套间2个,套间24个,总床位457张,还有中式、西式、日式、韩式餐厅和宴会厅共7个,大小会议厅9个,附设展厅约1.2万平方米。多功能国际会议厅可容纳300~400人,承办各种大型活动,如冷餐酒会、自助餐、联谊会以及中餐宴会。该厅装修豪华，设备齐全，具有国际标准，服务热情周到。酒店现已成为天津最具代表性的展览中心、会议中心、美食中心和健康娱乐中心等。

胜利宾馆 [Shènglì Bīnguǎn]

在滨海新区津塘公路1369号。东至中心北路，南至中国建设银行天津洋货西支行，北至津塘公路。宾馆取"事业取得成功"之意而得名，于1985年始建，1987年开业，2007年重新装修。占地面积约22 300平方米，建筑面积约36 000平方米，楼高15层。该宾馆由主楼、西楼、胜利乐园、会议中心四部分组成，共有客房400余套。宾馆有可容纳200人的大型会议中心及多个小型会议室，以及商务中心、美容美发中心、精品屋、咖啡厅、歌舞厅、台球及乒乓球室，乐园餐厅及粤蓉合餐厅均可容纳500人就餐，是滨海地区久负盛名的涉外四星级酒店。

美华大酒店 [Měihuá Dà Jiǔdiàn]

在滨海新区黄海路10号，北至第一大街，西至黄海路，东至明园路。酒店因由中国香港美生集团投资兴建而得名，于2005年建成。主体为12层建筑，占地面积约8 888平方米，建筑面积约45 386平方米，有房间163套。酒店集客房、公寓、餐饮、会议和康体娱乐为一体的涉外四星级酒店，还配套了具有国际水准的SPA、足疗保健按摩、健康中心、美容美发、棋牌室、台球厅、KTV等设施为您提供了一个良好的休闲娱乐场所。酒店中餐厅经典菜系可供300人同时就餐；充满异域风情的咖啡厅可提供各式咖啡；环境优雅的日料厅及外围底商的日料一条街可以提供正宗东瀛美食。酒店采取国际化的管理模式，优雅的环境，真心的服务为客人提供一个休闲与商务完美融合的娱乐空间。

泰达中心酒店 [Tàidá Zhōngxīn Jiǔdiàn]

在滨海新区第三大街16号，北至第三大街，西至黄海路，东至展望路，南至展望园。酒店因位于泰达金融贸易生活区中心而得名，1999年建成。占地面积约19 678平方米，建筑面积约51 015平方米，是开发区核心地标建筑，为典型现代风格的裙环式建筑。大厦顶部呈飞碟状，主体为银色泊金板蓝宝石玻璃幕墙，花岗岩基座，建筑高度123米，主体为33层建筑。位于33层的龙凤冠旋转餐厅是该区域独一无二的至高点，视野开阔，可鸟瞰全区。该酒店是集客房、公寓、写字楼、餐饮、会议、购物、休闲、娱乐、健身设施于一体的综合型旅游涉外四星级酒店。风格各异的餐厅、酒吧、美容美发、娱乐中心、礼品店、商务中心、票务中心一应俱全。

天津万丽泰达酒店 [Tiānjīn Wànlì Tàidá Jiǔdiàn]

在滨海新区第二大街29号。南至第二大街，西至翔实路，北至发达街。酒店因由天津滨海泰达酒店开发有限公司投资兴建，由美国万豪国际集团管理而得名，于2004年建成。占地面积约30 114平方米，建筑面积约92 520平方米，主体为17层建筑，有客房543间及会所客房。酒店可俯瞰美丽的市容街景和绿草如茵的高尔夫球场。豪华客房及会所客房面积宽敞，平均面积约33平方米，装饰设计独具特色。每间房间都有迷你冰箱、私人保险箱、超薄卫星电视、免费宽带上网接口、独立的淋浴间、CD播放机等高科技设施。酒店拥有5 000平方米的顶级宴会、会议厅、1 056平方米的展览馆，可容纳800人的演艺厅及14个面积不等的会议厅，设施较完善，多次国际会议在此举行，为五星级豪华商务会议酒店。

天津滨海假日酒店 [Tiānjīn Bīnhǎi Jiàrì Jiǔdiàn]

在滨海新区第一大街86号。酒店因位于滨海新区供游客假日游玩下榻而得名，于2006年开业。外观呈玻璃金字塔形，主体为22层酒店。占地面积约2 769平方米，建筑面积约52 725平方米。酒店拥有247间客房，有7个各具特色的餐厅和酒廊，一个700平方米的大宴会厅、11个拥有自然光的会议室以及设施精良的健身中心和水疗设施，是一家功能齐备的五星级酒店。作为泰达市民广场的亮点组成部分，酒店拥有商务、娱乐、餐饮、购物等全方位的便利，系天津经济技术开发区标志性建筑——市民文化广场的组成部分。

天津滨海喜来登酒店 [Tiānjīn Bīnhǎi Xǐláidēng Jiǔdiàn]

在滨海新区第二大街50号。北至第二大街，东至新城西路，南至世富嘉园，西至巢湖路。酒店因由喜达屋饭店及度假村管理集团旗下的喜来登酒店集团投资兴建而得名，于2010年建成。占地面积约9 012平方米，建筑面积约25 231平方米，主体为23层建筑，有房间325间。酒店拥有超过1 200平方米的会议及宴会设施，700平方米无柱式大宴会厅，8个多功能厅，是举办商务会议或社交聚会的理想之选；另有三个主题特色餐厅及其他娱乐、休闲设施、健身中心、恒温泳池、炫逸水疗中心等。酒店将现代、乐观和特色设计元素融为一体，是商务或休闲旅行的温馨便利之选。

瑞湾开元大酒店 [Ruìwān Kāiyuán Dà Jiǔdiàn]

在滨海新区新港一号路2527号。酒店因由天津瑞湾国际商务中心有限公司投资建设而得名，于1970年开业，曾名瑞湾锦江酒店、瑞湾酒店。酒店于2005年重建，后由开元酒店集团管理改今名。占地面积约4 608平方米，建筑面积约3.8万平方米，建筑为27层框架结构楼房。酒店拥有客房与套房302套，包含高级双床房、高级大床房、豪华海景大床房、行政豪华大床房、商务套房、总统套房等多种房型。酒店有享誉滨海的温泉资源，还有酒吧、中餐厅、西餐厅、咖啡厅、KTV、健身房、棋牌室等休闲娱乐设施，以及11间可承接900人以内的商务团队活动的会议厅。康乐设施齐全，并有深海矿温泉，每间房配有泡浴设备。在酒店26层设有重新改造的名仕阁行政会所，采用了巴厘岛风格的装修，极具异域情调。附近有塘沽新港第一小学、蓝鲸生态岛。该酒店是一个集商务、餐饮、住宿、康乐、会议、会展为一体的五星级酒店，以得天独厚的温泉资源享誉滨海新区。

依兰国际酒店 [Yīlán Guójì Jiǔdiàn]

在滨海新区盛达街39号。酒店由开发商取“依兰县”名命名，于2009年开业。占地面积约9 956平方米，建筑面积约29 444平方米，主楼高19层，附楼高17层，客房总数261间。大堂整体设计豪华气派、环境温馨舒适、尽显尊荣。酒店设有多个功能完善的豪华会议厅，中西餐厅、大堂吧等餐饮设施，有舒适、温馨的各类客房261间，有行政楼层、无烟楼层、私人会所等。该酒店已成为集客房、餐饮、娱乐、商务会以为一体的四星级商务酒店。

天津起士林大饭店 [Tiānjīn Qǐshìlín Dà Fàndiàn]

在和平区浙江路33号。饭店根据创办人德国人阿尔伯特·起士林（1879—1955年）

之名而得名，于清光绪三十二年（1906年）创办，创办者起士林系远洋轮船厨师。店址初设于法租界，后迁至德租界威廉街，1913改名起士林·巴德，1934年转让，1954年与维格多利西餐店合并，改名起士林餐厅，1991年改今名。该楼建筑面积约4 756平方米，平面呈扇形，外观为弧形，大理石镶面，大玻璃窗。楼内设餐厅、酒吧，具有欧洲现代风格，主要经营俄、意、英、法、德等国风味大菜以及西点、糖果、冷热饮等。2005年被公布为天津市重点保护等级历史风貌建筑，2013年被公布为天津市文物保护单位。

天津利顺德大饭店 [Tiānjīn Lìshùndé Dà Fàndiàn]

在和平区台儿庄路33号。利顺德公司于清同治二年（1863年）成立，饭店于清光绪十六年（1890年）建，以利顺德公司名命名，1941年改称亚细亚饭店，1952年更名天津大饭店，1984年与香港哥罗洋行合资扩建装修后复今名。建筑面积约22 300平方米。饭店共有223间客房，包括28间套房，2层行政楼和非吸烟房间，标准间36平方米，有免费婴儿床。饭店拥有三个多功能厅，能容纳20人到200人不等。饭店分中西餐厅，中餐主要是以粤、川菜为主，以及酒吧间、茶座、美容室、桑拿浴、洗衣房、面包西点间、鲜花礼品、冷热饮加工、商场、出租汽车、速冻食品等。

天津耳朵眼炸糕餐饮有限责任公司 [Tiānjīn Ěrduoyǎn Zhágāo Cānyǐn Yǒuxiàn Zérèn Gōngsī]

在红桥区丁字沽胜灾南路12号（原十二段副食店）。耳朵眼炸糕由刘万春（回族，1874—1962年）创制于清光绪十八年（1892年），至今已有一百多年历史。炸糕选料精、制作细、风味独特，物美价廉，在炸糕同行中出类拔萃，独树一帜，赢得“炸糕刘”的绰号。公司于1956年建立，是以经营餐饮、酒店服务业为主，集食品快消、娱乐、休闲、贸易、广告、装修装饰为一体的大型综合性独资民营企业。集团以弘扬、振兴津菜，让津菜更精彩为己任，以餐饮业为龙头，旗下拥有天津三绝之首百年品牌“耳朵眼”、百年品牌“大福来”、传统津菜“津菜典藏”、百姓家宴“宝轩渔府”、商旅之家“宝轩酒店”、素斋主题文化餐厅“禅素”等六大支柱品牌。总营业面积达3万余平方米，拥有员工2 000余人，年接待客流近500万人次。现已全面覆盖天津市场，成为了天津餐饮行业的风向标，全国知名餐饮品牌。

狗不理集团股份有限公司 [Gǒubùlǐ Jítuán Gǔfèn Yǒuxiàn Gōngsī]

在和平区中部，山东路97号。店主高贵友小名叫“狗子”，他做的包子好吃，但服务态度欠佳，熟客给他起了个“狗不理”的绰号，久而久之，“狗不理”叫响了，店主人就用“狗不理”代替了原店名“德聚号”。清道光二十八年（1848年）店主高贵友设德聚号包子铺，1946年第三代高焕章继承，1952年关闭，1956年恢复了狗不理，改名天津包子铺，1967年改名东方红食堂，1978年复今名。占地面积约880平方米，建筑面积约1 185平方米。饭店主要产品为传统风味包子和各馅系列包及京鲁大菜。该店为砖木结构二层楼房。狗不理包子是津门三绝食品之一，摘取“商业部优质产品金鼎奖”“中国最佳小吃”“国际名小吃”等多个国内外评选和大赛的金奖，被消费者誉为“中华老字号，天下第一包”。企业以餐饮主营，兼具速冻食品、特色定型包装食品开发、销售。

天津一商集团有限公司 [Tiānjīn Yīshāng Jítuán Yǒuxiàn Gōngsī]

在和平区唐山道 54 号。公司于 1999 年成立。从业人员 14 000 余人，商业用地 150 余万平方米，有 100 余处经营卖场和店铺。企业主营高端百货、批发贸易、专业市场、物流配送、商务服务五大板块业务，同时经营进出口贸易、拍卖典当、生产加工、船舶供应、房地产等。一商集团定位于全国知名的现代流通业集成服务商，核心主业由零售、贸易、汽车、商服、物流五大经营板块组成。企业于 2006 年列中国企业 500 强第 247 位、中国服务业企业 500 强第 82 位、中国商业企业（零售）第 3 位，于 2016 年列中国企业 500 强中排名第 258 位。

当当网信息技术（天津）有限公司 [Dāngdāngwǎng Xìnxī Jìshù（Tiānjīn）Yǒuxiàn Gōngsī]

在武清区京滨工业园，民旺路 7 号。公司于 2011 年成立。占地面积约 247 848.8 平方米，建筑面积约 17 848.8 平方米，有员工 700 余人。公司经营范围包括计算机软件、硬件开发、生产，互联网及电子出版技术开发，网络技术开发、咨询服务，电子商务技术开发，网上零售百货、电子产品、珠宝首饰、花卉、家具、家用电器、汽车配件、通讯器材、五金工具、办公用品、体育用品、灯具、建筑材料、机械设备、装饰材料等。该企业是全球领先的综合性网上购物中心，超过 100 万种商品在线热销。

天津三星光电子有限公司 [Tiānjīn Sānxīng Guāngdiànzǐ Yǒuxiàn Gōngsī]

在西青区微电子工业区张衡道 9 号。公司于 1994 年成立，2009 年天津三星泰科光电子（TSTO）分立，2009 年三星光电子产品改为数码相机和数码摄相机，2010 年由三星数码影像转入三星电子，隶属于三星数码影像事业部。占地面积约 48 000 平方米，建筑面积约 30 346 平方米。现有员工 3 400 多人。公司经营范围包括生产、销售照相机、摄像机、移动电话终端、视频展示台、监控系统及零配套件、光学仪器、精密电机，并提供售后服务，与上述同类产品的进口及批发业务等。

天津中环电子信息集团有限公司 [Tiānjīn Zhōnghuán Diànzǐ Xìnxī Jítuán Yǒuxiàn Gōngsī]

在南开区复康路 23 号。公司前身为 1959 年建天津市电机工业局，1965 年建天津市第二机械工业局，1987 年建天津市电子仪表工业管理局，1995 年建天津市电子仪表工业总公司，2002 年命名天津市中环电子信息集团有限公司，2008 年改今名。占地面积约 19 487.9 平方米，建筑面积约 8 582.1 平方米。企业 2012 年位列中国企业 500 强第 36 位。中环电子集团通过合理的战略规划和多年来技术与实力的积累，构成了合资企业与重点国有骨干企业多点支撑、多级增长的发展格局，形成了以专用通信、半导体材料及器件、职能优化仪表与控制、基础电子（电缆及印刷电路板）、系统集成五大产业为重点的具有极具优势的产业群，以 LED 绿色照明为主的新光源产业、以硅单晶太阳能电池为主的新能源产业，以北斗星导航系统、射频识别等为主的新一代信息技术产业。

汉语拼音音序索引

C

H

J

T

Y